河 北 省 地 质 调 查 院
河北省矿产资源潜力评价成果系列丛书

河北省矿产资源潜力评价重力资料应用研究

HEBEISHENG KUANGCHAN ZIYUAN QIANLI PINGJIA ZHONGLI ZILIAO YINGYONG YANJIU

张亚东 刘俊长 龚红蕾 董 杰 等著

中国地质大学出版社
ZHONGGUO DIZHI DAXUE CHUBANSHE

内容简介

本书在对河北省重力资料进行系统的整理、计算、编图的基础上，结合地质和其他物化探资料进行了深入的综合研究，并对全省铁、铜、金、银、萤石等17个矿种进行了预测区和典型矿床的研究。主要内容包括：河北省重力资料评述、河北省区域地质地球物理特征、重力数据处理解释与成果图件编制方法、河北省重力资料地质解释成果、河北省重要矿种典型矿床和预测区重力资料应用成果等。书中分析了河北省区域重力场特征和异常特征，开展了地层与岩矿石密度特征研究、重力异常综合解译研究、典型矿床研究，进行了重力资料综合地质解释，总结了重力推断的区域地质构造特征和预测工作区推断的地质构造特征，并对成矿区带重力异常推断地质构造和重大地质找矿问题的重力资料综合应用进行了探讨。本书可供广大勘查地球物理工作者参考。

图书在版编目(CIP)数据

河北省矿产资源潜力评价重力资料应用研究/张亚东等著．—武汉：中国地质大学出版社，2017.4

(河北省矿产资源潜力评价成果系列丛书)

ISBN 978-7-5625-4022-9

Ⅰ．①河…

Ⅱ．①张…

Ⅲ．①重力勘探-科技资料-应用-矿产资源-资源潜力-资源评价-研究-河北

Ⅳ．①F426.1

中国版本图书馆CIP数据核字(2017)第074461号

河北省矿产资源潜力评价重力资料应用研究 张亚东 刘俊长 龚红蕾 董 杰 **等著**

责任编辑：彭 琳 选题策划：毕克成 责任校对：徐蕾蕾

出版发行：中国地质大学出版社(武汉市洪山区鲁磨路388号) 邮编：430074

电 话：(027)67883511 传 真：(027)67883580 E-mail:cbb @ cug.edu.cn

经 销：全国新华书店 Http://www.cugp.cug.edu.cn

开本：880毫米×1 230毫米 1/16 字数：554千字 印张：17.5

版次：2017年4月第1版 印次：2017年4月第1次印刷

印刷：武汉中远印务有限公司 印数：1—1 000册

ISBN 978-7-5625-4022-9 定价：268.00元

《河北省矿产资源潜力评价重力资料应用研究》编委会

总　序

按照全国统一部署和要求，2007—2013 年，河北省完成了 20 种矿产的资源潜力评价工作，提交了 30 份成果报告、1 003 张图件、2 615 个数据库。该项目经河北省财政和中央财政分别投入资金 2 950万元和 1 930 万元人民币，省内组织了 7 个地勘单位，先后有 278 人参与调查研究工作。为了向社会展示这一重大调查项目的概貌，特从 30 份成果报告中选择“成矿地质背景、成矿规律、重力、磁法、化探、遥感、自然重砂、矿产预测、信息集成”9 个专题，以《河北省矿产资源潜力评价成果系列丛书》的形式公开出版，便于全社会资源共享。

该套丛书的编写经过了单矿种研究、多矿种综合研究、深化提高 3 个阶段。2007—2012 年 6 月为单矿种研究阶段：各专题同时对一个矿种的矿床展开多视角的编图与研究，提取成矿信息，建立成矿模式和综合信息预测模型、预测资源潜力，并从各专业优势出发研究区域成矿特征。该阶段各专题研究成果，以章、节的形式分散于煤炭、铁、铜、铝、铅锌、锰、镍、钨、金、银、铬、钼、磷、硫、萤石、菱镁矿、重晶石、石灰岩、碎云母 19 份单矿种(组)潜力评价成果报告中。2012 年 7 月—2013 年 6 月，为多矿种综合研究阶段：各专题成员主要是将分散于单矿种成果报告中各自的研究成果进行汇总，并从专业的角度进一步研究全省区域成矿规律，形成了各有侧重的 9 个专题研究报告，构成了本套丛书的初稿。2013 年 7 月—2014 年 7 月，为深化提高阶段：先是在 2013 年底之前为了编写总体成果报告，各专题组均进行了不同程度的深化研究；然后与中国地质大学出版社签订出版协议，各专题成员对原报告内容进行了较大幅度的修改与完善。

这套丛书属于“原生态”成果，其看点是一个“新”字。各专题对新中国成立以来形成的地质资料进行了收集整理，从新的角度，用新的方法，全方位地对成矿地质作用进行了研究，得出了新认识。比如：地质背景专题以 1∶5 万地质资料为基础，系统编制全省 1∶25 万幅建造构造图，进而编制全省 1∶50 万沉积岩、火山岩、侵入岩、变质岩、大型构造 5 个专题底图，从单个地质体的属性分析，到岩石系列的归纳组合，再到地质建造与地质构造环境的综合判断，最后编制出带有地壳演化属性的全省大地构造相图，与传统的大地构造单元划分相比有明显的“创新”。

同样，成矿规律专题以新编制大地构造相图为基础，综合各学者关于地球发展演化的认识，确定了河北省的三大构造域、五种地质构造环境的构造格架，进而建立了河北省经历了三大成矿域、五种成矿构造环境下的区域成矿谱系，并将全省重要矿产的类型矿床准确地放进区域成矿谱系中，这在河北省的成矿规律研究历史中尚属首次。

再比如，化探资料应用研究专题，以 1∶20 万化探资料为基础，编制了全省 39 个元素地球化学图，并用衬值法编制了全省 39 个元素的异常图，圈出了高背景、低背景中的相对高异常，细化了传统地球化学研究方法，提升了化探信息的灵敏度。同样，重力、磁法、遥感、自然重砂资料应用研究，也都有各自的创新点，矿产预测和信息集成更是首次开展。

该套丛书存在的主要问题是各专题使用的地质构造单元、成矿带名称不统一。由于各专题汇总研究是同时进行的，成矿地质背景和成矿规律专题研究的新进展是最后完成的，因此，没有硬性要求各专题统一使用新构造单元、新成矿区带划分方案，只要求各专题突出自己的专业特点和创新点，尽量向社会提交可读的内容。另外，编制这套丛书的人员均是在地质一线从事具体工作的技术人员，在理论水平、学术研究水平及表达能力方面均存在一定的差距，尽管经过了多次修改完善，可能仍存在不少错误与遗漏，欢迎各位读者提出修改意见和建议。

本套丛书的编写贯穿于全国矿产资源潜力评价项目实施的全过程，对参与项目推动及管理、组织和实施的各级行政领导，对指导项目进行的全国所有专家学者、省内监理评审专家，在此表示感谢！对参与本套丛书编写的所有技术人员，尤其是各专题负责人表示感谢！河北省地质调查院裴晓东等院领导一直关心和支持本套丛书的出版，在此一并表示感谢！

河北省地质调查院

2015 年 4 月 30 日

前　言

重力勘探以牛顿万有引力定律为基础，通过研究组成地壳的岩(矿)石之间的密度差异所引起的重力场变化规律，推断地质构造及矿产分布特征，从而达到地质勘查的目的，具有探测深度大、研究侵入岩体以及断裂构造准确的特点，是研究区域地质构造、区域成矿环境和普查找矿不可缺少的基础性地球物理工作方法。随着地质找矿程度的不断提高，地质找矿不断向纵深发展，重力勘探方法更加日益显现出其独特的优势，如在侵入体深部产状、深大断裂的走向和延伸、地质体密度界面的特征以及大地构造单元的划分与厘定等方面，重力勘探都有着不可替代的重要作用。另外，浅覆盖下无磁性的岩体或地层(如酸性侵入岩、碳酸盐岩等)只有重力可以圈出，而重力梯级带、重力等值线的转折端等异常地段，常常是矿物质的运移通道和屏障，自然成为成矿的有利部位。因此，在地质勘探工作中，重力资料与地质、磁测、化探等资料的综合研究能够为地质成矿背景、控矿构造研究和隐伏岩体圈定提供重要的依据，为寻找能源矿产、金属矿产和非金属矿产等提供了有价值的信息。

在我国经济快速发展、对矿产资源的需求日益增强的形势下，国土资源部于2006年6月启动了全国矿产资源潜力评价项目。河北省矿产资源潜力评价是全国矿产资源潜力评价工作的一部分，重力资料应用研究工作是其中的一个专题，目的是为成矿背景和基础地质研究提供重力资料推断信息，为预测工作区提供与成矿环境有关的推断地质构造，为综合地质构造研究和编制各类地质构造研究专题图件提供相应的重力解释推断成果。本书依托河北省矿产资源潜力评价重力资料应用专题，对河北省重力资料应用工作进行了总结，和广大地质工作者一同分享。

河北省矿产资源丰富，矿种齐全，成矿条件和找矿前景较好，区域重力调查工作开始也较早，经20世纪50年代和80年代两轮扫面工作，至今已完成1∶20万新一轮的区域重力调查181 000km^2，算上第一代平原区老资料的38 000km^2，全省1∶20万区域重力调查全部完成。通过对河北省重力资料进行系统的整理、计算、编图和分析，结合地质和其他物化探资料进行了深入的综合研究，并在此基础上对全省铁、铜、金、银、萤石等17个矿种进行了预测区和典型矿床的研究。书中分析了河北省区域重力场特征和异常特征，开展了地层、岩矿石密度特征研究和典型矿床研究，进行了重力资料综合地质解释，总结了重力推断的区域地质构造特征和预测工作区推断地质构造特征，并进行了成矿区带重力异常推断地质构造研究和重大地质找矿问题的重力资料综合研究。这些成果在地质找矿、成矿规律研究和矿产资源预测等方面均得到充分利用，显示了不可替代的作用，必将极大地提升重力勘探方法在地质工作中的优势地位。

本书由张亚东主笔编写，刘俊长高级工程师编写了第五章中的部分内容，龚红蕾编写了第二章中的部分内容，董杰编写了第三章和第四章中的部分内容，肖金平和王轶轲协助完成插图编绘等工作，全书由张亚东统稿。河北省矿产资源潜力评价项目负责人、河北省地质调查院教授级高级工程师任树祥，地质背景专题组项目负责人、河北省区域地质矿产调查研究所教授级高级工程师张德生，以及河北省地质调查院贾正海高级工程师、宋立军高级工程师提供了大量的帮助。在整个项目实施过程中我们得到了全国矿产资源潜力评价项目办公室重力专题汇总组张明华主任、雷受旻教授、乔计花工程师，以及课题组技术顾问孙文珂先生、刘士毅先生等的大力支持和悉心指导，在此一并表示衷心的感谢！

著　者

2015 年 12 月

目　录

第一章　河北省重力工作程度及资料评述

本书所用重力资料是河北省矿产资源潜力评价项目中所收集的河北省 1∶20 万区域重力调查资料，已覆盖全河北省，其中平原区 38 000km² 用的是第一代的老资料，其余 181 000km² 收集的是 20 世纪 80 年代新一轮扫面的区域重力调查资料。

第一节　河北省重力工作程度

河北省的区域重力调查工作始于 1956 年，地质矿产部物探局华北石油普查队在华北平原开展了 1∶20 万大面积的石油重力普查工作；1960 年，地质矿产部中原石油物探队在平原区做了大面积的 1∶10 万区域重力调查。1960—1964 年地质部①综合物探大队在燕山地区完成了 1∶100 万重力调查及其他地区的工作。上述区域重力工作，属第一代，存在基点、尺度不统一，总精度低的缺陷。从 1983 年开始，按地质矿产部统一要求，河北省地质局（现为河北省地质矿产勘查开发局）物探队首先在全省布测了基点网，统一到国家基点系统。随后先从冀北开幅，逐渐向太行山、平原区扩展，至今完成了 1∶20 万新一轮的区域重力调查 181 000km²，加上调查的第一代平原区 38 000km²，至此，全省 1∶20 万区域重力调查全部完成。

河北省重力工作程度见图 1－1。

第二节　原始资料网度和精度

本书使用的重力资料有全省 1∶20 万区域重力调查资料和平原区及相邻的北京、天津地区收集的 20 世纪五六十年代石油系统完成的重力资料。其中早期工作主要是石油部门用来解决构造问题所做的重力测量，工作比例尺较小，精度较低，其结果也没有通过建立全国联网进行统一改善。20 世纪 80 年代初开始，按全国统一要求启动了全省 1∶20 万区域重力调查工作。1980 年完成了全省一级基点网联测；1981—1982 年完成了全省二级基点网联测；1983—1999 年，先在河北省的山区开展了 1∶20 万重力扫面工作，工作精度较高，共完成了 27 幅（棋盘山幅由河北省地质矿产部第二物探大队完成），其中在张家口地区蔡家营多金属矿区一带重力测量点加密到了 1∶10 万，准平原地段完成了 3 幅。其余平原地区仍未开展新的 1∶20 万重力调查工作，还是沿用 1956—1959 年由石油等相关部门完成的局部地段的 1∶5 万～1∶20 万重力测量的老资料，所有资料的完成时间、所用仪器、观测精度、布格异常总精度、高程测量方法等均见表 1－1。

① 1952 年 8 月 7 日中央人民政府委员会第十七次会议决定成立地质部，1982 年改名为地质矿产部。1998 年，由地质矿产部、国家土地管理局、国家海洋局和国家测绘局共同组建国土资源部。

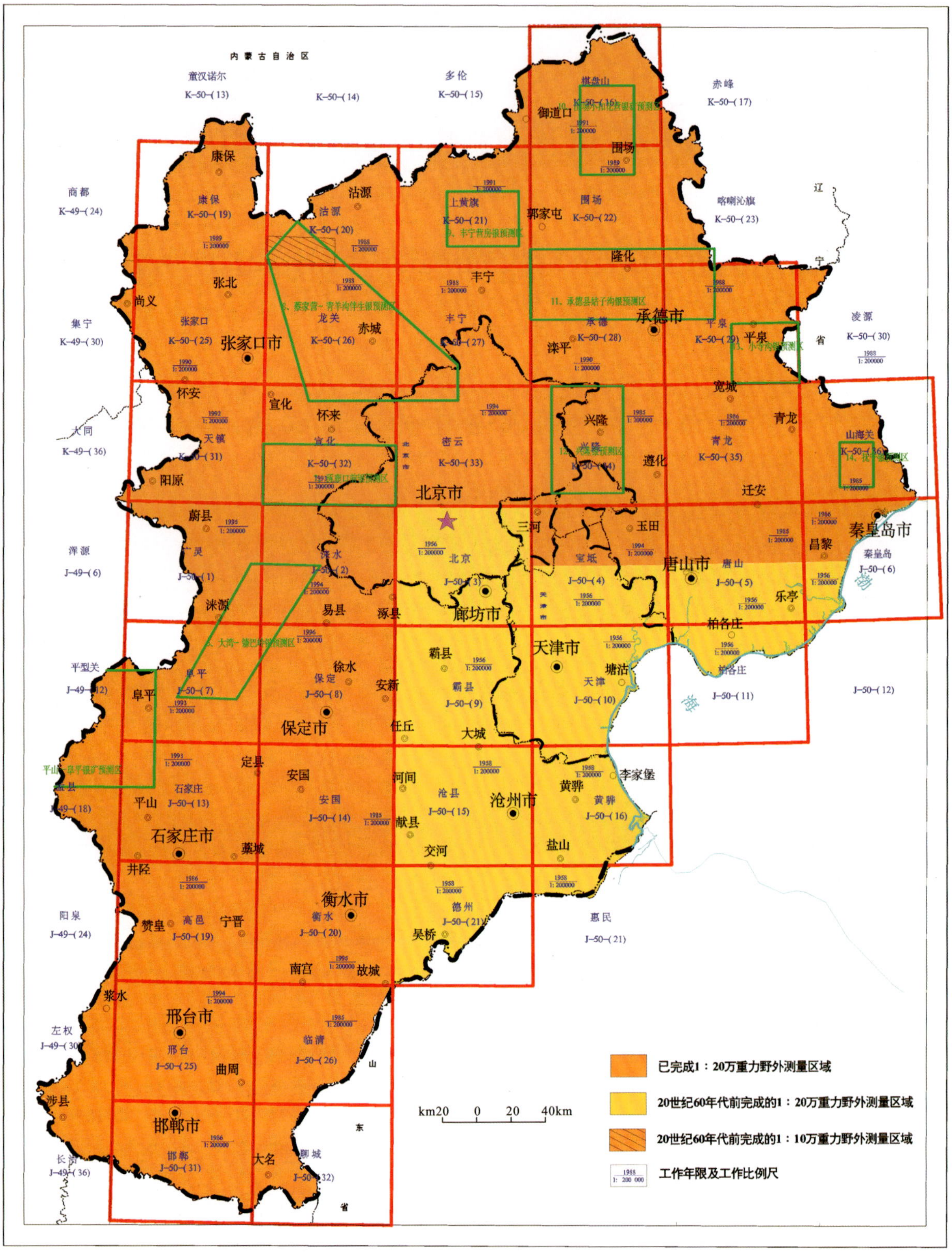

图 1-1　河北省重力工作程度图

表 1-1　河北省 1∶20 万区域重力调查情况一览表

工作区名称	工作区面积（km^2）	完工年份	工作比例尺	测点数（个）	重力仪类型	重力观测精度（$\times10^{-5}m/s^2$）	布格重力异常总精度（$\times10^{-5}m/s^2$）	高程测量方法	高程测量精度（m）
承德	6 860	1990	1∶20 万	864	加拿大 CG－2 型、国产 ZSM－V	0.090	0.747	采用 1∶4.5 万航片确定	1.87
多伦	7 120	1991	1∶20 万	1 173	加拿大 CG－2 型、国产 ZSM－Ⅲ	0.072	0.814	采用 1∶4.5 万航片确定	4
棋盘山	7 120	1986	1∶20 万	778	加拿大 CG－2 型、国产 ZSM－V	0.072	0.787	采用 1∶4.5 万航片确定	4
康保	8 270	1989	1∶20 万	1 473	加拿大 CG－2 型、国产 ZSM－V	0.084	0.455	采用 1∶4.5 万航片确定	2.08
沽源	6 170	1988	1∶20 万	1 374	加拿大 CG－2 型、国产 ZSM－V、Ⅲ	0.077	0.407	采用 1∶4.5 万航片确定	1.81
上黄旗	7 120	1991	1∶20 万	993	加拿大 CG－2 型、国产 ZSM－Ⅲ	0.072	0.814	采用 1∶4.5 万航片确定	4
围场	8 270	1989	1∶20 万	1 399	加拿大 CG－2 型、国产 ZSM－Ⅲ	0.084	0.787	采用 1∶4.5 万航片确定	2.08
张家口	6 860	1990	1∶20 万	1 229	加拿大 CG－2 型、国产 ZSM－V	0.090	0.420	采用 1∶4.5 万航片确定	1.87
龙关	6 229	1988	1∶20 万	1 167	加拿大 CG－2 型、国产 ZSM－V、Ⅲ	0.080	0.459	采用 1∶4.5 万航片确定	2.1
丰宁	6 229	1988	1∶20 万	865	加拿大 CG－2 型、国产 ZSM－V、Ⅲ	0.103	0.591	采用 1∶4.5 万航片确定	2.69
天镇	6 800	1992	1∶20 万	953	加拿大 CG－2 型、国产 ZSM－Ⅲ	0.118	0.722	采用 1∶4.5 万航片确定	3
平泉	6 229	1988	1∶20 万	967	加拿大 CG－2 型、国产 ZSM－V、Ⅲ	0.080	0.472	采用 1∶4.5 万航片确定	2.1
宣化	6 400	1993	1∶20 万	1 154	加拿大 CG－2 型、国产 ZSM－V、Ⅲ	0.099	0.640	采用 1∶4.5 万航片确定	2.85
密云	6 400	1994	1∶20 万	962	加拿大 CG－2 型、国产 ZSM－V、Ⅲ	0.092	0.500		2.267
广灵	6 500	1995	1∶20 万	1 104	加拿大 CG－2 型、国产 ZSM－V	0.089	0.500	采用 1∶1 万地形图确定	1.32
涞水	6 400	1994	1∶20 万	921	国产 ZSM－V、Ⅲ	0.064	0.471	采用 1∶1 万地形图确定（局部比例尺为 1∶5 万）	2.1
兴隆	6 400	1985	1∶20 万	1 345	加拿大 CG－2 型、国产 ZSM－V	0.073	0.598	采用 1∶4.5 万航片确定	1.5
阜平	6 411	1993	1∶20 万	901	国产 ZSM－V、Ⅲ	0.092	0.513	采用 1∶1 万地形图确定	0.49
保定	6 450	1996	1∶20 万	1 238	加拿大 CG－2 型、国产 ZSM－V	0.062	0.295	山区采用 1∶1 万地形图确定，平原区采用 1∶5 万地形图确定	0.689

续表 1-1

工作区名称	工作区面积（km^2）	完工年份	工作比例尺	测点数（个）	重力仪类型	重力观测精度（$\times10^{-5}m/s^2$）	布格重力异常总精度（$\times10^{-5}m/s^2$）	高程测量方法	高程测量精度（m）
山海关	5 120	1985	1∶20万	1 340	国产 ZSM－Ⅴ、Ⅲ	0.078	0.598	采用1∶2.5万地形图确定	1.5
唐山	6 400	1985	1∶20万	1 739	加拿大 CG－2型、国产 ZSM－Ⅴ	0.027	0.598	采用1∶2.5万地形图确定	1.1
石家庄	6 400	1993	1∶20万	1 681	加拿大 CG－2型、国产 ZSM－Ⅴ	0.092	0.324	采用1∶5万地形图确定	2.267
凌源	6 229	1988	1∶20万	898	加拿大 CG－2型、国产 ZSM－Ⅴ	0.103	0.787	采用1∶4.5万航片确定	2.69
安国		1985	1∶20万	1 303	加拿大 CG－2型 211#和国产 SM－Ⅴ	0.073	0.476	采用1∶5万地形图确定	1.5
青龙	6 400	1986	1∶20万	1 145	加拿大 CG－2型、国产 ZSM－Ⅴ	0.078	0.598	采用1∶4.5万航片确定	1.5
秦皇岛	4 059	1986	1∶20万	890	加拿大 CG－2型、国产 ZSM－Ⅴ、Ⅲ	0.047	0.598	采用1∶1.8万地形图确定	0.8
衡水	6 500	1995	1∶20万	1 255	加拿大 CG－2型、国产 ZSM－Ⅴ	0.089	0.260	采用1∶5万地形图确定	1.32
高邑		1986	1∶20万	1 416	加拿大 CG－2型、国产 ZSM－Ⅴ	0.078	0.362	采用1∶5万地形图确定	1.5
邢台	6 400	1994	1∶20万	1 636	加拿大 CG－2型、国产 ZSM－Ⅴ	0.064	0.260	采用1∶5万地形图确定	2.1
临清	4 059	1985	1∶20万	1 059	加拿大 CG－2型、国产 ZSM－Ⅴ	0.047	0.432	采用1∶5万地形图确定	0.8
邯郸	4 059	1986	1∶20万	2 229	加拿大 CG－2型、国产 ZSM－Ⅴ	0.047	0.476	采用1∶5万地形图确定	0.8
宝坻	4 059	1994		1 598	国产 ZSM－Ⅴ	0.476	0.598	采用1∶1万地形图确定；有83个测点的高程是气压测高确定的	0.8
北京	6 400	1956		2 116			大约为1.0	采用地形图确定	2.1
霸县	6 800	1956		1 608			大约为1.0	采用地形图确定	3
天津	6 400	1956		521			大约为1.0	采用地形图确定	2.85
沧县		1958		1 269			大约为1.0	采用地形图确定	2.5
德州	6 400	1958		1 541			大约为1.0	采用地形图确定	2.1

注：平原区的数据由于来源于石油部门不同单位的老资料，重力系统和起算点等各不相同，后经编图校正而得，具体各幅准确度、网度和精度不详。

第二章 重力数据处理解释与成果图件编制方法

本书的研究工作基于将所收集到的河北省全省1∶20万区域重力调查数据进行统一处理和编图的基础，故首先对所收集到的全省重力数据进行“五统一”改算，即统一坐标系统、统一重力系统、统一高程、统一密度值、统一重力值计算公式。按照矿产资源潜力评价项目组要求统一到“2000系统”，再对重新改算后的数据进行数据处理及各类基础和成果图件的编制。

第一节 数据处理解释方法与使用软件

一、数据处理方法

数据处理的目的是在消除各类误差的基础上，从叠加场中分离或突出某些目标物的局部场，使其信息更加易于识别和有利于进行定性、定量解释。数据处理的方法应根据工作区地质情况、地球物理场特征以及解释目的综合确定。

根据全国矿产资源潜力评价项目办的统一要求，结合河北省断裂构造发育、岩浆岩分布等情况以及综合解释目标的需要，经选用不同方法、不同软件对比试验，本书(项目)最终选用下述的数据处理方法。

1. 布格重力异常的计算

本次工作布格重力异常的常规数据处理系统采用中国地质调查局发展研究中心研发的“重磁电数据处理软件系统(RGIS2009)”，对全省及各预测区重力测量数据进行了格式变换、坐标换算、外部校正计算(包括数据文件初始化)、重力三项(高度、中间层、正常场)外部校正、远一区(平面条件)地形校正、远二区(球面条件)地形校正计算和畸变处理，最终形成布格重力异常数据文件，并在此基础上再进行网格化数据处理。

2. 网格化

我们对布格重力异常数据进行了2km×2km的网格化处理，形成网格数据文件(*.grd)，以便进行常规数据转换处理及布格重力异常图的绘制。在进行网格化时，数据范围要向工作区外扩边20km。最后使用MapGIS 6.7软件绘制全省及各矿种预测区布格重力异常平面图(等值线间距为$2\times10^{-5}m/s^2$)。

3. 局部场与区域场的分离

为了将背景场与局部场分离，我们用RGIS软件对网格化后的布格异常数据文件(*.grd)进行不同窗口半径的移动平均，求取区域重力异常，然后用布格异常减去区域异常即求得剩余异常，再将剩余异常网格文件绘制成平面等值线图，就得到了河北省剩余重力异常平面图。结合地质情况对全省的剩余重力异常进行总体圈定和初步解释，进一步锁定目标，再根据不同预测区的具体地质情况、异常大小等，对各个预测区合并前的数据分别采用 30km×30km、20km×20km、40km×40km、60km×60km 等不同的移动平均窗口分别求取剩余异常，将求取出的剩余异常与相应的磁法、地质资料进行仔细对比和综合研究，最终选取最符合地质情况的剩余异常，给出最合理的地质解释。根据全国矿产资源潜力评价项目办的统一要求，最终提交了 30km×30km 窗口求取的全省及各矿种预测区区域重力异常平面等值线图和剩余重力异常平面图。

4. 重力导数的计算

为了确定推断断裂构造的位置和走向、圈定岩体的范围及赋存状况，需要对重力数据进行不同方向的水平导数计算和垂向二阶导数计算。水平导数（方向导数）主要用于判断和确定走向垂直于求导方向的断裂、岩脉、宽大地质体的边界线及其走向等。垂向导数主要用于突出局部异常，有利于研究岩体、局部凸起、火山机构、断陷盆地、矿化蚀变带等，其效果与剩余异常基本相当，但分辨率比剩余异常高。

为了进一步了解断裂、岩体的深部变化，同时进行了 2km、5km、10km、20km 等不同高度的向上延拓处理，在上延的基础上再进行 4 个方向水平求导和垂向二阶导数计算，目的是压制浅部干扰，反映出深部信息。计算（地面和上延的）垂向二阶导数是采用艾勒金斯第Ⅲ公式对布格重力异常进行转换处理，计算（地面和上延的）水平方向一阶导数是采用频率域位场转换公式对布格重力异常进行了 0°、45°、90°、135°四个方向的转换处理。

经上述数据处理后分别绘制了布格重力异常平面图、剩余重力异常平面图、区域重力异常平面图、水平不同方向重力异常一阶导数平面图（地面和上延不同高度的）、重力垂向二阶导数平面图（地面和上延不同高度的）等一系列数据处理图件，以满足综合研究中地质解释工作的需要。

二、重力异常定性解释方法

在对圈出的具有一定规模和强度值的重力高异常和重力低异常进行统一编号的基础上，根据异常区出露地质情况，结合物性资料、航磁资料、钻孔资料对异常进行综合分析，收集以往工作解释成果，特别是要充分利用区内或其他地区在已知各类地质目标物上建立的地质-地球物理概念模型显示的标志（异常强度、形态、梯度、走向、规模、展布特点等）对异常的起因做出判断。对较为复杂地段出现的重力异常要与航磁资料、物性资料对比分析，反复推敲，还要借助各种处理图件，全面分析所有重力场信息，以求获得客观实际的地质解释。

三、半定量、定量数据处理方法

1. 典型异常的选取

根据河北省矿产资源潜力评价工作的进展和需要，为了深化重力资料的解释工作、进一步了解区内一些地质体的深部变化，依据全省及各预测区的地质、地球物理特征，我们在布格重力异常平面图以及经数据处理后编制的一系列基础图件上，选取了多处不同典型异常，进行了定量模拟计算和详细的解译。其他推断的地质构造一般只作半定量解释。

重力剖面选取，是根据异常形态来确定的。非等轴状异常的解释剖面选择与异常长轴方向垂直，且向两端取数到正常场区。对选取的异常剖面，采用人机联作二度半反演方法进行解释。

2. 定量正演模拟计算

定量正演模拟计算采用中国地质调查局发展研究中心研发的“重磁电数据处理软件系统（RGIS2010）”进行，其主要计算步骤如下。

（1）根据布格重力异常及其他数据处理异常特征，结合地质、航磁及其他物化探资料对布格重力异常进行定性解释，在定性解释的基础之上，建立相应的地质模型。

（2）根据物性资料将地质模型转换为地球物理模型。

（3）计算地球物理模型的理论重力异常值，并与实际的重力异常值进行了对比。

（4）根据第（3）步的对比结果，对地球物理模型进行修改。

（5）重复上述第（3）、第（4）步，直到取得满意的比较符合实际的地球物理模型为止。

（6）将地球物理模型转换为地质模型。

四、成图及数据处理所用软件

本书成图及数据处理所用软件有：MapGIS 6.7 绘图软件，用于布格重力异常等值线图、剩余重力异常等值线图、垂向一阶导数图、垂向二阶导数图、四方向水平一阶导数图以及其他各种成果图件的绘制；RGIS2010 重磁数据处理软件，用于重力场垂向一阶导数及垂向二阶导数处理、水平四方向一阶导数、上下延拓处理以及正反演模拟计算等；GeoMAG 数据模型软件，为重力资料的入库标准软件；Surfer 8.0 用于各软件之间网格文件格式的相互转换及滤波处理。

第二节　成果图件编制方法

重力省级图件成图比例尺为 1∶50 万，铁、铝、金、铜、铅、锌、银、钼多金属矿和磷矿预测区图件成图比例尺为 1∶20 万，后来根据成矿预测及地质背景组的需要和要求，银、钼、锰、铬铁矿、钨、镍、硫铁矿、菱镁矿、重晶石、萤石矿 10 个矿种的预测工作区成图比例尺为 1∶5 万，投影方式均采用高斯—克吕格投影、北京 54 坐标系、非标准分带，投影原点经度为 117°00′00″，投影原点纬度为 00°00′00″。

一、省级重力工作程度图编制方法

因为河北省重力资料基本上是 1∶20 万区域重力扫面数据，多是按 1∶20 万标准幅开展的，故编制重力工作程度图时，先把河北省 1∶20 万标准图幅分幅界线和图幅标志附在河北省地理底图上，再按照收集利用的各图幅重力数据的情况和项目组《重力资料解释应用技术要求》编制重力工作程度图的方法，将不同比例尺的重力测量工作反映出来，以不同色区表示，工作区边界以细黑实线表示，同时还在适当位置标注了野外工作年度及工作比例尺，如：($\frac{1985}{1:200\ 000}$)。所有测量区填写了属性，按照《全国矿产资源潜力评价数据模型——重力分册》的要求，属性内容包括野外工作起始年限、工作单位、工作比例尺、工作精度、提交报告名称以及提交时间等共计 18 项。

二、布格重力异常图编制方法

布格重力异常图的编制方法及步骤如下。

第一步：收集、整理和分析重力资料，在此基础上完成基础数据库维护。

第二步：数据网格化。将所有原始数据经“五统一”改算后的离散重力数据结果合并，对合并后的布格异常值统一进行网格化，网格间距选择 2km×2km，采用克吕格网格化方法。

第三步：等值线绘制。使用 MapGIS 6.7 软件将网格文件（*.grd）绘制成布格重力异常平面等值线图，等值线绘制时首先使用周边的原始数据进行了扩边处理，扩边距离大于 2km。平面等值线以零值起算，重力异常正值、负值等值线均用实线表示，零值等值线用点画线表示，每 5 条绘 1 条计曲线，等值线间距为 $2\times10^{-5}m/s^2$（在合适的位置绘制重力工作程度图），在图面合适部位注记重力等值线数值。封闭等值线最内圈应有注记。在封闭等值线圈内加注“＋”（重力高）或“－”（重力低）。等值线绘制时选择套区，以便同时形成等值线区文件，该方法绘制的等值线图属性自动生成。图件生成后要绘制与该图配套的经纬网。

第四步：等值线图示。图名放在图廓正上方。比例尺放在图廓下方。技术说明放在图廓的右侧，内容按照《区域重力调查技术规范》中的相关规定执行。责任表放在右下方，内容包括编绘单位、责任人、图名、编图人员、审核人员、制图人员、时间等。

三、省级及预测区剩余重力异常图编制方法

1. 省级剩余重力异常图的编制

剩余重力异常图的编制方法及步骤如下。

第一步：求取区域重力场值。利用网格化之后的网格数据，应用 Surfer 8.0 软件，按项目组要求，采用 30km×30km 窗口滑动平均法，获取区域重力场，形成区域场网格数据文件（*.grd）。

第二步：求取剩余重力场值。应用 Surfer 8.0 软件，用布格重力异常值减去区域重力场值即可获得剩余重力异常值，形成剩余重力异常网格数据文件（*.grd）。

第三步：等值线绘制。使用 MapGIS 6.7 软件将剩余重力异常网格文件绘制成剩余重力异常平面等值线图，等值线间距为 $1\times10^{-5}m/s^2$（在合适的位置绘制重力工作程度图、区域重力异常图），等值线绘制方法与布格重力异常平面等值线图的方法相同。

第四步：等值线图示。内容及位置与布格重力异常平面等值线图图示相同。

2. 预测区剩余重力异常图的编制

预测区剩余重力异常图的编制与省级剩余重力异常图的编制方法相同。必须强调的是，在选择滑动平均窗口时，要根据各个预测区具体的面积大小、异常场特征、地质情况以及所要突出的地质体特征，反复进行试验，选择不同的滑动平均窗口，以能够更好地反应解释目标的重力异常特征。

在工作中，结合河北省重力数据和预测区划分的具体情况，我们进行了 30km×30km、40km×40km、60km×60km 等不同窗口的滑动平均方法计算剩余重力异常，试验结果图面显示：较大范围的重力高或重力低，窗口大者异常范围增大，剩余重力异常值高值更高、低值更低，异常明显变大增强；范围较小的局部重力高或局部重力低，窗口大者异常范围减小，剩余重力异常值高值降低、低值升高，异常明显变小减弱。从揭示的地质现象来看，窗口增大突出了大而深地质体的反映，但同时弱化甚至消除了小而浅地质体的信息。因此，通过对各个预测区重力异常特征和地质矿产特征的综合分析，从河北省预测工作区实际情况来看，选择 30km×30km 的滑动窗口求取的剩余重力异常是比较合适的，既很好地反映了大而深地质体的全貌，又凸显了浅而小地质体的存在，故对各个预测区仍以 30km×30km 窗口滑动平均法求取剩余重力异常来编制预测区剩余重力异常图。编制方法和步骤与省级剩余重力异常图的编制方法和步骤相同。

3. 特别说明

在本书编著过程中为了更好地研究重力资料的推断解释应用以及符合有关规定的要求，经反复优选和技术处理，书中所展示的所有剩余重力异常均为根据不同的需要采用不同的处理方法求得，如采用上延不同高度或采用不同半径的窗口滑动平均法求得。

四、省级重力推断地质构造图编制方法

1. 省级重力推断地质构造图的编制

重力推断地质构造图的编制方法及步骤如下。

第一步：对于收集到以往资料中推断的地质构造，判断原来的推断结果是否合适可信，认为可靠的可以直接应用。

第二步：认为不合适的或没有进行推断解释的地区，根据重力布格异常图，剩余重力异常图，重力垂向一阶、二阶导数图，水平 0°、45°、90°、135°四个方向一阶导数图，结合地质资料、航磁资料、钻孔资料进行修正或重新解释推断。

第三步：对推断的断裂构造进行编号、分级，并依据重力场特征，结合地层分布特征以及地质构造环境划分构造单元；对圈出的各类侵入岩体和盆地，以其范围中的地名（村、镇名）加岩性（侵入体）或地名加时代类型（盆地）进行命名；地层、火山机构直接标注地名加地层类型或火山机构类型，以便建库和描述。

第四步：对重要的地质体根据 RGIS 2010 软件提供的 2.5D 重磁正反演方法进行定量计算，以了解其地质体的空间赋存状态。

第五步：按照技术要求中的相关格式和规定填写地质构造登记表。

第六步：计算机制图。将上述推断的地质构造，在 MapGIS 6.7 软件下形成点（*.wt）、线（*.wl）、面（*.wp）以及工程（*.mpj）文件。图示内容及格式与重力工作程度图相同。

第七步：建立重力推断地质构造图属性库。

2. 预测区重力推断地质构造图的编制

预测区重力推断地质构造图的编制，首先以省级推断地质构造图为主要依据，如果本预测区没有其他更详细的重力数据，则以省级推断的地质构造为主。然后再在本预测区范围内结合更详细的地质和其他物化探资料进一步补充和细化，尤其是对与预测矿种相关的地质构造进行更详细的解译。

预测区重力推断地质构造图的编制方法及步骤与省级重力推断地质构造图的编制方法及步骤基本相同。

五、典型矿床剖析图编制方法

典型矿床的系列剖析图严格按照《重力资料解释应用技术要求》的相关规定进行编制，并对每一个典型矿床的成矿地质作用、成矿构造体系、成矿特征、区域重磁异常特征、局部重磁异常特征等进行归纳总结。编制的系列图件有典型矿床所在区域、所在地区、所在位置地质矿产及物探剖析图，以及矿床模型或模式图等。

1. 典型矿床所在区域地质矿产及物探剖析图

该剖析图主要用来研究典型矿床的区域成矿规律和地球物理特征，提取区域预测要素及其重

要性(重要的、必要的、次要的)。编制方法及步骤如下。

第一步:确定各使用图的比例尺。①地质矿产图在原比例尺为1∶25万图上投影成1∶20万后直接应用,重磁推断地质构造图直接使用全省1∶20万重力或航磁推断地质构造图;②重力图使用1∶20万重力扫面数据直接绘制;③航磁图直接使用2km×2km数据绘制。

第二步:以典型矿床为中心,在兼顾各种图件的完整性和合理性的基础上,大致按10cm×10cm的范围分别裁剪并按以下顺序排列:地质矿产图——A、布格重力异常图——B、航磁ΔT等值线平面图——C、航磁ΔT化极垂向一阶导数图等值线平面图——D、重磁推断地质构造图——E、剩余重力异常图——F、航磁ΔT化极等值线平面图——G等。

第三步:编辑图例。对各使用图原图比例尺给予说明,进行整饰,完成该图编制。

2. 典型矿床所在地区地质矿产及物探剖析图

该剖析图主要用来研究典型矿床的局部地质构造特征和地球物理特征,提取局部预测要素及其重要性(重要的、必要的、次要的)。编制方法及步骤如下。

第一步:确定各使用图的比例尺。①地质矿产图在原比例尺为1∶5万图上可直接应用,重磁推断地质构造图直接使用预测区1∶5万航磁推断地质构造图;②重力图没有大于1∶10万重力扫面数据的不编绘;③航磁图直接使用1∶5万或1∶10万数据绘制。

第二步:以典型矿床为中心,在兼顾各种图件的完整性和合理性的基础上,大致按10cm×10cm的范围分别裁剪并按以下顺序排列:地质矿产图——A、航磁ΔT等值线平面图——B、航磁ΔT化极垂向一阶导数图等值线平面图——C、重磁推断地质构造图——D、航磁ΔT化极等值线平面图——E等。

第三步:编辑图例。对各使用图原图比例尺给予说明,进行整饰,完成该图编制。

3. 典型矿床所在位置地质矿产及物探剖析图

该剖析图主要是用来研究典型矿床的矿区地质构造特征和地球物理特征,提取矿区级预测要素及其重要性(重要的、必要的、次要的)。编制方法及步骤如下。

第一步:确定各使用图的比例尺。①地质矿产图使用的比例尺为1∶2 000～1∶2万,重磁推断地质构造图直接使用地面磁法1∶5 000～1∶2万资料;②重力图没有大比例尺重力数据的不绘制;③地磁图直接使用1∶5 000～1∶2万数据绘制。

第二步:以典型矿床为中心,在兼顾各种图件的完整性和合理性的基础上,大致按10cm×10cm的范围分别裁剪并按以下顺序排列:地质矿产图——A、磁测ΔZ剖面平面图——B、磁测ΔZ垂向一阶导数等值线平面图——C、磁测推断地质构造图——D、磁测ΔZ等值线平面图——G等。

第三步:编辑图例。对各使用图原图比例尺给予说明,进行整饰,完成该图编制。

4. 典型矿床模式图

典型矿床模式图,直接引用勘探剖面图或概念模型图。

典型矿床模式图主要用于表达成矿作用类型、成矿地质过程、成矿构造、成矿特征、地球物理特征、时空变化及其相互关系等要素内容。

第三章　河北省区域地质地球物理特征

区域地质地球物理特征是重力资料解释应用的前提条件，重力场只是地下地质体的一种综合反映，具有很强的多解性，离开了地质地球物理特征，重力资料就无法进行合理的地质解释。因此，进行重力资料应用研究，首先必须要详细研究和掌握应用地区的区域地质和地球物理特征。

第一节　区域地质构造

一、地层

河北省地层出露较齐全。太古宙变质地层出露于华北陆台的冀东、赞皇、阜平、怀安、崇礼几个隆起区，其中赞皇、阜平、怀安3个隆起区有少量古元古代浅变质地层；中新元古代出露于燕山裂谷；古生代海相沉积地层，在新元古代地层之上的北东向坳盆地中出露；中生代陆相火山岩地层主要发育在北东向断陷盆地中；新生代地层分布于山间盆地、沟谷和平原区。

(一)太古宙、古元古代

华北陆块太古宙变质基底，分为晋冀古陆块和胶辽古陆块(表3－1)。青龙河以西为晋冀古陆块，包括冀东、冀西冀北、阜平、赞皇4个区，变质程度为麻粒岩相—角闪岩相，原岩为基性火山岩、沉积岩，但各区之间火山岩与沉积岩的比例不同。青龙河以东为胶辽古陆块，变质程度为低角闪岩相—绿片岩相，原岩以火山沉积岩为主。

表3－1　华北陆块变质地层划分对比表

地质年代		晋冀古陆块				胶辽古陆块
代	代号	赞皇	阜平	冀西冀北	冀东	青龙河
古元古代	Pt_1	甘陶河群	官都岩群	化德岩群		
新太古代晚期	Ar_3^2		石咀岩群	红旗营子岩群		朱杖子岩群
新太古代早期	Ar_3^1		湾子岩群	崇礼岩群	遵化岩群	滦县岩群
中太古代	Ar_2	赞皇岩群	陈庄岩群	桑干杂岩	迁西岩群	
古太古代	Ar_1				曹庄岩组	

1. 冀东(含胶辽古陆块青龙河)

(1)古太古代曹庄岩组(Ar_1c)。零星出露于迁安曹庄、黄柏峪一带中新太古代变质深成岩中。

岩石组合主要为斜长角闪岩，含矽线石、堇青石、石榴石斜长片麻岩夹含铬云母石英岩，不纯大理岩及磁铁石英岩。

(2)中太古代迁西岩群(Ar_2Q)。零星分布于迁安水厂—平林镇一带，是一套含铁矿层表壳岩系，出露不连续，多被中新太古代变质深成岩所分割包围。岩石组合主要为暗色基性麻粒岩和含紫苏辉石黑云斜长变粒岩夹透辉斜长角闪岩及含辉石磁铁石英岩，是最重要的含铁层位。

(3)新太古代遵化岩群(Ar_3Z)。出露于遵化—宽城—青龙一带及承德南部地区。岩石组合主要为斜长角闪岩、黑云角闪斜长片麻岩和斜长变粒岩夹磁铁石英岩。

(4)新太古代滦县岩群(Ar_3L)。出露于青龙河以东地层，属胶辽古陆块。下部主要为变粒岩夹斜长角闪岩、磁铁石英岩及片岩，局部夹有透镜状大理岩；上部为薄层状斜长角闪岩夹各种片岩及变粒岩。为低角闪岩相，是最重要的含铁层位。

(5)新太古代朱杖子岩群(Ar_3ZZ)。出露于青龙河以东地层，不整合于滦县岩群之上。底部为一套变质砾岩，下部以变粒岩为主夹少量片岩、磁铁石英岩和磁铁角闪岩，中部为千枚状片岩夹变粒岩及变质砂砾岩，上部以变粒岩为主夹各种片岩、数层磁铁石英岩及透镜状磁铁角闪岩。为绿片岩相。

2. 冀西冀北

(1)中太古代桑干变质杂岩(Ar_2SG)。指分布于怀安、崇礼、宣化、赤城南部等地的一大套长英质片麻岩、麻粒岩及少量暗色基性麻粒岩组成的变质岩系。层位相当于迁西岩群。

(2)新太古代崇礼岩群(Ar_3CL)。出露于尚义-崇礼-赤城深断裂以南地区。主要由斜长角闪岩、斜长透辉角闪岩及少量辉岩、角闪岩等基性岩系组成，夹少量变粒岩、磁铁石英岩。层位相当于遵化岩群及滦县岩群。

(3)新太古代红旗营子岩群(Ar_3H)。指出露于尚义-赤城-丰宁深断裂和大庙-娘娘庙深断裂以北原称红旗营子组或单塔子群上部凤凰咀组和刘营组的表壳岩部分。岩石组合以各种变粒岩为主夹浅粒岩、大理岩及少量斜长角闪岩、磁铁石英岩。层位相当于朱杖子岩群。

(4)新太古代下白窑岩组(Ar_3x)。仅出露于尚义县西南部下白夭、宣付夭一带(相当于集宁岩群上部的孔兹岩系)。岩石组合主要为矽线石榴变粒岩(片麻岩)夹似层状、透镜状长石石英岩。高角闪岩相—角闪岩相变质。

3. 阜平、赞皇区

(1)中太古代陈庄岩群(Ar_2C)。主要分布于阜平隆起内。岩石组合以各种变粒岩、各种浅粒岩、大理岩及不纯大理岩为主夹多层斜长角闪岩、磁铁石英岩，局部夹有二辉麻粒岩和二辉磁铁石英岩。

(2)中太古代赞皇岩群(Ar_2ZH)。主要分布于赞皇隆起内。岩石组合以各种变粒岩(含矽线石、蓝晶石、石榴石、石墨)、石英岩、多个旋回层组成的石榴蓝晶云母片岩及大理岩为主夹多层斜长角闪岩、磁铁石英岩及少量浅粒岩。

(3)新太古代湾子岩群(Ar_3W)。主要分布于阜平隆起内。岩石组合为含矽线石英球的各种浅粒岩、变粒岩、斜长角闪岩、透辉透闪岩、透辉阳起石岩、大理岩。

(6)新太古代石咀岩群(Ar_3SH)。主要分布于阜平隆起内，相当于五台超群的下部层位，主体在山西省境内。以浅粒岩、变粒岩、片岩、斜长角闪岩为主夹石英岩、大理岩及数层磁铁石英岩、磁铁角闪石英岩。

(二)古元古代

(1)陶家窝铺岩组(Pt_1t)。零星出露于尚义-赤城-丰宁-平泉深断裂以北地区。岩石组合主要为石英岩、片岩、大理岩及少量变粒岩。

(2)化德岩群(Pt_1H)。系指出露于康保一带的沉积变质岩系，以变质粗砂岩、砂砾岩、板岩、石英岩、片岩、千枚岩为主，夹钙硅酸盐岩及不稳定大理岩，普遍发生高绿片岩相的区域变质作用。由于有大量晚古生代花岗岩侵入使化德岩群在内呈孤岛状残留顶盖状产出，致使在化德岩群中的部分泥质岩石，在区域浅变质的基础上，又叠加了后期热接触变质作用。

(3)官都岩群(Pt_1G)。主要分布于赞皇隆起内。由变质碎屑岩、片岩、结晶白云岩和大理岩组成，底部常见厚度不稳定的变质砾岩。以具磁铁矿形成的大型斜层理为其特征。

(4)甘陶河群(Pt_1GT)。主要分布于赞皇隆起内。以变质砂岩、砂质板岩、板岩为主夹多层玄武质火山碎屑岩、白云岩，向上则以变玄武岩为主夹多层砂岩和板岩。

(三)中新元古代

区内主要为一套海相沉积地层。广泛分布于张家口—赤城—承德以南的燕山地区和太行山区，以蓟县—宽城一带沉积厚度最大，地层层序最齐全。自下而上划分为中元古代长城纪、蓟县纪和新元古代青白口纪3个"群"级岩石地层单位。

长城纪地层为一套滨海相、深湖相富铁碎屑岩、黏土岩及富镁碳酸盐岩。

蓟县纪地层主要为一套滨海相、浅海相碳酸盐岩及少量碎屑岩、黏土岩。

青白口纪地层以黏土岩为主，其次为滨海相碳酸盐岩和碎屑岩。

(四)古生代

区内古生代地层发育不全，主要是以寒武纪、早—中奥陶世海相地层，中—晚石炭世海陆交互相地层及二叠纪陆相为主的地层。

寒武纪地层主要为一套浅海相碎屑岩和碳酸盐岩。岩性有厚层灰岩、页岩、鲕状灰岩及竹叶状灰岩等。

奥陶纪地层主要为一套浅海相碳酸盐岩。岩性有厚层豹皮状灰岩、泥质条带灰岩夹竹叶状灰岩、含燧石结核灰岩、白云岩、钙质页岩及角砾状灰岩等。

石炭纪地层零星出露于寒武纪—奥陶纪地层分布区内，为一套以碎屑岩为主夹海相灰岩和煤层的海陆交互相含煤建造。

二叠纪地层出露零星，是一套以陆相地层为主偶夹海相地层的地层组合。

(五)中新生代

区内中生代地层广泛出露，以一套陆相沉积碎屑岩及中酸性火山岩为主夹煤层和油页岩的一套火山-沉积岩系。

三叠纪地层以一套河流相单陆屑-复陆屑红色沉积碎屑岩建造为主，上部为河湖相煤系地层。

侏罗纪地层为一套湖沼相、河流相、火山喷发相组成的火山-沉积岩系。下部煤系地层含稳定工业煤层；中部为一套河流相红色砂砾岩夹中性火山岩，局部夹煤层；上部为一套中酸性—偏碱性的火山岩系。

白垩纪地层空间分布往往与晚侏罗世火山地层相伴，但分布范围偏小，为一套含煤及油页岩的陆相火山-沉积地层，中下部夹有油页岩及薄煤层。

新生代地层除缺失古近纪古新世地层外，其余皆有出露。大多分布在山间盆地、河流沟谷及平原地区。主要由玄武岩及各种杂陆屑等组成。矿产有煤、泥炭和砂金等。

二、火山岩

区内火山岩十分发育，可划分为太古宙、古元古代、中元古代、晚古生代、中生代和新生代6个火山旋回。除前两者已全部变成变质岩石外，中元古代及其之后的火山岩出露总面积大于20 670 km^2，岩石类型以安山岩、粗面岩、流纹岩为主。

（一）中元古代火山岩

该火山岩是在中元古代早期裂谷环境下形成，岩石组合主要为一套富钾质碱性玄武岩及粗面岩等。主要分布于密云-喜峰口大断裂以南的平谷、蓟县、遵化及滦县一带，总体呈北西西向展布。

（二）晚古生代火山岩

该火山岩是在岛弧环境下形成，岩石组合为安山岩及粗面岩等。主要分布于康保—围场一线，呈近东西向展布，北京西山有零星出露。

（三）中生代火山岩

该火山岩分布广泛，主要发育在燕山地区及其以北的坝上高原地区，太行山区出露少量。区内火山-沉积盆地达70余个，出露总面积大于20 000 km^2。中生代燕山旋回火山活动是本区火山活动规模最大、最强烈、最频繁的鼎盛时期，这一时期火山活动可划分为侏罗纪和白垩纪两个火山活动亚旋回、4个火山活动期。中生代火山岩总体属于钙碱性岩石系列，但全碱量偏高。

(1)南大岭期火山岩。形成于早侏罗世，火山活动以裂隙式喷溢为主。总体呈近东西向断续分布于北京西山及宣化以东—滦平—平泉一线，岩性主要为一套中基性、基性火山熔岩和火山碎屑岩。

(2)髫髻山期火山岩。形成于中侏罗世，火山活动以中心式喷发为主，亦见少量沿东西向断裂的裂隙式喷发。尚义—赤城—丰宁—隆化一线以南的燕山地区及太行山区皆有分布，主要由中性和少量中酸性、酸性火山熔岩及相应成分的火山碎屑岩组成。

(3)张家口期火山岩。形成于晚侏罗世，是区内分布范围最广、火山活动规模最大、最强烈、最频繁的一期火山活动。火山活动以强烈爆发的火山灰流相为主，间夹少量溢流相和崩落、空落堆积相，潜火山相的岩浆侵入活动亦比较强烈。岩性以酸性—中酸性火山熔岩、火山碎屑岩为主，夹少量中性火山熔岩及火山碎屑岩。

(4)义县期火山岩。形成于早白垩世，较张家口期火山岩范围有所缩小。形成了一套以中性—中基性火山熔岩、火山碎屑岩为主，夹中酸性—酸性火山熔岩和火山碎屑岩的岩石组合。

（四）新生代火山岩

区内新生代火山岩比较发育，出露面积约4 000 km^2。可进一步划分为古近纪孔店期、新近纪汉诺坝期和第四纪小山期3期较大规模的玄武岩浆喷发活动。

(1)孔店期玄武岩。隐伏于平原及渤海湾一带。据钻孔揭露，该期火山岩主要由玄武岩及少量玄武质凝灰岩、火山角砾岩组成。该期玄武岩属拉斑玄武岩系列。

(2)汉诺坝期玄武岩。该期玄武岩浆喷发是新生代火山活动的高峰期，形成涉县阳邑—山西左权—井陉雪花山和阳原—张家口—围场两条北东向的玄武岩喷发带。在河北与内蒙古接壤地带形成了上万平方千米的玄武岩台地。火山活动方式早期为大规模的裂隙式溢流，晚期沿原来的火山通道形成线状排列的中心式爆发，形成若干个小型火山碎屑锥。该期玄武岩属拉斑玄武岩系列和碱性玄武岩系列，两类岩石往往呈互层状相间出现。

(3)小山期玄武岩。集中分布于黄骅、沧州、孟村、盐山和海兴等地，除海兴小山地区火山碎屑岩出露地表外，其余各地均隐伏于平原之下，层位稳定。岩性主要为玄武质凝灰岩、火山角砾岩，及少量橄榄玄武岩、杏仁状玄武岩。该期玄武岩主要为碱性玄武岩系列。

三、侵入岩

区内侵入岩发育，在空间分布上几乎遍布基岩出露区，出露面积约 18 000km^2。早在 3 500Ma 前的古太古代就有英云长质岩石的侵位，直到第四纪还有玄武岩的喷发。按照岩浆活动规律可划分为太古宙—古元古代、中元古代、晚古生代和中生代、新生代五大岩浆侵入旋回，其中以中生代岩浆侵入活动最为强烈，出露规模最大，晚侏罗世岩浆侵入活动达到了顶峰，晚古生代次之。太古宙和古元古代岩浆岩已经变质成为变质深成岩，出露面积约 2 230km^2。侵入岩以中酸性岩为主，约占侵入岩面积的 94.6%；基性岩面积占 1.68%；超基性岩体数量在 2 000 个以上，面积占 1.12%；碱性岩面积占 2.58%。

(一)中太古代—古元古代变质深成岩

中太古代—古元古代变质深成岩广泛分布于迁西-阜平岩浆岩弧、胶辽古陆块、华北陆缘隆起带内变质岩出露区。中太古代变质深成岩岩性有英云闪长岩、奥长花岗片麻岩、花岗闪长质片麻岩、石英闪长质片麻岩、英云闪长质片麻岩、辉绿岩，以富纳贫钾为特色。它们与迁西岩群、阜平岩群紧密伴生，时见侵入接触关系。目前尚未取得该深成片麻岩套的确切年龄，据侵入其中的基性岩墙[(2 858±137)Ma]的 Sm－Nd 等时线年龄推断，这套变质深成岩的形成时间应在 3 000～2 800Ma 之间，属于中太古代晚期产物。

新太古代变质深成岩按化学成分大体可分为钠质系列的深成片麻岩和钾质系列的深成片麻岩。前者主要为石英闪长质、英云闪长质、奥长花岗质及花岗闪长质片麻岩，后者主要为二长花岗质片麻岩、变质二长花岗岩、变质钾质花岗岩。它们与新太古代变质表壳岩之间常见侵入接触关系。灰色片麻岩的锆石离子探针质谱年龄在 2 761～2 501Ma 之间，钾质系列花岗片麻岩形成于 2 550～2 450Ma 期间。

古元古代变质深成岩主要分布于太行山和冀西北地区，岩体一般规模小，呈小岩株或巨大岩脉、岩席状产出，分布零星，花岗质岩石为变质闪长岩、变二长闪长岩及变质二长花岗岩、变质钾质花岗岩等，镁铁质、超镁铁质岩为辉石岩、角闪石岩、辉长岩等。岩体侵入甘陶河群和红旗营子岩群，并与围岩一起遭受区域变质作用。其上被长城系覆盖，同位素年龄在 2 200～1 800Ma 之间，是古元古代的产物。

(二)中元古代侵入岩

中元古代的岩浆活动集中于长城纪，该期侵入岩分布于迁西-阜平岩浆岩弧、燕辽裂陷带内，出露规模较小。岩石组合为镁铁质—超镁铁质岩、斜长岩、苏长岩、二长岩、正长岩、富钾花岗岩及环斑花岗岩，其中镁铁质—超镁铁质岩、斜长岩和苏长岩分别沿丰宁-隆化、大庙-娘娘庙、尚义-平泉、密云-喜峰口等东西向深、大断裂和上黄旗-乌龙沟、紫荆关-灵山深断裂展布。它们侵入最新地层为大红峪组。

(三)晚古生代侵入岩

该旋回侵入岩自北而南可划分为康保-围场、崇礼-承德、姚家庄-矾山-孤山、易县-涞水4条平行等距的超基性岩带，并分别沿康保-围场深断裂、尚义-赤城-隆化深断裂、密云-喜峰口大断裂、固安-昌黎大断裂呈近东西向展布。岩石类型有辉橄岩、橄榄角闪辉石岩、透辉岩、辉石岩、角闪辉石岩、辉石角闪石岩、角闪石岩、正长辉石岩、辉长岩、霞石正长岩。

(1)花岗质岩石组合。主要分布于康保、张北、崇礼、丰宁、滦平、承德和隆化等地，出露面积约4 260km²。岩石类型有石英闪长岩、花岗闪长岩、二长花岗岩、正长花岗岩。

(2)碱性岩石组合。主要分布于崇礼、赤城等地，出露面积约230km²。岩石类型有二长岩、二长花岗岩、正长岩、霓辉岩、霞石正长岩。

(四)中生代侵入岩

中生代侵入岩极为发育，主要分布于燕山地区和太行山区，面积约10 470km²，并以太行山造山带侵入岩出露规模最大。

(1)晚三叠世侵入岩。分布于围场画山、丰宁南辛营、平泉王土房、怀柔云蒙山、蓟县盘山、青龙都山等地，呈东西向带状展布，出露面积约700km²。岩石组合为辉长岩、闪长岩、石英二长闪长岩、石英二长岩、二长花岗岩、正长花岗岩。属I型岩石系列。

(2)早侏罗世侵入岩。面积约370km²。主要沿康保-围场深断裂和密云-喜峰口大断裂南侧太古宙基底隆起呈串珠状东西向展布，岩石组合为石英二长闪长岩、石英二长岩、二长花岗岩、正长花岗岩。另外，在邯郸叩天井地区也有零星出露，岩性为角闪辉橄岩、角闪辉石岩、辉石角闪石岩及橄榄角闪辉长岩、角闪辉长岩等。

(3)中侏罗世侵入岩。分布于张家口—赤城—承德—平泉一线以南的燕山地区，太行山区亦有少量出露，多沿强烈活动的髫髻山期火山盆地边缘或边缘之外的隆起部位产出。出露面积约1 300km²。燕山地区岩石组合有角闪闪长岩、石英二长闪长岩、石英二长岩、二长花岗岩、花岗岩。邯邢地区岩石组合为角闪闪长岩、斑状角闪闪长岩。

(4)晚侏罗世侵入岩。几乎遍及全区，是中生代最剧烈的一次岩浆侵入活动，岩浆侵入期次多、分布广、规模大，岩体大多呈岩基或较大岩株产出。出露面积约7 000km²。空间上与张家口期火山岩紧密相伴，特别是沿太行山深断裂带(围场—阜平区段)与火山岩一起形成了规模宏伟的构造岩浆活动带。围场—阜平区段及其西侧的大囫囵—青羊沟地区以及东侧的围场—丰宁—兴隆一线以东地区，岩石组合为石英闪长玢岩、石英二长斑岩、花岗斑岩、石英正长斑岩、正长斑岩、石英二长闪长岩、石英二长岩、花岗闪长岩、二长花岗岩、正长花岗岩；邯邢地区出露少量，岩石组合为闪长岩、二长闪长岩、二长岩、正长岩；在丰宁窟窿山—兴隆雾灵山—秦皇岛响山一线还分布一套碱性—偏碱性岩石组合，岩性为碱性花岗岩、碱性石英正长岩、石英碱长正长岩、石英正长斑岩、石英二长岩。

(5)早白垩世侵入岩。燕山地区和太行山区皆有分布，面积约1 100km²。岩体规模较小，多为浅成—超浅成侵入的小岩株或岩瘤，或侵入于晚侏罗世北东向侵入岩带内及其附近的继承性断裂中，或侵入于义县期火山构造中。岩石组合为石英二长闪长岩、闪长玢岩、石英二长岩、石英正长岩、中细粒二长花岗岩、二长花岗斑岩、正长花岗岩、细粒正长花岗岩、花岗斑岩等。邯邢地区岩石组合为辉石正长岩、正长岩。

四、变质岩

河北省变质岩经历了复杂多期的变质和变形作用。由于各地区变质岩石所处的大地构造位置不同，形成时代不同，经历的构造条件不同，各地的物理化学条件不同，以及原岩建造不同，造成了复杂多变的变质岩岩貌。

（一）青龙河以东地区（胶辽古陆块）

1. 滦县岩群及安子岭片麻岩套

该变质杂岩出露在滦县、卢龙、青龙大巫岚—茨榆山、抚宁深河一带，岩石组合为黑云母变粒岩、角闪黑云变粒岩、角闪变粒岩、斜长角闪岩、镁铁闪石磁铁石英岩。安子岭片麻岩套包括角闪二长岩、闪长岩、花岗闪长岩、斜长闪长岩 4 个片麻岩单位，锆石 U－Pb 年龄为（2 592～2 532）Ma，形成时代为新太古代早期。各类岩石主要为细粒结构，属角闪岩相。

2. 朱杖子岩群、柳各庄变质石英闪长岩和秦皇岛变质花岗岩系列

该变质杂岩出露在青龙县境内，原岩建造以碎屑沉积为主，局部夹火山岩。岩石组合为变粒岩、片岩、磁铁角闪岩和磁铁石英岩。柳各庄变质石英闪长岩锆石 U－Pb 年龄为（2 528～2 450）Ma。秦皇岛变质花岗岩系列二长花岗岩、变质钾长花岗岩，锆石 U－Pb 年龄为（2 552～2 412）Ma。岩石普遍颗粒细，变余结构构造明显，属绿片岩相。

（二）冀东地区

1. 曹庄岩组

该岩组仅零星见于迁安曹庄、黄柏峪一带，并呈大小不等的包体形态出现于中新太古代的变质深成岩之中。其岩石组合以斜长角闪岩、斜长片麻岩为主，夹含铬云母石英岩、不纯大理岩及磁铁石英岩等。单颗粒锆石逐层蒸发法测得年龄为（3 722～3 630）Ma，属麻粒岩相。

2. 迁西岩群及迁西片麻岩套

该变质杂岩主要分布在迁西陆核的迁西三屯营、东荒峪、迁安水厂、平林镇、娄子山等地。西部在马兰峪附近以断层为界与遵化岩群接触，北部为喜峰口断裂，北东部为冷口断裂所围限，南部被长城系角度不整合覆盖。另外，在密云水库以东、滦平盆地西南周边也有分布。岩石组合为基性麻粒岩、黑云斜长变粒岩夹透辉斜长角闪岩、含辉石磁铁石英岩。迁西片麻岩套包括英云闪长-花岗闪长质片麻岩、花岗奥长花岗质片麻岩、紫苏花岗岩和辉绿岩墙 4 个岩石单位。属麻粒岩相。

3. 遵化岩群、汉儿庄片麻岩套和杨树沟片麻岩

该变质杂岩出露于遵化—青龙、平泉曹碾沟、宽城赵家沟—板城、滦平小营满族乡等地，岩石类型相对比较简单，有斜长角闪岩、斜长变粒岩、磁铁石英岩。汉儿庄片麻岩套包括角闪斜长片麻岩、花岗闪长质片麻岩、角闪二长片麻岩、辉长质片麻岩、基性岩墙 5 个岩石单位。杨树沟片麻岩岩性为二长花岗质片麻岩。属高角闪岩相。

（三）冀西冀北地区

1. 桑干变质杂岩

该变质杂岩分布于怀安—宣化一带，岩性为长英质片麻岩、麻粒岩。属麻粒岩相。

2. 崇礼岩群和 TTG 岩系

该变质杂岩出露于崇礼—赤城一带，尚义-崇礼-赤城断裂以南。岩石类型为斜长角闪岩、石榴黑云斜长变粒岩及少量透辉角闪岩、磁铁石英岩。TTG 岩系包括英云闪长-奥长花岗质片麻岩、紫

苏花岗闪长质片麻岩两个岩石单位。属高角闪岩相。

3. 下白窑岩组

该岩组原称下白窑组，仅在尚义县西南部下白窑、宣付夭一带见及。主要由矽线石榴变粒岩（片麻岩）及长石石英岩组成。长石石英岩呈似层状、透镜状夹于变粒岩（片麻岩）中。属角闪岩相。

4. 红旗营子岩群、张家口片麻岩套

该变质杂岩出露于尚义-赤城-丰宁断裂带及大庙断裂带以北，岩石类型为斜长角闪岩、石榴黑云斜长变粒岩、角闪黑云斜长片麻岩、磁铁石英岩。张家口片麻岩套包括辉长-闪长质片麻岩、二长花岗质片麻岩、花岗质片麻岩、钾长花岗质片麻岩、基性岩墙 5 个岩石单位，锆石 U - Pb 年龄为 2 589～2 408Ma。属角闪岩相。

5. 化德岩群

化德岩群出露于内蒙古化德、河北康保一带，岩石组合为二云石英片岩、石榴二云片岩、变质石英砂岩、透闪岩、二云斜长变粒岩、透闪大理岩。该套地层变质变形程度较低，原岩的结构、构造保存完好，属高绿片岩相。

6. 陶家窝铺岩组和变质侵入杂岩

陶家窝铺岩组零星出露于尚义-平泉断裂以北地区。丰宁以东多呈规模不等的包体，产于古元古代变质侵入岩内；丰宁以西主要产于断裂带内，与红旗营子岩组为构造接触。主要岩石组合为石英岩、片岩、大理岩及少量二云斜长变粒岩。变质侵入岩侵入陶家窝铺岩组。主要岩石类型有角闪辉石岩、辉长角闪岩、闪长岩、石英闪长岩、石英二长岩、花岗闪长岩、二长花岗岩、花岗岩、钾长花岗岩等，上述岩石均遭受变形变质作用改造，具弱片麻状构造和变余结构。锆石 U - Pb 年龄为 2 131～1 806Ma。属绿片岩相。

（四）太行山地区

1. 陈庄岩群及阜平混合片麻岩套

该变质杂岩出露于阜平隆起内。岩石组合为斜长角闪二辉麻粒岩、角闪变粒岩、紫苏浅粒岩、黑云钾长片麻岩、磁铁石英岩。阜平混合片麻岩套包括石英闪长片麻岩、英云闪长片麻岩、奥长花岗质片麻岩 3 个岩石单位，Sm - Nd 等时线年龄值 2 886Ma。属麻粒岩相。

2. 赞皇岩群和邢台(混合)片麻岩套

该岩群出露于赞皇古陆核内。岩石组合为斜长角闪变粒岩、斜长角闪岩、紫苏浅粒岩、磁铁石英岩。邢台（混合）片麻岩套包括石英闪长片麻岩、英云闪长片麻岩、奥长花岗质片麻岩 3 个岩石单位。属高角闪岩相。

3. 湾子岩群及涞源片麻套

该变质杂岩出露于阜隆起内。岩石组合为透辉斜长角闪岩、石榴二长浅粒岩、钾长浅粒岩、大理岩、磁铁石英岩、涞源片麻套二长花岗质片麻岩、钾长花岗质片麻岩。属高角闪岩相。

4. 石咀岩群

该岩群出露于阜隆起内西部，相当于五台超群的下部地层。岩石组合为浅粒岩、变粒岩、片岩、斜长角闪岩、磁铁石英岩。属低角闪岩相。

5. 官都岩群及许亭变质斑状花岗岩

该变质杂岩出露于赞皇古陆核内。岩石类型为绿帘角闪片岩、斜长角闪片岩、白云母片岩、二云石英片岩、长石石英岩、白云石大理岩。许亭变质斑状花岗岩包括基性—超基性岩、二长花岗岩、变质钾长花岗岩。属高绿片岩相。

6. 甘陶河群

该变质岩出露于赞皇古陆核内。岩石类型为千枚状绢云片岩、板岩及含绢云长石石英砂岩等。属低绿片岩相。

五、大型变形构造

（一）重要断裂带

重要断裂带是指构造活动强烈、影响深度很大，对不同地史阶段的沉积作用和岩浆活动具有明显的控制作用，能将区域构造切割为不同构造单元的构造断裂带。

1. 康保-围场深断裂

康保-围场断裂为华北地台北缘断裂，大致沿北纬42°线通过河北省的北部边缘。西段主断裂在满德堂—孟家营子一带，宽70km，走向80°左右，近直立。其北侧被中新生代地层覆盖，其南侧主要为新太古代—古元古代的地质体。深大断裂南盘次级断裂和韧性剪切带发育。沿深大断裂带，大部分地区被晚古生代花岗岩侵入。东段在围场附近，主断裂大部分被中新生代地层覆盖，总体走向近东西，宽近2km。尚家营一带断裂暴露较清楚，断裂带由片理化带、糜棱岩化带、碎裂岩带组成，走向65°～75°，倾向北西，倾角为60°左右，自北向南逆冲。主断裂带南侧70～80km内，分布数条同期次级断裂带和韧性剪切带。康保-围场深大断裂带，形成于新太古代末期。二叠纪末，该断裂带活动最为强烈，岩浆岩大量侵入，中生代仍有活动。

2. 尚义-隆化深大断裂

尚义-隆化深大断裂带，沿北纬41°00′—41°20′呈东西向分布，断面陡倾，或南或北。自尚义向东经赤城、隆化，向东延入辽宁。该断裂形成于新太古代，长期活动，在地史上阻隔了中新元古代和古生代海侵的北进，主导了中元古代及晚古生代深成岩的侵入。侏罗纪初，断裂强烈活动，多次引发基性—中性火山岩的喷发。

3. 涞源-房山-密云-喜峰口深断裂

该断裂自涞源经房山、密云、喜峰口，向东延入辽宁，东西走向，断面陡倾80°以上，喜峰口以西断面北倾，以东断面南倾，断裂带宽数十米到200m，由数条断面组成，沿断裂糜棱岩带、片理化带和构造透镜体发育，压扭性特征明显。断裂北盘的中元古代地层形成一系列北东向的褶皱和冲断，指示断裂具右行扭动。该断裂形成于新太古代，长期活动，印支期—燕山期活动最为剧烈，由南东向北西发生大规模推覆，在断裂带南侧形成一系列东西向、串珠状排列的早侏罗世花岗岩体。

4. 固安-昌黎隐伏大断裂

该断裂西起固安，向东经廊坊、昌黎延入渤海。全被新生代地层覆盖，大致分布在北纬39°30′—39°40′之间，呈东西走向。固安—宝坻为西段，断面南倾，倾角60°～80°，控制侏罗纪、白垩纪及古近纪沉积。宁河—昌黎为东段，走向60°，特征同西段类似，中新生代仍继续活动。该断裂构成华北断陷带的北界。

5. 上黄旗-乌龙沟-灵山深断裂带

该深断裂带包括上黄旗-乌龙沟深断裂带和紫荆关-灵山深断裂。

(1)上黄旗-乌龙沟深断裂。分布于涞源倒马关,向北东经乌龙沟、赤城、上黄旗向北延入内蒙古,总体走向 NE25°。以赤城为中心分为南、北两段。南段断裂的地表形迹稳定、规模宏伟、断裂活动明显;北段由数条断裂组成一个宽带,断裂断续斜列分布。该深大断裂形成于新太古代,但活动最为强烈的是侏罗纪,伴随断裂有大量岩浆岩侵入,形成 NNE 向构造岩浆带。

(2)紫荆关-灵山深断裂。北起涞水县岭南台,向南经北龙门、紫荆关、灵山延入山西省,走向 NE(20°～30°),倾向南东,倾角 55°～75°。

该深断裂的活动控制了中—新元古代的沉积,晚侏罗世—早白垩世为该断裂的剧烈变形期,火山强烈喷发,岩浆岩大量侵入,形成 NNE 向构造岩浆带。

6. 太行山山前深断裂带

太行山山前深断裂带分布于太行山山前地带,地表被第四纪沉积覆盖。北起怀柔城北,向南经房山、石家庄、邯郸达河南安阳。该断裂形成于新太古代—古元古代,主导含幔源物质成分的火山沉积,显示古裂谷带特征。中—新元古代成为裂陷海的西部内侧边界,中生代强烈活动,岩浆岩侵入,中生代后差异上升运动,西侧逐级上升。至第四纪该断裂仍在持续活动。

7. 青龙-滦县大断裂

该断裂亦称青龙河断裂,具有多期活动性。断裂北起青龙栅栏杖子,向南沿青龙河谷经滦县、滦南隐入冀东平原。断裂总体走向北东 25°左右,向北西陡倾,长度超过 150km。断裂破碎带发育,碎裂岩、片理化带、糜棱岩带普遍发育,擦痕、劈理成群出现。

(二)主要韧性变形带

1. 冀东地区韧性变形带

韧性变形带极为发育。绿片岩相、角闪岩相、麻粒岩相不同变质构造相和不同时期韧性变形带的叠加复合关系十分明显。中深构造层次的韧性变形带是以板状片麻岩为代表的面状构造和条带状构造极为发育为特征,总体规律是随变形强度的增加岩石内部片麻理及条带状构造发育。

2. 太行山区韧性变形带

(1)阜平期韧性剪切带。形成于地壳较深层次,主要为顺层推覆,规模较大,长数十千米至上百千米,宽几百米至几千米。强烈的剪切褶皱变形往往使岩石地层单元发生重复或缺失。如龙泉关—阜平—平阳一线形成强烈的柔性变形带,褶皱强烈向南倒转,乃至形成平卧褶皱。韧性变形带往往由强、弱变形域相间组成。

(2)五台期推覆型韧性剪切带。韧性剪切带位于阜平变质核杂岩的西部神堂堡—长城岭—湾子—活川口一线,总体呈北北东向带状展布,向北西缓倾。韧性剪切带中的岩石都已构造平行化,其中柔性褶皱、构造透镜体、石香肠构造和糜棱岩都非常发育。规模巨大的五台期北北东向韧性剪切带叠加程度也随之加强。

阜平期近东西向韧性剪切带之上,形成构造的横跨叠加现象。

(3)吕梁期韧性剪切带。规模一般较小,往往沿古元古代地层与太古宙地层间的不整合面发育,以逆冲推覆型为主。在韧性变形带强烈变形部位,可以使地层大幅度减薄甚至断失某些层位。

3. 冀西冀北地区韧性变形带

韧性变形带以各类糜棱岩广泛发育为特征,在卫星遥感图像中以汤河口-古北口韧性变形带影像特征最为清晰,为一条密集的细密影纹带,实地宽达 10km;韧性变形带中矿物发生压扁拉长形成定向排列。另外康保-围场、丰宁-隆化、大庙-娘娘庙、尚义-平泉、上黄旗-乌龙沟等深断裂也具有韧性变形特征，韧性变形带长数千米至上百千米，宽数百米至十余千米不等，往往是强、弱变形域相间分布，是韧性、脆性变形兼而有之的构造变形带。

（三）层圈式拆离滑脱带

河北省沉积盖层中至少存在 3 个层圈式韧性滑脱构造带，它们是古老基底与沉积盖层之间、新元古代下马岭组内、古生代寒武纪—奥陶纪地层内。

基底与盖层之间的韧性滑脱带顺层性极明显，往往与不整合面或相吻合或相平行。从区域资料分析，主滑脱面发生于基底与长城系或蓟县系、青白口系之间的不整合面上。沿不整合面发生一定规模的韧性滑脱构造，表现为既有正向拆离滑脱，又有逆冲推覆构造式样。如赞皇韧性拆离滑脱带、曲阳党城至唐县黄石口拆离滑脱带等。

下马岭组内的韧性滑脱剪切带形成机制比较复杂，既有燕山期陆内俯冲产物，也可能是中新生代以来伸展作用和重力作用的结果。如易县北考-向阳韧性角砾岩层、北京西山脆—韧性剪切带等。

寒武纪—奥陶纪地层中的顺层滑脱构造分布广泛，如易县西陵寒武纪—奥陶纪地层中的滑覆体、阜平神仙山盆地奥陶纪地层中的逆冲推覆构造等。

（四）逆冲推覆构造

河北省板内造山带存在着丰富的逆冲推覆构造，已经发现有 30 余条。主要为隆内断陷盆缘的逆冲推覆构造、隆缘型逆冲推覆构造、盆内型楔冲构造、以岩浆岩体为主的逆冲推覆构造，这些构造往往造成岩层远距离漂移或形成无根岩体。产出的组合类型有单冲型、楔冲型、对冲型 3 种。单冲型，即由若干条平行排列的逆冲断层呈叠瓦状排列，这些逆冲断层倾向大体一致，具有统一的逆冲推覆方向，构成单冲型的逆冲断层系，逆冲断层的形态和规模也基本相同，如鹰手营子、涝洼、神仙山等逆冲推覆构造；楔冲型，由产状相近的一条（套）冲断层与一条正断层共同构成上宽下窄的楔状冲断体，从剖面上看，外来系统如一个岩楔逆冲于原地系统之上，一般来说逆冲断层位于下部，正断层位于上部，在地下一定深度两断层面有逐渐趋近之势，如赤城县二堡子-于家沟逆冲推覆构造等；对冲型，这种逆冲推覆构造为相对冲起型，逆冲断面对倾，相向运动，这种构造本区不十分发育，仅见平泉双洞子和唐县迷城两逆冲推覆构造带。

（五）褶皱构造

1. 基底褶皱

前迁西（曹庄）期褶皱分布于迁安曹庄、杏山一带，由斜长角闪岩、斜长片麻岩夹大理岩、磁铁石英岩编织表壳岩构成。褶皱构造主要为等斜紧密褶皱，韧性剪切带发育，表现形式多为小型片内无根褶皱。

迁西期褶皱主要由不同成分的花岗质古侵入岩石经过多期构造变形变质作用而成，花岗质岩石改造成为片麻状构造发育的片麻岩穹隆是迁西期褶皱构造的重要特征。一般认为，冀东地区发育 3 个数百平方千米至千余平方千米的巨大花岗质片麻岩穹隆，它们是迁安紫苏花岗片麻岩穹隆、东荒峪紫苏花岗片麻岩穹隆、安子岭紫苏花岗片麻岩-混合花岗岩穹隆等。迁西期褶皱主要为等斜紧密褶皱，韧性剪切带发育。

阜平期褶皱在冀东地区是指发育在遵化岩群之中的褶皱构造。褶皱紧闭，呈“W”形，延伸性差，不稳定。一系列紧闭同斜倒转褶皱，轴向多近南北，褶皱规模较大，如著名的司家营-马城-长凝复向斜是冀东重要的铁矿储矿构造。太行山区的阜平期褶皱指发育在原阜平(岩)群中的褶皱构造。在太行山中段褶皱表现为穹隆复合褶皱构造,岩层发生塑性流变及面理构造,晚期发生紧闭同斜倒转褶皱,轴向 NEE。韧性剪切带发育。

五台期褶皱在冀东地区指朱杖子岩群中的褶皱构造,在太行山区是指发育在石咀岩群中的褶皱构造,在冀北地区是指红旗营子岩群中的褶皱构造。褶皱变形特点主要表现为等斜倒转-平卧褶皱、紧闭弯滑褶皱、片内无根褶皱。在冀北地区褶皱轴向为近东西向,在青龙河以东地区褶皱呈北北东向。韧性剪切带发育。

吕梁期褶皱是指甘陶河群中的褶皱构造。吕梁期褶皱以一系列比较开阔、斜歪复式背向斜褶皱构造为主。

2. 盖层褶皱

海西期褶皱在本区表现为两种性质:以康保-围场断裂为界,北部的造山系表现为造山运动,因此岩浆活动和褶皱构造发育,但由于在河北省分布极少而难以表述;南部广大的华北陆块区表现为造陆运动,褶皱构造一般不发育,多表现为岩层的略微弯曲。在一些软弱层内见有层内揉皱现象,一般规模不大。

印支期褶皱是指发生在三叠纪及其以下地层中的褶皱构造。印支期褶皱在本区表现为两幕。早、中三叠世在伸展体制的大陆凹陷状态下,拉张构造环境占据主导地位,发育大型三叠纪凹陷盆地。晚三叠世在柳江盆地、下板城、平泉等地均发育三叠纪地层卷入的区域性纵弯褶皱构造。

燕山期褶皱构造运动是区域性的,在燕山山脉发育最好,在太行山区也有重要表现。早、中侏罗世之间在承德县尤家沟一带下花园组煤系地层的褶皱表现明显,褶皱轴向北东 70°～80°,呈宽缓的波状背向斜。中、晚侏罗世之间在北京以东,总体为一大型箱状复式背斜,核部在马兰峪至金厂峪一线,由太古宇组成。轴向近东西,向西倾伏,南北两翼宽展,依次由中—新元古代、古生代及中—早侏罗世地层组成。北京以西展现为连续的中型复式褶皱系列,由太古宙至中侏罗世地层组成。轴向北东 50°～60°。一般向斜翼陡核平,背斜宽缓斜歪,二者结合部位多发育次级褶皱、挠曲或走向断层。总的特点是含有中侏罗世的地层形成的褶皱被晚侏罗世张家口组不整合覆盖。侏罗纪与白垩纪之间,褶皱规模大,遍及全区。太行山区,以阜平、赞皇变质基底为核部的两个大型宽缓背斜构造,以及二者之间的由古生代地层组成的向斜构造,均属该期产物。早、中白垩世与晚白垩世之间,在冀北地区表现为沉积盆地,多属宽缓的开启型向斜构造,两翼倾角平缓。白垩纪末一般表现为与断裂活动有关的宽缓的岩层波状弯曲,构造变动轻微。

(六)盆地构造特征

河北省及邻区由于中新生代的构造运动,火山喷发一沉积作用、断裂活动强烈,形成了燕山和太行山两个中生代火山盆地构成的火山活动带及新生代受断裂控制的同生断陷盆地。

燕山火山活动带中的火山盆地总体特征是:①受基底构造控制明显,与基底构造一起呈北东东—近东西向展布,具有较明显的继承性,其内部的盆地多为继承性盆地;②所形成盆地的特点是既有火山物质堆积,又有外来陆源碎屑沉积,经常呈互层状出现,彼此消长,为火山-沉积型盆地;③盆地的形成大多受区域断裂控制,盆缘断裂发育,构造性质属断陷盆地;④比较明显且重要的是该火山活动带内地层时代主要为早、中侏罗世,两者空间上紧密相伴,并在早侏罗世下花园组中形成重要的多层工业煤层,岩浆活动性质主要为南大岭期基性—中基性火山岩和髫髻山期中性火山岩,两者岩浆活动性质具有过渡性。

太行山火山活动带中的火山盆地总体特点是:①该火山岩带具有明显的新生性,由早、中侏罗世燕山火山活动带的北东东向变为现在的北北东向展布，其内部的盆地多为上叠式盆地；②盆地内部以火山物质堆积为主，为火山喷发堆积盆地，盆地内火山地层走向与太行山火山活动带走向一致，总体呈北北东向展布，地层时代主要为晚、中侏罗世和早白垩世；③火山构造类型复杂，火山活动方式以爆发为主，溢流为辅，岩性岩相变化大；④岩浆活动性质以酸性—中酸性为主，少量中性、中基性，并伴有大规模的以酸性、中酸性岩浆为主的深成—浅成—超浅成侵入活动，与太行山火山活动带一起形成了河北省规模宏伟的火山-侵入岩带。

新生代的盆地均为受断裂控制的同生盆地，平原区以双断裂为主，山区以单断裂为主，靠断裂一侧往往是沉降中心。平原区整体为一个受断裂控制的同生断陷大型构造盆地——华北裂陷带。华北平原(裂陷带)自始新世以来虽持续下降，但沉降幅度和速度在各地、各阶段不同。在时间上，古近纪沉降幅度大，速度快，各地变化较大，沉积物的成分和结构均不成熟，反映了较强烈的活动构造环境；新近纪沉降幅度相对小，速度慢，各地变化较小。在空间上，大致以近西界断裂部位沉积最厚。

第二节　岩矿石物性特征

一、全省岩矿石密度特征

(一)地层的密度特征

由表 3-2 中的数据可见：地层密度随成岩时代由新到老，表现出由小到大的变化规律。从新生界至新元古界，其地层均为沉积岩和火山碎屑沉积岩。成岩时代越老，受到长时间受压等各种地质作用的影响，岩石结构会更加致密，以至孔隙度变小，密度变大。如本区第四系沉积物结构疏松，基本呈未分岩状态，其平均密度仅为 $2.05\times10^3\,kg/m^3$。长城系的串岭沟组主要由页岩等组成，但经过长期压实成岩后，密度显著增加，为 $2.54\times10^3\,kg/m^3$。河北省自古元古界到太古宇为一套变质岩系，变质程度越深，岩石密度越大。岩石的密度还与组成岩石的物质成分有关。岩石中铁、镁、钙质矿物增多，岩石密度增大。如河北省斜长角闪岩密度变化范围为 $2.79\times10^3\sim2.95\times10^3\,kg/m^3$，而浅粒岩的平均密度仅为 $2.57\times10^3\,kg/m^3$。此外各时代碳酸盐岩属化学结晶岩石，钙镁含量较高，其密度也较大。

根据地层岩石密度大小、岩石建造等特征，将河北省地层由老到新划分为 4 个密度层。

第Ⅰ密度层：包括太古宇和古元古界变质岩系地层，其平均密度为 $2.71\times10^3\,kg/m^3$，属高密度层，为一套高铁镁类结晶变质岩建造，构成河北省的结晶基底。其原岩以中—基性火山岩为主，组成岩石多为含角闪、辉石等的片麻岩、麻粒岩及各种变粒岩、片岩等。

第Ⅱ密度层：平均密度为 $2.66\times10^3\,kg/m^3$，为中密度层。包括中新元古界和古生界各组地层，为一套海相、海陆交互相沉积岩建造，有各种灰岩、白云岩、砂岩、页岩、泥岩等，以灰岩、白云岩等碳酸盐岩为主。

第Ⅲ密度层：平均密度为 $2.47\times10^3\,kg/m^3$，为低密度层，包括中生界各组地层和新生界第三系，为一套陆相沉积岩-火山碎屑岩和局部分布的火山岩建造，成岩时代较新，结构孔隙度较大，密度较低。

表 3-2　河北省地层密度参数表

地层单位			建造类型	标本数（块）	密度 σ（$\times10^3$ kg/m^3）		密度层及平均值（$\times10^3$ kg/m^3）
					变化范围	平均值	
新生界	第四系		松散物	210	1.39～2.63	2.05	Ⅳ（最低），2.05
	第三系	沉积岩		284	1.95～2.97	2.59	Ⅲ（低），2.47
		玄武岩	基性火山岩建造				
中生界	白垩系		中酸性火山岩建造	657	1.80～2.83	2.47	
	侏罗系			2 116	1.97～3.13	2.47	
	三叠系		陆相碎屑含煤建造	125	2.16～2.79	2.43	
古生界	二叠系		陆相海陆交替相含煤建造	155	2.32～2.92	2.61	Ⅱ（中等），2.66
	石炭系			111	2.29～3.58	2.59	
	奥陶系		海相碳酸岩建造	552	2.30～2.87	2.68	
	寒武系			564	2.20～2.89	2.61	
中新元古界	青白口系			104	2.433～2.934	2.62	
	蓟县系			748	2.12～3.75	2.71	
	长城系			1 004	1.97～3.07	2.615	
古元古界	甘淘河群		结晶变质岩建造	184	2.41～3.04	2.752	Ⅰ（高），2.71
	五台超群石咀岩群			286	2.41～3.43	2.737	
太古宇	阜平超群湾子岩群			693	2.23～3.08	2.660	
	阜平超群陈庄岩群			346	2.23～3.28	2.752	
	遵化岩群			608	2.26～3.50	2.706	
	迁西岩群			412	2.29～3.51	2.717	

第Ⅳ密度层：平均密度仅 2.05×10^3 kg/m^3，为最低密度层，主要是第四系松散沉积物。

以上第Ⅰ密度层为结晶基底，第Ⅱ、第Ⅲ密度层为盖层。其中第Ⅰ、第Ⅱ层之间密度差约为 0.049×10^3 kg/m^3，为第一密度界面。第Ⅱ、第Ⅲ层之间密度差约为 0.191×10^3 kg/m^3，为第二密度界面。两密度界面密度差别显著，在河北省是广泛存在的密度界面，是影响重力的重要因素。第Ⅲ、第Ⅳ层之间密度差约为 0.421×10^3 kg/m^3，为第三密度界面。界面的起伏会直接引起重力场的变化。

此外，地壳深部硅铝层平均密度为 2.78×10^3 kg/m^3，硅镁层平均密度为 3.18×10^3 kg/m^3，上地幔平均密度为 3.48×10^3 kg/m^3。其各层之间分别为康拉德界面（康氏面）和莫霍界面（莫霍面），康氏面和莫霍面是地壳中的两个最明显的密度界面，它们的起伏是引起重力场区域性变化的主要原因。

（二）岩矿石的密度特征

1. 沉积岩的密度特征

沉积岩的密度随岩性的粒级由粗变细、结构由疏松变致密，其密度值从（砾岩）2.51×10^3 kg/m^3

增到（白云岩）$2.73\times10^3 kg/m^3$，呈单调式增大，见表3-3。

表3-3　河北省沉积岩密度表

岩石种类	样品数（块）	密度值（$\times10^3 kg/m^3$）		
		平均值	密度极小值	密度极大值
灰岩	1 275	2.70	2.08	3.07
白云岩	1 217	2.73	2.21	2.98
砂岩	229	2.54	1.80	2.80
砾岩	39	2.51	2.04	2.50
石英岩	5	2.59	2.02	2.93
页岩	43	2.53	1.77	2.76
泥岩	86	2.59	2.02	2.72
黏土岩	6	2.52	2.01	2.70
总平均值		2.63		

2. 变质岩的密度特征

表3-4　河北省变质岩密度表

岩石种类	样品数（块）	密度值（$\times10^3 kg/m^3$）		
		平均值	密度极小值	密度极大值
混合岩	10	2.67	2.36	2.81
片岩	127	2.70	2.50	3.17
片麻岩	388	2.68	2.23	3.32
斜长角闪岩	433	2.89	2.40	3.48
浅粒岩	32	2.57	2.22	2.78
变粒岩	516	2.69	2.09	4.22
麻粒岩	141	2.71	2.40	3.11
大理岩	112	2.74	2.54	3.00
板岩	25	2.70	2.53	2.98
千枚岩	26	2.66	2.50	2.96
变玄武岩	19	2.82	2.66	3.21
总平均值		2.72		

由表3-4可见，变质岩以高密度（$>2.70\times10^3 kg/m^3$）为总体特征。除浅粒岩为低密度（$<2.60\times10^3 kg/m^3$）外，其他变质岩均为中—高密度。这主要与岩石中的矿物成分有关，角闪石、辉石等暗色矿物含量的增多使密度增大。

3. 岩浆岩的密度特征

河北省的岩浆岩无论是侵入岩还是喷出岩，密度总的趋势是随着岩石基性成分的增加而增大，随着酸性成分的增加而减小，只是同种类侵入岩的密度大于喷出岩的密度，因而总的平均值侵入岩也大于喷出岩，如表 3－5、表 3－6 所示。

表 3－5　河北省侵入岩密度表

岩石种类	标本数(块)	密度值($\times10^3$kg/m^3)		
		平均值	极小值	极大值
碱性岩	30	2.54	2.51	2.64
酸性岩	1 347	2.58	2.21	2.86
中酸性岩	134	2.61	2.52	2.97
中性岩	1 171	2.62	2.26	3.04
基性—超基性岩	164	2.84	2.55	3.49
蛇纹岩	26	2.60	2.42	2.63
总平均值		2.61		

表 3－6　河北省火山岩密度表

岩石名称	标本数(块)	密度值($\times10^3$kg/m^3)		
		平均值	极小值	极大值
凝灰岩	128	2.49	2.04	2.75
粗面岩	122	2.50	2.25	2.57
流纹岩	141	2.47	2.33	2.61
安山岩	587	2.61	2.18	2.80
玄武岩	286	2.68	2.21	2.93
总平均值		2.57		

河北省中—酸性火山岩、火山碎屑岩分布广泛，主要位于结晶基底或碳酸盐岩等高密度岩层之上，表现为各种规模的火山盆地，常常形成不同幅值的重力低。

河北省侵入岩以花岗岩、闪长岩等中—酸性岩为主，侵入岩在第Ⅰ、第Ⅱ、第Ⅲ密度层中均有出现。

(1)中—酸性、碱性岩在第Ⅰ、第Ⅱ密度层中产生重力低。基性—超基性岩在第Ⅰ密度层中产生重力高或对重力场影响不大，在第Ⅱ密度层中为重力高。

(2)酸性、碱性岩在第Ⅲ密度层中产生重力高，但幅值不大。基性、超基性—中性岩在第Ⅲ密度层中为重力高。

河北省花岗质岩石系列出露广泛的 S 型和 I 型，其密度也有明显的差别，S 型平均密度为 2.56 $\times10^3$kg/m^3，I 型为 2.61$\times10^3$kg/m^3。

4. 矿石的密度特征

因为铁矿为河北省的最主要矿产，故我们根据收集到的铁矿石密度资料，现列出河北省几种主要铁矿类型的矿石与围岩密度对比表(表3-7)。

表3-7 河北省主要铁矿类型矿石与围岩密度对比表

矿床类型	矿石和围岩名称	标本数(块)	密度值($\times10^3$kg/m^3)		采集地点
			极小值~极大值	平均值	
鞍山式沉积变质铁矿	磁铁石英岩	213	3.29~3.60	3.43	司家营遵化
	各种片麻岩	785	2.23~3.32	2.68	
大庙式岩浆型铁矿	钒钛磁铁矿、铁磷矿	193	3.60~4.07	3.95	大庙—黑山地区
	辉长岩	187	2.98~3.00	2.99	
	角闪辉石岩	97	2.95~2.99	2.98	
	苏长岩、斜长岩	306	2.63~3.06	2.88	
接触交代型铁矿	磁铁矿	86	3.07~4.31	3.57	涞易涞地区
	石灰岩、白云岩	686	2.62~2.84	2.71	
	酸性侵入岩	571	2.48~2.75	2.60	
	中性侵入岩	488	2.54~3.00	2.74	

鞍山式铁矿是河北省主要的铁矿类型,作为矿体的磁铁石英岩、磁铁角闪岩的平均密度为3.43$\times10^3$kg/m^3,围岩是各种片麻岩,它们的平均密度为2.68$\times10^3$kg/m^3,有0.75$\times10^3$kg/m^3的密度差存在。

大庙式岩浆型钒钛磁铁矿产在基性杂岩体中,矿石平均密度为3.95$\times10^3$kg/m^3,围岩的平均密度为2.88$\times10^3$~2.99$\times10^3$kg/m^3,存在1.07$\times10^3$~0.96$\times10^3$kg/m^3的密度差。

接触交代型铁矿的母岩为中酸性侵入岩,平均密度分别为2.74$\times10^3$kg/m^3、2.60$\times10^3$kg/m^3,围岩为碳酸盐质岩石,平均密度为2.71$\times10^3$kg/m^3,铁矿石的密度达3.57$\times10^3$kg/m^3,与母岩和围岩均有显著的密度差异,其密度差为0.83$\times10^3$~0.97$\times10^3$kg/m^3。

二、全省岩矿石磁性特征

(一)地层的磁性特征

组成地壳的各种岩矿石磁性强弱的差异很大,为了便于它们之间的对比,我们将测定统计的磁性数据按其强弱分为5个等级,如表3-8所示。

表3-8 岩矿石磁性分级表

磁性等级 / 参数类别	微磁性	弱磁性	中等磁性	强磁性	极强磁性
磁化率 κ($\times10^{-6}\cdot4\pi$SI)	$\leqslant10^1$	$n\cdot10^2$	$n\cdot10^3$	$n\cdot10^4$	$>10^5$
剩余磁化强度 Jr($\times10^{-3}$A/m)	$\leqslant10^0$	$n\cdot10^1$	$n\cdot10^2$	$n\cdot10^3$	$>10^4$

根据以往工作中采集的地层、岩矿石标本测定的磁参数统计结果，经整理列出了河北省从老到新各地层单元的磁性参数表(表 3-9)、变质岩类磁性参数表(表 3-10)和沉积岩类岩石的磁性参数表(表 3-11)。

表 3-9 河北省地层磁性参数表

界	系/群		建造类型	标本数(块)	磁化率 κ ($\times10^{-6}\cdot4\pi SI$)	剩余磁化强度 ($\times10^{-3}A/m$)	磁性层及平均值
新生界	第四系		松散物				
	第三系	沉积岩		16	3.28	0.32	微
		玄武岩	基性火山岩建造	35	1 596	1 857	强
中生界	白垩系		中酸性火山岩建造	71	670	410	中等强 κ:465 Jr:345
	侏罗系			124	294	276	
	三叠系		陆相碎屑含煤建造	40	14.31	12.13	
古生界	二叠系		陆相海陆交替相含煤建造	98	16.16	12.11	
	石炭系			33	9.81	11.03	
	奥陶系		海相碳酸岩建造	71	1.21	0.53	弱 κ:3.63 Jr:1.89
	寒武系			62	5.12	6.27	
中新元古界	青白口系			30	7.22	1.91	
	蓟县系			144	0.47	1.09	
	长城系			136	5.45	1.19	
古元古界	甘淘河群		结晶变质岩建造	69	310	23.66	中等 κ:359 Jr:70.74
	五台超群石咀岩群			62	495	86.76	
太古宇	阜平超群湾子岩群			72	336	81.07	
	阜平超群陈龙岩群			28	1 985	209	强 κ:2 155 Jr:506
	遵化岩群			56	2 559	627	
	迁西岩群			72	2 572	581	

从表 3-9 及表 3-10 中不难看出，从太古宇到古元古界这套变质岩系普遍具有不同程度的磁性，组成了河北省地层的结晶基底。从时代上来看，时代越老，变质程度越高，岩石磁性较强。中古太古代地层是在较深的区域变质条件下生成的麻粒岩、斜长角闪岩、片麻岩等深度变质岩，磁性最强，κ 达 $n\cdot10^4$ 单位，Jr 达 $n\cdot10^3$ 单位，属强磁性；新太古代的各类变粒岩、片麻岩磁性则有所减弱，κ 多为 $n\cdot10^3$ 单位，Jr 多为 $n\cdot10^2$ 单位，属中等磁性；到古元古界的一些浅变质的千枚岩、板岩磁性又有明显减弱的趋势，以微弱磁性者居多。由此可见，太古宇和古元古界变质岩系所组成的结晶基底是一个巨大的磁性地层，所以又称为磁性基底，是形成区域性磁异常的主要因素。

从中新元古界到中生界三叠系，属于正常沉积岩系。由表 3-9 及表 3-11 表明各个时期的各种沉积岩，磁性都极弱且均匀，κ 在 $n\cdot10\times10^{-6}\cdot4\pi SI$ 或 $n\times10^{-6}\cdot4\pi SI$ 之间变化，Jr 在 nA/m 或 $n\cdot0.1$A/m 之间变化。因此，正常沉积岩地层基本上是一套仅有微弱磁性的地层，它们是形成区域性平稳正常场的主要因素。

表 3-10　河北省变质岩类磁性参数表

岩石名称	变质程度	标本数（块）	κ(×10⁻⁶·4πSI)			Jr(×10⁻³A/m)			Q值
			最小值	最大值	平均值	最小值	最大值	平均值	
石英岩	浅	5			0.22			0.62	5.22
千枚岩	浅	1			8.24			0.29	0.07
板岩	浅	6			14.5			2.35	0.30
大理岩	浅—中	11	6.23	230	107	0.18	154	90.01	1.56
浅粒岩	浅—中	30	613	644	640	141	320	171	0.49
变粒岩	浅—中	27	12.29	167	96.29	1.99	24.04	13.03	0.25
片岩	浅—中	20			435			218	0.93
片麻岩	中—深	77	354	2 671	977	32.71	622	182	0.34
斜长角闪岩	中—深	52	38.07	2 503	1 151	1.64	1 219	416	0.67
麻粒岩	深	18			1 369			302	0.41
混合岩		8	1 117	1 210	1 152	74.19	209	125	0.20

表 3-11　河北省沉积岩类磁性参数表

岩石名称	标本数（块）	κ(×10⁻⁶·4πSI)			Jr(×10⁻³A/m)			Q值
		最小值	最大值	平均值	最小值	最大值	平均值	
砾岩	24	1.26	77.90	43.29	0.20	246.98	127.59	5.46
砂岩	170	2.92	22.92	13.02	0.20	26.60	9.46	1.35
泥岩	24	21.13	31.90	23.63	0.54	74.88	23.13	1.81
黏土岩	2	11.01	25.99	18.50	0.74	1.28	1.01	0.10
页岩	18	2.48	18.70	11.21	0.28	2.09	1.65	0.27
白云岩	171	0.30	7.47	3.75	0.38	1.05	0.90	0.44
灰岩	149	1.70	12.59	2.51	0.39	2.43	0.88	0.65
平均值				8.97			10.01	2.08

上侏罗统、白垩系是一套火山岩及火山碎屑岩系，火山碎屑岩包括凝灰岩、角砾凝灰岩、火山角砾岩、集块岩等岩石，是构成河北省侏罗纪—白垩纪地层的主要组分。在碎屑岩的碎屑物质中含有一定数量的铁磁性物质，它是火山碎屑岩磁性的来源。其中各地层单位和各类岩性的磁性也极不均匀，κ 和 Jr 均在 $n \cdot 1\,000 \sim n \cdot 10$ 单位之间变化，属强磁性—弱磁性不稳定特征。

侏罗系—白垩系的砂砾岩等沉积岩，主要是由火山岩、火山碎屑岩以及磁性基底风化产物所组成，它们肯定会有一定的磁性，虽较火山碎屑岩小，但比其他时代的正常沉积岩又明显的大。因此，侏罗纪—白垩纪地层是一套具有极不均匀磁性的磁性盖层。

新生界除玄武岩磁性较强，属强磁性，κ、Jr 皆达 $n \cdot 10^3 \sim n \cdot 10^4$ 单位，且 Jr 较大，其他松散沉积物也基本上是微磁性地层。

(二)岩浆岩的磁性特征

表 3－12 是河北省各类岩浆岩磁性参数表。从表中数据可见岩浆岩磁性总的变化趋势是随着岩石基性成分的增加而增大，随着酸性成分的增加而减小，这与岩石中铁磁性矿物的逐渐减少有关。这说明了岩浆岩的磁性首先与原始岩浆的成分有关，各类岩石中磁性最强的是超基性岩，依次是基性岩、中性岩(均属强磁性)，再次是碱性岩，属中等磁性，最弱的是酸性岩，属弱磁性。

表 3－12　河北省岩浆岩磁性参数表

岩类	岩石名称	时代	产状	标本数(块)	$\kappa(\times10^{-6}\cdot4\pi SI)$			$Jr(\times10^{-3}A/m)$			Q值
					最小值	最大值	平均值	最小值	最大值	平均值	
酸性岩	流纹岩	侏罗纪	喷出	16	93.06	129	122	23.91	312	258	3.92
	花岗斑岩	白垩纪	浅成	20	23.46	3 792	1 042	12.24	228	70.61	0.13
	花岗闪长岩	侏罗纪	深成	25	37.5	3 046	1 884	14.74	350	223	0.22
	花岗岩	侏罗纪	深成	85			1 099			371	0.63
	花岗岩	晚古生代	深成	68			468			57.54	0.23
	花岗岩	中元古代	深成	19			39.35			17.92	0.84
	花岗岩	太古宙	深成	21			219			26.93	0.23
碱性岩	粗面岩	中生代	喷出	10			266			302	2.10
	次石英正长斑岩	中生代	超浅成	93			650			800	2.5
	石英正长岩		浅成	13			1 471			433	0.55
	正长斑岩		浅成	12			1 302			200	0.28
	石英正长岩		深成	14			954			139	0.27
	正长岩		深成	29			893			230	0.61
中性岩	安山岩	中生代	喷出	29	656	3 433	2 022	383	1 347	931	0.85
	闪长玢岩	新太古代	浅成	8			1 574			2 524	
	闪长岩	侏罗纪	深成	13	1 549	2 544		250	533		
	闪长岩	太古宙	深成	26	154	1 337		29.83	1 615		
基性岩	玄武岩	新生代	喷出	23			1 157			1 799	2.88
	玄武岩	中生代	喷出	640			2 030			4 380	4.3
	次玄武岩	新生代	超浅成				873			580	1.23
	辉绿岩	中生代	浅成	328			2 250			700	0.6
	辉长岩	中生代	深成	26			4 745			954	0.37
	斜长岩	元古宙	深成	10			21.36			33.3	2.88
超基性岩	角闪石岩		深成	6			422			1 221	5.30
	辉岩	晚古生代	深成	8			5 353			1 581	0.55
	蛇纹石化橄榄岩	晚古生代	深成	5			6 528			3 204	0.91
	蛇纹岩		蚀变	909			4 401			2 090	0.9

岩浆岩的磁性与侵入时代有关。大体上可以看出同类岩石早期的磁性较弱，晚期的磁性较强。如闪长岩，中生代的比太古宙的磁性强。又如花岗岩，以中生代的磁性最强，古生代、元古宙的依次减弱，其κ、Jr 值都很明显，尤其是κ值各期的强度能差一个数量级。燕山期的为$n\cdot10^3$单位，古生代为$n\cdot10^2$单位，元古代为$n\cdot10$单位。

岩浆岩的磁性还与形成的产状有关。同时代的同类岩浆岩中磁性总的趋势是深成相磁性最强，浅成相次之，喷出相最弱，这一规律在κ值上表现得尤为明显。

岩浆岩在κ、Jr 关系上也是有规律的。各类岩石的侵入岩（深成及浅成相）Q值大都小于 1，磁性以感磁为主；而各类岩石的喷出岩则相反，Q值大都大于 1，磁性以剩磁为主。这是由于侵入岩形成时，长时间的高温高压使铁磁性矿物结晶充分，并具有较粗的颗粒，受现代地磁场作用增强，导致磁化率升高。而喷出岩（玄武岩、安山岩、流纹岩、粗面岩）形成时冷却较快，又多呈尘状的细小颗粒，具有较强保存原有磁性的能力，使得 Jr 值升高。

另外应该提及的是在河北省 4 个系列的花岗质岩石中以 S 型和 I 型分布最广，分别占侵入岩出露总面积的 35%和 60%。由磁参数统计得知：S 型（101 块标本）κ为$427\times10^{-6}\cdot4\pi$SI，Jr 为$55.15\times10^{-3}$A/m，$Q$值为 0.24；I 型（93 块标本）$\kappa$为$1\,596\times10^{-6}\cdot4\pi$SI，Jr 为$494\times10^{-3}$A/m，$Q$值为 0.62。显然两个类型的花岗岩在磁性上有明显的差异，这一点可以从它们组成成分的差异得到解释。S 型系列的岩石 SiO_2 含量高，铁磁物质含量低；I 型系列的岩石则相反，SiO_2 含量低，磁铁矿含量很高，两者之中无磁性和磁性矿物互为消长关系而产生了磁性的差异。I 型系列岩石与成矿关系密切，因此，在地质找矿工作中更应该重视有磁性的花岗岩体。

（三）矿石、矿化岩石的磁性特征

表 3-13 中，矿石中磁性最强的是磁铁矿，属极强磁性，它是河北省的优势矿种，航空磁测找矿效果也最为突出。按矿床成因类型分析，河北省磁铁矿化岩石也具有较强的磁性，既是找矿的标志，又是干扰因素。如岩浆岩中的含铁基性岩类，接触交代矿床里的磁铁矿化矽卡岩、大理岩，沉积变质型里的含铁片麻岩，它们的磁性比起同类型的磁铁矿来说都小 3～10 倍以上。从磁性上来看，两者虽有显著的磁性差异，但在渐变的情况下是很难从磁异常中区分开来的。

表 3-13 河北省矿石、矿化岩石磁性参数表

矿床类型	矿石及矿化岩石名称	标本数（块）	κ（$\times10^{-6}\cdot4\pi$SI）	Jr（$\times10^{-3}$A/m）	Q值	采集地
岩浆岩型	钒钛磁铁矿、铁磷矿	927	50 050	72 250	2.9	承德大庙地区
	含磷磁铁苏长岩	191	12 910	30 340	4.7	承德大庙地区
	含铁辉长岩	18	28 300	9 600	0.7	承德大庙地区
	含铁斜长岩	47	9 380	22 190	4.7	承德大庙地区
	铬铁矿石	142	1 920	1 820	1.9	遵化毛家厂、康保东井子
	铬铁矿化蛇纹岩	22	4 870	47 620	19.6	元氏鹿台、兴隆头拨子
	铜镍矿石	116	14 640	10 970	1.5	迁安铜洞子
接触交代型	磁铁矿	2 729	89 070	35 470	0.8	邯邢地区、涞源、三义庄、寿王坟
	磁黄铁矿	37	1 300	630	1.0	怀来水口山
	磁铁矿化矽卡岩	141	14 200	8 400		邯邢地区、莫古峪、青龙四拨子
	磁铁矿化大理岩	279	2 020	5 710	5.6	邯邢地区、寿王坟、莫古峪
沉积变质型	磁铁石英岩	2 811	83 860	403 770	9.6	水厂、龙湾、司家营、榆关
	含铁片麻岩	167	17 760	18 050	2.0	水厂、龙湾

各类矿石的围岩和母岩的磁性比起矿石本身的磁性都是微不足道的，也就是说，它们之间具有极其明显的磁性差异。如岩浆型钒钛磁铁矿的围岩，即母岩是辉长岩、苏长岩、斜长岩，其中辉长岩磁性最强，但也只有钒钛磁铁矿的1/30。接触交代型磁铁矿的围岩是碳酸盐质岩石，基本无磁性，母岩为中酸性岩体，以磁性最强的闪长岩而言，也只有磁铁矿的1/35。磁铁石英岩与其围岩各类片麻岩的磁性差异也是很悬殊的。

综上所述，全省地层及岩浆岩的磁性较为复杂，具磁性的地层主要有两套：一是组成结晶基底的变质岩系，包括太古宇及古元古界的一套变质岩地层；二是侏罗系及白垩系的火山沉积岩系，包括火山岩、火山碎屑岩及沉积砂砾岩。这是能够引起航磁异常的两套磁性地层。岩浆岩则不同程度地都具有磁性，其中超基性、基性岩类磁性最强，若具一定规模就能够产生较强的航磁异常。中酸性岩类除部分酸性岩（S型花岗岩）磁性极低外，大多数都具有一定的磁性，也是河北省航磁局部异常的主要原因之一。磁铁矿是磁性最强的地质体，具一定规模时在航空磁测中就会有明显的反映。

三、主要物性层及其地质特征

（1）太古界高磁高密度层在河北省广泛分布，是形成区域性重磁高背景场的重要因素。其界面隆起常形成较高的重磁场区，而凹陷则使重磁场变低。因此太古宙地层的起伏对河北省的重磁场高低变化有明显的控制作用。

（2）中新元古代—古生代碳酸盐岩地层属高密度低磁性层，常形成广泛的重力高和强度低缓的磁力场。

（3）中生代火山岩地层密度低、磁性中等，形成重力低和场强中等的跳跃磁场，尤其以中生代火山盆地为显著特征。

（4）新生代地层无火成岩分布时，常常是低缓的平稳重磁场，如河北省的平康地区。当有火山岩时可形成较高的重磁场，如汉诺坝玄武岩和棋盘山玄武岩分布区。

（5）超基性岩、基性岩及部分中性岩，其较高的密度和磁性通常会引起局部的重力高和磁力高异常。如承德大庙—娘娘庙基性—超基性岩带。

（6）酸性岩、中酸性岩在不同的地层中重磁场表现不同，在太古宙地层中形成重力、磁场均低的局部异常，如河北省著名的“金三角”宣化—赤诚—崇礼一带和冀东金矿区。在碳酸盐岩地层区酸性、中酸性岩一般表现为重力低和磁力高的特征。

（7）深大断裂一般规模较大，是经长期活动而形成，常使断裂两侧产出的地层、岩浆岩等具有明显的差异，进而使重磁场发生变化。在深大断裂带上重磁场表现为梯度带。航磁上断裂两侧的磁场差别也非常明显。如上黄旗-乌龙沟深断裂就是一宽大的重力梯度带。其东侧各低缓的磁场区主要以负磁场为主。西侧则呈变化剧烈的以正磁场为主的磁场区。

第三节　区域重磁场特征与区域构造格架

结合本次数据处理后编制的布格异常图和剩余异常图，我们先从全省范围内宏观分析河北省的区域重磁场特征，揭示区域重磁场特征与区域构造格架之间的关系。

一、区域重磁场特征

(一)区域重力场特征

从布格重力异常图上可以看出，河北省重力场自东南平原地区向西北山区呈级次降低趋势，其幅值变化范围约为$+35\times10^{-5}\sim-170\times10^{-5}$ m/s^2。重力场的展布形式为一“厂”字形。受武夷山一太行山一大兴安岭北东向重力梯级带影响，河北省重力场总体呈北北东—北东向分布，冀东、冀西北为近东西向。

从上延 20km 的布格重力异常图上可以看出以下几个重要的梯级带。

(1)乌龙沟-上黄旗北东向重力梯级带。是我国东部武夷山-太行山-大兴安岭梯级带的一部分。该带长约 800km，宽 20km，梯度值约为 3.0×10^{-5} m·km/s^2。

(2)尚义-赤城-平泉东西向梯级带。该带长约 400km，宽约 15km，梯度值约为 2.0×10^{-5} m·km/s^2。

(3)密云-兴隆-青龙东西向梯级带。该带长约 300km，宽 10km，梯度值约为 1.6×10^{-5} m·km/s^2。

(4)从上延 10km 的布格重力异常图上还可看出，在康保—围场一带有一东西向梯级带，在河北省断续出露，梯度值约为 1.4×10^{-5} m·km/s^2。

受以上几个梯级带影响，河北省重力场自东而西、自南而北每跨过一个梯级带其场值就产生一个落差，从而控制了河北省重力场的基本格局。重力场的这种区域性变化是河北省地壳厚度自东南向西北逐渐变厚的结果，而梯级带则反映了地壳厚度的陡变。

在上述区域性变化之上，结晶基底局部的隆起与凹陷以及岩浆岩的不同分布，使得局部布格重力异常呈现了规律性的变化。从剩余布格重力异常图(图 3-1)上可以看出，大体以北纬 40°为界，以南的华北平原和太行山地区，剩余重力异常轴向以北东向为主，呈现出高低相间。平行并列的分布形式。自东至西主要有：①埕宁重力高；②黄骅重力低；③沧州重力高；④冀中重力低；⑤太行山重力高；⑥泌原—五台山重力低。以上相邻重力高、低之间均有明显的梯级带，是断块的升降或基底隆起、凹陷的反映。

北纬 40°以北的冀北山区异常轴向以东西向为主，自南至北大体呈现 5 个平行的东西向局部异常带。分别是：①怀安—宽城重力低，主要反映 3 个中生代火山盆地；②崇礼—隆化重力高，反映太古宙变质岩隆起；③太滩—隆化—张三营重力低，反映数个中生代火山盆地；④兰城子—沽源—森吉图重力高，由断续 4 个东西向局部重力高组成，反映太古宙变质岩隆起；⑤康保—御道口重力低，反映中生代火山盆地。

以上显示了河北省北部基底构造的波状起伏及中新生代火山盆地的宏观布局。

(二)区域磁场特征

河北省磁场总的变化趋势是东南部平原及渤海区域为宽缓磁场区，磁场强度较低，场值在$-100\sim200$nT 之间变化，极个别异常区可达 500～600nT，梯度较缓，正负磁场区范围较大，异常区之间排列松散，异常走向多为北东向展布(图 3-2)。西部和北部山区为复杂的强磁场区，磁场强度较高，场强一般在$-200\sim500$nT 之间变化，有的异常区强度可达 700～1 000nT，梯度较大，正负异常间排列紧密。异常走向在西部太行山区主要为北东向，在北部燕山地区主要为东西向，但在北部和西部也有个别北西向、南北向和北东东向的异常掺杂其间。两大区磁场特征的不同主要反映磁性基底及磁性侵入体的磁性强弱和埋藏深度的差别。

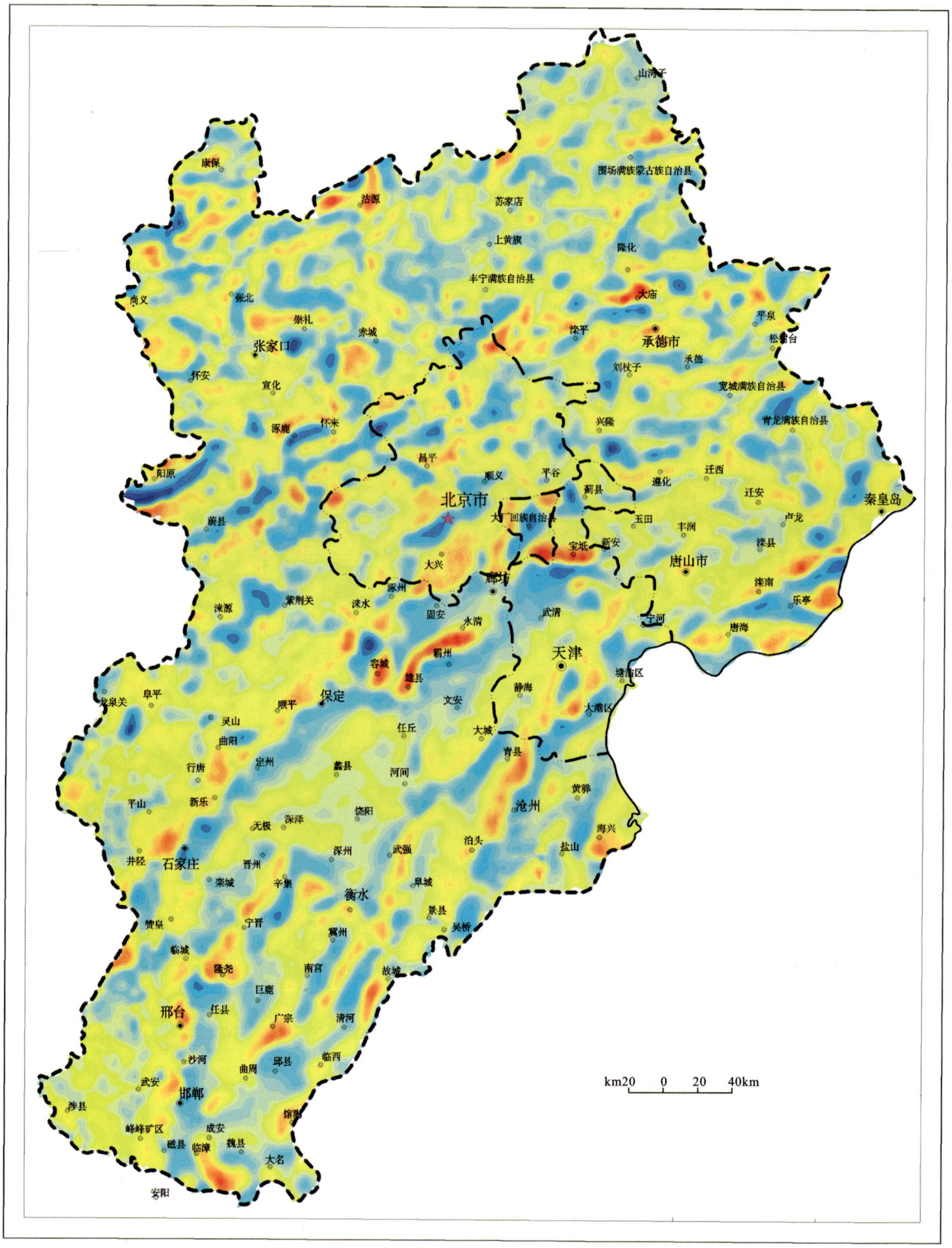

图 3-1　河北省剩余重力异常平面图

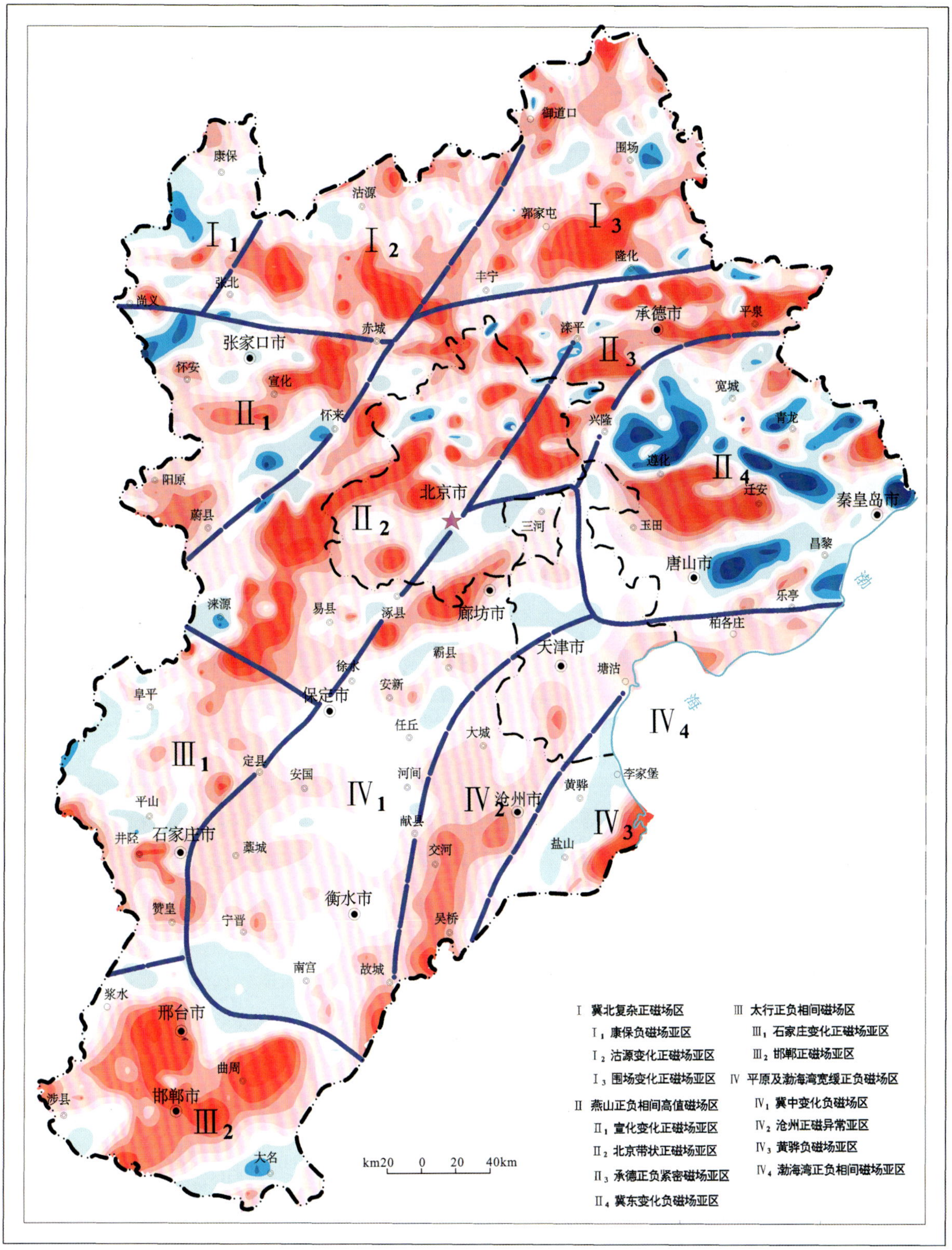

图 3-2　河北省航磁 ΔT 异常与磁场分区图

省内基岩出露区磁场强度相对较高、规模较大的航磁正异常主要是出露或隐伏侵入岩基的反映，个别的为基性火山岩或基底隆起所致。太行山北段以北展布的东西向、北东向强磁异常带与地表出露的海西期、燕山期岩浆岩带基本吻合。大面积分布的低缓正磁异常区则主要反映了太古宙变质岩系和中生界中酸性火山岩出露，这是河北省具有明显磁性的两套地层。负磁场区主要出现在中新元古界、古生界碳酸盐岩和中生界酸性火山-沉积岩系分布区，在侵入岩体中也有个别岩体表现为负磁场特征，如都山花岗岩体、丰宁南关变质二长花岗岩体等。

平原区磁场总体以低缓的正负相间分布为特征，低缓的正值区为基底隆起区，低缓的负值区为基底凹陷区，正负磁场的强弱变化反映了基底隆起与凹陷深度的不同。

根据全省航磁异常的展布形态、分布范围、轴向变化、梯度大小、场值强度等不同特征可以划分为5个大的磁场区。

1. 内蒙古南缘正磁场区(Ⅰ)

这是一个低缓的正值异常区，磁场强度一般在100～200nT之间，最高达250nT，梯度较缓，区域异常呈带状展布，异常走向以北东向为主，其次是北西向。该区出露主要是火山岩地层，局部有海西期花岗岩侵入，高值部分与汉诺坝玄武岩相对应。这一区域与内蒙古海西期褶皱带基本吻合，可进一步划分为两个亚区。

2. 冀北复杂正磁场区(Ⅱ)

这是一个以正磁场为主的高值异常区，磁场强度较高，一般在100～300nT之间，最高达500～700nT，梯度较陡，区域异常呈带状展布，走向以东西向为主，其次是北东向，个别为北西向。总的来说，高值的区域正磁场反映的是稳定的基底隆起区，其上叠加的高值部分是磁性岩浆岩体及火山岩盆地的反映，这一区域与冀北岩浆固结陆块基本吻合，可进一步划分为3个亚区。

3. 燕山正负相间高值磁场区(Ⅲ)

航磁异常总的来看是一个正负异常相间排列的高值异常区，异常强度一般为±100～±300nT，与二级构造单元的燕山台褶带范围基本一致。在此磁场区，内部磁场特征还有差异，在西部及北部磁场正负相间，以正磁场为主，排列紧密，呈近东西向分布；东南部以负磁场为主，强度一般在−200nT左右，局部为−300～−500nT，间有一些小范围的等轴状及长条状的升高异常；强度为200～500nT不等，西南部则呈现北东向的带状正异常。复杂的磁场面貌反映了本区是个活动剧烈的构造单元，进一步分为4个亚区。

4. 太行山正负相间磁场区(Ⅳ)

航磁异常是以正磁场为主的正负相间磁场，异常强度北低南高，梯度较缓。区域异常外形开阔，规模较大，一般磁场强度为50～200nT。高值异常带走向北东，极大值为500～600nT，低值磁场有东西向展布的显示，反映为两级叠加异常。此区与山西断隆二级构造单元的东缘大体一致，又可分为两个亚区。

5. 平原及渤海湾宽缓正负磁场区(Ⅴ)

这一磁场区与二级构造单元的华北断拗大体相当。航磁是一个宽缓的低值磁场区，磁场强度较低，一般在±100nT之间，梯度甚缓，正负磁场范围都较大，区域异常方向在南部为南北向，中段为北东向、北北东向，北段转为东西向，分为4个亚区。本区是第四系覆盖区，航磁异常主要反映了磁性基底断块升降及隐伏岩浆岩带的存在。

二、区域构造格架

河北省的构造格架主要由深断裂(重要断裂)和大断裂(主要断裂)组成(图 3－3)。

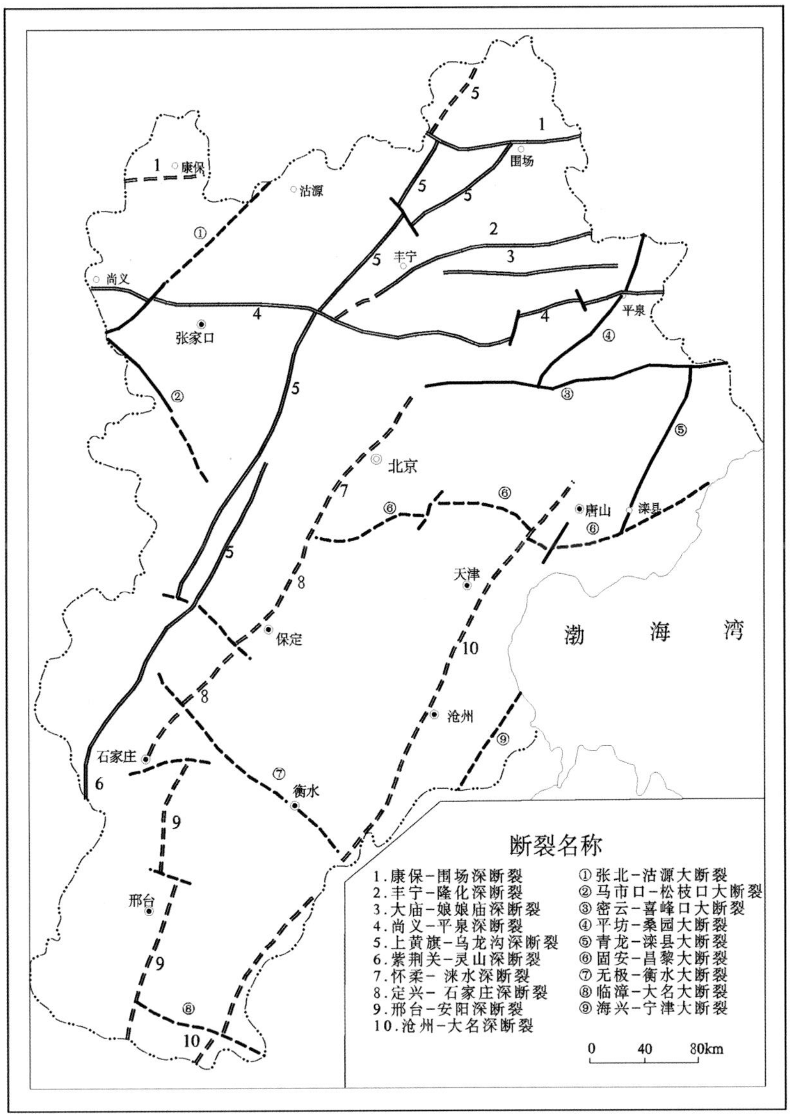

图 3－3　河北省区域构造格架略图

(一)深断裂带

深断裂带是指构造活动强烈、影响深度很大,对不同地史阶段的沉积作用和岩浆活动具有明显的控制作用,能将区域构造切割为不同构造单元的构造断裂带。

1. 康保－围场断裂带

康保－围场断裂带,大致沿北纬 42°线通过本省的北部边缘。由于行政区划的原因,该断裂在区内被隔成东、西两段,西段在康保附近,东段在围场附近。断裂带由片理化带、糜棱岩化带、碎裂岩带组成,自北向南逆冲,具有强烈的右行扭动特征。该断裂带形成于新太古代末期,长期活动,控制造山带、陆块区不同构造单元的发展。二叠纪末，该断裂带活动最为强烈。中生代，造山带、陆块区连成一体后，该断裂仍有活动。该断裂带和尚义-隆化断裂带一起，主导晚古生代岩浆岩的大量侵入，成为东西向构造带的主要成分。

西段在康保附近，主断裂在满堂—孟家营子一带，在河北省内长 40 余千米，宽 70km，走向在 80°左右，近直立。其北侧被中新生代地层覆盖，其南侧主要为新太古代—古元古代的地质体。深大断裂南盘 60～70km 的范围内，次级断裂和韧性剪切带发育，走向 60°～80°，倾向北西，倾角 60°～70°，断裂带宽几米、几十米、几百米不等。沿断裂带，大部分地区被晚古生代花岗岩侵入。

东段在围场附近，主断裂大部分被中新生界覆盖，总体走向近东西，长度超过 75km，宽近 2km。尚家营一带断裂暴露较清楚，断裂带由片理化带、糜棱岩化带、碎裂岩带组成，走向 65°～75°，倾向北西，倾角为 60°左右，自北向南逆冲。主断裂带南侧 70～80km 内，分布数条同期次级断裂带和韧性剪切带，走向为 60°～90°不等。

2. 丰宁-隆化断裂带

丰宁-隆化断裂带位于赤城—丰宁—隆化一线，呈向西北凸出的弧形，总体走向近东西，区内全长 210km。

在隆化以东为断裂东段，由两条相互平行的对冲断层组成。北侧断层北倾，倾角 60°～70°，太古宇向南逆冲于长城系之上，挤压破碎带宽 20～30m；南侧断层倾向相反，自南向北逆冲。隆化至丰宁的中段及丰宁以西的西段，呈单一断层出现，断面南倾，倾角 70°～80°，构造带宽 30～50m，带内挤压和扭动特征明显，属压扭性断层。沿该断层新太古代双山子群呈带状分布，受断层控制明显，据原岩恢复，双山子群含有中性—基性火山岩，形成环境具有古裂陷性质。中元古界长城系等海相地层局限于断裂以南地区。太古宙、海西期及燕山期岩体断裂带呈带珠状分布，其中以海西晚期花岗岩和超基性岩为主，太古宙末期闪长岩及燕山期花岗岩次之，岩体轴向多与断裂走向一致。

该断裂带是长期活动的断裂，形成于新太古代、古元古代，沿断裂带有大量中酸性变质侵入岩出露。该断裂在地史上阻隔了中新元古代和古生代海侵的北进，主导中元古代及晚古生代深成岩的侵入。侏罗纪初，断裂强烈活动，多次引发基性—中性火山岩的喷发。晚侏罗世后，发生大规模由北而南的推覆和右行扭动。白垩纪—新近纪仍有继承性活动。

3. 大庙-娘娘庙断裂带

该断裂带西起风山南，向东经红石砬、白旗、大庙、高寺台、头沟，至平泉城北的娘娘庙，全长约 150km。该断裂带与北部的丰宁-隆化断裂带平行排列，二者相距约 20km。断裂带的重要特征是控制了多个基性、超基性侵入体的分布，特别是中元古代大庙斜长岩体，出露面积为 150km^2，其独特的地质特征，在全国乃至世界地质研究中占有一席之地。断裂深度可能较大。从构造特征来看，断裂具有韧性变形特点。地球物理场反映为断续的高强度重磁正异常带。近年来，沿断裂在纪营一带的斜长岩边部发现了构造片岩型金矿，值得引起重视。

4. 尚义-平泉断裂带

该断裂带大体沿北纬 41°线分布，西起尚义，向东经赤城、古北口、承德至平泉，长约 450km，向东、西均延入邻省。

尚义至赤城的西段，沿断裂主要为太古宙地层分布区，挤压破碎带宽上百米至几千米；断面陡倾，或南或北。赤城至古北口的中段，是断裂走向变为东南的弯曲段。又以黑河为界分为东、西两半：西半段呈单体出现，走向南东 75°，倾向南西，倾角为 70°左右，挤压破碎带宽几百米至一二千米，呈现由南向北的斜冲性质；里河以东的半段，走向又转为东西向，断层成群出现，南、北边界断层相背倾斜，两侧的太古宇相对逆冲，构成宽约 5km 的强烈挤压带。古北口以东又分为西、中、东段：西段位于侏罗系之上，挤压破碎带可达200m，断面南倾，倾角40°～60°，具右行压扭性质，压应力来自南东方向；中段挤压破碎带宽可达数百米，北盘太古宇向南逆冲于长城系或蓟县系之上，断层面北倾，倾角45°～70°，压应力来自北侧；东段断裂进入北北东向构造带，断裂若隐若现，沿带多处被水平错移，随之延入东邻辽宁。

5. 上黄旗-乌龙沟断裂带

该断裂带南起涞源倒马关，向北东经杨家庄、乌龙沟、大河南、谢家堡、官厅、赤城、上黄旗、御道口，最后延入内蒙古，总体走向NE25°，倾向南东，倾角60°～80°，长470km。由数条平行断裂构成，具有左行压扭性质，切割地质体最老为新太古代变质岩，最新为早白垩世地层。早白垩世活动最为强烈，伴随断裂有大量岩浆岩侵入，形成NNE向构造岩浆带。古近纪—新近纪仍有继承性活动。

该断裂带物探反映清楚，重力场为明显的强梯度带，航磁为升高的磁异常。官厅附近，地震资料证实，断裂切深已超过莫氏面。

纵观上黄旗-乌龙沟断裂带的空间变化，以赤城为中心分为南、北两段。南段断裂的地表形迹稳定、规模宏伟、断裂活动明显；北段由数条断裂组成一个宽带，断裂断续斜列分布。

该断裂带形成于新太古代，活动最为强烈的是早白垩世，并且伴随断裂有大量岩浆岩侵入，形成NNE向构造岩浆带。

6. 紫荆关-灵山断裂带

该断裂带北起涞水县岭南台，向南经北龙门、白涧、紫荆关、灵山、井陉，向南西延入山西省，省内长度约280km。断裂产状总体走向北东20°～30°，倾向南东，倾角55°～75°。宽10～20km，最宽达100km，左行压扭特征明显。该断裂在平面上与西临的上黄旗-乌龙沟断裂平行排列，二者断裂面产状基本一致。沿断裂带分布了大面积的火山岩和中酸性侵入岩，断裂显示多期活动性。以标志层位推断，断裂的铅直断距，西盘垂直上升约1 000m，紫荆关以北加大，可达2 000m。

该断裂带的活动控制了中—新元古代的沉积，构成燕辽裂陷海的西界。寒武纪初期的海侵也受阻于该断裂陡坎。晚侏罗世—早白垩世，该断裂为剧烈变形期，火山强烈喷发，岩浆岩大量侵入，形成NNE向构造岩浆带，左行扭动明显。第三纪，该断裂仍有继承性活动，差异上升。

7. 怀柔-涞水断裂带及定兴-石家庄断裂带

该断裂带分布于太行山山前地带，地表被第四系覆盖，断裂北起怀柔城北，向南经海淀、房山、涞水、定兴、新乐、石家庄、邢台、邯郸，再向南延入河南省的安阳。断裂带全长大于500km，是一条控制中新生代凹陷的重要断裂，空间上该断裂同紫荆关-灵山断裂带平行展布，平面相距40～60km，二者同步发展，特征相近，钻探资料证实断裂两侧垂直断距数千米。人工地震和地球物理探测均有较明显显示。自北而南包括怀柔-涞水、定兴-石家庄和邢台-安阳3条主干断裂，它们的构造性质、空间形态、发展历史均有某些相似性，故统称太行山山前断裂带。

太行山山前断裂带在新太古代—古元古代形成，导控了含幔源物质成分的火山沉积，显示古裂谷带特征。中—新元古代成为裂陷海的西部内侧边界，中生代强烈活动，岩浆岩侵入，中生代后差异上升运动，西侧逐级上升。第四纪，该断裂仍在持续活动，挽近时期处于右行活动状态，分布于太行山山前地带，地表被第四系覆盖。

总体走向NE35°，南东倾，倾角70°～80°，北段怀柔-涞水断裂带、南段邢台-安阳断裂带东侧隐伏石炭纪、二叠纪煤田，累计垂直断距2 000m左右，上覆新生界厚500m。

8. 邢台-安阳断裂带

该断裂带自石家庄东经邢台、邯郸向南延入河南安阳，境内长200km，走向北东10°。断层西盘为太古宙至古生代地层，东盘为中新生代地层。断层为正断层东盘下降，累计垂直断距在3 000m以上。

9. 沧州-大名隐伏断裂带

该断裂带亦称沧东断裂，为一条隐伏断裂，北起唐山，向南经天津、沧州、泊头、德州、大名延入河南，区内长约 500km，总体走向北东 30°左右。平面上该断层被多处水平错断，断裂西盘上第三系（古近系＋新近系）直接覆盖在古生界或中—新元古界之上，东侧第四系、第三系下伏地层为侏罗系。断面向南东陡倾，属正断层，累计垂直断距近 6 000m。据黄汲青（1980）的地震测深资料，断裂已切穿整个地壳，属硅镁层断裂。

（二）大断裂带

大断裂带是指构造活动较强烈、影响深度较大，对不同地史阶段的沉积作用和岩浆活动有一定的控制作用，能将不同构造单元切割为次级构造单元的构造断裂带。

1. 张北-沽源断裂带

该断裂带起止均在内蒙古境内。北端从沽源西北的高山堡进入省域，经察汗敖包、西五间房、东小淖、张北城北、乱石山、渔儿山、甲石河。向南西又进入到内蒙古境内，全长大于 180km。张北以北为北段，断裂基本掩覆于第四系堆积之下，仅在西五间房一带见有不足百米的基岩露头，断裂切割了张家口组火山岩。断裂西侧（东小淖以西）的张家口组以酸性熔岩为主，覆盖在古生代侵入岩或变质岩基底之上，厚千余米；地层产状紊乱，以北东东—东西向为主；断裂以东的张家口组以火山碎屑岩为主，厚达 7 000m 左右，走向北东 40°～45°。断带宽千米左右。张北以南断裂通过中新世玄武岩分布区，其中段基本隐伏。玄武岩区以南的南段，断裂连续出露，走向偏转呈北东 50°～55°，倾向 NW＜55°～75°，上盘为中—晚侏罗世沉积，下盘为太古宙变质岩，断带宽 20～60m。

断裂在渐新世末仍有继承性活动，在同尚义-赤城断裂交汇部位，共同导控了中新世玄武岩喷发。1997 年的张北地震，亦发生在两条断裂交汇部位。

2. 马市口-松枝口断裂带

该断裂带位于张家口西部，北起马市口，向南东经右所堡、化稍营至松枝口，区内长约 130km，向西延入山西境内。断裂带地表形迹笔直，卫星遥感图片线性影像显示清楚。断裂走向 NW30°，倾向北东，倾角陡。化稍营以北，断裂在中太古代桑干岩群中发育宽 10～20m 破碎带，破碎带总体向东陡倾，破碎带内擦面发育，擦痕倾伏角 20°～60°，北倾，具有明显的右行扭动特征。化稍营以南，被更新世马兰组黄土及全新世冲洪积物覆盖，显示为顺向的线性壶流河谷。据前人研究资料显示，该断裂为以蓟县为中心的海槽西界，早在中新元古代就已存在，并随之同生生长。据有关同位素年龄资料显示，其变形年龄应早于 1 459Ma。侏罗纪，断裂继承性活动。两侧的侏罗纪盆地在沉降幅度或褶皱强度等方面，均有明显差异，西侧蔚县盆地堆积较薄，褶皱平缓。晚白垩世断裂局部仍表现有差异活动，在马市口南的红泥洞附近，东盘前缘发育中生代微型断陷盆地。物探重力场中，梯度带反应明显。该断裂应为一条形成时代早、多期活动、规模较大的断裂构造带。

3. 密云-喜峰口断裂带

该断裂带位于古北口-大杖子断裂南侧，两者平行排列。西起密云，向东经墙子路、兴隆、半壁山、喜峰口、青龙木头凳延入辽宁，全长 220km 以上，宽约 8km。断裂带总体走向为近东西向，平面舒缓波状，局部地段由断层群组合而成，单个挤压破碎带宽数十米，最宽可达 200～300m，糜棱岩带、片理化带及构造透镜体发育，属压性断裂，后期兼具右行翻转性质。断面陡倾，多在 80°以上，喜峰口以西向北，以东朝南。断裂对中—新元古代的沉积具有明显的控制作用，尤其是青龙以东区段，北盘的大红峪组及其以上各组层位齐全，总厚度约 5 000m；南侧除青白口纪沉积外，其他层位几乎全部沉积缺失，厚仅百余米。断裂对有关期次岩浆岩活动的导控作用也较明显：西段密云沙厂一带，中元古代斑状花岗岩体沿断裂南侧侵入，长轴亦近东西向；中段宽城孤山子，分布有古生代晚期超基性岩体；青龙以东，断裂导控又切割中侏罗世火山岩系。

4. 平坊-桑园断裂带

该断裂带为大兴安岭东麓山前断裂的南延部分，内蒙古称为嫩江-八里罕主要断裂带，长1 180 km，走向北北东，是大兴安岭与松辽平原的天然分界，线性影像明显。白垩纪至第四纪持续活动，为西抬东降的左行压扭断裂。

该断裂带进入河北省境内走向 NE15°～40°，倾向北西，倾角 75°，构成西盘古老基底与东盘中生代盆地的分界，具左行压扭的特征，重力梯度带明显。平泉以南受东西向断裂的影响，断裂走向发生偏转。

5. 青龙-滦县断裂带

该断裂带为晋冀古陆块和胶辽古陆块的分界断裂，北起青龙栅栏杖子以北，向南沿青龙河谷经双山子、卢龙、滦县、司家营、滦南，隐入冀东平原。断裂带总体走向为北东 25°左右，向北西陡倾，长度超过 150km。断裂破碎带发育，碎裂岩、片理化带、糜棱岩带普遍发育，擦痕、劈理成群出现。断裂具有多期活动性，据记载曾诱发过多次地震，沿断裂有温泉热水露头出现。

6. 固安-昌黎隐伏断裂带

该断裂带全被新生代地层覆盖。据地质推断和物探、钻探证实，该断裂带西起固安，向东经廊坊、宝坻、宁河、滦南、昌黎，然后延入渤海。断裂走向东西，受后期构造破坏呈错落折线，大致分布在北纬 39°30′—39°40′之间，长约 320km。

固安—宝坻为西段，断面南倾，倾角 60°～80°，控制侏罗纪、白垩纪及古近纪沉积。北侧第四纪—新近纪覆盖于中—新元古代和古生代地层之上，缺失古近纪沉积，而南侧古近纪沉积厚度达 2 000余米，下伏为中生代地层。新近纪地层底界落差在固安为 40～60m，在宝坻为 1 000～1 500m。宁河—昌黎为东段，走向 60°，特征同西段类似，中新生代仍继续活动。该断裂带构成华北裂陷带的北界。

7. 无极-衡水隐伏断裂

该断裂西起曲阳齐村，向南东经无极、衡水之故城，再向南东延入邻省山东德州，区内长约 200km。断裂总体走向北西 50°，断面倾向北东，倾角 40°～55°。断裂存在的主要证据是人工地震钻探资料。

8. 临漳-大名隐伏断裂

该断裂西起磁县北，向东经临漳北、魏县南、大名南、龙王庙，区内长约 90km，再向东延入山东境内。断裂走向为北西 70°左右，倾向北东，断裂存在证据由人工地震和钻探资料证实。

9. 海兴-宁津隐伏断裂带

该断裂带位于平原区东南隅，北部延入渤海湾，向南经海兴、孟店，再向南延入邻省山东境内，走向北北东，倾向北西，倾角陡。在空间上，断裂带位于沧州-大名隐伏断裂的东侧，二者平行分布，平面相距约 60km，倾向相对，共同组成地垒型构造。断裂物探显示不明显，主要依据钻孔资料推断。

第四章　河北省重力资料地质解释成果

河北省省级重力资料的地质解释工作是通过对全省重力数据的系统整理和数据处理工作，在充分研究区域重力场基本特征的基础上，对重力场进行分区，研究区内构造单元、深大断裂等基础地质的问题，在上述基础之上再对区内线性和局部重力异常逐一进行详细研究，结合航磁、钻探等其他物化探及地质地球物理资料，分别建立断裂、岩体、盆地等地质-地球物理模型，对总体和局部的重力异常给予最合理的地质解释。

在本次矿产资源潜力评价中，我们通过重力资料综合研究在全省推断了侵入岩体、地层、断裂等地质构造，为地质背景、成矿规律和成矿预测研究提供了推断的隐伏地质构造信息，为矿产资源潜力评价的科学性和全面性提供了进一步的保障。

(1)在充分研究重力场特征的基础上，划分了构造单元，划分Ⅰ级构造单元2个、Ⅱ级构造单元5个、Ⅲ级构造单元7个。

(2)根据重磁场特征，结合其他地质物化探资料，在全省共推断断裂构造79条，其中深断裂构造10条、大断裂构造11条、一般断裂构造58条。这些断裂构造主要表现为近东西、北东、北西和南北4个方向，其中以近东西向、北东向较为发育，次为北西向和南北向。

(3)对全省圈出的440处局部重力异常进行了定性解释，圈定隐伏、半隐伏岩体87处，其中：酸性—中酸性岩体80处(隐伏17处、半隐伏45处、出露18处)、基性—超基性岩体6处(出露1处、隐伏2处、半隐伏3处)、次火山岩体1处(半隐伏)，并对一些重要岩体的空间分布进行了推断解释。另外划分了9条构造岩浆岩带，其中5条以酸性为主，4条为酸性—中酸性。

全省圈出盆地101处，其中：火山盆地15处、火山沉积盆地28处、沉积盆地46处、断陷盆地12处。推断圈出火山机构4处。

全省推断圈出地层区138处，其中：火山岩地层6处(新生代中基性火山岩地层区4处、中生代酸性火山岩地层区2处)、变质岩地层区76处(古元古代5处、太古宙71处)、碳酸盐岩分布区56处(古生代30处、中新元古代26处)。

全省重力推断地质构造图如图4-1所示。

下面对其中的主要重力推断地质构造成果分节进行详细解译。

第一节　重力异常特征分区与地质构造单元划分

一、河北省重力场特征分区

根据全省重力异常的展布形态、分布范围、轴向变化、梯度大小、场值高低等不同特征可以划分出5个大的重力场区。

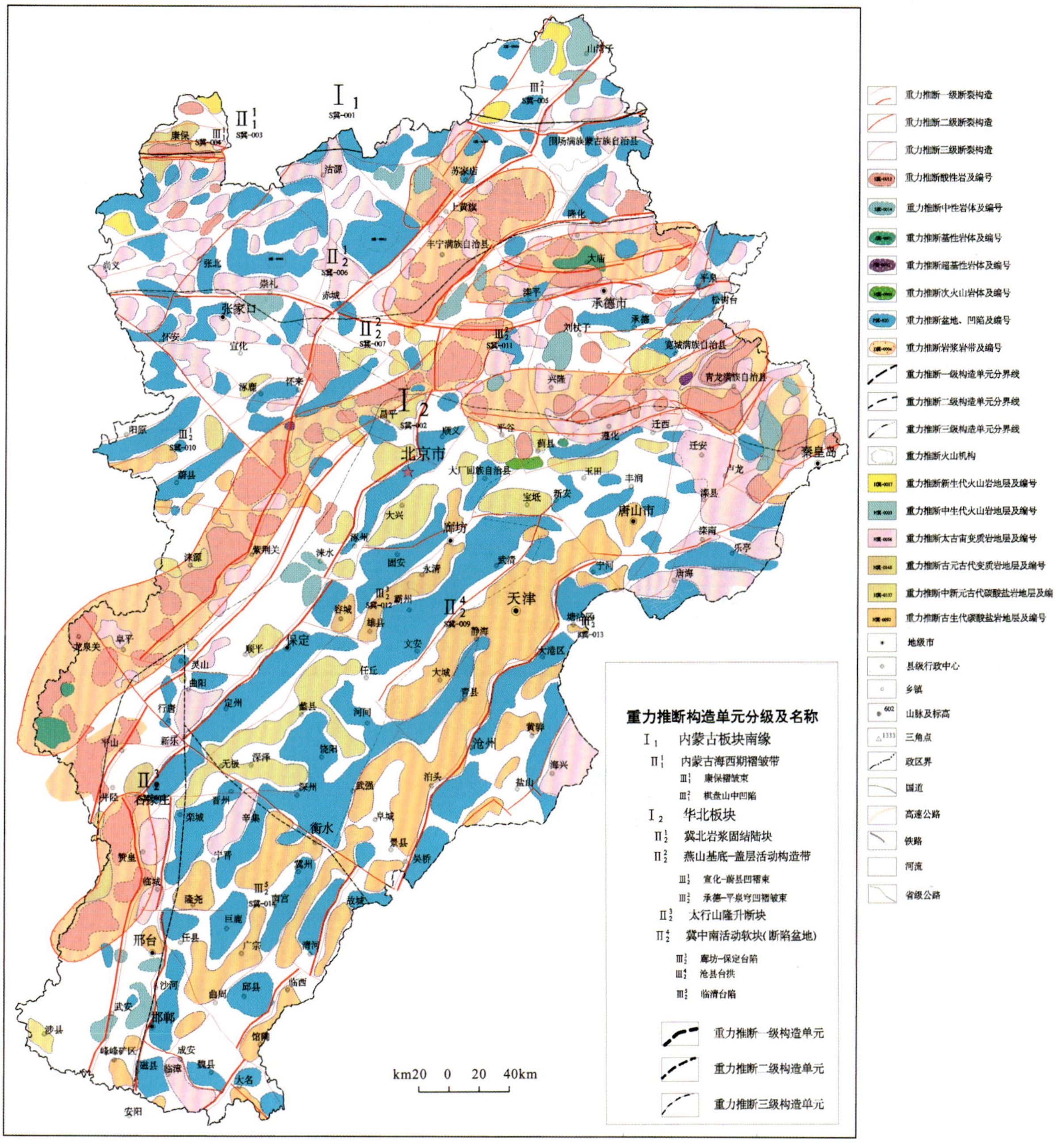

图 4-1 河北省重力推断地质构造图

1. 内蒙古南缘平稳重力场区(I_1)

布格重力异常图上为东西走向转北东向的宽缓梯级带,重力值整体上表现为东高西低,局部重力异常平稳、规模较小,走向呈北东或近东西向。该区出露主要是火山岩地层,局部有海西期花岗岩侵入,重力高与汉诺坝玄武岩相对应,重力低是海西期酸性岩体的反映,这一区域与内蒙古海西期褶皱带基本吻合,可进一步划分为两个亚区。

2. 冀北变化重力场区(II_2^1)

布格重力异常图上西部为重力场扭曲变异形成的局部重力低值及重力高值区,无明显走向,东部为北东走向的重力梯度带，重力值整体上表现为西低东高，局部重力异常规模较小，但轴向变化较大。总的来说，重力高反映的是稳定的基底隆起区，重力低为酸性岩浆岩体及火山岩盆地的反映，这一区域与冀北岩浆固结陆块基本吻合。

3. 燕山复杂重力场区(Ⅱ$_2^2$)

布格重力异常图上西部为重力梯度带和重力场扭曲变异形成的局部重力高值区、重力低值区，梯级带走向以北东为主，个别为北西向，东部主要为重力场扭曲形成的重力高值区或重力低值区，整体上重力场东高西低。局部重力异常密集杂乱、规模大小不一、轴向各异。总体上重力高为碳酸盐岩、基底隆起或基性、超基性侵入体的反映，重力低为酸性岩体或火山盆地的反映。复杂的重力场面貌反映了本区是个活动剧烈的构造单元，该区域与燕山基底盖层活动构造带相吻合，可进一步划分为两个亚区。

4. 太行山重力梯级带(Ⅱ$_2^3$)

布格重力异常图上主要为一南北走向略转北东走向的重力梯度带，局部有扭曲变异形成的重力高值区、重力低值区，局部重力异常稀疏、规模较小。重力高为碳酸盐岩、基底隆起及基性岩体的反映，重力低为酸性岩体、沉积盆地的反映。此区与山西断隆二级构造单元的南缘大体一致。

5. 平原宽缓平稳重力场区(Ⅱ$_2^4$)

布格重力异常图上重力场表现为宽缓平稳、规模巨大，以北东走向为主的局部重力高值带、重力低值带，局部异常呈北东走向重力高低相间排列的异常带。本区是第四系覆盖区，重力场特征主要反映了基底断块隆起与岩层断陷的地质构造环境。北区与冀中南断陷带吻合，可进一步划分为3个亚区。

二、地质构造单元划分

重力场的差异变化反映了不同的地质构造环境，揭示了不同地质构造单元岩层岩性的整体布局与变化。因此，依据重力场特征分区可以划分地质构造单元，图4-2、图4-3简要地介绍了地质构造单元的划分情况。

(一)Ⅰ$_1$ 内蒙古板块南缘(内蒙古-大兴安岭褶皱带)

本单元以康保-围场深大断裂为南界毗邻华北地台。在布格重力异常图上为东西走向的梯级带，数值上与华北地台北缘接近(燕山运动导致的愈合作用结果)。在通过乌龙沟-上黄旗北东向梯级带时，发生扭曲变异。河北省仅出露其二级构造单元Ⅱ$_1^1$内蒙古海西期褶皱带。

(二)Ⅱ$_1^1$ 内蒙古海西期褶皱带

该区为华北地台北侧的古生代地槽区，最后封闭于海西期。康保、围场两县的部分区域分别伸入该区，重力场主要为负异常，最低重力场值小于$-150\times10^{-5}\,m/s^2$，总体呈东西走向的梯级带，东区也见有北东向。该区剩余重力异常略显宽缓。

根据重力场特征可进一步划分为两个Ⅲ级构造单元。

(1)Ⅲ$_1^1$康保褶皱束。该区主要由面型的海西期花岗岩所占据，地层分布零星。古元古代化德岩群浅变质类复理石建造，褶皱轴近东西向；早二叠世三面井组海相中性火山岩建造、碎屑岩建造，轻微变质，褶皱轴为北东向。北部有少量侏罗系张家口组陆相火山岩。第三系黄土覆盖广泛。为重力梯级带，近东西走向，变化范围为$-140\times10^{-5}\sim-160\times10^{-5}\,m/s^2$。

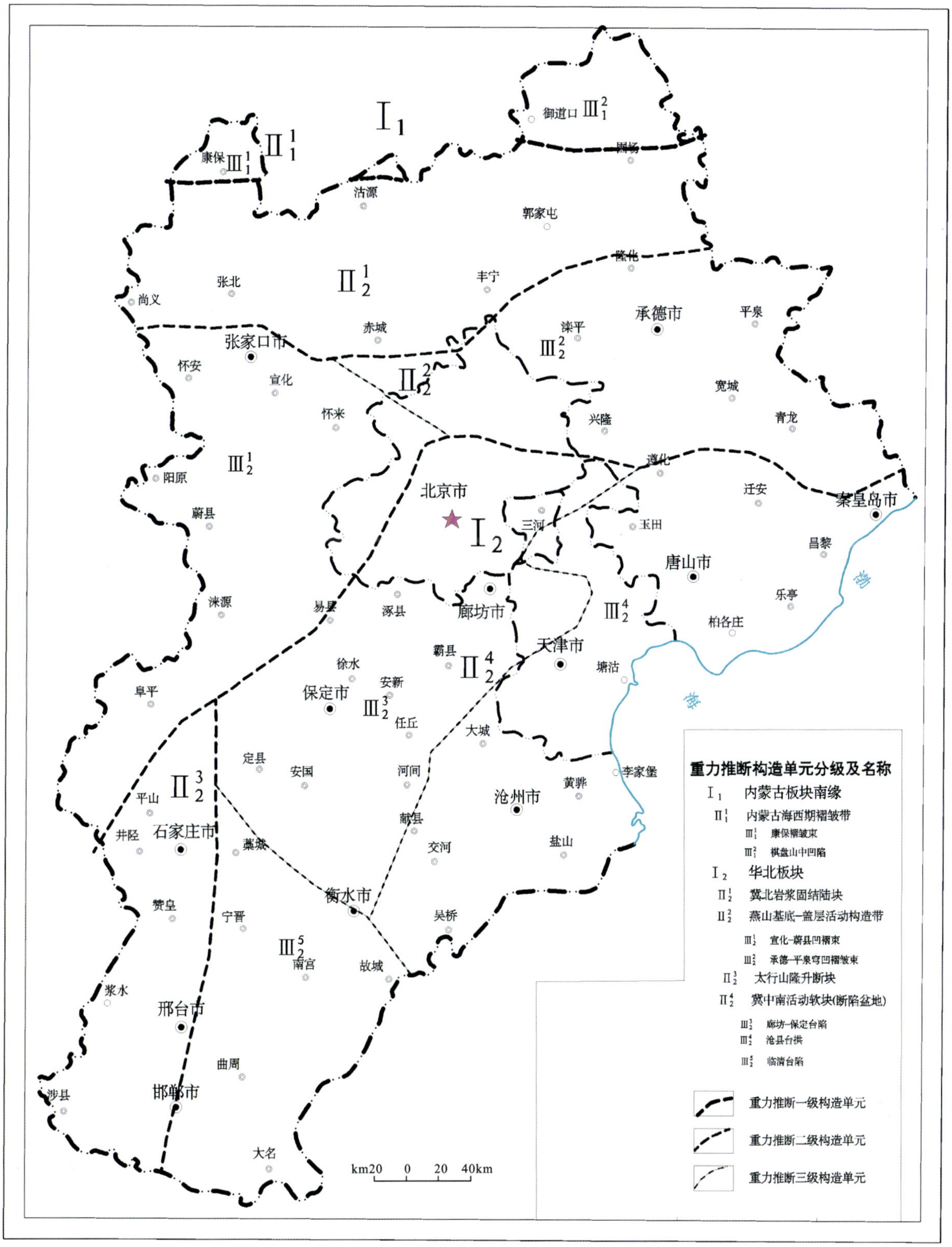

图 4-2 河北省重力推断地质构造单元划分略图

(2)$Ⅲ_1^2$ 棋盘山中凹陷。该区为中生代凹陷区，晚侏罗世—早白垩世陆相火山岩建造及碎屑岩建造分布广泛，最大堆积厚度为7 000m，上覆汉诺吧玄武岩。褶皱简单，平缓开阔，轴向为北北东向。断裂发育，主要有北北东向和北西向两组，后者交切并错移前组。早二叠世海相火山岩建造及碎屑建造仅见于南界深断裂内，褶皱面目不清。区内有满汉土-小扣花营锰银矿床。布格重力等值线以北东向展布为主，南疏北密，变化范围约为$-100\times10^{-5}\sim-160\times10^{-5}m/s^2$。

(三)$Ⅰ_2$ 华北板块(中朝准地台)

华北板块内部的发展、演化是不均匀的，有长期隆起和沉降区，也有反映盖层发育过程中各构造区火成岩活动的差别。按重力场特征的差异性，可将华北板块进一步划分为4个Ⅱ级构造区、5个Ⅲ级构造区。

1. $Ⅱ_2^1$ 冀北岩浆固结陆块(内蒙古地轴)

该区位于康保-围场断裂以南、尚义-丰宁-隆化断裂以北，新太古代变质基底广泛出露，凹陷处发育中生代火山盆地，海西期、燕山期岩浆岩广泛分布。地震波速总体呈现高速特征，岩石圈厚度较大，50km尚未见底。莫霍面、康氏面变深，大地热流值较低(一般为0.7～1.0HFU)。布格重力异常场值变化范围约为$-90\times10^{-5}\sim-150\times10^{-5}m/s^2$，由东到西逐步降低，展布方向西部呈东西走向，东部呈北东走向。在巨大花岗岩基处表现为多个环形圈闭局部重力低异常。乌龙沟-上黄旗北东向梯级带贯穿中东部。南部边界表现为波浪状弯曲急剧变化的梯级带。航磁异常显示正负场交替，呈条带状东西向展布，强度大、梯度陡。该构造单元显示比较稳定的特征，基底固结程度高，相对刚性特点明显。

2. $Ⅱ_2^2$ 燕山基底-盖层活动构造带(燕山台褶带)

该区相当于迁西阜平岩浆弧北部(燕山台褶带)，北以尚义-丰宁-隆化断裂为界，南以燕山南麓、太行山东麓为界。以桑干杂岩、崇礼岩群、迁西岩群、遵化岩群、滦县岩群、双山子群和朱杖子岩群中—深变质岩基底为核心，向四周发育中—新元古界沉积盖层，并有燕山期花岗岩侵入。

该构造单元大地热流值较高，一般为1.1HFU，地壳厚度总趋势为南东薄、北西厚，下地壳明显加厚。大地电磁测深发现于地下20～30km之间存在厚3～4km的中地壳低速高导层(P波速度为5.8～6.0km/s)，呈半熔融状态或深部切割带性质。中生代火山岩浆活动强烈，中深源中酸性岩浆侵入体极为发育，为构造岩浆岩集中分布区，深部恰好对应着50～70km深度较厚的软流层楔状体。

布格重力异常值大约在$-10\times10^{-5}\sim-90\times10^{-5}m/s^2$之间变化，边缘为梯级带，内部为多中心的圆形局部重力低值区。该区为“厂”字形重力梯级带的挟持区。东部燕山地区呈东西向条带状平行排列，具典型的褶皱区特征。局部重力异常范围小，梯度大，高低相间，呈椭圆或长条状，长轴为北东向或近东西向。航磁为正负相间的高值异常区，燕山西部以正磁场为主，东西向紧密排列；东部以负磁场为主，间有小范围的等轴状高值异常区；太行山区为北东走向。总之，区内密度和磁性变化大，反映为不稳定的地壳活动区。

以张家口-宣化北西向梯级变异带为界，进一步划分为两个Ⅲ级构造单元。

(1)$Ⅲ_2^1$ 宣化-蔚县凹褶束。包括宣龙复式向斜、五台台拱和军都山岩浆岩带的西部，平面上呈三角形。太古宙变质基底分布在周边，中新元古界盖层和侏罗系—白垩系沉积盆地位于中部，褶皱构造发育。布格重力异常等值线以乌龙沟-上黄旗北东向梯级带和以宣化为中心的多组环形为特征。局部重力异常较为密集，中北部重力低多是火山盆地的反映，南部重力低反映的是受北东向深断裂控制的燕山期花岗岩，重力高主要是基底隆起和中新元古代、古生代碳酸盐岩的反映，少数为基性岩体的反映。

(2)$Ⅲ_2^2$ 承德-平泉穹凹褶皱束。包括原承德拱断束、马兰峪复式背斜和山海关台拱，位于丰宁-隆化深断裂和燕山山前断裂之间，平面近似东西向带状矩形。南部为近东西向宽缓复式背斜构造，北部发育巨厚的侏罗系、白垩系火山-沉积建造，东部为太古宙—古元古代紫苏花岗岩-混合花岗岩穹隆。地槽型、地台型和地洼型建造齐全，挤压断裂和拆离转换滑脱断层密集，燕山岩浆侵入活动强烈而广泛。布格重力场为低缓开阔的变化区，以花岗岩基为中心出现多处重力低值圆环形封闭区，同时有北东向和北西向两组异常显示。局部重力异常密集杂乱、形态轴向各异，重力高反映为基性、超基性岩体及基底隆起，重力低是酸性岩体和火山盆地的反映。

3. $Ⅱ_2^3$ 太行山隆升断块(山西断隆中南部)

该断块位于太行山中南段，挟持于河北平原与山西高原之间。在太古宙基底之上沉积了厚层碳酸盐岩盖层。岩石圈厚度为100多千米，大地热流值为1.4～1.6HFU，为中等地热背景区。布格重力异常大约在$-10\times10^{-5}\sim-80\times10^{-5}m/s^2$之间变化，等值线呈南北向至北北东向梯级带形式展布，东高西低。东部有多个圆形局部重力低异常，走向为北东向或北北东向。航磁以正磁场为主，正负相间，强度高，梯度大，局部异常亦呈北东向或北北东向。

4. $Ⅱ_2^4$ 冀中南活动软块(华北断拗)

该断块位于河北平原及渤海湾地带，为典型的活动地块，与太行山地块相对应。在地震层析CT断面图上，本区软流圈大面积上涌，以致浅到60～70km，其顶部近平面。而岩石圈厚度仅60～70km，地壳厚度仅30～35km。从地震层析P波速度可知，本区软流圈速度很低，为7.0～7.7km/s，上覆较薄的下岩石圈波速也较低，为8.0～8.4km/s。大地热流值普遍偏高，一般为1.7～2.0HFU，为面积性的地热异常区。地壳三分明显，总体很薄，中地壳为典型的低速(6.0～6.4km/s)、高导(6～8Ω·m)，表明具有一定程度的熔融性和滑脱剪切性质，新生代大陆裂陷活动加剧，形成典型的大陆裂谷盆地，新生界沉积厚度巨大，达到5 000～6 000m，是重要的活动构造单元。区域布格异常形态开阔舒缓，显示为场值升高背景(近1/3正值)，从东南向北西逐渐降低，即在$56\times10^{-5}\sim-10\times10^{-5}m/s^2$范围内变化。局部重力高异常呈长条状、等轴状或扁椭圆状，排列疏散，边缘梯度较大，内部变化较小。区域航磁场为平缓的低值区，强度低，梯度缓，正负场域变化范围较大。可进一步划分为两个Ⅲ级构造单元。

(1)$Ⅲ_2^3$ 廊坊-保定台陷。该台陷大致相当于冀中台陷，位于河北平原西北部，其北、西、南三侧被断裂围限，东侧以古近系的尖灭缺失线为界，平面略呈北北东向的矩形。该区基底为隐伏的背斜构造，轴部大致在固安、高阳、藁城一带，亦呈北北东向，主要由蓟县系组成，东、西两翼为古生界。新近纪，原两翼部位大幅度拗陷，而核部位置则相对稳定，沉积较薄或未沉积，具有明显的继承活动性质。

布格重力异常以负值为主，在牛坨隆起区为正值，等值线呈北东向紧密舒缓相间排列，北西向多有间断。局部重力场东部低缓无明显异常，西部出现北东走向的重力高低相间排列的重力异常带，主要反映了基底凹陷与隆起平行排列特征。

(2)$Ⅲ_2^4$ 沧县台拱。该台拱位于河北平原东南部，与廊坊-保定台陷并行排列，大致相当于原沧县台拱、黄骅台陷和埕宁台拱3个构造单元的范围。平面呈现自南而北由北北东向至东西向的弧形，北宽南窄。基底构造为隆凹相间带状分布。隆起区为新近纪狭长带状正性单元，仅在局部次级断凹内保留有不厚的堆积，隐伏基岩为古生界。凹陷区前新生代基岩发育齐全，中—新元古界至侏罗纪、白垩纪累计逾万米。布格异常场以北东向及近东西向排列的正值为主，在两个重力高值带之间，出现少量重力低值区。局部重力场北部大范围为低缓重力高背景，中间夹杂强度不高的重力

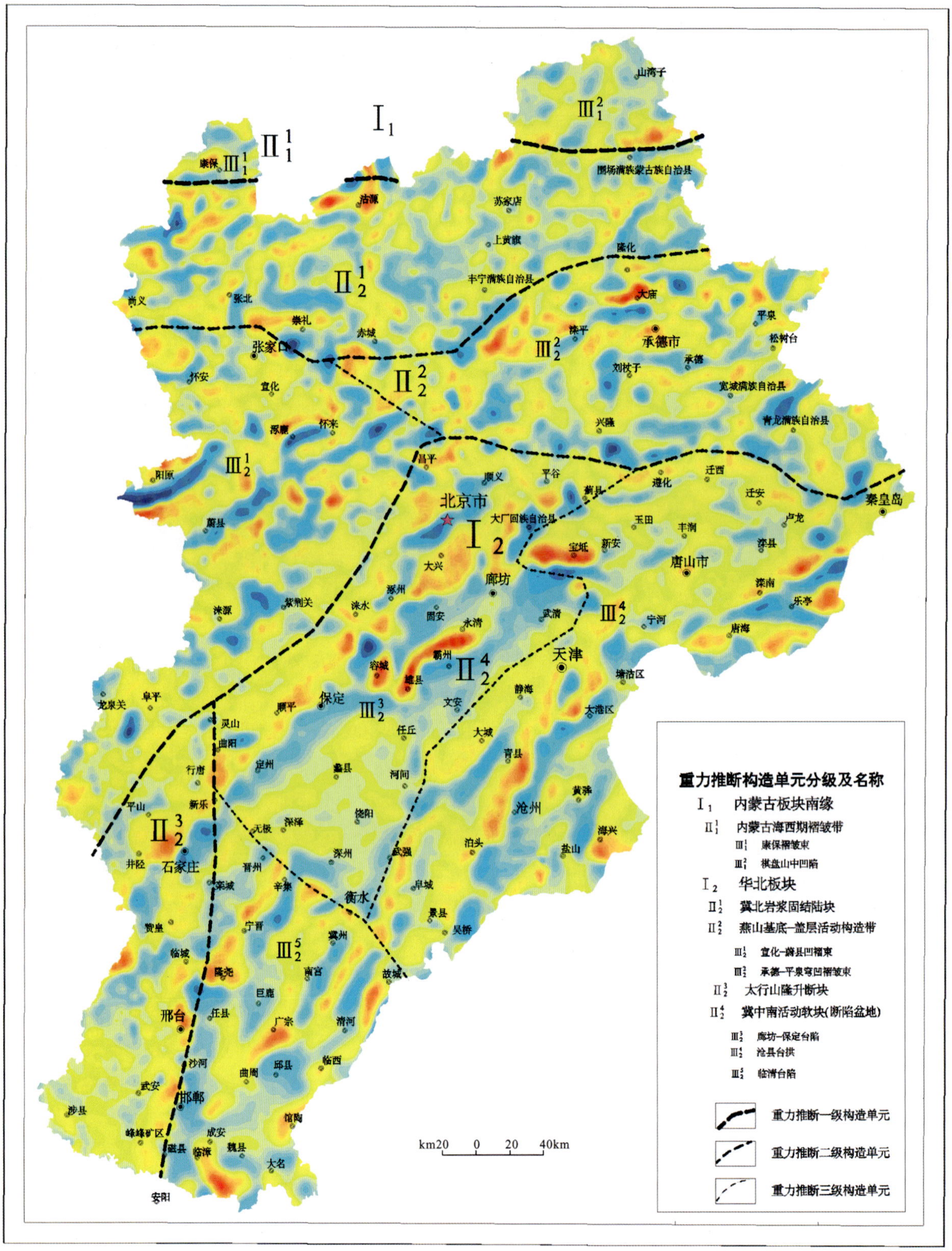

图 4-3　河北省剩余重力异常及推断地质构造单元划分略图

低，边部为重力高低相间排列；南部呈现北东向展布的重力高低相间排列的异常带。

(3)$Ⅲ_2^5$临清台陷。该台陷位于河北平原南部，四周被北西向和北北东向两组断裂所截，平面近似菱形。中生代时期，在边界主断裂控制下，内部次级断块活动强烈，北北东向断裂鳞次栉比；新近纪，北北东向断裂继承活动，造成多凸、多凹、多沉积中心的指状构造格式。布格重力异常场为排列紧密的多个椭圆形降低特征。局部重力场呈北东向重力高低紧密相间排列的带状展布。

第二节　断　裂

一、重力推断断裂构造方法

(一)断裂构造的重力异常特征

断裂构造无论在布格重力异常图上，还是在经过数据处理的其他各类重力图件上均有不同程度的显示，因此利用重力资料推断与研究断裂构造是行之有效的。

1. 断裂构造的重力异常标志

(1)有明显走向且稳定的重力异常梯级带，或水平方向导数具有一定走向的圈闭异常的轴线，以及具有明显走向和一定长度的垂向二阶导数零值线，一般反映为具有一定规模的断裂。

(2)重力梯级带等值线发生同向扭曲或疏密变化，往往反映一条断裂被另一条断裂错断或两条断裂汇合。

(3)局部异常呈串珠状分布或具有明显走向的局部异常，往往反映沿断裂有侵入体存在。

(4)具有明显走向的重力高、重力低局部异常交界或两侧重力场特征有明显的差异分界线。

2. 断裂产状的推断

(1)根据布格重力异常梯级带中心确定出断裂的位置，再依据上延不同高度的布格重力异常梯级带中心位置的偏移，近似了解断裂面的倾向。

(2)由上延不同高度的各方向水平一次导数局部异常轴线两翼的对称性判别断层面的倾向，如导数极值等值线两翼对称时表明断裂产状直立，两翼呈不对称时在断层倾向方向上，梯度较缓、等值线稀疏。

(3)地表已知断裂与重力场推断断裂的位置接近而不重合，说明根据重力场推断一侧为断裂的倾向。推断的断裂与地表已知断裂对应很好时，说明断裂的产状较陡；推断的断裂与地表已知断裂对应偏移较大时，则说明断裂的产状较缓；同一条断裂，推测断裂与地表已知断裂有的地段对应较好，有的地段对应较差时，说明该断裂倾向有所变化。

3. 断裂与断裂之间的相互关系

(1)一条断裂被另一条断裂所切，表明被切割的断裂形成早。

(2)当一条断裂对附近其他断裂有控制作用，那么起控制作用的形成早，其他的形成晚或为同期形成的次级断裂。

(二)断裂构造级别的划分

断裂构造分级主要是结合地质进行划分，断裂构造划分为3个级别，即深断裂、大断裂、一般断裂。

1. 深断裂构造

该断裂在原平面布格重力异常和上延各高度的布格重力异常上均有明显显示，是Ⅰ级、Ⅱ级构造单元的分界线。这类断裂对区内构造单元划分、岩浆活动、沉积建造、矿产分布有明显的控制作用。

2. 大断裂构造

所谓大断裂，系指介于深断裂与一般断裂之间的断裂。它们在发展过程中，亦可具有继承性、多次活动的特点，在平面上延伸较长，在原平面乃至上延一定高度的布格重力异常上都有明显反映，是Ⅱ级、Ⅲ级构造单元的分界线。这类断裂对区内构造单元划分、岩浆岩及矿产的分布也有着明显的控制作用。

3. 一般断裂

此类断裂形成规模小，延伸较短，主要是在原平面布格重力异常图上及各方向导数、垂向二阶导数图上有明显反映。

二、断裂构造的地质解释

根据重磁场特征，结合其他地质物化探资料，在全省共推断断裂构造79条，其中深断裂构造10条、大断裂构造11条、一般断裂构造58条。这些断裂构造主要表现为近东西向、北东向、北西向和南北向4个方向，其中以近东西向、北东向较为发育，次为北西向和南北向。下面我们对主要的断裂构造进行地质解释。

（一）深断裂带

1. 康保-围场断裂带(F_3)

康保-围场断裂带，大致沿北纬42°线通过河北省的北部边缘。由于行政区划的原因，该断裂带在区内被隔成东、西两段，西段在康保附近，东段在围场附近。

在重力布格异常图上，西段为明显的梯级带，梯级带宽约10km，梯度变化约为$2\times10^{-5}\sim3\times10^{-5}m\cdot km/s^2$。梯级带以北重力异常宽缓，场值较低，轴向近东西；南侧重力异常紧密排列，轴向以北东向为主，异常值较高。断裂带东段由于受北东向大兴安岭-武夷山重力梯级带的影响，东西向的梯度带被北东向梯度带交叉截断，并使北东向梯度带呈南北向扭曲，因此，重力场特征不明显。

在重力0°方向水平一阶导数图上，断裂西段位于极值连线上。东段在围场县城以东也在一阶导数极值连线上，县城以西与极值连线位置吻合较差。

在上延2km、5km、10km直至20km的布格重力异常图上，断层西段梯度带非常明显，东段在上延2～10km处为一不明显的梯度带并被北东向梯度带截断。上延20km东西向梯度带消失，但北东向梯度带在此仍有明显南北向扭曲，说明断裂依然存在，可见该断层延伸深度较大。

断层西段，在上延2km、5km、10km、20km、重力0°方向水平一阶导数图上，极值连线位置明显。上延2km、5km、10km的导数极值连线位置，东、西两端分别向南和向北偏移，中部位置变化不大。至上延20km，导数极值连线迅速向北偏移，反映该断裂下部北倾明显。上述说明该断裂上部产状复杂，其西端总体表现为北倾，与地表观察产状一致；东端向南倾与地表观察相反，断裂垂向上具有南北摇摆的特征；在中间部位导数极值连线位置变化不明显，产状较陡。

断层东段，围场县城以东在原平面及上延2km、5km、重力0°方向水平一阶导数图上，其极值连线位置大体吻合，说明产状较陡。结合地表观察到的产状判断，该断层在围场县城以东倾角上缓下陡；在围场县城以西，该断层位于前述北东向梯级带的西侧，原平面一阶导数极值连线特征不明显，但上延 2km、5km、10km 和 20km 均有明显的一阶导数极值连线，且普遍向南偏移，与地表出露位置相比，断层南倾。

上延不同高度的重力垂向二阶导数零值线也能够较好地反映该断裂的存在。

综上所述，康保-围场断裂为一深大断裂，控制了南、北两侧地质发展历程，北为大兴安岭褶皱带，南为华北地台，是Ⅰ级构造单元的分界线。

航磁 ΔT 等值线平面图上，该断裂无明显反映。

2. 丰宁-隆化断裂带(F_{29})

该断裂带位于赤城—丰宁—隆化一线，呈向西北凸出的弧形，总体走向近东西，区内全长 210km。

布格重力异常图上，东经 117°以东断裂为一东西向梯度带，梯度带宽约 10km，梯度值约为 $1\times10^{-5}\sim2\times10^{-5}$m · km/s²。梯度带以北重力异常较为低缓，无明显轴向；以西重力异常排列紧密，异常值高低变化较大，轴向以东西向为主。该梯度带向西与大兴安岭-武夷山北东向梯级带交汇，至赤城县城一带，表现为一重力变异带，使北东向梯级带扭曲变形，并在丰宁县城至杨木栅子一带使北东向梯度带的梯度变小。

在上延 2km、5km、10km、20km 的布格重力异常图上，断裂带表现为一个向北西凸出的弧形梯度带。地表梯级带宽度达 10km，至上延 20km，其宽度达百余千米。结合地质上该断裂对岩浆岩、地层等的控制作用，判断该断裂是一个切穿地壳、深达上地幔的深大断裂，巨大的梯级带是由断裂造成的两侧密度差及幔坡共同影响的结果。

在航磁 ΔT 化极图上，沿断裂带为一系列负磁异常，异常的长轴与断裂平行；化极上延 2km、5km 后，负磁异常仍明显存在；化极上延 10km、20km 后为正磁异常，但断裂处磁场为低值带。断层两侧磁场具有明显不同的特征，北侧磁场以正场为主，异常轴无明显取向；南侧为变化较剧烈的正负相间场，异常轴多为东西向和北东向。

3. 大庙-娘娘庙断裂带(F_{66})

该断裂带西起风山南，向东经红石砬、白旗、大庙、高寺台、头沟，至平泉城北的娘娘庙，全长约 150km。

在布格重力异常图上，断裂中部为断续的梯度带，东、西两端为重力变异带。断裂两侧重力场为南高北低。沿断裂重力高低异常相间排列。重力高反映中性、基性和超基性岩体，重力低反映受断裂控制的燕山期酸性岩体及火山盆地。

沿断裂航磁异常以正异常为主；断裂两侧磁异常轴向均为东西向；断裂北为负磁场，南为正磁场。

4. 尚义-平泉断裂带(F_{24})

该断裂带大体沿北纬 41°线分布，西起尚义，向东经赤城、古北口、承德至平泉，长约 450km，向东、西均延入邻省。

该断裂带各段在重力上均有不同程度的反映，布格重力异常表现为以下几点。①赤城以西为重力异常变异带，从剩余重力异常图上看其南侧局部异常多为重力高，北侧多为重力低。②赤城以东与北东向大兴安岭-武陵山梯级带交汇，北东向梯级带明显变形，使梯级带局部陡变为东西向与该断裂平行，至古北口该东西向梯级带仍延续发展，剩余重力异常图上局部异常北高、南低。③古北口以东自雾灵山岩体开始，由于断层向北逆冲，使其地表露头向北推移了近 20km，表现为重力变异带。在布格重力异常图上，该延长线为一明显的重力梯度带，该梯度带上重力异常值自南而北下降，梯度值约 0.8×10^{-5}m · km/s²，宽度近 10km，长约 150km。梯度带进入北北东向构造体系后也随之发生同向偏转，并最终东延进入辽宁境内。

在不同上延高度的布格重力异常图上，上延2km断层重力特征与地表相近。赤城以西从上延5km开始，至上延20km，其梯度带特征逐渐明显。晚古生代，受该断裂控制，侵入了众多超基性岩体，称为崇礼-承德超基性岩带，说明断裂已切入上地慢，属深断裂。赤城以东上延2km至10km的布格重力异常图上，沿断层重力梯度带和变异交替出现，上延20km，西半部使北东向梯级带发生扭曲，东半部多为梯度带，与断层吻合，同样反映该断层切割深度较大。

在航磁ΔT等值线平面图上，古北口以西沿断裂为正负磁场的分界线和磁场变异带，两侧磁场异常轴向与断裂平行。古北口以东，由于逆冲推覆作用，断层在地表出露位置上，磁场无明显反映。燕山期以前，在雾灵山岩体位置以东的延长线上，即上述150km长的重力梯度带位置，磁场为正负磁异常的分界线，磁异常北正、南负，轴向总体与重力梯度带平行。从磁场的总体分布特征来看，断层沿线及附近负磁异常呈串珠状分布，与断层活动消磁有关。以断层为界，负磁异常主要分布在南侧，呈正负相间排列的态势，异常轴向以北东向、东西向为主，正负异常规模均较大；北侧以正磁异常为主，轴向主要为东西向，少量北东向仅分布在东侧，异常规模较小。从断层两侧磁异常轴向变化不难分析，该东西向断层对于释放燕山期来自南东方向的冲力起了重要作用。由于该断裂的存在，南东方向的太平洋板块挤压作用仅对断层以北省内东侧影响较大，而对西侧影响较小。

5. 上黄旗-乌龙沟断裂带（F_6）

该断裂带南起涞源倒马关，向北东经杨家庄、乌龙沟、大河南、谢家堡、官厅、赤城、上黄旗、御道口，最后延入内蒙古，总体走向NE 25°，倾向南东，倾角60°～80°，长470km。

在布格重力异常图上，该断裂南段，恰位于省内巨型北东向梯级带的西侧边缘，为布格重力异常值由陡降至平缓变化的转折处。该断裂对燕山期岩浆岩控制作用明显，沿断裂分布王安镇、大河南、大海沱岩等多处大岩体，均呈岩基状产出，轴向与断裂平行，重力上表现为重力低沿断裂呈串珠状产出。赤城至上黄旗段，其南段赤城至白草岩体南缘为重力异常变异带，北段仍为巨型北东向梯级带的西缘。断层分支后的御道口段重力变异带与梯度带交替出现，东支棋盘山段为北东向梯级带的西缘。从布格重力异常图上来看，该断裂穿越康保-围场断裂后向北沿北东方向断续延出河北省，这点与地质上的厘定有所差异。赤城以北沿断层也有规律地分布着几个重力低，这与燕山晚期的火山盆地和岩浆侵入岩有关。

在上延10km、20km的布格重力异常图上，梯级带清晰可见，反映断层切割深度较深。官厅附近的地震资料证实，该断裂切深已超过莫氏面。

在航磁ΔT等值线平面图上，沿断裂磁场表现为以正异常为主，轴向与断层吻合。赤城以南段强度较高，赤城至上黄旗段及御道口段异常线状特征明显，但强度较弱，棋盘山段南端异常轴向与断层吻合，北端不明显。根据河北省岩石物性调查成果，沿断裂的这些正磁异常均是由燕山期花岗岩、花岗闪长岩等引起，表明了断裂的控岩特征。

6. 紫荆关-灵山断裂带（F_{38}）

该断裂带北起涞水县岭南台，向南经北龙门、白涧、紫荆关、灵山、井陉，向南西延入山西省，在河北省内的长度约280km。

该断裂位于巨大的北东向重力梯级带的中间部位，梯度带宽几十千米至百余千米。两侧重力场东高、西低，东侧重力异常以北东向为主，多呈狭长的带状，轴向北东；西侧重力异常轴向不明显，异常规模明显变小。重力上延2～20km，梯度带清晰稳定，说明断裂切割深度较大。

在航磁ΔT原平面化极异常图上，断裂西侧以正磁场为主，异常起伏明显；东侧正负异常相间排列，异常值变化较小，呈宽缓状异常。两侧异常轴向以北东向为主，与断裂平行。在化极上延2

～20km 航磁 ΔT 平面图上，该断裂在紫荆关以北为一北东向梯度带，以南为磁场变异带。

在化极上延不同高度 ΔT 重力 135°方向水平一阶导数图上，断裂带为一连续的极值连线，极值连线位置在水平方向或在垂直方向上呈现左右摇摆痕迹，但偏移距离不大，说明断裂产状复杂，但总体较陡。

7. 怀柔-涞水-定兴-石家庄断裂带(F_{40})

该断裂带也称太行山山前深断裂带，均被第四系覆盖，北起北京怀柔，南至石家庄，全长约350km。

在布格重力异常图上，该断裂与一平直的梯度带吻合，梯度带北端止于一东西向梯度带，南端止于一近南北向梯度带。梯度带两侧重力低、重力高异常紧密排列，轴向与断裂平行。上延2～10km，梯度带仍明显存在；上延20km，定州至石家庄段重力变异带特征明显，南、北两端等值线发生同形扭曲；定州以北为巨型北东向梯级带的东缘，重力场值表现为由高向低陡降。

该断裂在重力315°(即135°)方向水平一阶导数图上，导数极值连线特征非常明显。极值连线位置相对地表自上延2km开始断层南端向东偏移；徐水—定州段自上延5km开始向东偏移，上延20km断层全线向东偏移。以此分析，断层面自南向北，随着断层深度的增加逐渐向东倾斜，而浅地表相对较陡。

在航磁 ΔT 原平面化极图上，北京以北为一以断裂为中心的北东向负磁异常，异常轴向与断层吻合。向南至定州为正负磁异常的分界线。定州至石家庄段断层两侧磁场特征也有明显区别，断层西侧异常起伏较大，排列紧密，正负磁异常强度较高；东侧磁场较为平稳。化极上延2～10km上述特征仍很明显，上延20km也依稀可见。

8. 邢台-安阳断裂带(F_{61})

该断裂带自石家庄东经邢台、邯郸向南延向河南安阳，境内长200km，走向北东10°。断层西盘为太古宙—古生代地层，东盘为中新生代地层。断层为正断层东盘下降，累计铅直断距为3 000m以上。

在重力布格异常图上，该断裂由一系列小的梯级带相连而成，断层两侧重力值大体上西高东低。在剩余重力异常图上，局部异常呈线状沿断层两侧分布，轴向与断层平行。

在不同高度重力上延平面图上，上延2km、5km上述特征明显，上延10km后上述特征变弱。推断其切割深度不及北京-石家庄断裂。

在上延不同高度的90°方向水平一阶导数图上，自内丘向南断层与导数异常极值连线吻合较好。原平面及上延2km、5km、10km导数极值连线位置大体吻合，说明断裂产状较陡。上延20km后导数极值连线不明显。

在航磁 ΔT 原平面化极及上延2km、5km、10km、20km异常图上，断裂在内丘以南为正磁低值带，以北为磁场变异带。

9. 沧州-大名隐伏断裂带(F_{47})

该断裂带亦称沧东断裂，为一条隐伏断裂，北起唐山，向南经天津、沧州、泊头、德州、大名延入河南，区内长约500km，总体走向北东30°左右。

在重力布格异常图上，该断裂主要和一狭长的北东向梯度带相吻合，其南端大名至馆陶间为重力变异带。上延至10km特征与上述特征大体相同；上延至20km，主要表现为梯度带及梯级带的同形扭曲、异常形态变异等特征，说明该断裂切割较深。

在135°重力水平一阶导数图上，上延2km导数极值连线与地表基本吻合。上延5km在北端宁河附近，与固安-昌黎断裂交汇处极值连线开始东移，而南端德州以北极值连线向西移。上延10km

后北端的东移向南发展，南端的西移向北延伸，上延 20km 后北端极值连线东移继续向南发展，而南端不再变化。在上延的过程中，断层其他位置极值连线变化不大。上述特征反映该断裂在宁河—德州间，其产状在北端向东南倾，在南端向西北倾，断裂的其他区段产状则变化不大。

在航磁 ΔT 原平面化极异常图上，沿断裂磁场主要表现为一系列正负相间的磁异常过渡带或局部磁场变异带。两侧磁异常轴向大体与断裂平行。德州以北断裂东侧以负磁异常为主，西侧以正磁异常为主；德州至馆陶段两侧均为正磁异常，东高西低。上延 2km、5km 磁场特征与原平面相似；上延 10km 后负磁场多数消失，呈低缓的正磁场，轴向仍与断层平行。在上延 2～20km 航磁 ΔT 重力 135°方向水平一阶导数图上，导数极值连线与断裂带基本吻合。

（二）大断裂带

大断裂带是指构造活动较强烈、影响深度较大，对不同地史阶段的沉积作用和岩浆活动有一定的控制作用，能将不同构造单元切割为次级构造单元的构造断裂带。

1. 张北-沽源断裂带（F_{10}）

该断裂带起止均在内蒙古境内。北端从沽源西北的高山堡进入省域，经察汗敖包、西五间房、东小淖、张北城北、乱石山、渔儿山、甲石河，向南西又进入到内蒙古境内，全长大于 180km。

在布格重力异常图上，断裂主要表现为变异带。张北县城以北地区，断层西侧重力异常呈串珠状排列，走向北东，轴向与断层平行。东侧重力异常为近东西向或北东东向，异常分布略显宽缓。张北县城以南断裂穿过几个重力异常，分别使异常等值线收缩形变。上延 2～10km，断层仍有反映，郝家营以北为一梯度带，重力场东高西低，变化缓慢。以南使东西向梯度带发生同形扭曲，显示断裂明显存在。

在航磁 ΔT 原平面化极图上，郝家营以北为一正磁异常，异常轴与断层吻合；断层西南表现为正负磁场分界线，西负、东正。玄武岩覆盖区磁场对断层反映不明显。上延 2km、5km 磁场特征仍大体相同；上延 10km、20km 后，郝家营以北正磁异常沿断裂延伸情况变得不清晰，西南端正负磁场分界线依然很清楚，可见该断裂西南切割较深，东北较浅。

2. 马市口-松枝口断裂带（F_{18}）

该断裂带北起马市口西北，向南经怀安、桃花堡直抵上黄旗-乌龙沟断裂，全长 140km，走向北西 30°，向东陡倾。在化稍营以北，断裂通过太古代迁西群分布区，向南穿越中新元古代及侏罗纪地层，并成为阳原、蔚县两断陷盆地的东界。

在布格重力异常图上，该断裂反映为梯度带和重力场变异带。化稍营以北为一明显的梯度带。剩余重力异常图上其东侧为重力高异常，西侧为重力低。向南分别截断北东向重力低异常及其间的重力高异常，反映为重力变异带；断裂最南端为侏罗纪与中新元古代地层的接触界线，表现为与断层平行的梯度带。上延至 5km，其南端使北东向梯度带发生扭曲变形；上延到 10km，上述两断陷盆地东侧依稀可辨梯度带特征；上延至 20km，断层特征已很难辨认。可见该断裂切割深度不大，从其长度来看可定性为大断裂。

从航磁 ΔT 原平面化极图上来看，化稍营以北为正磁异常，异常边界线与断层平行，磁场东高西低，为一明显分界线。向南断层使一北东向负磁异常陡然变窄。断层最南端为正负磁场的分界线，并最终止断于北东向正磁异常。航磁 ΔT 化极上延 2km、5km，上述特征反映仍然清晰；上延 10～20km，磁场所反映的断层特征逐渐消失。在上延 2～10km 航磁 ΔT 重力 45°方向水平一阶导数平面图上，断层位置明显为导数极值连线反映，上延不同高度极值连线位置均变化不大，说明断层产状较陡。

3. 密云-喜峰口断裂带(F_{35})

该断裂带西起密云，向东经兴隆、喜峰口至青龙木头登延入辽宁，全长220km。

在布格重力异常平面图上，密云至孤山子断层位于东西向梯度带的北界，止于北东向梯度带。孤山子以东都在都山岩体附近使重力异常变窄，发生明显变形，在剩余重力异常图上反映更为清晰；向东介于重力高与重力低之间，表现为梯度带，总体上看断裂两侧重力场，南侧为重力高值区，北侧为重力低值区。上延至10km上述特征仍然存在，上延至20km东西向梯度带也很清楚。从重力场上看该断裂切割深度较大。

在航磁图上，断裂带主要表现为一系列正负磁异常的过渡带。上延2km，断层西端使正磁异常带发生同形扭曲，中部负磁异常强度自南向北发生明显的降低，东端基本为正负磁异常的过渡带。至上延20km，断层中部为正负磁异常的过渡带，东、西两端表现不明显。

4. 平坊-桑园断裂带(F_{24})

该断裂带是大兴安岭东麓前缘嫩江-八里罕深断裂的南延部分。该断裂带北起平坊，向南经平泉、桑园至高板河，止于密云-喜峰口断裂，省内长约140km。

在布格重力异常平面图上，断裂反映为重力变异带。在剩余重力异常图上，断裂北半部为一系列串珠状重力低或重力高异常，异常长轴与断裂平行；断裂南半部在山庙梁至孙杖子间为明显的重力变异带。上延5km，断层北部使一东西向梯度带发生扭曲，南部为重力变异带。至上延10km，北部的东西向梯度扭曲尚可分辨，而南部断层迹象消失。这说明该断层切割深度不大，并且自北向南切割深度逐渐减小，是嫩江-八里罕深断裂向南延伸的尾端特征。

在重力135°方向水平一阶导数图上，断裂北部大体与导数异常轴部吻合，异常轴在原平面及上延2km、5km向西偏移，至上延10km又向东回偏并与断裂吻合。这说明断层先向西倾，后又回转并趋于直立。上延20km仅断裂北端平坊附近有断层显示，向南已无显示。

在航磁ΔT原平面化极图上，断层北半部磁场无明显反映，南半部表现为正负磁场的过渡带。

5. 青龙-滦县断裂带(F_{41})

该断裂带北起青龙栅栏杖子，向南沿青龙河谷经卢龙、滦县，并从滦南入海，长约160km。

断裂在北纬40°以北地区为一重力梯度带，在北纬40°附近使一北西向梯度带发生变形；再向南主要表现为重力变异带，在滦县附近使重力异常扭曲变形，在滦南使一北东向梯度带变形，在断裂南端为一重力高和重力低异常的分界线。上延2km、5km后，重力场特征与上述相似；上延10km后，北部仅表现为东西向梯度带的扭曲变形，南端表现为一重力高异常的轴部；上延20km断层特征消失，说明断层没有切过莫氏面。

在航磁上，大体沿断层北部为一狭长北东向负磁异常，南部穿过固安-昌黎大断裂后为一正负磁异常的过渡带。

6. 固安-昌黎隐伏断裂带(F_{43})

该断裂带全被新生代地层覆盖。据地质推断和物探、钻探证实，断裂带西起固安，向东经廊坊、宝坻、宁河、滦南、昌黎，然后延入渤海，走向为东西向，受后期构造破坏呈错落折线，大致分布在北纬39°30′—39°40′之间，长约320km。

固安—宝坻为西段，断面南倾，倾角60°～80°，控制侏罗纪、白垩纪及古近纪沉积。北侧第四纪—新近纪覆盖于中—新元古代和古生代地层之上，缺失古近纪沉积，而南侧古近纪沉积厚度达2 000余米，下伏为中生代地层。新近纪地层底界落差在固安为40～60m，在宝坻为1 000～1 500m。宁河—昌黎为东段，走向60°，特征同西段类似，中新生代仍继续活动。该断裂构成华北裂陷带的北界。

在布格重力异常图上，断裂为一系列被错断的梯度带，中部宝坻到黄庄一带为重力变异带。梯级带北侧重力异常轴向多为东西向，剩余异常以重力高为主；南侧多为北东向，剩余异常以重力低为主。重力场的上述特征至上延10km仍很清晰。上延至20km后，仅东段宁河以东仍为重力梯级带，而西侧断层特征消失，说明该断层切割深度自东向西逐渐变浅。

在重力0°方向水平一阶导数图上，自原平面至上延20km沿断裂的导数极值连线一直存在，宁河附近极值连线明显北移，其他大部分位移不大。这说明断层产状较陡，仅个别地段北倾明显。

在航磁 ΔT 原平面化极图上，断层北侧正负磁异常起伏较大，轴向以东西向为主；南侧正负磁异常较平缓，轴向多为北东向。

7. 无极-衡水隐伏断裂(F_{44})

该断裂西起曲阳齐村，向南东经无极、衡水之故城，再向南东延入邻省山东德州，区内长约200km。断裂总体走向北西50°，断面倾向北东，倾角40°～55°。

在布格重力异常图上，断层多处错断北东向梯度带，北侧重力异常较为宽缓，南侧异常排列紧密。上延至10km断层重力场特征仍较明显，上延20km断层重力特征近乎消失。

在重力45°方向水平一阶导数图上，沿断层为一导数异常极值连线，这种特征在东半部表现最为明显。上延至10km，导数极值连线稳定存在，位移不明显；上延至20km仅东段有明显导数极值连线，西侧极值连线消失。上述情况说明该断层产状较陡，断层自东向西，切割深度由深变浅。

在航磁异常图上，断层仅局部表现为正负磁异常的过渡带，多数区段反映不明显。

8. 临漳-大名隐伏断裂(F_{48})

该断裂西起临漳的南城，向东至大名西付集，后延入山东省，河北省内长约90km，断裂走向为北西70°左右，断面北东倾，两盘古近系落差1 000～1 300m，中生界落差2 100～2 200m，下古生界落差1 500～2 000m，属正断层。

在布格重力原平面及上延2～10km的异常图上，临漳以东为重力梯度带；以西将一北东向重力高切断，使异常宽度收缩。上延20km，东部表现为北东向梯度带扭曲，西部表现不明显，说明断层切割深度自东向西由深变浅。

在重力45°方向水平一阶导数异常图上，上延2～20km，断层位置大体与导数异常极值连线吻合。

在航磁 ΔT 原平面化极异常图上，断层中部使一北东向异常扭曲变形，断层显示左行迹象；两端为正负磁异常的过渡带；上延至20km，上述断层特征消失。

9. 海兴-宁津隐伏断裂带(F_{49})

该断裂带位于平原区东侧，北入渤海，南入山东，长约80km，走向北北东，断面向西北陡倾。断层东盘第三纪(古近纪＋新近纪)、第四纪下覆太古宙及寒武纪或奥陶纪地层，西盘主要为中元古代地层，显示西盘下隆、东盘上升的特征。

在布格重力异常图上，断层与重力梯度带吻合。剩余异常图上东为重力高异常，西为重力低异常，也显示地层东盘下隆的特征。上延至20km，上述梯度带仍然存在，反映断裂切割较深。

在重力135°方向水平一阶导数异常图上，断裂与导数异常极值连线吻合。上延至20km，导数极值连线仍然存在，位置无明显位移，说明产状较陡。

在航磁 ΔT 原平面化极及上延至20km的异常图上，断层位于正磁异常边部，异常边界与断层平行，磁场东高西低，反映太古宙结晶基底东面隆起、西面拗陷。

第三节　岩　体

一、重力推断岩体方法

（一）岩体的定性解释依据

1. 几种侵入岩体的地质-地球物理模型

（1）具有一定规模的酸性、中酸性及部分中性岩体（包括花岗岩、花岗闪长岩、正长斑岩、石英闪长岩等）以碳酸岩类地层（包括元古宙、古生宙的白云岩类、灰岩类地层）为围岩，一般表现为重力低异常及与之对应的高磁异常。

（2）具有一定规模的中酸性、酸性及部分中性岩体（包括花岗闪长岩、花岗岩、正长斑岩、石英闪长岩等）以太古宇为围岩，多表现为局部重力低异常，与之对应的是负磁异常。

（3）具有一定规模的超基性、基性及部分中性岩体，均表现为局部重力高、磁力高异常。

据此进行推断，确定引起异常的地质体是否为侵入岩体，并判断其岩性。

2. 岩体产状的推断解释

岩体的产状一般指岩体的形态，中心位置埋深、倾向等。根据异常的幅值、中心位置、形态、梯级带变化及上延不同高度垂向二阶导数零值线位置等定性确定岩体产状，其主要标志如下。

（1）局部异常梯度最大处，垂向二阶导数零值线大概反映了岩体在地表投影边界。

（2）局部异常的中心位置一般是岩体的侵入中心或岩浆通道。

（3）局部异常的梯度大小、等值线疏密以及不同高度垂向二阶导数零值线位移，大体反映了岩体的倾向。

（二）岩体的定量解释方法

（1）密度值的确定。对较大岩体，直接利用实测密度值；对小岩体和隐伏岩体，利用该区该类岩性的平均值；围岩一般利用附近地层的平均值。

（2）计算剖面的选取及处理。在剩余异常图上切取剖面，对于有明显地表地质因素干扰的要进行适当的圆滑处理。剖面的切取通过异常中心，垂直异常走向。

（3）采用人机对话程序进行正演模拟计算。

二、侵入岩体的地质解释

河北省圈定隐伏、半隐伏、出露岩体 87 处，下面对河北省一些与成矿关系密切的重要岩体进行综合解译，地质体的密度参数取自河北物探大队编写的《河北省岩石物性成果报告》，列举如下。

（一）赤瓦屋岩体（S69）

该岩体位于阜平县赤瓦屋，岩体地表由南、北两个山岩体组成，岩性为燕山期二长花岗岩（$\eta\gamma_5^{2(3)}$）、石英闪长岩（$\delta o_5^{2(3)}$）。两岩体总长 24km，宽约 10m，呈北东向展布，其围岩为阜平群地层，岩体与石湖金矿关系密切。

重力剩余异常图(图 4-4)上为一重力低,呈椭圆形,长 25km,宽 10km,走向北东东,异常幅值为 $-19\times10^{-5}m/s^2$,异常中心位于南侧岩体上,并偏向岩体的北部边界。在垂直异常走向方向上,其梯度变化东陡西缓,综合以上特征初步判断两岩体应由一个较大的岩体组成,并向西倾伏。

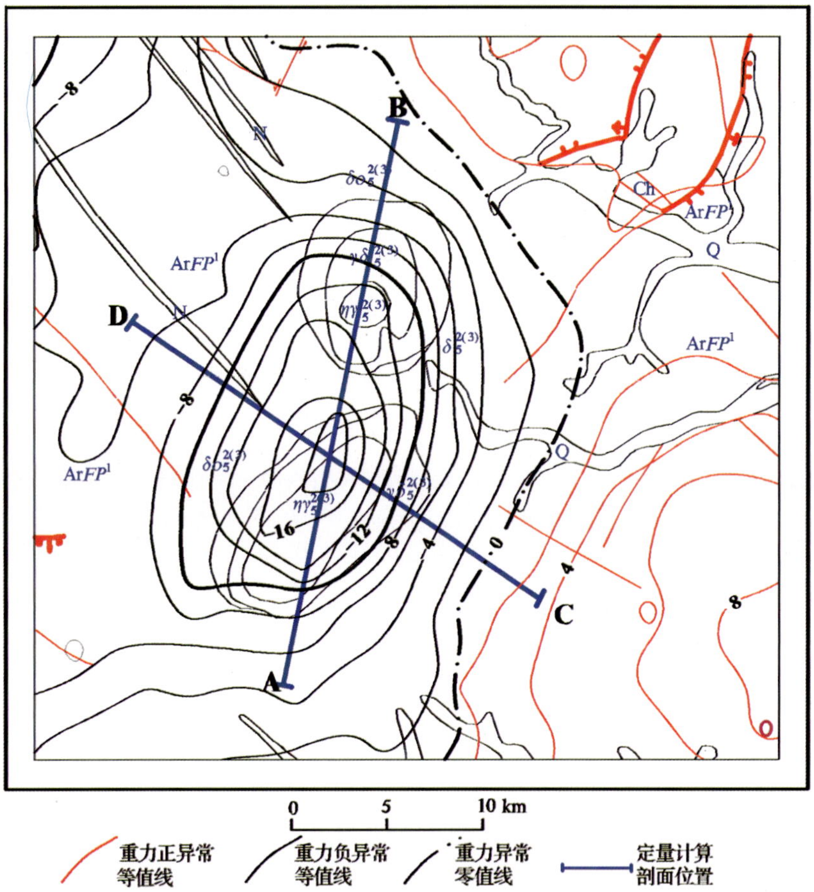

图 4-4　赤瓦屋一带剩余重力异常平面图

ΔT 航磁异常为一正磁异常,位置大体与重力异常吻合,范围比重力异常小,长 17km,宽 7km,最高值为 1 000nT。

根据重力正演计算(图 4-5),在南北方向上赤瓦屋两个小岩体的下部连为一体,上覆阜平群地层最厚约 400m。岩体底面北浅南深。从图 4-6 中可以看出,岩体底面最深达 6.5km。整体向北西西方向倾伏,岩体与阜平群的东接触面较陡,西接触面较缓。

(二)王安镇岩体(S61)

该岩体位于涞源县王安镇,岩体呈哑铃形,走向北东向,面积约 968km²。该岩体为酸性杂岩体,岩性复杂,有花岗岩($\gamma_5^{2(3)}$)、二长花岗岩($\eta\gamma_5^{2(3)}$)、花岗闪长岩($\gamma\delta_5^{2(3)}$)、石英闪长岩($\delta o_5^{2(3)}$)、正长岩($\xi_5^{2(3)}$)、正长花岗岩($\zeta\gamma_5^{2(3)}$)等。岩体长轴长近 80km,宽约 25km,围岩为阜平群及长城系—蓟县系,上覆有零星的侏罗纪地层。

剩余重力异常为一重力低(图 4-7),范围、形状与岩体大致吻合,有两个异常中心,幅值分别大约为 $-24\times10^{-5}m/s^2$ 和 $-20\times10^{-5}m/s^2$。从重力异常幅值分析,北侧底面埋深要大于南侧,异常

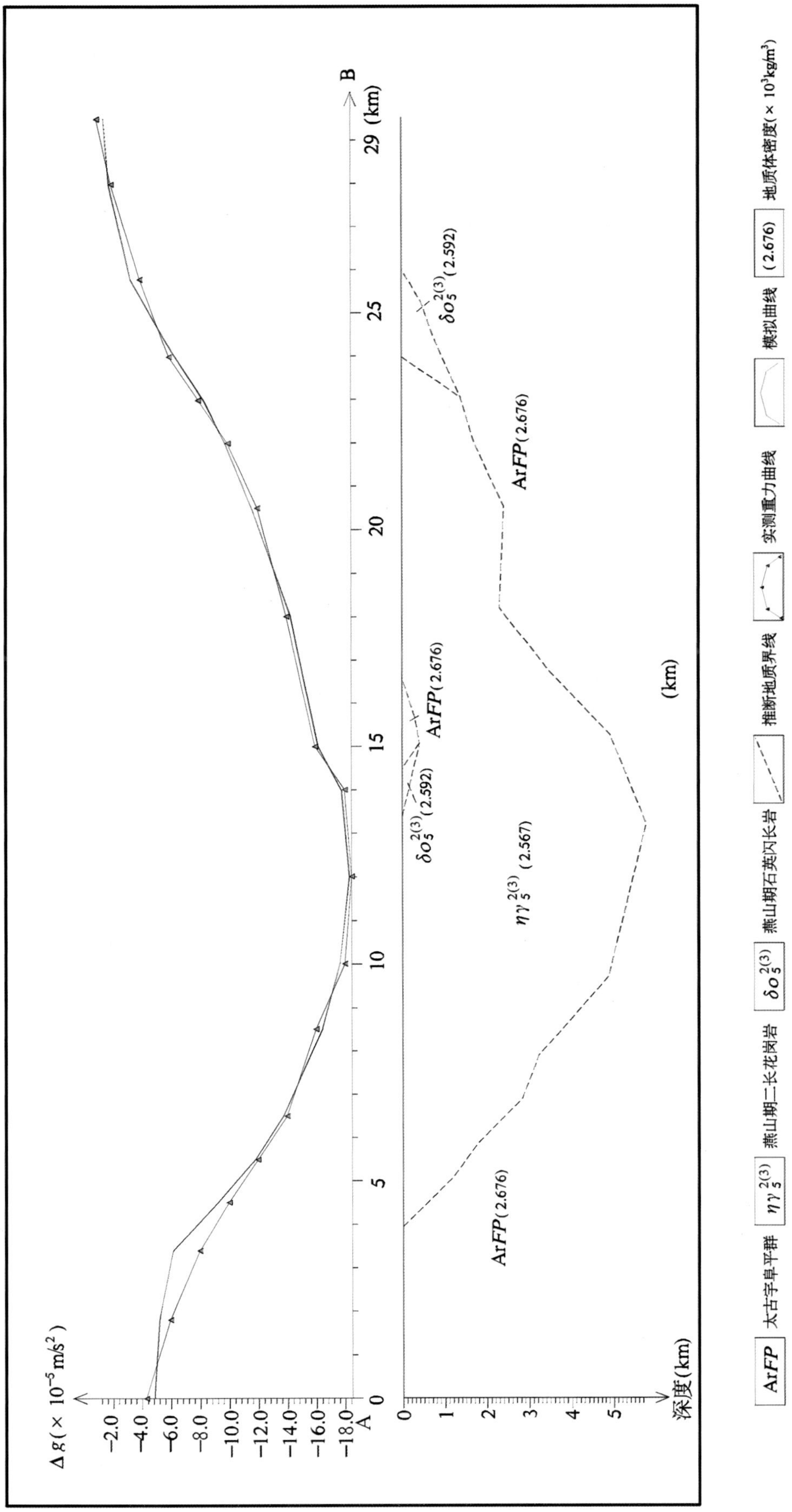

图 4-5 赤瓦屋岩体重力正演模拟计算剖面(A—B)图

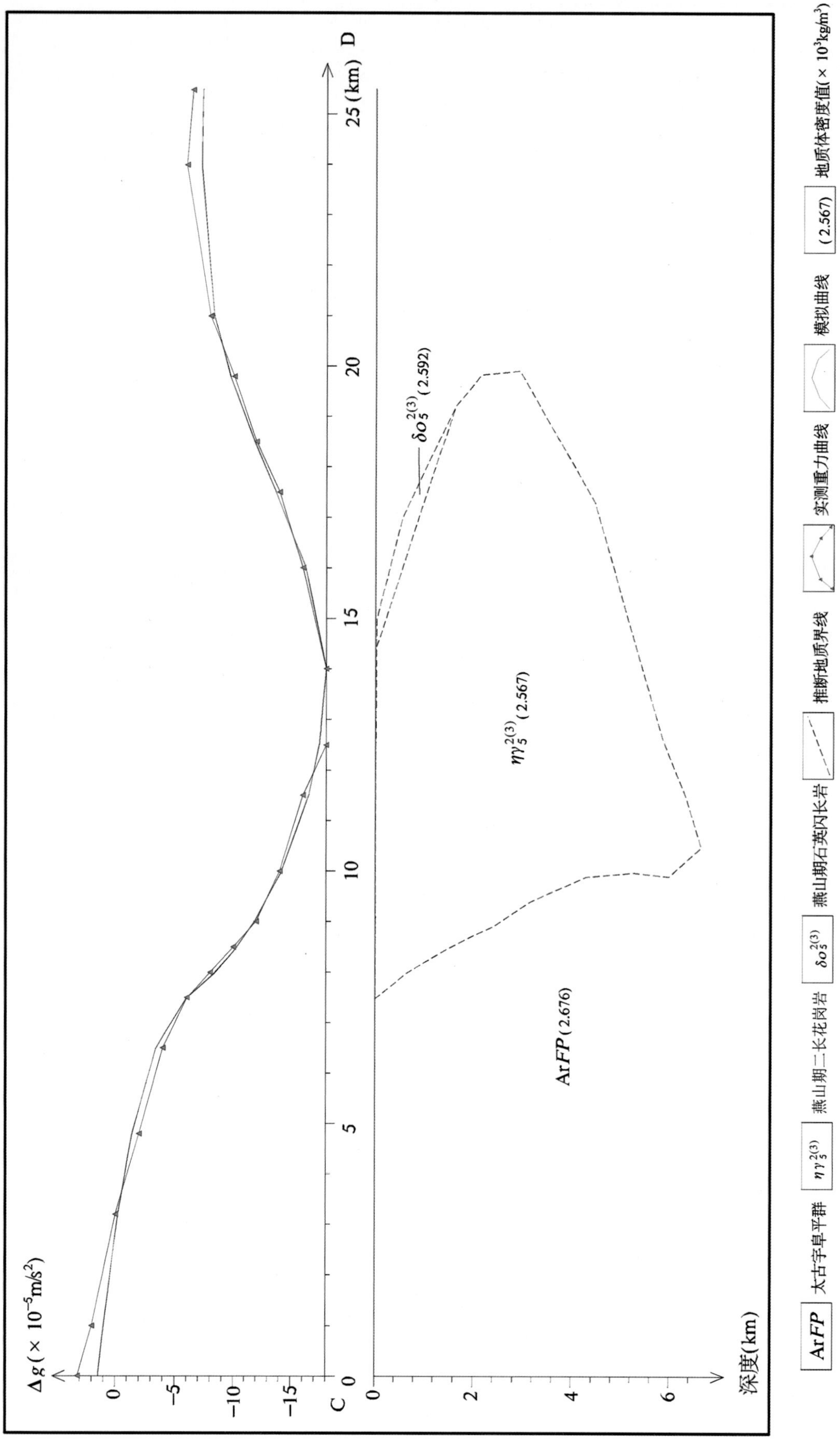

图 4－6 赤瓦屋岩体重力正演模拟计算剖面(C—D)图

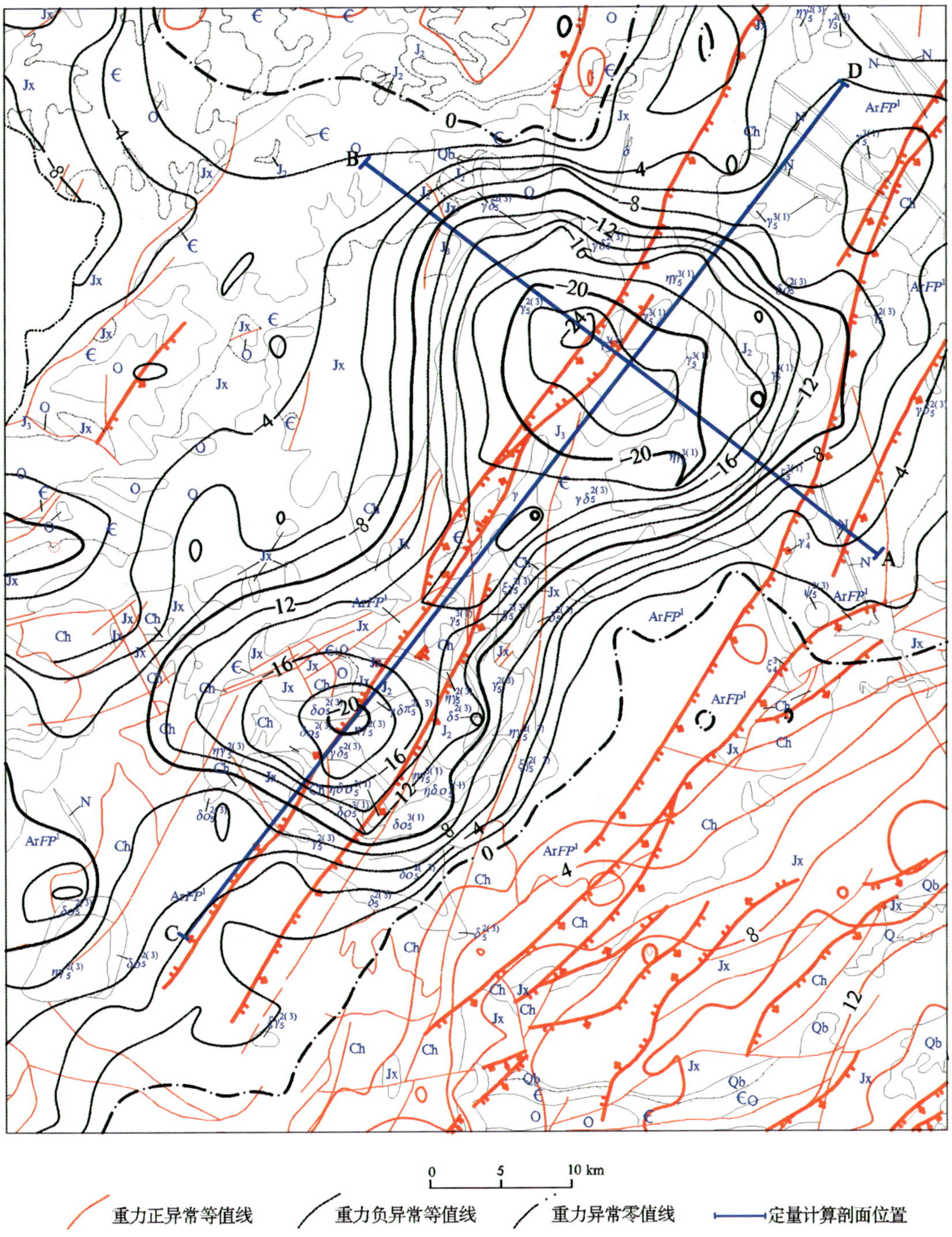

图 4-7 王安镇一带剩余重力异常平面图

的梯度是东陡西缓，显示岩体向西倾伏。

在航磁图上，岩体主要为一正磁异常，磁异常走向与岩体平行，但形状范围与岩体并不完全吻合，最高值为 5 000nT。在北侧岩体中心部位出现一负磁异常，幅值为－700nT。

通过正演模拟计算，岩体有两个侵入中心，南端中心底面埋深达 8km(图 4-9)，北端岩体底面最深达 9km(图 4-8)。两端岩体中间呈连续状，底面埋深变浅，最深为 4km，岩体侵入中心偏向西侧，并略显向西倾伏。

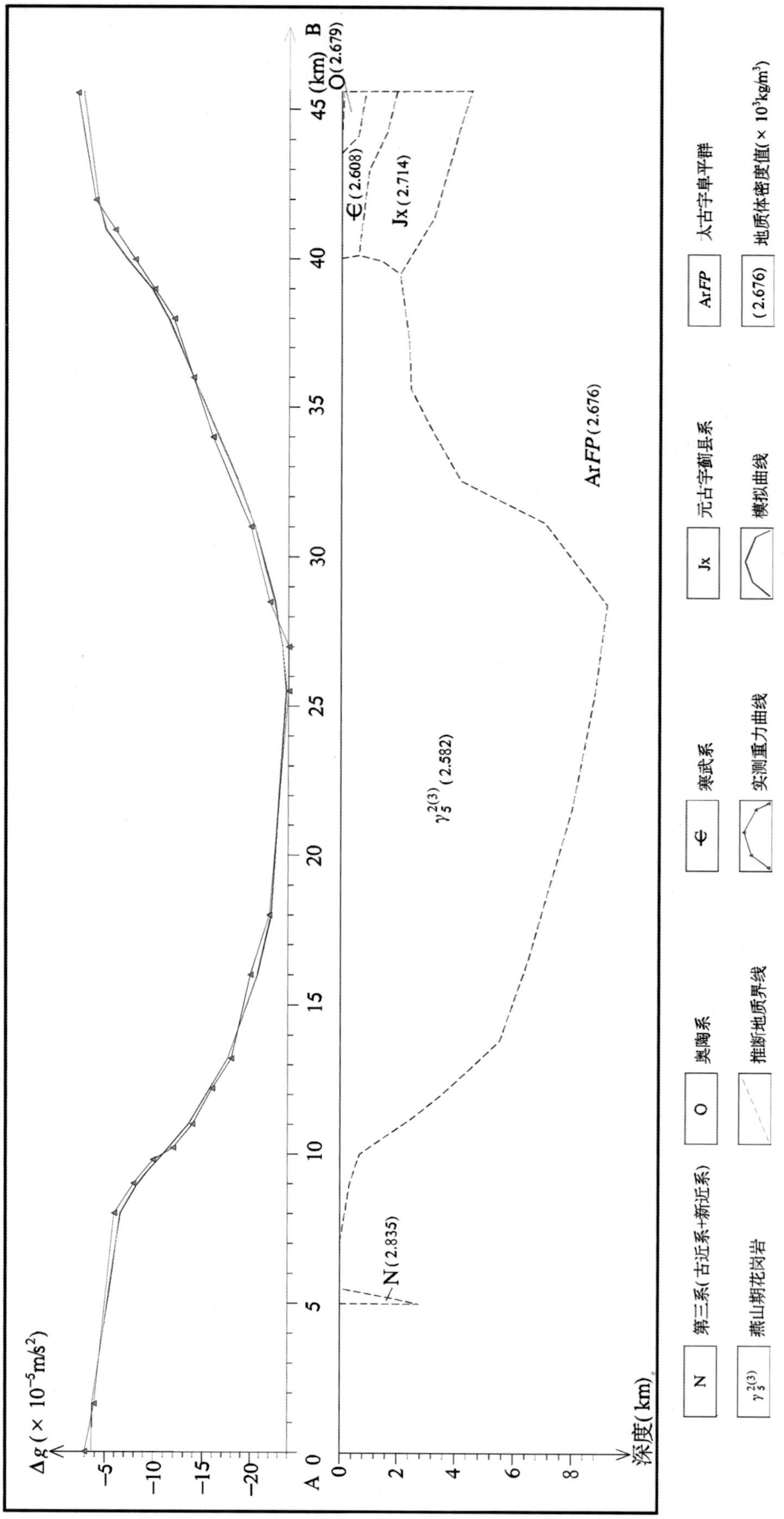

图4-8　王安镇岩体重力正演模拟计算剖面(A—B)图

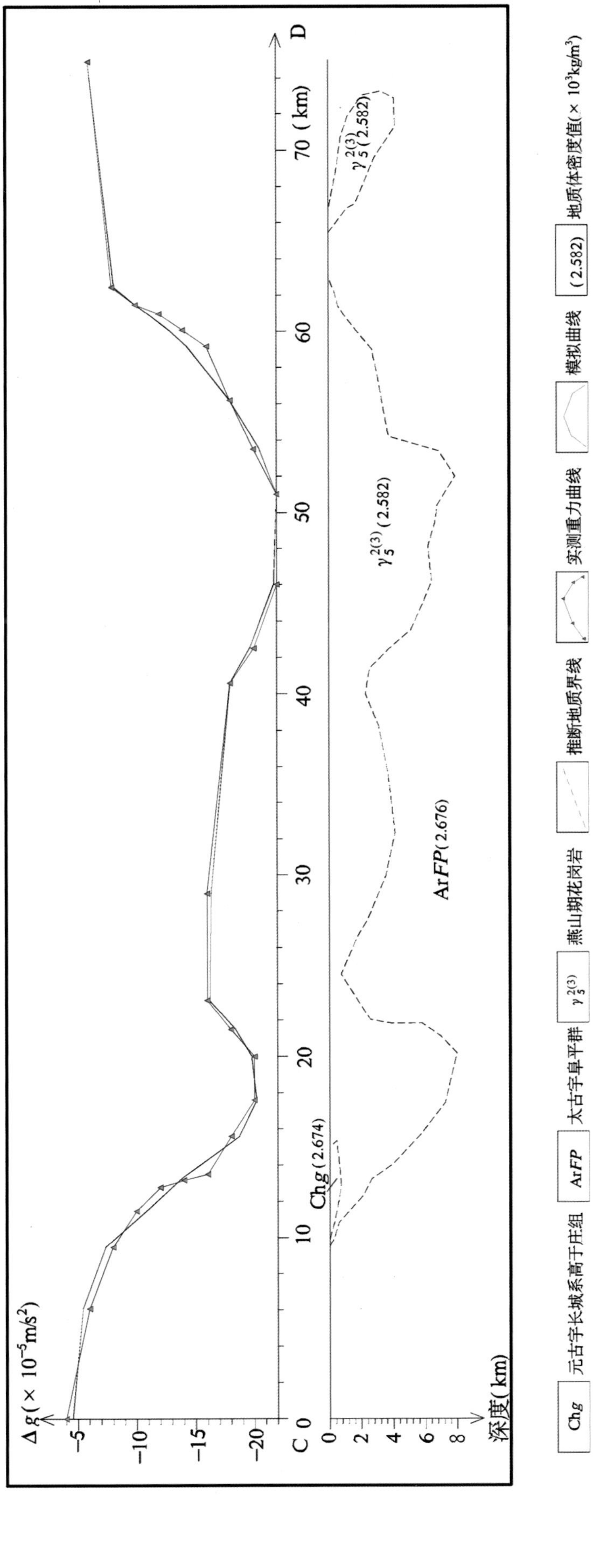

图 4-9　王安镇岩体重力正演模拟计算剖面(C—D)图

（三）大海坨岩体（S15）

该岩体位于怀来县城东北大海坨，岩体呈不规则状，长约 30km，宽约 10km，走向北东，岩性为花岗岩（$\gamma_5^{2(3)}$）。岩体南北部围岩为太古宇迁西岩群、中新元古界长城系，北侧主要为侏罗系。岩体东南侧为官厅水库。

剩余重力异常（图 4－10）呈不规则状，无明显走向，长近 40km，宽 10～30km。地表出露岩体仅为异常的东半部，异常中心位于岩体的边部，最低值约为$-12\times10^{-5}\mathrm{m/s^2}$。异常中心部位幅值变化较平缓，周边变化较大。东、西边缘部位均有面积较小的花岗岩、正长斑岩出露，推测异常区侏罗纪地层下有隐伏的花岗岩体存在，并与大海坨岩体相连。垂向二阶导数为负异常，其零值线圈定范围和剩余异常相比较，向西北方向偏移。

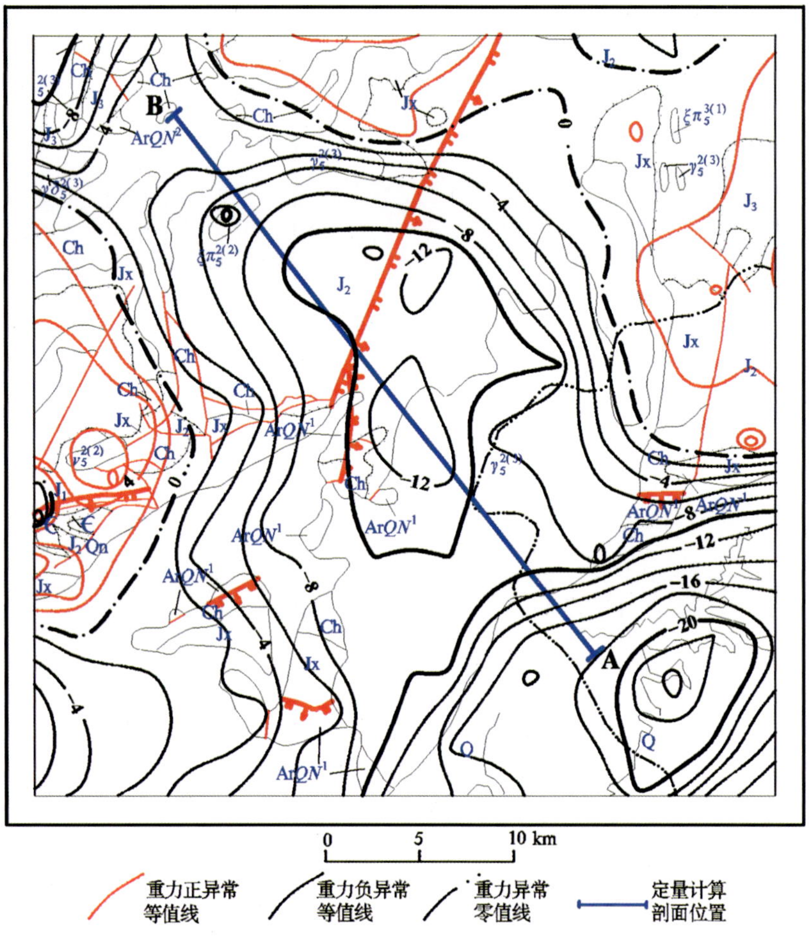

图 4－10　大海坨一带剩余重力异常平面图

在 ΔT 原平面化极航磁异常图上，岩体部位为一正磁异常，范围与重力异常大体吻合，最高值为 5 000nT。异常西北部梯度变化平缓，其他方向梯度变化较大。

根据重力正演模拟计算（图 4－11），重力异常中心处为岩体的主体部位，最大埋深约 4km。向西北方向侏罗纪地层覆盖区，广泛分布着花岗岩隐伏岩体，岩体从异常中心向西北方向延伸约 15km 直至重力低异常的边缘部位。从图 4－11 来看，岩体呈中间厚大、周边较薄的飞碟状。

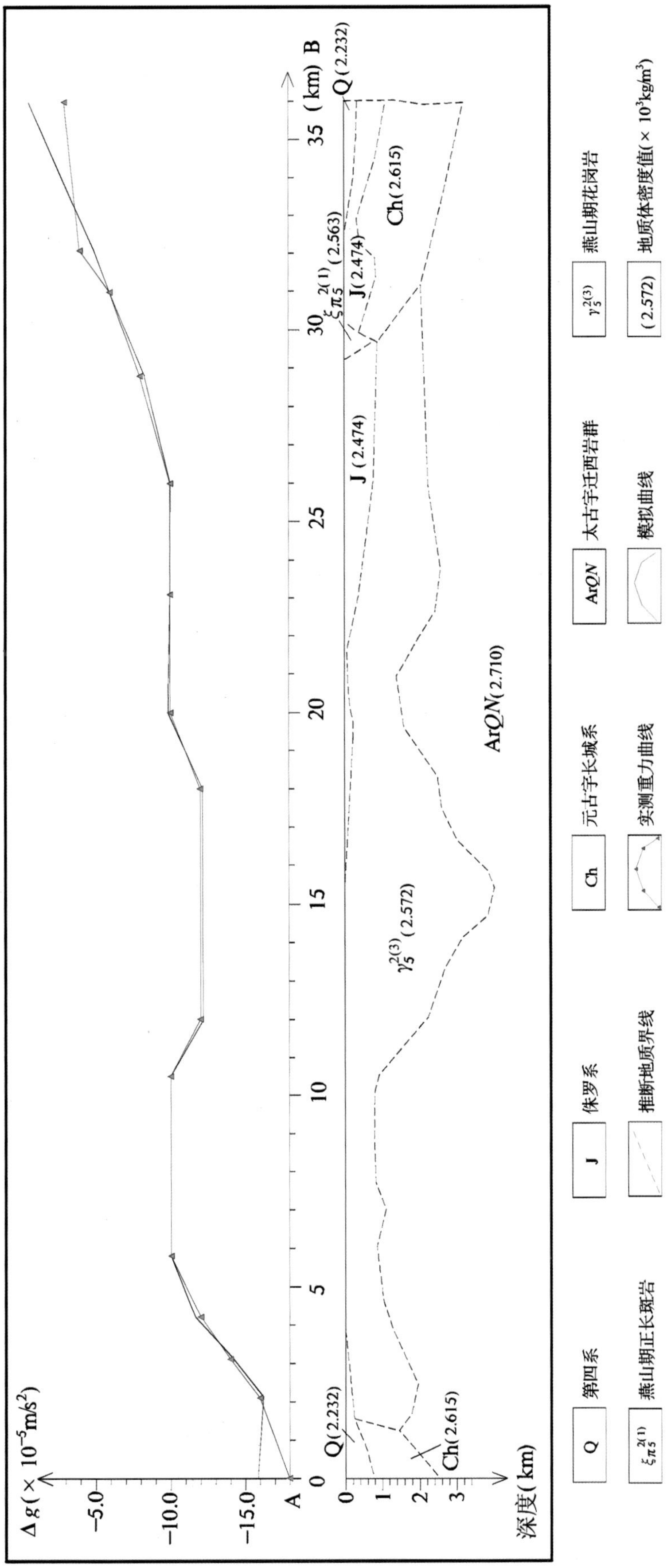

图 4-11　大海坨岩体重力正演模拟计算剖面(A—B)图

（五）水泉沟岩体（S14）

该岩体位于赤城县东坪一带，北侧岩体为碱性正长岩（ξ_4^3），长约30km，宽5～7km，走向北西西；其南侧地表出露一小的花岗岩体（γ_4^3），面积不足$20km^2$。两岩体的围岩均为太古宇迁西岩群变质岩，在两岩体周围及碱性正长岩上分布有众多的金矿，是河北省金矿主要成矿集中区之一。

从重力剩余异常平面图（图4-14）上看，两岩体分布在同一个重力低异常内，其幅值约为$-22\times10^{-5}m/s^2$。异常走向与岩体平行，宽度大于两岩体的出露范围，推断两岩体向下规模较大，呈隐伏状，分布范围较广。

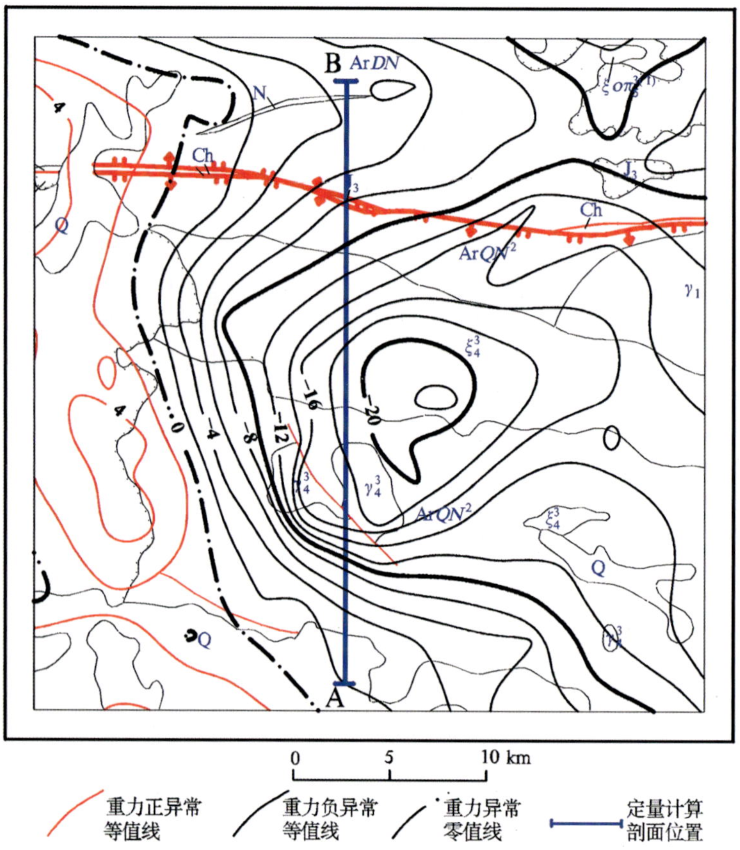

图4-14　水泉沟一带剩余重力异常平面图

重力垂向二阶导数为一负异常，其零值线将两岩体圈在一起，北侧碱性岩体有两个导数异常中心，呈带状与岩体吻合；南侧花岗岩有一个导数异常中心，也与岩体吻合，从导数异常中心规模来看，花岗岩规模较小。

在航磁图上，碱性正长岩处正磁异常，最高值为2 000nT。花岗岩与一负磁异常吻合，最低值为-1 000nT。两正负磁异常相互平行，呈带状，走向北西西。从磁异常分布状况来看，反映两岩体呈带状，相互平行，碱性正长岩规模大于花岗岩。

经重力正演模拟计算（图4-15），碱性正长岩与花岗岩在深部均呈膨大状，并连为一体，剖面上花岗岩的规模略小于碱性正长岩，两岩体埋深约4km。综上不难看出，本区太古宙迁西岩群地层内广泛分布着岩浆岩侵入体，为金矿的活化富集提供了丰富的热源，是本区金得以集中成矿的重要条件。

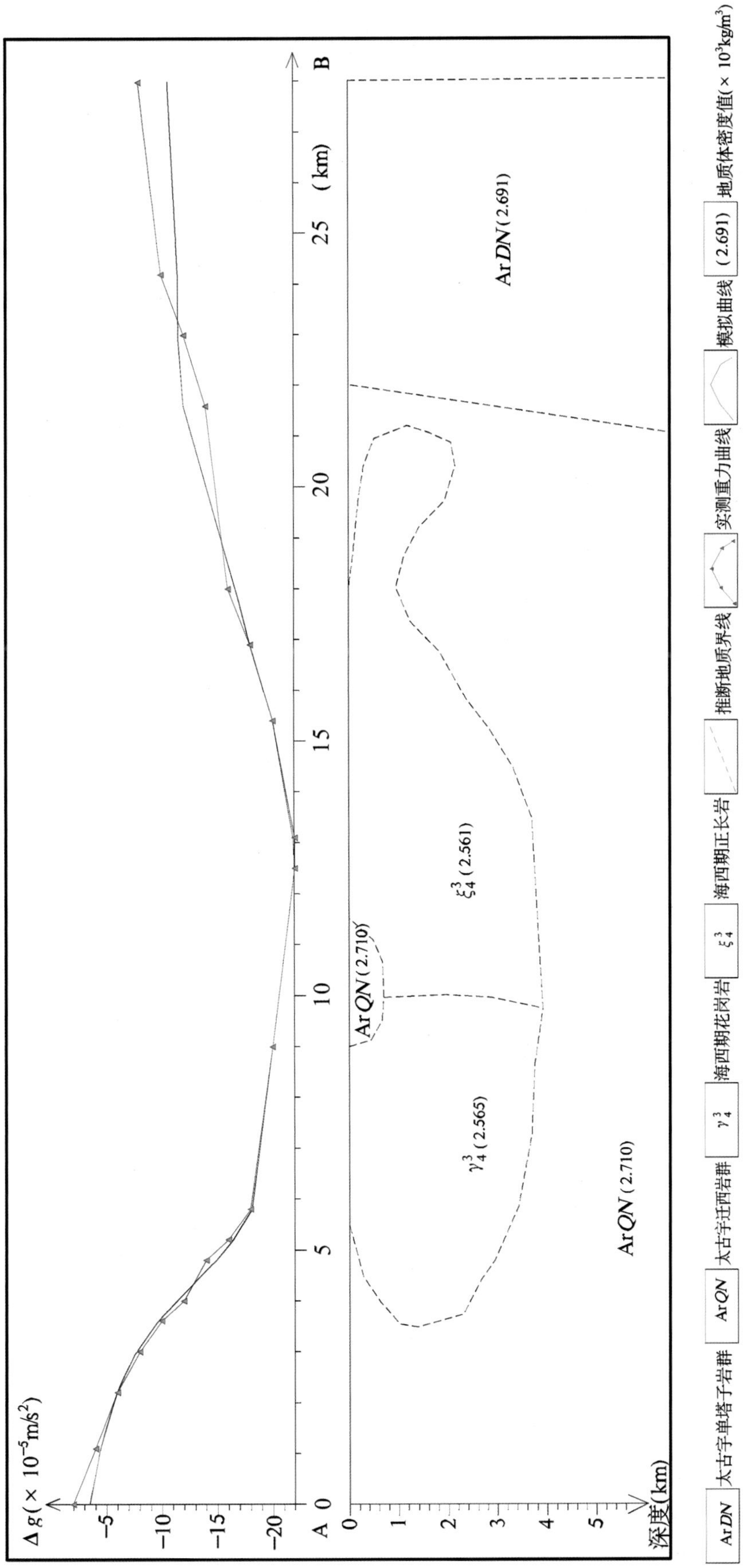

图 4-15　水泉沟岩体重力正演模拟计算剖面(A—B)图

(六)遵化茅山岩体(S42)

该岩体位于遵化县茅山东,岩性为二长花岗岩($\gamma_5^{2(1)}$),岩体长近 10km,宽 5~7km,走向近南北。岩体北半部围岩为长城系,南半部主要为太古宙迁西岩群地层。岩体四周 1~9km 范围内分布着 4 处小岩体,岩性有花岗岩($\gamma_5^{2(1)}$、$\gamma_5^{2(3)}$)和二长花岗岩($\eta\gamma_5^{2(2)}$)。

剩余重力异常(图 4-16)近等轴状,长约 25km,宽约 25km,最低值约为 -20×10^{-5} m/s^2;梯度变化小,其余方向略大。重力异常范围比茅山主岩体大出很多,并包括四周的 4 个小岩体。垂向二阶导数异常为导数低异常,其零值线将主岩体及四周 4 个小岩体均圈在一起,由上推断茅山岩体向下呈隐伏状,在地下与其他 4 个小岩体呈勾联状,岩体规模较大。

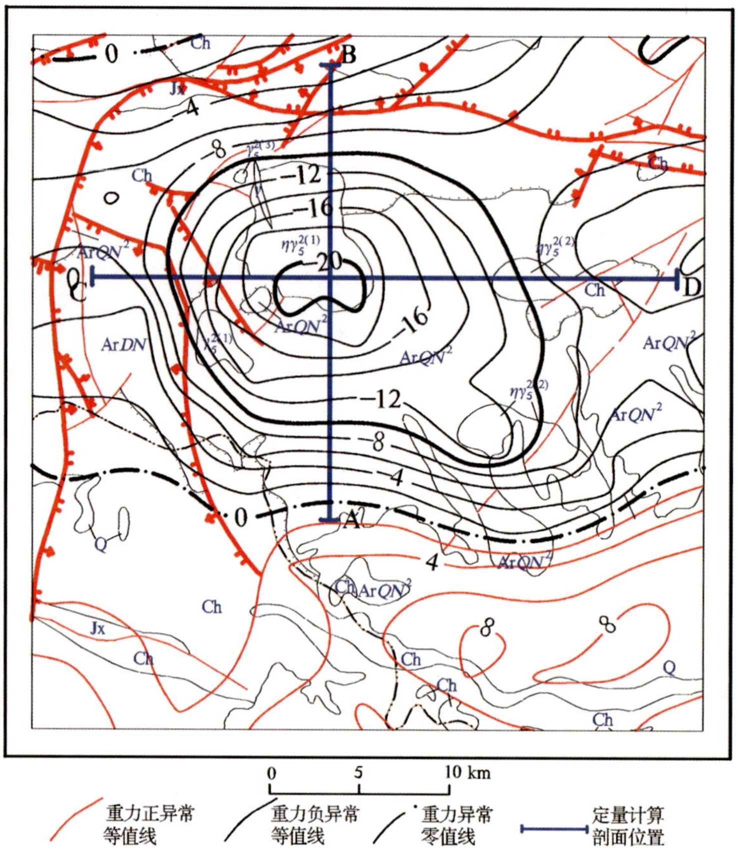

图 4-16　遵化茅山一带剩余重力异常平面图

在 ΔT 航磁异常图上,岩体范围内主要为负磁异常,其西南部为正磁异常,异常值变化范围为 -2 000~700nT。磁异常形态范围与岩体不吻合。

对重力低异常进行正演模拟计算(图 4-17、图 4-18),重力异常中心处岩体埋深约 5km,岩体主体部分产状较陡。在南北向剖面上(图 4-17),岩体在迁西岩群下向南侧延伸近 7km,并在剖面上 4~9km 间又有一个膨大部位,其顶面埋深约 1km,底面埋深约 5km;岩体向北向长城系地层中隐伏状延伸近 2km。在东西方向剖面上(图 4-18),岩体同样向两侧均呈隐伏状,向西延伸约 6km,向东至二长花岗岩露头处,在迁西岩群地层下岩体均连续呈隐伏状。结合重力异常及重力垂向二阶导数不难推测,茅山岩体在迁西岩群、长城系下呈大范围的隐伏状,在地表投影范围约为 25km×25km。和宣化“金三角”地区一样,大规模的岩浆侵入为迁西岩群中金的迁移与富集成矿提供了丰富的热源,是金成矿不可缺少的前提条件。

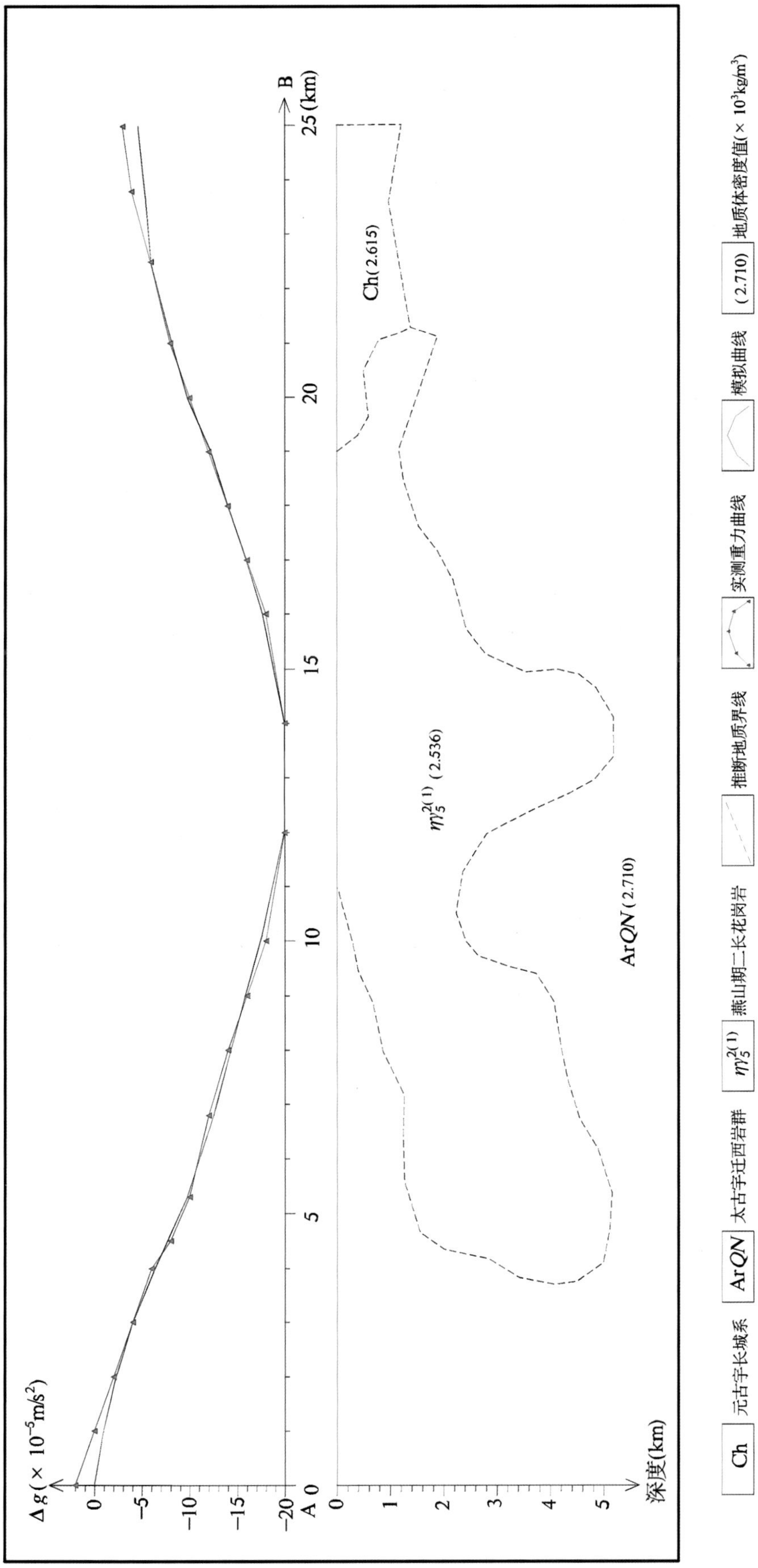

图 4-17 遵化茅山岩体重力正演模拟计算剖面(A—B)图

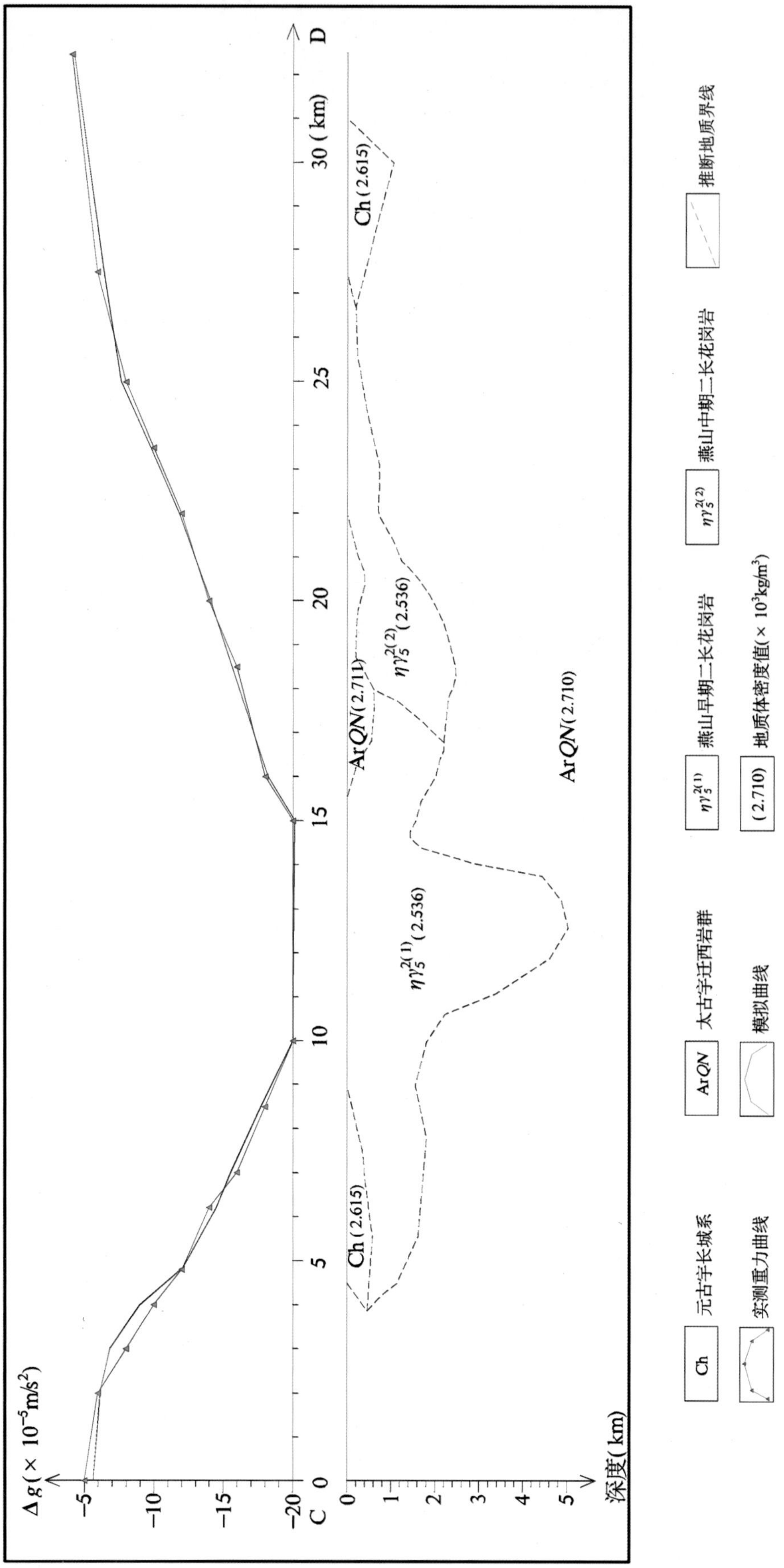

图 4－18　遵化孝山岩体重力正演模拟计算剖面(C—D)图

(七)青龙肖营子岩体(S50)

该岩体位于青龙县肖营子,其岩性为花岗岩($\gamma_5^{2(2)}$),岩体东南侧有次流纹岩($c\lambda_5^{2(2)}$)出露,围岩为长城系和太古宇迁西岩群。在西侧长城系中有多处小的花岗岩体($\gamma_5^{2(2)}$)出露,肖营子岩体地表呈三角状,面积为295km²。其中次流纹岩面积为76km²,肖营子岩体周围有多处金矿,如华尖金矿、青河沿金矿等。在岩体西侧的长城系中也分布着多处Au、Ag等多金属异常。

肖营子岩体与一重力低(图4-19)相吻合,重力低走向近东西,长约40km,宽10~20km。重力低中心位于岩体西侧的长城系及迁西岩群中,最低值约为$-12\times10^{-5}m/s^2$。肖营子岩体的出露部分重力值变化平缓,幅值变化约为$-4\times10^{-5}\sim-6\times10^{-5}m/s^2$,比重力低中心处高出许多。由于长城系及迁西岩群密度较高,据此推测,岩体的主体部位位于长城纪、太古宙地层区,呈隐伏状态;地表出露部分由于重力值变化较小,认为岩体呈薄层状。

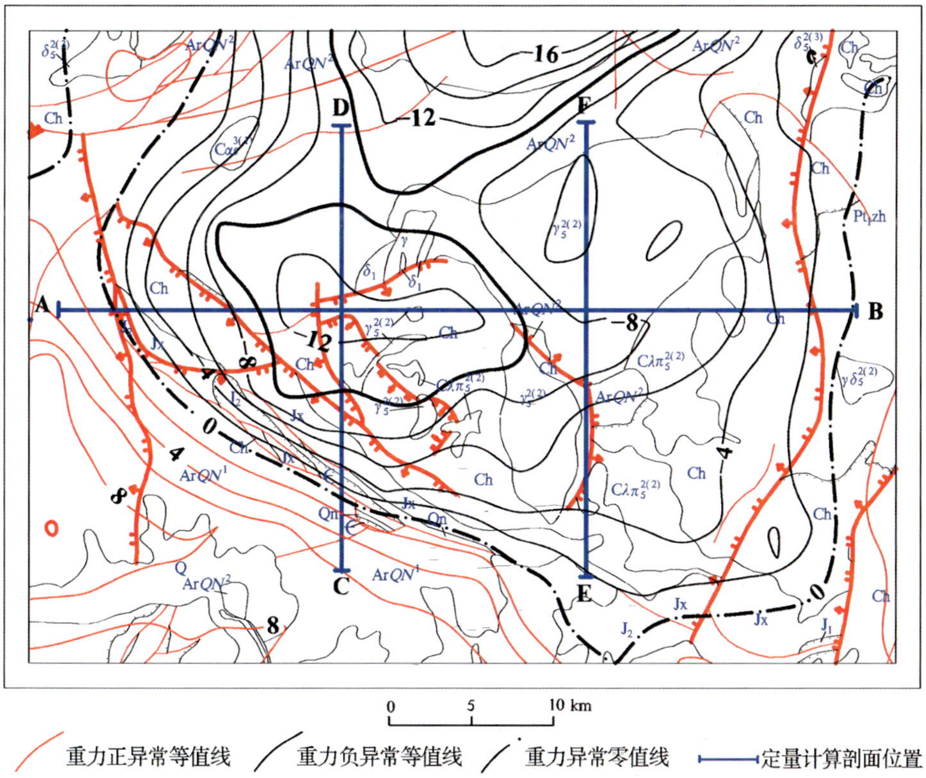

图4-19　肖营子一带剩余重力异常平面图

垂向二阶导数为一负导数异常,零值线范围与重力低中心大体吻合。

在ΔT航磁图上,岩体北半部为一正磁异常,最高值为2 000nT;异常形态与岩体大致吻合,分布范围比岩体要大,西侧、东北侧均延入迁西岩群及长城纪地层区;正磁异常上延至10km后消失。岩体南部为负磁异常区,异常中心与岩体不吻合,最低值为-3 000nT。

根据重力正演模拟计算,除地表露头外,岩体在东西方向上(图4-20),向西呈隐伏延伸进长城纪及迁西岩群地层覆盖区,延伸距离达20余千米,长城系下均有隐伏岩体存在;向东超浅成次流纹岩也延伸达2km,并被隐伏在长城系之下;岩体主体位于重力低异常中心,最大埋深3.4km。南北向正演模拟计算剖面(图4-21)穿过重力低异常中心,在重力异常中心处岩体有最大埋深3.4km;除很少露头外,岩体在长城系及迁西岩群下基本呈隐伏状态。计算剖面(图4-22)穿过岩体主要露

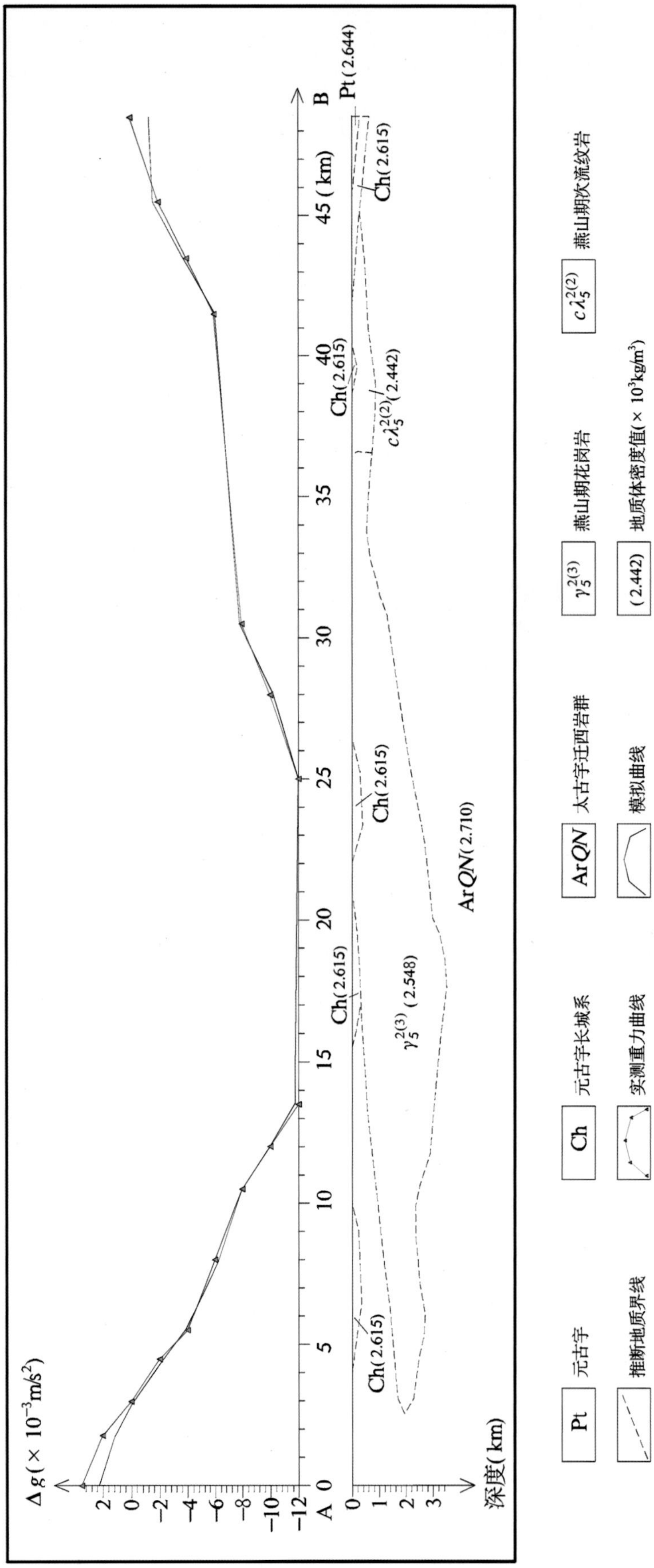

图 4-20　肖营子岩体重力正演模拟计算剖面(A—B)图

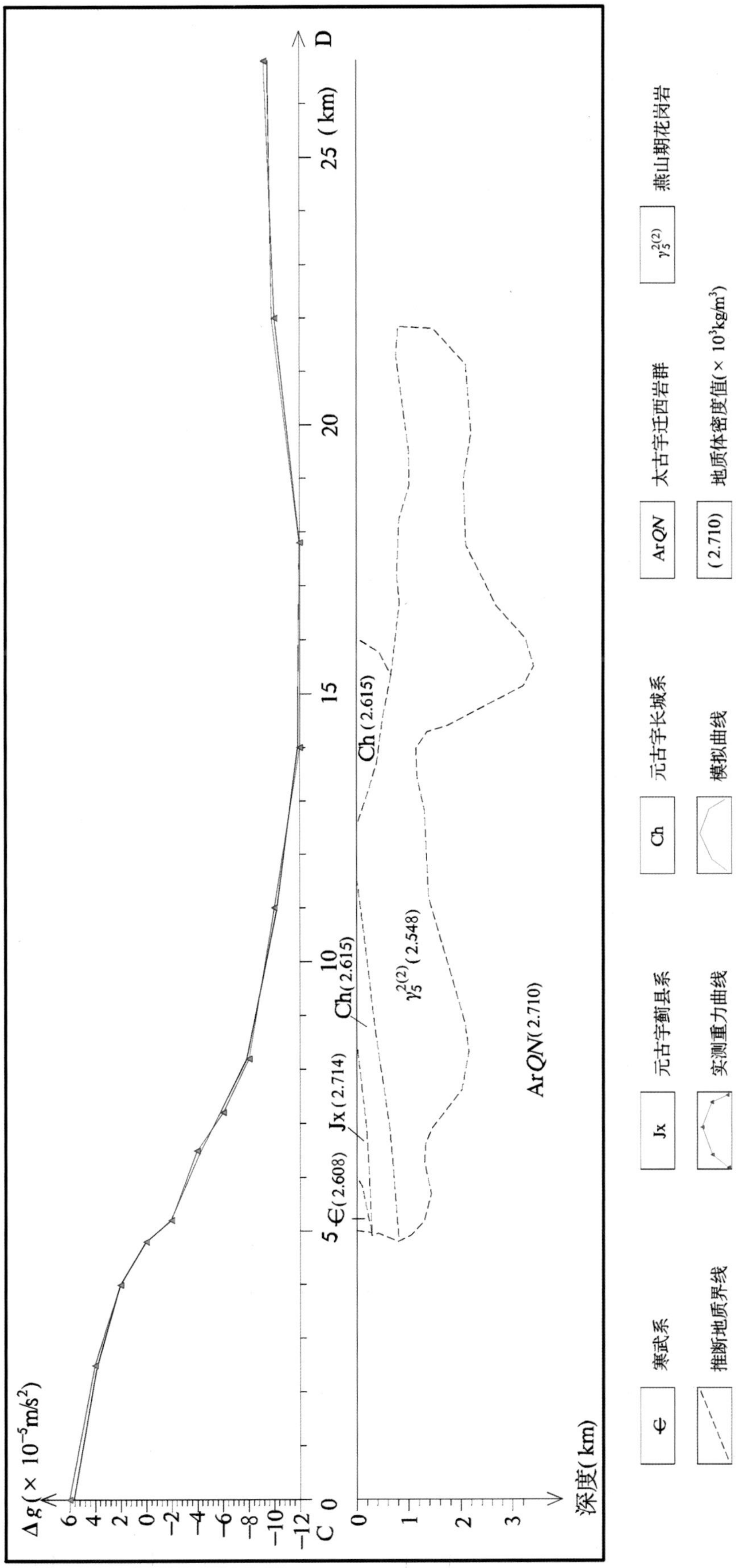

图 4－21　肖营子岩体重力正演模拟计算剖面(C—D)图

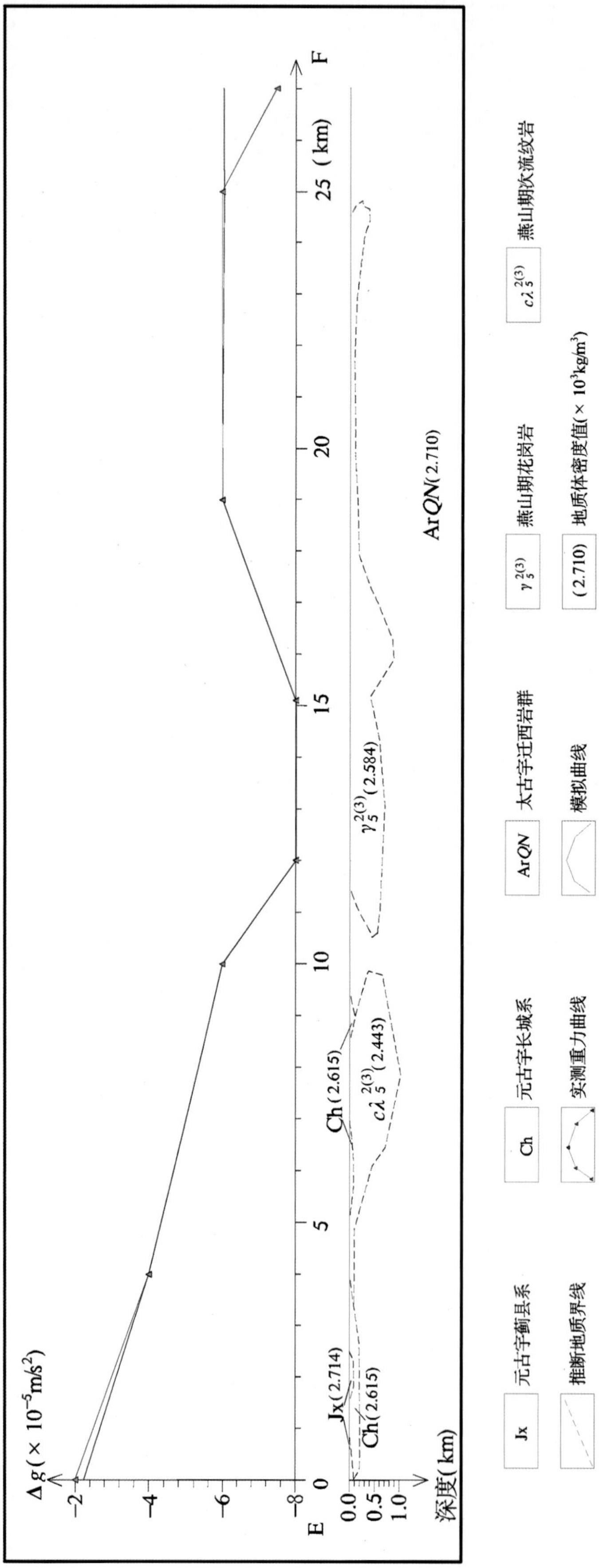

图4-22　肖营子岩体重力正演模拟计算剖面(E—F)图

头区，其重力异常值大约在 $-6\times10^{-5}\sim-8\times10^{-5}m/s^2$ 之间。计算结果显示，岩体厚度小于 1km，北侧厚度渐薄。

综上所述，肖营子岩体大部分呈隐伏状，最大埋深为 3.4km，岩体西侧的迁西岩群及长城纪地层区均有大面积隐伏状岩体，是本区金及多金属成矿的重要热动力及物质(热源)基础。

(八)丰宁南猴顶岩体(S17)

该岩体位于丰宁与北京市怀柔交界处，为一酸性杂岩体，岩性以燕山期花岗岩为主($\gamma_5^{2(3)}$)，其次还有海西期花岗岩(γ_4^3)、闪长岩($\gamma\delta_4^3$)、正长岩($\xi_5^{3(1)}$)等；岩体长约 45km，宽 15～25km，走向北东；其围岩为太古宇单塔子群、双山子群、侏罗系火山岩等。岩体周围的矿产有 Au、Mo 等。

剩余重力异常(图 4-23)为一重力低，异常形态范围与岩体吻合，最低值约为 $-16\times10^{-5}m/s^2$。异常区内幅值变化较平缓，范围大约为 $-10\times10^{-5}\sim-16\times10^{-5}m/s^2$。异常梯度东大西小。垂向二阶导数为一负异常，零值线范围比岩体出露范围略大，其中北侧与西南侧超出岩体范围，推测下有隐伏岩体。

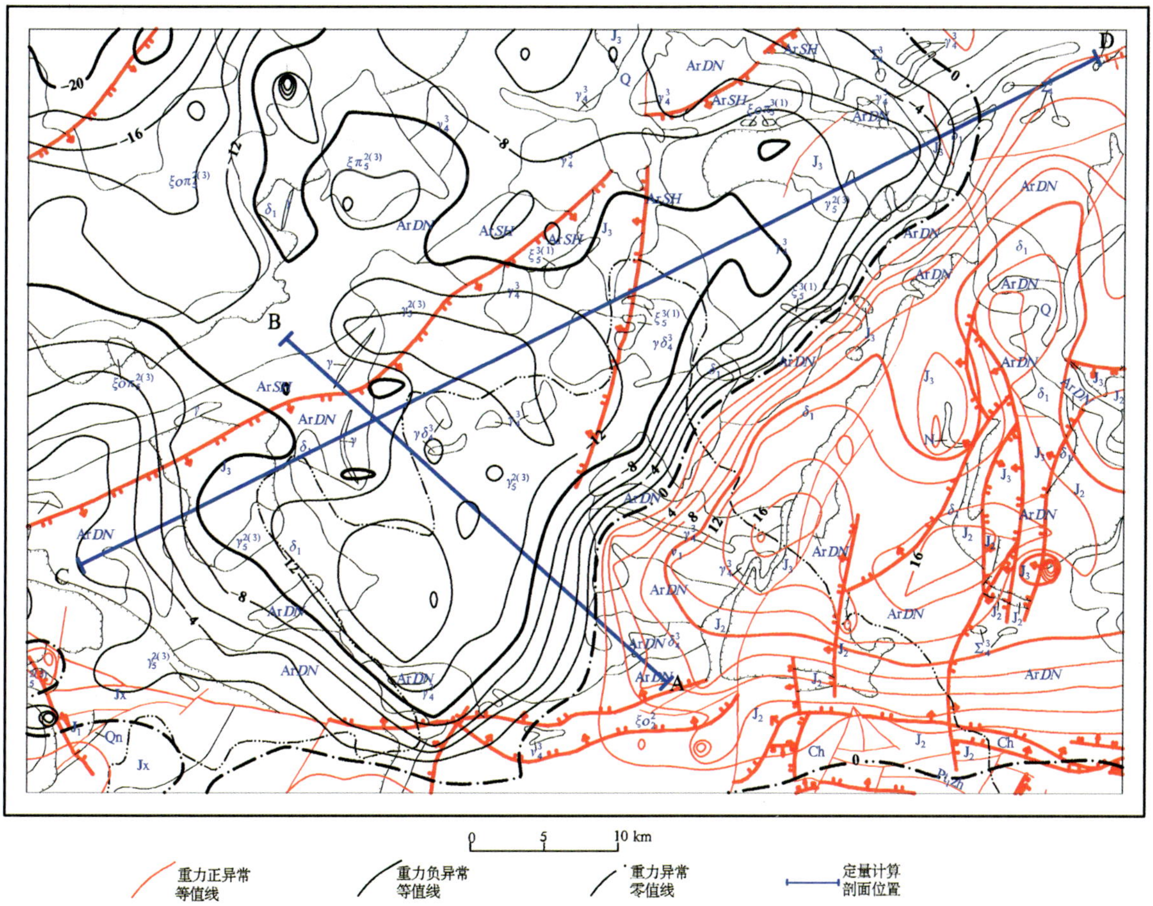

图 4-23　南猴顶一带剩余重力异常平面图

岩体范围内磁场以正异常为主，岩体北侧局部有负磁异常，磁异常值范围为 −2 000～+3 000 nT。异常形态、范围与岩体不吻合，负磁异常上延至 5km 后消失。

根据正演模拟计算结果，在垂直岩体方向上(图 4-24)，岩体随深度的增加逐渐缩小尖灭，最大埋深为 4.2km。在平行岩体的剖面上(图 4-25)，南、北两侧均有隐伏状岩体存在，隐伏岩体向两侧延伸约 10km，剖面上岩体的最大埋深也为 4.2km，位于重力异常中心处。值得注意的是，岩体东侧

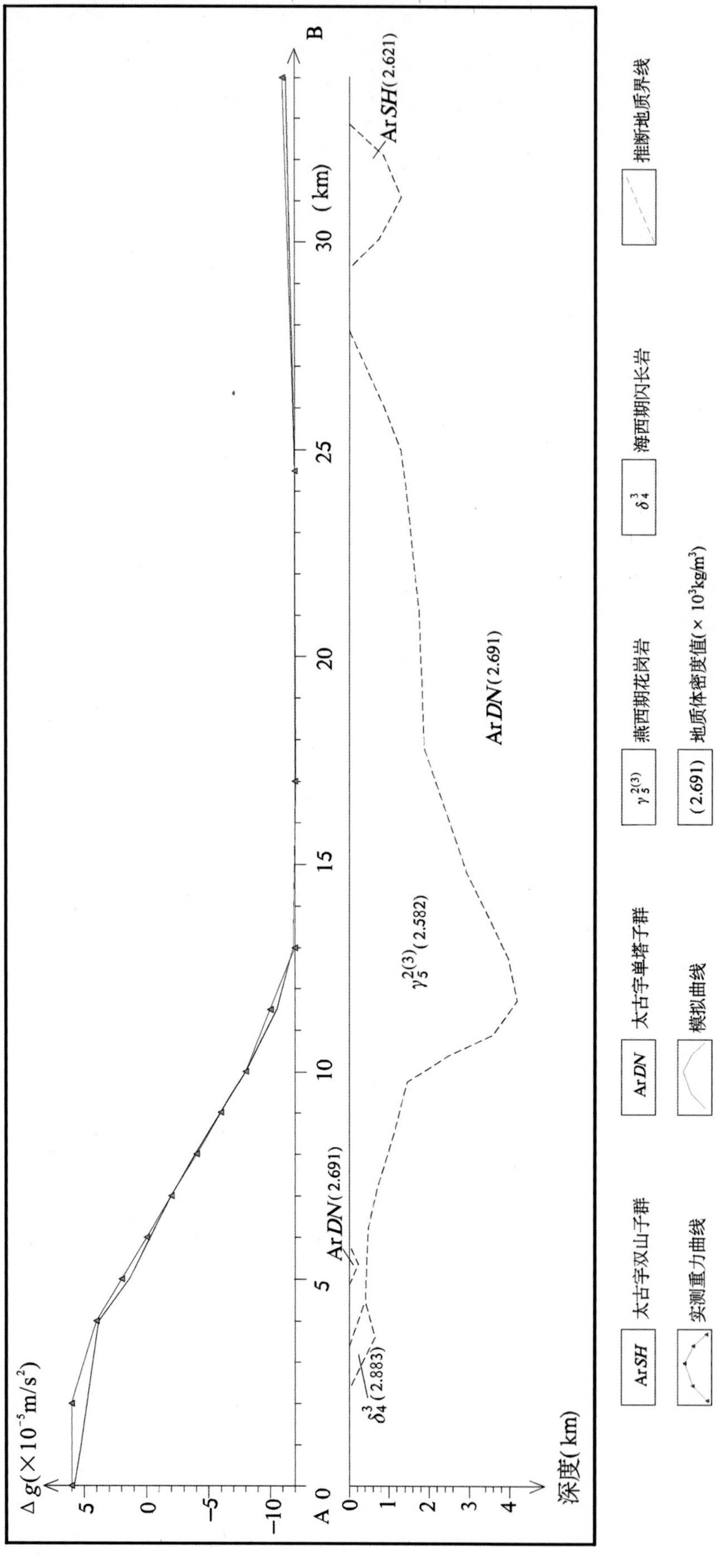

图 4－24　南猴顶岩体重力正演模拟计算剖面(A—B)图

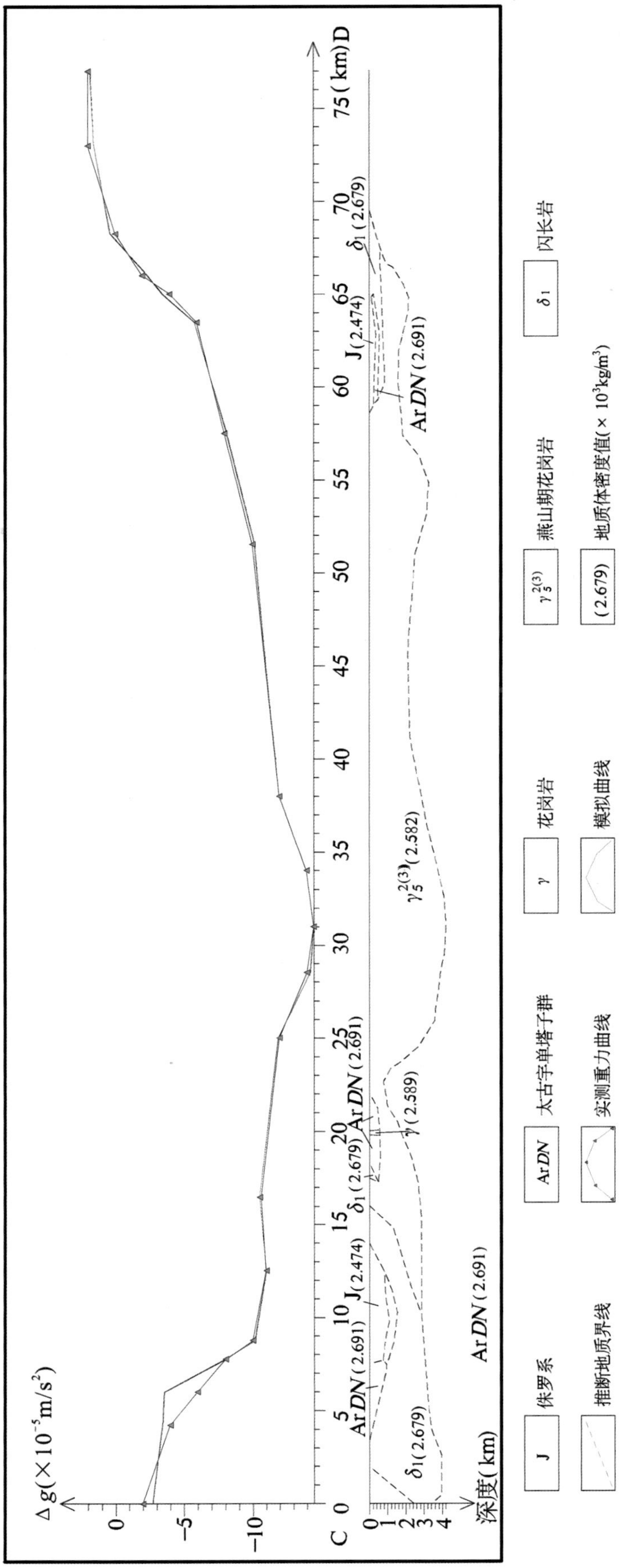

图 4－25　南猴顶岩体重力正演模拟计算剖面(C—D)图

太古宙闪长岩(δ_1)与金矿关系密切,是该区金矿的主要物质来源,而花岗岩为成矿提供热源。通过正演计算,太古宙闪长岩在南、北剖面两侧均有较大面积的隐伏(图 4-25),且离花岗岩最近,具有较好的成矿地质条件,对隐伏闪长岩的成矿应引起重视。

第四节 盆 地

一、重力推断盆地方法

(一)盆地定性解释的依据

(1)布格重力异常图及剩余布格重力异常图上均为明显的重力低异常,成规则的封闭状或条带状,异常边缘即为盆地的边缘。重力异常中心常常是盆地火山沉积最厚处,即是火山盆地中心。

(2)在重力垂向二阶导数异常平面图上也为封闭状或条带状低异常,其零值线大体为盆地的边界线。

(3)在 ΔT 航磁异常平面图上表现为范围较大的低缓的长条状负磁异常。

(4)盆地中磁场为正负相间的跳跃状磁异常,反映了火山岩磁性不均匀及基底的起伏状况。

(5)内蒙古地轴区火山岩具有典型的二元结构,即太古宇结晶基底之上为火山岩构成的盆地,由此形成太古宇变质岩沿盆地边缘分布。盆地内常常有晚期的岩浆岩侵入体存在,其成分与火山岩相近。

(二)中新生代盆地分布范围及空间展布的确定

(1)利用重力垂向二阶导数零值线及剩余重力异常零值线确定盆地的边界。

(2)利用上延不同高度重力垂向二阶导数零值线的移动情况大致确定盆地的边界产状。

(3)在定性认识的基础之上,结合地质、钻孔、物性等资料,利用定量正演模拟计算来确定盆地内各地层的厚度。

二、盆地的地质解释

全省圈出盆地 101 处,盆地分布较有规律,与区域地质构造关系密切。从它们的生成时代和环境,以及地球物理特征的差异来看,主要分为上古生界沉积盆地、中生界火山盆地及火山沉积盆地、新生界沉积盆地。因盆地内多为沉积地层,根据物性资料,它们的密度、磁性均小于围岩地层,所以它们的共同特性一般表现为重力低异常或重力低与磁力低异常,但重力低与磁力低异常一般吻合程度差,而以重力异常为准。下面对河北省一些与成矿关系密切的重要盆地进行综合解译,地质体的密度参数取自河北物探大队编写的《河北省岩石物性成果报告》,现举例介绍如下。

(一)丰宁白草、东猴顶火山盆地(P11)

该盆地位于丰宁县白草—东猴顶一带,属大滩中断凹的东部,面积约 2 800km^2。盆地由侏罗系张家口组酸性火山岩及后期多个岩浆侵入体组成。岩浆岩包括正长斑岩($\xi\pi_5^{2(3)}$)、二长花岗岩($\eta\gamma_5^{2(3)}$)、花岗岩($\gamma_5^{2(3)}$)、钾长花岗岩($\kappa\gamma_5^{2(1)}$)。该盆地火山喷发期后的岩浆岩侵入体约占盆地面积的四分之一，表明岩浆活动更加强烈，这与该盆地空间上距离乌龙沟-上黄旗深断裂极近有关。

在剩余重力异常图(图 4 - 26)上，盆地与一重力低异常吻合，异常边缘与盆地大体一致。重力低中心位于盆地中央偏南侧位置，最低值约为$-20\times10^{-5}\,m/s^2$，向北侧重力值缓慢升高，表明盆地底界向北逐渐提升。观察重力异常形态，其边部有几处凸出的部位，这些部位都分布有燕山期中—酸性岩浆岩；从化探异常图上来看，这些部位又多是异常集中的部位，应引起找矿工作人员的重视。

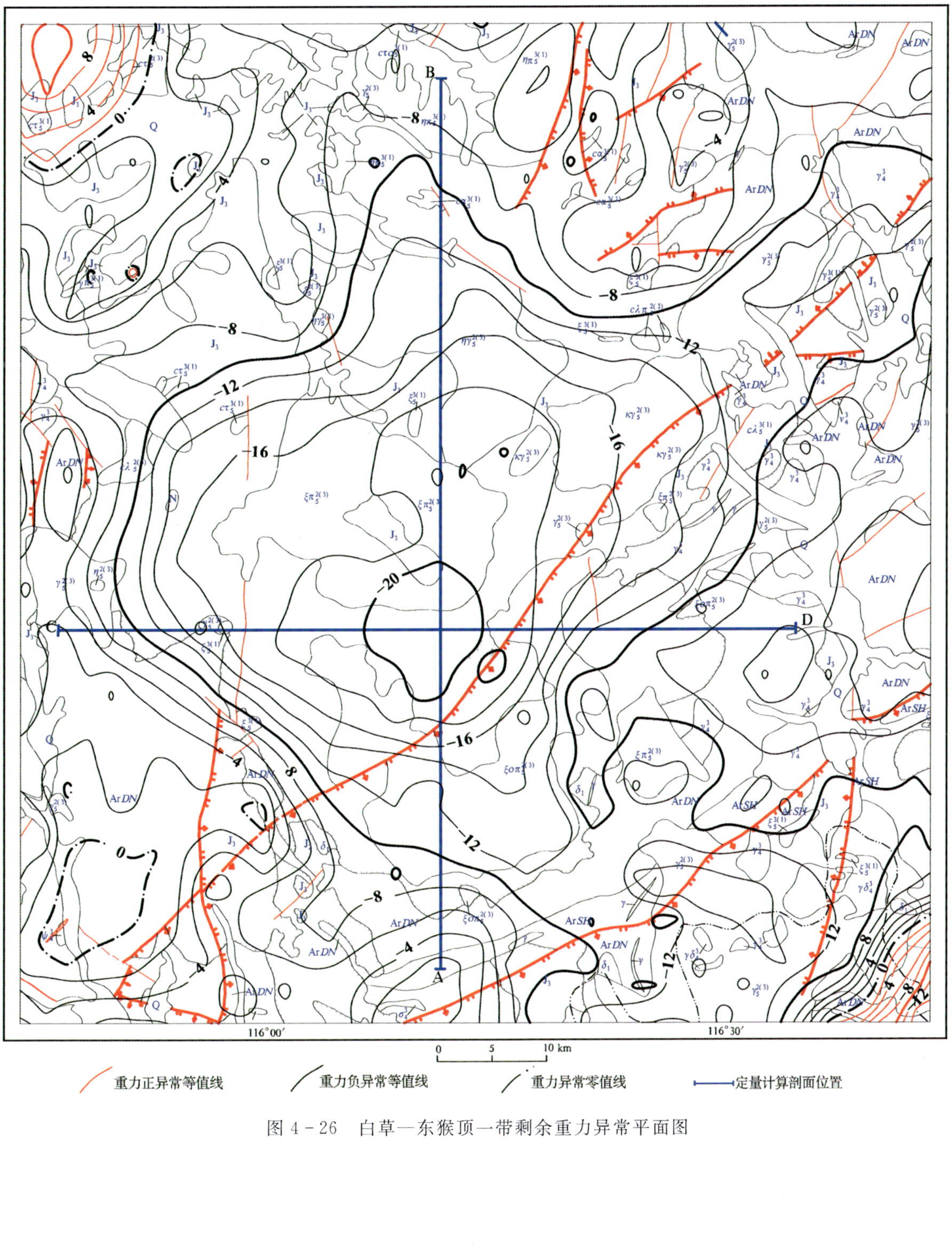

图 4 - 26　白草—东猴顶一带剩余重力异常平面图

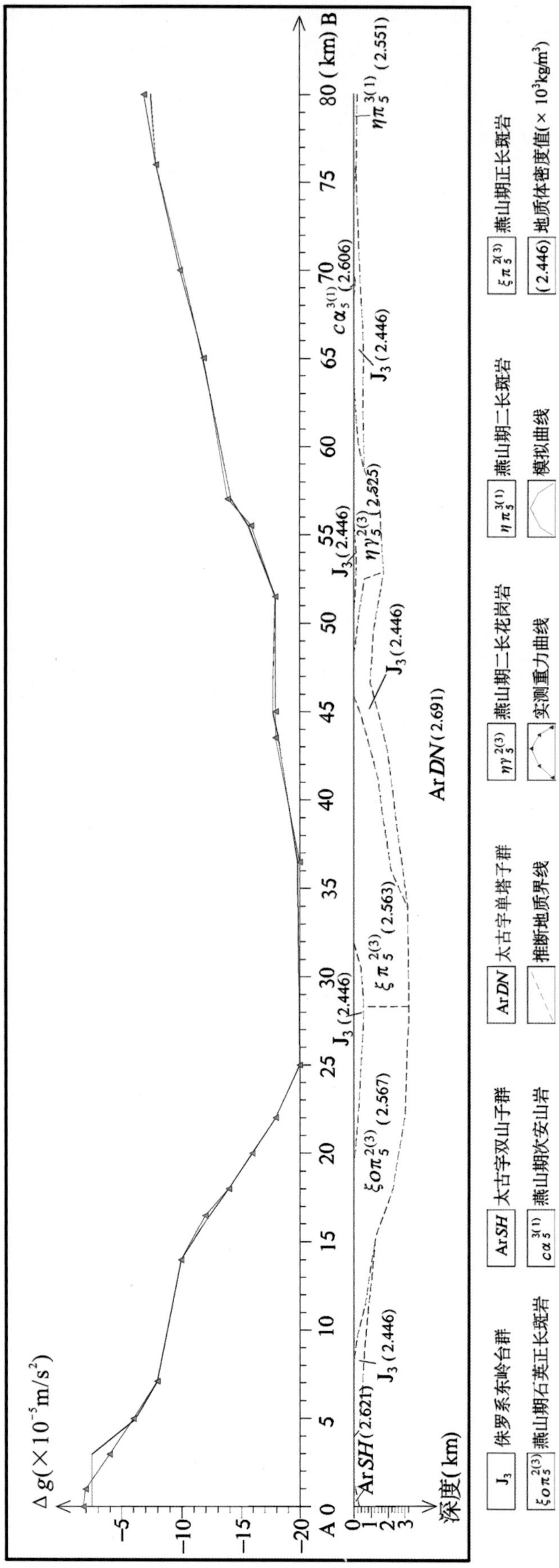

图 4-27 白草-东猴顶火山盆地重力正演模拟计算剖面(A—B)图

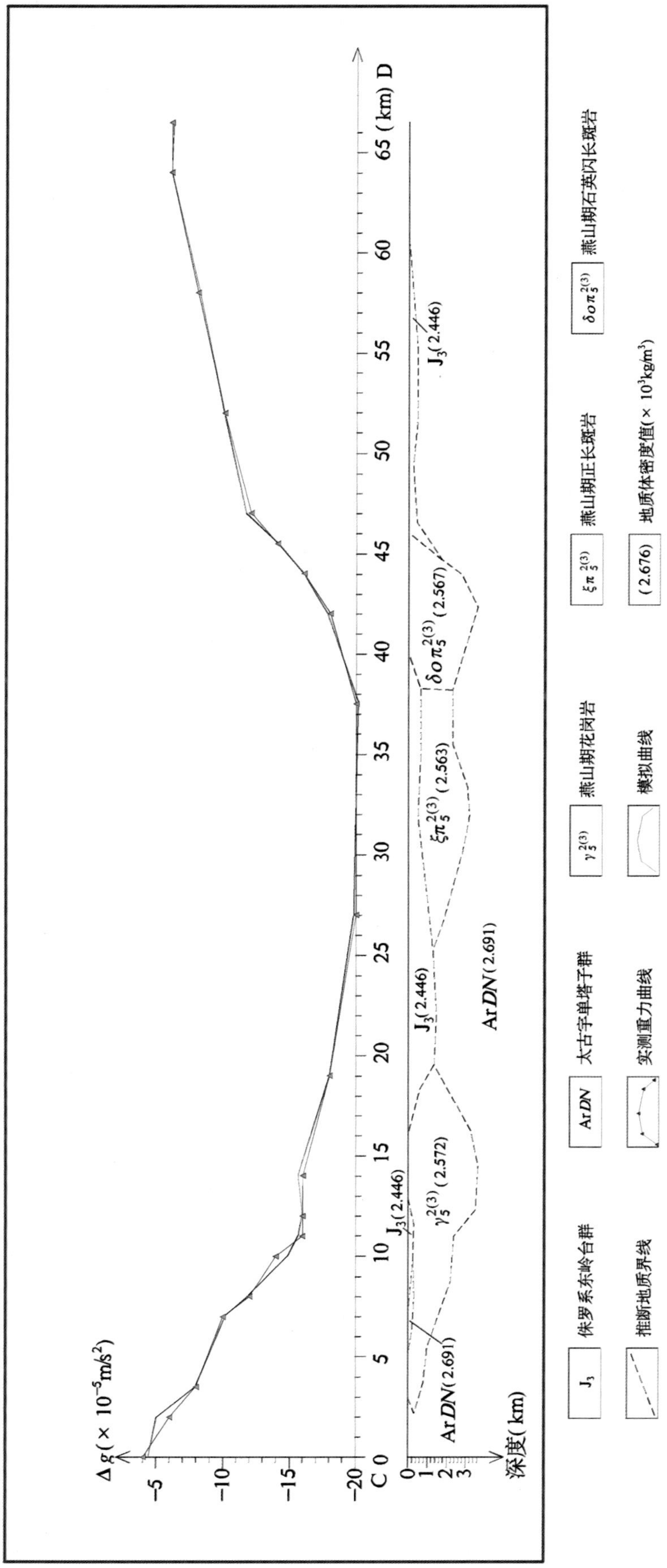

图 4-28　白草-东猴顶火山盆地重力正演模拟计算剖面(C—D)图

重力垂向二阶导数为一负异常，其零值线大体与盆地边缘吻合。负导数异常内部有局部正异常，反映了盆地内岩浆岩体引起的局部重力场变化。

盆地磁场均为正磁异常，磁场最大值为4 000nT。分布在盆地周边的单塔子群地层，为负磁场区。

从正演模拟计算剖面来看(图4－27、图4－28)，重力异常最低处，盆地底面深约3.2km。在南北方向上(图4－27)自盆地中央向两侧底面逐渐提高；在东西方向上(图4－28)岩浆侵入岩占据较大空间，其中以隐伏岩体居多。

(二)崇礼狮子沟火山沉积盆地(P27)

该盆地位于崇礼县城北狮子沟一带，处于大滩中断凹的西侧，面积约2 200km^2。盆地由侏罗系张家口组火山岩组成。盆地内分布燕山期岩浆侵入岩多处，有二长岩($\eta_5^{3(1)}$)、正长岩($\zeta_5^{3(1)}$)、花岗斑岩($\gamma\pi_5^{3(1)}$)和石英正长斑岩($\xi o_5^{3(1)}$)。盆地边部除东北角外均为太古宇单塔子群或海西期花岗岩。

在布格异常及剩余异常图(图4－29)上均为一重力低异常，剩余重力异常形态、范围与盆地相吻合。重力低中心位于石窑子—清三营一带，最低值约为-20×10^{-5}m/s^2，重力异常值向东北逐渐升高，最高约可达-8×10^{-5}m/s^2，说明盆地中火山岩沉积厚度自西南向东北有逐渐变薄的趋势。前述岩浆岩侵入体多分布在盆地内火山沉积厚度较大的部位，显示盆地中心即岩浆活动中心的特征。

重力垂向二阶导数把盆地分为南、北两个负导数异常，其中间为正导数异常，与重力值由低到高快速变化的位置相吻合，是盆地底界面自南而北由快速提升变为缓慢提升的位置。

从磁场特征来看，盆地主要为正磁场区、局部负磁场区，变化范围为－300～5 000nT。负磁场区主要分布在盆地中央，盆地中央磁场变化范围为－300～1 000nT；盆地北部磁场相对平稳，场值介于0～100nT之间；盆地边缘场值较大，最高达5 000nT。值得注意的是盆地周边单塔子群磁场值较低，南侧单塔子群为负磁场区，其他区域多介于0～1 000nT之间。以上说明火山盆地磁场值变化较大，呈跳跃状。

从重力正演模拟计算来看，盆地最大埋深约2.3km(图4－31)，盆地中心位于重力值最低处。盆地火山岩厚度南厚北薄，如图4－30、图4－31所示。

(三)围场官地火山盆地(P14)

该盆地位于围场县西部官地一带，属半截塔中断凹，盆地近圆形，面积约800km^2，由侏罗系张家口组火山岩组成。盆地东南侧有燕山晚期石英正长斑岩($\xi o\pi_5^{3(1)}$)，除东北侧外，盆地周边为太古宇单塔子群变质岩和海西期花岗岩及石英正长岩。盆地东南缘有北岔沟门大型铅锌多金属矿。

盆地处为一剩余重力低异常(图4－32)，异常形态、范围与盆地吻合，该异常幅值变化较平缓，其值多大约在$-10\times10^{-5}\sim-14\times10^{-5}$m/s^{2}之间变化，异常中心位于盆地东南缘，与岩体位置一致。综上分析该盆地底面埋深较浅。

重力垂向二阶导数主要为一负导数异常，零值线大致圈定了盆地边界，盆地中部有一北东向的带状正导数异常反映局部隆起。在该局部隆起边缘靠近盆地一侧有一银多金属矿，即七棵树银多金属矿。

盆地范围内航磁主要为正磁场，局部为负磁场，磁场空间形态与盆地相关性不大，磁场值在－100～＋1 500nT之间，西南高，东北低。

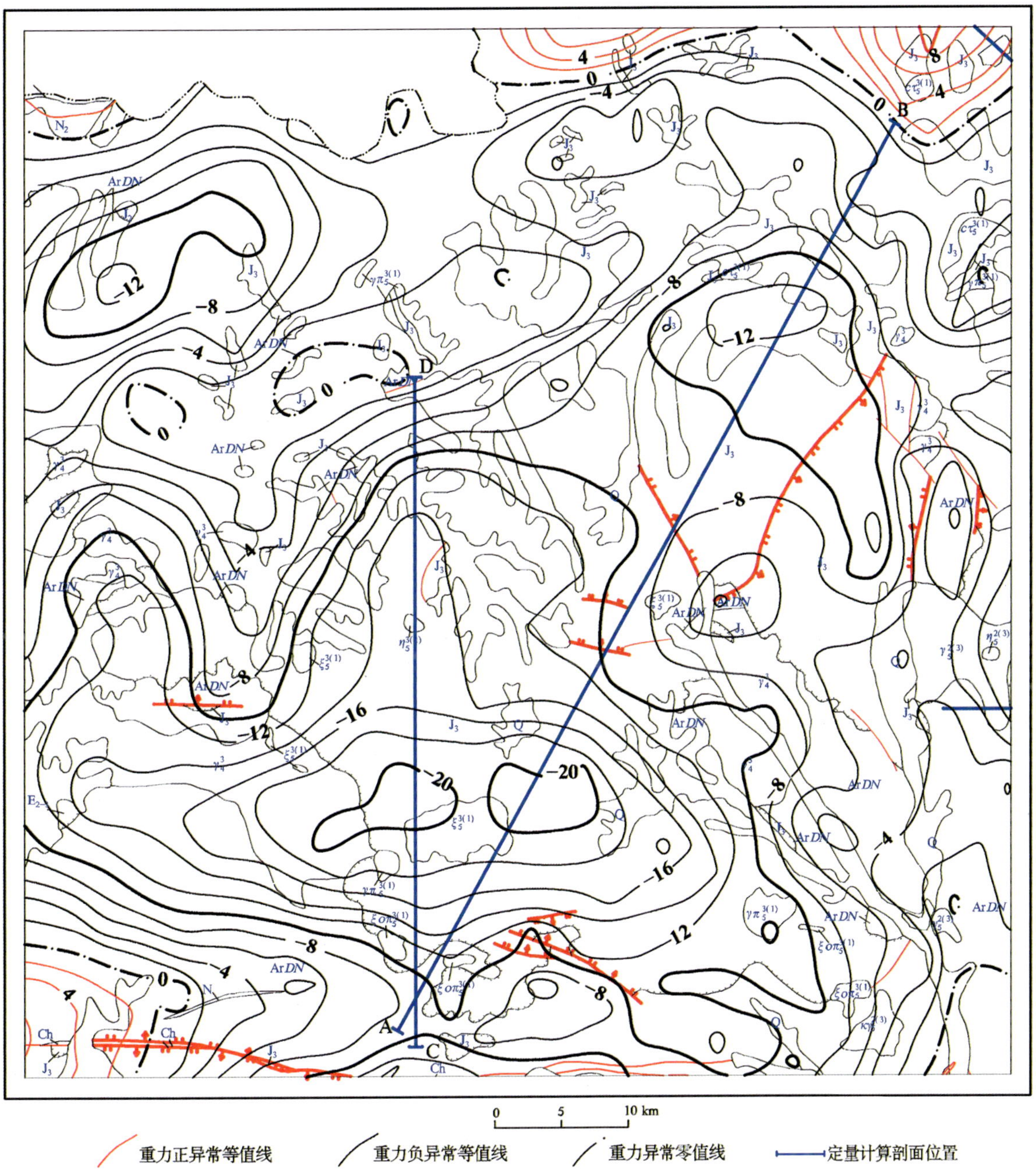

图 4－29　狮子沟一带剩余重力异常平面图

从重力正演模拟计算结果(图 4－33、图 4－34)中可以看出，盆地中心地段主要为石英正长斑岩，其底面埋深约 3km，其余火山岩地段埋深几百米至一千米左右，盆地中岩浆侵入岩体占有较大的空间。

(四)唐山上古生界(洼里 P61、鲁家庄 P64)盆地

上古生界在本区包括石炭系和二叠系。该类地层在基岩中属低密度和低磁性，故一般表现为重力低异常和磁力低异常，但由于其他沉积盖层也多为无磁性，故常表现与重力异常不吻合。具代

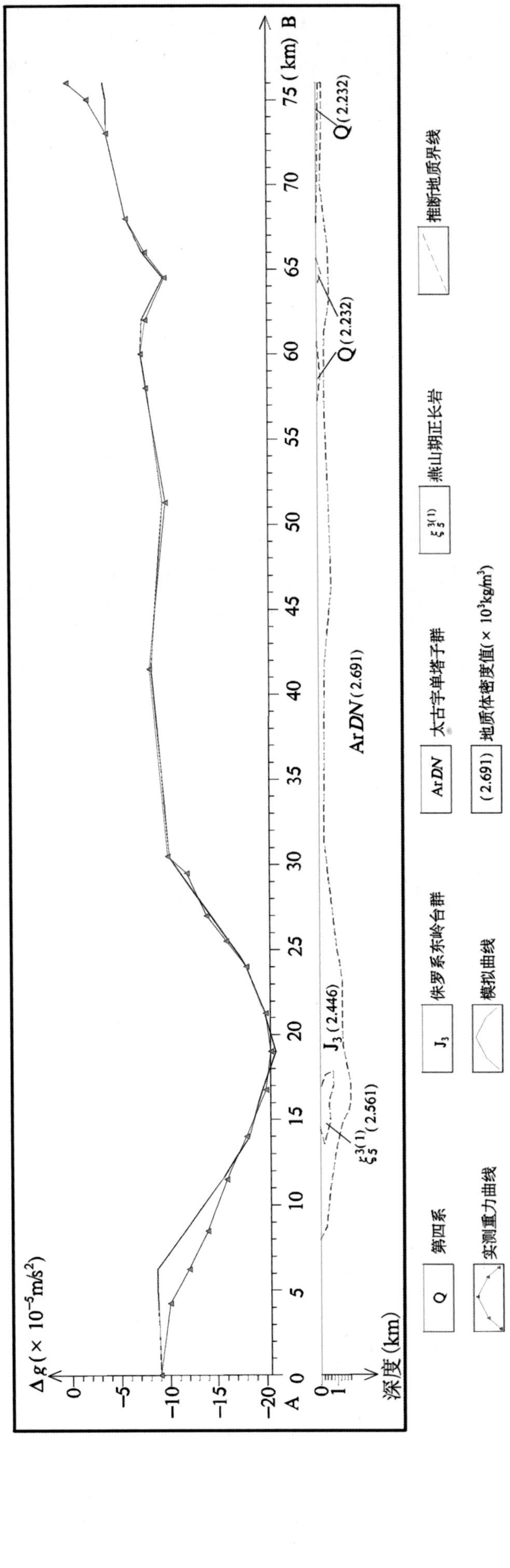

图 4-30　狮子沟火山沉积盆地重力正演模拟计算剖面(A—B)图

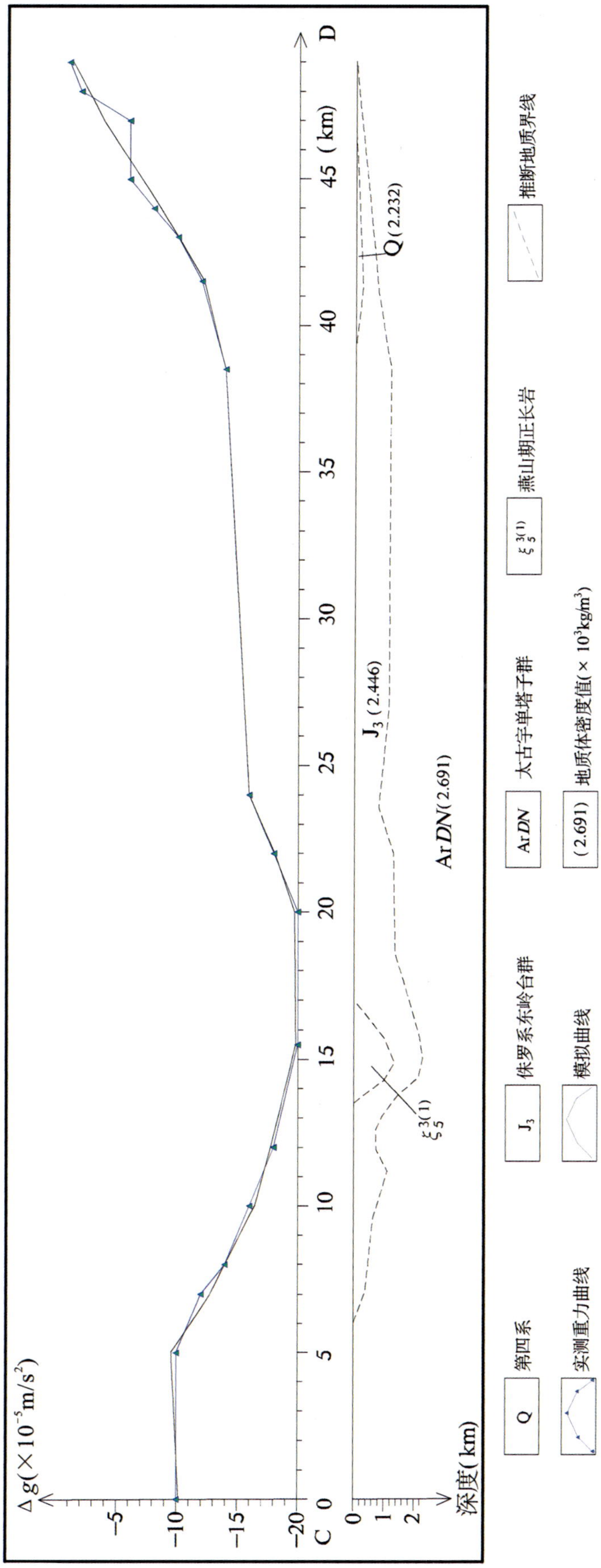

图 4-31　狮子沟火山沉积盆地重力正演模拟计算剖面(C—D)图

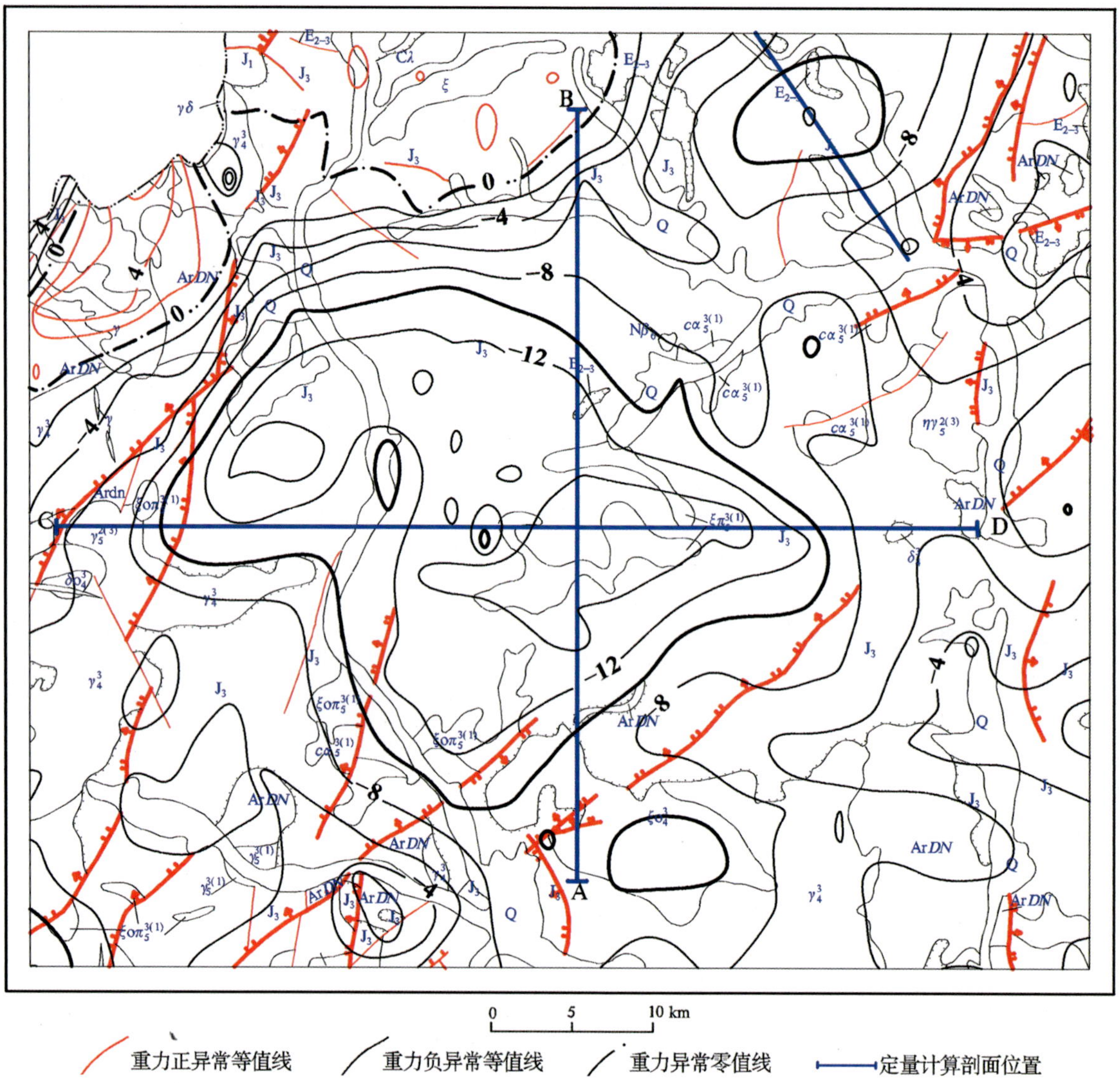

图 4-32　官地一带剩余重力异常平面图

表性的有洼里及鲁家庄沉积盆地，该区处于唐山市西侧，即在开平凹陷-开滦煤田区，由剩余异常图（图 4-35）可见两个较明显的重力低异常。两个异常形态均不规则，幅值较小，北部异常有两个闭合圈，异常场幅值分别约为 $-2.8\times10^{-5}\,m/s^2$、$-2.1\times10^{-5}\,m/s^2$；南部异常较平缓，形态不规则，异常场幅值约 $-2.9\times10^{-5}\,m/s^2$。

航磁表现为大范围的负值区，与重力异常不吻合（图 4-35、图 4-36），北部异常中间有一条北东向的寒武纪、奥陶纪、石炭纪、二叠纪地层出露，北侧有蓟县系、寒武系出露，南部被第四系覆盖，钻孔资料表明，新生界由北往南呈慢坡增厚。

就我们掌握的钻孔资料显示，钻孔没有打透石炭系。在重力剩余异常上切取了两条剖面，大体计算了上古生界底面，计算结果如图 4-37、图 4-38 所示。

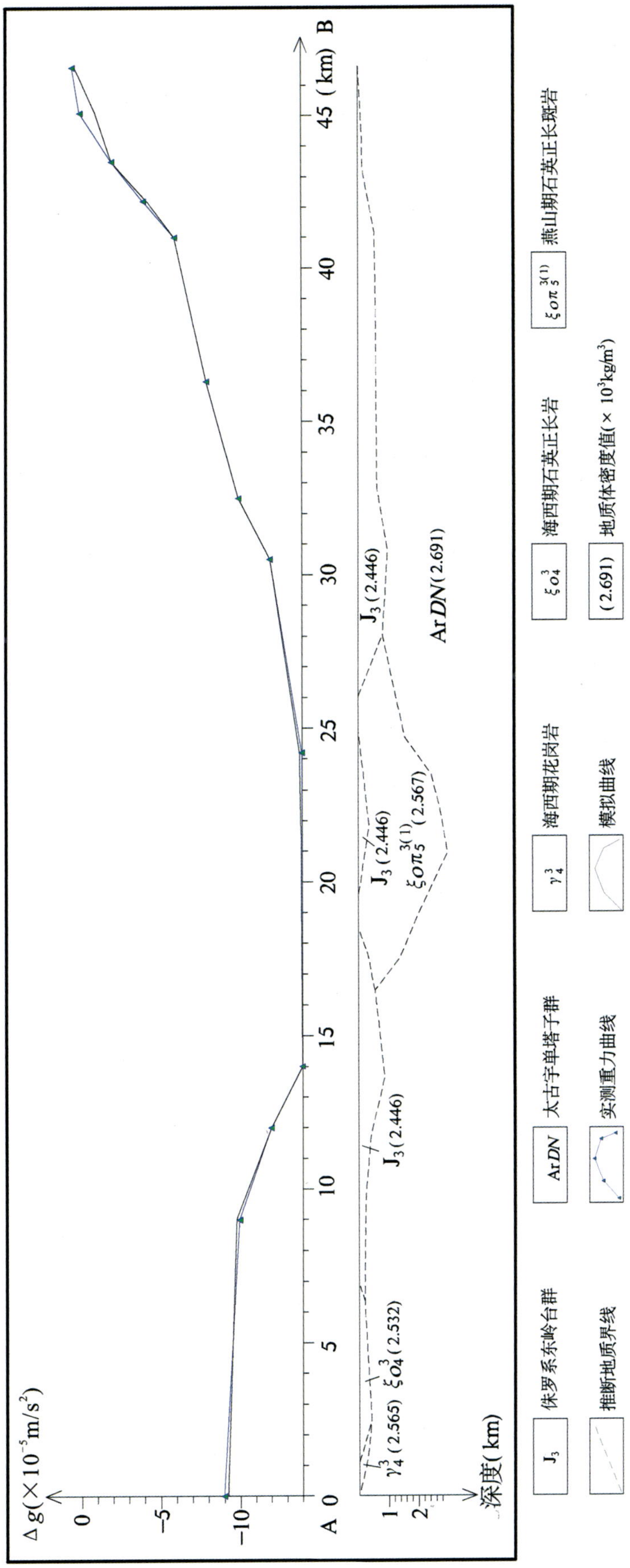

图 4－33　官地火山盆地重力正演模拟计算剖面(A—B)图

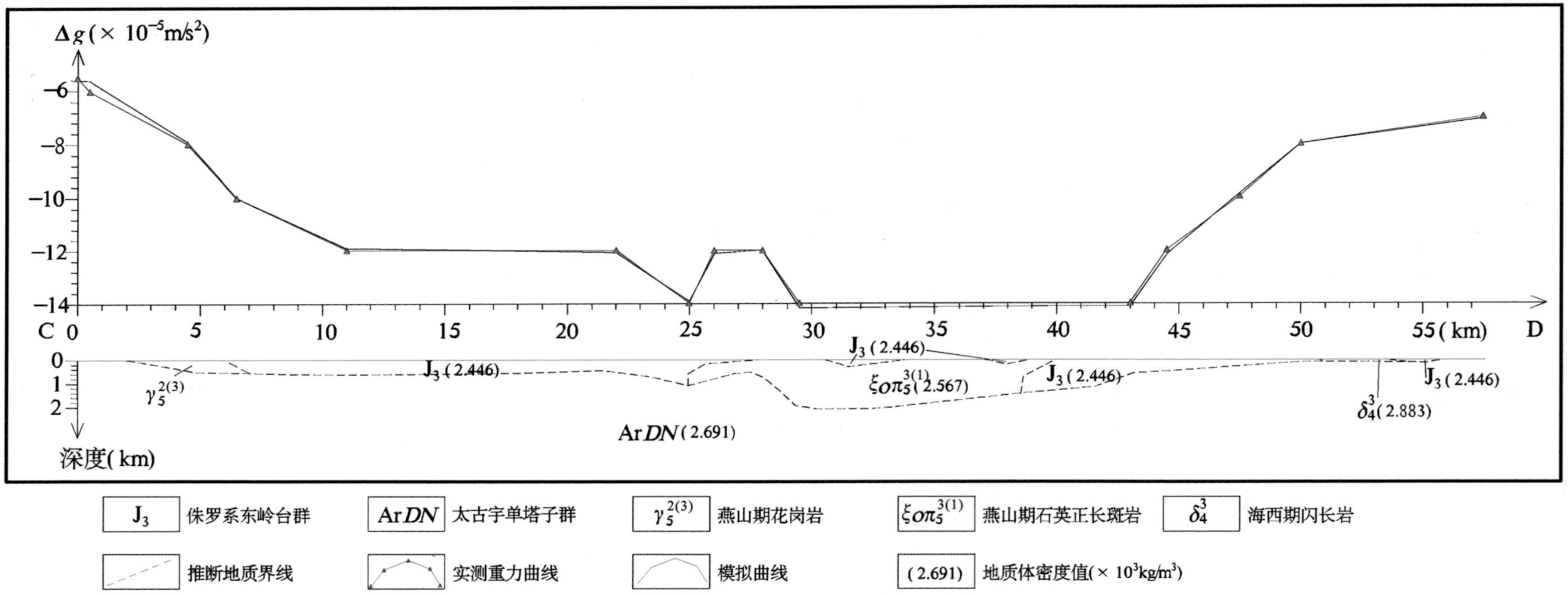

图 4-34　官地火山盆地重力正演模拟计算剖面(C—D)图

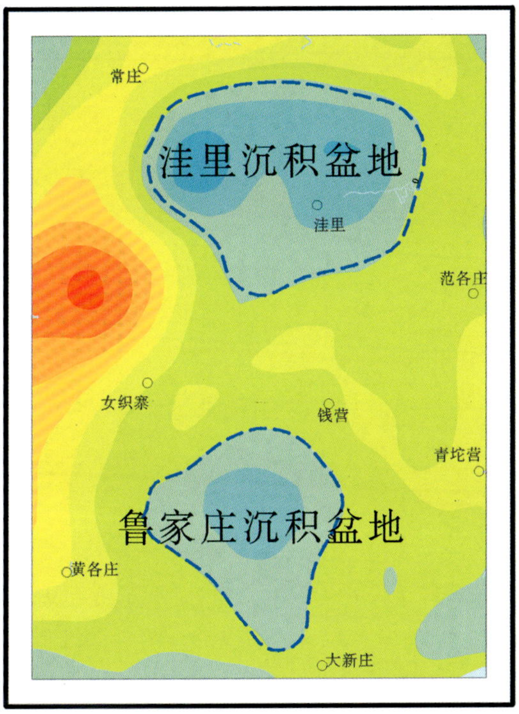

图 4-35 洼里及鲁家庄沉积盆地剩余重力异常图

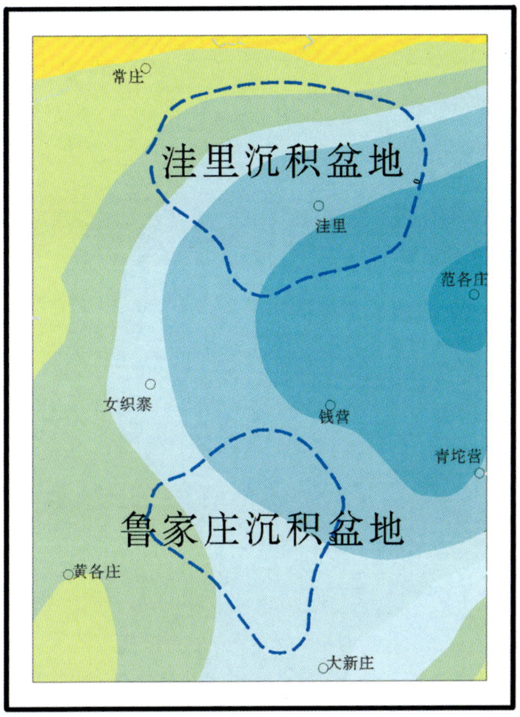

图 4-36 洼里及鲁家庄沉积盆地航磁异常图

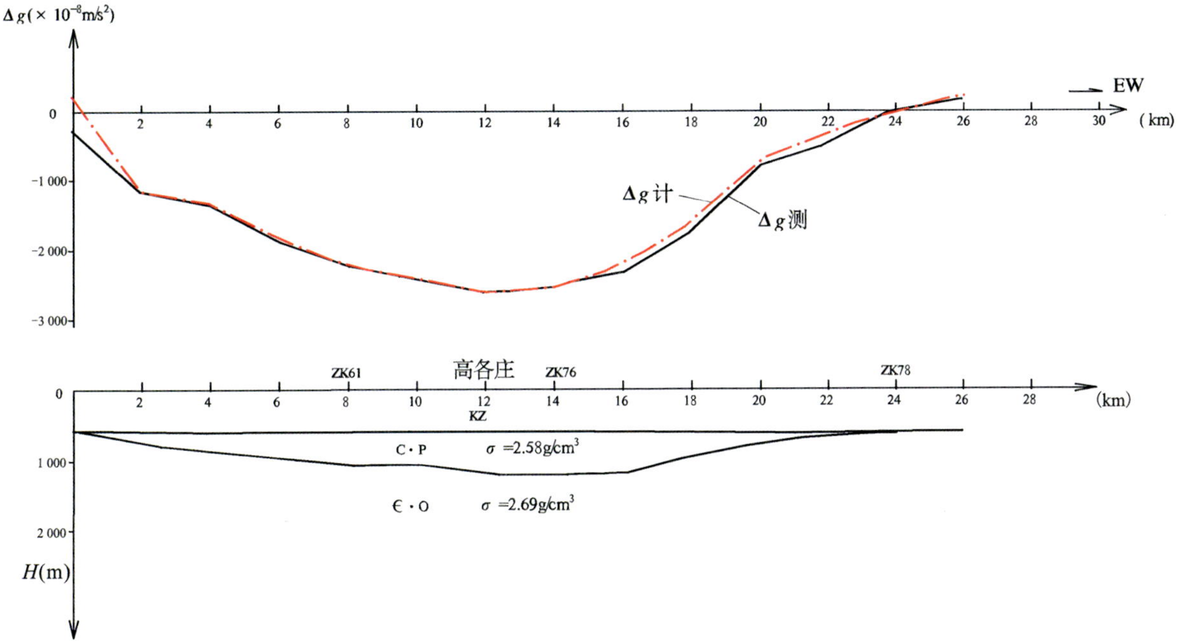

图 4-37 鲁家庄沉积盆地正演计算模型剖面图

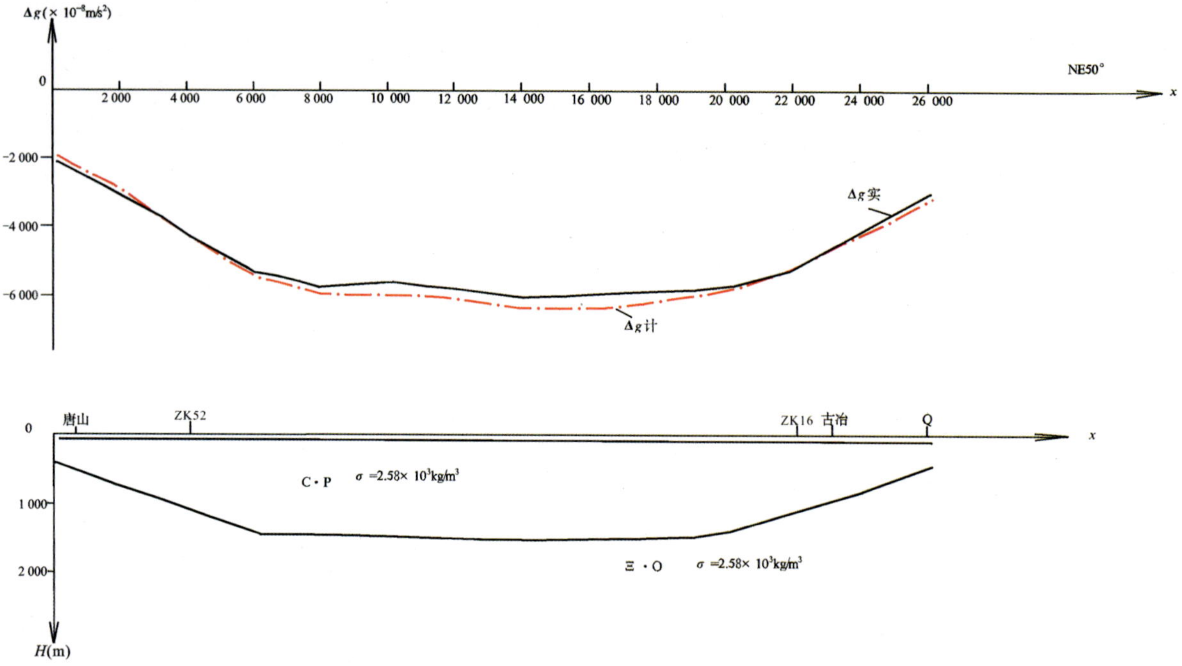

图 4-38　洼里沉积盆地正演计算模型剖面图

第五节　地　层

一、重力推断地层方法

利用重力资料可以识别存在密度差的不同岩性或不同地层，主要是对剩余重力异常图上圈出的局部重力异常进行解释。

(1)重力高、对应磁力高或低缓的正磁场区域，能够确定为由基性、超基性岩体引起的外，根据区域地质构造环境及地表出露情况，可推断为变质岩分布区或中基性火山岩分布区。

(2)重力高、对应磁力低或平稳过渡磁场的区域，推断为碳酸盐岩分布区。

(3)重力低、对应磁力低或出现低缓变化磁场特征的区域，能够确定为由中酸性岩体以及沉积盆地引起的外，可推断为中酸性火山岩分布区。

二、地层的地质解释

本项目应用重力资料圈出地层区 138 处，其中：火山岩地层 6 处(新生代中基性火山岩地层区 4 处、中生代酸性火山岩地层区 2 处)、变质岩地层区 76 处(古生代 5 处、太古宙 71 处)、沉积岩地层区 56 处(古生代 30 处、中新元古代 26 处)，现举例如下。

(一)张北大青沟新生代中基性火山岩地层分布区

该区位于张家口市张北县西北、与内蒙古交界处的河北境内，重力布格异常图上，在重力低值场中圈闭形成略呈北西走向的局部升高场，在剩余重力异常图上为一局部重力高异常，似椭圆状，长轴为北西向，出现两处峰值，最大幅值为 $10\times10^{-5}m/s^2$（图 4-39）。航磁异常图上该区为低缓的正磁场区（图 4-40）。异常区地表大部分被第四系覆盖，零星出露新生界、第三系（古近系＋新近系）玄武岩。根据重力场的特征分析，结合区内磁场特征及地质构造情况，推断局部重力高是中基性火山岩的反映。

（二）围场新拔一带中生代酸性火山岩地层分布区

该区位于围场县新拔一带，在重力布格异常图上为重力梯级带，局部出现扭曲变化，在剩余重力异常图上为平缓的重力低异常，出现 3 处峰值，幅值为 $-2\times10^{-5}\sim-3\times10^{-5}m/s^2$（图 4-41）。在航磁图上为低缓正负磁场变化特征（图 4-42）。区内大面积分布中生代火山岩地层，依据重力场特征，结合航磁特征及地质环境，推断局部重力低是中生代酸性火山岩的反映。

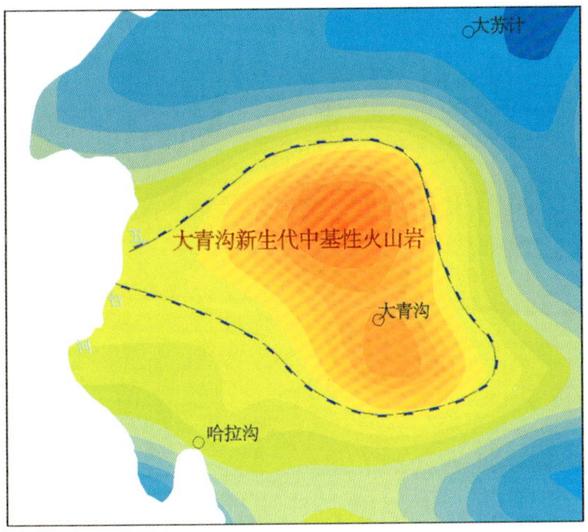

图 4-39　大青沟一带剩余重力异常图

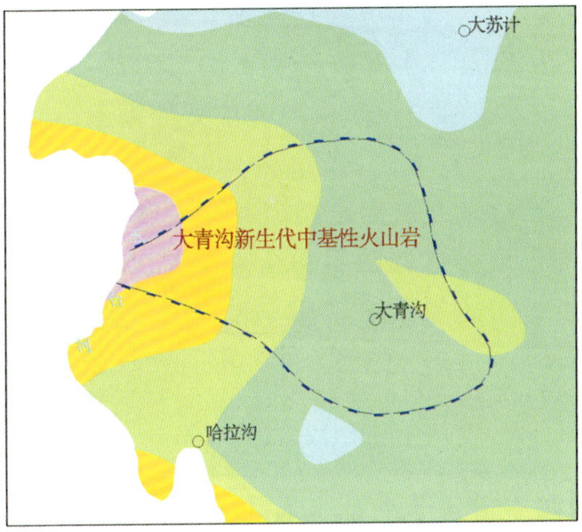

图 4-40　大青沟一带航磁异常图

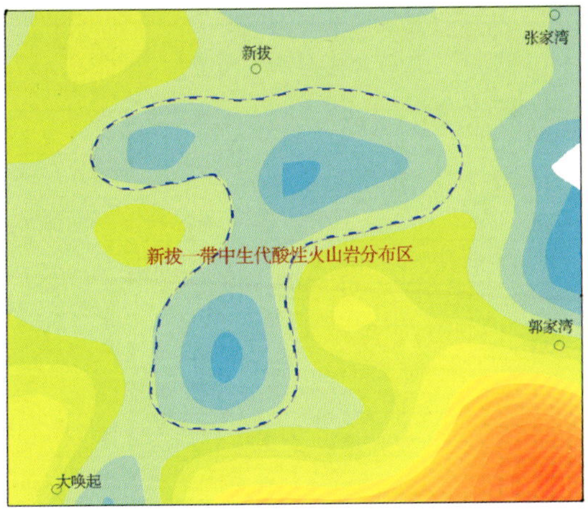

图 4-41　新拔一带剩余重力异常图

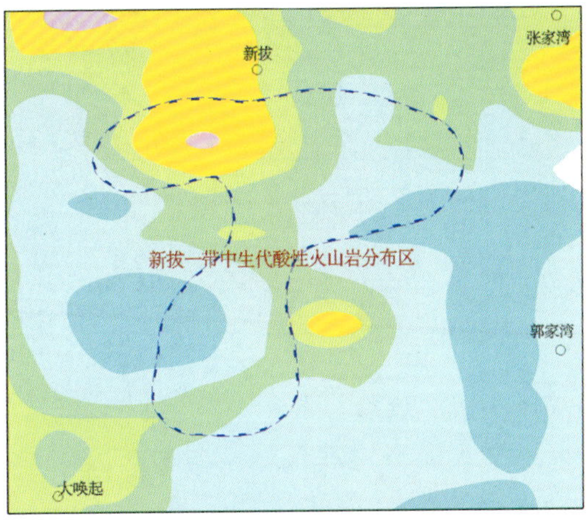

图 4-42　新拔一带航磁异常图

（三）大兴中元古代碳酸盐岩地层凸起区

该区位于北京市大兴区—河北廊坊一带，布格重力异常图上为一大范围的呈北东走向的重力

续表 4-1

预测工作区名称	断裂构造已使用数量	断裂构造参考使用数量	断裂构造未使用数量
15. 阳原-涿鹿磷矿预测工作区	5	6	2
16. 宽城-迁西磷矿预测工作区	1	5	1
17. 灵寿-阜平钼矿预测工作区	1		1
18. 大湾-大河南钼矿预测工作区			3
19. 宣化钼矿预测工作区		3	2
20. 丰宁撒岱沟门-承德姑子沟钼矿预测工作区	1	3	8
21. 兴隆-宽城钼矿预测工作区	2	13	12
22. 平山-阜平银矿预测工作区	1		
23. 大湾-镰巴岭银矿预测工作区		1	1
24. 涿鹿口前银矿预测工作区	5	2	4
25. 蔡家营-青羊沟银矿预测工作区	5	4	7
26. 丰宁营房银矿预测工作区		6	1
27. 围场小扣花营银矿预测工作区	2	3	
28. 承德县银矿预测工作区	1	2	7
29. 兴隆银矿预测工作区	1	2	1
30. 小寺沟银矿预测工作区		4	7
31. 青龙银矿预测工作区	2		
32. 阳原-涿鹿锰矿预测工作区	8	7	3
33. 赤城锰矿预测工作区	3	3	6
34. 围场锰矿预测工作区	2	3	
35. 兴隆-宽城锰矿预测工作区	2	11	6
36. 承德县铬铁矿预测工作区	1	1	3
37. 遵化县铬铁矿预测工作区	1	1	2
38. 康保钨矿预测工作区		2	
39. 兴隆钨矿预测工作区		2	1
40. 青龙钨矿预测工作区	2	3	1
41. 赞皇镍矿预测工作区	2		
42. 邢台菱镁矿预测工作区	1		
43. 邢台重晶石预测工作区	1		
44. 抚宁重晶石预测工作区	3	2	
45. 沙河-涉县硫铁矿预测工作区	2	1	
46. 内丘-临城硫铁矿预测工作区	2		
47. 井陉硫铁矿预测工作区	2	1	
48. 蔚县柏树-涿鹿谢家堡硫铁矿预测工作区	4		2
49. 兴隆-宽城硫铁矿预测工作区	11		12
50. 张北-赤城硫铁矿预测工作区	2	1	6
51. 阜平硫铁矿预测工作区			1
52. 康保萤石矿预测工作区	2	3	
53. 张北-赤城萤石矿预测工作区	3	4	6
54. 丰宁四岔口-万胜永萤石矿预测工作区	3		
55. 隆化-围场萤石矿预测工作区	4	10	9
56. 兴隆-平泉萤石矿预测工作区		9	14
57. 抚宁萤石矿预测工作区	3	2	1

表 4-2　预测工作区重力推断岩体在地质背景及成矿预测工作中的使用情况

预测工作区名称	构造要素已使用数量	构造要素参考使用数量	构造要素未使用数量
1. 冀东铁矿预测工作区	10	21	5
2. 张宣铁矿预测工作区		1	1
3. 涞易铁金铜铅锌银矿预测工作区	1	4	2
4. 阜平铁金矿预测工作区		11	1
5. 邯-邢铁矿预测工作区	1	2	
6. 武安峰峰铝土矿预测工作区	1	2	
7. 井陉铝土矿预测工作区		2	
8. 唐山开平铝土矿预测工作区			
9. 张北铅锌银矿预测工作区	2	2	6
10. 张家口金矿预测工作区			1
11. 围场铅锌银钼矿预测工作区	3	4	9
12. 遵化宽城金铜铅锌矿预测工作区	6	12	2
13. 丰宁-平泉磷矿预测工作区	2	5	6
14. 崇礼-赤城磷矿预测工作区			1
15. 阳原-涿鹿磷矿预测工作区	1		1
16. 宽城-迁西磷矿预测工作区	1	3	1
17. 灵寿-阜平钼矿预测工作区		4	
18. 大湾-大河南钼矿预测工作区		4	2
19. 宣化钼矿预测工作区			1
20. 丰宁撒岱沟门-承德姑子沟钼矿预测工作区	2	4	9
21. 兴隆-宽城钼矿预测工作区	5	10	2
22. 平山-阜平银矿预测工作区		6	
23. 大湾-镰巴岭银矿预测工作区	1	2	
24. 涿鹿口前银矿预测工作区	1	2	2
25. 蔡家营-青羊沟银矿预测工作区		2	2
26. 丰宁营房银矿预测工作区		1	2
27. 围场小扣花营银矿预测工作区		1	
28. 承德县银矿预测工作区	2	3	2
29. 兴隆银矿预测工作区	2	4	
30. 小寺沟银矿预测工作区	1		1
31. 青龙银矿预测工作区	1		1
32. 阳原-涿鹿锰矿预测工作区	1	1	1
33. 赤城锰矿预测工作区		1	
34. 围场锰矿预测工作区		1	
35. 兴隆-宽城锰矿预测工作区	7	12	2
36. 承德县铬铁矿预测工作区	1	1	1
37. 遵化县铬铁矿预测工作区	2	3	

续表 4－2

预测工作区名称	构造要素已使用数量	构造要素参考使用数量	构造要素未使用数量
38. 康保钨矿预测工作区			1
39. 兴隆钨矿预测工作区	2	6	
40. 青龙钨矿预测工作区		4	3
41. 赞皇镍矿预测工作区		3	
42. 邢台菱镁矿预测工作区	1	1	
43. 邢台重晶石预测工作区	1	1	
44. 抚宁重晶石预测工作区		2	1
45. 沙河-涉县硫铁矿预测工作区	1	2	
46. 内丘-临城硫铁矿预测工作区		3	
47. 井陉硫铁矿预测工作区		2	
48. 蔚县柏树-涿鹿谢家堡硫铁矿预测工作区	1	1	2
49. 兴隆-宽城硫铁矿预测工作区	6	11	1
50. 张北-赤城硫铁矿预测工作区			1
51. 阜平硫铁矿预测工作区		3	
52. 康保萤石矿预测工作区			2
53. 张北-赤城萤石矿预测工作区			3
54. 丰宁四岔口-万胜永萤石矿预测工作区		2	2
55. 隆化-围场萤石矿预测工作区	2	5	6
56. 兴隆-平泉萤石矿预测工作区	6	4	1
57. 抚宁萤石矿预测工作区		4	1

表 4－3　预测工作区重力推断地层在地质背景及成矿预测工作中的使用情况

预测工作区名称	构造要素已使用数量	构造要素参考使用数量	构造要素未使用数量
1. 冀东铁矿预测工作区	10	16	19
2. 张宣铁矿预测工作区	4	7	4
3. 涞易铁金铜铅锌银矿预测工作区		5	9
4. 阜平铁金矿预测工作区		3	4
5. 邯-邢铁矿预测工作区		3	
6. 武安峰峰铝土矿预测工作区		2	
7. 井陉铝土矿预测工作区		2	
8. 唐山开平铝土矿预测工作区	2	1	
9. 张北铅锌银矿预测工作区	6	10	4
10. 张家口金矿预测工作区			
11. 围场铅锌银钼矿预测工作区	2	9	5

续表 4-3

预测工作区名称	构造要素已使用数量	构造要素参考使用数量	构造要素未使用数量
12.遵化宽城金铜铅锌矿预测工作区	1	5	14
13. 丰宁-平泉磷矿预测工作区	1	6	7
14. 崇礼-赤城磷矿预测工作区	1	1	2
15. 阳原-涿鹿磷矿预测工作区	1		2
16. 宽城-迁西磷矿预测工作区			4
17. 灵寿-阜平钼矿预测工作区			2
18. 大湾-大河南钼矿预测工作区		4	6
19. 宣化钼矿预测工作区		1	2
20. 丰宁撒岱沟门-承德姑子沟钼矿预测工作区	1	5	6
21. 兴隆-宽城钼矿预测工作区	1	5	10
22. 平山-阜平银矿预测工作区			1
23. 大湾-镰巴岭银矿预测工作区		2	2
24. 涿鹿口前银矿预测工作区	1	2	2
25. 蔡家营-青羊沟银矿预测工作区		8	3
26. 丰宁营房银矿预测工作区	1		
27. 围场小扣花营银矿预测工作区		5	
28. 承德县银矿预测工作区		2	4
29. 兴隆银矿预测工作区		2	4
30. 小寺沟银矿预测工作区		3	1
31. 青龙银矿预测工作区		1	1
32. 阳原-涿鹿锰矿预测工作区	1	2	3
33. 赤城锰矿预测工作区		2	3
34. 围场锰矿预测工作区		5	
35. 兴隆-宽城锰矿预测工作区		4	10
36. 承德县铬铁矿预测工作区	1	1	1
37. 遵化县铬铁矿预测工作区			1
38. 康保钨矿预测工作区		1	1
39. 兴隆钨矿预测工作区		1	3
40. 青龙钨矿预测工作区		1	3
41. 赞皇镍矿预测工作区		2	1
42. 邢台菱镁矿预测工作区			1
43. 邢台重晶石预测工作区			1
44. 抚宁重晶石预测工作区		2	
45. 沙河-涉县硫铁矿预测工作区		3	

续表 4-3

预测工作区名称	构造要素已使用数量	构造要素参考使用数量	构造要素未使用数量
46. 内丘-临城硫铁矿预测工作区		3	1
47. 井陉硫铁矿预测工作区		2	
48. 蔚县柏树-涿鹿谢家堡硫铁矿预测工作区		3	2
49. 兴隆-宽城硫铁矿预测工作区	1	5	9
50. 张北-赤城硫铁矿预测工作区		4	2
51. 阜平硫铁矿预测工作区			2
52. 康保萤石矿预测工作区	1	4	1
53. 张北-赤城萤石矿预测工作区	1	6	2
54. 丰宁四岔口-万胜永萤石矿预测工作区	2		
55. 隆化-围场萤石矿预测工作区	2	10	3
56. 兴隆-平泉萤石矿预测工作区		7	6
57. 抚宁萤石矿预测工作区		3	2

此次矿产资源潜力评价工作中重力推断地质构造的具体情况见附表《河北省重力推断地质构造一览表》。

第七节 成矿区带重力异常推断地质构造成果

本次工作中，河北省成矿预测组将河北省划分为8个三级成矿带，各成矿区带的划分情况和在剩余重力异常图上的分布情况如图4-47和图4-48所示。结合地质背景及航磁异常特征，我们对各成矿区带重力异常特征进行推断解释。

一、Ⅲ-50 突泉-翁牛特 Pb-Zn-Ag-Fe-Sn-REE 成矿带

（一）地质背景

该成矿带出露于河北北部边缘康保-围场断裂以北地区，属兴蒙造山系，主要为一套海相沉积，厚度较大，夹有火山熔岩、火山碎屑岩，并有泥盆纪、二叠纪侵入岩侵入，其中二叠纪侵入岩较发育，在康保-围场断裂以南也有分布。二叠纪末的华力西运动，使兴蒙造山系回返为陆，从中生代开始与南侧陆块区连为一体，共同经历了叠加造山过程。之上被中生代火山-沉积岩覆盖，并有同期花岗岩侵入。

中生代自中侏罗世晚期开始强烈活动，由于结晶基底的刚性较强，故以断裂变形为主。新生的主构造线为北北东—北东向和北西向。基底和新生构造线的交叉与活动，产生了若干大小不等的晚侏罗世—早白垩世断凹及其间的断凸，并伴有强烈的火山喷发和岩浆岩侵入。火山岩以白垩系义县组、大北沟组为主，仅在东部光顶山一带有少量下花园组和南大岭组分布。

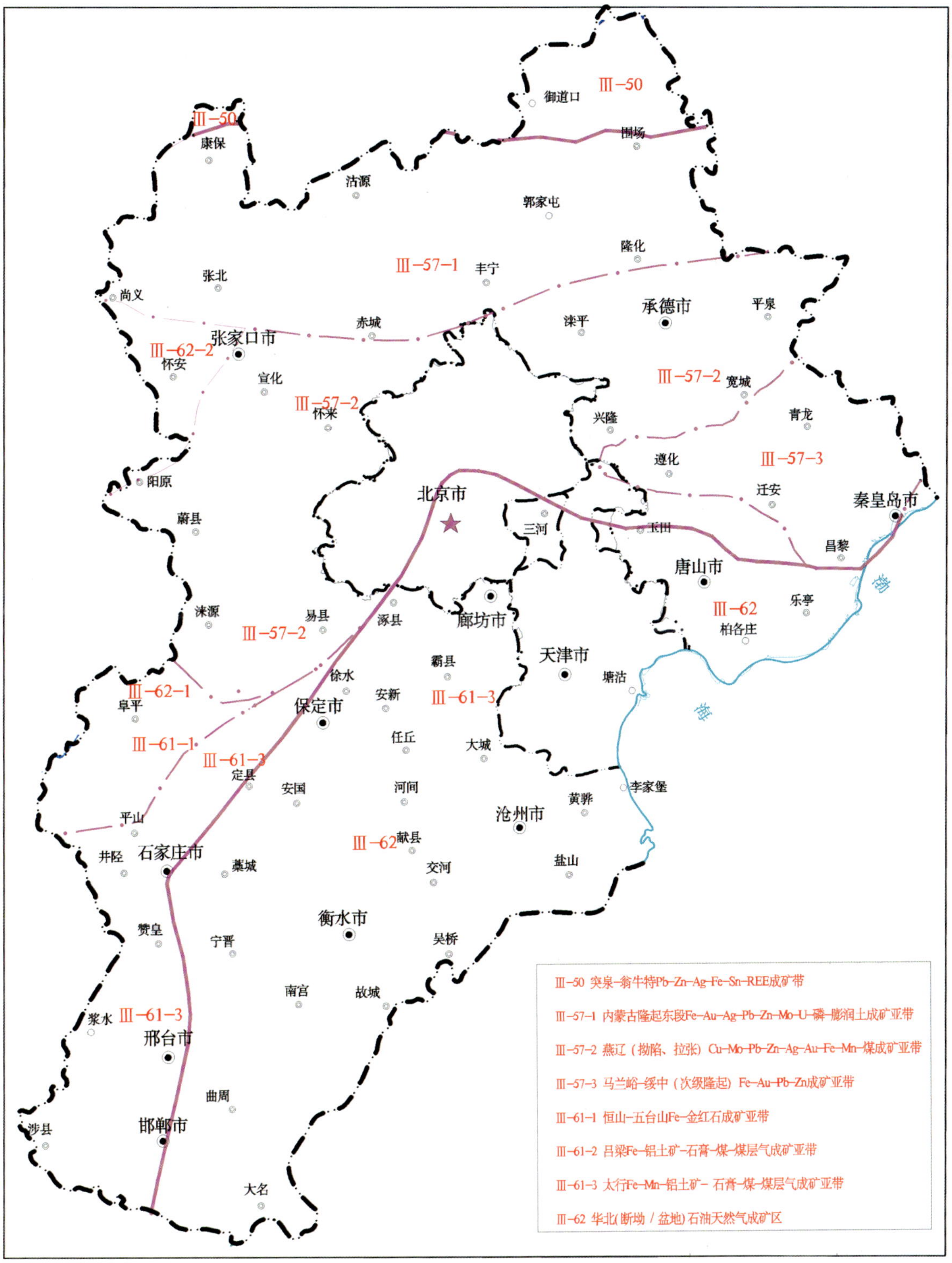

图 4-47　河北省成矿区带分布图

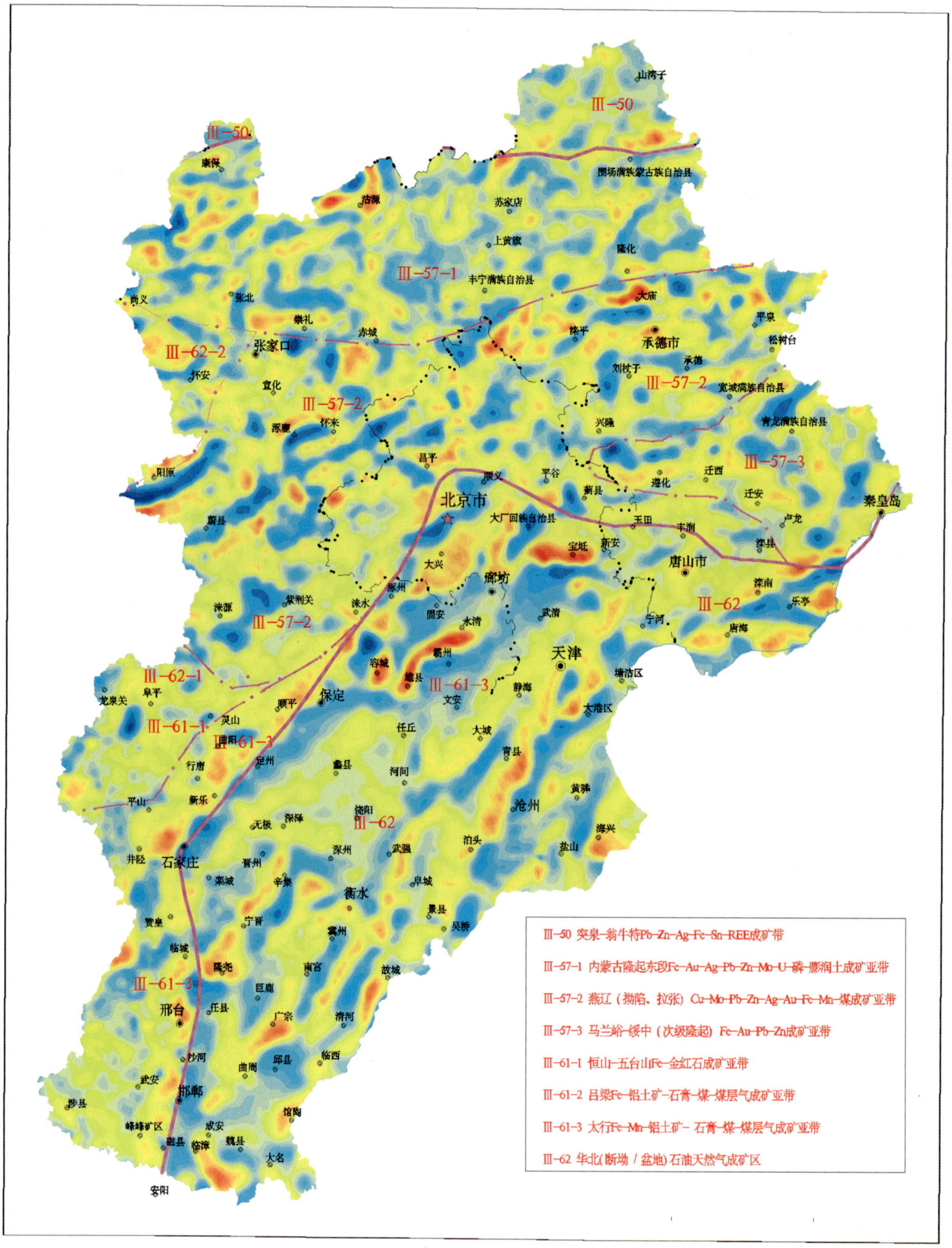

图 4-48　河北省剩余重力异常及成矿区带分布图

(二)航磁异常特征

磁异常总体以负异常为主,正异常主要分布在围场北部附近。区内异常幅值不大,在-200～600nT之间。康保-围场东西向深断裂附近异常轴向为北北东向、北东向,向北远离深断裂轴向为北西向和近南北向。异常轴向的这种变化,是康保-围场深断裂与乌龙沟-上黄旗北北东向深断裂共同作用的结果。

区内东部围场附近正磁异常主要由中酸性火山岩引起,包括中生代安山岩、新生代玄武岩。玄武岩引起的磁异常最高值达600nT,主要分布在围场西北部;安山岩引起的磁异常主要分布在围场北部,最高值达500nT。正磁异常多为窄闭状,梯度变化明显。负磁异常主要由酸性火山岩引起,岩性为张家口组流纹岩等,磁异常强度在-100～200nT之间,梯度较小,呈平缓面状异常。本区火山机构多呈负磁异常,如哈里哈火山机构,小扣花营银矿产于该火山机构的边部,负磁异常边部指示矿床有利成矿部位。该成矿带航磁异常如图4-49所示。

图4-49 Ⅲ-50成矿带航磁异常图

(三)重力异常特征及推断解释

区内布格重力异常以梯级带为主,南高北低,布格重力异常值自-90×10^{-5} m/s^{2}至-160×10^{-5} m/s^2。异常总体呈东西向、北东东向,与康保-围场深断裂走向一致;至东部梯级带向北东方向扭曲,是乌龙沟-上黄旗北北东向深断裂影响的结果。剩余重力异常靠近康保-围场断裂多呈近东西走向,远离则为北东向、北西向,重力异常以重力低为主。

区内东部围场附近布格重力异常梯级带主要由断裂引起,如御道口-张家湾断裂由近东西向断裂引起,苏家店-山湾子深断裂由北东向断裂引起。重力扭曲变异带也可以视为断裂的标志,如北韭菜梁-老窝铺-大顶子断裂。重力剩余异常图上重力低由中生代、新生代火山盆及中酸性、酸性岩体引起,区内重力低幅值一般为-3×10^{-5}～-4×10^{-5} m/s^2,最低为-6×10^{-5}～-160×10^{-5} m/s^2。重力高由汉诺坝组玄武岩或太古宙结晶基底引起,玄武岩引起的重力高幅值为5×10^{-5}～6×10^{-5} m/s^2,太古宙结晶基底引起的幅值较高,为12×10^{-5} m/s^2。

区内西部康保附近布格重力异常有一个北西向梯级带和一个近东西向梯级带,均由断层引起。重力剩余异常图上重力低由阿不盖庙花岗岩体引起,异常轴向东西幅值为-6×10^{-5} m/s^2。重力高由黄城子新生代中基性火山岩地层引起,异常轴向北西,幅值为5×10^{-5} m/s^2。该成矿带剩余重力异常如图4-50所示。

该区重力推断断裂构造共7条,其中:一级断裂2条、二级断裂1条、三级断裂4条。圈定酸性岩体1个,与出露的阿不盖庙岩体相吻合;圈定中性岩体1个,属于半隐伏岩体。重力圈出盆地4处,其中:中生代火山盆地2处、新生代断陷盆地2处。圈出太古宙变质岩地层区3处,古生代变质岩地层区 1 处，火山岩分布区 5 处（其中新生代中基性火山岩 3 处、中生代酸性火山岩 2 处）。该区重力推断解释结果如图 4－51 所示。

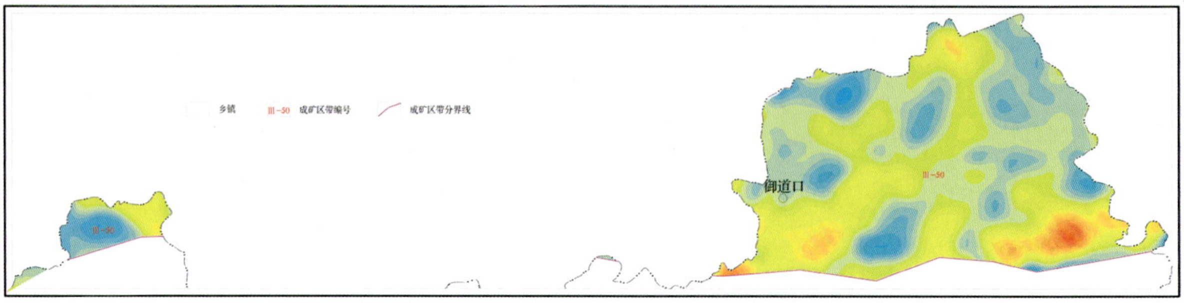

图 4－50　Ⅲ－50 成矿带剩余重力异常图

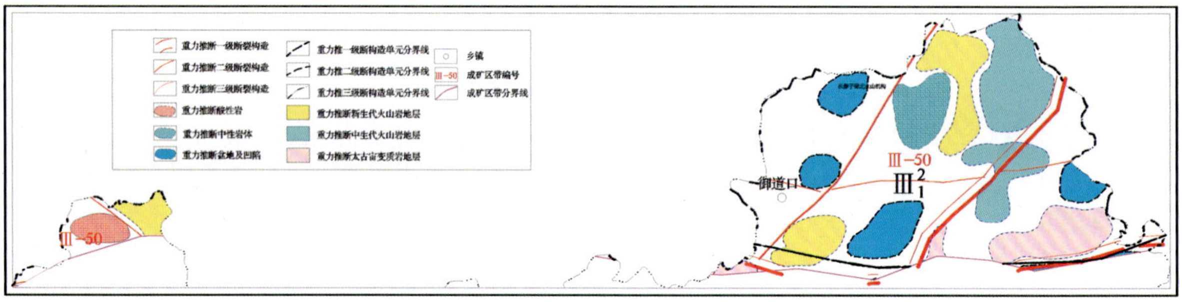

图 4－51　Ⅲ－50 成矿带重力推断地质构造图

二、Ⅲ－57－1 内蒙古隆起东段 Fe－Au－Ag－Pb－Zn－Mo－U－磷－膨润土成矿亚带

（一）地质背景

北界为康保-围场断裂带，南界西段为尚义-赤城断裂带，东段为丰宁-隆化断裂带，向东、西均延出省外，包括康保陆棚和冀北陆缘古弧盆系两个Ⅲ级构造单元（前人称内蒙古地轴）。后期叠加不同时代的侵入体，古生代再造现象明显，中生代火山岩广泛分布之上。

古元古代晚期的驿马图碰撞变质侵入岩在河北省北部广泛分布，主要分布于丰宁-隆化断裂以北，侵入红旗营子岩群、化德岩群。主要岩石类型有辉长岩、闪长岩、石英闪长岩、石英二长岩、花岗闪长岩、二长花岗岩、正长花岗岩、巨斑状二长花岗岩等，上述岩石均遭受变形变质作用改造，具弱片麻状构造和变余结构。

中侏罗世晚期开始强烈活动，火山沉积岩覆盖全区。由于结晶基底的刚性较强，故以断裂变形为主。新生的主构造线为北北东—北东向和北西向。进入早白垩世，库拉-太平洋板块向中朝板块俯冲，我国东部地区发生了强烈的造山运动（燕山运动主期），产生了以北东向、北北东向为主的一系列不同方向断裂构造，形成了北北东向大型火山构造洼地、断陷盆地。火山-盆地沉积以断陷盆地类型为主，为白垩纪新生盆地，如张家口火山盆地、大北沟-义县火山-沉积断陷盆地、九佛堂-青石砬凹陷盆地，只有围场北部康保-围场断裂以北的新拨盆地，有侏罗纪地层出露。

伴随张家口期和义县期火山活动，有强烈的中酸性和偏碱性岩浆岩侵入，形成了围场同造山侵入杂岩和窟窿山后造山侵入杂岩。张家口期火山岩系直接覆盖在古老基底或晚古生代花岗岩之上，火山岩呈大面积出露，火山喷发强度非常大，以强裂喷发的火山灰流相为主，间夹少量溢流相、爆发相。主要岩石类型为流纹岩、粗面岩及其火山碎屑岩，含少量石英粗面岩、粗安岩。义县期以丰宁四岔口—赤城为界，以西火山岩仅零星可见，以沉积岩为主，以东则以火山岩为主，火山岩与沉积岩指状交互。火山岩主要岩石类型为溢流相粗安岩、安山岩，爆发相粗安质、粗面质火山碎屑岩。

该构造单元是河北省重要的银多金属成矿区。

（二）航磁异常特征

该区夹于康保-围场深断裂和尚义-平泉断裂、丰宁-隆化断裂之间，航磁异常轴向以东西向为主，靠近乌龙沟-上黄旗断裂，异常轴向为北东向。区内异常呈线状或面状，磁场强度在－500～1 500nT 之间，梯度变化中等至较强。该成矿带航磁异常如图 4－52 所示。

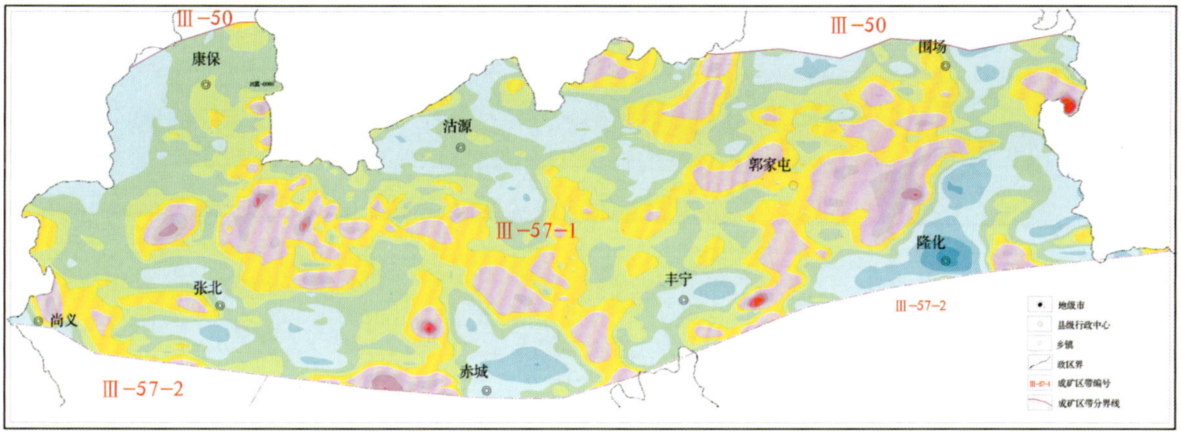

图 4－52 Ⅲ－57－1 成矿带航磁异常图

区内玄武岩、玄武安山岩、安山岩及中酸性侵入体等多引起正磁异常，此类异常呈面状，强度较低、梯度较缓。酸性岩引起的磁异常为低缓异常，或正或负，与其成因有关。幔源型酸性岩多引起正磁异常，硅铝壳重熔型多引起负磁异常。区内较低缓的负磁异常多由中生代流纹岩等引起。在负磁异常区，常有火山机构产出，其磁异常强度一般较低，多在－350～－500nT 之间，异常多为圆形，反映火山口的位置。如大光顶山中心式火山构造、张三营中心式火山构造等。本区磁异常梯度带多与断裂有关，如乌龙沟-上黄旗“Y”字形断裂主要与磁异常梯度带有关。

（三）重力异常特征及推断解释

该区西部布格重力异常为 3 个东西向排列的近圆状重力低，异常值在$-148\times10^{-5}\sim-152\times10^{-5}m/s^2$ 之间，异常呈面状。东部布格重力异常西高东低，异常值在$-92\times10^{-5}\sim-114\times10^{-5}m/s^2$之间。位于东、西两部分之间的是一北东向梯级带，异常值东高西低，在$-100\times10^{-5}\sim-122\times10^{-5}m/s^2$ 之间，梯度变化较大。区内剩余重力异常以重力低为主，异常幅值一般为 $4\times10^{-5}\sim7\times10^{-5}m/s^2$。受张北-沽源断裂、乌龙沟-上黄旗断裂的影响，剩余重力异常轴向在东、西两侧以北东向最为明显。区内中部受南、北两侧东西向断裂影响，剩余重力异常轴向以东西向较为明显。本区剩余重力低异常多反映中生代火山盆地，如百草-东猴顶火山盆地、战海-西辛营-独石口火山盆地、白庙滩-西狮子沟火山盆地、大苏计火山沉积盆地等。该类异常一般面积较大，呈面状，异常幅值为 $-5\times10^{-5}\sim-8\times10^{-5}m/s^2$。此外在乌龙沟-上黄旗断裂附近重力低常常和酸性岩侵入体有关。区内剩余重力高异常多与结晶基底隆起有关，如张纪镇-两面井太古宙变质岩基底隆起、三号太古宙变质岩基底隆起、高山堡-沽源-敖包山太古宙变质岩基底隆起、磴上太古宙变质岩基底隆起。该类异常轴向多为北东向或近东西向，异常多呈线状，梯度大，幅值高，在 $6\times10^{-5}\sim15\times10^{-5}m/s^2$ 之间。在布格重力异常图上，重力梯级带多与断层有关，如乌龙沟-上黄旗深断裂、大西沟-后瓦夭沟断裂等。该成矿带剩余重力异常如图 4-53 所示。

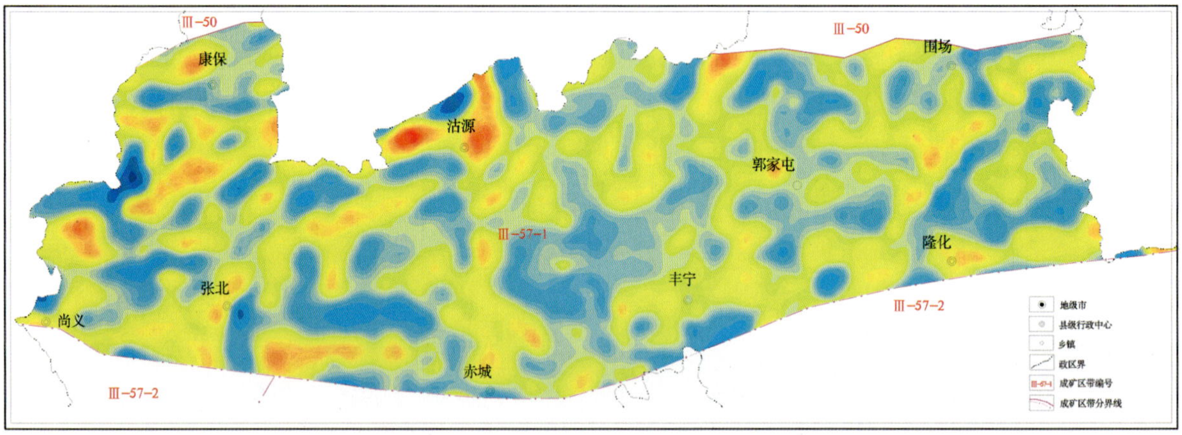

图 4-53　Ⅲ-57-1 成矿带剩余重力异常图

该区重力推断断裂构造 29 条，其中：一级断裂 6 条、二级断裂 1 条、三级断裂 22 条。该区重力圈定岩体 18 个(其中酸性岩体 9 个、中酸性岩体 5 个、中性岩体 4 个)，属于隐伏的 4 个，半隐伏的 5 个，其余 9 个均与出露岩体相对应。重力圈出盆地 26 处，其中：中生代火山盆地 21 处、新生代火山盆地 3 处、新生代断陷盆地 2 处。圈出太古宙变质岩地层区 31 处，古元古代变质岩地层区 2 处，新生代中基性火山岩分布区 2 处。该区重力推断解释结果如图 4-54 所示。

三、Ⅲ-57-2 燕辽(凹陷、拉张)Cu-Mo-Pb-Zn-Ag-Au-Fe-Mn-煤成矿亚带

(一)地质背景

北界为尚义-赤城-隆化断裂，东、南界大致在抚宁—滦县—塘沽—衡水—永年一线。克拉通基底在构造应力场的作用下，发生断裂，形成北东向的裂谷，发展为燕辽拗拉槽(燕辽裂陷海)。拗陷最强烈地段位于蓟县—宽城一带。其底界不整合在太古宙及古元古代变质岩之上，顶界被寒武纪地层覆盖，由一套未变质的板内海相、潟湖相富镁碳酸岩和少量碎屑岩、黏土岩组成，含微体古生物和叠层石，出露良好，分布广泛，发育齐全，蓟县—宽城一带厚度近万米，经历了陆地—裂谷—海洋—陆地的演化过程。中新元古代为夭折裂谷期，早古生代为陆表海，晚古生代为海陆交互环境，早—中三叠世为凹陷盆地。在裂谷的演化期间，伴随有不同时期的岩浆侵入，中生代构造岩浆岩带贯穿中部。

区内长城纪伊始，首先形成底砾岩，不连续地分布在整个区内。其上由石英砂岩类→页岩类夹赤铁矿层→白云岩类→石英砂岩、白云岩夹粗玄质火山岩层→白云岩类变化。蓟县纪地层由下而

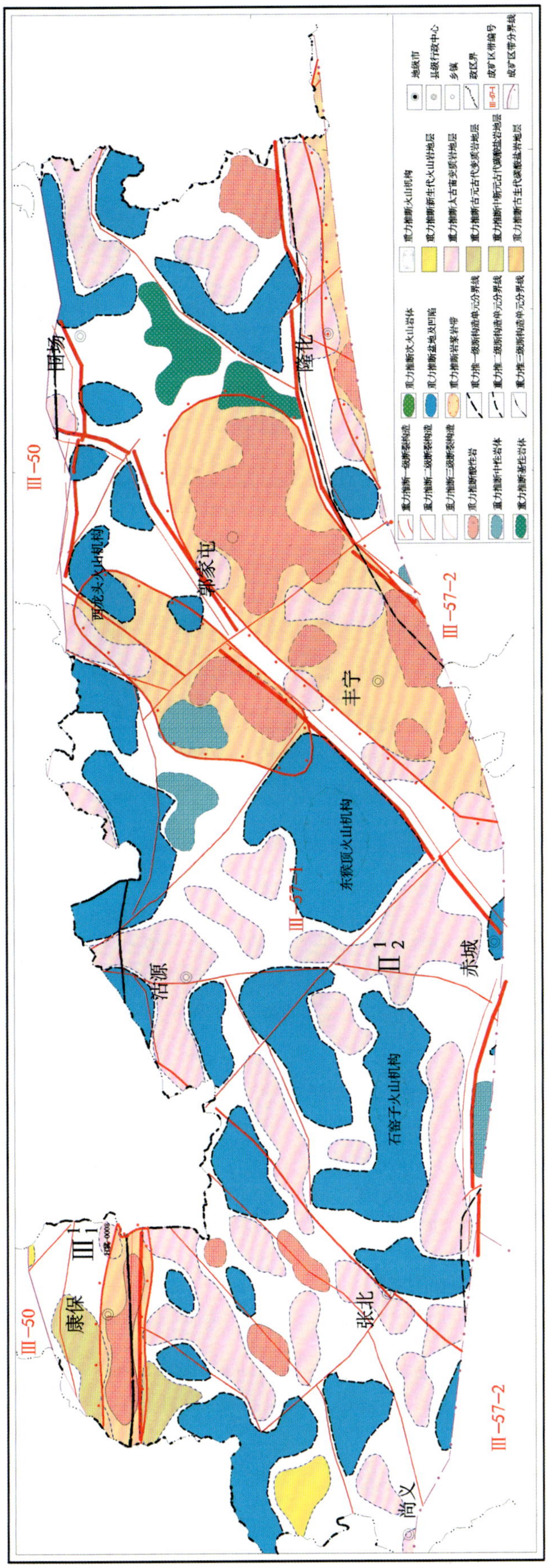

图4-54　Ⅲ-57-1成矿带重力推断地质构造图

上岩类排序为泥质白云岩类→硅质条带(结核)白云岩类→页岩类→白云岩类。青白口纪地层自下至上发育了细砂岩一页岩→石英砂岩一泥质粉砂岩→泥晶灰岩夹页岩的组合。

在中元古代早期,伴随华北克拉通裂解,大规模基性岩、中酸性岩浆侵入,形成非造山深成岩。主要沿尚义-赤城断裂带、丰宁-隆化断裂带、大庙-娘娘庙断裂带东西向分布,形成韩麻营非造山二长岩-正长岩组合、下方营非造山闪长岩-花岗闪长岩组合、红石砬非造山角闪石岩-角闪辉石岩组合、大庙非造山斜长岩组合。另外在密云沙厂、康保赤城、康保等地,有环斑花岗岩、斑状花岗岩出露。

华力西旋回侵入岩活动,构成冀北陆缘构造岩浆岩带的丰宁-娘娘庙构造岩浆岩亚带和张北-宽城构造岩浆岩亚带,形成北头营碰撞高钾闪长岩-花岗闪长岩-斑状花岗岩组合,樱桃沟门碰撞高钾二长花岗岩-正长花岗岩组合、大石柱子碰撞高钾石英闪长岩-二长花岗岩组合、孤山子碰撞辉石-辉石闪长岩组合,近东西向成带分布,但分布零星。

印支构造旋回岩浆活动较为强烈,主要分布于平泉娘娘庙、丰宁、怀柔喇叭沟门等地,包括喇叭沟门后造山石英闪长岩-斑状二长花岗岩组合、娘娘庙-丰宁后造山石英二长岩-二长花岗岩组合。

早侏罗世门头沟群形成时期是一个火山作用活动较弱的时期,在南大岭晚期才有中基性火山岩喷发。地层断续分布于百花山-妙峰山和滦平-承德火山-沉积洼地的边缘。另外,在下花园、丰宁石人沟的火山-沉积洼地内亦有出露。侵入活动较弱,形成王坪石-肖营子前造山侵入岩组合。

中侏罗世在各中生代洼地中喷发的酸性物质呈夹层或夹正常沉积层,构成九龙山组。之后,中性岩浆的喷发,形成了髫髻山组。这次火山喷发在本区火山构造中多可见到,堆积了以喷溢相、爆发相为主的大量火山岩及潜火山岩。岩浆侵入活动较强,舍龙城-燕子窝同造山侵入岩亚相,分布于本区和冀北俯冲-碰撞火山岩带。晚侏罗世在断陷或凹陷盆地中堆积了土城子组巨厚的类磨拉石建造。

早白垩世强烈的造山运动(燕山运动主期),产生了以北东向、北北东向为主的一系列不同方向断裂构造,这个时期侵入活动相当强烈,形成了著名的王安镇、大河南、大海陀等岩体,构成大河南构造岩浆岩亚带、军都山构造岩浆岩亚带。

(二)航磁异常特征

本区航磁异常可分为两个区域:太行山北段地区、冀东地区。受乌龙沟-上黄旗断裂影响,太行山北段地区航磁异常轴向为北北东向,北侧靠近尚义-赤城断裂轴向变为近东西向,异常以面状为主,航磁正负异常面积大体相当,异常幅值为－400～1 000nT。冀东地区航磁异常为北东东向,同样北侧靠近丰宁-隆化断裂轴向变为近东西向,异常以线状为主,航磁负异常面积明显大于正异常面积,异常幅值为－400～1 200nT。该成矿带航磁异常如图 4－55 所示。

本区正磁异常主要由中酸性、酸性岩浆岩侵入体及太古宙变质岩引起,负磁异常主要与中新元古代及中生代地层有关。

(三)重力异常特征及推断解释

本区航磁布格重力异常可分为两个区域:太行山北段地区、冀东地区。受乌龙沟-上黄旗断裂影响,太行山北段地区重力异常轴向为北北东向,北侧靠近尚义-城断裂轴向变为近东西向。上述两个断裂附近为北北东向和近东西向梯级带,远离断裂异常以面状为主,布格重力异常值自东向西逐渐降低,异常值为 $4\times10^{-5}\sim-140\times10^{-5}m/s^2$。冀东地区布格重力异常轴向主要为近东西向,和区内丰宁-隆化断裂及密云-喜峰口断裂走向一致。布格重力异常特征是两个东西向断裂上为梯级带,其他区域为面状异常。区内异常值总体南高北低,异常幅值在 $22\times10^{-5}\sim-138\times10^{-5}m/s^2$ 之间。

区内剩余重力异常特征总体与布格重力异常相似,其轴向在太行山北段地区以北东向为主,在

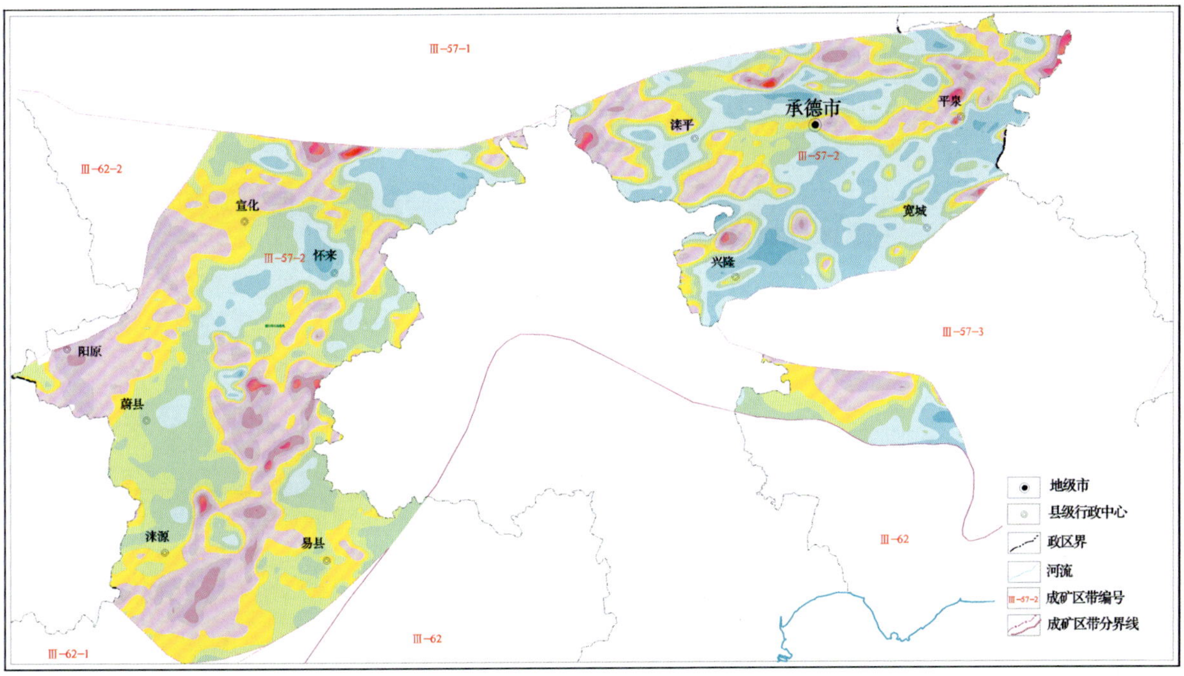

图 4-55　Ⅲ-57-2 成矿带航磁异常图

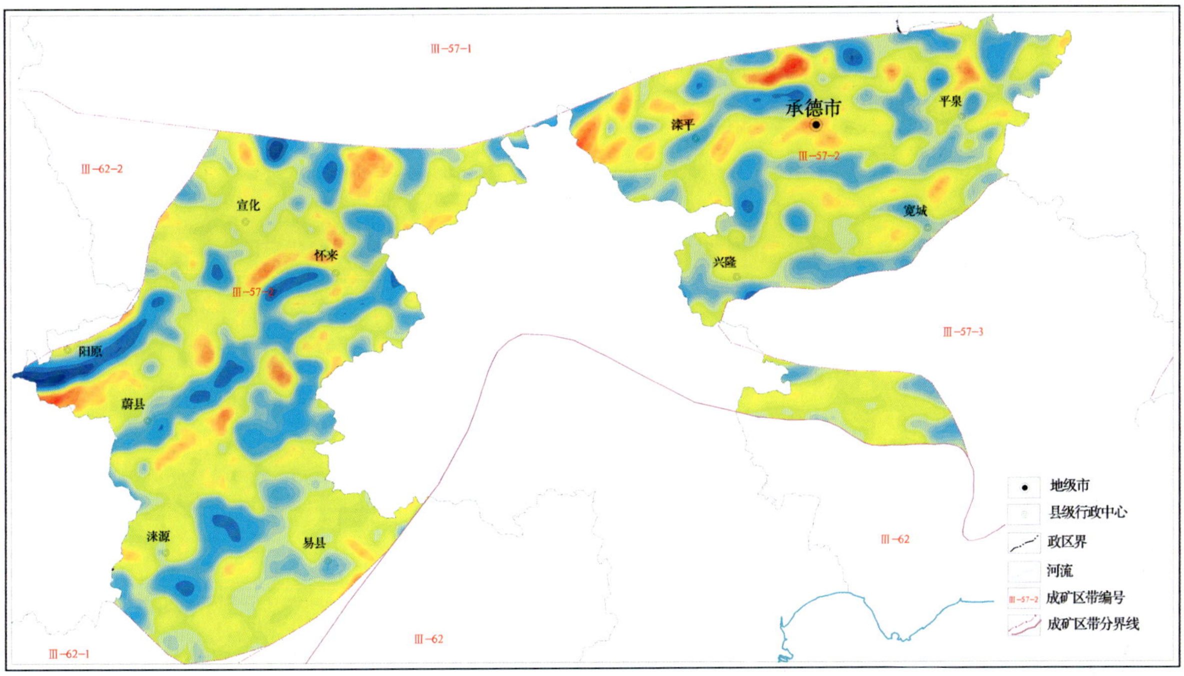

图 4-56　Ⅲ-57-2 成矿带剩余重力异常图

冀东地区以近东西向为主,但有北东向异常分布。剩余重力异常以线状异常为主,正负相间排列,幅值为$-16\times10^{-5}\sim16\times10^{-5}m/s^2$。该成矿带剩余重力异常如图 4-56 所示。

本区剩余重力高异常主要与太古宙变质岩和基性超基性岩浆岩侵入体有关,重力低异常主要与不同时代的中酸性、酸性岩有关。区内主要岩体有王安镇酸性杂岩体、大河南酸性杂岩体、大海陀花岗岩体、水泉沟岩体(岩体北侧岩性为碱性正长岩,南侧地表出露一小的花岗岩体)和南猴顶酸性杂岩体等,这些岩体与成矿关系密切。

该区重力推断断裂构造共25条,其中:一级断裂8条、二级断裂8条、三级断裂9条。该区重力圈定岩体共34个(其中:酸性岩体8个、中酸性岩体19个、中性岩体5个、基性—超基性岩体1个、基性岩体1个),属于隐伏的13个、半隐伏的14个、出露的7个。重力圈出盆地28处,其中:古生代沉积盆地1处、新生代断陷盆地12处、中生代火山盆地15处。重力圈出太古宙变质岩地层区27处、古元古代变质岩地层区2处、古生代—新元古代碳酸盐岩地层区1处、古生代碳酸盐岩地层分布区7处、中新元古代碳酸盐岩分布区15处。该区重力推断解释结果如图4-57所示。

四、Ⅲ-57-3马兰峪-绥中(次级隆起)Fe-Au-Pb-Zn成矿亚带

(一)地质背景

该亚带主要由太古宙基底组成,是中国最古老的地块,属高级变质区,包括晋冀古陆块和鲁西古陆块。陆核中心由古太古代曹庄岩组和中太古代迁西岩群构成陆核。

迁西岩群分布于迁安水厂—平林镇—娄子山一带以及北京市密云水库周边,为一套麻粒岩相含铁矿层的表壳岩系,是河北省及北京市的重要含铁层位之一。其产出状态主要有两种形式:一是呈面状产出;二是呈大小不等的似层状、透镜状、扁豆状、不规则状及浑圆状零星分布于三屯营片麻岩、太平寨紫苏花岗岩和龙新庄片麻岩之中,它们主要呈包体形式出现。其岩石类型主要有超镁铁质岩类、镁铁质岩类、长英质岩类和硅铁质岩类。主要岩石组合以暗色基性麻粒岩及含紫苏辉石黑云斜长变粒岩(常含矽线石、堇青石、石榴石)为主,夹透辉斜长角闪岩及含辉石磁铁石英岩。划分为①水厂紫苏黑云斜长变粒岩-二辉麻粒岩次透辉石岩组合;②水厂紫苏黑云斜长变粒岩-二辉麻粒岩-磁铁石英岩组合(Ar_2);③平林镇石榴紫苏黑云变粒岩夹浅粒岩-斜长角闪岩组合(Ar_2)。第①个是区内主要的含铁组合。

陆核周围形成新的沉积中心,西北为遵化-青龙古岛弧,堆积了遵化岩群,是一套主要由斜长角闪岩及斜长变粒岩夹硅铁质岩所组成的、变质程度达高角闪岩相的变质岩系。在遵化、青龙一带,呈规模不等的包体形态产于新太古代各类变质深成岩之中。虽然较大的露头面积可达数百乃至数千平方米,但亦难观察到较完整的连续剖面。经粗略地分析,其下部以斜长角闪岩类岩石为主,夹有少量斜长变粒岩,而上部则主要为黑云斜长变粒岩夹有少量斜长角闪岩。

在该亚带东部太古宇分布区内,有一个平面呈楔形的北西向断块,长30~40km,宽10~20km,主要由中元古代至寒武纪地层组成,地层走向同主断裂方向一致,均为北西走向。据断块内中—新元古代地层剖面资料显示,总厚度不足2 500m,且下部缺失大红峪组以下层位,上部则以长龙山组直接超覆于雾迷山组之上。该断块在区域构造格局中极不协调,而且中—新元古代的沉积带有东邻青龙河花岗-绿岩带同期沉积的色彩。因此,极有可能是来自东南方向的推覆嵌入块体,推覆时代为中侏罗世末。

(二)航磁异常特征

本区以青龙-滦县大断裂为界,西侧为迁西陆核,东侧为鞍山-泰山岩浆弧,东、西两侧磁场差异明显。西侧以正磁异常为主,异常轴向为东西向,磁异常变化在-500~1 500nT之间。东侧磁异常以负异常为主,轴向为北东向,磁场变化在-550~600nT之间。

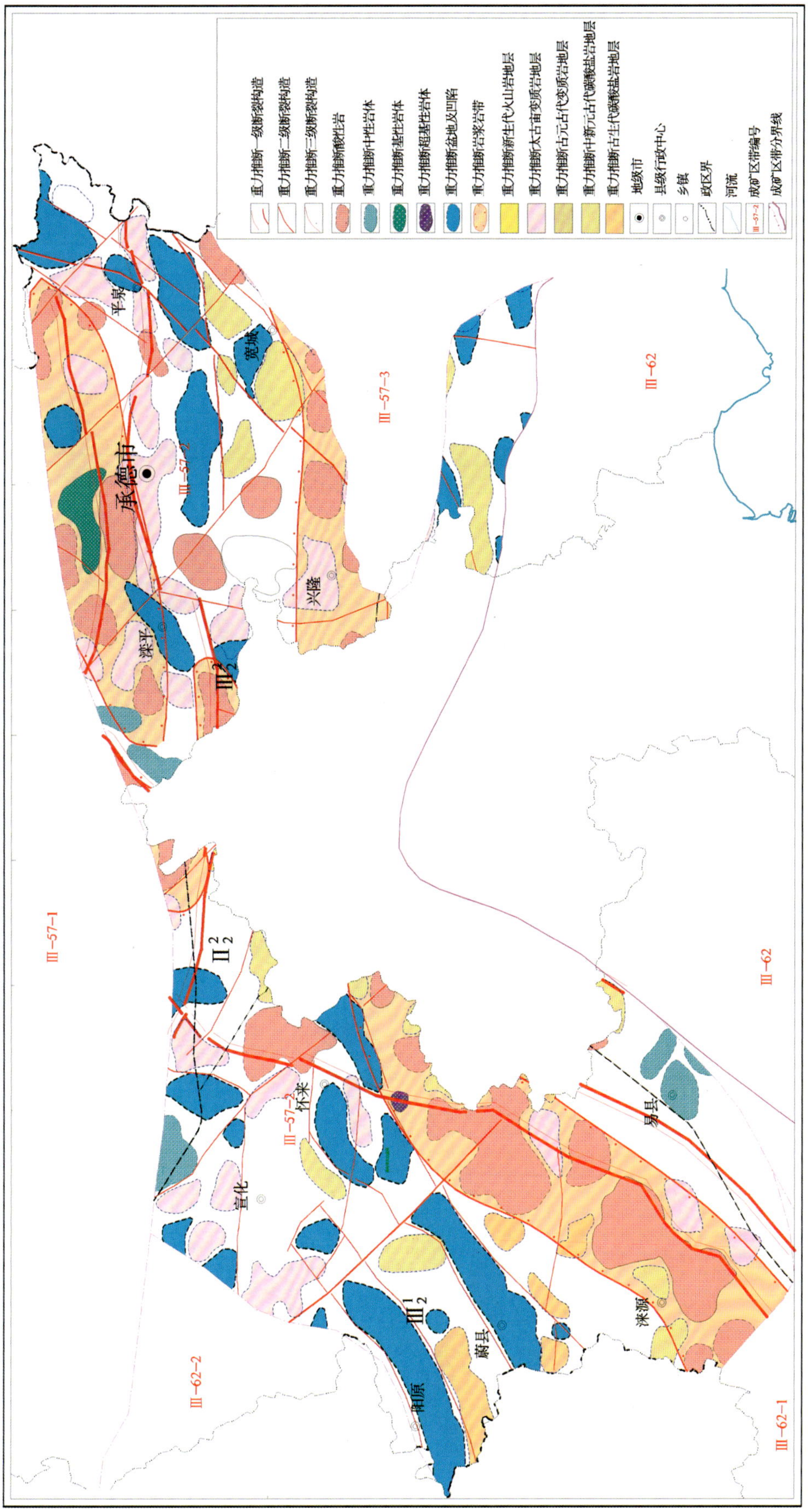

图 4－57　Ⅲ－57－2 成矿带重力推断地质构造图

迁西陆核区正磁异常主要呈带状，连续性好，梯度大，幅值高，达 1 000nT，由太古宙变质岩引起。该区地层是河北省重要的铁矿赋矿层位，也是金矿矿源层。在正异常区嵌布多个东西向排列的负磁异常，其强度在 −60～−500nT 之间，是由侏罗纪中酸性至酸性岩浆岩侵入体引起，这些侵入体为金矿形成提供了热源。该成矿带航磁异常如图 4－58 所示。

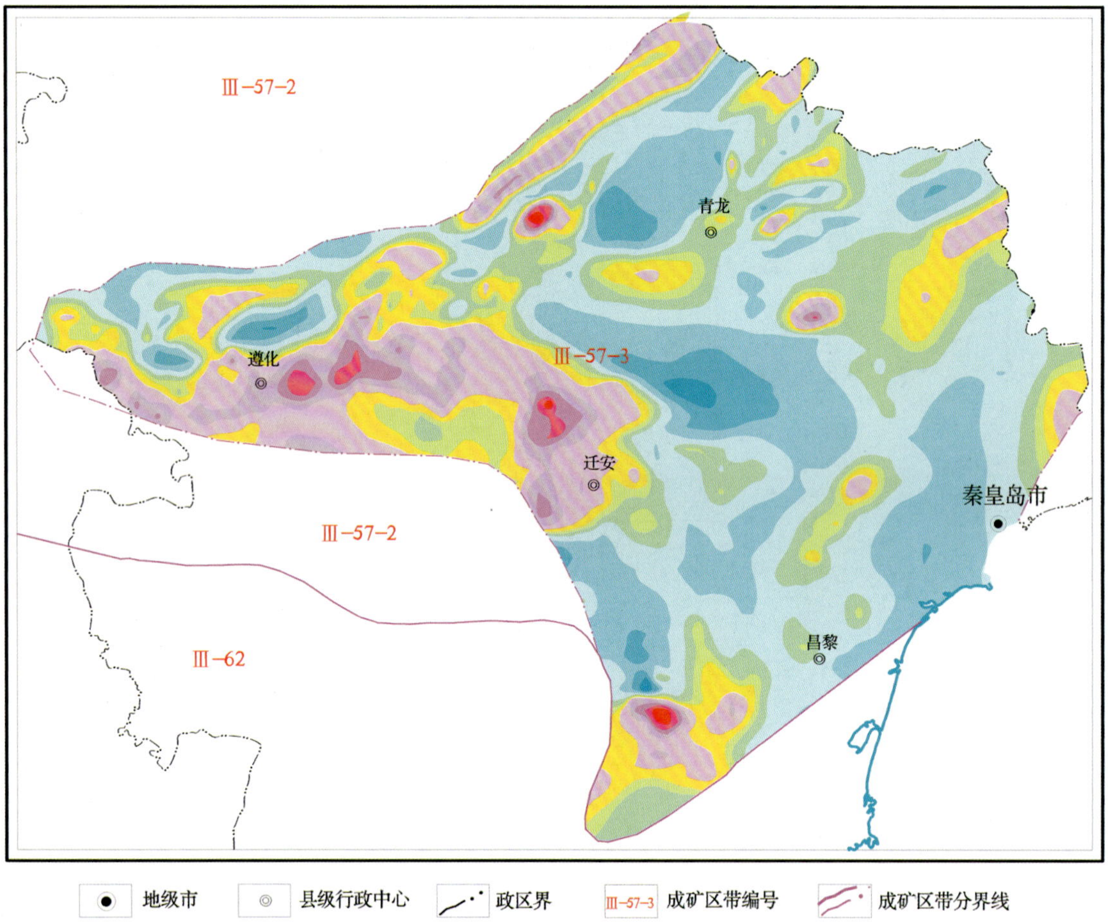

图 4－58　Ⅲ－57－3 成矿带航磁异常图

鞍山-泰山岩浆弧异常区呈北东走向的中生代酸性岩浆岩为正磁异常，异常幅值为 100～250nT。区内负磁异常主要由太古宙变质岩、变质深成岩及元古宙、古生代沉积岩引起，异常幅值为 −60～−350nT。

（三）重力异常特征及推断解释

本区布格重力异常主体为一近东西向梯级带，反映密云-喜峰口断裂。梯级带在与青龙-滦县大断裂交汇处强烈扭曲，并出现一北北东向分支。区内重力场自南向北较低，变化范围在 30×10^{-5}～$-50\times10^{-5}m/s^2$ 之间。

从剩余重力异常图来看，青龙-滦县大断裂西侧的迁西陆核区剩余异常以东西向为主，异常幅值为 -13×10^{-5}～$7\times10^{-5}m/s^2$。断裂东侧鞍山-泰山岩浆弧区异常主要呈北北东向。区内重力低主要由侏罗纪中酸性至酸性岩浆岩侵入体引起，重力高主要由太古宙变质岩引起。该成矿带剩余重力异常如图 4－59 所示。

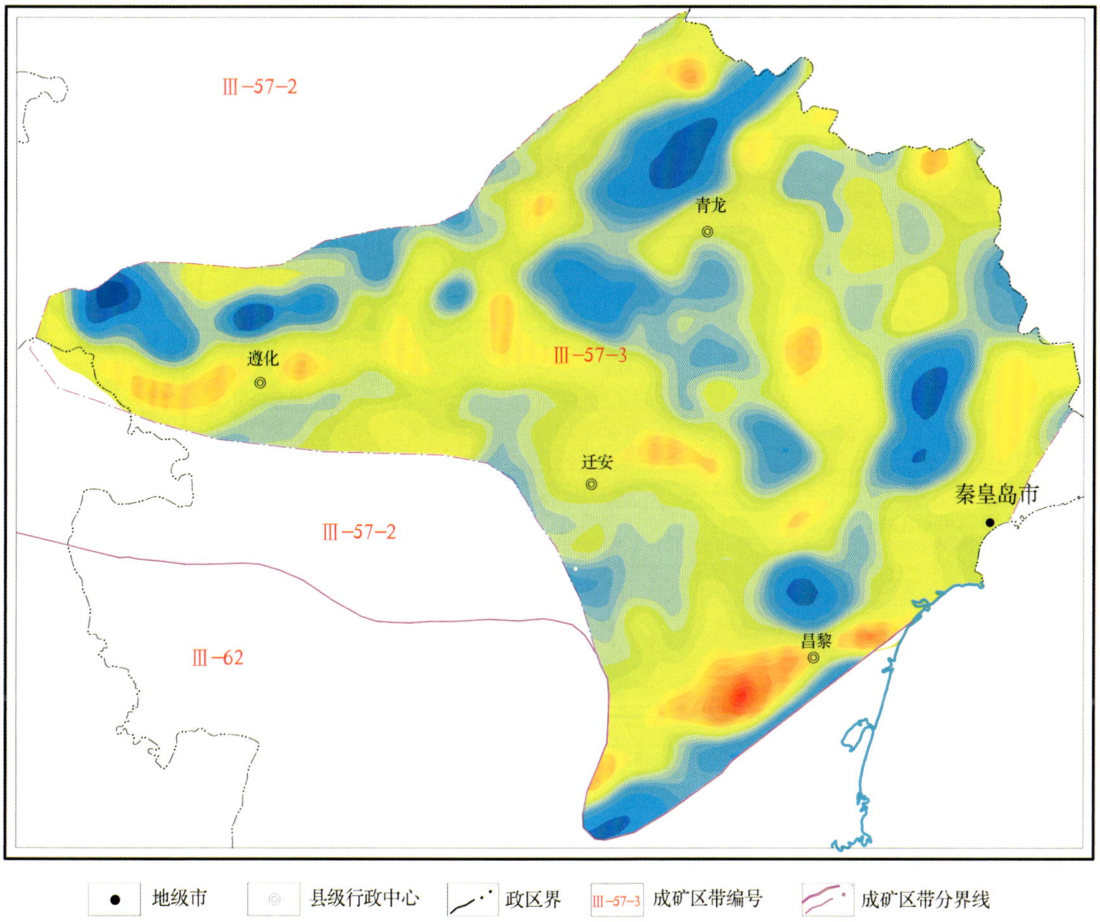

图 4-59　Ⅲ-61-1 成矿带剩余重力异常图

区内岩浆岩与金成矿关系密切，如遵化茅山二长花岗岩体、青龙青山口岩体、青龙肖营子花岗岩体等，现将前面没有解释的青山口岩体详细解释如下。

青山口岩体：岩体位于金厂峪西，为一酸性杂岩体，岩性有碱性花岗岩、花岗闪长岩和石英闪长岩。岩体长 10km，宽约 5km，走向近东西，其围岩均为迁西岩群变质岩。岩体东侧有多处金矿，其中有著名的金厂峪大型金矿。剩余重力异常为重力低，最低值为 $-2\times10^{-5}\mathrm{m/s^2}$，异常范围、走向与岩体吻合。垂向二阶导数在岩体上也为一负异常，异常形态与岩体一致，范围比岩体出露部分要大；上延 2km 后二阶导数零值线范围扩大，上延 5km 范围迅速变小，上延 10km 后二阶导数零值线消失。根据重力异常进行正演模拟计算，南北方向岩体自地表向两侧均有约 1.5km 的延伸，岩体主体位于南侧，最大埋深 1.6km。在东西方向上随着埋深增加呈缩小状，最大埋深处于东侧，约为 1.3km。

该区重力推断断裂构造共 13 条，其中：二级断裂 4 条、三级断裂 9 条。该区重力圈定岩体共 17 个(其中：酸性岩体 1 个、中酸性岩体 14 个、中性岩体 1 个、超基性岩体 1 个)，属于隐伏的 4 个、半隐伏的 11 个、出露的 2 个。重力圈出盆地 5 处，其中：新生代断陷盆地 3 处、中生代火山盆地 2 处。重力圈出太古代变质岩地层区 7 处，古生代碳酸盐岩地层分布区 2 处，中上元古代碳酸盐岩分布区 1 处。该区重力推断解释结果如图 4-60 所示。

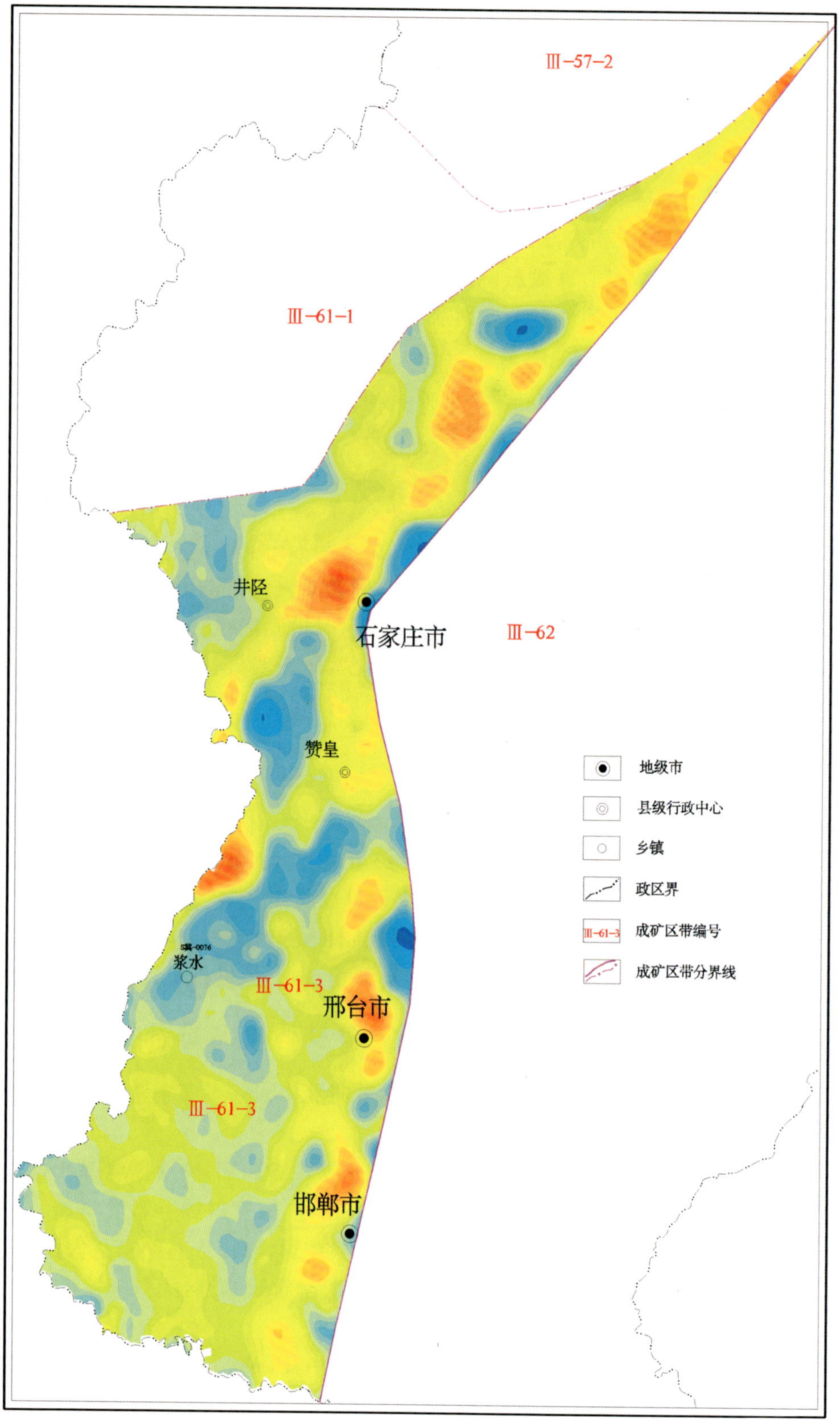

图 4-65　Ⅲ-61-3 成矿带剩余重力异常图

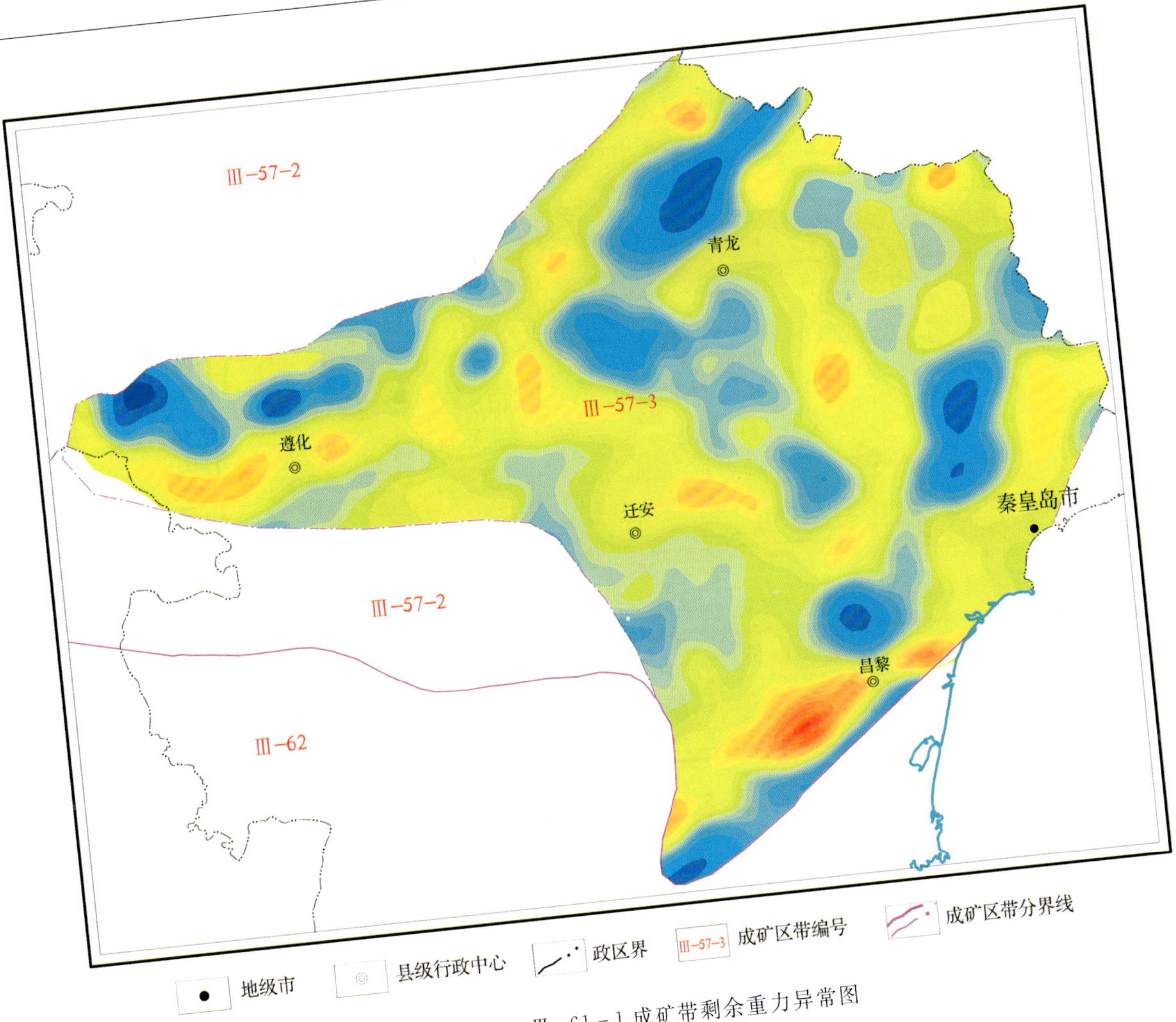

图4-59 Ⅲ-61-1成矿带剩余重力异常图

区内岩浆岩与金成矿关系密切，如遵化茅山二长花岗岩体、青龙青山口岩体、青龙肖营子花岗岩体等，现将前面没有解释的青山口岩体详细解释如下。

青山口岩体：岩体位于金厂峪西，为一酸性杂岩体，岩性有碱性花岗岩、花岗闪长岩和石英闪长岩。岩体长10km，宽约5km，走向近东西，其围岩均为迁西岩群变质岩。岩体东侧有多处金矿，其中有著名的金厂峪大型金矿。剩余重力异常为重力低，最低值为$-2\times10^{-5}m/s^2$，异常范围、走向与岩体吻合。垂向二阶导数在岩体上也为一负异常，异常形态与岩体一致，范围比岩体出露部分要大；上延2km后二阶导数零值线范围扩大，上延5km范围迅速变小，上延10km后二阶导数零值线消失。根据重力异常进行正演模拟计算，南北方向岩体自地表向两侧均有约1.5km的延伸，岩体主体位于南侧，最大埋深1.6km。在东西方向上随着埋深增加呈缩小状，最大埋深处于东侧，约为1.3km。

该区重力推断断裂构造共13条，其中：二级断裂4条、三级断裂9条。该区重力圈定岩体共17个（其中：酸性岩体1个、中酸性岩体14个、中性岩体1个、超基性岩体1个），属于隐伏的4个、半隐伏的11个、出露的2个。重力圈出盆地5处，其中：新生代断陷盆地3处、中生代火山盆地2处。重力圈出太古代变质岩地层区7处，古生代碳酸盐岩地层分布区2处，中上元古代碳酸盐岩分布区1处。该区重力推断解释结果如图4-60所示。

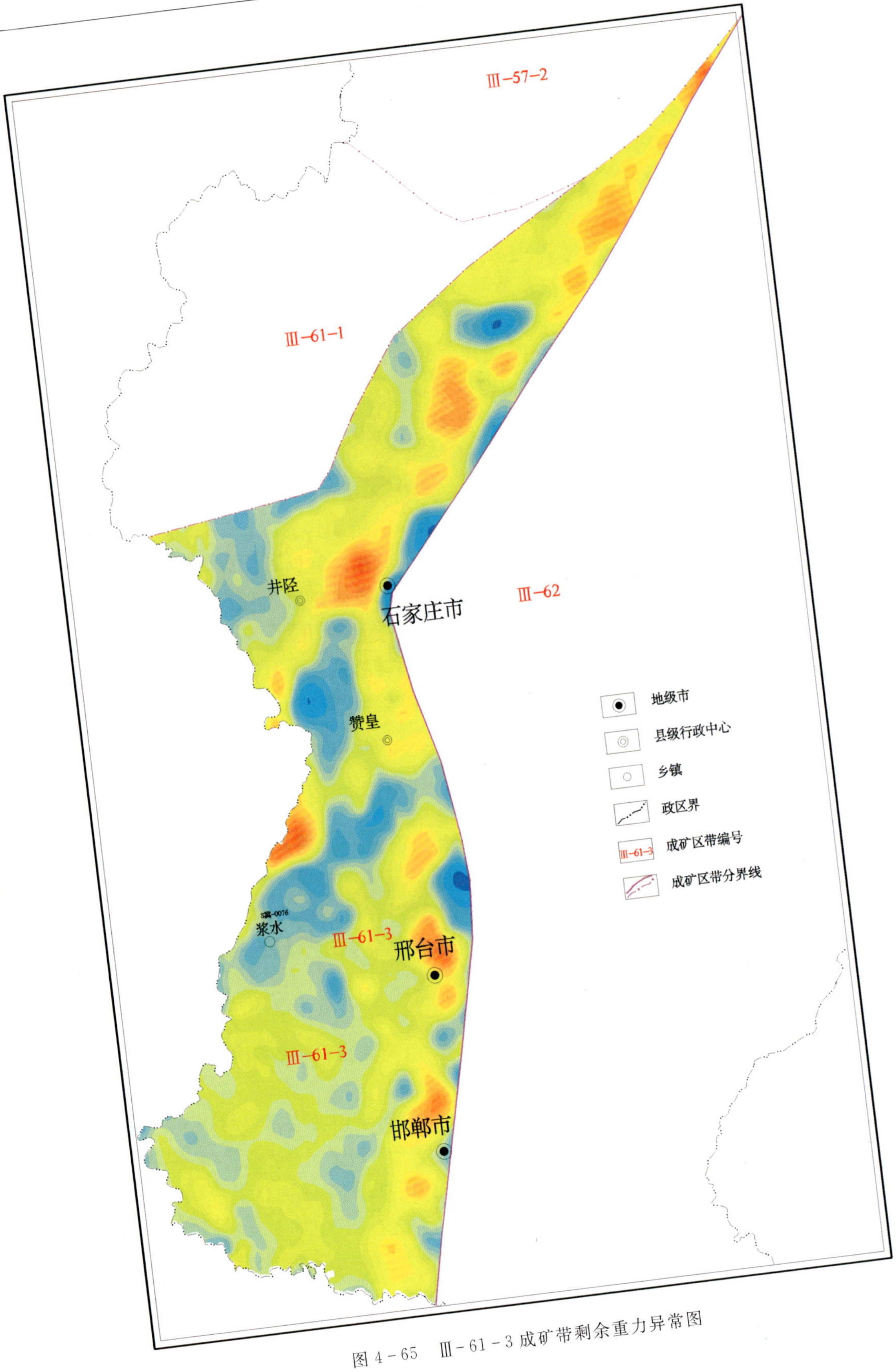

图 4-65　Ⅲ-61-3 成矿带剩余重力异常图

4
布
阜

的-

积盆
岩、太
重力
常如图
该
圈定岩
伏的 6
古宙变
代碳酸盐

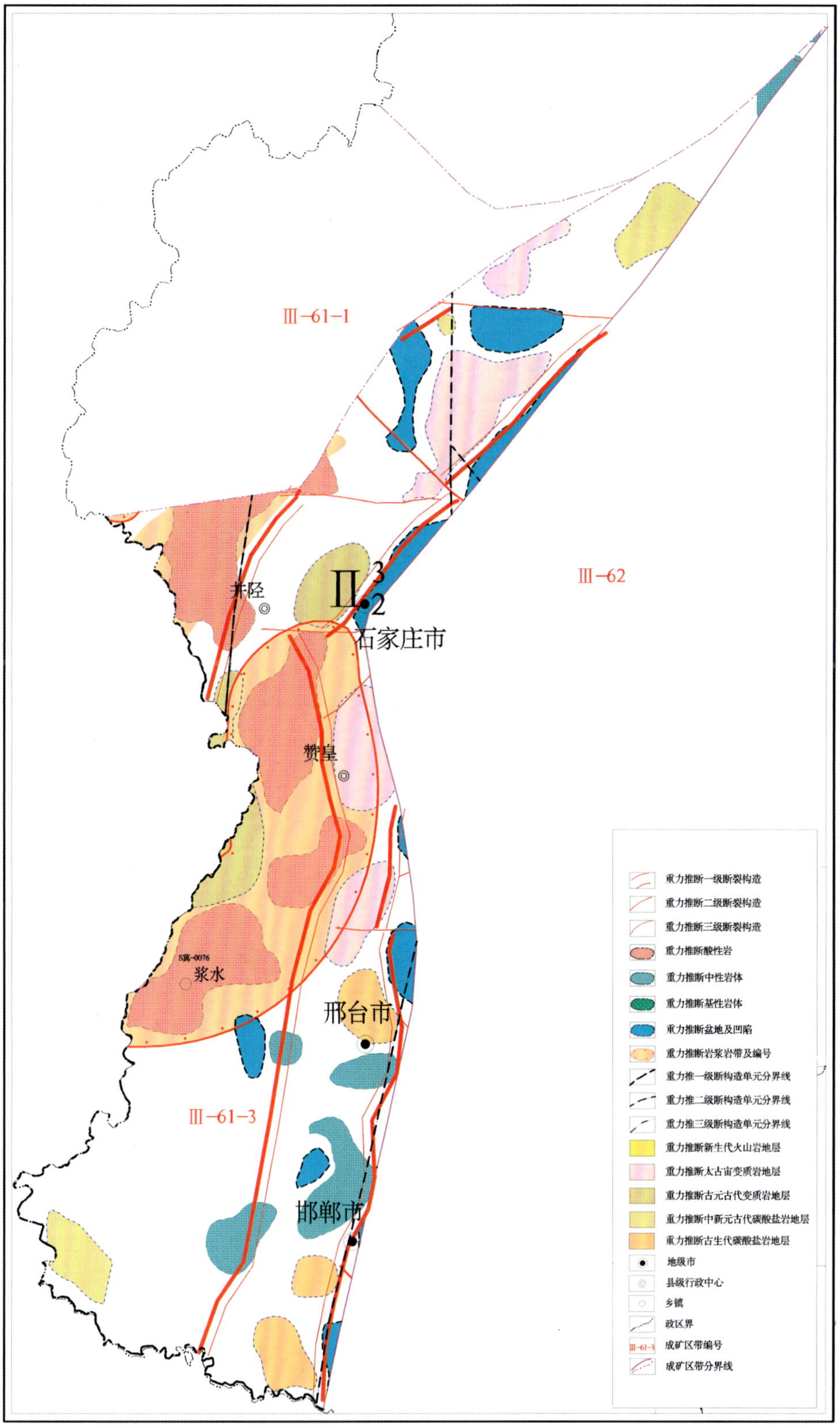

图 4-66 Ⅲ-61-3 成矿带重力推断地质构造图

八、Ⅲ-62 华北(断坳/盆地)石油天然气成矿区

(一)地质背景

河北平原断陷盆地指河北省东南部的平原区，为冀鲁豫皖大型新生代断裂拗陷的北部，四周被断裂围限。根据物探和钻孔资料，该区前新生代的发展历史，同邻近构造单元相似，即在太古宙—早元古代结晶基底之上，发育中—新元古代及早古生代碳酸盐岩建造，晚古生代滨浅海相转陆相含煤建造，三叠纪早期—中期红色陆屑建造和晚期的复陆屑建造，以及局部发育的侏罗纪—白垩纪陆相火山岩建造及类磨拉石建造。进入古近纪以来，断裂活动加剧，差异升降明显，太行山山前断裂带以西急剧上升，以东急剧下降，在众多小型断陷盆地中，始新世—渐新世堆积物最厚可达 5 000m 以上，并伴有拉斑玄武岩的喷溢，显示大陆裂谷盆地性质。新近纪—第四纪，在边界断裂制约下，持续平稳下降，岩浆活动减弱，前期小盆地连成一体，湖泊-河流相堆积物厚达 1 200～2 600m。

(二)航磁异常特征

区内航磁异常轴向主要为北东向，西北侧以负磁异常为主，东南侧以正磁异常为主。本区地表为巨厚层第四系沉积覆盖，厚度自 200m 至千余米，自北向南变厚。负磁异常变化较为平稳，幅值为－60～300nT，主要由隐伏元古宙至古生代沉积岩引起。正磁异常梯度变化较为明显，异常强度较高，异常变化在 200～1 000nT 之间，主要由太古宙变质岩引起，变质岩是本区铁矿的赋矿层位，其中的局部异常与变质铁矿有关。该成矿带航磁异常如图 4-67 所示。

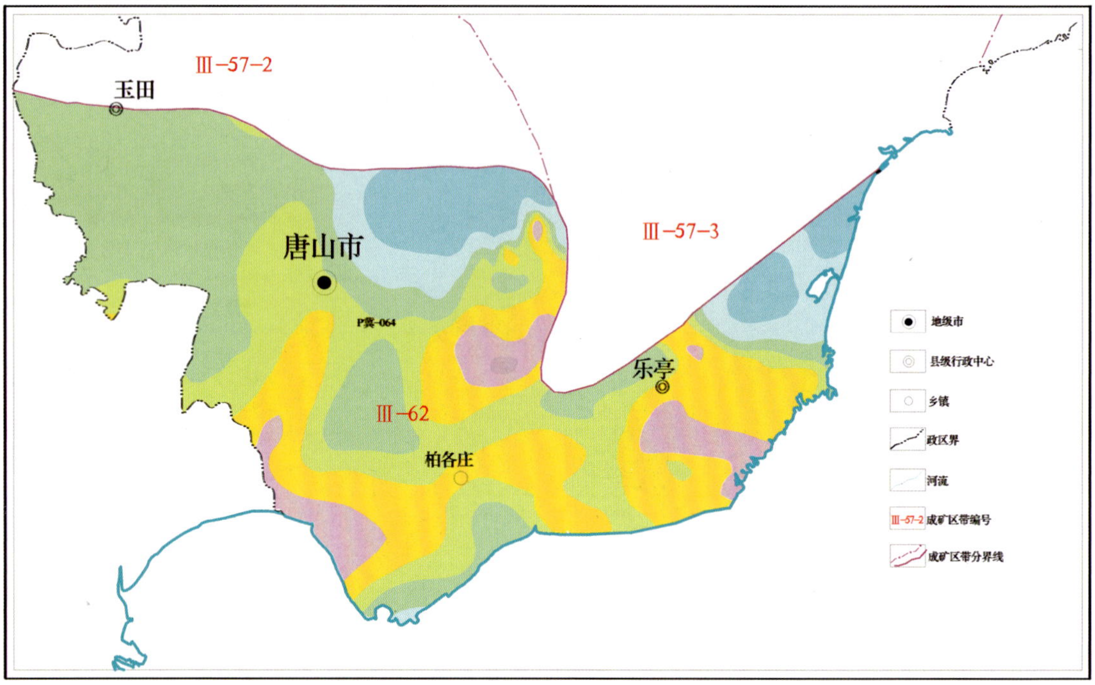

图 4-67　Ⅲ-62 成矿带航磁异常图

(三)重力异常特征及推断解释

布格重力异常主要为重力高异常,轴向为近南北向和东西向,异常值为 $12\times10^{-5}\sim28\times10^{-5}m/s^2$。

本区剩余重力异常以重力低为主,轴向以北东向为主,其次为近东西向。重力低异常主要由新生代沉积盆地、凹陷等引起,如南堡凹陷、乐亭沉积盆地、泥井沉积盆地、孙唐庄沉积盆地、鸦鸿桥新生代沉积盆地等。重力高异常由太古代变质岩及元古宙、古生代碳酸盐岩等引起,如滨海-唐海-王滩太古宙变质岩基底隆起、滦南太古宙变质岩基底隆起、唐山古生代—中新元古代碳酸盐岩地层隆起等。该区变质岩是本区铁矿的赋矿层位,由变质岩引起的剩余重力高分布区是沉积变质铁矿的重要找矿区。该成矿带剩余重力异常如图 4-68 所示。

该区重力推断断裂构造共 7 条,其中:二级断裂 1 条、三级断裂 6 条。该区重力圈出盆地及凹陷共 10 处,其中:新生代沉积盆地 9 处、新生代凹陷 1 处。重力圈出太古宙变质岩地层区 4 处,古生代碳酸盐岩地层分布区 2 处,古生代—中新元古代碳酸盐岩分布区 3 处。该区重力推断解释结果如图 4-69 所示。

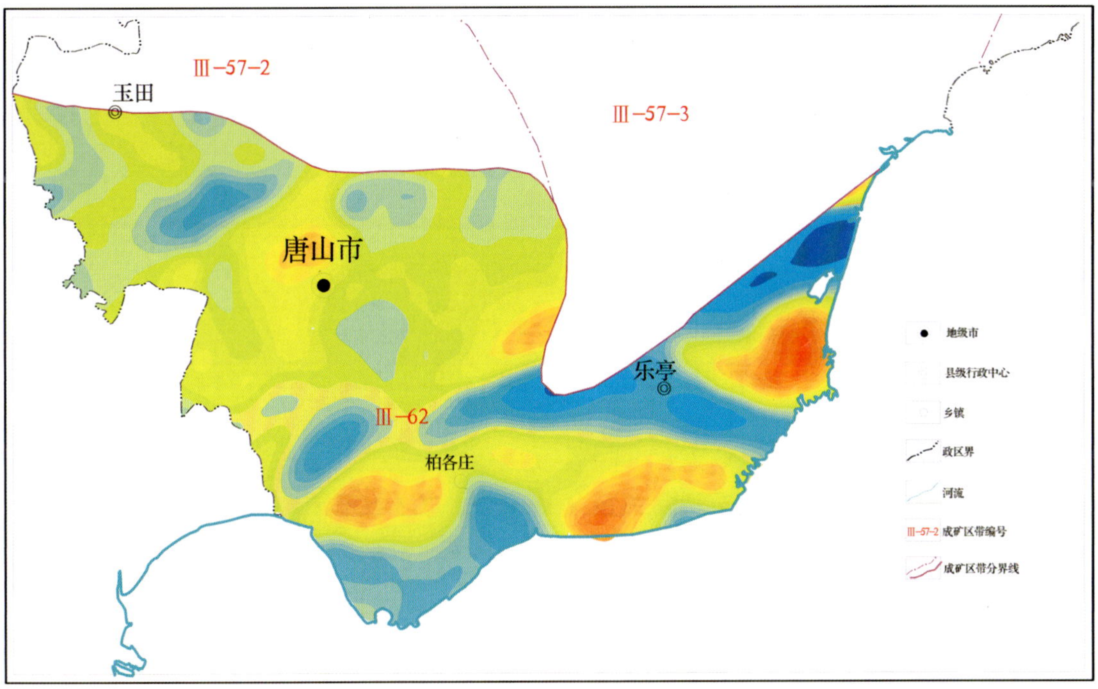

图 4-68　Ⅲ-62 成矿带剩余重力异常图

第八节　重大地质找矿问题的重力资料综合研究

矿产的形成和分布一般都与地质构造、岩浆岩以及地层有着密切的关系,由于上述 3 种组合条件的不同,往往形成不同的成矿区段,其矿产类型与矿种也有所不同。因此,研究成矿环境是确定找矿方向不可缺少的重要组成部分。本次矿产资源潜力评价工作中,在利用重磁地质资料对河北省有关引起重力异常的因素进行了推断解释的基础上,对河北省断裂构造、岩浆岩及地层分布特征进行了分析,得出了一些以重力资料为主的综合研究初步成果,并在此基础上进行了成矿背景分析

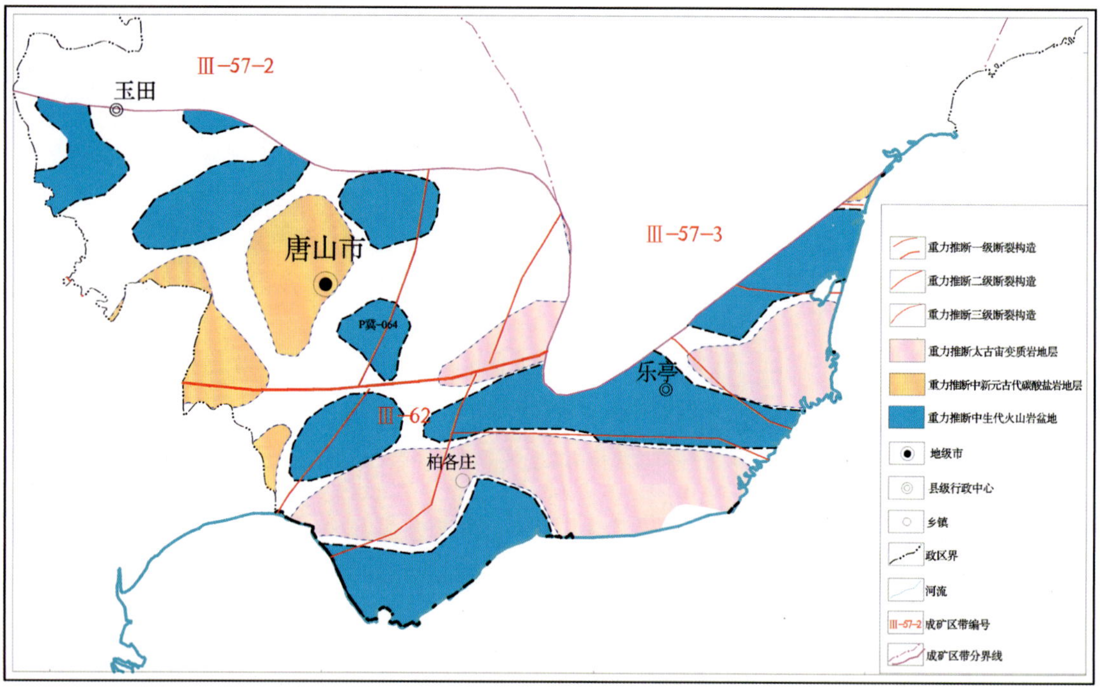

图 4-69 Ⅲ-62 成矿带重力推断地质构造图

和找矿方向有关问题的初步探讨。

一、主要断裂构造、岩浆岩及地层特征的再认识

(一)主要构造特征

河北省断裂构造极为发育,构造活动频繁,遍及全省。本次工作在全省推断断裂构造共 79 条,其中:深断裂构造 10 条、大断裂构造 11 条、一般断裂构造 58 条。这些断裂构造主要表现为近东西、北东、北西和南北 4 个方向,其中以近东西向、北东向较为发育,次为北西向和南北向。早期断裂以近东西向为主,分布于北纬 40°—42°之间,具长期多次复活变动的性质。燕山运动以来,受太平洋板块的俯冲挤压影响,断裂以北北东向、北东向为主,北西向次之(图 5-70),全省推断的深大断裂构按方向可分为以下 3 组。

1. 近东西向断裂构造

该断裂构造主要有 F 冀 003 康保-围场深断裂、F 冀 024 尚义-赤城-承德-平泉深断裂、F 冀 035 密云-喜峰口-青龙大断裂、F 冀 066 大庙-娘娘庙深断裂、F 冀 079 平顶山-承德-松树台大断裂、F 冀 043 固安-滦南-昌黎大断裂。其中以康保-围场断裂、尚义-赤城-承德-平泉断裂最为突出,它们是河北省规模最大(横贯全省东西)、影响最深(已延伸到上地幔)的深大断裂,明显控制省内北部山区的地质发展史,控制了岩浆岩的发育,在河北省占有非常重要的位置。

2. 北北东向、北东向断裂构造

该断裂构造主要有 F 冀 010 沽源-张北大断裂、F 冀 005 苏家店-山湾子深断裂、F 冀 006 乌龙沟-上黄旗深断裂、F 冀 025 平泉平房-承德桑园大断裂、F 冀 029 丰宁-隆化深断裂、F 冀 041 青龙-

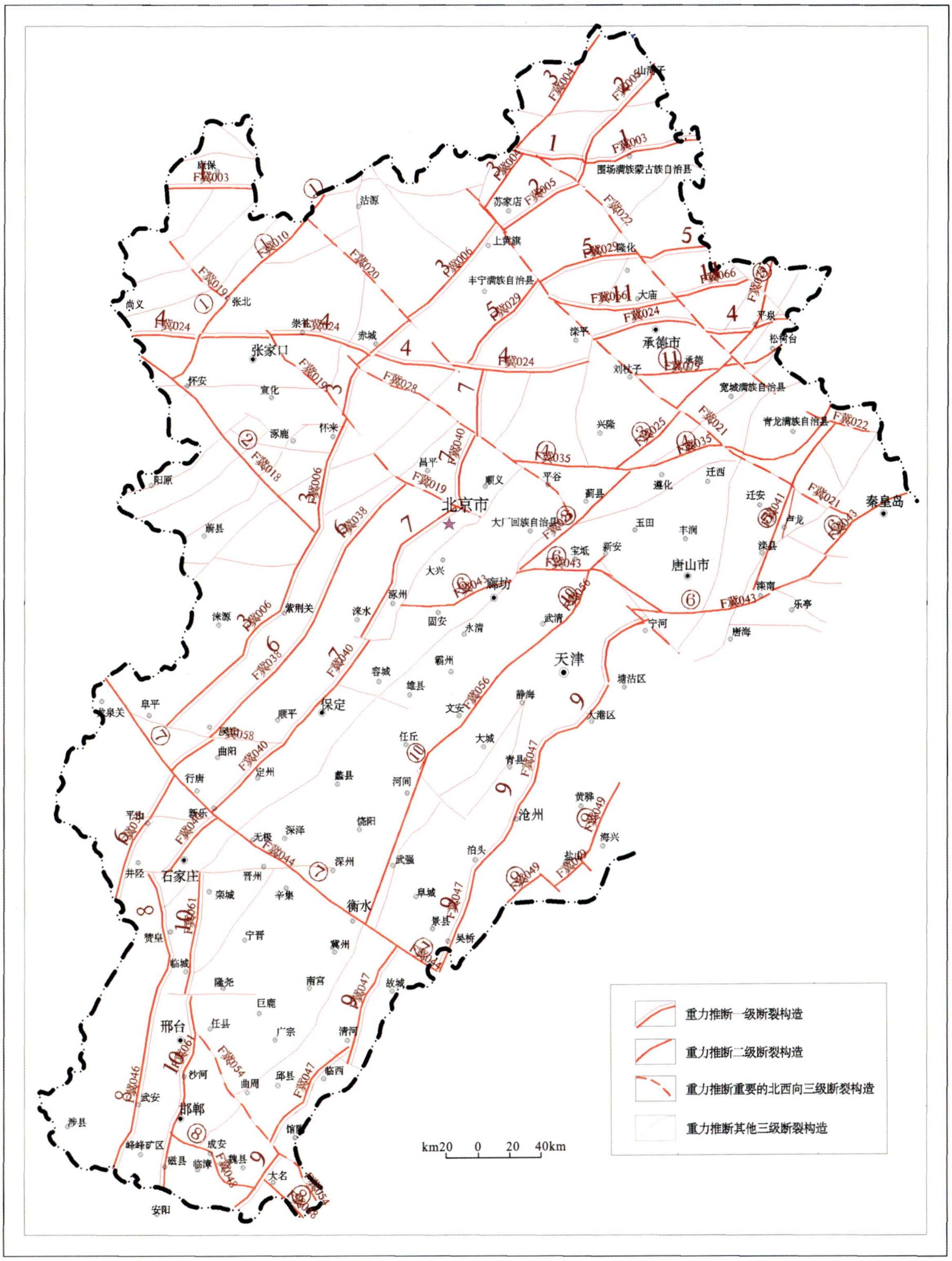

图 4-70 河北省重力推断主要断裂分布图

滦县大断裂、F冀038紫荆关-灵山深断裂、F冀040怀柔-涞水-定兴-石家庄深断裂、F冀046赞皇-武安深断裂、F冀047沧州-大名深断裂、F冀049 F海兴-宁津大断裂、F冀061邢台-安阳深断裂、F冀056新安-武清-文安-河间大断裂。其中以乌龙沟-上黄旗深断裂、紫荆关-灵山深断裂、怀柔-涞水-定兴-石家庄深断裂规模最大，控制了两侧地质发展史，形成了相对凹陷区和隆起区，是Ⅲ级构造单元的分界线。

3. 北西向断裂构造

该断裂构造主要有F冀048临漳-魏县大断裂、F冀018怀安马市口-阳原松枝口大断裂、F冀044龙泉关-无极-衡水大断裂3条主要的深大断裂，另外我们推断主要有F冀019、F冀020、F冀021、F冀022、F冀028五条北西向断裂构造和F冀018已知断裂一起组成河北北部一组北西向断裂。该组断裂大体呈平行等距状排列，构成河北省断裂构造的新格局，必将在今后基础地质研究和找矿预测中发挥重要作用。

河北省北西向断裂构造为后期形成，多表现为再次活化或活动，虽然规模和强度均小于东西向、北东向断裂构造，但后期的活动对河北省新的地质构造格架的形成和找矿都具有重大意义。下面分别以重力资料为主推断的北西向断裂F冀019、F冀028、F冀021、F冀022断裂进行地质解释。

1)宣化-北京断裂(F冀019)

该断裂自北京北西侧由怀来至宣化赵川，从布格重力异常来看，断裂西北端位于一北西向梯级带上，东南端位于北东向梯级带的扭曲部位。在航磁异常图上，断裂两侧磁场有明显差异，东北侧航磁正异常有较多的分布，西南侧则以负磁异常为主。从地质上来看，断裂两侧差异也较大，断裂东北侧燕山期岩浆岩侵入体发育，西南侧几乎无大型岩浆岩侵入体。在断裂的东南端，北东向带状分布的侏罗系地层被错断。

2)赤城-汉沽断裂(F冀028)

该断裂由赤城经三河、唐山南至汉沽入渤海，从布格重力异常来看，断层两侧重力场轴向发生扭转，断裂西南重力异常轴向为北北东向，断裂东侧重力异常轴向为近东西向。在航磁ΔT等值线平面图上，北京四海以北西向磁场特征反映不明显，但有圈出的北西向分布的隐伏、半隐伏岩体；四海以南、三河以北为一正磁异常，异常轴与断裂一致；三河以南至渤海为宽缓负磁场带和磁场变异带，两侧磁场明显不同，北东侧以正异常为主，强度高，异常轴向为北西向和东西向；南西侧以负异常为主，强度低缓，异常轴向为北东向和东西向。地震研究资料显示，该断裂构造带由20多条断续分布的断裂所组成，如张家口断裂、施庄断裂、南口-孙河断裂、蓟运河断裂、海河断裂、沙南断裂等，单条断裂长20～40km，倾向不一，倾角较陡，断裂具有正断兼左旋走滑的运动方式，被认为是一条新生的活动断裂带。穿过张家口-渤海断裂带的多条地震反射剖面(张先康等，1998)，揭示了该断裂为一切割岩石圈的深大断裂。在速度结构上张家口-渤海活动构造带为一宽达10～20km的异常带(张先康等，1998)。

3)鱼儿山-北戴河断裂(F冀021)

该断裂自丰宁鱼儿山，经由丰宁王营、滦平大屯、兴隆蓝旗营、金厂峪、建昌营至北戴河燕河营，断裂穿过乌龙沟-上黄旗深断裂、丰宁-隆化深断裂，大庙-娘娘庙深断裂、尚义-平泉深断裂、密云-喜峰口大断裂。从布格重力异常来看，在断裂的西北端，重力梯级带方向发生扭转或梯度值发生明显变化；中段断裂两侧场值是东高西低，有一不明显的梯级带；东南端为一明显的梯级带，场值西高东低。在航磁异常图上，该断裂两侧航磁异常表现为不同的磁场特征，自断裂北端至丰宁-隆化断裂交汇处，该断裂东北侧航磁以正异常为主，西南侧以负磁异常为主；丰宁-隆化断裂交汇处至断裂东南端，其东北侧以负磁异常为主，西南侧以正磁异常为主。从地质上来看，该断裂西南侧及乌龙沟-上黄旗断裂及丰宁-隆化断裂间太古宙变质岩非常发育，构造特征呈隆起性质；东北侧侏罗纪火山岩发育，构造特征呈凹陷性质，为盆地；断裂在该地段与滦河基本重合。在凤山附近，断裂东北侧白垩系沉积岩发育，西南侧主要为各类变质岩；自断裂与丰宁-隆化断裂交汇处至与尚义-平泉断裂交汇处，该断裂大体与牤牛河重合。在该断裂的东南段为青龙-冷口断裂，呈出露状态。

4)围场-青龙断裂(F冀022)

该断裂自围场石桌子经隆化步古沟、汤头沟、承德县高寺台、平泉县党坝至青龙县大石岭，断裂穿过乌龙沟-上黄旗深断裂、丰宁-隆化深断裂，大庙-娘娘庙深断裂、尚义-平泉深断裂、密云-喜峰口大断裂。从布格重力异常来看，断裂西北端是北东向梯级带扭转向北东东向，中段位于明显的北西向梯级带，东南端断裂东侧场值发生明显的降低。在航磁异常图上，该断裂西北端航磁上主要表现为磁场宽度的突然变化、错位等，如围场三湾子正磁异常西南宽东北窄、汤头沟至张三营负磁异常错动、岗子满族乡正磁异常宽度变化等；东南端主要为断裂两侧磁场特征差异，一般是东北侧以正磁异常为主，西南侧以负磁异常为主或磁场强度变低。从地质上来看，该断裂在青龙县岗子满族乡至平泉县小寺沟一带表现较为明显，断裂西南侧以侏罗纪沉积岩为主，东北侧以太古宙变质岩为主。除此该断裂与部分地表断裂重合，如平泉县党坝至郭杖子一带的北西向断裂等。

(二)岩浆岩分布特征

河北省侵入岩十分发育，在整个地质演化历史中，岩浆活动十分频繁，表现出明显的多期性，其中燕山期岩浆活动分布最广，最为强烈，构成了本区岩浆活动的主体。

依据重力异常特征并结合磁场、地质、物性以及钻孔等资料，全省共圈出各类侵入岩体共87处，其中酸性—中酸性岩体80处(隐伏17处、半隐伏45处、出露18处)，基性—超基性岩体6处(出露1处、隐伏2处、半隐伏3处)，次火山岩体1处为半隐伏，并根据所推断岩体的分布特征划分了9条构造岩浆岩带，其中5条以酸性为主，4条为酸性—中酸性，如图4-71所示。

由图4-71可以看出，省内岩浆活动具有明显的方向性，表现为其分布主要受断裂构造控制，构成空间上成群、成带分布的格局。大体可分为9个岩浆岩带。

1. 康保酸性岩浆岩带

从布格异常及剩余异常图来看，该带处于布格重力异常梯级带，剩余重力异常表现为带状异常。该带分布在康保-沽源断裂带以北，呈东西向近似弧状展布，基本在内蒙古-大兴安岭地槽褶皱系的南缘，带内主要以中深成花岗岩侵入为主，喷出岩较少，多以岩基、岩株形态侵入，形成时代为华力西旋回，严格受康保-沽源断裂的控制。沿该岩浆岩带有铜、银、铅等多金属矿点多处，同时有钨和萤石矿分布。

2. 窟窿山-西龙头酸性岩浆岩带

从布格异常及剩余异常图来看，该带处于布格重力异常宽缓变异处，剩余异常表现为串珠状剩余重力异常带，呈北东向近似弧状展布。对应地质上的断裂交汇部位，多以岩基形态分布，出露范围较大，但依据重力资料圈定的岩体范围较出露的范围要小，表明该带岩体多埋深较浅。沿该岩浆岩带有铜银、铅锌矿点多处，同时有萤石矿分布。

3、东卯-丰宁-庙子沟酸性—中酸性岩浆岩带

从布格异常及剩余异常图来看，该带处于布格重力异常梯级带，剩余重力异常表现为串珠状，受北东向的丰宁-隆化深断裂和乌龙沟-上黄旗深断裂控制，沿断裂破碎带呈明显的北东向条带状展布，多以岩基、岩株形态侵入，以酸性岩为主。沿该岩浆岩带有金、铅锌银等多金属矿点分布，同

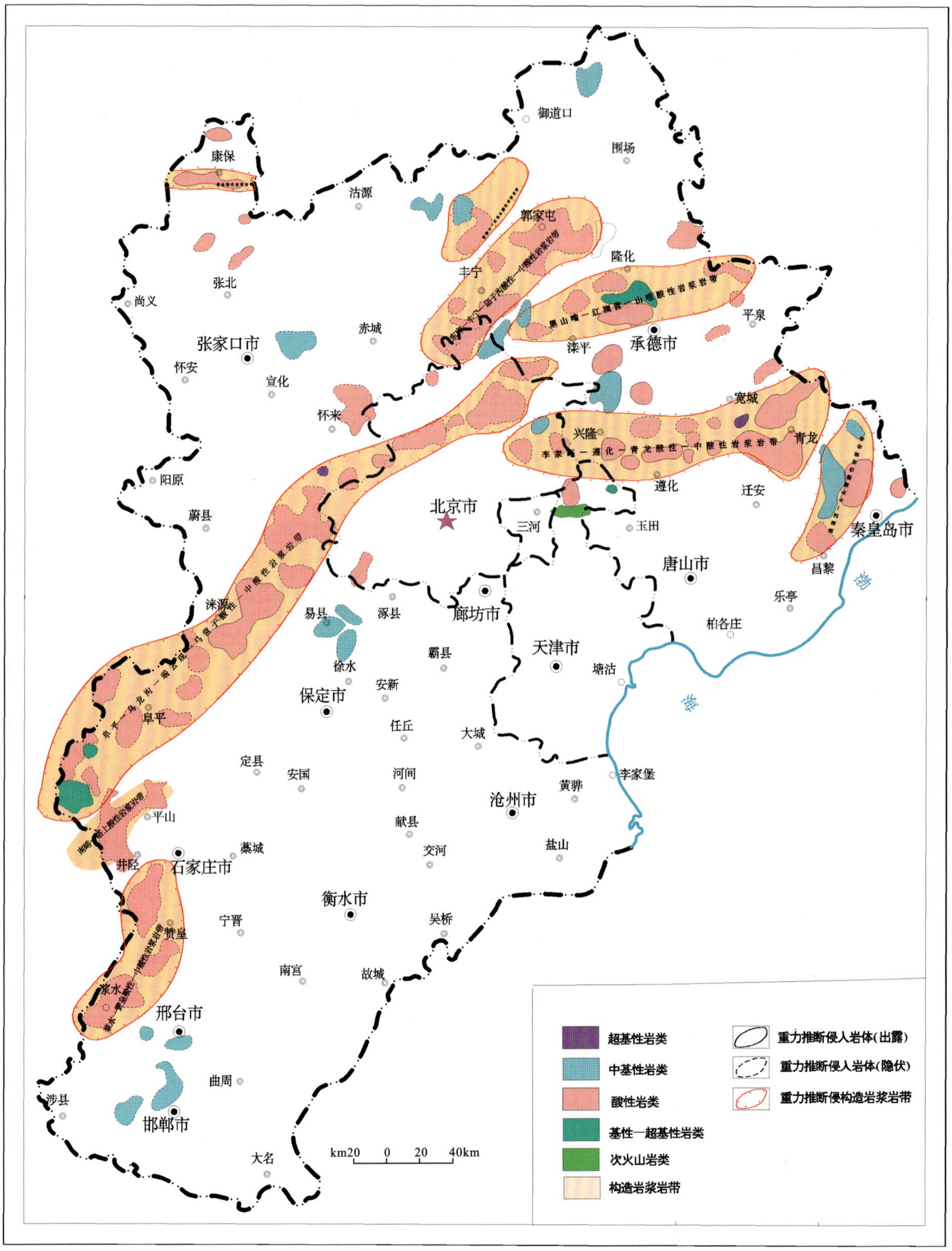

图 4－71　河北省重力推断岩体和岩浆岩带分布图

时有大量萤石矿分布。

4. 黑山嘴-红旗营-山咀酸性岩浆岩带

从布格异常及剩余异常图来看，该带处于布格重力异常扭曲变异带，剩余重力异常图上正负异常呈串珠状相间排列，主要沿大庙-娘娘庙深断裂侵入，近似东西向弧状展布。从基性、超基性到酸性均有侵入，多以岩基、岩株形态产出，以酸性为主，如河北省规模最大的大庙-黑山基性—超基性岩体，控矿作用明显，是河北省主要的岩浆岩型铬铁矿分布区，同时也是重要的金银铜铅锌多金属成矿带，磷、硫、萤石等矿产也有分布。

5. 李家峪-遵化-青龙酸性—中酸性岩浆岩带

从布格异常及剩余异常图来看，该带处于布格重力异常梯级带及扭曲变异带，剩余重力异常呈串珠状排列，中间是负异常，两边是正异常；主要受东西向密云-喜峰口-青龙大断裂控制，同时也是多条断裂破碎带的交汇部位，呈近似东西向串珠状排列，岩浆活动频繁，具有多期性、规模大、岩性复杂、岩浆来源深、明显成带分布的特点，是内生多金属矿成矿的有利部位，同时伴生硫、磷、萤石等矿产。

6. 娘娘顶-木头凳酸性岩浆岩带

从布格异常及剩余异常图来看，该带处于布格异常扭曲变异带，剩余重力异常呈串珠状，主要受青龙-滦县大断裂和固安-滦南-昌黎大断裂的控制，沿断裂破碎带呈北北东向近似弧状展布，以酸性为主，西部有中性的闪长岩体存在，与铁、金、铜、铅、锌和萤石矿有关，同时也是河北省重晶石矿的分布区。

7. 阜平-乌龙沟-瑞云观-马营子酸性—中酸性岩浆岩带

从布格异常及剩余异常图来看，该带处于布格重力异常梯级带及扭曲变异带，剩余重力异常沿北东向呈串珠状排列，断裂构造极为发育，是多条断裂构造的交汇部位，主要受北东向深大断裂控制。岩带规模大，延伸长，岩性复杂，以酸性为主，从岩基、岩株到岩脉均有发育，其中有王安镇岩体和大河南岩体等大的岩体，是一条规模巨大的复杂的构造岩浆岩带，在地史发展过程中起到重要的作用，有多处矿点分布，是河北省重要的多金属及铁矿分布区。

8. 南峪-塔上酸性岩浆岩带

从布格异常及剩余异常图来看，该带处于布格重力异常梯级带，剩余异常图上重力低呈弧形排列，位于紫荆关-灵山深断裂边缘，呈北东向近似弧状展布，以酸性为主，主要以岩基的形态产出，有铁、铜及铝土矿分布。

9. 浆水-赞皇酸性—中酸性岩浆岩带

从布格异常及剩余异常图来看，该带处于布格重力异常扭曲带，剩余异常图上重力低异常呈串珠状排列，受赞皇-武安深断裂控制，呈近似北北东向弧状展布，以酸性为主，主要以岩基的形态产出，有铁、铜、铅锌、铝土矿、硫铁矿等多处矿点分布，同时也是河北省镍和菱镁矿的主要产地。

（三）地层分布特征

河北省区内辖太行山、燕山山脉和广阔的华北平原区，地层出露较齐全，地层的分布与断裂构造有着密切的关系。本项目应用重力资料结合地质情况圈出地层区共 138 处，其中：火山岩地层 6 处（新生代中基性火山岩地层区 4 处、中生代酸性火山岩地层区 2 处）、变质岩地层区 76 处（古生代 5 处、太古宙 71 处）、沉积岩地层区 56 处（古生代 30 处、中新元古代 26 处），如图 4 - 72 所示。

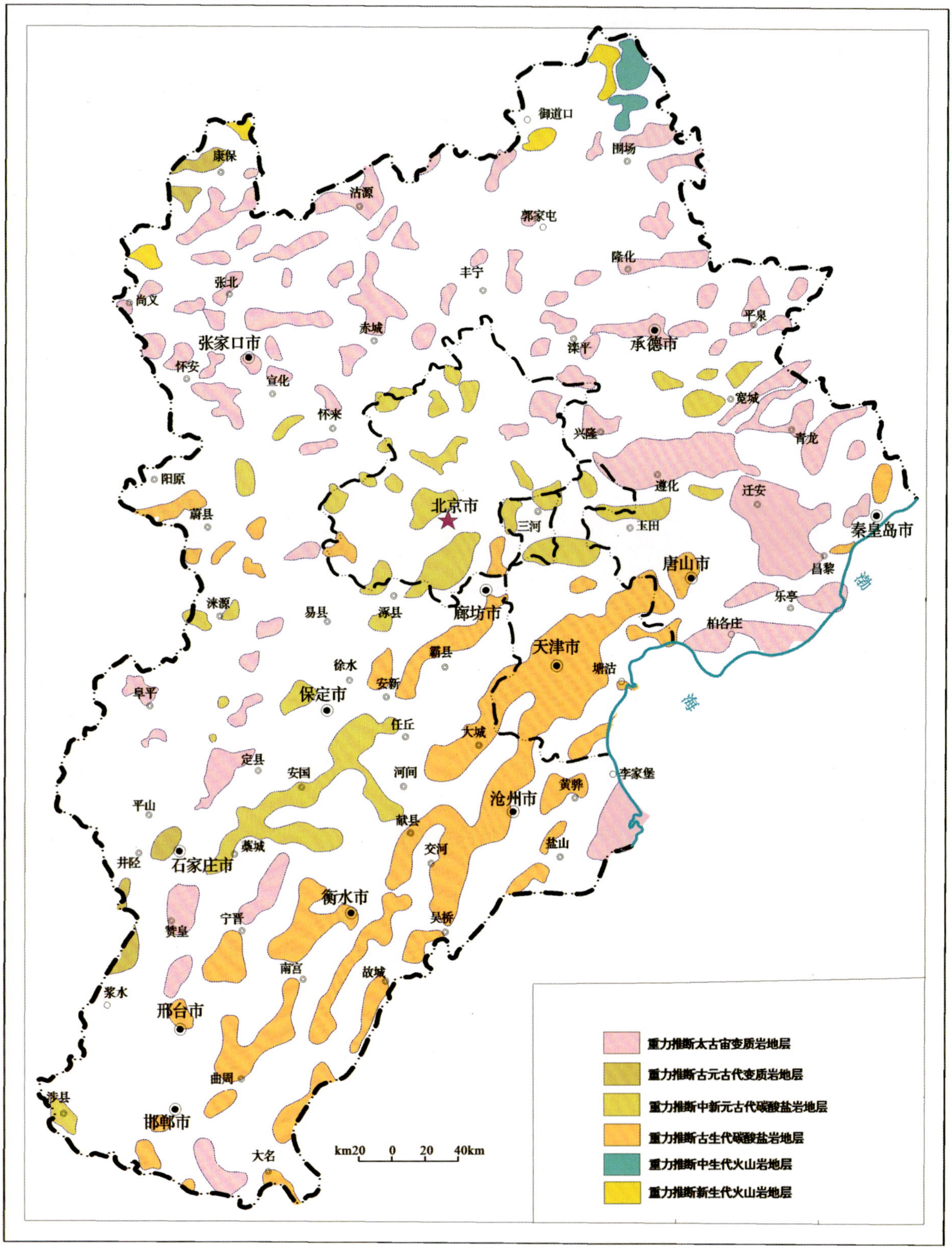

图 4-72 河北省重力推断地层分布图

1. 太古宙变质岩地层

由图4－72可以看出，河北省太古宙变质岩地层主要分布在冀西北地区、冀东地区和沿太行山脉地区。

(1)冀西北地区太古宇变质岩主要分布于张家口地区怀安以及崇礼、赤城南部及宣化等地的变质杂岩，迁西岩群地层主要分布在崇礼-赤城深断裂带以南的崇礼、赤城一带，以及天镇、怀来、密云一带的背斜轴部，可能与崇礼-赤城以及天镇-密云深断裂带的形成和早期活动有关。新太古界密度和磁性变化较大的单塔子群地层，主要分布在康保-沽源和崇礼-赤城深断裂带之间的内蒙古地轴一些隆起带上，呈带状分布，表明北东向断裂带早期活动。三道营凹陷的形成与北东向张北-沽源断裂继承活动有关。

(2)冀东地区太古宇富含金、铁等成分的变质岩系主要分布在山海关背斜的轴部。迁西岩群主要分布在迁西三屯营、东荒峪、迁安水厂、平林镇、娄子山等地。西部在马兰峪附近以断层为界与遵化岩群接触，北部为喜峰口断裂、北东部为冷口断裂所围限，南部被长城系角度不整合覆盖。另外在密云水库以东、滦平盆地西南周边也有分布。

遵化岩群主要分布在遵化—青龙、平泉曹碾沟、宽城赵家沟—板城、滦平小营满族乡等地，河北省前寒武纪主要含铁层位之一，如青龙湾杖子铁矿、宽城豆子沟铁矿以及承德大三岔口铁矿等，均产于此层位中。

滦县群和朱杖子岩群主要分布在青龙河断裂以东地区。滦县岩群是分布在滦县、卢龙、青龙大巫岚—茨榆山、抚宁深河一带的角闪岩相岩系，该岩群亦为冀东地区的主要含铁层位之一(如司家营、长凝、榆关、庙沟铁矿等)。朱杖子群北东向带状展布，与该区北东向断裂的早期活动有关。

(3)太行山地区太古宙地层包括阜平超群和五台超群，分布局限，阜平超群主要分布在阜平大柳树、猴石顶、叠卜安及陈庄—下口广大地区，地层组合中表现出比较明显的旋回性，该层铜、镍、铬丰度值高。五台期变质地层是一套遭受褶皱干扰和断裂破坏的火山-沉积变质岩系，仅见于本区中段西北侧板峪口—女儿沟—下关—黄花滩一带，变形改造较为复杂。另外，在赞皇地区分布一套中级变质表壳岩系。

2. 古元古代变质岩地层

燕山地区元古宇化德岩群主要分布在康保-沽源深断裂带以北的化德—康保一带，表明与东西向断裂带早期活动有关。古元古代变质岩地层在太行山地区沿赞皇古陆核的西部及北部边缘地带分布，在阜平一带分布于阜平古陆核东南部。

3. 中新元古代碳酸盐岩地层

中新元古代碳酸盐岩地层主要分布在尚义-赤城-隆化以南的燕山和太行山地区，拗陷最强烈地段位于蓟县—宽城一带。在燕山台褶带内(即崇礼-赤城以南、榆林沟-南流水断裂以东)，呈北东向带状分布，形成了宣龙复式向斜，是延庆-上黄旗北东向断裂的形成及继承性活动的结果。在太行山地区主要分布在马头穹褶束及大河南台斜断块的中西部，其中长城纪地层金、银丰度值高，蓟县纪地层金丰度值高，青白口纪钨、钼丰度值高，在构造岩浆岩有利的条件下容易富集成矿。

4. 古生代碳酸盐岩地层

从重力资料圈定的密度相对较高的古生代碳酸盐岩地层，在冀东地区，主要分布在鹰手营子、宽城及唐山等地区；在太行山区主要分布在西山向斜的两侧，呈北东东向带状展布；其余大范围的多分布在冀中南平原地区盖层下的相对隆起区。晚古生代地层锡、金丰度值较高，早古生代地层含煤系地层是主要赋存煤矿的地层。

5. 中新生代地层

中生代地层主要分布在冀北的广大地区，地层出露较齐全，为一套复杂的陆相火山-沉积岩系，主要由陆源碎屑岩及中酸性火山岩，夹煤及油页岩组成。新生代地层分布广泛，约占总面积的60%，主要分布于河北平原、坝上高原以及太行山和燕山的山前地带，零星见于山间盆地和河谷地带。本次矿产资源潜力评价工作中，按照项目组的要求，我们以区域重力资料为主进行分析，除在康保和围场地区圈定了几处火山岩地层分布区外，其余均从构造角度圈定为盆地及凹陷。

二、找矿方向及找矿远景区分析

河北省矿产资源丰富，矿产种类基本齐全，矿产储量丰富。据不完全统计，省内大中型矿产地有300多处，其中大型矿产地有70多处，它们集中成群分布，与一定的地层构造及岩浆活动有密切的关系。本次矿产资源潜力评价项目中预测矿种的主要矿产地分布如图4-73所示。其中，铁矿是河北省的优势资源，储量巨大。

(一)铁矿分布规律

1. 主要铁矿类型及分布

河北省境内能引起磁异常的典型铁矿类型主要有沉积变质型铁矿、接触交代型铁矿和岩浆岩型铁矿，且矿产地相对集中，多分布在华北地台北缘燕山台褶带和山西台隆Ⅱ级构造单元内。此外，还有无磁性的沉积型铁矿。

(1)沉积变质型铁矿主要分布在冀东地区，按成矿期可分为古—中太古代铁矿和新太古代铁矿。古—中太古代铁矿主要分布在遵化—迁安一带，以中型为主，少数为大型矿床。新太古代铁矿主要分布在滦县、卢龙县等地，矿床规模较大。另外沉积变质铁矿在冀北和太行山东麓也有零星分布。

(2)接触交代(矽卡岩)型铁矿可分为两种：一是中偏基性岩体与中奥陶统含膏灰岩接触交代成矿，磁铁品位富，伴有钴、黄铁矿等，主要分布在邯邢地区；二是中酸性岩体与中新元古代白云岩接触交代形成磁铁矿体，伴生铜、铅、锌等矿，分散分布在涞源地区。

(3)岩浆岩钒钛磁铁矿主要产于承德大庙—头沟一带，是我国岩浆岩型钒钛磁铁矿床的代表。另外在张家口地区和太行山东麓也有零星分布。矿化、富集与基性、超基性岩关系密切，规模较大的矿床有黑山钒钛磁铁矿、大庙钒钛磁铁矿。

2. 铁矿分布的重磁场特征

(1)从河北省剩余异常平面图(图4-74)来看，磁性铁矿主要分布在重力异常的梯级带或异常扭曲处以及正负异常的交界或局部异常扭曲处。重力异常梯级带或异常扭曲多与地质构造强烈变形密切相关，而正负异常交界所反映的局部构造位置为局部隆起的边缘部位，是沉积变质铁矿的成矿有利部位，也是矿床(点)及航磁异常分布十分密集的部位。如沉积变质铁矿分布在比较密集的冀东地区，重力高反映的是老基底的相对隆起，多数的铁矿床则分布在重力高的边部；以矽卡岩型铁矿为主的邯邢地区，铁矿床则多数分布在岩体的边部；在承德地区的岩浆岩型磁铁矿则主要分布在沿断裂带的超基性岩体上。

(2)从航磁ΔT等值线平面图(图4-75)来看，沉积变质型铁矿主要密集分布在大面积的低缓正磁异常区，因为这些部位主要是变质岩系分布区或基底隆起区的边缘，是成矿的有利部位。大范围分布的碳酸盐岩区如果有局部磁异常出现，反映有中酸性或中基性岩体侵入，具备了很好的成矿条件；受断裂控制的基性、超基性岩体当磁场强度极高、梯度变化大、出现明显叠加现象、并有负值

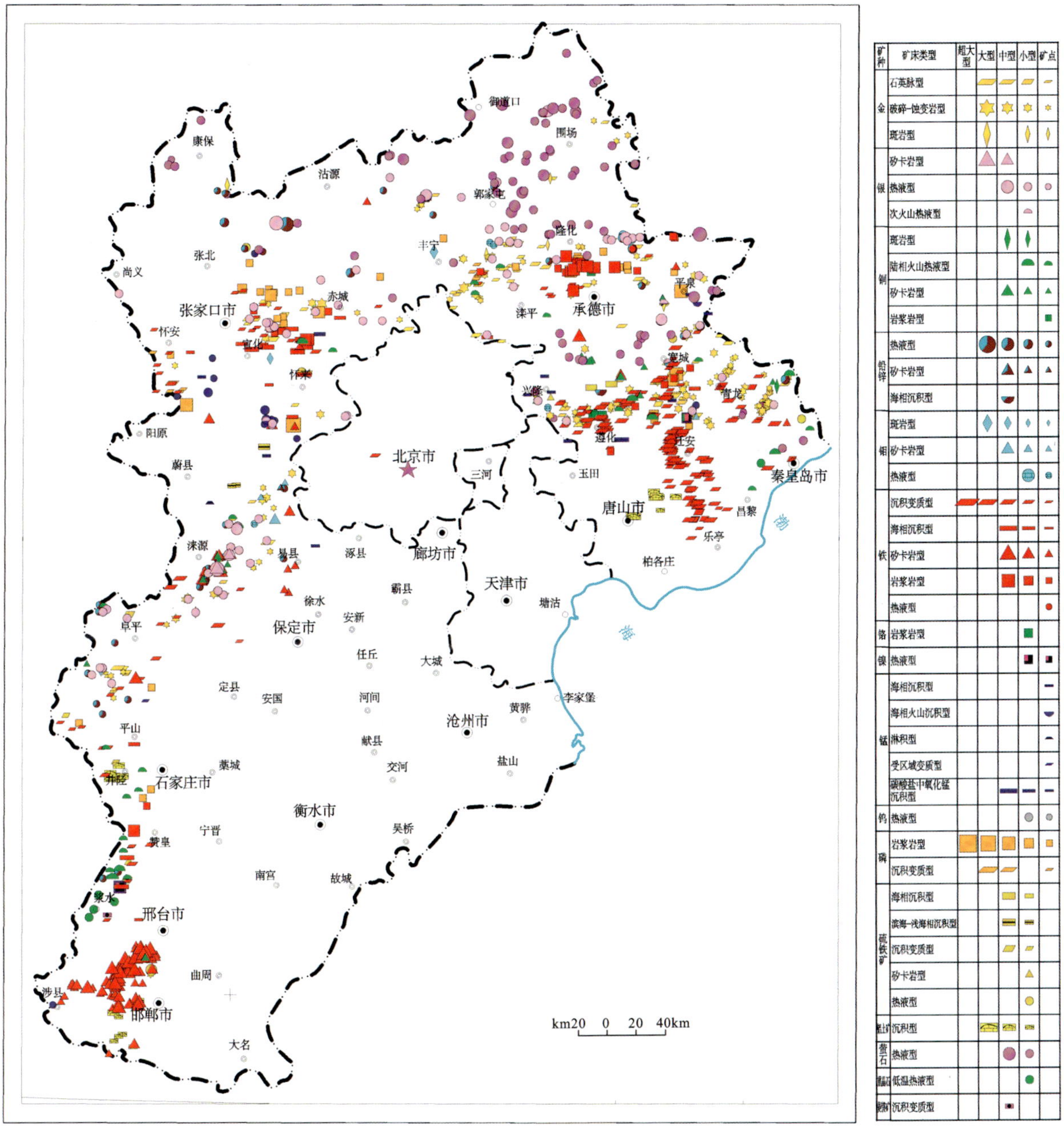

图 4-73　河北省矿产资源潜力评价预测矿种矿产地分布图

伴生时，反映可能有岩浆型磁铁矿体存在。

(3)从构造单元来看，铁矿主要分布在燕山基底-盖层活动构造带和太行山隆升断块两个Ⅱ级构造单元中，少量分布在与燕山构造带接壤的冀中南断陷盆地的沧县台拱的北东部。燕山构造活动带重力场为一个局部异常密集带，深部构造是一个上地幔陡坡带；磁场是以正磁场为主的正负异常相间排列的复杂磁场区。重磁场特征表明，本区为密度和磁性变化较大的、不稳定的地壳活动区。太行山隆升断块区为一紧邻重力梯级带的一个重力低值区，深部构造上是一个上地幔凹陷区；磁场是以正磁场为主的正负相间磁场区，局部异常强度高、梯度较大，重磁局部异常走向多为北东向，北端转为东西向或北西向。

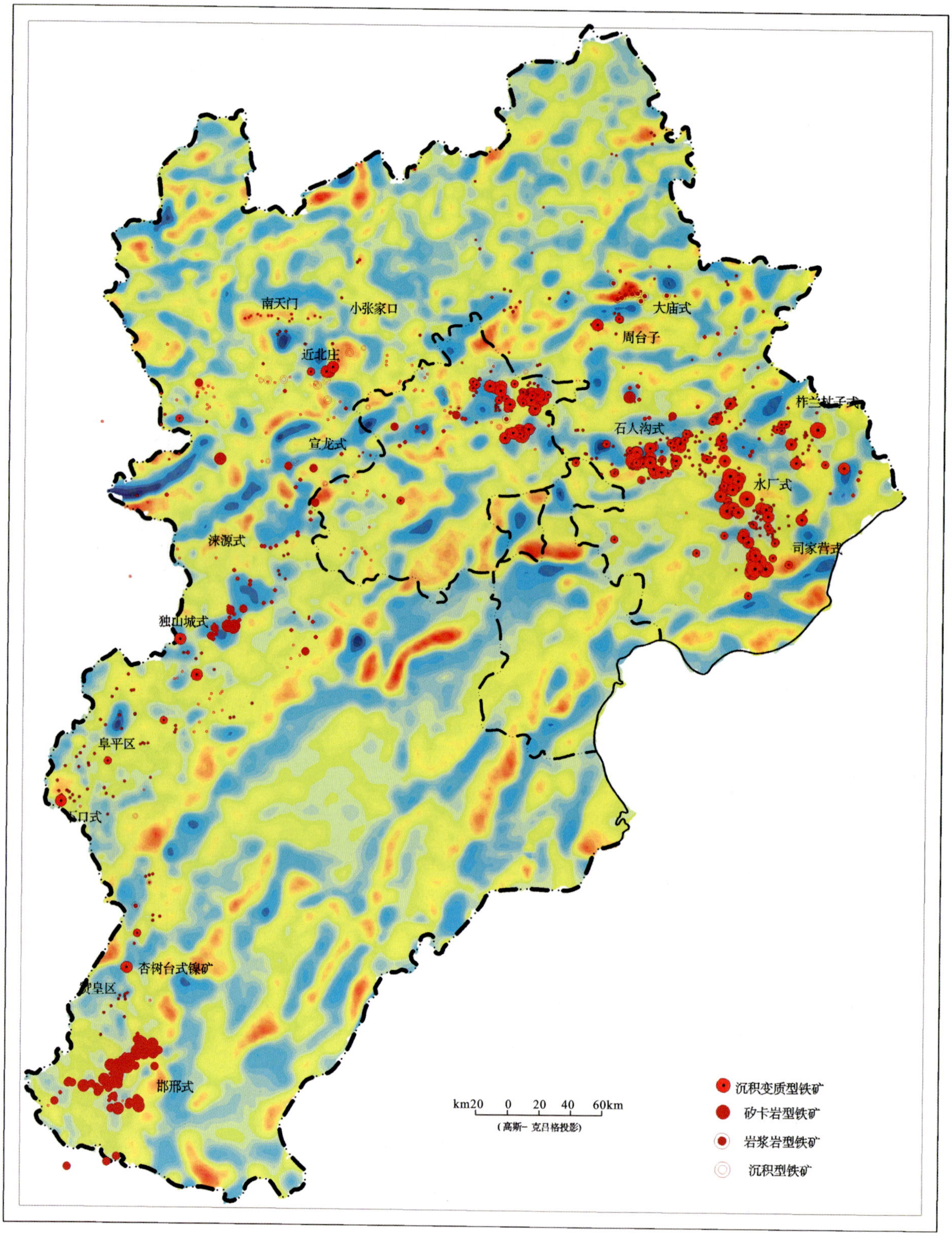

图 4-74　河北省剩余重力异常平面图与铁矿分布图

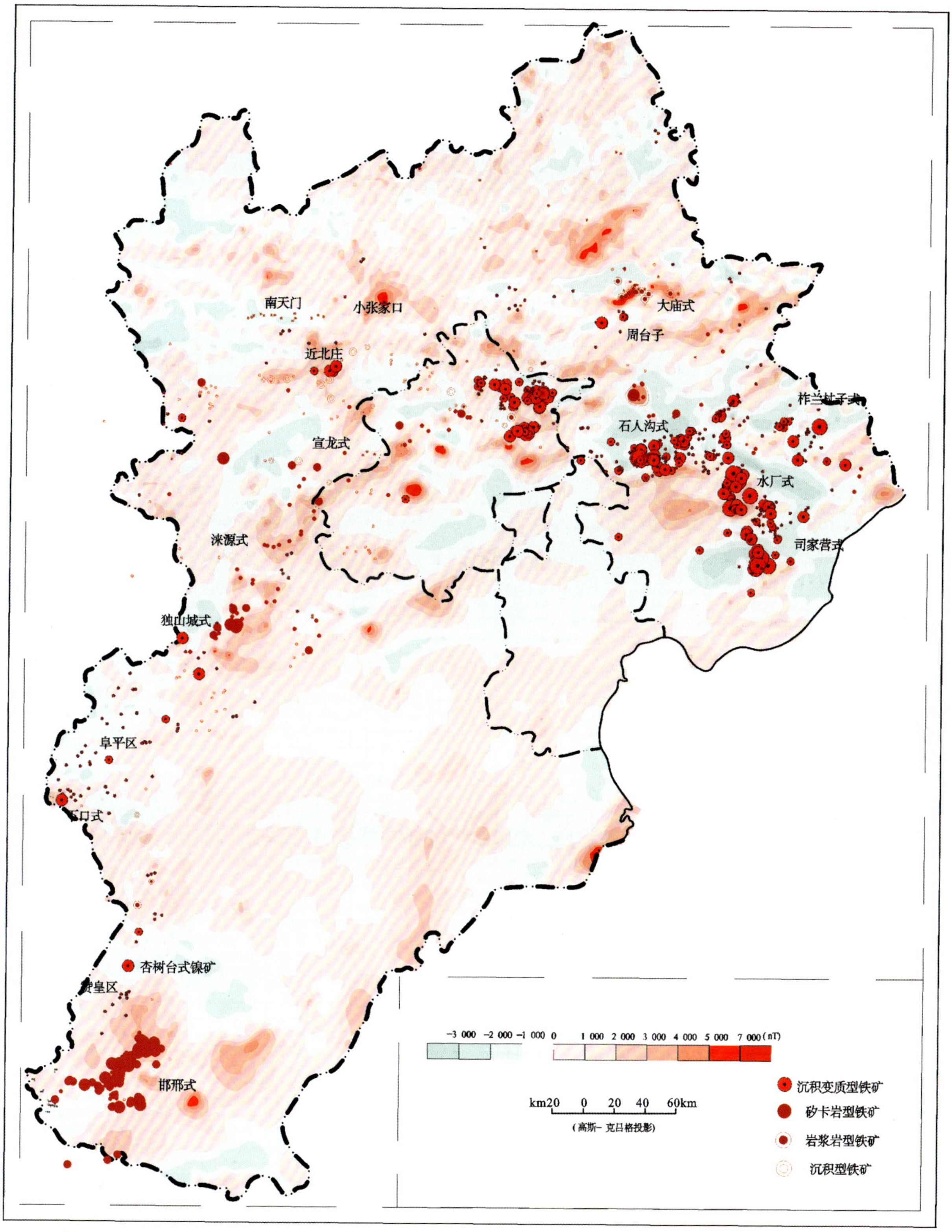

图 4－75　河北省航磁 ΔT 等值线平面图与铁矿分布图

(二)铁矿找矿方向

根据以上铁矿的分布规律,从重磁场特征角度分析,河北省铁矿找矿主要分为以下几个异常带。

1. 冀北异常带

该带西起崇礼,向东经赤城、丰宁、隆化、承德,东至平泉。东西走向,带长300km,带宽20~30km。出露地层主要为太古宇变质岩系,其中含有变质铁矿,此带是一个与基性、超基性岩发育的深断裂岩浆岩带相吻合的异常带,反映磁性矿产的异常主要是岩浆型钒钛磁铁矿、铁磷矿、含铬铂超基性岩体等。著名的大庙、黑山等钒钛磁铁矿,马营、罗锅子沟、招兵沟等铁磷矿,小张家口、铁马土沟、关地、红石砬、高寺台、红山嘴等含矿岩体以及近北庄、周台子、孙营子、加马石沟等变质铁矿都在此异常带上,在它们之上都有强度较高、规模可观的航磁局部异常相对应。

2. 冀东异常带

该带位于河北省东部兴隆、宽城、遵化、迁西、青龙、迁安、滦县、滦南等广大地区,该区变质岩系中的航磁异常叠加在高磁背景场上,那些强度高、规模大、形态规整、产状和地层走向一致的异常,多与沉积变质铁矿有关。其中变质铁矿规模大、分布广,大、中、小型铁矿密布,如水厂、司家营、马城、石人沟等著名的大型铁矿都在该区。中新元古代的碳酸盐岩地层在该区也较发育,有中酸性岩体侵入时常形成与磁铁矿共生的有色金属矿床,如寿王坟铜矿、莫古峪钼矿等。在遵化—青龙一线还是一个基性、超基性岩带(向西经北京北部到涿鹿、阳原,与阳原-昌平-青龙隐伏断裂吻合),但多数岩体规模较小,孤山子含矿岩体是其中的佼佼者。它们也都有局部航磁异常形成。

3. 太行异常带

该带分布在怀来以南太行山地带,异常带呈北东走向,航磁异常集中分布在以下3个地段。

北段是怀来—涞源一带,出露地层主要是中新元古代地层,且中酸性岩体发育,在接触带上常有接触交代型铁铜矿形成,如支家庄、迁城、铁岭、浮图峪、北龙门、口前、孟家窑、冰沟等铁、铜、锌矿以及岩浆型的矾山铁磷矿都分布在此地段。

中段是涞源—内丘一带,为阜平和赞皇两个基底隆起区,其中除变质铁矿外还有与基性岩有关的岩浆型矿产,如独山城、僧贯、齐村、花木、胡家庄、杏树台等变质铁矿以及黑水河、北水峪等钒钛磁铁矿和黑印台、北故邑、金柱等矿化超基性岩体引起的异常都在此地段。在涞易山前的易县、涞水、定兴一带平原地区还有高里等一批异常与含铁闪长岩体有关,是寻找中基性岩体中超贫铁矿的远景区。

南段是邯-邢铁矿区,不同规模的铁矿异常星罗棋布,著名的中关、北洺河、胡峪、杨二庄、王窑、西石门、锁会等大、中型铁矿上都有可观的航磁异常。

(三)多金属找矿远景区与找矿方向分析

河北省铜、铅、锌、金、银、钼、铬、锰等主要矿产受成矿带控制,空间上呈"十"字带状展布,在空间上呈集中分布特点,构成矿产分布基本规律。大地构造单元对矿床具有一定的控制作用。内蒙古海西晚期褶皱带控制Mn、Ag矿床;内蒙古台背斜控制Ag、Pb、Zn、U、Mo、Au矿床;燕山台褶带控制变质铁矿,沉积Fe、Mn、Pb、Zn、S矿,岩浆型Fe、P、V、Ti、Cr、Pt矿和岩浆热液型Fe、Cu、Mo、Pb、Zn、Ag、Au、Mn矿床;山西断隆控制岩浆热液型Fe、S、Au和变质Fe、Sn、Co、Ni、As、Bi、Ag矿,其中燕山台褶带对矿床控制最为明显,全省11个成矿集中区有6个分布于该区,占50%以上。华北地台北缘中段成矿带基本受燕山台褶带控制,尤其是在中元古代—古生代成矿带奠基阶段,各类成矿作用主要限于燕山台褶带内。兴安-太行南段成矿带不受大地构造单元控制,构造单元对矿产的控制都是间接的，是通过影响岩浆岩成因类型、成岩环境等因素来影响成矿特点。

依据重磁异常和化探资料，结合地质构造特征，对河北省进行如下找矿远景区的划分。

1. 找矿远景区划分

将成矿地质条件有利、性质相似并呈区带状分布的异常集中区域圈定为找矿远景区。圈定依据如下。

(1)地质上位于同一构造单元，主要指Ⅲ级或Ⅳ级构造单元，或受同一构造带控制，如断裂带、构造岩浆岩带；区内成矿地质条件有利；有已知矿床(点)等分布。

(2)区内性质相似的异常成群集中或带状分布，并受上述地质因素控制。

(3)同一构造单元内根据不同异常集散状况及所处地质条件不同，可分别圈定找矿远景区。

(4)由于不同构造层的相互叠加，晚期构造层可能覆盖一个以上早期构造单元，这时个别远景区可能会跨越不同的构造单元。

依据以上原则，远景区划分情况如表 4－4 所示，共计 16 处，其中 Au 远景区 5 处，Pb、Zn、Ag、Mo、Cu 等 11 处，远景区分布如图 4－76 所示。

表 4－4　远景区划一览表

<table>
<tr><th colspan="3">划分依据</th><th>远景区</th></tr>
<tr><td>多伦复背斜</td><td>棋盘山中凹陷</td><td>乌龙沟-上黄旗断裂带</td><td>Ⅰ桃山-红松洼牧场钼银多金属找矿远景区</td></tr>
<tr><td rowspan="5">内蒙古地轴</td><td>张北台拱</td><td>土城子台穹</td><td>Ⅱ公会-九连城银铅找矿远景区</td></tr>
<tr><td rowspan="2">沽源陷断束</td><td>板甲图火山盆地边缘</td><td>Ⅲ大囫囵-西辛营-彭家沟铅锌银钼找矿远景区</td></tr>
<tr><td>白草-东猴顶火山盆地</td><td rowspan="2">Ⅳ赤城-牛圈子-和顺店铅锌银钼找矿远景区</td></tr>
<tr><td rowspan="2">围场拱断束</td><td>上黄旗岩浆岩亚带</td></tr>
<tr><td>张三营中断凹克拉泌台穹</td><td>Ⅴ烧锅-上窝铺银铅锌钼找矿远景区</td></tr>
<tr><td rowspan="10">燕山
台褶带</td><td rowspan="2">宣化复式向斜</td><td>龙关穹褶束</td><td>Ⅵ东坪-小营盘金银找矿远景区</td></tr>
<tr><td>涿鹿褶皱束</td><td rowspan="2">Ⅶ相广-横岭银找矿远景区</td></tr>
<tr><td rowspan="3">军都山岩浆岩带</td><td>八达岭穹褶束</td></tr>
<tr><td>大河南抬斜断块</td><td>Ⅷ王安镇-大河南铅锌银铜钼找矿远景区</td></tr>
<tr><td>马头穹褶束狼牙山凹褶断束</td><td>Ⅸ军城-易县金找矿远景区</td></tr>
<tr><td rowspan="2">承德拱断束</td><td>丰宁-隆化断裂带</td><td>Ⅹ窄岭-大两间房金找矿远景区</td></tr>
<tr><td>大庙穹断束平泉凹断束</td><td>Ⅺ红旗营-平泉金银找矿远景区</td></tr>
<tr><td rowspan="2">马兰峪复式背斜</td><td>宽城凹褶束</td><td>Ⅻ高板河-刘巴店铅锌银金找矿远景区</td></tr>
<tr><td>遵化穹褶束</td><td>XIII遵化-青龙-木头凳金银找矿远景区</td></tr>
<tr><td>山海关抬拱</td><td></td><td>XIV孤石岭-苇子岭银铅锌锡找矿远景区</td></tr>
<tr><td rowspan="2">山西断隆</td><td>五台台拱</td><td>阜平穹褶束</td><td>XV赤瓦屋一羊角金找矿远景区</td></tr>
<tr><td>太行山拱断束</td><td>武安凹断束</td><td>XVI固新一陶泉金找矿远景区</td></tr>
</table>

2. 找矿方向分析

1)桃山-红松洼牧场钼银多金属找矿远景区(Ⅰ)

远景区主体位于内蒙古华力西晚期褶皱带，南侧部分延入内蒙古地轴。该区晚期主要受燕山

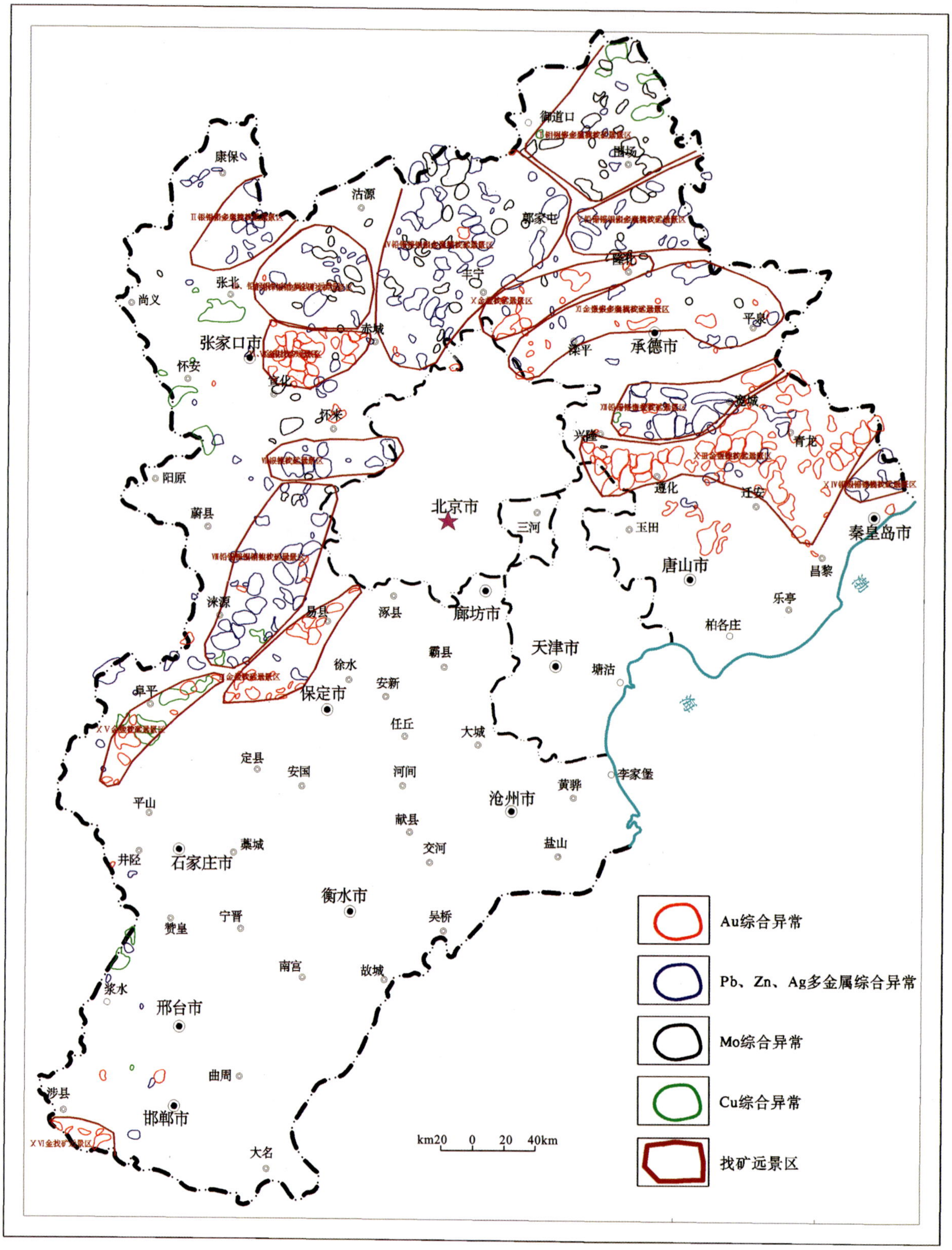

图 4－76　河北省化探异常及找矿远景区分布图

运动影响，其影响范围波及了内蒙古-大兴安岭褶皱系及中期准地台。

乌龙沟-上黄旗构造岩浆岩带穿过该区，是区内异常的主要控制因素。该远景区呈北北东走向，长100km，宽75km。该区深部构造为张家口-崇礼-围场幔坡带，重力场表现为北东向梯度带与近东西向梯度带的交汇；磁场主要为正场，反映火山岩的特征；地球化学上该区Mo为高背景。

该远景区火山岩、次火山岩发育，岩浆及构造活动强烈，化探异常以Mo、Ag为主，应着重寻找与火山岩、次火山岩热液活动有关的Mo、Ag矿床。

2)公会-九连城银铅找矿远景区(Ⅱ)

该远景区位于内蒙古地轴张北台拱土城子台穹，张北-沽源大断裂从该区东部穿过，远景区走向北东，长50km，宽30km。

该区位于康保上地幔凹陷区。重力场走向为北东向，场值中间高、东西两侧低；航磁为一北东向正场；Pb、Ag为地球化学高背景场。该远景区以Pb、Ag为找矿方向。

3)大囫囵-西辛营-彭家沟铅锌银钼找矿远景区(Ⅲ)

该远景区位于内蒙古地轴沽源陷断束大淮中断凹，与板甲图火山盆地相吻合，长60km，宽60km。

远景区深部构造为康保上地幔凹陷，重力场表现为与火山盆地相吻合的重力低，航磁为跳跃状正场，Mo、Pb、Zn、Ag为高背景或背景场。

该远景区异常以Pb、Zn、Ag和Mo为主，找矿元素主要为Pb、Zn、Ag，其次为Mo，矿床类型为火山—次火山热液型。

4)赤城-牛圈子-和顺店铅锌银钼找矿远景区(Ⅳ)

该远景区位于内蒙古地轴沽源陷断束和围场拱断束交接部位，西侧位于白草、东猴顶火山盆地，东侧位于上黄旗构造岩浆岩亚带。乌龙沟-上黄旗断裂带穿越该区，是导岩、导矿构造，远景区北东方向长140km，宽近100km。

该区深部构造属张家口-崇礼-围场幔坡带，西侧部分位于康保上地幔凹陷区。重力场表现为乌龙沟-上黄旗北东向梯级带及与白草、东猴顶火山盆地和半截塔火山盆地相对应的两个重力低，重力低周围是与太古宙结晶基底隆起有关的重力高。航磁表现为跳跃状正场。Mo、Pb为高背景场，Ag、Zn等为高背景或背景场。

该远景区以寻找Pb、Zn、Ag、Mo等为主，其中Mo矿前景巨大，应尽快投入工作。

5)烧锅-上窝铺银铅锌钼找矿远景区(Ⅴ)

该远景区位于内蒙古地轴围场拱断束之张三营中断凹与克拉泌台穹交接部位，呈三角形状，走向近东西，明显受丰宁-隆化深断裂和八达营-蓝旗卡伦断裂控制。该远景区东西长90km，宽90km，东端最宽50km。

远景区深部构造为张三营幔阶，南侧小部分为武安-紫荆关-丰宁-隆化幔坡。重力场特征南侧为东西向梯度带，北侧自东而西相间排列重力低和重力高，反映远景区内侏罗纪火山盆地与太古宙结晶基地隆起自东而西交替出现的特征。这种盆地与隆起的交替出现有利于多金属矿的形成，区内航磁以正缓场为主，局部为负场。地球化学元素Mo为高背景，Pb、Zn、Ag高背景与背景均有出现。

该区以寻找Ag、Pb、Zn、Mo为主，根据地质条件分析，可能的矿化类型为火山、次火山热液型等。

6)东坪-小营盘金银找矿远景区(Ⅵ)

该远景区位于燕山台褶带宣龙复式向斜龙关穹褶束，是河北省著名的“金三角”，受北侧尚义-赤城深断裂控制，远景区呈东西走向，长70km，宽35km。

该远景区对应的深部构造为张家口-崇礼-围场幔坡带，重力场主要为重力低，该重力低主要由产于迁西岩群的岩浆岩引起。磁场主要为正场。Au、Pb、Cu、Fe等为高背景，Zn、Ag为高背景及背景。

该区工作重点仍以 Au 为主，几处以 Ag 为主的异常也应引起重视，另外工作中也应注意金矿中伴生银的评价。

7）相广-横岭银找矿远景区（Ⅶ）

该远景区位于燕山台褶带宣化复式向斜与军都山岩浆岩带交接部位，其西部位于涿鹿褶皱束，东部位于八达岭穹褶束，走向近东西，长 75km，宽 20km。

该远景区深部构造属武安-紫荆关-丰宁-隆化幔坡带向北西向弧状凸出部位。重力场表现为一与远景区大致吻合的重力低，其南侧为北东东向的梯度带，是北东向乌龙沟-上黄旗梯度带的局部变异部位。航磁为一与重力低吻合的负磁场。Cu、Pb、Zn、Mn 在该区为低背景和背景场，Ag 为高背景和背景场。该区主要是寻找相广式银矿。

8）王安镇-大河南铅锌银铜钼找矿远景区（Ⅷ）

该远景区位于燕山台褶带军都山岩浆岩带大河南抬斜断束，远景区走向北北东，长 150km，宽 50km。

该区对应的深部构造为武安-紫荆关-丰宁-隆化幔坡带，对应于两个北北东向重力低，其东侧为北北东向重力梯度带。航磁为大致与重力低吻合的两个正磁场。区内 Au、Ag、Cu、Pb、Zn、Fe 等主要为高背景场。

该远景区内出露地层有太古宇阜平群变质岩、中新元古界长城系、蓟县系沉积及中生界侏罗系火山-沉积岩。岩浆岩主要为大河南及王安镇中酸性杂岩体，该区成矿主要与两个杂岩体有关。区内构造主要为北北东向断层构造，已知矿产有铅、锌、铜、铁、钼等，如大湾铜钼矿、连巴岭铅锌矿等。

该远景区 Pb、Zn、Ag、Mo、Cu 等均具有找矿前景，其中以 Pb、Zn 等找矿前景最佳。

9）军城-易县金找矿远景区（Ⅸ）

该远景区位于燕山台褶带军都山岩浆岩带之马头穹褶束和狼牙山凹褶断束中，受乌龙沟-上黄旗深断裂控制，走向北北东，长 110km，宽 20～40km。

该远景区深部构造属武安-紫荆关-丰宁-隆化幔坡带。重力场为一北北东向梯度带。区内磁场中间为正磁场，两端为负磁场，金异常位于负磁场周边，负磁场反映古生代沉积盆地。该区 Pb、Zn、Cu 为背景场，Au、Ag 为高背景场，Mo 为低背景场，Au 异常与区内地层高背景有关。

该区金异常产于中新元古代地层中，应重点寻找柴厂式金矿。

10）窄岭-大两间房金找矿远景区（Ⅹ）

该远景区位于燕山台褶带承德拱断束之大庙穹隆束，北侧紧邻丰宁-隆化断裂带，走向近东西，长 100km，宽 10～20km。

远景区深部构造为武安-紫荆关-丰宁-隆化幔坡带。重力场为一近东西向梯度带。剩余重力异常北侧为重力低，南侧为重力高；金异常分布在重力高与重力低间的梯度带上。在航磁图上，远景区东部为一负磁异常，西部为一正负相间磁场。区内 Cu、Zn、Mo 为背景和高背景场分布，Pb 为背景和低背景场分布，Au 异常场较为明显，异常周边伴随低背景和背景场。

该区以 Au 为主要找矿方向，扩大矿床（点）外围找矿。

11）红旗营-平泉金银找矿远景区（Ⅺ）

该远景区位于燕山台褶带承德拱断束南侧及大庙穹断束，东端一小部分沿入平泉凹断束中，夹于丰宁-隆化断裂和赤城-平泉断裂之间，走向东西，长 170km，宽 20～40km。

该区深部构造为武安-紫荆关-丰宁-隆化幔坡带。重力场主要为重力高，东端部分为重力低；西部多金属异常主要分布在重力高周边梯度带上，Au 异常分布在重力高场区内部。区内航磁主要为正高磁场间有负磁场。Cu、Zn、Fe 为背景及高背景场，Pb、Au、Ag 为背景及低背景场。

该区以 Au、Ag 等多金属为主要找矿方向。

12)高板河-刘巴店铅锌银金找矿远景区(Ⅻ)

该远景区位于燕山台褶带马兰峪复式背斜宽城凹褶束,远景区走向东西,长 100km,宽 20～40km。

该远景区深部构造属宽城幔阶,西部为重力低,东部为重力高。航磁主要为负磁场,Ag、Au、Zn、Cu 为高背景及背景场,Pb 为背景场。

该区主要寻找 Pb、Zn、Ag 及 Au 等矿产。

13)遵化-青龙-木头凳金银找矿远景区(ⅩⅢ)

该远景区位于燕山台褶带马兰峪复式背斜及山海关台拱,呈向东开口的漏斗状,走向东西,长 200km,宽 20～100km。

该区深部构造为遵化-青龙-山海关幔坡带。重力场主要特征是东西向和北西向梯度带;剩余重力异常,主要为重力低,沿梯度带分布,重力低反映中酸性岩浆侵入岩。东西向重力梯度带位置磁场为东西向的正负场,东侧磁场主要为负磁场。Au、Cu、Zn、Ag 主要为高背景场,Pb 主要为背景场。

该区以找 Au 为主,虽然工作程度较高,但仍有较大找矿潜力。

14)孤石岭-苇子岭银铅锌锡找矿远景区(ⅩⅣ)

该远景区位于省内东端山海关台拱,走向北东东,长 40km,宽 20km。

该区深部构造位于遵化-青龙-山海关幔坡带,远景区为一重力低,与一航磁正场对应。重力低主要反映区内花岗岩体和中生代火山盆地。Pb、Ag、Cu、Zn 为高背景及背景场,Au 主要为低背景场。

该远景区以 Ag、Pb、Zn、Sn 等多金属为主,成矿地质条件较好。

15)赤瓦屋-羊角金找矿远景区(ⅩⅤ)

该远景区位于山西断隆五台台拱阜平穹褶束,走向北东,长 100km,宽 25km。

该区深部构造属武安-紫荆关-丰宁-隆化幔坡带。重力场为北东向梯度带;剩余异常中间为重力高,两端为重力低,重力低反映赤瓦屋岩体和沉积盆地,区内航磁场正负相间。Au、Cu、Zn 为高背景,Pb、Ag 以背景场为主。

该区出露地层为太古宇阜平群,北部有中新元古代地层出露,岩浆岩主要为赤瓦屋中酸性杂岩体。区内断层构造主要为北东向、北西向两组,已知矿产主要为金矿,石湖金矿产于赤瓦屋岩体附近。

该区以找 Au 为主,区内 Au 异常均具有较好的找矿前景。

16)固新-陶泉金找矿远景区(ⅩⅥ)

该远景区位于省内南端,属山西断隆太行山拱断束武安凹断束,远景区向南没有封闭,东西长 35km,宽 15km。

该远景区深部构造属武安-紫荆关-丰宁-隆化幔坡带。重力场为北北东向梯度带,剩余重力异常为一低缓的北西西向的重力高,与远景区大体平行。区内磁场中间为正场,两端为负场。Au、Cu 为高背景分布,Pb、Zn、Ag 为背景分布。该区以找 Au 为主。

第五章　河北省重要矿种典型矿床及预测区重力资料应用成果

在本次矿产资源潜力评价工作中，预测河北省的重要矿种有铁、铝、铜、铅、锌、金、磷、银、钼、锰、镍、钨、铬铁矿、硫铁矿、萤石、菱镁矿、重晶石 17 个，圈定了 59 个预测工作区，选定典型矿床 92 个，取得了丰富的成果，为矿产预测工作提供了重要的参考。下面只挑选其中具有代表性的部分重要预测区及典型矿床研究成果按矿种予以叙述，旨在揭示重力资料综合研究在矿产预测工作中的作用。

第一节　铁矿预测重力资料应用成果

铁矿是河北省重要的矿产资源，铁矿按成因类型主要有沉积变质型、接触交代型、岩浆岩型和沉积型四大铁矿类型。现选择其中重要的典型矿床及预测区成果分述如下。

一、铁矿典型矿床研究

河北省四大铁矿类型中，沉积变质型铁矿是最重要的铁矿类型。河北省是我国该类型铁矿的主要产区之一，故现选择该类型铁矿中的迁安水厂和滦县司家营铁矿典型矿床研究成果陈述如下。

（一）迁安水厂式铁矿床

该矿床为沉积变质型铁矿典型矿床，沉积变质型铁矿是河北省最重要的一种铁矿类型。

1. 地质概况

区内铁矿构造背景为遵化-迁安早—中太古代陆核，成矿环境为含沉积岩的火山岩系——硅铁建造。地层主要为中太古代迁西岩群水厂组，为含磁铁石英岩的二辉麻粒岩-次透辉石岩建造，下部为紫苏辉石-次透辉石磁铁石英岩建造。其岩石组合主要有：二辉黑云变粒岩、浅粒岩、少量磁铁石英岩、二辉麻粒岩、次透辉石岩、辉石斜长角闪岩夹变粒岩、浅粒岩和磁铁石英岩、紫苏辉石、次透辉石、石榴子石、石英、磁铁矿。

迁安铁矿矿石类型为磁铁石英岩型，矿石矿物组合以磁铁矿及假象赤铁矿为主，含普通角闪石、辉石和石英。矿石为粒状变晶结构，构造以条纹状构造为主，次为片麻状构造、块状构造。

2. 重磁异常特征

1）区域重磁异常特征（图 5 - 1）

在 1∶20 万布格重力异常图上，矿床位于重力场高低变化的梯级带交界处，偏向重力高一侧向南西突出并有下降趋势的重力场中。在剩余重力异常图上，矿床处在局部重力低的缓变带上，推断重力场降低及局部重力低异常是基底凹陷的反映。

在 1∶20 万航磁 ΔT 等值线平面图上，矿床位于不规则状航磁异常的北侧，化极后异常范围扩大并北移，矿床位于航磁 ΔT 化极等值线平面图圈出的异常极大值中心的北侧。对化极数据求垂向一阶导数，异常被分解为两个极值中心的局部磁异常，范围明显缩小，矿床处于北侧范围稍大的磁异常极值中心的北侧。

2）局部重磁异常特征（图 5－2）

磁异常特征：ΔT 等值线表现为极为密集的北东向带状异常，规模较大，极大值在 4 000nT 以上，正异常与出露的铁矿带相吻合；梯度东南缓、西北陡，负异常呈弧状围绕正异常，分布在其西北及东北方，范围较大，极小值在－3 000nT 以下。

3）矿区重磁异常特征

地磁 ΔZ 异常是一个北东向的宽大磁异常带，呈正负跳动的锯齿状曲线或较大的负磁场，极大值达 90 000nT，极小值在－10 000nT 以内，如图 5－3 所示。

3. 重磁场对矿床的指示作用

重力场对该铁矿无明显指示作用，无论航磁还是地磁对寻找该类型铁矿床，均具明显的直接找矿作用。

（二）滦县司家营（北）铁矿床

该矿床是沉积变质型铁矿，也是河北省非常重要的一个典型矿床，至今仍具有很大的找矿前景。

1. 地质概况

区内铁矿构造背景为朱杖子-卢龙新太古代岛弧带-卢龙新太古代早期裂陷带，成矿环境为火山岩系-沉积岩系-硅铁建造。地层主要为新太古代滦县群阳山岩组（Ar_3y），为含磁铁石英岩的黑云变粒岩夹斜长角闪岩建造、含磁铁石英岩的黑云变粒岩夹片岩（大理岩）建造，下部为铁闪石-阳起石磁铁石英岩建造。岩石有黑云斜长变粒岩、斜长角闪岩、片岩、磁铁石英岩、黑云变粒岩夹二云石英片岩、铁闪石、阳起石、石英、磁铁矿。

矿石主要为磁铁石英岩型，以磁铁矿、假象赤铁矿为主，次为赤铁矿、脉石矿物石英、阳起石、透闪石等。矿石均呈细粒变晶结构，细纹状、条纹状、条带状、致密块状构造。

2. 重磁异常特征

1）区域重磁异常特征（图 5－4）

在 1∶20 万布格重力异常图上，矿床位于北东东向重力高值带上。在剩余重力异常图上，矿床处在局部重力高向局部重力低的渐变（宽缓）过渡带上。推断重力高是基底隆起的反映，宽缓过渡带为隆起的边部。

在 1∶20 万航磁 ΔT 等值线平面图、航磁 ΔT 化极等值线平面图、航磁 ΔT 化极垂向一阶导数等值线平面图上，司家营北矿床均处于正磁异常的伴生负磁场中，司家营南矿区则处在正负磁异常的过渡带上或正磁异常的西侧边部。推断正磁异常是司家营式沉积变质型铁矿的反映，负磁场是矿致异常的伴生异常。

2）局部重磁异常特征（图 5－5）

异常南北长 4km，强度高，梯度陡，极大值近 4 000nT。在异常南段司家营以西形成东西向平行排列的 3 个封闭异常，即Ⅴ异常、Ⅵ异常、Ⅶ异常，显示了矿体的多层叠加，整个异常梯度为东陡西缓，反映了矿体总体向西倾斜。在正异常的北部有宽大的半环状负异常相伴，极小值为－1 200nT。

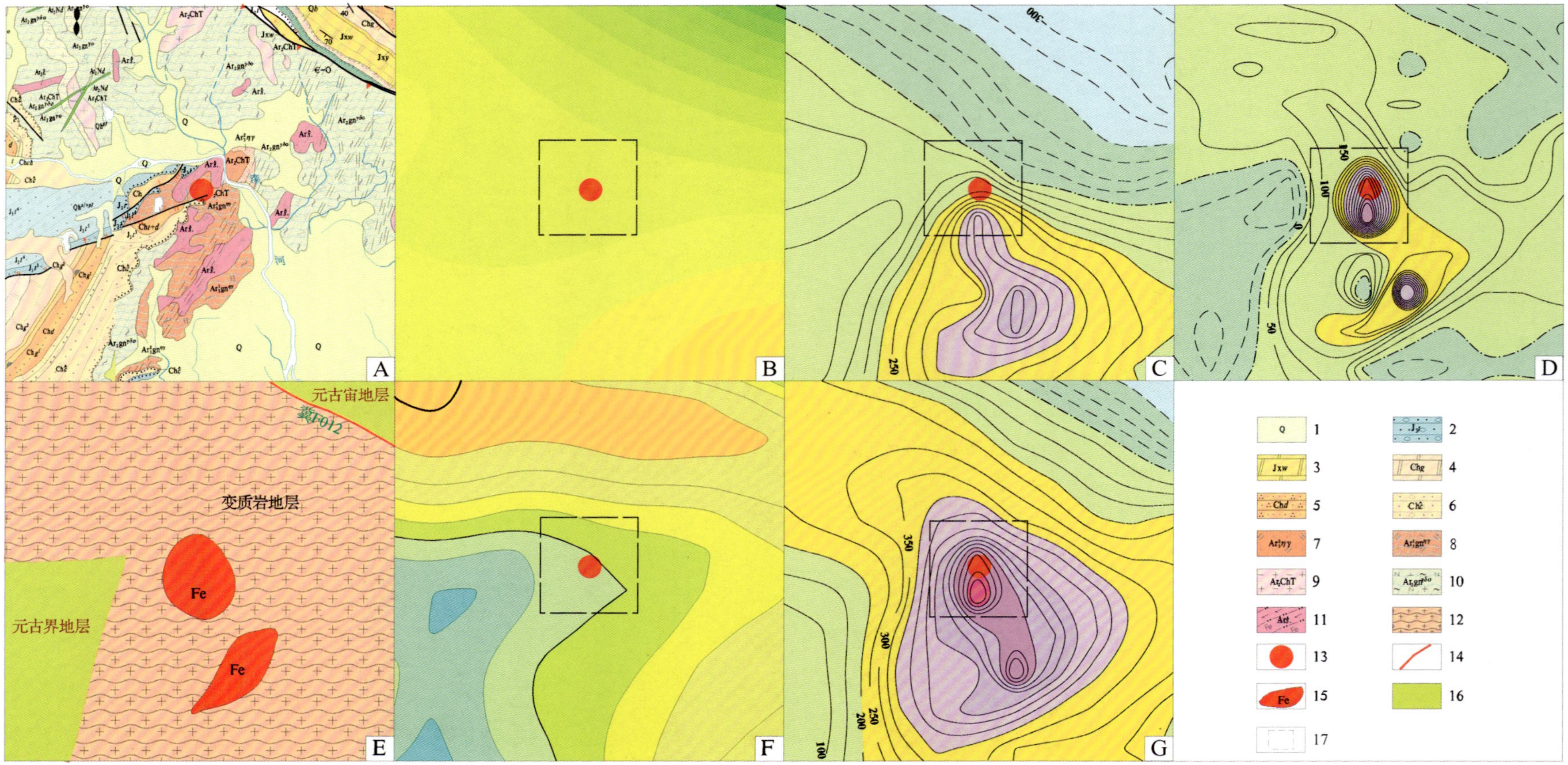

图 5－1　迁安水厂铁矿所在区域地质矿产及物探剖析图

A—地质矿产图；B—布格重力异常图；C—航磁 ΔT 等值线平面图；D—航磁 ΔT 化极垂向一阶导数等值线平面图；E—重磁推断地质构造图；F—剩余重力异常图；G—航磁 ΔT 化极等值线平面图；1—第四系；2—侏罗系土城子组；3—蓟县系雾迷山组；4—长城系高于庄组；5—长城系大红峪组；6—长城系常州沟组；7—新太古代晚期潘庄变质二长花岗岩；8—新太古代早期柳河峪片麻岩；9—中太古代太平寨紫苏花岗岩；10—中太古代三屯营片麻岩；11—中太古代迁西岩群水厂岩组；12—重磁推断变质岩地层；13—典型矿床所在位置；14—重磁推断三级断裂；15—磁法推断铁矿床；16—重磁推断元古宙地层；17—典型矿床所在地区范围

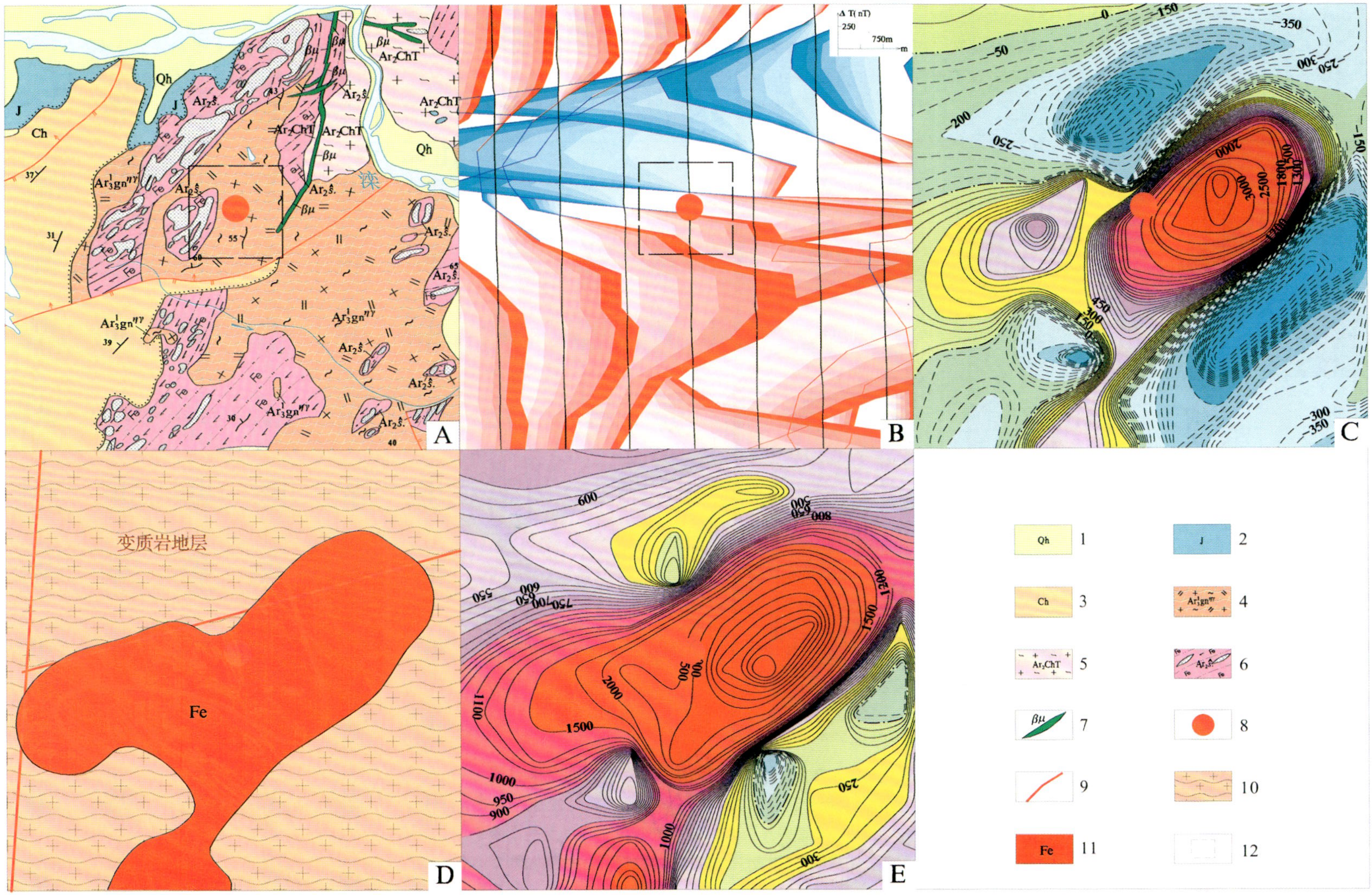

图 5-2　迁安水厂铁矿所在地区地质矿产及物探剖析图

A—地质矿产图；B—航磁 ΔT 剖面平面图；C—航磁 ΔT 化极垂向一阶导数等值线平面图；D—航磁推断地质构造图；E—航磁 ΔT 化极等值线平面图；1—第四纪全新世堆积；2—侏罗纪；3—长城纪；4—新太古代早期柳河峪片麻岩；5—中太古代太平寨紫苏花岗岩；6—中太古代迁西岩群水厂岩组；7—辉绿岩；8—典型矿床所在位置；9—航磁推断三级断裂；10—航磁推断变质岩地层；11—磁法推断铁矿床；12—典型矿床所在地区范围

二、铁矿预测工作区重力资料解释应用成果

根据不同类型铁矿床的分布情况，将全省划分成冀东示范区（包括水厂式、司家营式、石人沟式、榨栏杖子式、周台子式沉积变质型铁矿和承德大庙式岩浆岩型铁矿两类）、张家口预测区（宣龙式沉积型铁矿）、涞易地区预测区（涞源式接触交代型铁矿）、阜平预测区（独山城式、下口式沉积变质型铁矿）和邯-邢预测区（邯-邢式接触交代型铁矿）5个大的铁矿预测区，现将其中重要的冀东和邯-邢预测区成果分述如下。

（一）冀东预测工作区（包括承德预测区）

1. 地质概况

冀东区分布在北京以东的河北省境内，北界在承德凤山至辽宁凌源一带，南界在天津武清至乐亭一线。北部尚义-平泉深断裂以北为承德拱断束，出露主要为中生代火山岩地层。中南部整体为一近东西向宽缓的复式背斜构造（马兰峪复式背斜），四周被断裂围限。背斜核部为太古宙变质基底，南、北两翼为中新元古代和古生代盖层。

2. 重力场特征

从布格重力异常图上可以看出，冀东预测区重力场由南部平原区向北西山区呈级次降低趋势，其幅值在 $25\times10^{-5}\sim-80\times10^{-5}m/s^2$ 之间变化，重力场总体呈东西向，如图 5-7 所示。从布格重力异常图和剩余重力异常平面图（图 5-7）上均可以看出，预测区有两条近东西向的梯级带，一条位于中部偏南遵化—山海关一带，另一条位于北部承德大庙—娘娘庙一带，两梯级带控制了区内重力场的分布格局。另外，从布格异常图来看，在预测区南部边缘武清—乐亭一带，重力场以局部异常规模大、边界清晰、重力高和重力低相间排列为特点。

预测区的西北部为一个重力最低值区，呈近似东西走向的明显异常梯级，变化较陡。局部重力异常较为复杂，走向变化不定，有东西向，也有北东向或呈等轴状的。区内既有太古宇变质岩，也有古生界碳酸盐岩，还有中生界火山岩等。区内断裂构造发育，伴随基底褶皱形成的纬向主干断裂及其派生的北西向、北东向次级断裂，控制了本区基性—超基性杂岩体及其有关的钒钛铁磷等矿产的形成，因此，断裂构造是承德大庙地区钒钛磁铁矿的重要控矿因素。

预测区中偏北部是一个规模很大的相对重力低值区，异常总体相对较平稳，区域异常和布格异常没有明显的规律。局部异常较密集，背景场低缓，总体上没有明显走向。区内以太古宇变质岩为主，盆地内分布中生代火山岩盖层。断裂构造发育，数量多，规模较大。岩浆活动强烈，期次多，岩性复杂。

预测区中偏南部是一个重力高值区，也是河北省北部的重力值最高区。国家地震局地球物理勘探大队根据多条地震剖面测深结果，推测该区是一个地幔隆起区。重力场变化相对平稳，局部异常分布稀疏无规律，规模较大。该区为马兰峪复式背斜的南翼，背斜的轴部为太古宇变质岩，向南为中新元古界、古生界碳酸盐岩，局部有石炭系、二叠系煤系。断裂构造发育，以东西向、北东向为主。该区大部分地区岩浆活动少见，新生界沉积盆地广泛。重力场宏观地反映了这些地质构造现象。

预测区最南缘，重力场局部异常规模大，边界清晰，重力高和重力低相间排列。如武清一带，重力低异常规模巨大；而乐亭一带，重力高和重力低异常基本平行于宁河-昌河重力梯级带相间排列。

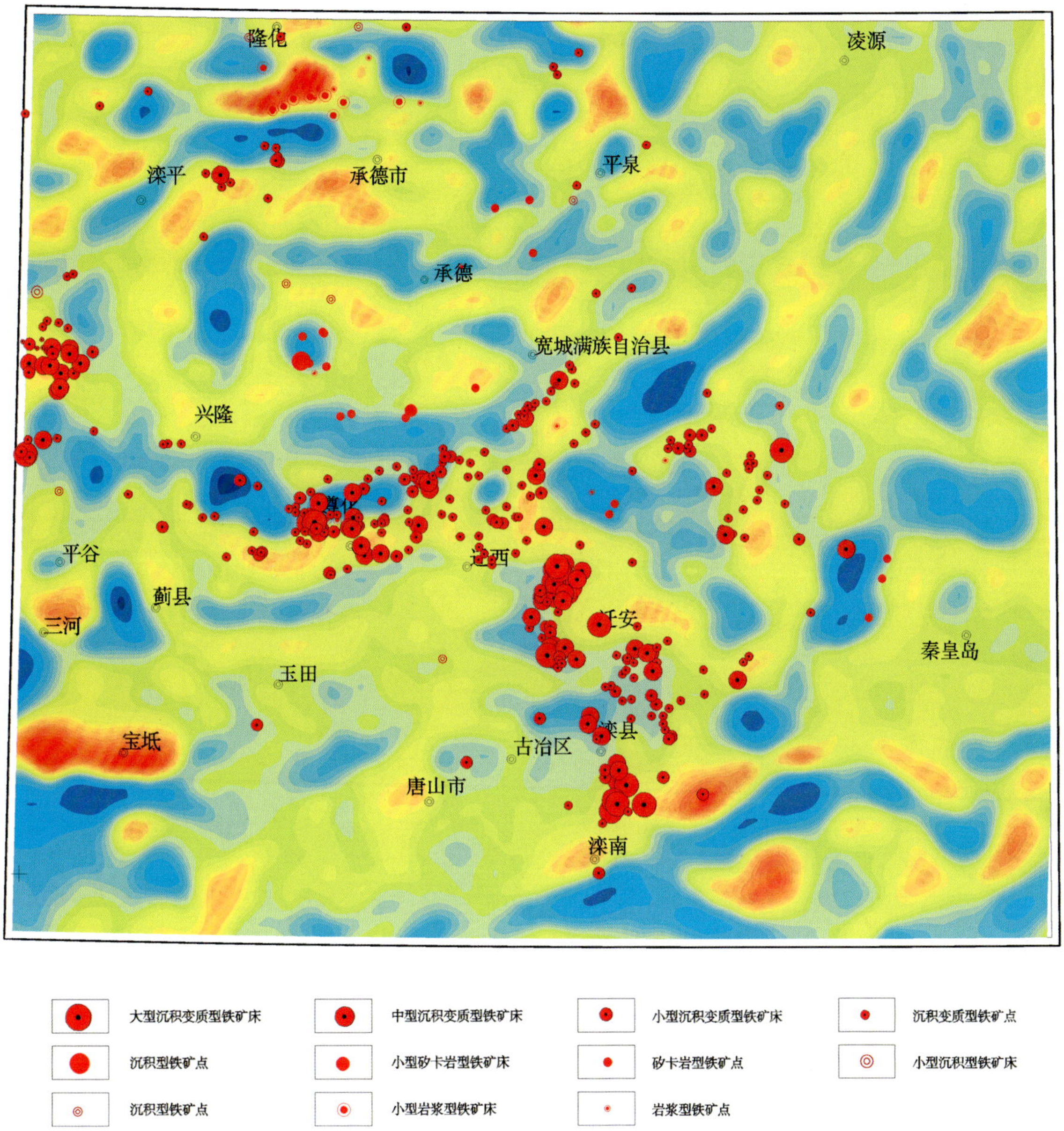

图 5 - 7　河北省冀东铁矿预测工作区剩余重力异常图

3. 重力推断地质构造成果

该区(包括承德区)重力推断断裂构造共 46 条,其中:一级断裂 4 条、二级断裂 7 条、三级断裂 35 条。该区深大断裂以东西向为主,其次为北东向和北西向,这些主干断裂对区内的岩浆活动和矿产分布有着明显的控制作用。

重力圈定各类岩体 36 个,其中:中酸性岩体 32 个,基性、超基性岩体 3 个,超浅成次火山岩体 1 个;属于新圈定的隐伏岩体 10 个,半隐伏岩体 21 个,出露岩体 5 个。圈出的岩体主要以隐伏、半隐伏的中酸性为主。区内的岩浆活动对内生矿产的富集成矿提供了热液和热源。

重力圈出盆地 26 处,其中:中生代火山及火山沉积盆地 11 处、新生代沉积及断陷盆地 11 处、新生代凹陷 4 处。

重力圈出太古宙变质岩地层区 27 处,碳酸盐岩分布区 16 处(其中:古生代 6 处、中新元古代 10

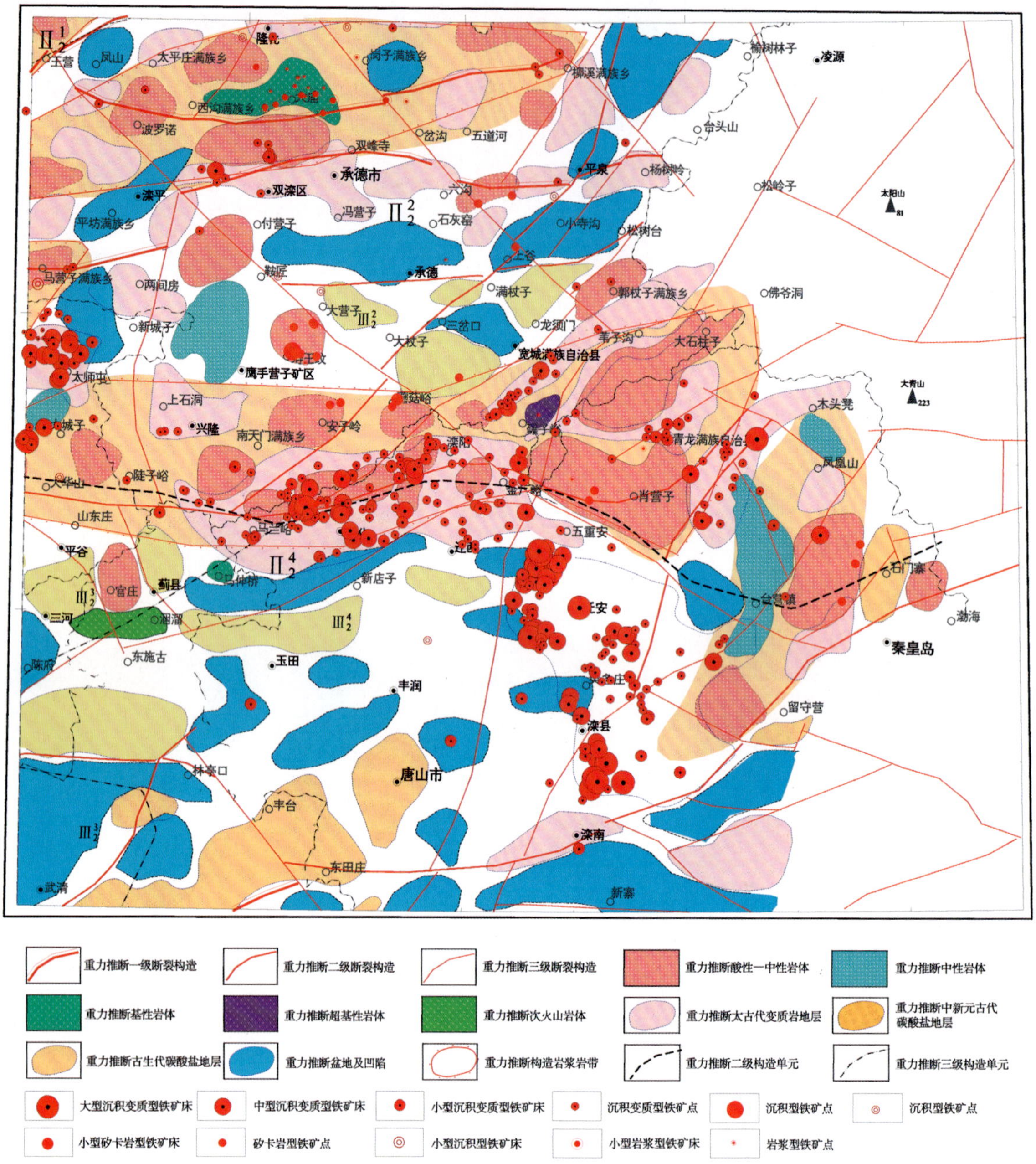

图 5－8　河北省冀东铁矿预测工作区重力推断地质构造图

处）。该区的变质岩地层不仅是沉积变质型铁矿的重要成矿赋矿地层，也是河北省变质型金矿的矿源层或成矿母岩（图 5－8）。

（二）邯－邢预测工作区

1. 地质概况

邯－邢预测工作区位于河北南缘的西部、邢台—邯郸以西、邢台市綦村—武安马武寨一线以南的河北省境内，大地构造单元位于晋东南台地的武安碳酸盐岩台地。预测区西部为山区，地表大面积出露主要为古生代寒武纪、奥陶纪碳酸盐岩地层，除此之外出露的地层还有太古宇赞皇群、元古宇长城系、古生界石炭系、二叠系、中生界三叠系以及新生界第三系、第四系等。东部为平原区，大面积被第四系覆盖，也有少量上述地层零星分布。区内断裂发育，规模大，活动强烈，对岩浆活动及成矿有很重要的控制作用，断裂方向主要有北东向、南北向、北西向 3 组。该区岩浆活动剧烈、广泛，主要以燕山期中偏碱性的角闪闪长岩、闪长岩、二长闪长岩、正长岩、碱性正长岩为主，有符山、綦村—新城、矿山、武安—固镇、鼓山、洪山等八大岩体。

2. 重力场特征

邯-邢预测工作区位于河北省太行山南北向重力梯级带的南端，是该重力梯级带的一部分，总体为负异常，挟持于河北平原与山西高原之间，在太古宙基底之上沉积了厚层碳酸盐岩盖层，岩石圈厚度为 100 多千米。布格重力异常在 $-90\times10^{-5}\sim-20\times10^{-5}\,m/s^2$ 之间变化，等值线呈南北至北北东向梯级带展布，东高西低。剩余异常东部有多个圆形局部重力高异常，总体呈串珠状排列，走向北东或北北东，在边界主断裂控制下，内部次级断块活动强烈，北北东向断裂栉比鳞次，反映了区内的基底构造特征（图 5-9）。

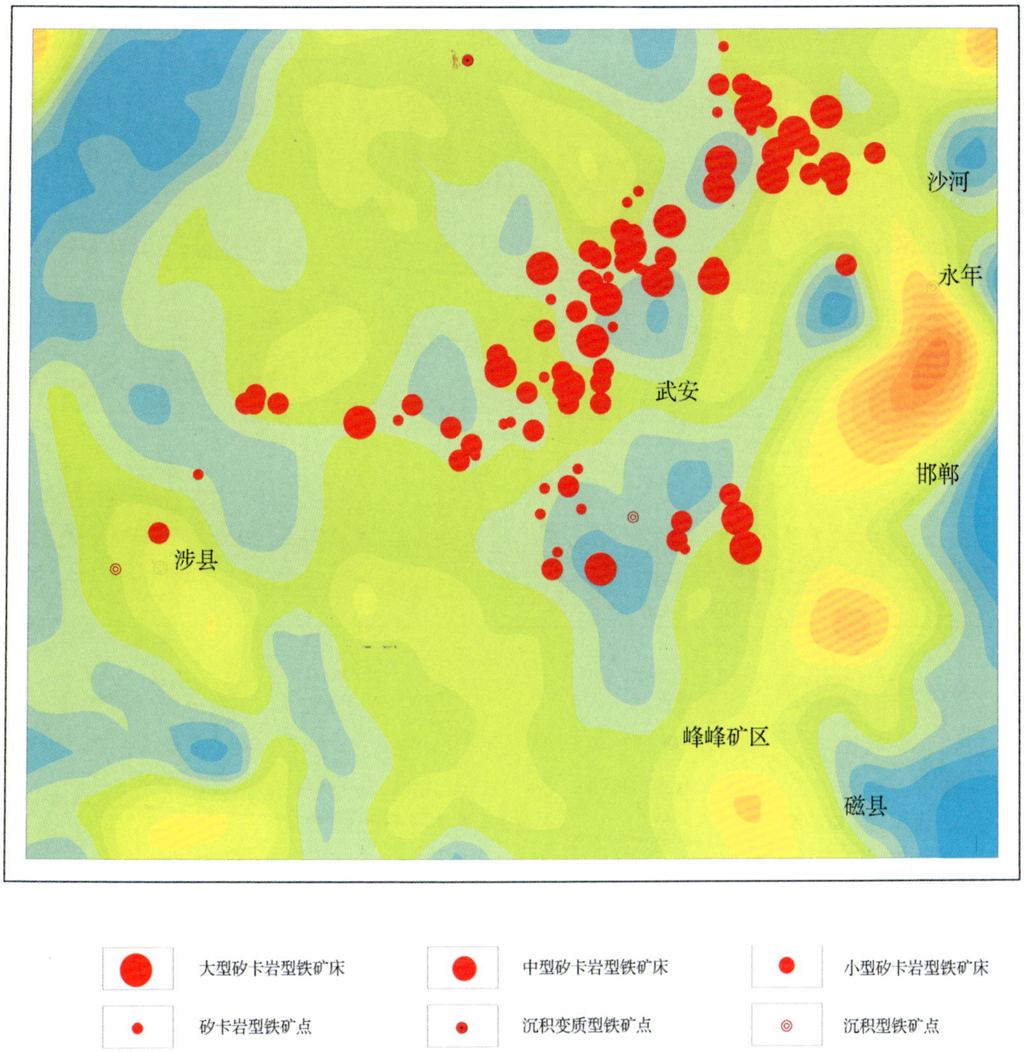

图 5-9　河北省邯-邢铁矿预测工作区剩余重力异常图

3. 重力推断地质构造成果

该区重力推断断裂有 10 条，其中：一级断裂 2 条、二级断裂 1 条、三级断裂 7 条。区内断裂走向主要为北北东向、北东向、北西向及近南北向，区内的侵入岩体和矿产受北西向和北东向两组断裂控制。

重力圈定中酸性侵入岩体共 3 个，属于隐伏岩体 1 个、半隐伏岩体 2 个。圈出的岩体主要是隐伏、半隐伏的中酸性岩体。中性岩体是区内矽卡岩型铁、铜矿的主要成矿母岩。

重力圈出盆地共 4 处，均为新生代沉积盆地。

重力圈出碳酸盐岩分布区共 3 处(其中：古生代 2 处、中新元古代 1 处)。古生代碳酸盐岩是该区矽卡岩型铁、铜矿重要的成矿围岩。推断结果如图 5-10 所示。

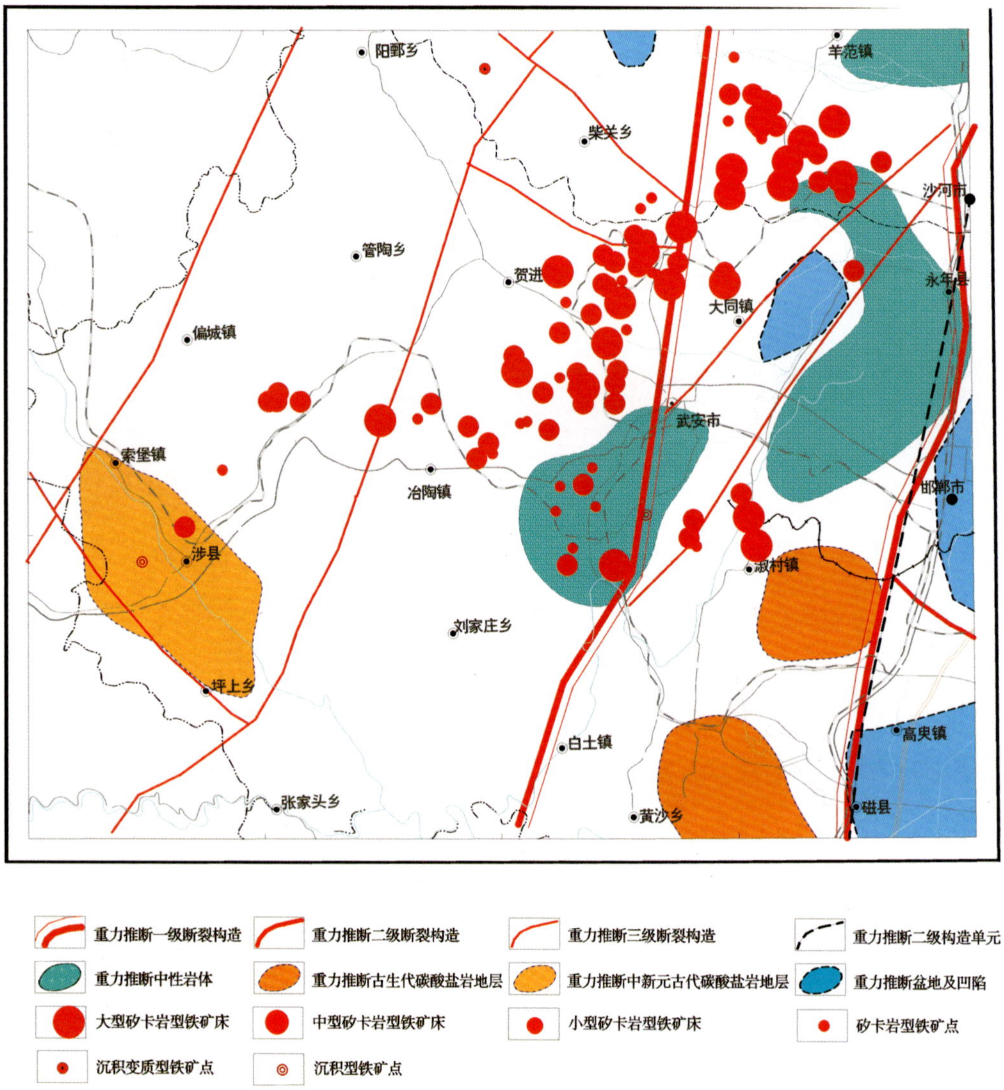

图 5-10　河北省邯-邢铁矿预测工作区重力推断地质构造成果图

第二节　铝矿预测重力资料应用成果

河北省铝土矿主要分布于唐山开平、石家庄井陉、邯郸峰峰和武安等地，构造位置分别属于马兰峪复式背斜开滦台凹、沁源台陷、太行拱断束赞皇穹断束、武安凹断束。含矿地层以中石炭统本溪组海陆交互相地台型煤系地层为主，规模一般为中小型矿床，本次预测工作仅对赋存于中石炭统本溪组底部(G 层)铁铝质泥岩中的铝土矿进行预测。铝土矿典型矿床研究如下。

铝土矿的成因类型为产于碳酸盐岩侵蚀面上的水型化学沉积矿床。

根据含矿岩系的空间分布(凹陷盆地)及矿床特征，本次工作划分为 1 个预测类型，即古风化壳型沉积铝土矿，研究的典型矿床为 3 个，现将其中重要的武安县和村铝土矿典型矿床研究成果叙述如下。

1. 地质概况

矿区位于华北地台山西断隆武安凹陷带，属半闭塞滨海-潟湖相环境。矿层下伏地层为中下石炭统马家沟组灰岩，形成于马家沟组上部古风化壳。矿石呈致密块状、鲕豆状、碎屑状、隐晶质、胶状。

2. 重磁异常特征

1)区域重磁异常特征(图 5-11)

在 1∶20 万布格重力异常图上，矿床位于重力梯级带向东南略微突出形成的弧形部位。在剩余重力异常图上，矿床处在圈闭的北西向局部重力低异常内，推断局部重力低异常可能是半隐伏中性岩体的反映。

在 1∶20 万航磁 ΔT 等值线平面图及航磁 ΔT 化极等值线平面图上，矿床均处于大范围负磁场中。在化极垂向一阶导数等值线平面图上，矿床处在正负交界偏于正磁场一侧，磁场明显与铝矿无关，主要是古生代沉积盖层的反映。

2)局部磁异常特征(图 5-12)

1∶5 万航磁无明显磁异常。矿床处在低缓平稳的正磁场背景中，化极后为明显的负磁场。航磁剖面平面图及 ΔT 等值线平面图的低缓平稳正背景场可能是基点选择不合理所致。

3. 重磁场对矿床的指示作用

重磁场对铝矿没有直接找矿作用，但重磁场的低缓背景却间接反映了铝矿成矿环境——沉积盆地的存在。

第三节　金矿预测重力资料应用成果

河北省金矿是我国东部金矿成矿带的重要组成部分，有着得天独厚的金矿成矿地质条件和可观的金矿资源优势。据初步统计，全省目前已知金矿产地 70 处，其中：特大型金矿床 1 处、大型金矿床 4 处、中型金矿床 9 处、小型金矿 52 处、伴生金矿 4 处。主要集中分布在冀东的迁西县、青龙县、宽城县、遵化县，冀东北的平泉县、丰宁县，冀西北的宣化县、崇礼县、赤城县，以及冀西的灵寿县、易县等地。

一、金矿典型矿床研究

本项目研究的典型金矿床共 9 处，矿床预测类型有变质岩改造型、长城式岩浆热液改造型、碱性杂岩型、花岗岩型、绿岩型。现将其中重要的迁西县金厂峪变质改造型金矿典型矿床研究成果叙述如下。

金厂峪金矿位于河北省迁西县金厂峪镇境内，金厂峪矿段北起黑石峪西沟，南至金厂峪三道

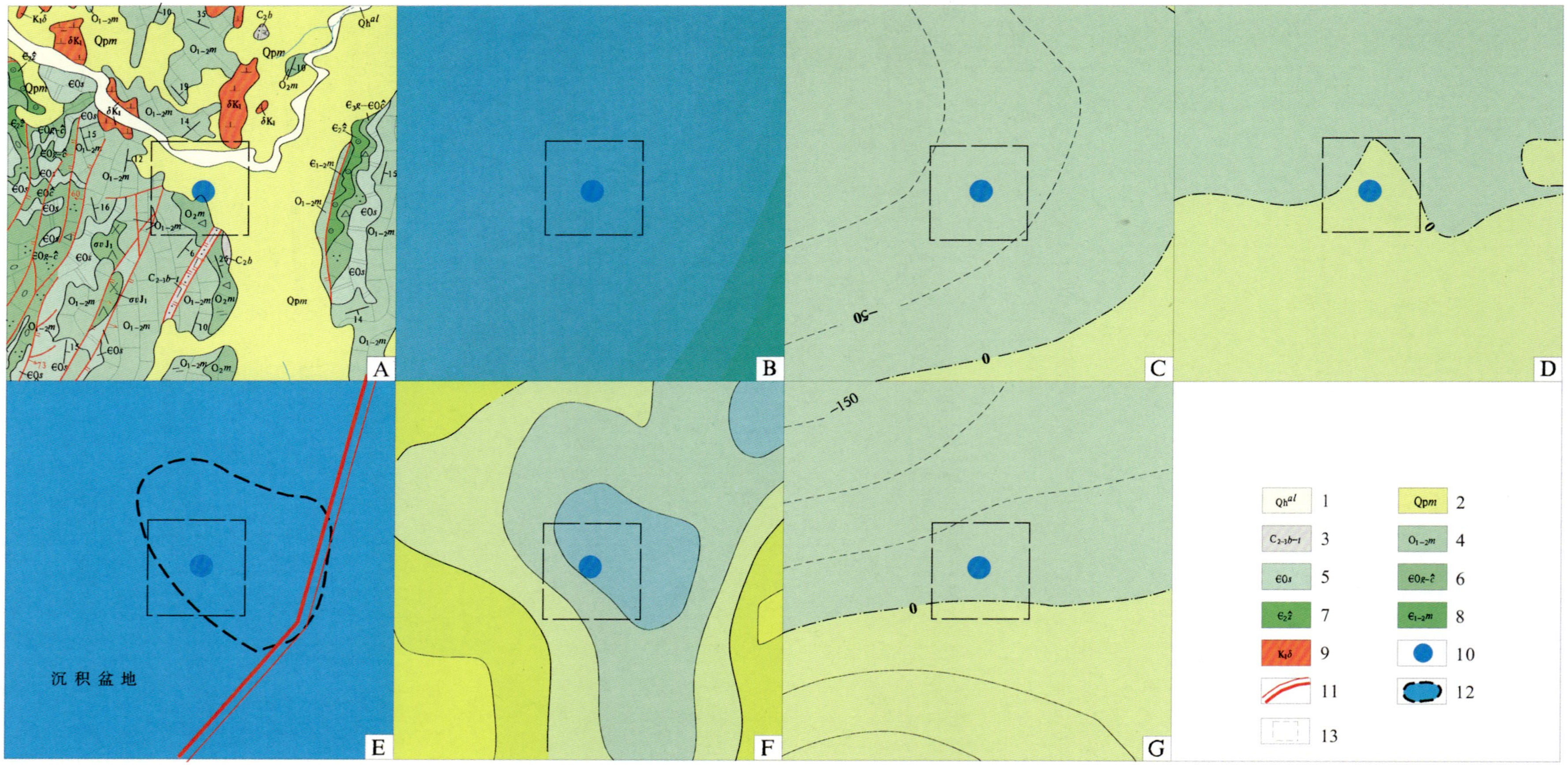

图 5-11　河北省武安县和村铝土矿床所在区域地质矿产及物探剖析图

A—地质矿产图；B—布格重力异常图；C—航磁 ΔT 等值线平面图；D—航磁 ΔT 化极垂向一阶导数等值线平面图；E—重磁推断地质构造图；F—剩余重力异常图；G—航磁 ΔT 化极等值线平面图；1—第四系全新统冲积；2—第四系更新统马兰组；3—石炭系太原组；4—奥陶系马家沟组；5—下奥陶统三山子组；6—上寒武统；7—寒武系张夏组；8—寒武系馒头组；9—白垩纪闪长岩；10—典型矿床所在位置；11—重磁推断一级断裂；12—重磁推断中性岩体；13—典型矿床所在地区范围

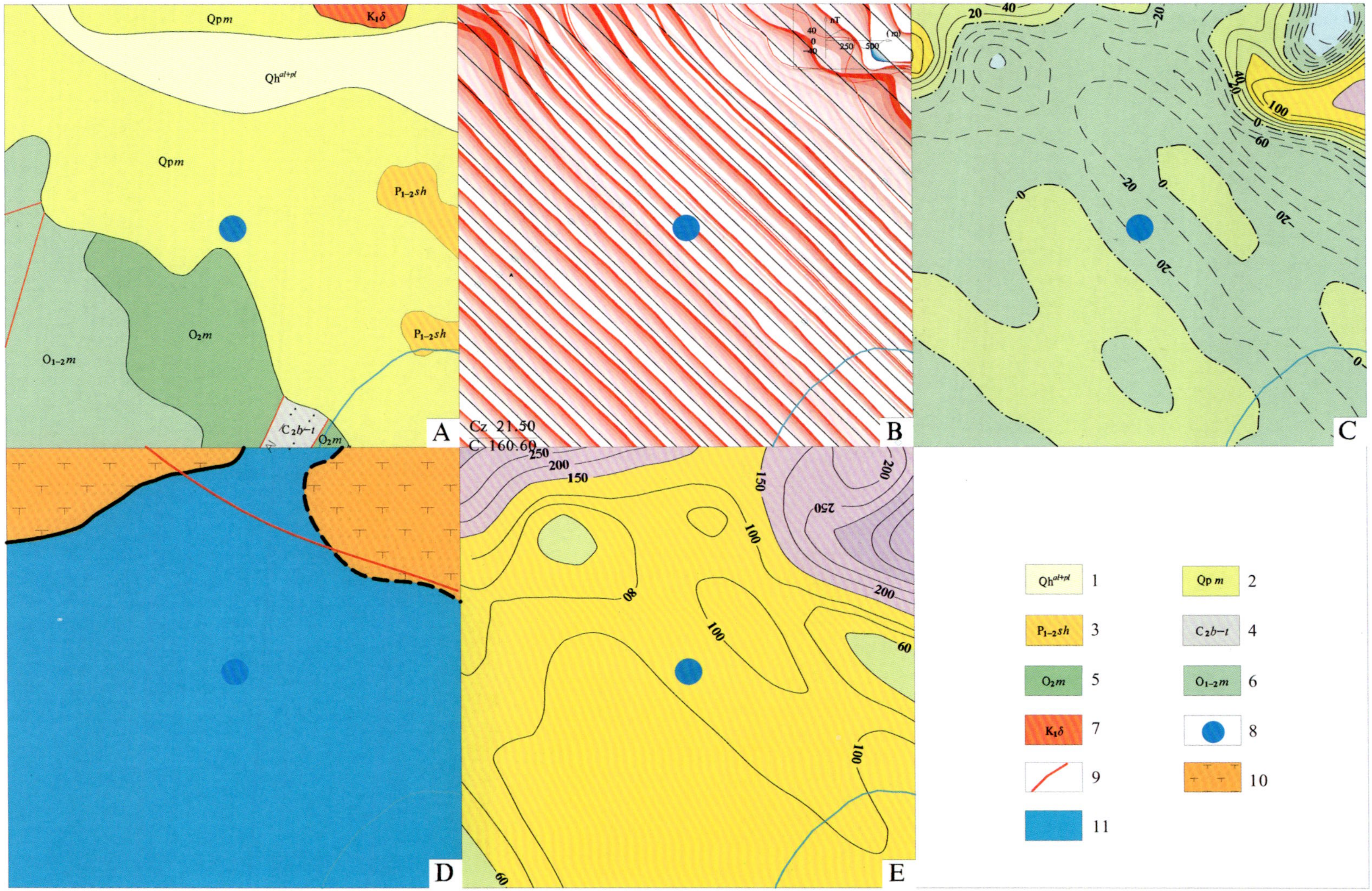

图 5－12 河北省武安县和村铝土矿所在地区地质矿产及物探剖析图

A—地质矿产图；B—航磁 ΔT 剖面平面图；C—航磁 ΔT 化极垂向一阶导数等值线平面图；D—航磁推断地质构造图；E—航磁 ΔT 化极等值线平面图；1—第四系全新统冲洪积物；2—第四系更新统马兰组；3—二叠系石盒子组；4—中石碳统；5—中奥陶统马家沟组；6—中下奥陶统马家沟组；7—早白垩世闪长岩；8—典型矿床所在位置；9—磁法推断三级断裂；10—磁法推断中基性岩类；11—航磁推断沉积盆地

沟，矿区中心地理坐标为东经 118°26′26″，北纬 40°18′50″，为一已探明的大型金矿床。

（一）地质概况

矿床成矿环境为陆壳深断裂岩浆活动带，受金厂峪韧性剪切带控制。矿床产于太古宇变质岩系，主要岩性为变辉长岩，矿床西侧为中生代燕山旋回贾家山花岗岩体，与成矿关系密切。

矿体的产出形态受复脉带控制，矿体多呈脉状、不规则状、扁豆状、雁行状、“入”字状、“N”字状等分布于复脉带中，主要位于脉带的中心部位。矿体规模：矿体一般长 50～150m，最长 890m；厚 1～6m，最厚 40 余米；单个矿体延深可达 300m。矿石矿物成分有黄铁矿（8%±）、黄铜矿、方铅矿、闪锌矿、辉钼矿、自然金、含银自然金，脉石矿物有绢云母、绿泥石、石英、铁白云石（方解石）、钠长石。矿石结构有中粗粒结构、细粒粉末状结构、碎裂结构、交代结构、固溶体分解结构和包含结构。矿石构造有块状构造、脉状构造、网脉状构造、浸染状构造、角砾状构造、团块状构造及蜂窝状构造。围岩蚀变可分为 3 期，早期阶段形成广泛而强烈的蚀变，主要类型有钾化、钠化、碳酸盐化和硅化，并有微弱的黄铁矿化，这一阶段矿化形成细脉浸染型矿床。中期阶段蚀变类型有硅化、绢云母化、钠长石化、碳酸盐化和黄铁矿化，矿化作用为形成石英脉型矿体。晚期阶段蚀变主要为碳酸盐化、钠长石化和硅化，矿化作用已非常微弱。

（二）重磁异常特征

1. 区域重磁异常特征

在 1∶20 万布格重力异常图上，矿床位于重力梯级带发生弯转的部位；在剩余重力异常图上，矿床处在重力高与重力低的过度带上，西部重力低对应的为青山口酸性岩体，东部重力低为肖营子花岗岩体的反映，重力高背景或重力高异常均反映为片麻岩地层（图 5-13）。

在 1∶20 万航磁 ΔT 等值线平面图上，矿床处于低缓的负磁场中；在航磁 ΔT 化极等值线平面图和化极垂向一阶导数等值线平面图上，矿床位于低缓的正磁场中，为基底隆起的反映。

2. 局部磁异常特征

在 1∶5 万航磁 ΔT 剖面平面图上，矿床处在低缓正磁异常的边部；在航磁 ΔT 化极等值线平面图上，矿床位于等值线弯曲变化的低缓正磁场中；在化极垂向一阶导数等值线平面图上，矿床及周围显示为负磁场（图 5-14）。磁场的变化反映了片麻岩磁性的不均匀。

3. 矿区磁异常特征

在 1∶2.5 万地磁 ΔZ 剖面平面图和等值线平面图上，矿床均处在负磁背景场中。在地磁 ΔZ 垂向一阶导数图上，矿床出现在正负磁场交界的正磁场一侧（图 5-15）。磁场的强弱变化反映了出露老地层磁性的不均匀性。

由图 5-16 可见：在含金石英脉存在的地段上（点号 100～60 号段），联合剖面法视极化率 AO、BO 两曲线出现反交点，表明存在高极化体；中间梯度法极化率出现较高值（$\eta_s>6\%$），自然电位法剖面曲线出现低电位（$U_{DHZ}\leqslant-20\text{mV}$），表明电法联合剖面法、中间梯度法、自然电位法对含金石英脉反映明显，具有高极化、低电位特征；磁测 ΔZ、放射性 I_{FG} 及视电阻率 ρ_s 剖面则基本没有反映。

（三）重磁场对矿床的指示作用

1∶20 万重力场对寻找该类型金矿有间接指示作用：重力低对应的为成矿岩体——青山口酸性岩体，重力高反映了成矿地层太古宇变质岩系——变辉长岩的存在。磁场无明显作用。

归纳汇总的地质、地球物理特征及提取的预测要素如下。

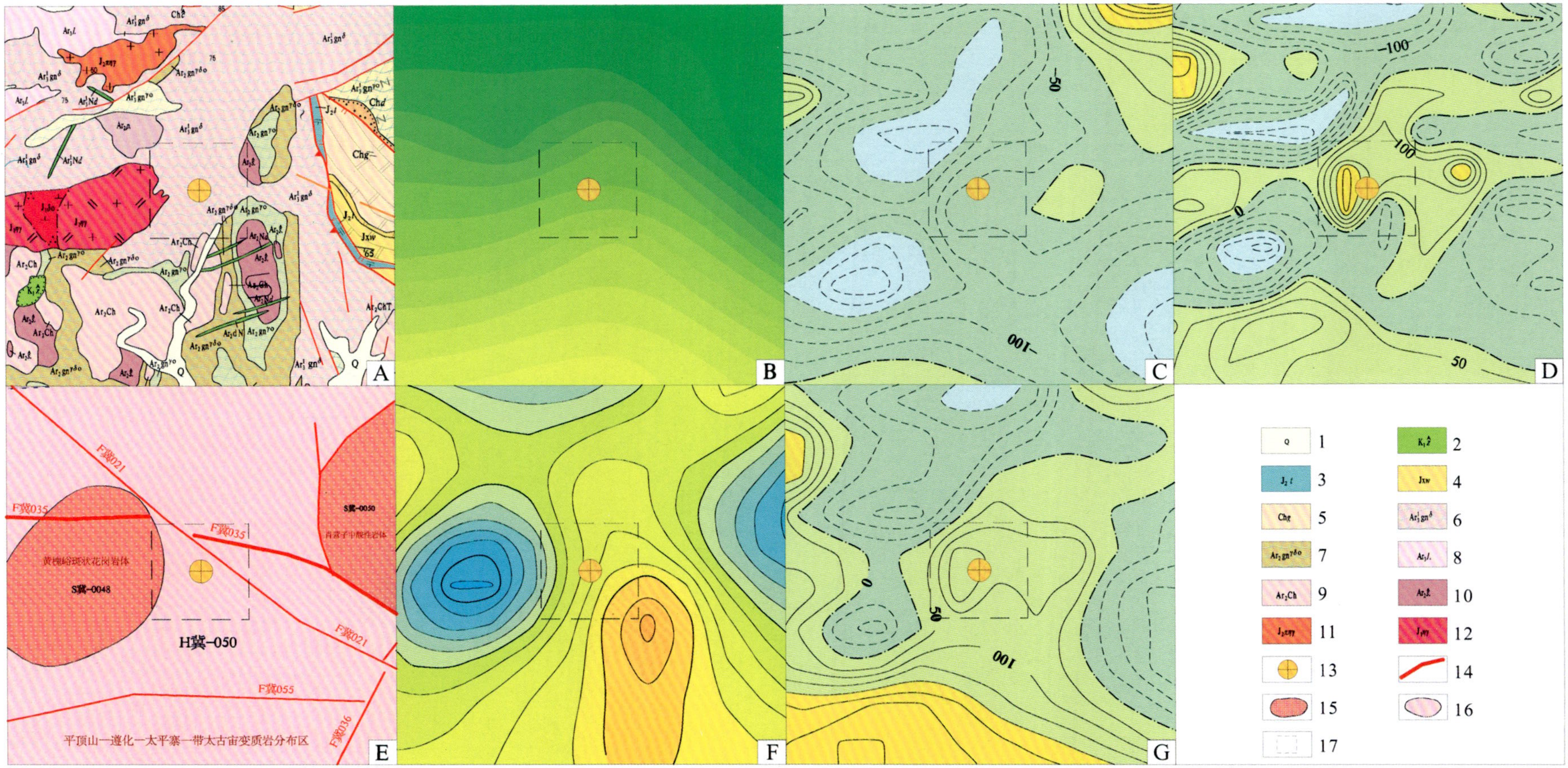

图 5-13　河北省迁西县金厂峪金矿床所在区域地质矿产及物探剖析图

A—地质矿产图；B—布格重力异常图；C—航磁 ΔT 等值线平面图；D—航磁 ΔT 化极垂向一阶导数等值线平面图；E—重磁推断地质构造图；F—剩余重力异常图；G—航磁 ΔT 化极等值线平面图；1—第四系；2—白垩系张家口组；3—侏罗系髫髻山组；4—蓟县系雾迷山组；5—长城系高于庄组；6—新太古代小关庄片麻岩；7—中太古代三屯营片麻岩；8—新太古代遵化岩群滦阳岩组；9—中太古代太平寨紫绀苏花岗岩；10—中太古代迁西岩群水厂岩组；11—侏罗纪斑状二长花岗岩；12—侏罗纪二长花岗岩；13—典型矿床所在位置；14—重磁推断二级断裂；15—重磁推断中酸性岩体；16—重磁推断太古宙变质岩；17—典型矿床所在地区范围

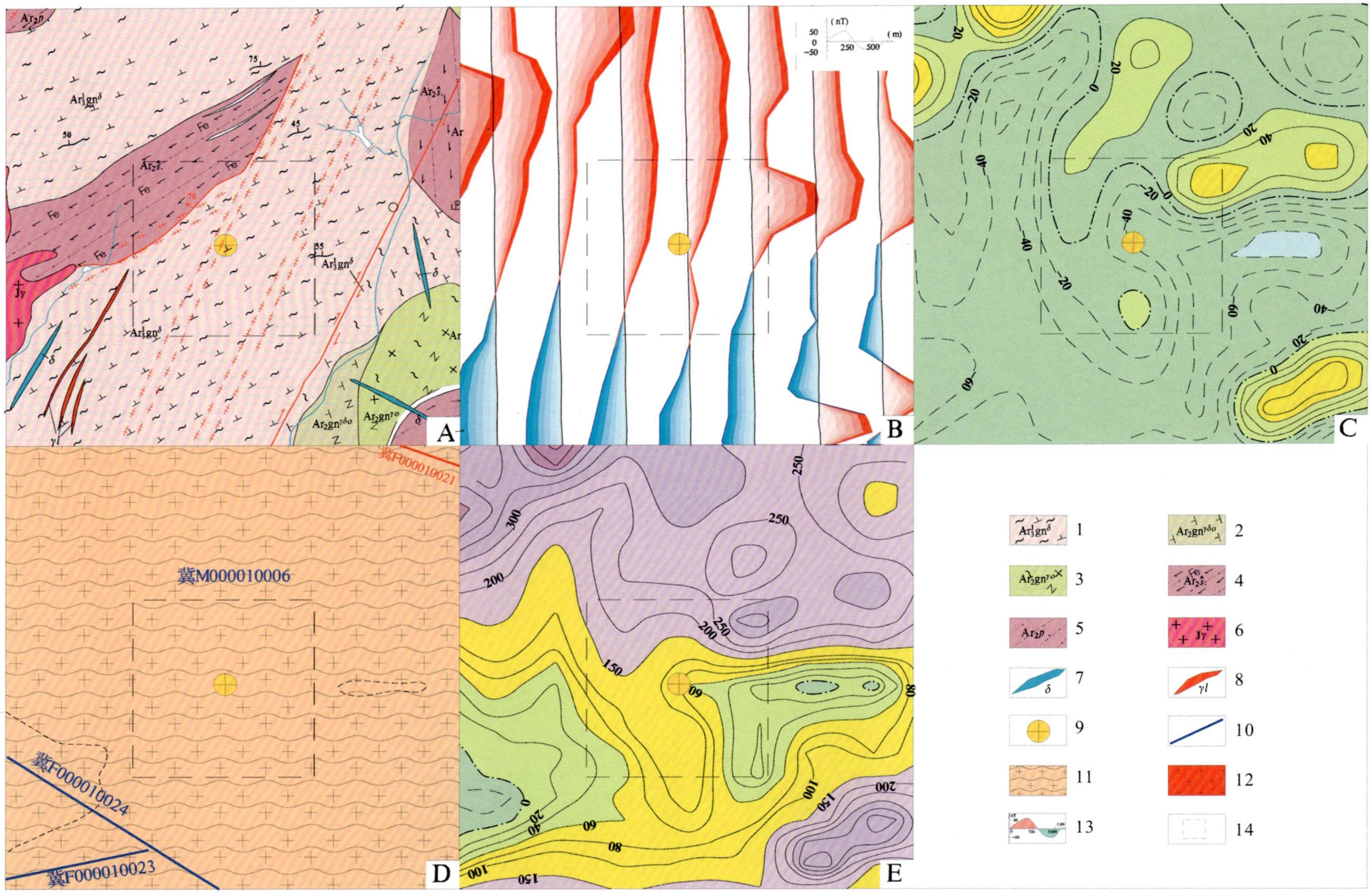

图 5-14　河北省迁西县金厂峪金矿所在地区地质矿产及物探剖析图

A—地质矿产图；B—航磁 ΔT 剖面平面图；C—航磁 ΔT 化极垂向一阶导数等值线平面图；D—航磁推断地质构造图；E—航磁 ΔT 化极等值线平面图；1—新太古代早期小关庄片麻岩；2—中太古代三屯营片麻岩；3—中太古代龙新庄片麻岩；4—中太古代迁西岩群水厂岩组；5—中太古代迁西岩群平林镇岩组；6—侏罗纪酸性侵入岩；7—闪长岩脉；8—花岗细晶岩脉；9—典型矿床所在位置；10—磁法推断三级断裂；11—磁法推断变质岩地层；12—磁法推断酸性侵入岩体；13—航磁 ΔT 平剖图；14—典型矿床所在范围

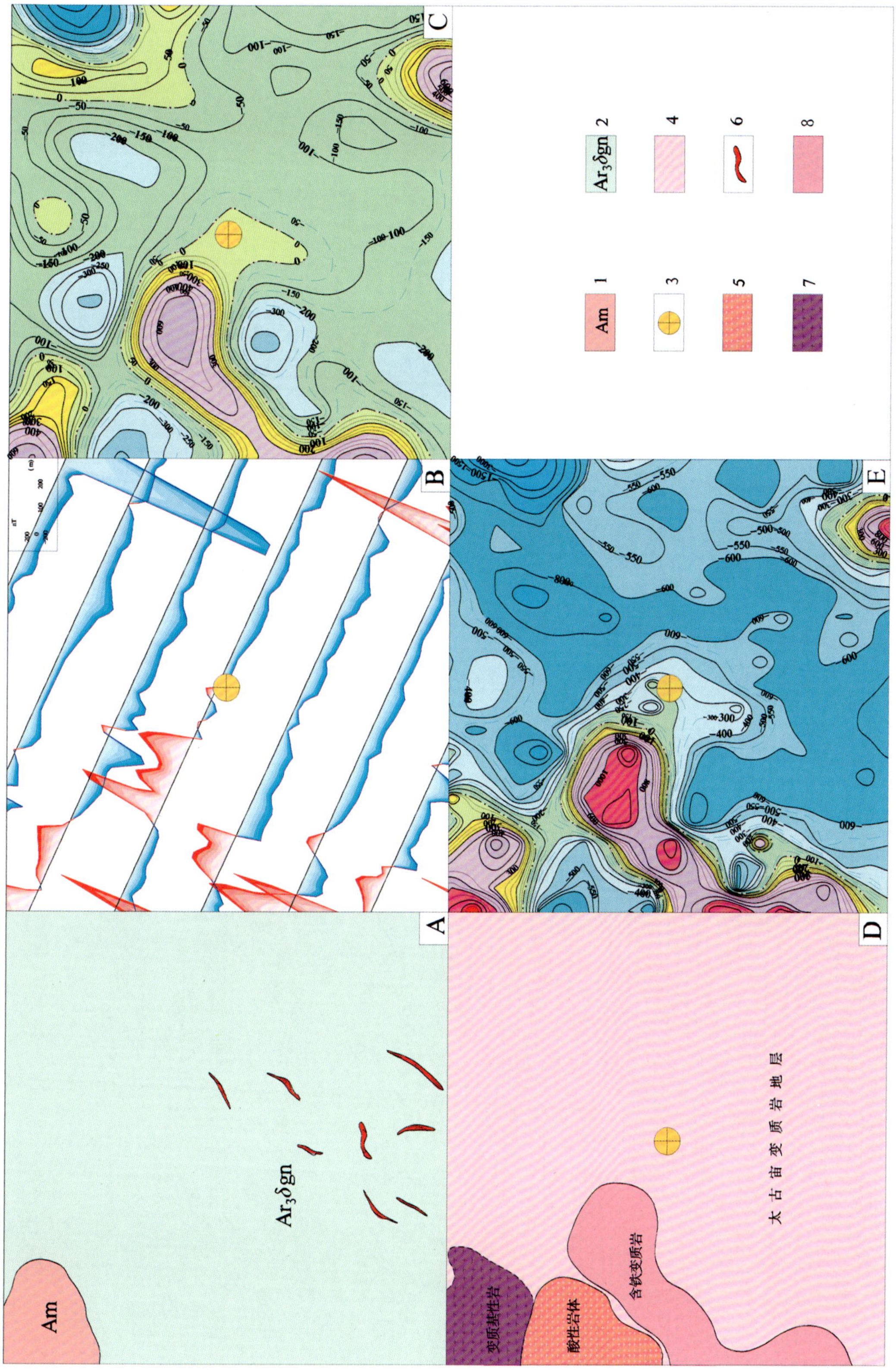

图 5-15　河北省迁西县金厂峪金矿所在地区地质矿产及物探剖析图

A—地质矿产图；B—地磁 ΔZ 剖面平面图；C—地磁 ΔZ 垂向一阶导数等值线平面图；D—地磁推断地质构造图；E—地磁 ΔZ 等值线平面图；1—斜长角闪岩；2—闪长质片麻岩；3—典型矿床所在位置；4—推断太古宙变质岩；5—推断酸性岩体；6—金矿脉；7—推断变质基性岩；8—推断含铁变质岩

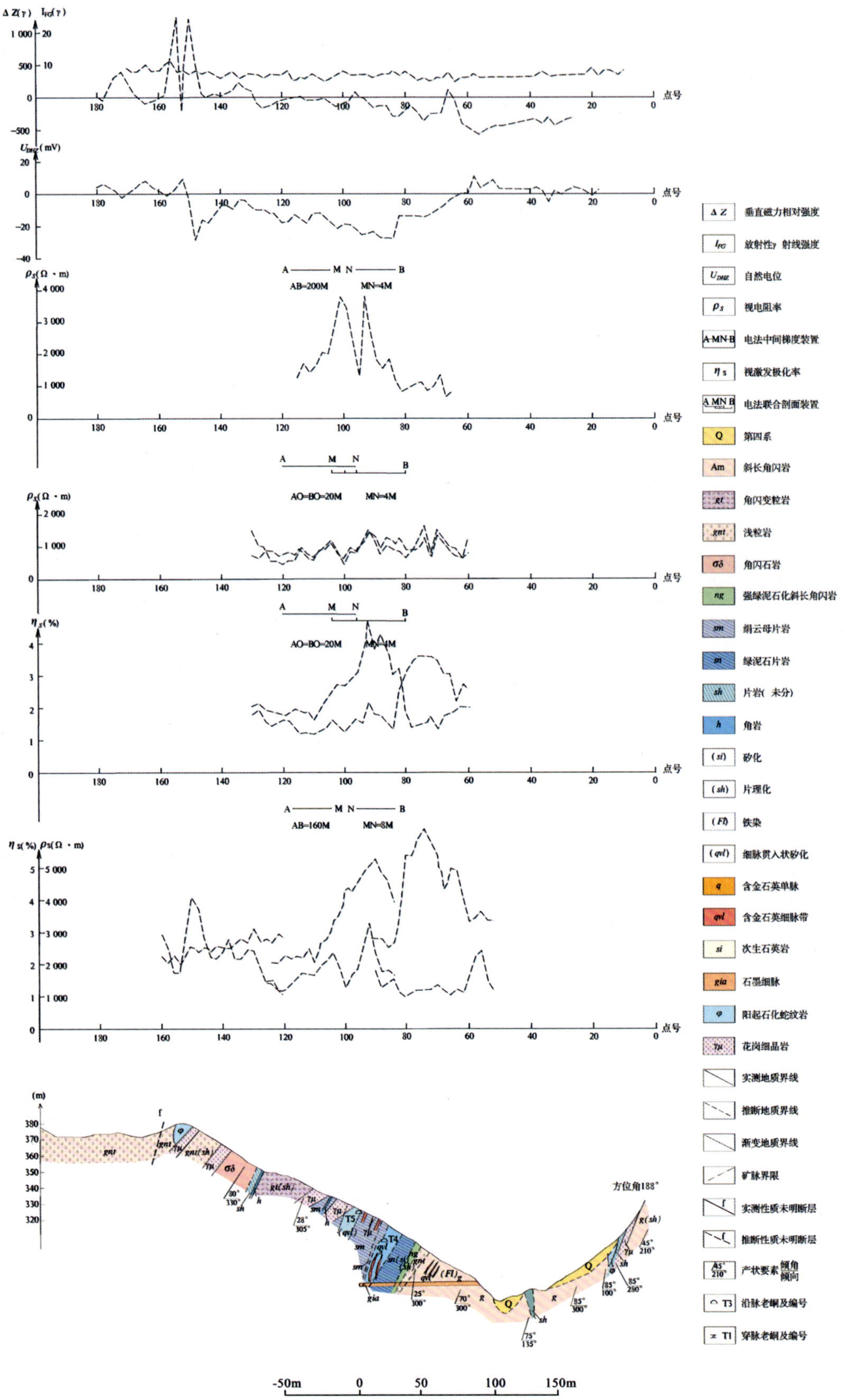

图5-16　河北省迁西县金厂峪金矿区第Ⅱ综合剖面图

1. 成矿地质作用

(1)成矿地层。太古宇变质岩系,主要岩性为变辉长岩。

(2)成矿岩体。中生代燕山旋回青山口岩体,主体相为花岗岩。

(3)成矿时代。中生代燕山晚期。

2. 成矿构造体系

(1)控矿构造。金厂峪韧性剪切带。

(2)控矿条件。受区域东西向、北东向深断裂控制。

(3)成矿环境。陆壳深断裂岩浆活动带。

3. 成矿特征

(1)矿体形态。矿体的产出形态受复脉带控制,矿体多呈脉状、不规则状、扁豆状、雁行状、"入"字状、"N"字状等分布于复脉带中,主要位于脉带的中心部位。

(2)矿体产状。北东 25°～30°,倾向以南东向为主,倾角 40°～70°。

(3)蚀变特征。早期阶段形成广泛而强烈的蚀变,主要类型有钾化、钠化、碳酸盐化和硅化,并有微弱的黄铁矿化,这一阶段矿化形成细脉浸染型矿床。中期阶段蚀变类型有硅化、绢云母化、钠长石化、碳酸盐化和黄铁矿化,矿化作用为形成石英脉型矿体。晚期阶段蚀变主要为碳酸盐化、钠长石化和硅化,矿化作用已非常微弱。

二、金矿预测工作区重力资料解释应用成果

河北省金矿按控矿地质构造背景和地理位置,可划分为冀东金矿集中区、冀东北(承德地区)金矿集中区、冀西北(张家口地区)金矿集中区和冀西(太行山)金矿集中区。其中尤以冀东金矿集中区成矿地质条件优越、资源丰富、产金量大而闻名全国,故现选择其中的遵化宽城预测成果陈述如下。

(一)地质概况

该工作区位于冀东铁矿预测工作区的中部偏北,承德市滦平县城至平泉县许杖子一线以南,兴隆县靠山集—遵化三屯营—青龙县安子岭一带以北,整体为一近东西向宽缓的复式背斜构造(马兰峪复式背斜),四周被断裂围限。背斜核部为太古宙变质基底,南、北两翼为中新元古代和古生代盖层。区内断裂构造发育,数量多,规模较大,主要以北东向断裂为主,其次为近东西向、北西向及近南北向断裂。其中北东向断裂对区内燕山期岩浆活动与金及多金属矿含矿热液的运移、成矿物质从围岩中的萃取乃至成矿具有明显的控制作用。本区属冀北-燕辽-太行叠加岩浆岩带的燕辽岩浆岩亚带,侵入岩时代主要为中生代、中元古代,并含少量晚古生代侵入体。区内侵入岩发育规模较大,工作区西部为雾灵山、千层背、寿王坟岩体,东部有都山岩体、肖营子岩体等。区内地层以太古宙变质岩地层为主,盆地内分布中生代火山岩盖层。断裂构造发育。

(二)重力场特征

预测区布格异常以一个规模很大的相对重力低值区为主,异常总体相对较平稳,没有明显的梯级带,布格异常区域异常和布格异常没有明显的规律。布格异常幅值在 $-50\times10^{-5}\sim-20\times10^{-5}$ m/s^2 之间变化,区内西北部较东南部形成相对重力低,东南部有一明显的局部重力低,从剩余异常图来看,局部异常较密集,背景场低缓,总体上没有明显的走向,反映区内岩浆活动强烈、期次多、岩性复杂,如图 5-17 所示。

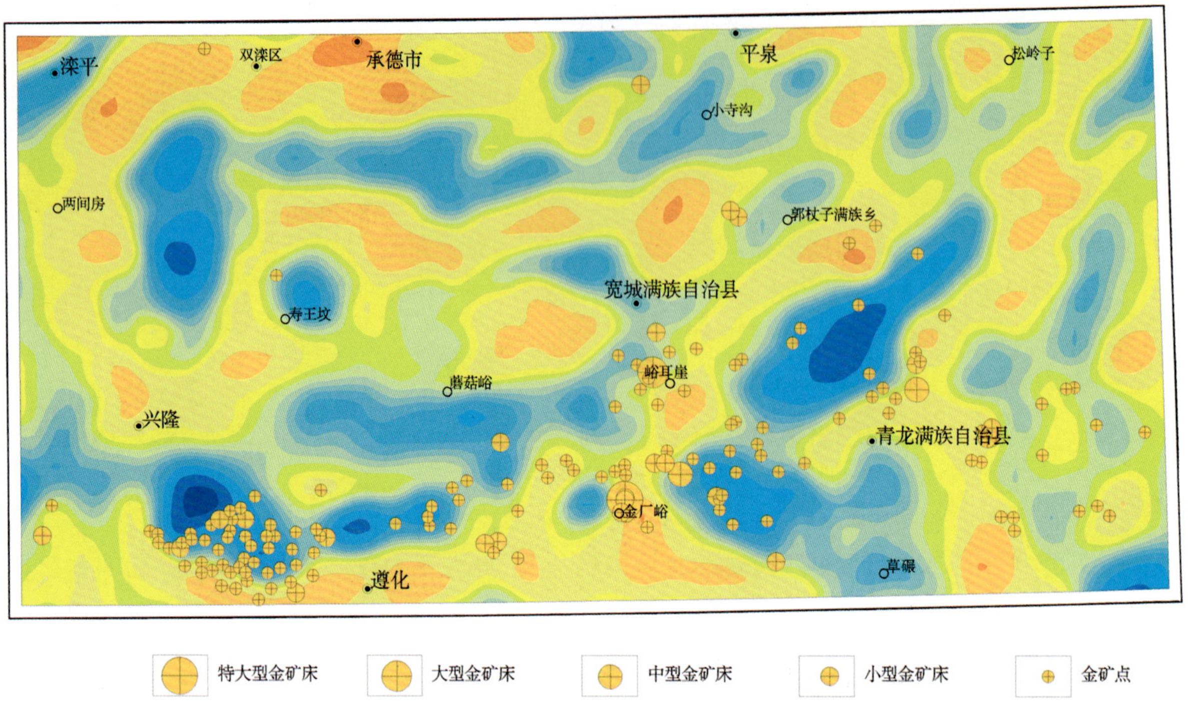

图 5-17　河北省遵化宽城金铜铅锌矿预测工作区剩余重力异常图

（三）重力推断地质构造成果

该区重力推断断裂构造共 16 条，其中：一级断裂 2 条、二级断裂 4 条、三级断裂 10 条。区内断裂走向主要为北东向、近东西向和北西向 3 组，区内的侵入岩体明显受北东向和北西向两组断裂控制。金铜铅锌矿主要受北东向断裂构造控制。

重力圈定侵入岩体 20 处，其中：中酸性岩体 19 处，基性、超基性 1 处，属于隐伏岩体 6 处、半隐伏岩体 12 处、出露 2 处。圈出的岩体主要是隐伏、半隐伏的中酸性岩体。部分燕山期中酸性岩体与区内的金铜铅锌矿成矿关系密切。

重力圈出盆地 7 处，其中：中生代火山沉积盆地 6 处、新生代断陷盆地 1 处。

重力圈出太古宙变质岩地层区 15 处，中新元古代碳酸盐岩分布区 5 处。区内局部变质岩地层区与金矿成矿有关，推断结果如图 5-18 所示。

第四节　铅锌银矿预测重力资料应用成果

河北省铅锌矿多为共生矿，在自然界常常相伴产出。全省目前已发现铅锌银矿床约 40 处，其中：大型 2 处（锌矿）、中型 13 处（锌矿 6 处、铅矿 2 处、银矿 5 处）、小型 25 处，发现的铅锌银矿点 80 余处。主要集中分布在冀东的青龙县、兴隆县、宽城县，冀东北的围场县、隆化县、承德县、张北县、平泉县、丰宁县，冀西北的赤城县、怀来县—涿鹿县，以及冀西的涞源县、阜平县、易县等地。

本项目研究的典型铅锌银、铅锌及铅锌硫铁矿床 9 处，矿床预测类型主要有热液脉型、斑岩型、火山—次火山热液型、矽卡岩型和沉积型，下面介绍其中重要的涞源县廉巴岭热液型铅锌矿及张北县蔡家营火山—次火山热液型铅锌银矿典型矿床研究成果。

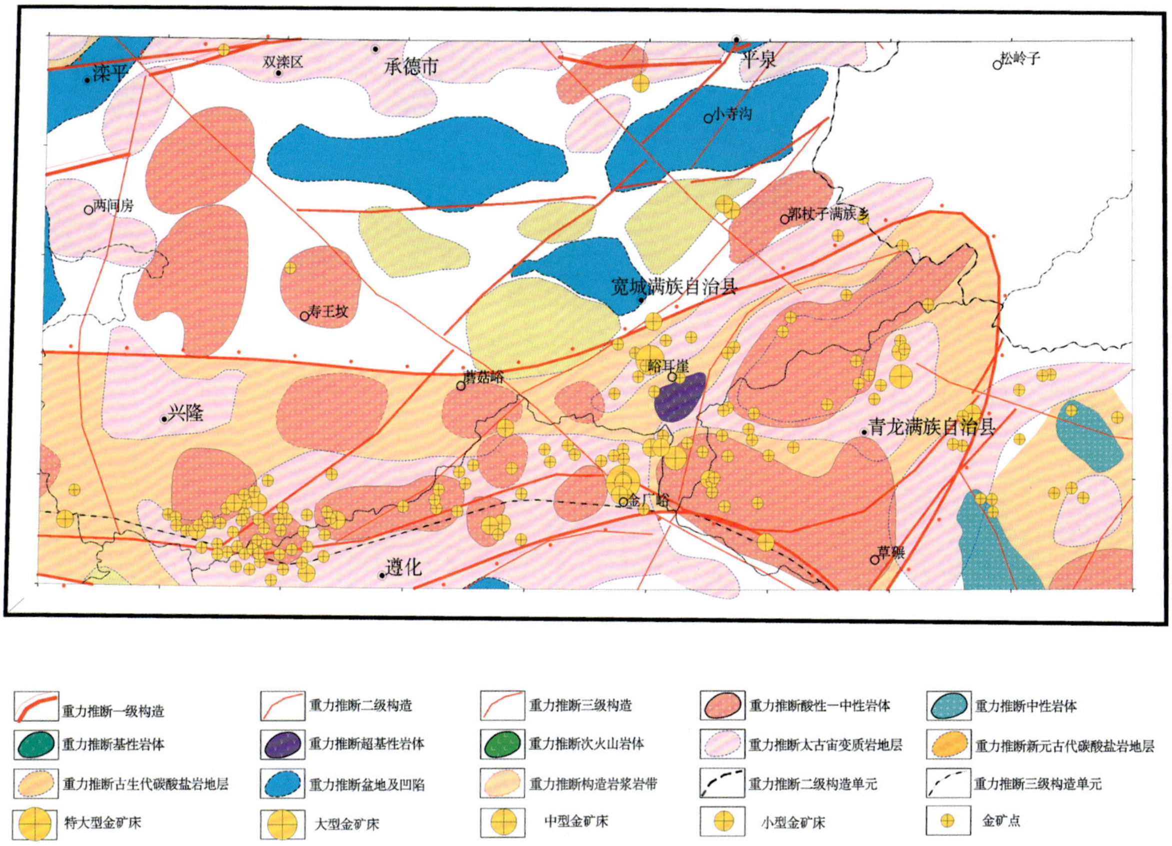

图 5－18　河北省遵化宽城金铜铅锌矿预测工作区重力推断地质构造图

一、涞源县廉巴岭热液型铅锌矿床

(一)地质概况

该矿床产于乌龙沟-上黄旗深断裂带上。与成矿有关的地层为蓟县系雾迷山组燧石条带白云岩,岩体为中生代燕山岩浆旋回第三期(斑状)二长花岗岩、花岗闪长岩。

区内矿体呈脉状、透镜体状(图 5－19),在约 80km^2 范围内共发现矿脉 120 余条,主要密集于南部接触带附近,自南往北由密而疏,成群成带分布。矿石矿物有黄铁矿、闪锌矿、方铅矿、黄铜矿、磁黄铁矿,脉石矿物有石英、方解石、重晶石、绿泥石、滑石等。矿石结构为自形粒状结构、半自形—他形粒状结构、固溶液分解结构、环状结构,分布较少的有残余结构、交叉结构、骸晶结构。矿石构造为致密块状、浸染状、条带状、晶簇状、花斑状及交错构造。围岩蚀变有大理岩化、蛇纹石化、绿帘石化、矽卡岩化、滑石化、绿泥石化、绢云母化、硅化、碳酸盐化、高岭土化、重晶石化、黄铁矿化、褐铁矿化等,分为面型和线型两种。

(二)重磁异常特征

1. 区域重磁异常特征(图 5－20)

在 1∶20 万布格重力异常图上,矿床位于重力场形成的局部近等轴状低值区的边部。在剩余重力异常图上,矿床处在局部重力低异常的边部,南部重力低异常由王安镇中酸性岩体引起,北部

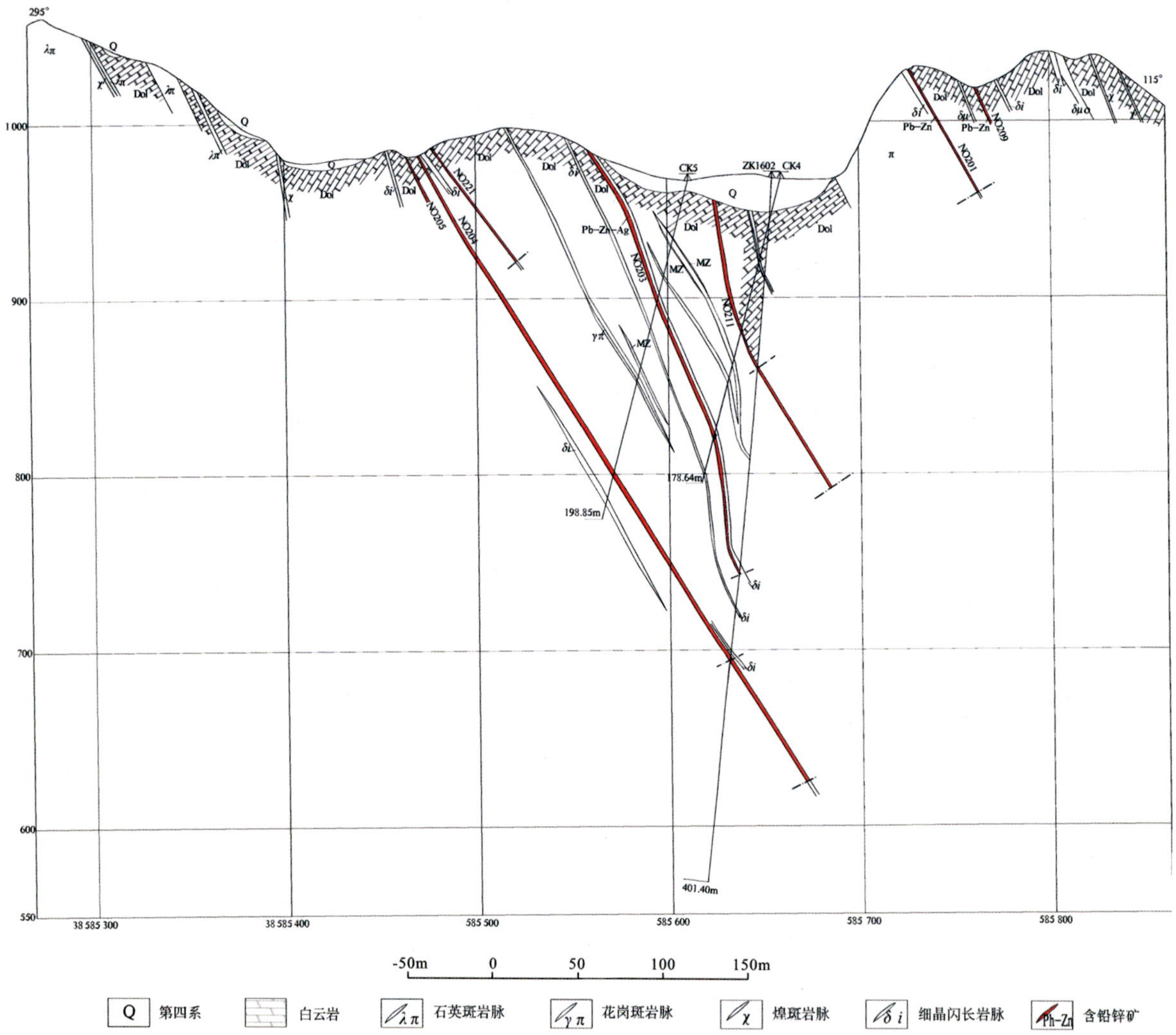

图 5－19　河北省涞源县廉巴岭铅锌矿区Ⅱ矿段第 16 勘探线剖面图

的相对重力高与出露的中新元古界碳酸盐岩吻合。

在 1∶20 万航磁 ΔT 三种图上，矿床均处于低缓正磁场中或正负磁场交界处，结合地质情况认为：南部变化正磁场区是出露燕山期中酸性岩体不同岩相的反映，相对高值磁场区反映岩体岩性偏中性，相对低值磁场区反映岩性偏酸性。

2. 局部磁异常(图 5－21)

1∶5 万航磁与 1∶20 万航磁特征基本相同。由于受北东向和近东西向断裂构造的控制和影响，异常呈明显北东走向及扭曲变化。航磁 ΔT 化极和化极垂向一阶导数等值线平面图在中间部位圈出北东走向的正磁异常带，反映岩体中间向北倾伏。

3. 局部磁异常(图 5－22)

在 1∶5 万地磁 ΔZ 剖面平面图、等值线平面图和 ΔZ 垂向一阶导数图上，矿床均处于低缓负磁背景场中，西南部出现相对高值磁异常区，与出露的中酸性岩体相吻合；东部及北部的负磁场背景区对应的为中新元古界碳酸盐岩。

(三)重磁异常对矿床的指示作用

1∶20 万重磁场对寻找该类型铅锌矿有间接指示作用，重力低、磁力相对高为成矿岩体(王安

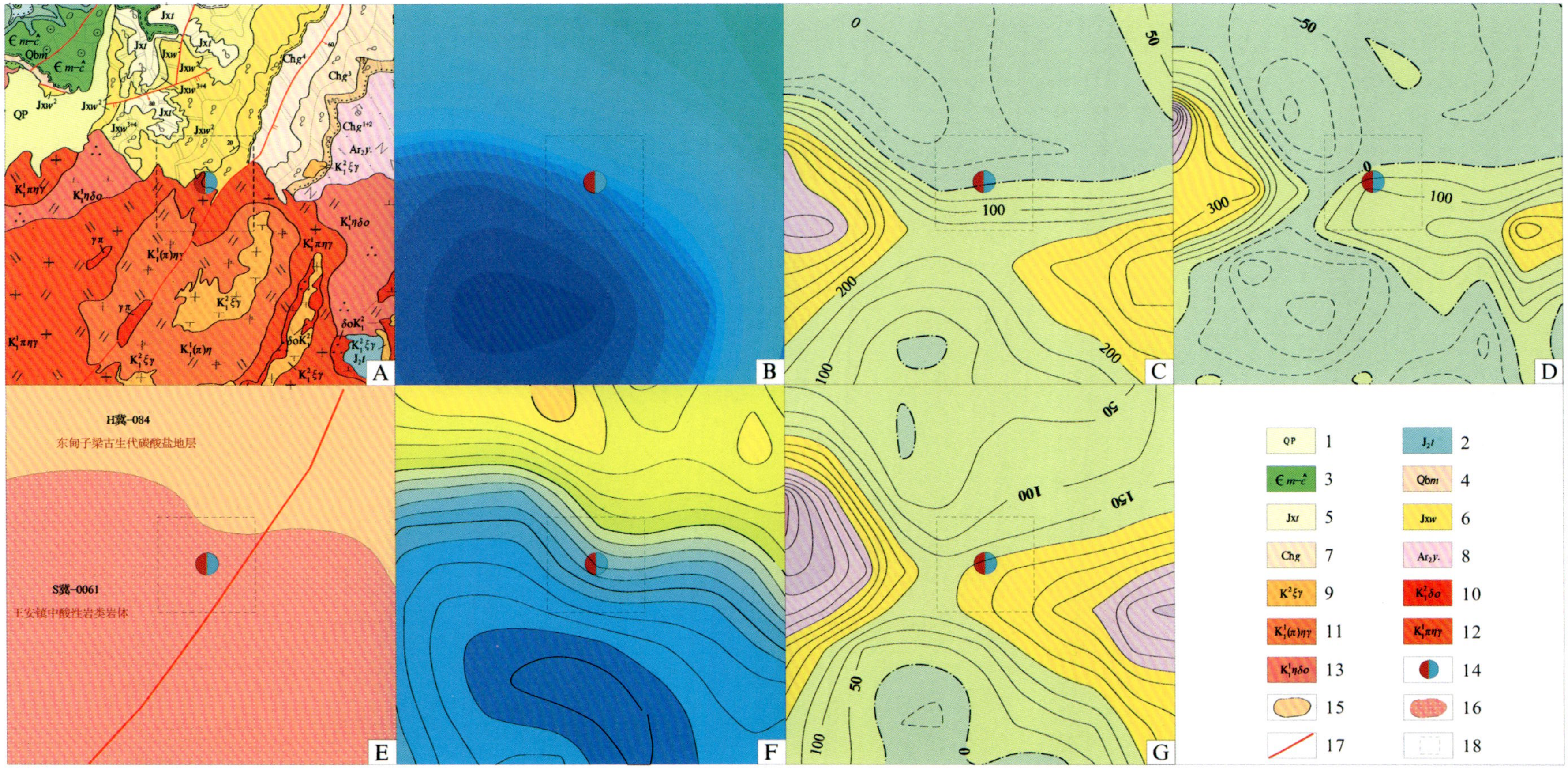

图 5－20　河北省涞源县镰巴岭铅锌矿床所在区域地质矿产及物探剖析图

A—地质矿产图；B—布格重力异常图；C—航磁 ΔT 等值线平面图；D—航磁 ΔT 化极垂向一阶导数等值线平面图；E—重磁推断地质构造图；F—剩余重力异常图；G—航磁 ΔT 化极等值线平面图；1—第四系全新统；2—侏罗系土城子组；3—下寒武统并层；4—下青白口系马岭组；5—蓟县系铁岭组；6—蓟县系雾迷山组；7—长城系高于庄组；8—中太古代陈庄岩群元坊岩组；9—白垩纪正长花岗岩；10—白垩纪石英闪长岩；11—白垩纪含斑二长花岗岩；12—白垩纪斑状二长花岗岩；13—白垩纪石英二长闪长岩；14—典型矿床所在位置；15—重磁推断古生代碳酸盐地层；16—重磁推断中酸性岩体；17—重力推断断裂构造；18—典型矿床所在地区范围

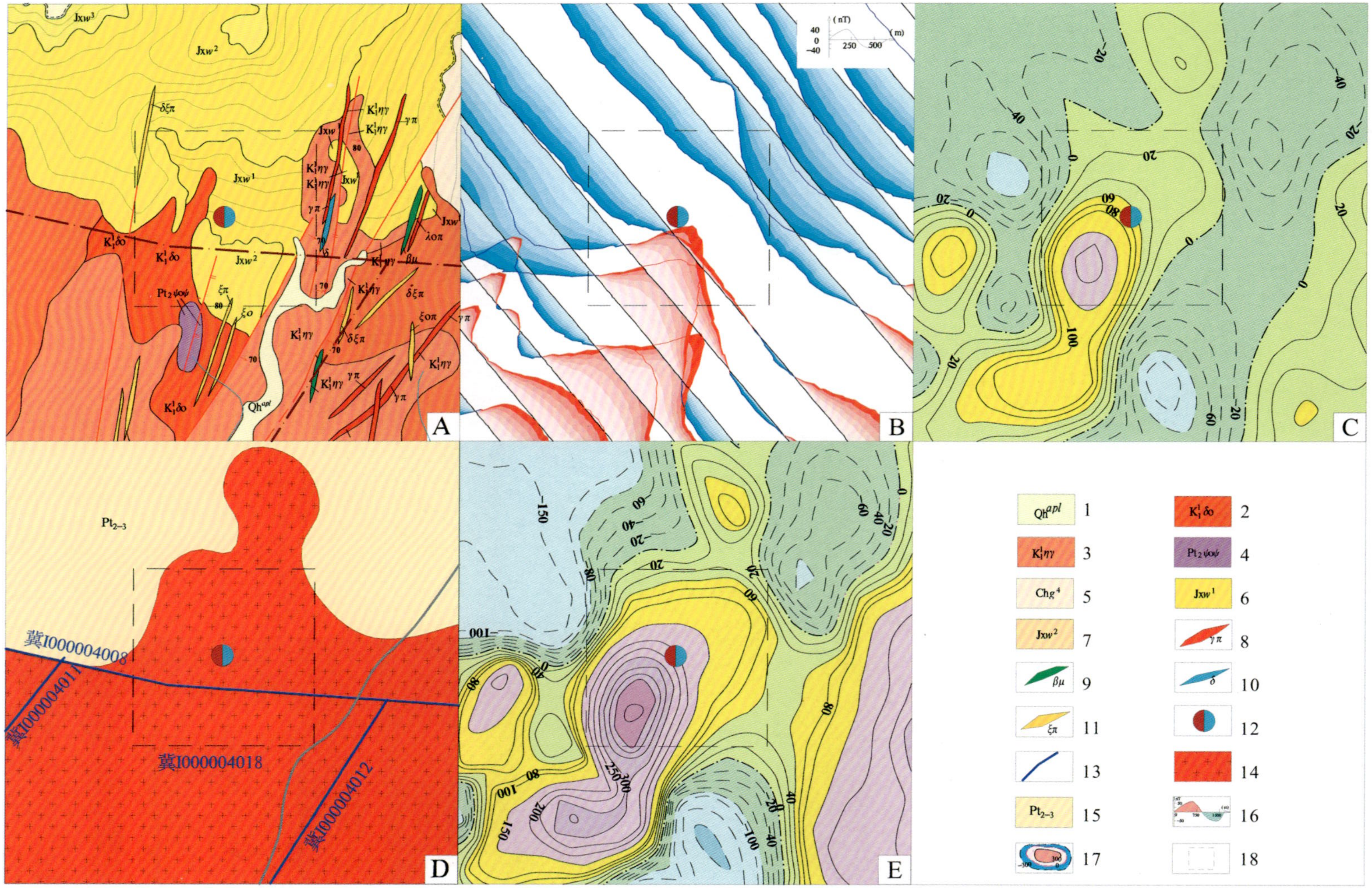

图 5-21　河北省涞源县镰巴岭铅锌矿所在地区地质矿产及物探剖析图

A—地质矿产图；B—航磁 ΔT 剖面平面图；C—航磁 ΔT 化极垂向一阶导数等值线平面图；D—航磁推断地质构造图；E—航磁 ΔT 化极等值线平面图；1—第四系全新统冲洪积物；2—白垩纪石英闪长岩；3—早白垩世二长花岗岩；4—中元古代角闪辉石岩；5—长城系高于庄组沥青质白云岩；6—蓟县系雾迷庄组燧石条带白云岩；7—蓟县系雾迷庄组燧石条带沥青质白云岩；8—花岗斑岩脉；9—辉绿岩脉；10—闪长岩脉；11—正长斑岩脉；12—典型矿床所在位置；13—磁法推断三级断裂；14—磁法推断酸性侵入岩体；15—元古宙地层；16—航磁 ΔT 平面剖面图；17—航磁 ΔT 等值线；18—典型矿床位置所在范围

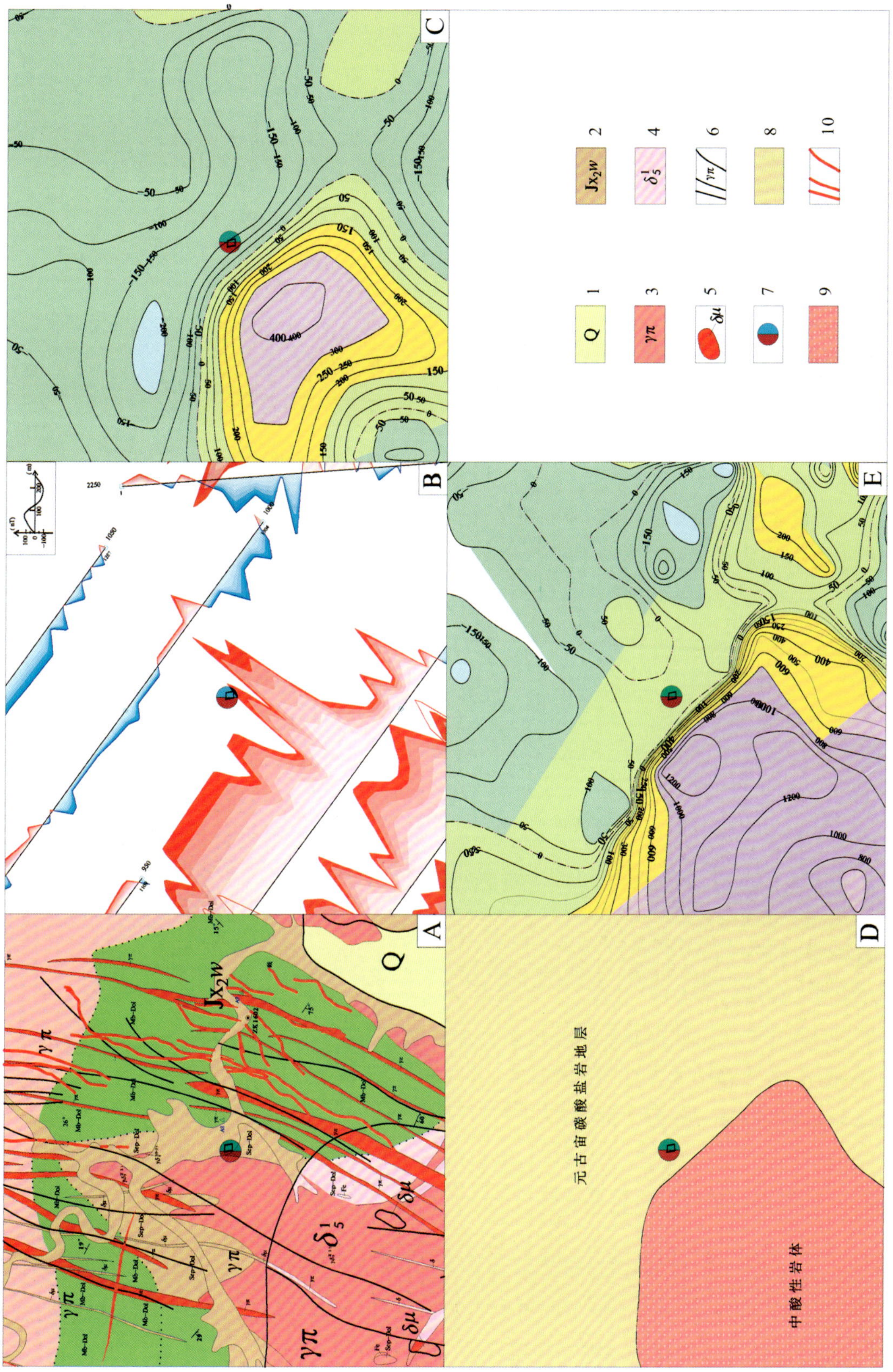

图 5-22 河北省涞源县镰巴岭铅锌矿所在区域地质矿产及物探剖析图

A—地质矿产图；B—地磁 ΔZ 剖面平面图；C—地磁 ΔZ 垂向一阶导数等值线平面图；D—地磁推断地质构造图；E—地磁 ΔZ 等值线平面图；1—第四系；2—蓟县系雾迷山组；3—花岗斑岩；4—闪长玢岩；5—闪长岩；6—花岗斑岩脉；7—典型矿床所在位置；8—推断元古宙碳酸盐岩地层；9—推断中酸性岩体；10—铅锌矿脉

镇岩体)的反映,重力高、磁力低为成矿地层(蓟县系雾迷山组)的反映。1∶5万航磁、地磁对寻找该类型铅锌矿也有间接指导作用:磁场相对升高的区域为成矿岩体的反映,磁场相对降低的区域为中新元古界碳酸盐岩的反映。

二、张北县蔡家营火山—次火山热液型铅锌银矿床

(一)地质概况

矿床位于康保-围场、尚义-平泉两条东西向深断裂之间。赋矿为太古宙红旗营子岩群,岩石类型为矽线石斜长变粒岩、黑云斜长变粒岩、黑云角闪斜长变粒岩、绿泥石化角闪斜长变粒岩。与成矿有关的矿岩体为燕山期酸性—超酸性次火山岩,燕山期花岗斑岩及其派生的岩枝-石英斑岩。

矿体形态以脉状为主,常出现分支、复合、膨胀、收缩、尖灭、再现的现象。矿体由6个矿带组成,最长1 600m。矿石矿物成分比较复杂,主要金属矿物有铁闪锌矿、含铁闪锌矿、闪锌矿、方铅矿、黄铁矿、毒砂、黄铜矿、磁黄铁矿、褐铁矿、蓝铜矿、赤铁矿、磁铁矿、自然金、自然银、银金矿、辉铋铅矿等。矿石构造以脉状、块状和稠密—稀疏浸染状为主。矿床的近矿交代蚀变岩有绿泥石青磐岩建造、碳酸盐蚀变岩建造和绢云母-石英蚀变岩建造。围岩蚀变种类主要有绿泥石化、阳起石化、绿帘石化、绢云母化、碳酸盐化、硅化。

(二)重磁异常特征

1. 区域重磁异常特征(图5-23)

在1∶20万布格重力异常图上,矿床位于北东向重力梯级带突变转折形成的相对重力高部位。在剩余重力异常图上,矿床处在局部重力高异常带与重力低异常过渡带的重力高背景一侧。由此推断中部大范围的重力高值带为太古宙变质岩基底隆起的反映,北西向及南东向的重力低对应的为火山盆地。

在1∶20万航磁ΔT三种图上,矿床均处于低缓正磁异常中心或正负磁场交界处。由此推断航磁ΔT化极等值线平面图上出现的3处相对高值磁异常应该是中酸性岩体的反映。

2. 局部磁异常特征(图5-24)

在1∶5万航磁ΔT剖面平面图、航磁ΔT化极等值线平面图和化极垂向一阶导数等值线平面图上,矿床处在正磁异常中。由此推断航磁强度较高的区域可能是中酸性岩体的反映,过渡磁场区为太古宙变质岩地层,最低磁场区为火山岩地层。

3. 矿区磁异常特征(图5-25)

1∶2万地磁ΔZ与1∶5万航磁ΔT特征基本相同,地磁场较强的区域推断为中酸性岩体的反映,稍高的过渡区为太古宙变质岩区,最低磁场区为火山岩地层。

(三)重磁异常对矿床的指示作用

1∶20万重磁场对寻找该类型铅锌银矿有间接指示作用,重力高、磁场高背景为成矿地层——太古宙红旗营子岩群变质岩系的反映,重力高、磁力局部略高为成矿岩体——花岗斑岩、石英斑岩的反映。1∶5万航磁、1∶2万地磁对寻找该类型铅锌矿也有间接指示作用:磁场相对升高的区域为成矿地层的反映,叠加其上的局部磁异常为成矿岩体的反映。

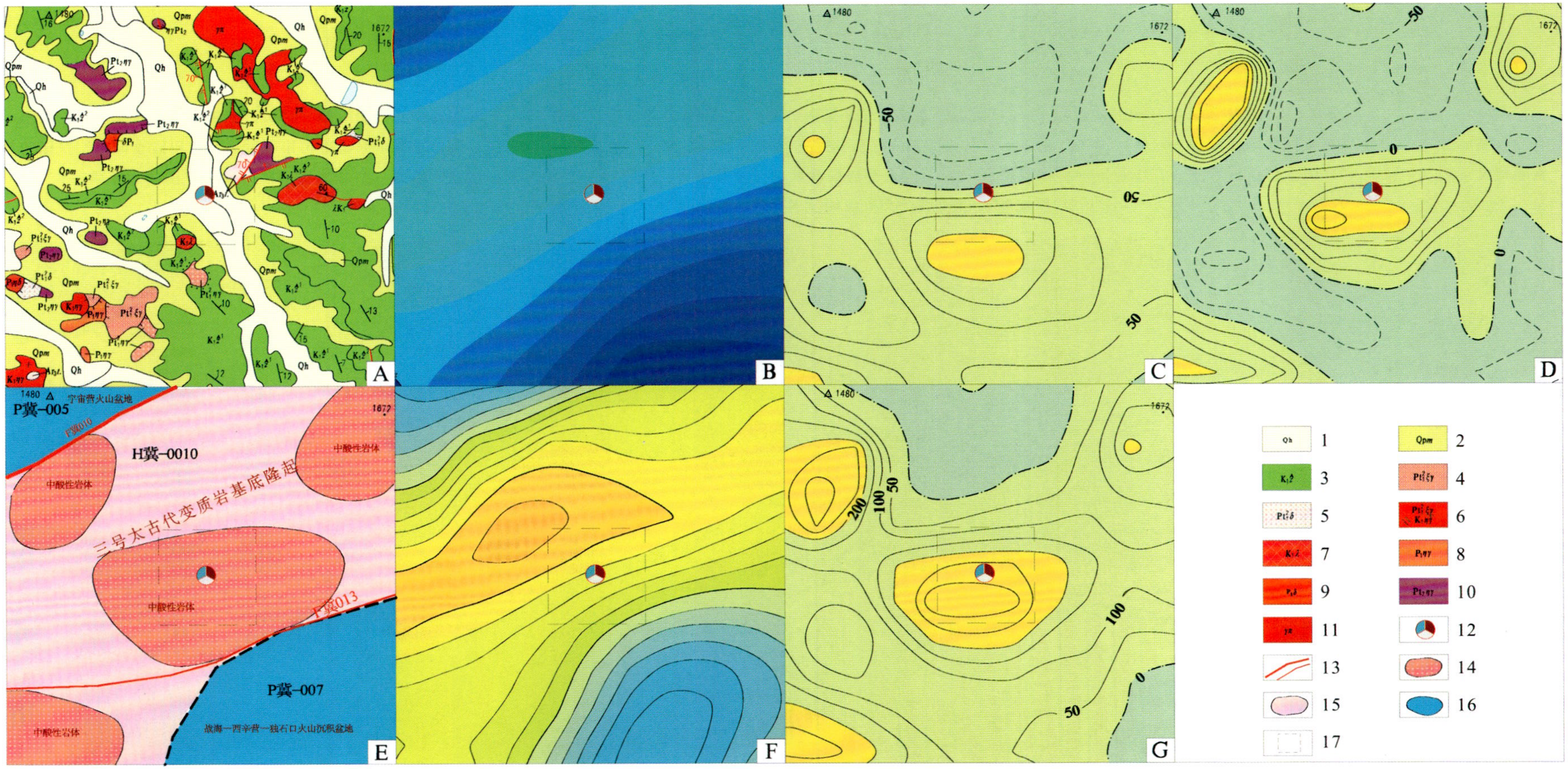

图 5-23 河北省张北县蔡家营铅锌银矿床所在区域地质矿产及物探剖析图

A—地质矿产图；B—布格重力异常图；C—航磁 ΔT 等值线平面图；D—航磁 ΔT 化极垂向一阶导数等值线平面图；E—重磁推断地质构造图；F—剩余重力异常图；G—航磁 ΔT 化极等值线平面图；1—第四系松散堆积；2—第四系马兰组；3—白垩系九张家口组；4—古元古代变质正长花岗岩；5—古元古代郝家沟变质闪长岩；6—白垩纪二长花岗岩；7—白垩纪流纹岩；8—二叠纪二长花岗岩；9—二叠纪闪长岩；10—中元古代二长花岗岩；11—花岗斑岩；12—典型矿床所在位置；13—重磁推断断裂；14—重磁推断中酸性岩体；15—重磁推断太古宙地层；16—重磁推断盆地；17—典型矿床所在地区范围

第五节　铜矿预测重力资料应用成果

河北省铜矿和钼矿多为共生矿，在自然界常常相伴产出。全省目前已发现铜钼矿床约27处，其中：大型2处（钼矿）、中型3处（铜矿）、小型22处（铜矿15处、钼矿7处），发现的铜钼矿点近200处。主要集中分布在冀西的涞源县、阜平县、易县，冀东的青龙县、兴隆县、宽城县、迁安县，冀东北的承德县、平泉县、丰宁县、滦平县，以及冀西北的赤城县、怀来县—涿鹿县、崇礼县等地。

本项目研究的铜及铜钼矿典型矿床4处（木吉村、浮图峪两个铜矿产地合为一处介绍），包括的矿床预测类型主要有矽卡岩型、斑岩型、陆相火山热液型。下面介绍其中重要的承德市寿王坟矽卡岩型铜钼矿及涞源县木吉村-浮图峪斑岩型—矽卡岩型铜矿典型矿床研究成果。

一、承德市寿王坟矽卡岩型铜钼矿床

（一）地质概况

矿床产于寿王坟杂岩体与中元古界雾迷山组燧石条带白云岩接触带及附近（图5－26）。成矿岩体为晚侏罗世张家口火山旋回晚期侵入岩浆，整个岩体南、北两部分为石英二长岩，中间为石英闪长岩。

矿体形态产状受接触带的形态产状制约，有透镜状、扁豆状、囊状等。矿床由40多个大小不一、形态各异的铜、钼、铁矿体组成。最大矿体长400～600m，延深200～510m，厚6～10m，最厚42m。一般矿体长30～50m，长不足200m，厚在6m以下，延深不超过150m。矿石矿物成分有黄铜矿、黄铁矿、磁黄铁矿及辉铜矿、方铅矿、闪锌矿、磁铁矿、赤铁矿、孔雀石、蓝铜矿、褐铁矿等。矿石结构为细—中粒结构、他形—半自形粒状结构。矿石构造有块状、致密块状、条带状、浸染状、细脉状、网脉状等。围岩蚀变包括接触交代和热液两种，前者主要发育在接触带中，以镁矽卡岩化为主，也有钙矽卡岩化；热液蚀变有硅化、绢云母化、蛇纹石化、绿泥石化、碳酸盐化及青磐岩化等。

（二）重磁异常特征

1. 区域重磁异常特征（图5－27）

在1∶20万布格重力异常图上，矿床位于重力场形成的局部低值区与局部高值区的渐变过渡带上。在剩余重力异常图上，矿床处在等轴状重力低异常的边部。

在1∶20万航磁ΔT三种图上，矿床均处于近似等轴状的低缓正磁异常的边部。由此推断等轴状的重力低、磁力高是寿王坟二长花岗岩的反映，西南及北部的相对重力高、磁力低对应的为中新元古界碳酸盐岩分布区，重力的过渡场与中生代火山岩地层吻合。

2. 局部磁异常特征（图5－28）

在1∶5万航磁ΔT三种图上，矿床均处在大范围正磁异常中。由此推断大范围正磁场区为寿王坟酸性岩体的反映，南部的负磁场区为中新元古代碳酸盐岩地层和中生代火山岩地层分布区。

3. 矿区磁异常特征（图5－29）

在1∶5 000地磁ΔZ剖面平面图和等值线平面图上，矿床区以北以升高磁场为特征，近邻出现

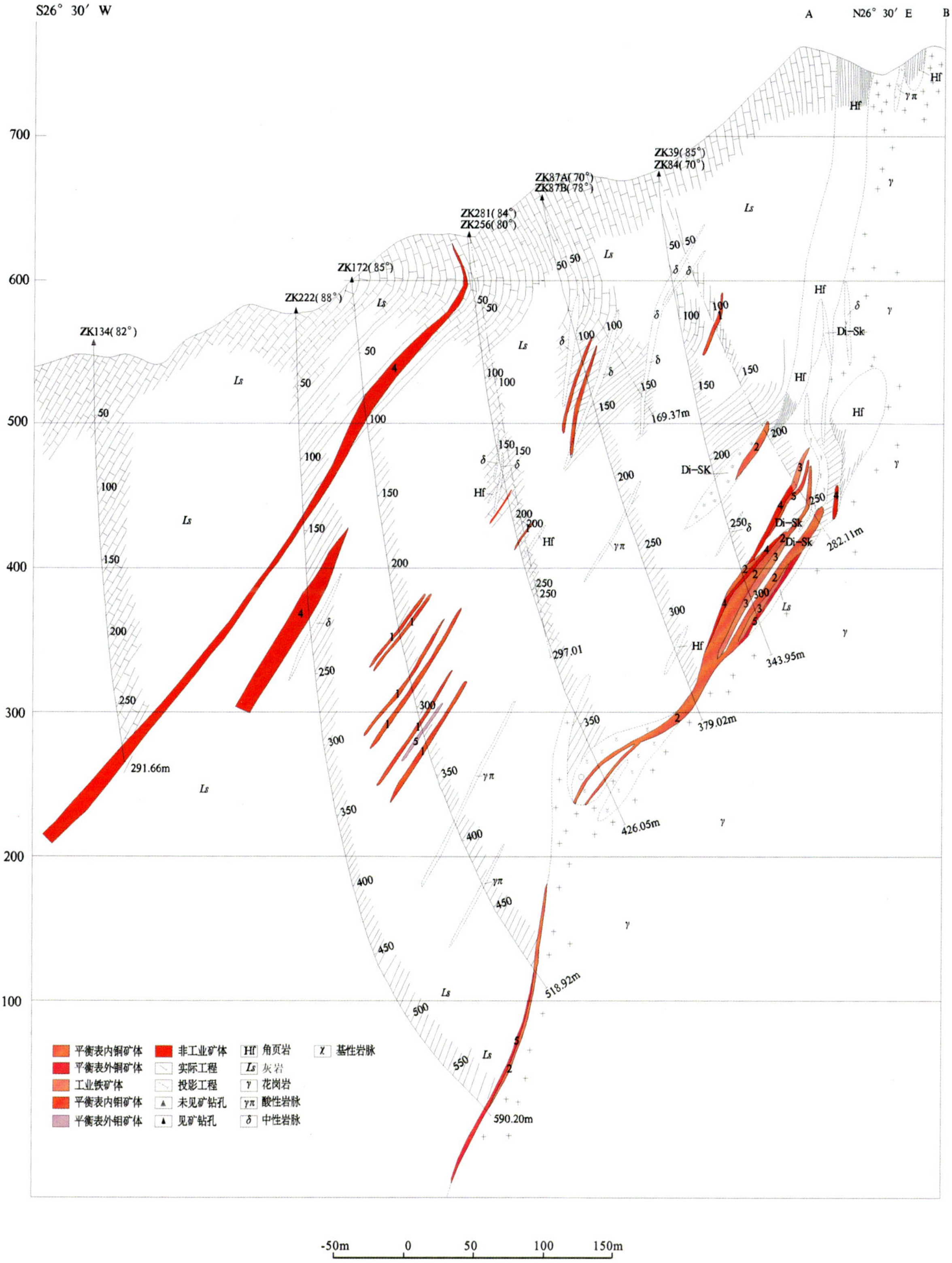

图 5-26　河北省承德市寿王坟铜钼矿床勘探剖面图

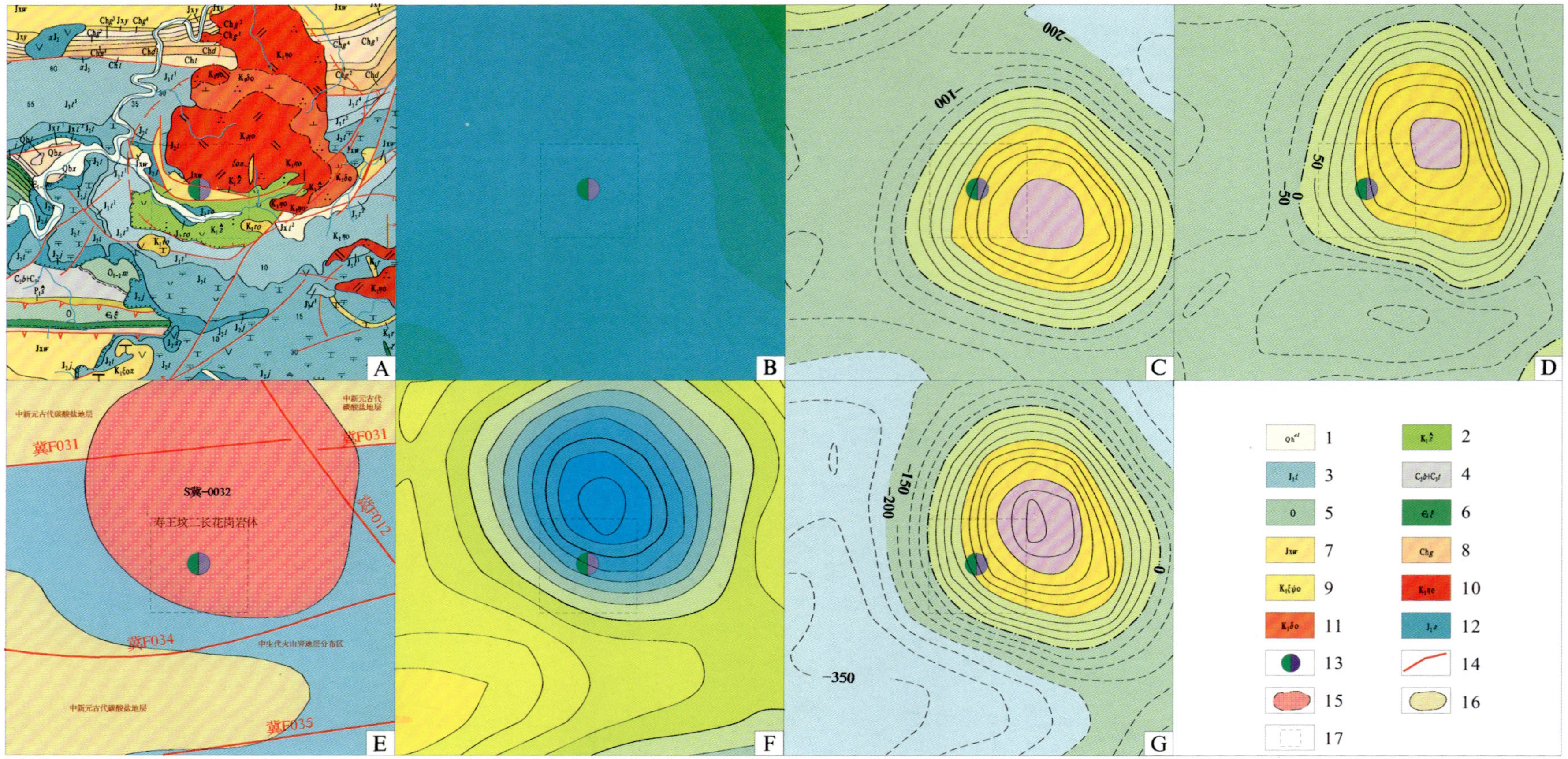

图 5-27　河北省承德市寿王坟铜钼矿床所在区域地质矿产及物探剖析图

A—地质矿产图；B—布格重力异常图；C—航磁 ΔT 等值线平面图；D—航磁 ΔT 化极垂向一阶导数等值线平面图；E—重磁推断地质构造图；F—剩余重力异常图；G—航磁 ΔT 化极等值线平面图；1—第四系；2—白垩系张家口组；3—侏罗系土城子组；4—石炭系地层；5—奥陶系；6—寒武系昌平组；7—蓟县系雾迷山组；8—长城系高于庄组；9—白垩纪角闪石英正长岩；10—白垩纪石英二长岩；11—白垩纪石英闪长岩；12—潜安山岩；13—典型矿床所在位置；14—重磁推断三级断裂；15—磁法推断酸性岩体；16—重磁推断中新元古代碳酸盐岩地层；17—典型矿床所在地区范围

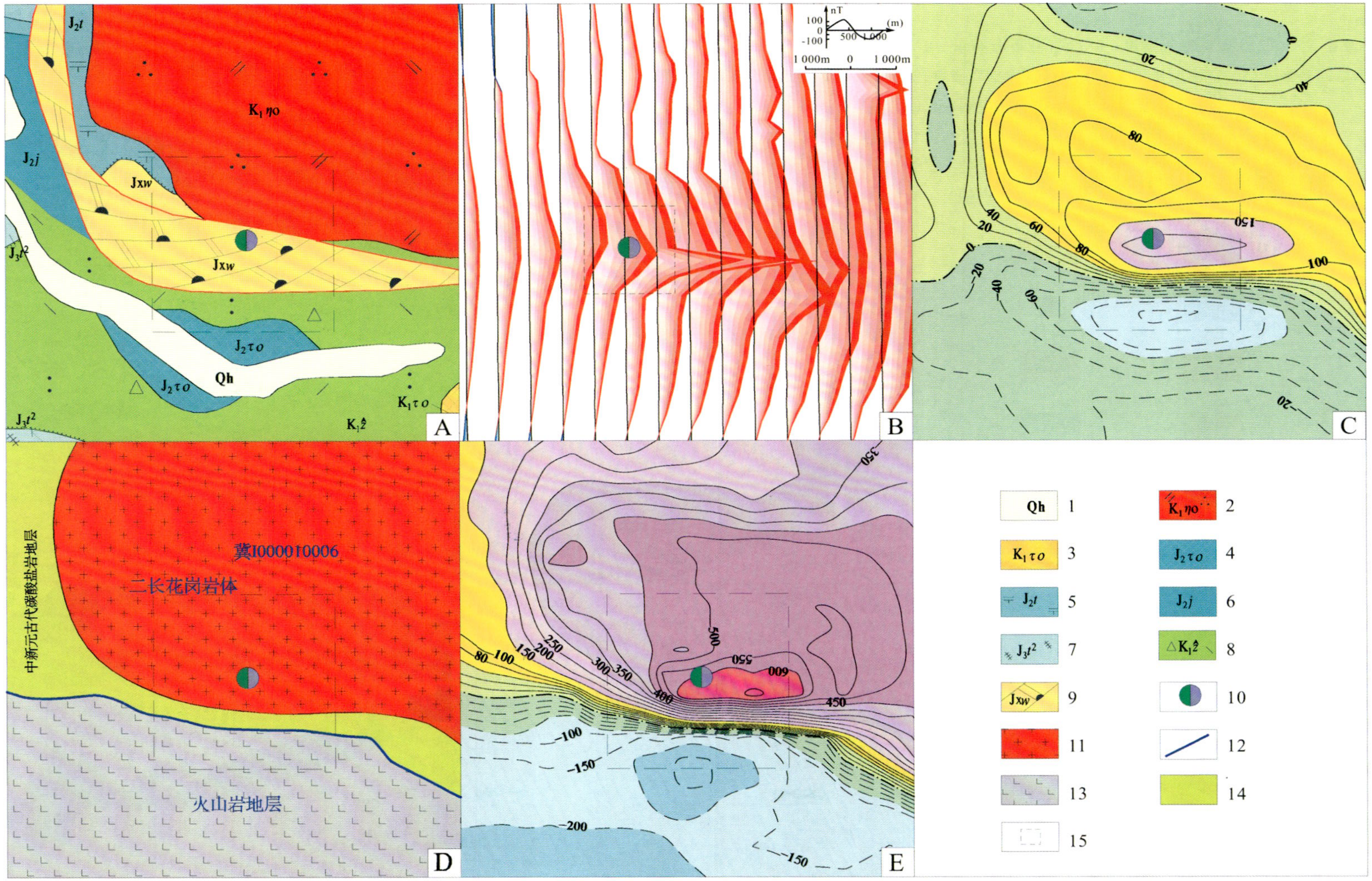

图 5-28　河北省承德市寿王坟铜钼矿所在地区地质矿产及物探剖析图

A—地质矿产图；B—航磁 ΔT 剖面平面图；C—航磁 ΔT 化极垂向一阶导数等值线平面图；D—航磁推断地质构造图；E—航磁 ΔT 化极等值线平面图；1—第四系全新统；2—中生代早白垩世石英二长岩；3—潜石英粗面岩；4—潜粗面质安山岩；5—侏罗系后城群髫髻山组；6—侏罗系后城群九龙山组；7—侏罗系后城群土城子组含砾砂岩建造；8—下白垩统热河群张家口组；9—蓟县系雾迷山组；10—典型矿床所在位置；11—磁法推断二长花岗岩体；12—磁法推断断裂构造；13—磁法推断火山岩地层；14—航磁推断中新元古代碳酸盐岩地层；15—典型矿床所在位置

边部，大范围以负磁场为主的变化磁场区是王安镇中酸性岩体的反映，西北部的相对升高磁场区为结晶基底隆起所致。浮图峪铜矿床则处在大范围正磁异常外围的正背景场中，正磁场反映的是王安镇中酸性岩体，西北向及南东向的降低磁场区或负磁场区为中新元古界、古生界碳酸盐岩的反映。

3. 矿床磁异常特征(图 5-32)

在 1∶5 万地磁 ΔZ 剖面平面图和等值线平面图上，木吉村铜矿床区处在大范围低缓平稳的正磁背景场中。地表出露中新元古界和古生界碳酸盐岩，故推断正磁场是隐伏中酸性侵入岩体的反映。

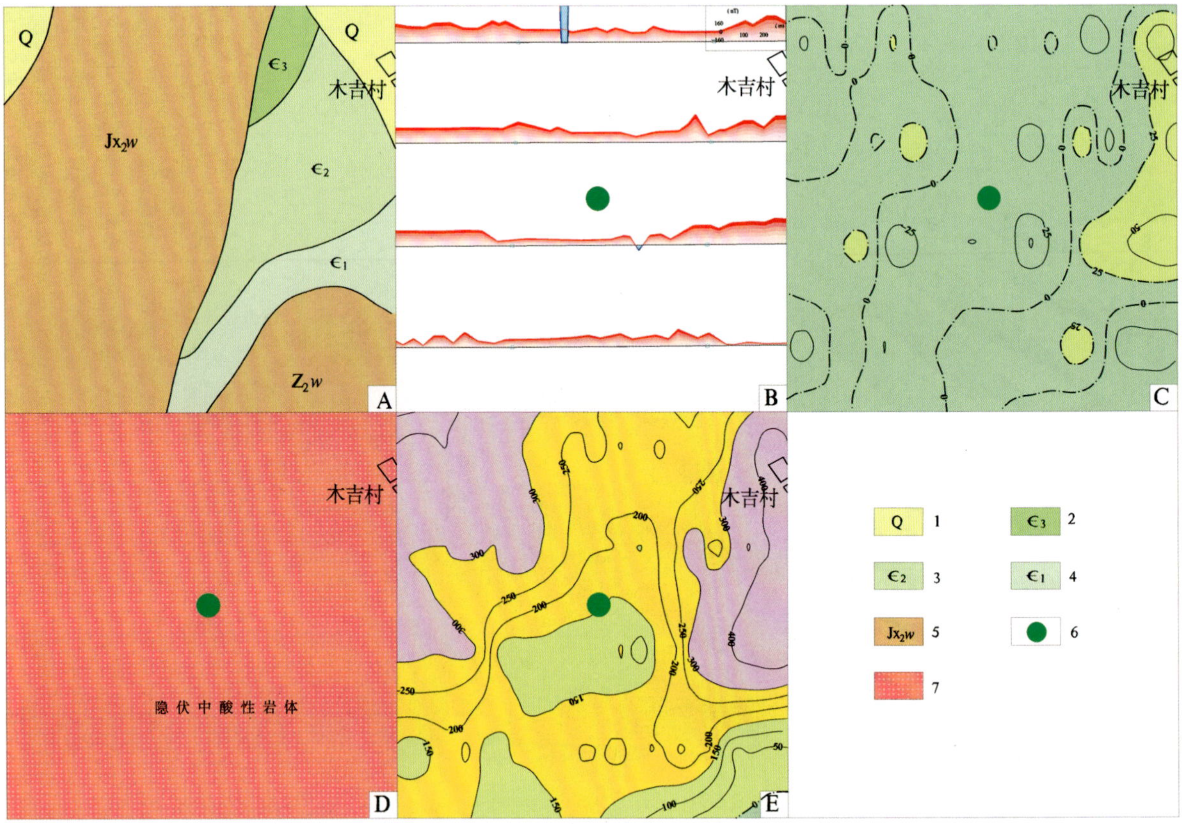

图 5-32　河北省涞源县木吉村铜矿所在区域地质矿产及物探剖析图

A—地质矿产图；B—地磁 ΔZ 剖面平面图；C—地磁 ΔZ 垂向一阶导数等值线平面图；D—地磁推断地质构造图；E—地磁 ΔZ 等值线平面图；1—第四系；2—上寒武统；3—中寒武统；4—下寒武统；5—蓟县系雾迷山组；6—典型矿床所在位置；7—推断隐伏中酸性岩体

在浮图峪铜矿区的 1∶5 000 地磁 ΔZ 剖面平面图和等值线平面图上，矿床也是处在大范围低缓平稳的正磁背景场中，局部出现多处走向各异、较高强度的地磁异常。故推断低缓平稳正磁场是隐伏中酸性侵入岩体的反映，局部地磁异常是由含铜磁铁矿引起的。

由图 5-33 可见：在埋藏较浅(矿体底板埋深小于 100m)的铜铁矿体上方，具有强磁(ΔZ 极大值达 20 000 余纳特)、高极化($\eta_s>15\%$)、低电阻($\rho_s<100\Omega\cdot m$)特征。当矿体规模小，且顶板埋深大于 200m 时，以上磁电特征基本消失。

(三)重磁异常对矿床的指示作用

1∶20 万重磁场对寻找该类型铜铁矿有间接指示作用，重力低、磁力相对高为成矿岩体——王安镇中酸性岩体的反映，重力高、磁力相对低为碳酸盐岩的反映。1∶5 万航磁对找矿的指示作用不明显，磁场相对高的为侵入岩体的反映，磁场降低的为中新元古代地层。1∶5 万和 1∶5 000 地磁从整体上反映了隐伏岩体的存在，但后者大比例尺地磁更清楚地反映了区内含铜磁铁矿体的存在，对找矿有直接指示作用。

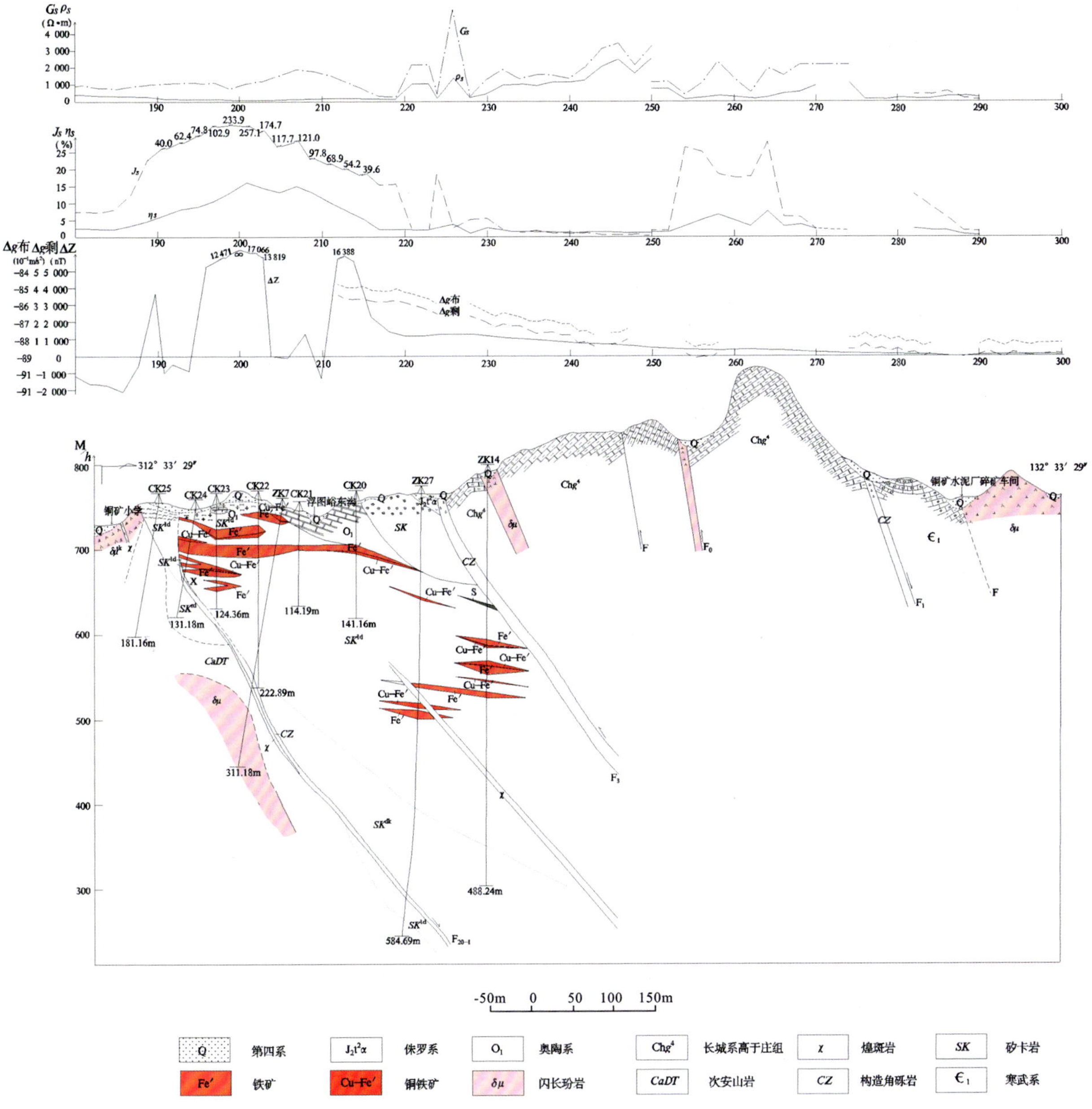

图 5-33 河北省涞源县浮图峪铜铁矿床第 4 勘探线综合剖面图

（四）矿床概念模式

矿床概念模式如图 5-34 所示。

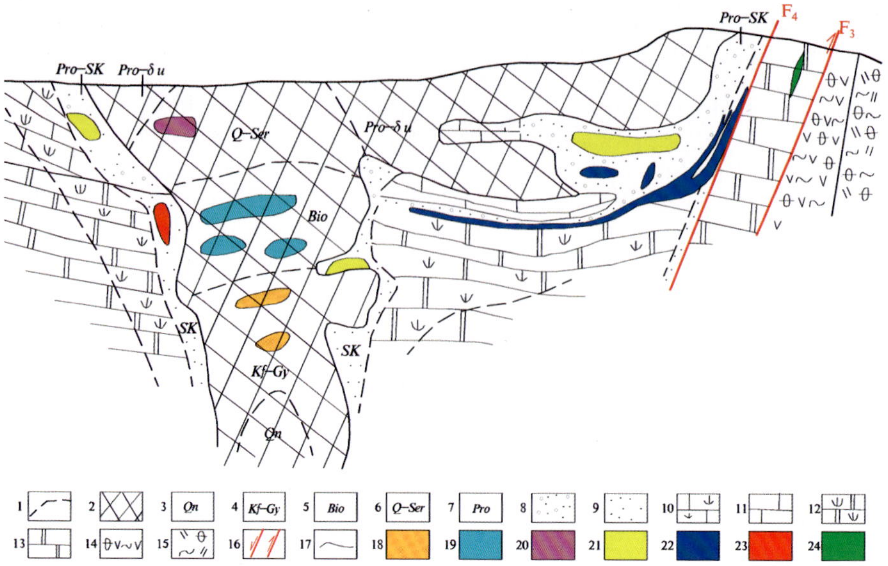

图 5-34　河北省涞源县木吉村-浮图峪铜矿概念模型图

1—蚀变带界线;2—蚀变闪长玢岩;3—石英核;4—钾长石-石膏亚带;6—石英绢云母化带;7—青磐石化带;8—绿化钙矽卡岩带;9—绿化镁矽卡岩带;10—蛇纹石化灰岩(€);11—石灰岩(€);12—蛇纹石化白云岩(Jxw-Chg);14—绿帘绿泥石化安山岩;15—绿帘绿泥石化二长斑岩;16—正、逆断层;17—构造不整合面;①斑岩钼(铜)矿;②斑岩铜(钼)矿;③斑岩硫铁矿;④矽卡岩含铜磁铁矿;⑤热液叠加矽卡岩型镜铁、黄铜矿;⑥矽卡岩锌矿;⑦热液铅锌矿

第六节　磷矿预测重力资料应用成果

河北省目前已发现磷矿产地51处,其中:大型4处、中型3处、小型3处,矿(化)点41处。主要分布在冀北的承德、张家口地区。矿床类型以岩浆型为主,有少量伟晶岩型、沉积型和区域变质型,后3种磷矿床类型中除伟晶岩型已确认1处为小型矿床外,其余均为矿点或矿化点。

一、磷矿典型矿床研究

本项目研究的磷矿典型矿床有5处,矿床的预测类型均为岩浆型(其中1处为变质岩浆型),下面介绍其中重要的承德市马营岩浆岩型磷矿典型矿床研究成果。

(一)地质概况

本区位于大庙-娘娘庙东西向基性—超基性构造岩浆岩带上,矿床产于中元古代基性侵入杂岩体中,杂岩体岩性为斜长岩、苏长岩、辉长岩、二长岩,控矿岩石为苏长岩。

矿体以似层状、透镜状、不规则状为主,少数呈似脉状、分支脉状、囊状(图5-35)。矿石矿物有磷灰石、磁铁矿、钒钛磁铁矿、斜长石和紫苏辉石等。矿石为自形—半自形粒状结构,块状、浸染状构造。围岩蚀变以纤闪石化、绿泥石化、黝帘石化为主,碳酸岩化次之。

(二)重磁异常特征

1. 区域重磁异常特征(图5-36)

在1∶20万布格重力异常图上,矿床位于北西向重力梯级带边部,向西北突出转折形成重力高

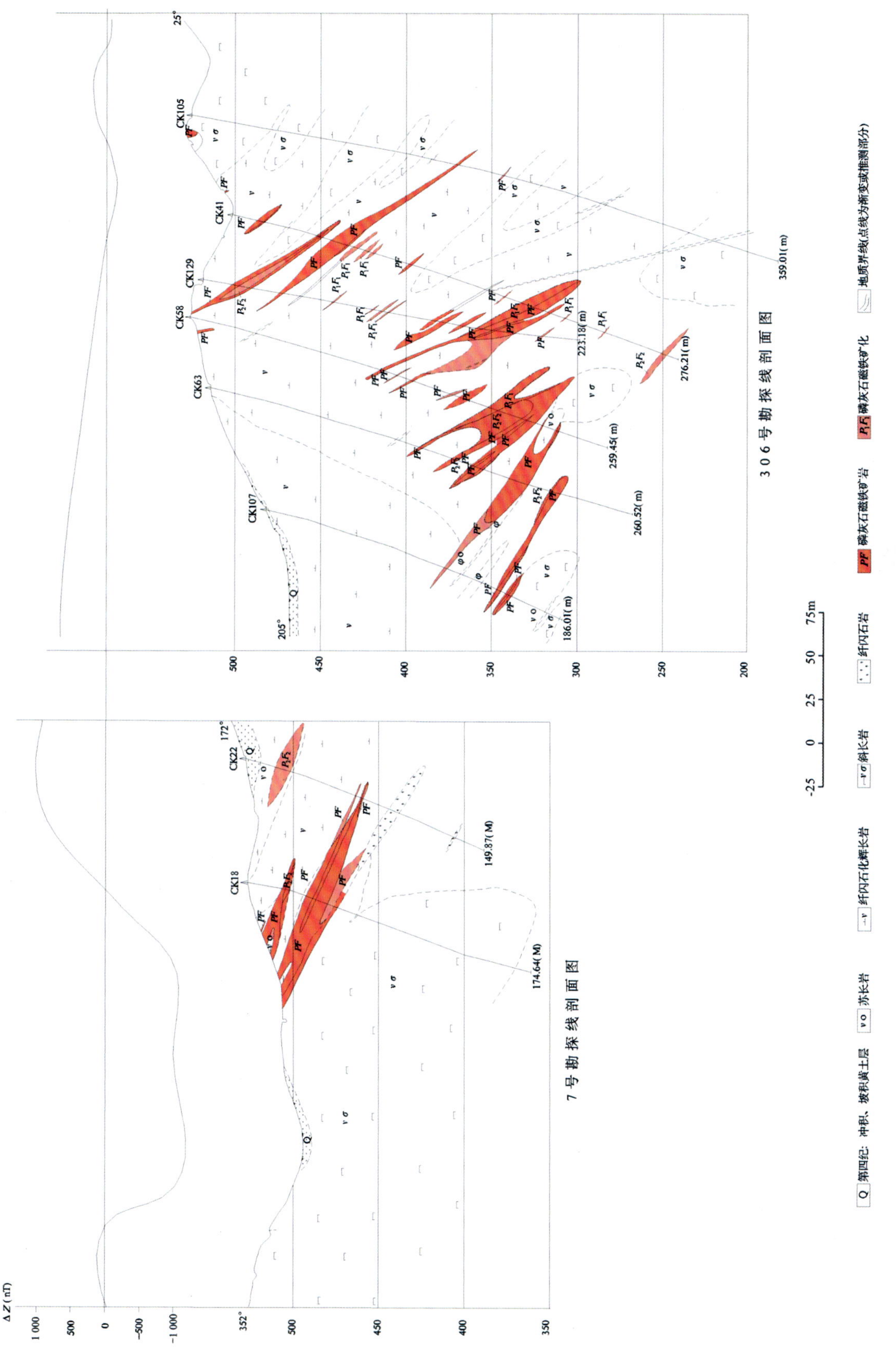

图 5-35 河北省承德市马营磷矿床勘探剖面图

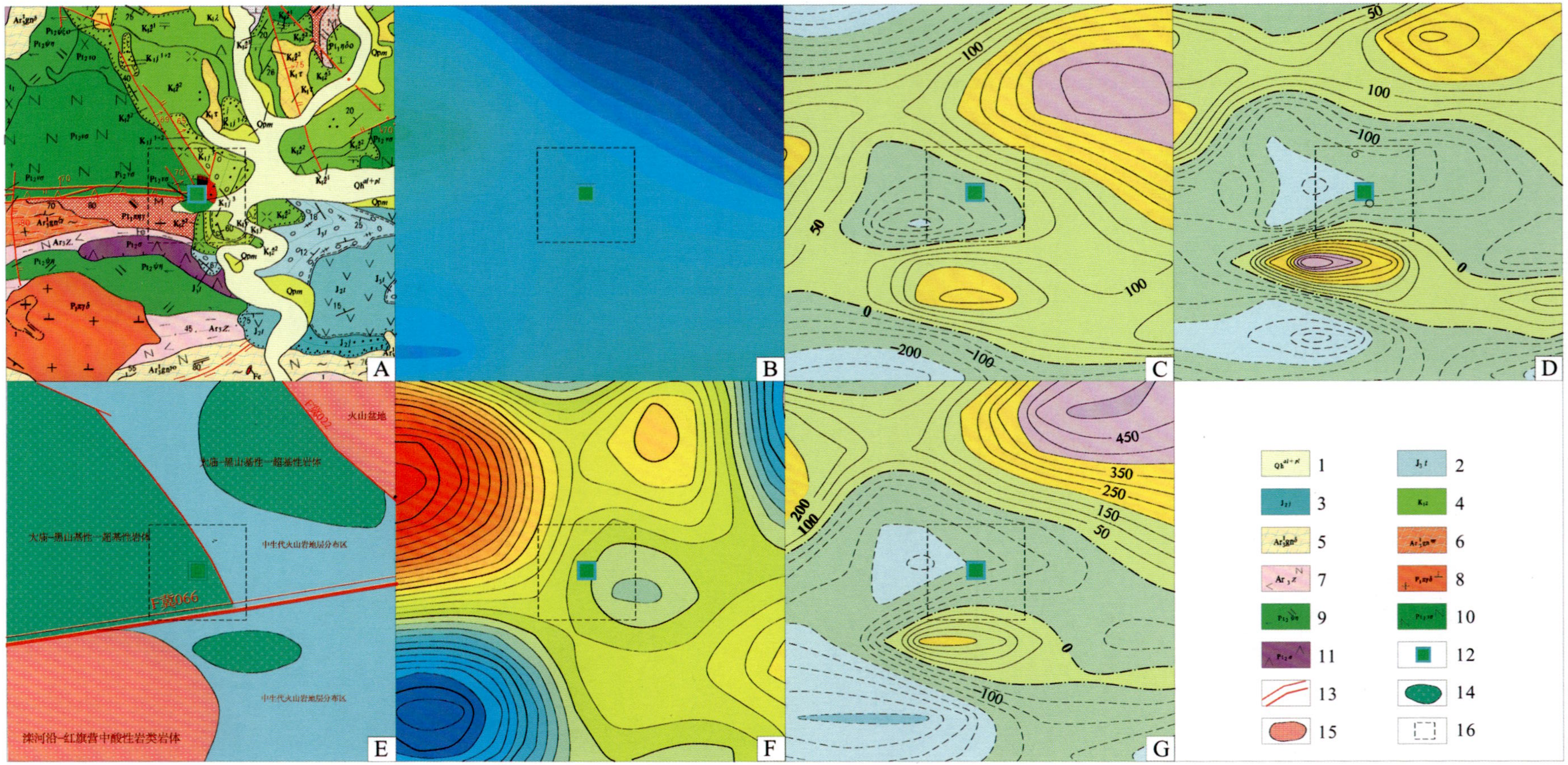

图 5-36　河北省承德马营磷矿床所在区域地质矿产及物探剖析图

A—地质矿产图；B—布格重力异常图；C—航磁 ΔT 等值线平面图；D—航磁 ΔT 化极垂向一阶导数等值线平面图；E—重磁推断地质构造图；F—剩余重力异常图；G—航磁 ΔT 化极等值线平面图；1—第四系全新统；2—侏罗纪土城子组；3—侏罗系九龙山组；4—白垩系张家口组；5—新太古代秋花峪片麻岩；6—新太古代片麻岩；7—新太古代遵化岩群；8—二叠纪斑状花岗闪长岩；9—中元古代辉古二长岩；10—中元古代斜长岩；11—中元古代橄榄岩；12—典型矿床所在位置；13—重磁推断一级断裂；14—重磁推断基性—超基性岩体；15—重磁推断中酸性岩体；16—典型矿床所在地区范围

值区的缓变部位。在剩余重力异常图上，矿床处在局部重力低的边部。在1∶20万航磁ΔT三种图上，矿床均处于低缓负磁背景场中。西北部的重力高是大庙-黑山基性杂岩体的反映，北半部磁力高对应的为苏长岩，南半部磁力低对应的为斜长岩；西南部的重力低、磁力低与出露的大冰沟脑中酸性岩体吻合；东部主要是火山岩分布区，重力场、磁场变化较大，北东部的重力低、磁力高是中酸性岩体的反映，其西部的相对重力高、磁力高推断为隐伏基性岩体。

2. 局部磁异常特征(图5－37)

在1∶5万航磁ΔT三种图上，矿床均处在负磁场中，地表出露东部以火山岩为主，西部以基性、酸性侵入岩体为主，二者之间在磁场上没有明显的差异。但在航磁ΔT化极等值线图上，中西部圈出两处负磁异常，推断磁场较高的(负数值小的)为基性侵入岩体，磁场较低的(负数值大的)为酸性侵入岩体；南部边缘出现明显正磁场，推断是由变质基底隆起和超基性侵入岩体的共同作用引起。

3. 矿区磁异常特征(图5－38)

1∶1万地磁矿床处在低缓正背景场中，中西部相对升高磁场圈出一北西向的宽缓大范围磁场带，其中出现多处局部磁异常，其余均为平稳的或正或负的背景场。推断北西向升高磁场带是基性—中基性岩体的反映，局部磁异常是由铁磷矿体所引起。

由图5－38勘探剖面图可见：7号勘探线矿体上方出现明显磁异常。

(三)重磁异常对矿床的指示作用

1∶20万重磁场清晰地反映了该类型磷矿的成矿地质环境，重力高、磁力高为成矿岩体——基性、超基性岩体的反映，重力低、磁力低为酸性岩体的反映，重力高背景、磁力低背景为火山岩地层的反映。1∶5万航磁效果虽不十分明显，但也能区分与成矿有关或无关的地质现象：磁场相对强的为基性—超基性岩体的反映，最弱的为酸性岩体的反映，过渡的为火山岩地层的反映。1∶1万地磁对寻找该类型磷铁矿有直接指示作用，磁场相对较强的区域为基性—超基性岩体的分布范围，局部磁异常圈出了磷铁矿体的展布特征。

二、磷矿预测工作区重力资料解释应用成果

河北省磷矿预测工作区共划分为4个：丰宁-平泉预测工作区、崇礼-赤城预测工作区、阳原-涿鹿预测工作区和宽城-迁西预测工作区，现介绍其中重要的丰宁-平泉磷矿预测工作区成果。

(一)地质概况

工作区位于冀东铁矿预测工作区的西北角一带，承德市滦平县五道营子、胡麻营、王营一线以西至平泉县城、柳溪一线以东。大地构造位置处于华北陆台燕山裂陷带北缘，承德拱断束中部。出露地层主要为新太古界，中生界侏罗系、白垩系，以及新生界第四系。区内断裂构造发育，主要为北东向、近东西向和北西向3组断裂。区内岩浆岩非常发育，自太古宙至中生代均有岩浆岩形成。岩石类型比较复杂，超基性、基性、中性及酸性岩类均有分布。

(二)重力场特征

预测区重力场总体走向呈东西向，南高北低，布格异常幅值在$-20\times10^{-5}\sim-100\times10^{-5}\,m/s^2$之间变化，异常局部变化较大，形成了规模不大的异常梯级带和变异带，反映基底的强烈变动。剩

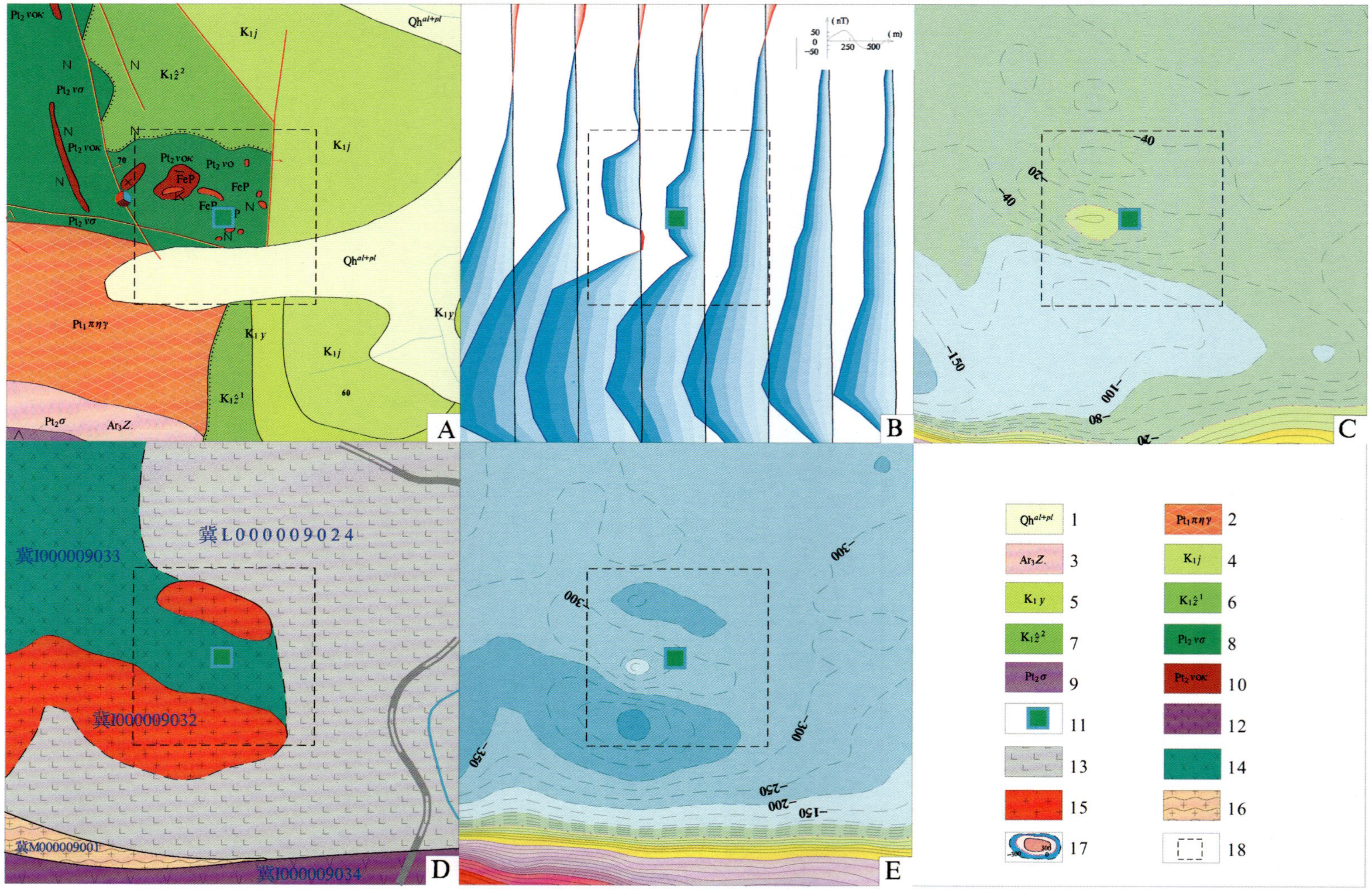

图 5－37　河北省承德县马营铁磷矿所在地区地质矿产及物探剖析图

A—地质矿产图；B—航磁 ΔT 剖面平面图；C—航磁 ΔT 化极垂向一阶导数等值线平面图；D—航磁推断地质构造图；E—航磁 ΔT 化极等值线平面图；1—全新世砂砾石堆积；2—变质巨斑二长花岗岩；3—新太古代遵化岩群黑云斜长变粒岩、斜长角闪岩及磁铁石英岩；4—早白垩世义县组：粗安岩、玄武安山岩；5—早白垩世义县组：粗安岩；6—早白垩世张家口组一段：粗安质角砾岩；7—早白垩世张家口组二段：流纹岩夹流纹质凝灰岩；8—中元古代斜长岩；9—中元古代橄榄岩；10—中元古代矿源苏长岩；11—典型矿床所在位置；12—磁法推断超基性侵入岩体；13—磁法推断火山岩地层；14—磁法推断基性侵入岩体；15—磁法推断酸性侵入岩体；16—磁法推断变质岩地层；17—航磁 ΔT 等值线；18—典型矿床所在地区范围

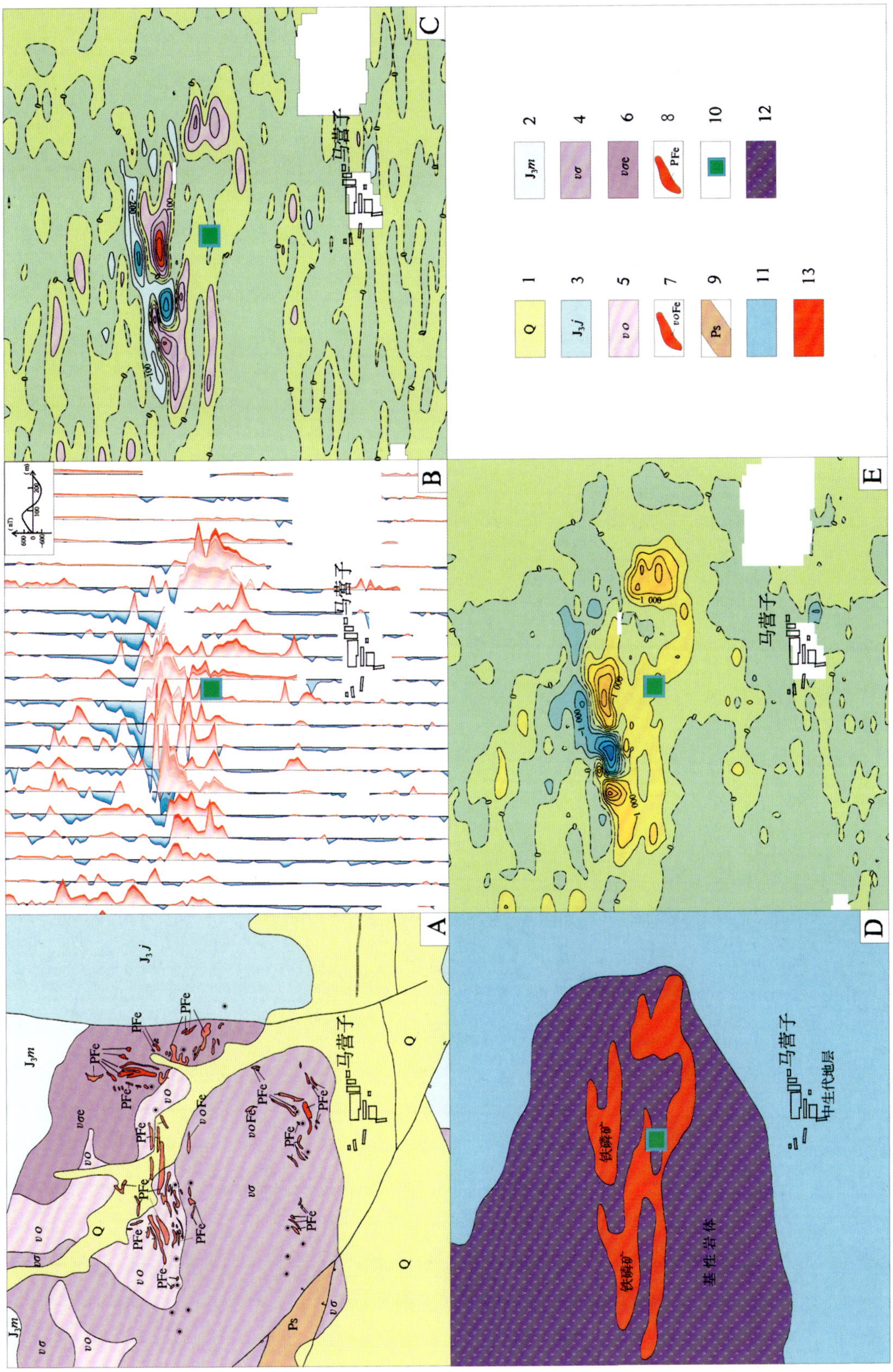

图 5-38　河北省承德马营磷矿所在区域地质矿产及物探剖析图

A—地质矿产图；B—地磁 ΔZ 剖面平面图；C—地磁 ΔZ 垂向一阶导数等值线平面图；D—地磁推断地质构造图；E—地磁 ΔZ 等值线平面图；1—第四系；2—侏罗系白旗组；3—侏罗系九佛堂组；4—斜长岩；5—苏长岩；6—蚀变苏长岩；7—含铁苏长岩；8—铁磷矿；9—破碎带；10—典型矿床所在位置；11—推断中生代地层；12—推断基性岩体；13—推断铁磷矿

余异常形成多个局部重力高和重力低，幅值较大，形状较规则，多为沿断裂侵入的岩体反映，如图 5－39 所示。

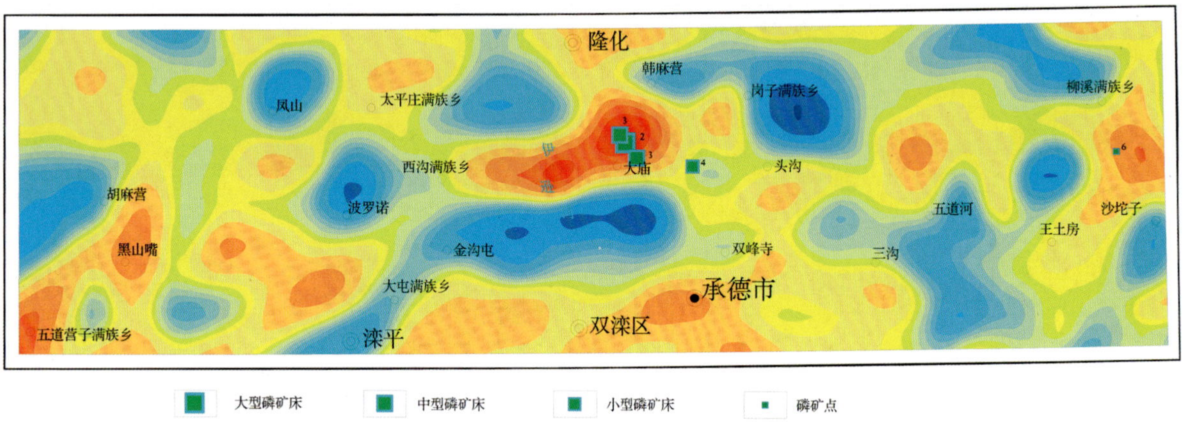

图 5－39　河北省丰宁-平泉磷矿预测工作区剩余重力异常图

(三)重力推断地质构造成果

该区重力推断断裂构造 11 条，其中：一级断裂 3 条、三级断裂 8 条。区内断裂走向主要为北东向、近东西向及北西向 3 组，区内的侵入岩体、磷矿明显受近东西向和北东向两组断裂控制。

重力圈定侵入岩体 13 处，其中：中酸性岩体 12 处、基性—超基性岩体 1 处，属于隐伏 2 处、半隐伏 5 处、出露 6 处。圈出的岩体主要是出露、半出露的中酸性岩体。蓟县期基性、超基性岩体与区内的磷矿成矿关系密切。

重力圈出盆地 6 处，其中：中生代火山盆地 1 处、火山沉积盆地 5 处。

重力圈出太古宙变质岩地层区 14 处。局部太古宙变质岩地层与成矿有关。推断结果如图 5－40 所示。

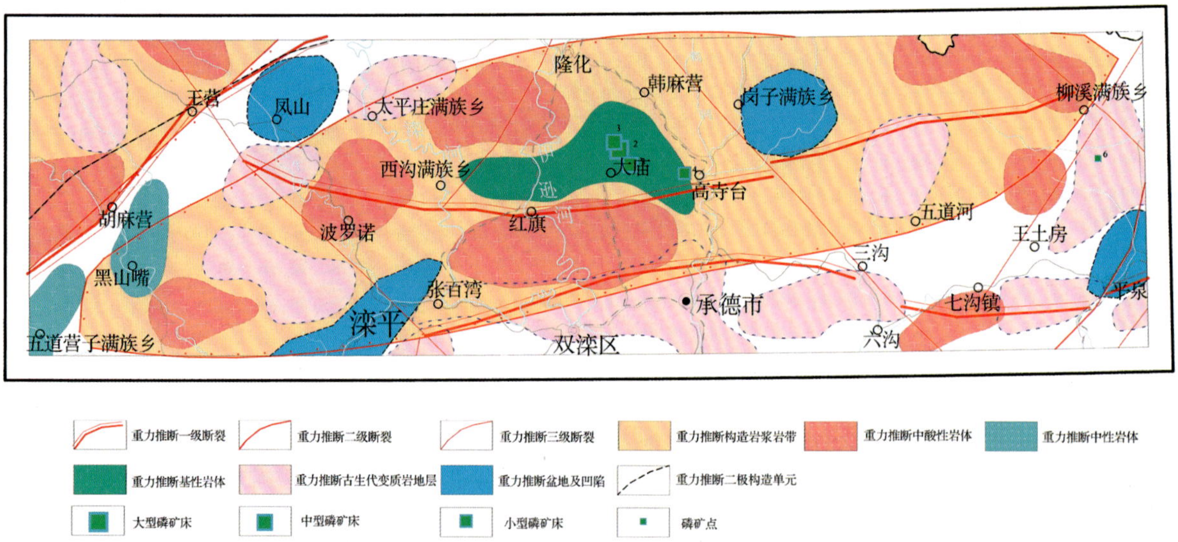

图 5－40　河北省丰宁-平泉磷矿预测工作区重力推断地质构造图

第七节　钼矿预测重力资料应用成果

钼矿是河北省主要矿种之一，河北省钼矿类型有接触交代型、斑岩型、热液型3种，以接触交代型、斑岩型钼矿为主，接触交代型、斑岩型钼矿找矿潜力最大。

一、钼矿典型矿床研究

河北省矿产预测组在钼矿资源潜力评价工作中确定研究的典型矿床共计6个，其中：斑岩型5个、矽卡岩型1个。按预测类型共分为4个矿床式，分别为秋林式斑岩型、大湾式斑岩-矽卡岩型、撒袋沟门式斑岩型和小寺沟式斑岩-矽卡岩型，分别分布于灵寿-阜平、大湾-大河南、宣化、丰宁撒岱沟门-承德县姑子沟、兴隆-宽城5个预测工作区内，下面主要介绍平泉县小寺沟斑岩型钼矿典型矿床成果。

（一）平泉县小寺沟斑岩型铜钼矿床

1. 地质概况

该矿床位于尚义-赤城-平泉深断裂带上，区内出露地层为蓟县系雾迷山组白云质灰岩，岩体为燕山晚期小寺沟花岗闪长斑岩。

铜矿体形态比较规则，通常呈似层状、狭长带状，与接触带产状一致。在接触带内侧由捕虏体构成的铜矿体，其形态为透镜状、脉状、扁豆状。钼矿体呈厚大的透镜状，两端急剧收缩变薄并有分支。另有小钼矿体，形态、规模变化较大，多呈脉状、扁豆状产出。铜矿体一般长300～500m，最大超过570m。在接触带内侧由捕虏体构成的铜矿体，规模大小不等，一般长200～300m，厚1～10m，最厚40m。钼矿体，长300～500m，厚50～100m，延深300～500m。矿石矿物组合：铜矿石主要由黄铁矿、黄铜矿组成，铁铜矿石主要由黄铁矿、黄铜矿组成，钼铜矿石主要由辉钼矿及黄铜矿组成。矿石结构有他形粒状结构、交代结构，偶见熔离结构及压碎结构。矿石构造有浸染状构造、脉状构造和块状构造。铜矿石常呈细脉浸染状构造。矿区的围岩蚀变发育，主要蚀变有钾化（钾长石化、黑云母化）、黄铁绢英岩化、黏土岩化及矽卡岩化（含蛇纹石化）。蚀变岩在空间上呈有规律的带状排列。由岩体向外依次为花岗闪长斑岩—钾长石、黑云母蚀变带—黄铁矿、石英、绢云母蚀变带—（黏土岩化带）—钙矽卡岩带—镁矽卡岩、变镁矽卡岩带—蛇纹石化白云岩带—白云岩。其中主要含矿蚀变岩石是含钼黄铁绢英岩、石榴石钙矽卡岩、含铜变镁矽卡岩和蛇纹石化白云岩。

（二）重磁异常特征

1. 区域重磁异常特征（图5-41）

在1∶20万布格重力异常图上，矿床位于近东西向重力梯级带转向北东向并变宽缓的转折部位。在剩余重力异常图上，矿床处在两个重力低与两个重力高的交汇部位，并位于重力高上。重力高呈北东向，反映中新元古代碳酸盐岩及结晶基底隆起位置，小寺沟铜钼矿与基底隆起关系密切。

在1∶20万航磁ΔT化极等值线平面图上，矿床均处于东西向磁场向北东向磁场的转折部位。矿床所在位置也是不同类型磁场的分界处，矿床北侧为正磁场，梯度变化较大，是结晶基底隆起的反映；南侧则为平稳的负磁场，是中生代火山沉积盆地的反映。

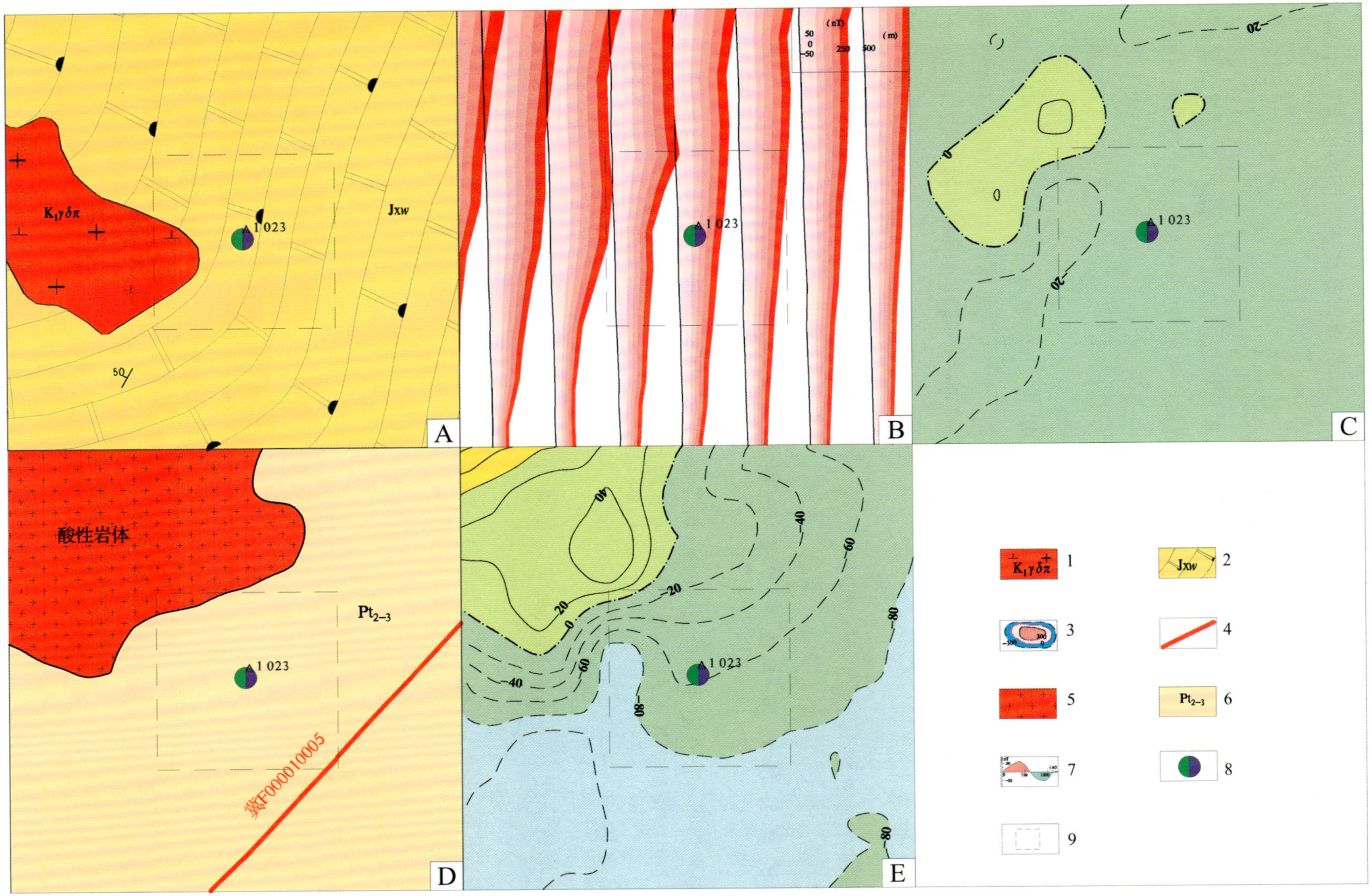

图 5-42　河北省平泉县小寺沟铜钼矿所在地区地质矿产及物探剖析图

A—地质矿产图；B—航磁 ΔT 剖面平面图；C—航磁 ΔT 化极垂向一阶导数等值线平面图；D—航磁推断地质构造图；E—航磁 ΔT 化极等值线平面图；1—白垩纪早世花岗长闪长斑岩；2—蓟县系蓟县群雾迷山组燧石条带白云岩建造；3—航磁 ΔT 等值线；4—磁法推断二级断裂构造；5—磁法推断酸性岩体；6—元古宙地层；7—航磁 ΔT 平面剖面图；8—典型矿床所在位置；9—典型矿床所在地区范围

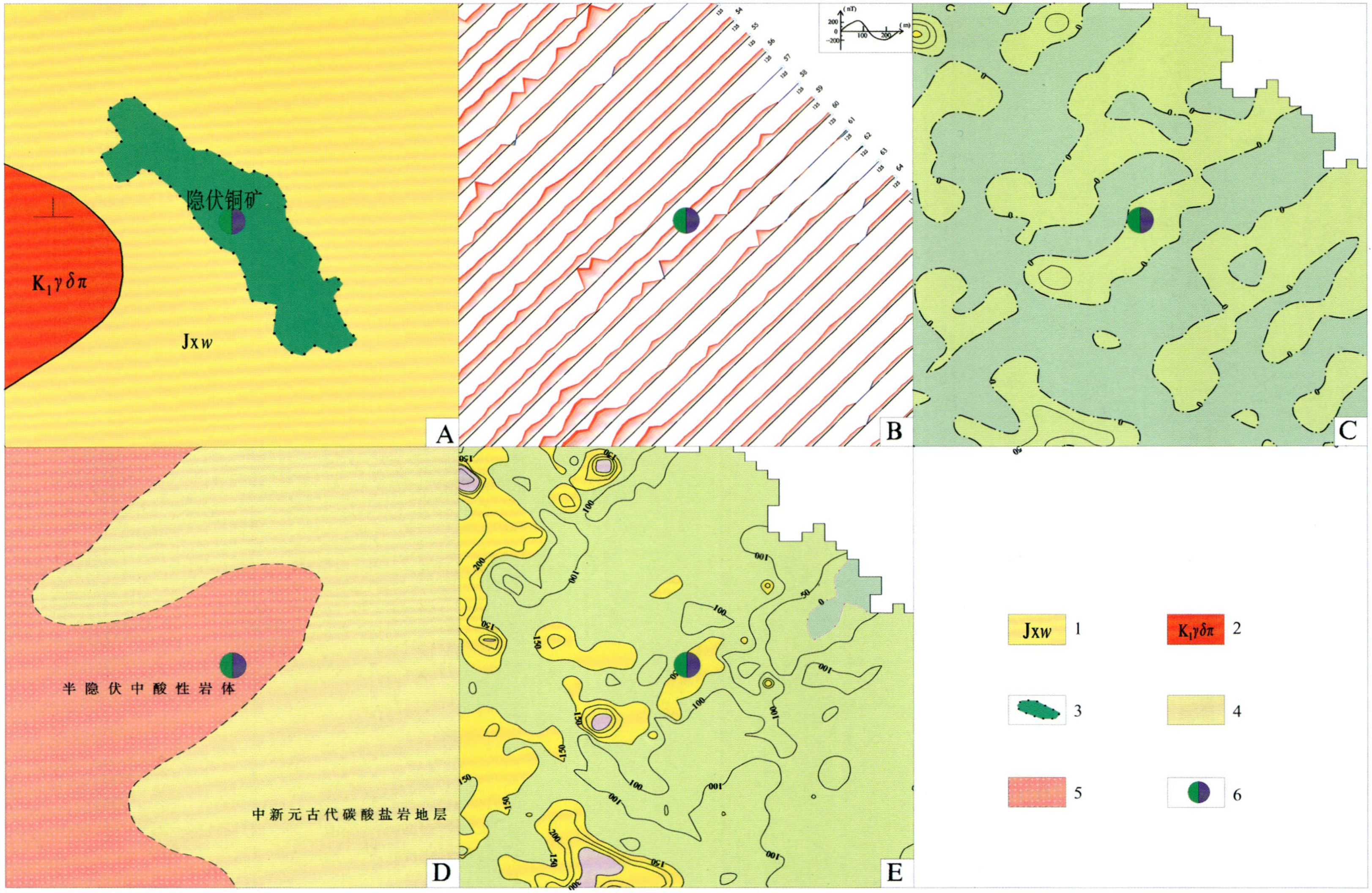

图 5-43　河北省平泉县小寺沟铜钼矿所在区域地质矿产及物探剖析图

A—地质矿产图；B—地磁 ΔZ 剖面平面图；C—地磁 ΔZ 垂向一阶导数等值线平面图；D—地磁推断地质构造图；E—地磁 ΔZ 等值线平面图；1—蓟县系雾迷山组；2—白垩纪斑状花岗闪长岩；3—隐伏铜矿；4—推断中新元古代碳酸盐岩地层；5—推断中酸性岩体；6—典型矿床所在位置

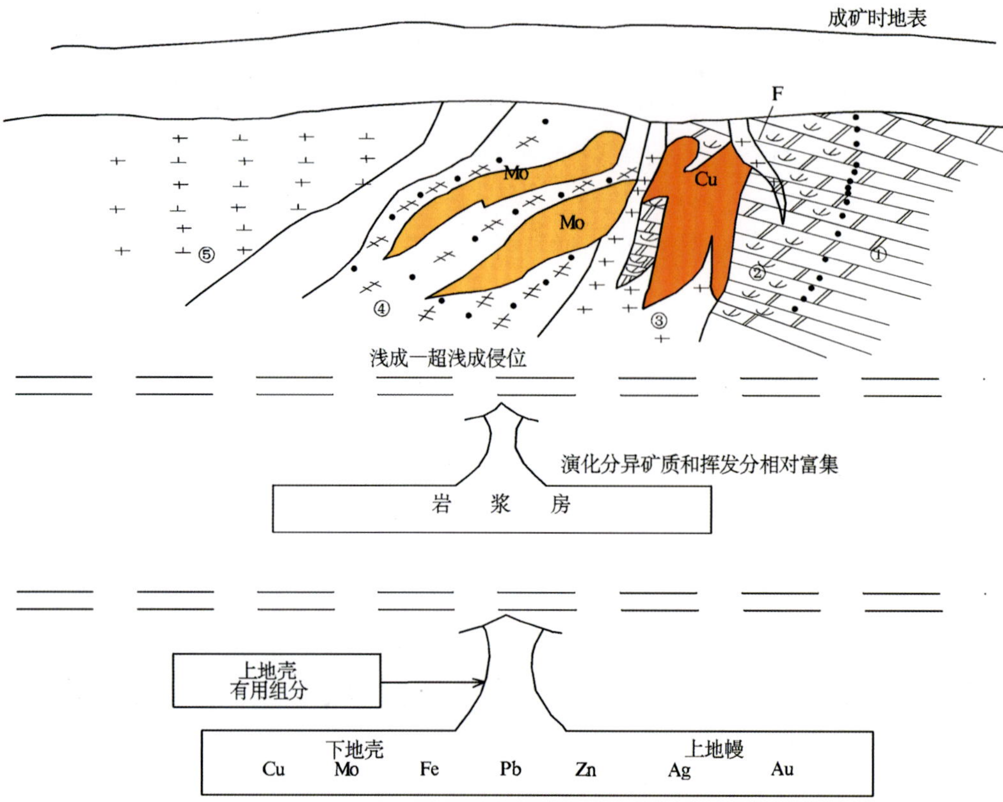

图 5-44　河北省平泉县小寺沟铜钼矿概念模型图

①白云岩；②蛇纹石化大理岩；③花岗斑岩；④黄铁绢英岩；⑤花岗闪长斑岩；Cu　铜矿体；Mo　钼矿体

区内成规模的矿产主要有大湾-镰巴岭式热液脉型钼铅锌多金属矿、木吉村-浮图峪式斑岩型-矽卡岩型铜钼矿、涞源式矽卡岩型铁矿、相广式热液型锰银矿、孔格庄式(长城式)岩浆热液改造型金矿等。区内涞源式矽卡岩型铁矿主要分布于涞源、易县一带，矿床规模以中小型为主。

(二)重力场特征

本次工作的重力资料为 1∶20 万资料，编制了重力布格异常图、剩余重力异常图、垂向一阶异常图，布格异常图和剩余异常图如图 5-45 所示。

区内重力场为北东向梯级带和区域性重力低异常，梯级带是乌龙沟-上黄旗梯级带的一部分，区域性重力低异常是大规模中酸性岩浆岩所致。区内剩余重力低异常多呈北东向展布，规模较大，幅值较高，为 $5\times10^{-5}\sim10\times10^{-5}m/s^2$，与中酸性岩浆岩吻合。重力高异常规模较小，幅值也较低，多为 $2\times10^{-5}\sim5\times10^{-5}m/s^2$，重力高与区内碳酸盐岩及变质岩地层有关。

(三)重力推断地质构造成果

本次工作利用这些图件圈定隐伏岩体、推断断裂及变质地层和碳酸盐岩地层。

该区重力推断断裂构造共 3 条，一级断裂 2 条，均为出露；三级断裂 1 条，呈隐伏状。一级断裂是本区的控岩控矿构造，中生代的断裂活动导致区内中酸性岩浆岩的侵入，并伴有钼等多金属矿床的形成。

重力圈定侵入岩体 6 个，其中：中酸性岩体 5 个、酸性岩体 1 个，半隐伏岩体 4 个、隐伏岩体 2

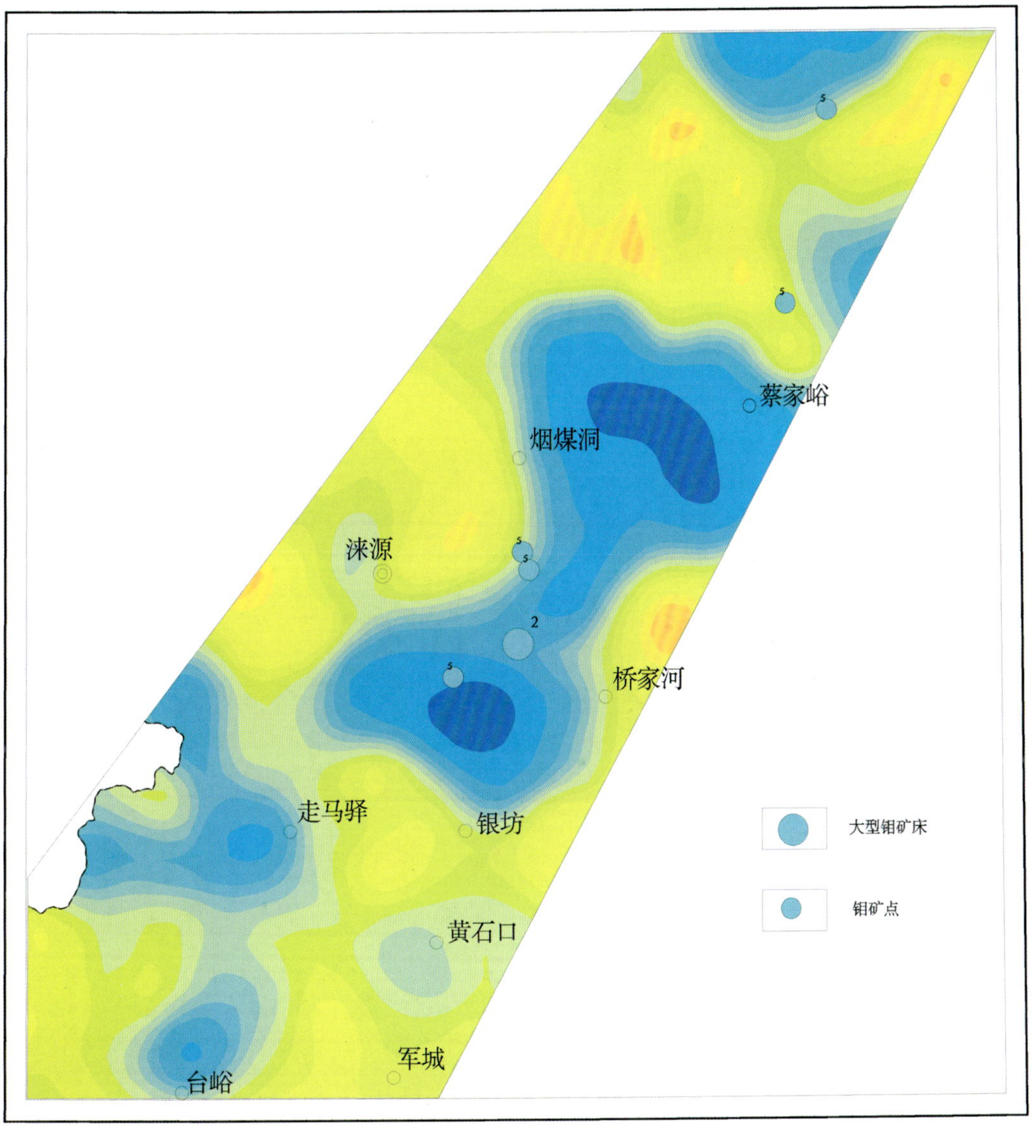

图 5-45　河北省大湾-大河南钼矿预测工作区剩余重力异常图

个。区内钼等多金属矿化与中酸性及酸性岩体有关，其中钼主要与酸性岩体有关，如流纹斑岩等。

重力圈出地层区 7 处，其中：磁性变质岩地层区 4 处、碳酸盐岩地层 3 处，半隐伏地层体 4 处、出露 3 处。碳酸盐岩地层与中酸性岩浆岩的接触带常常产生矽卡岩化，是有利的成矿部位。推断结果如图 5-46 所示。

第八节　锰矿预测重力资料应用成果

据统计河北省锰矿有近 40 处，分布广泛，但多数为规模很小的矿点及矿化点，规模大者矿石品位较低，锰矿资源地质勘查程度和研究程度均较低。

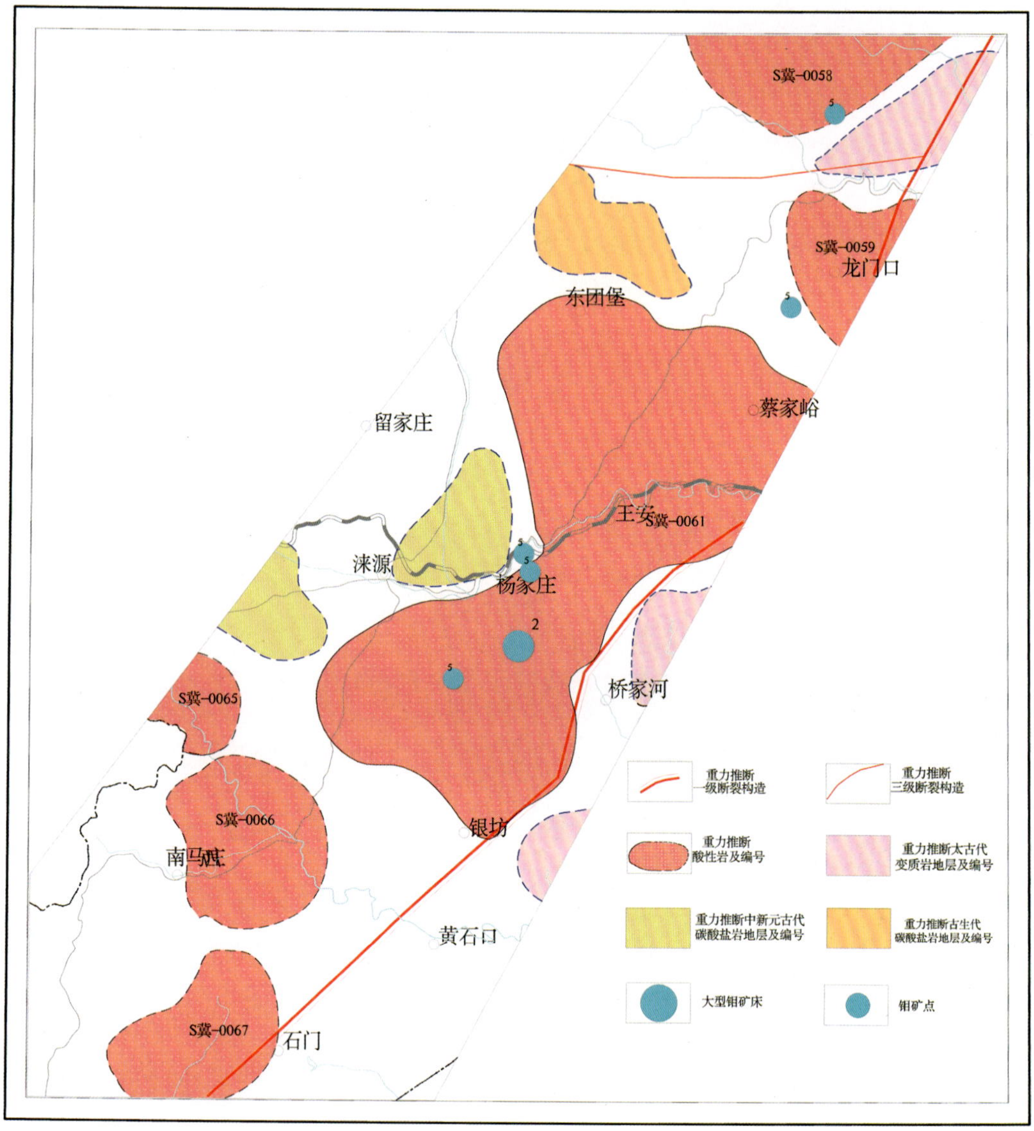

图 5-46　河北省大湾-大河南钼矿预测工作区重力推断地质构造图

一、锰矿典型矿床研究

河北省的锰矿按成因类型主要有火山热液型和沉积型，总的来看，全省锰矿资源特点是沉积型锰矿，多为单一锰矿；火山热液型锰矿多为锰、银共生。河北省矿产预测组在钼矿资源潜力评价工作中确定研究的典型矿床共计 3 个，其中：火山热液型 1 个、沉积型 2 个。按预测类型共分为 2 个矿床式，分别为相广式和瓦房子式。现将其中较重要的赤城县蔡庄子沉积型锰矿典型矿床研究成果叙述如下。

（一）地质概况

矿床产于中元古界长城系高于庄组含锰砂岩、页岩、白云岩地层中。矿体呈层状，地表断续出露约 1 700m，厚度一般在 0.2～0.6m 之间，矿体平均厚度为 0.45m。矿石金属矿物为硬锰矿、褐锰矿、菱锰矿、褐铁矿、赤铁矿等，非金属矿物主要为白云石、石英等。矿石结构有细粒结构、隐晶结构等。矿石构造为似层状构造。

(二)重磁异常特征

1. 区域重磁异常特征(图 5-47)

在 1：20 万布格重力异常图上，矿床位于一北西向平稳场的边缘。在剩余重力异常图上，矿床位于一近南北向重力高中心的东侧异常幅值缓降处，重力高是太古宙变质岩结晶基底隆起的反映，对矿床无明显指示作用。在 1：20 万航磁 3 种异常图上，矿床处负磁场区，反映成矿地质环境为元古宙地层弱磁地层。

2. 局部磁异常特征(图 5-48)

在 1：5 万航磁异常图上，矿床处于北北西向的正磁场上，对矿床无明显指示作用。

(三)矿床概念模式

矿床概念模式如图 5-49 所示。

二、锰矿预测工作区重力资料解释应用成果

河北省锰矿产相对集中地分布在燕山西段阳原、怀安、涿鹿及宣化等县，燕山东段的遵化—迁西县，其他如青龙、宽城等县也有所分布；太行山区灵寿县、涉县等有零星锰矿产地。本次矿产资源潜力评价项目中，河北省共划分阳原-涿鹿、赤城、围场、兴隆-宽城 4 个锰矿预测工作区，现将阳原-涿鹿预测工作区成果简述如下。

(一)地质概况

该区位于华北陆块区，一级构造单元为华北陆块区(Ⅱ)，二级构造单元为鲁西古陆块(Ⅱ-1)，三级构造单元为燕山裂谷(Ⅱ-2-3)。

变质岩主要为中新太古代变质表壳、变质深成岩和古元古代变质侵入岩，出露于工作区的西南部和中部。沉积岩包括中—新元古代地层、寒武纪地层、白垩纪地层、古近纪—新近纪地层和第四纪松散堆积物，为海、陆相火山-沉积建造。

该区跨冀北和燕辽两个岩浆岩亚带，侵入岩形成时代以中生代侏罗纪、早白垩世为主，含少量中元古代侵入岩。岩性以中酸性岩为主。区内断裂构造自吕梁期—燕山期均有所表现，可划分为北东向、北西向、东西向和近南北向 4 组。其中黄旗-乌龙沟断裂带规模较大，贯穿全区。

(二)重力场特征

本次工作的重力资料为 1：20 万资料，编制了重力布格异常图、剩余重力异常图、垂向一阶布格异常图和剩余异常图，如图 5-50 所示。

布格重力异常以殷家沟—郭家湾一线为界，西北异常轴向为北西向，东南为北东向。在剩余重力异常图上，异常轴向较为杂乱，火山及沉积地层、中酸性岩浆岩为重力低，碳酸盐岩、变质岩地层为重力高。

(三)重力推断地质构造成果

本次工作利用这些图件圈定隐伏岩体、推断断裂及变质地层和碳酸盐岩地层、火山盆地等，如

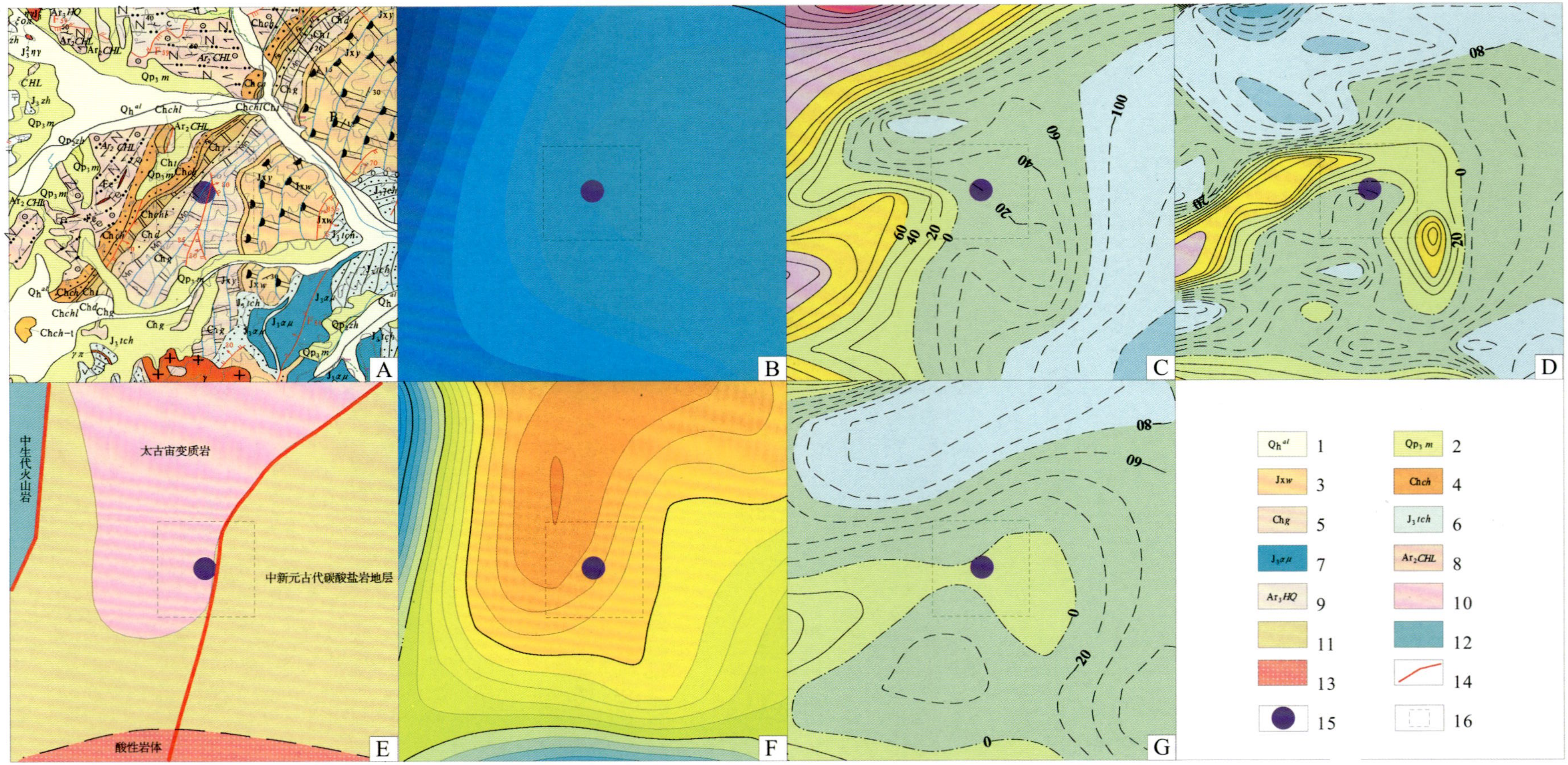

图 5-47　河北省赤城县蔡庄子锰矿矿床所在区域地质矿产及物探剖析图

A—地质矿产图；B—布格重力异常图；C—航磁 ΔT 等值线平面图；D—航磁 ΔT 化极垂向一阶导数等值线平面图；E—重磁推断地质构造图；F—剩余重力异常图；G—航磁 ΔT 化极等值线平面图；1—第四系冲积；2—第四系马兰组；3—蓟县系雾迷山组；4—长城系常州沟组；5—长城系高于庄组；6—晚侏罗世土城子组；7—侏罗系安山玢岩；8—中太古代崇礼岩群；9—新太古代红旗营子岩群；10—重磁推断太古宙变质岩地层；11—重磁推断中新元古代碳酸盐岩地层；12—重磁推断中生代火山岩地层；13—重磁推断酸性岩体；14—重磁推断断裂；15—典型矿床所在位置；16—典型矿床所在地区

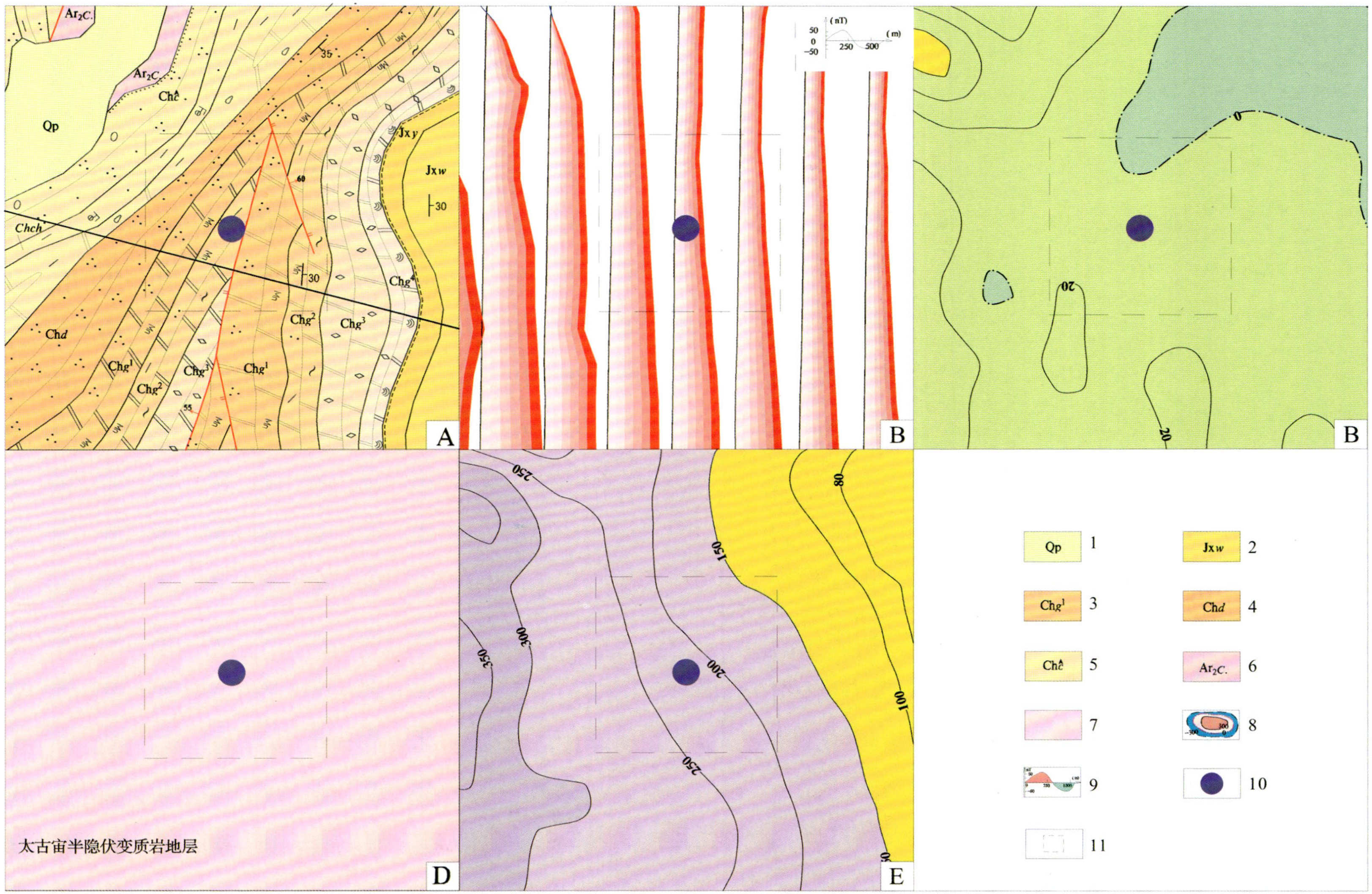

图 5-48　河北省赤城县田家窑镇蔡庄子锰矿所在地区地质矿产及物探剖析图

A—地质矿产图；B—航磁 ΔT 剖面平面图；C—航磁 ΔT 化极垂向一阶导数等值线平面图；D—航磁推断地质构造图；E—航磁 ΔT 化极等值线平面图；1—第四系更新世堆积；2—蓟县系雾迷山组；3—长城纪长城群高于庄组一段；4—长城纪长城群大红峪组；5—长城纪长城群常沟门组；6—中太古代崇礼岩群；7—磁法推断太古宙半隐伏变质岩地层；8—航磁 ΔT 等值线；9—航磁 ΔT 平剖面；10—典型矿床所在位置；11—典型矿床所在地区范围

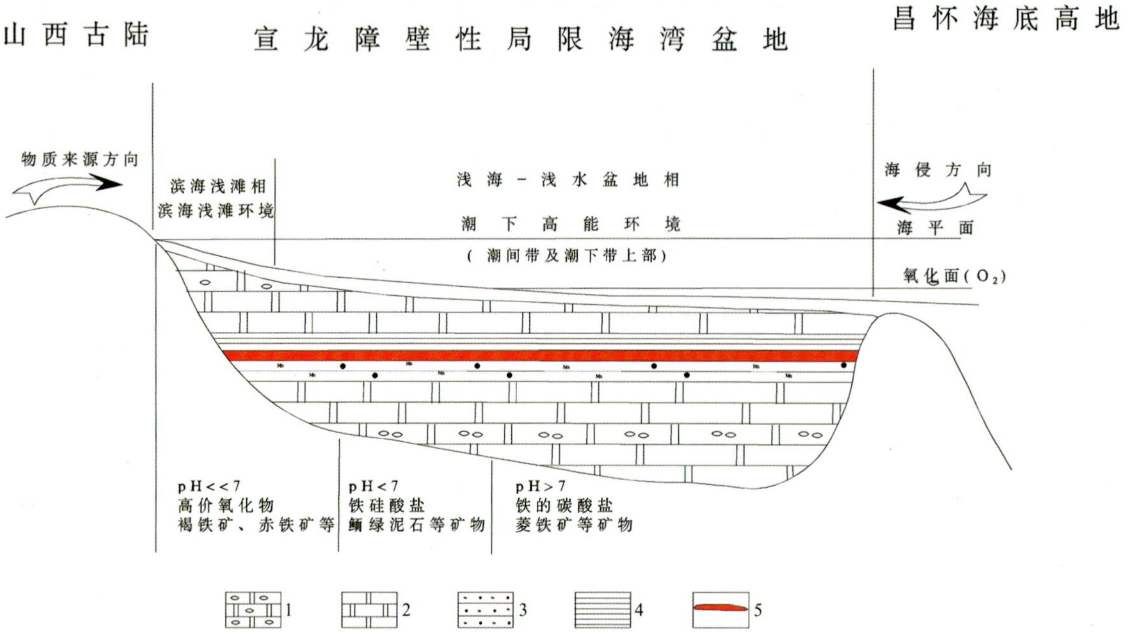

图 5－49　河北省赤城县蔡庄子锰矿典型矿床概念模式图

1—长城系高于庄组含燧石白云岩；2—长城系高于庄组白云岩；3—长城系高于庄组含锰砂岩；4—长城系高于庄组页岩；5—锰矿体(层)

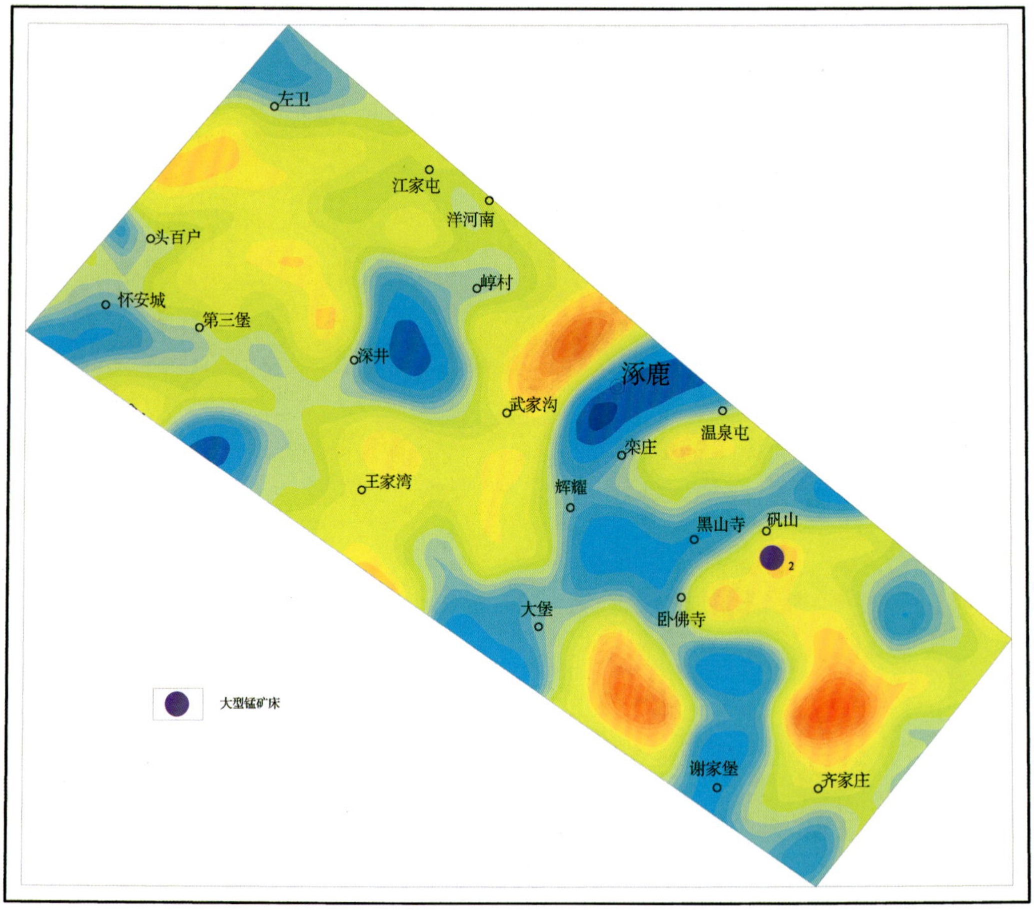

图 5－50　河北省阳原-涿鹿锰矿预测区剩余重力异常图

图 5-51 所示。该区重力推断断裂构造 18 条，一级断裂 1 条、二级断裂 1 条、三级断裂 16 条，其中隐伏断裂 8 条、半隐伏断裂 7 条、出露断裂 3 条。北西向、北北西向断裂最为发育，为导矿、容矿构造。

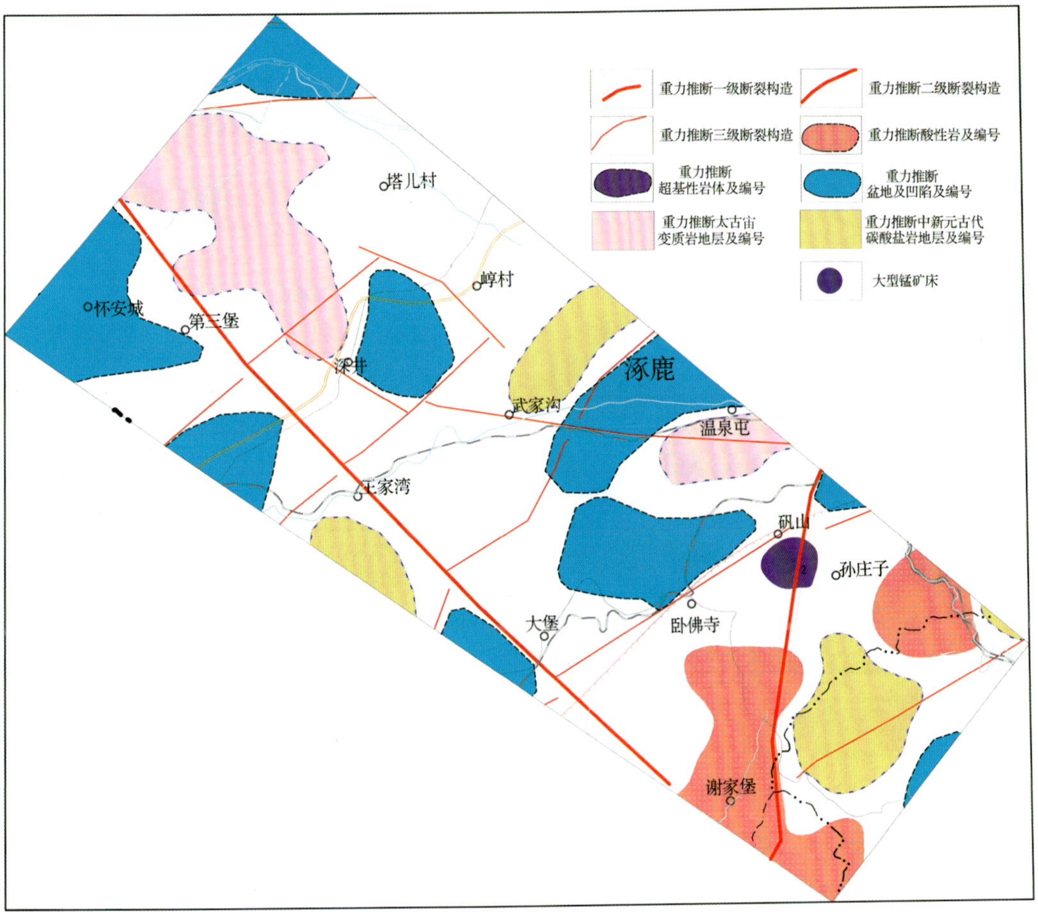

图 5-51 河北省阳原-涿鹿锰矿预测区重力推断地质构造图

重力圈定侵入岩体 3 处，其中：超基性岩体 1 处、中酸性岩体 1 处、酸性岩体 1 处，属于隐伏岩体 1 处、半隐伏岩体 1 处、出露岩体 1 处。早白垩世酸性岩与成矿热液型锰矿关系密切。

重力圈出地层区 6 处，其中：变质岩地层区 2 处、碳酸盐岩地层 4 处，属于隐伏岩体 1 处、半隐伏岩体 2 处、出露岩体 3 处。重力圈出盆地 9 处，其中：新生代断陷 5 处、中生代盆地 4 处。

第九节 铬铁矿预测重力资料应用成果

铬铁矿具有产于超基性岩的成矿专属性，河北省在 20 世纪 60 年代初和 70 年代初先后有两次铬铁矿的大调查，从冀西到冀东对出露的超基性岩体进行评价，经地质勘查，提交了高寺台、毛家厂和闫家沟 3 个铬铁矿小型矿产地。同时在康保永德堂、万全洗马林黄土梁、平泉大庙罗匠沟、兴隆卦兰峪、迁西汉儿庄岔沟等超基性岩体中发现铬铁矿化。

一、铬铁矿典型矿床研究

河北省矿产预测组在铬矿资源潜力评价工作中确定研究的典型矿床共计2个，均为岩浆岩型，预测类型为高寺台式。下面简要介绍承德县高寺台岩浆岩型铬铁矿典型矿床研究成果。

（一）地质概况

矿床位于大庙-娘娘庙基性—超基性岩浆岩带上，海西期高寺台超基性岩体自中心向外依次为纯橄榄岩相、辉橄岩相、透辉岩相和角闪岩相，纯橄榄岩相为主体，铬矿化强烈。

矿体呈扁豆状、透镜状、脉状和似脉状，区内工业矿体112个、贫矿体33个、难用矿体169个。工业矿体规模一般较小，最大者长95m，倾斜延深92m，厚度最大13.5m，最小0.5m，一般厚1～3m。矿石矿物成分以铬铁矿、铬尖晶石为主，另有少量磁铁矿、钛磁铁矿。矿石为自形中粗粒结构、自形不等粒结构、自形—半自形不等粒结构、他形结构、交代结构、压碎结构，为致密块状构造、浸染状构造、同生角砾状构造、网环状构造、斑点浸染状构造、浸染条带构造。

（二）重磁异常特征

1. 区域重磁异常特征

在1∶20万布格重力异常图上，矿床位于东西向梯级带上，该梯级带反映大庙-娘娘庙深断裂，矿床西侧的梯级带被一重力高值区所扭曲，是由与成矿有关的大庙-黑山基性—超基性岩体引起。在剩余重力异常图上，矿床位于大庙-黑山基性—超基性岩体重力高的东侧边缘，该重力高具有梯度大、幅值高的特点，其幅值达22×10^{5} m/s^{2}。

在1∶20万航磁3种异常图上，矿床位于负磁异常区，与低磁性中生代火山岩有关。

2. 局部磁异常特征

在1∶5万航磁ΔT异常图上，矿床处于正磁异常上，异常走向北北西，长4km，宽1.5km，异常最高值为4 000nT。其特点是异常高值部分面积较大，磁场值大于1 500nT，约占异常面积的1/2。

3. 矿区磁异常特征

在1∶1万地磁ΔZ平剖图、ΔZ等值线平面图和ΔZ垂向一导等值线图上，异常位置与矿床对应较好。在ΔZ等值线平面图上，以500nT圈定的异常范围大体反映矿体范围，异常最高值为3 000nT。在ΔZ垂向一导等值线图上，以零值线圈定的异常范围大体反映矿体范围，但并不是所有零值线都可圈定矿体，零值线内必须有明显的正导数异常，这时导数异常对矿体的分辨性能要明显好于ΔZ异常。

（三）矿床概念模式

矿床概念模式如图5－52所示。

二、铬铁矿预测工作区重力资料解释应用成果

在本次矿产资源潜力评价工作中，河北省划分出承德和遵化两个铬铁矿预测工作区，下面简要介绍承德县铬铁矿预测工作区重力资料解释应用成果。

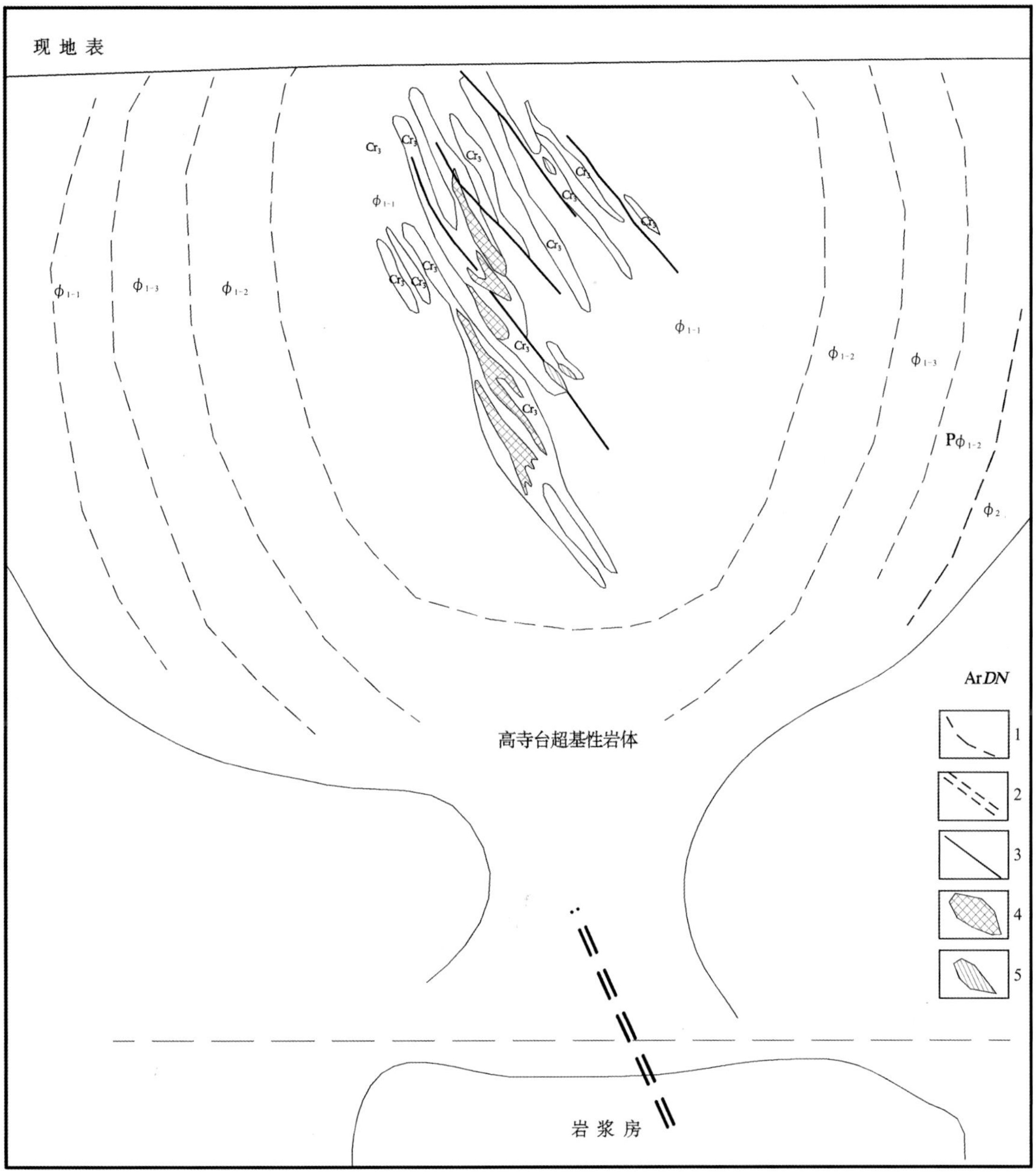

图 5-52 河北省承德县高寺台铬铁矿典型矿床成矿模式图

Ar*DN*—太古宇单塔子群；ϕ_{1-1}—粗粒蛇纹石化纯橄榄岩；ϕ_{1-2}—中粒蛇纹石化纯橄榄岩；ϕ_{1-3}—细粒蛇纹石化纯橄榄岩；Pϕ_{1-2}—斑状中细粒蛇纹石化纯橄榄岩；ϕ_2—蛇纹石化透辉辉橄岩；Cr_3—三级铬矿化带；1—岩相界线；2—深断裂；3—断层(原生构造破裂带)；4—工业矿体；5—贫矿体

(一)地质概况

该区位于华北陆块区东北部，一级构造单元为华北陆块区(Ⅱ)，二级构造单元为晋冀古陆块(Ⅱ-2)，三级构造单元为迁西陆核(Ⅱ-2-1)。区内变质岩有遵化岩群(Ar_3Z)、红旗营子岩群(Ar_3H)，分别为斜长角闪岩-黑云变粒岩-磁铁石英岩建造和黑云变粒岩-斜长角闪岩-大理岩建造。变质深成岩有闪长质片麻岩、奥长花岗质片麻岩、辉长质片麻岩等。变质侵入岩有古元古代变质(石英)闪长岩、变质巨斑二长花岗岩、变质石英二长闪长岩、变质二长花岗岩、变质花岗闪长岩。区内沉积岩较为发育,主要为中元古代长城群、中生代陆相火山-沉积岩、新生代松散堆积物。

该区岩浆岩有中元古代侵入岩、晚古生代侵入岩和中生代侵入岩。中元古代岩浆活动强烈,主要岩石为橄榄岩+辉石岩组合、斜长岩+苏长岩组合、角闪岩+花岗岩组合。晚古生代岩浆活动较弱,仅发育早二叠世斑状花岗闪岩、晚二叠世正长花岗岩。中生代岩浆侵入活动强烈,以中侏罗世、早白垩世的侵入岩为主。区内构造以基底韧性变形构造和盖层断裂构造为主,以东西向和北东向为主。

(二)重力场特征

本次工作的重力资料为 1∶20 万资料,编制了重力布格异常图、剩余重力异常图、垂向一阶异常图,布格异常图和剩余异常图如图 5-53 所示。

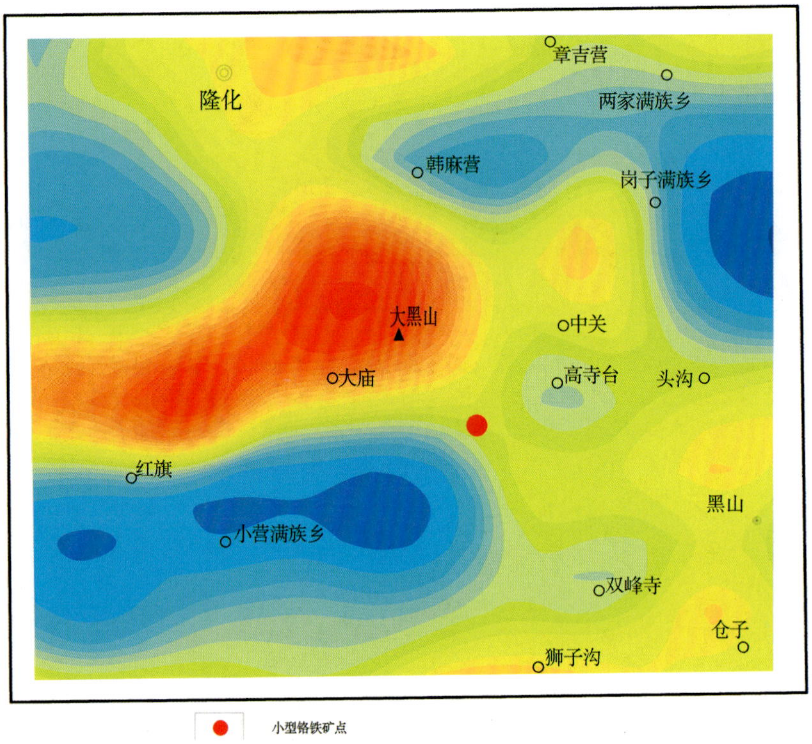

图 5-53　河北省承德铬铁矿预测工作区剩余重力异常图

区内布格重力异常总体表现为一个东西向梯级带。梯级带与红石砬-大庙-娘娘庙断裂带有关,受大庙-黑山超基性杂岩体影响,该梯级带发生扭曲,嵌入一个布格重力异常的隆起。该区剩余重力异常轴向主要为东西向。大庙-黑山超基性杂岩体表现为区内最明显重力高,幅值达 16×10^{-5} m/s^2。其他重力高多与结晶基底隆起有关,异常幅值均小于 $5\times10^{-5}m/s^2$,如图 5-53 所示。区内重力低主要由中生代火山-沉积盆地及中酸性岩浆岩引起。

(三)重力推断地质构造成果

本次工作利用这些图件圈定隐伏岩体、推断断裂及变质地层、火山盆地等,如图 5-54 所示。该区重力推断断裂构造 5 条,一级断裂 3 条、三级断裂 2 条,其中隐伏断裂 1 条、半隐伏断裂 1 条、出露断裂 3 条。红石砬-大庙-娘娘庙断裂带是导矿构造。

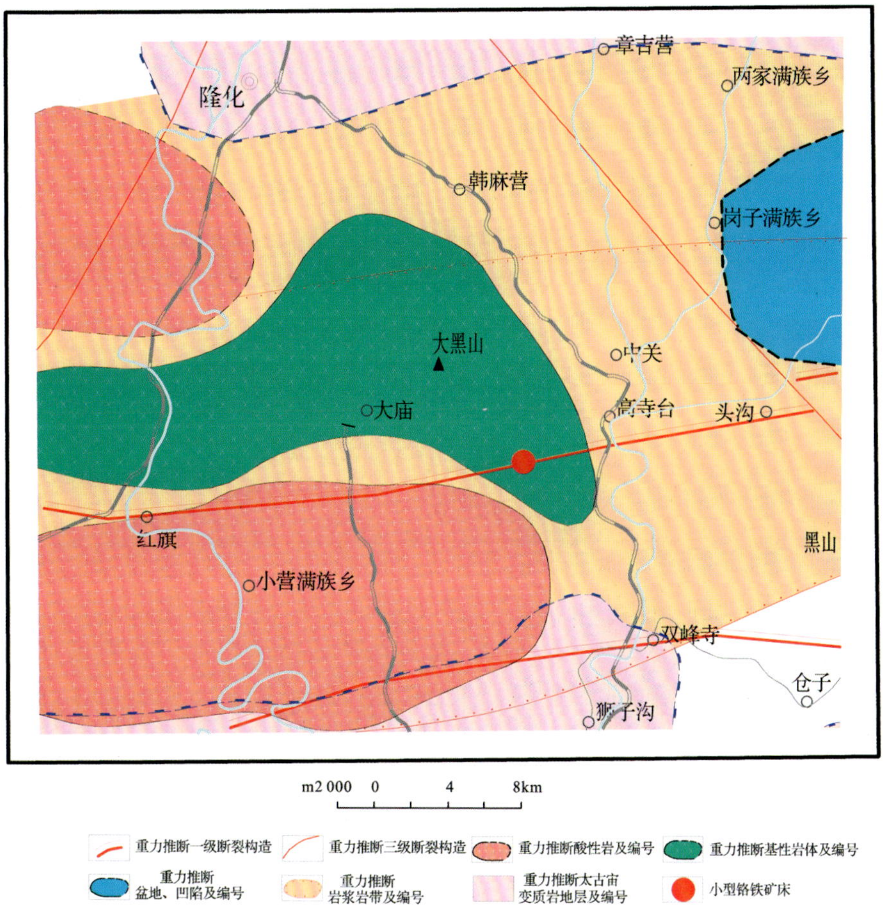

图 5-54　承德铬铁矿预测工作区重力推断地质构造图

重力圈定侵入岩体 3 处，其中基性—超基性岩体 1 处、中酸性岩体 1 处、酸性岩体 1 处，属于隐伏岩体 1 处、半隐伏岩体 1 处、出露岩体 1 处。基性—超基性侵入岩是区内铬铁矿的成矿母岩。

重力圈出地层区 3 处，均为变质岩地层区，属于隐伏岩体 1 处、半隐伏岩体 1 处、出露岩体 1 处。重力圈出盆地 1 处，为中生代火山盆地。推断结果如图 5-54 所示。

第十节　钨矿预测重力资料应用成果

河北省矿产预测组在钨矿资源潜力评价工作中确定研究的典型矿床共计 2 个，均为热液型。预测类型分别为白石头哇式和沙麦式，分别分布于康保、兴隆、青龙 3 个预测区内。

一、钨矿典型矿床研究

河北省钨矿资源较少，根据重力异常特征情况分析，将选择重力异常反映较明显的康保炭头山热液型钨矿典型矿床进行综合研究。

（一）地质概况

矿区赋矿围岩为华德群变质岩系，以磁铁石英岩为主。成矿岩体为海西期石英二长岩、石英二长斑岩。

矿体形态为脉状、透镜体状，局部具分支复合现象。产于含磁铁石英岩中的矿体含矿性好，脉幅变化大，长 60～340m；厚度变化也大，可由 10cm 到 2.7m。产于石英二长岩和石英二长斑岩中之石英脉一般脉幅规模不大，长几十米为最普通，最长者 110m，脉厚绝大部分在 10cm 左右，含矿性差。矿石矿物以黑钨矿、硬锰矿、褐铁矿为主，其次有黄铁矿、方铅矿、闪锌矿、孔雀石、铜蓝、钨华等；脉石矿物以石英为主，其次为绢云母、白云母、萤石、电气石。矿石结构：黑钨矿在石英脉中以板状、板柱状、浸染状为主，其次为蜂窝状，细脉少见。矿石构造：石英脉呈灰白色致密块状，有较多的犬牙状石英小晶洞，在局部地段石英呈松软状、粉末状、压碎状等现象出现。

（二）重磁异常特征

1. 区域重磁异常特征（图 5－55）

在 1∶20 万布格重力异常图上，矿床位于东西向梯级带上，该梯级带反映康保-围场深断裂带，是区内石英二长岩、石英二长斑岩的导岩构造，也是钨矿的导矿构造。在剩余重力异常图上，矿床位于东西向重力低的边缘，重力低反映区内中酸性岩体，是钨矿的成矿母岩，矿床位于岩体的边缘。

在 1∶20 万航磁 3 种异常图上，矿床位于低缓的负磁异常区，对矿床及成矿岩体没有指示作用。

2. 局部磁异常特征（图 5－56）

在 1∶5 万航磁 ΔT 三种异常图上，矿床位于低缓的负磁异常区，对矿床没有指示作用。

（三）矿床概念模式

矿床概念模式如图 5－57 所示。

二、钨矿预测工作区重力资料解释应用成果

河北省矿产预测组在钨矿资源潜力评价工作中确定钨矿预测工作区 3 个，分别为康保、兴隆、青龙钨矿预测工作区，下面介绍其中重要的康保钨矿预测工作区。

（一）地质概况

该区位于天山-兴蒙造山系和华北陆块区两个Ⅰ级构造单元的结合部位。Ⅱ级构造单元以康保-围场断裂带为界，南部为鄂尔多斯古陆块，北部为包尔汉图-温都尔庙湖盆系。康保-围场断裂带横亘主体部分的鄂尔多斯古陆块，该区仅涉及其中的集宁弧后盆地（Ⅲ）。

区内古元古代变质地层发育，分布于该区中部，出露两个组。三夏天组：石英岩-长石石英岩建造。朝阳河组：石榴黑云石英片岩夹板岩、碳质绢云千枚岩建造。钨矿产于三夏天组的磁铁石英岩内。火山-沉积岩地层有早白垩世张家口组一段和新近纪—第四纪地层。张家口组一段为一套流纹质熔结凝灰岩、流纹质凝灰岩夹少量流纹岩建造。新近纪地层主要为汉诺坝组，为一套玄武岩、安山玄武岩建造。第四纪由赤城组、马兰组及风积松散堆积物组成。

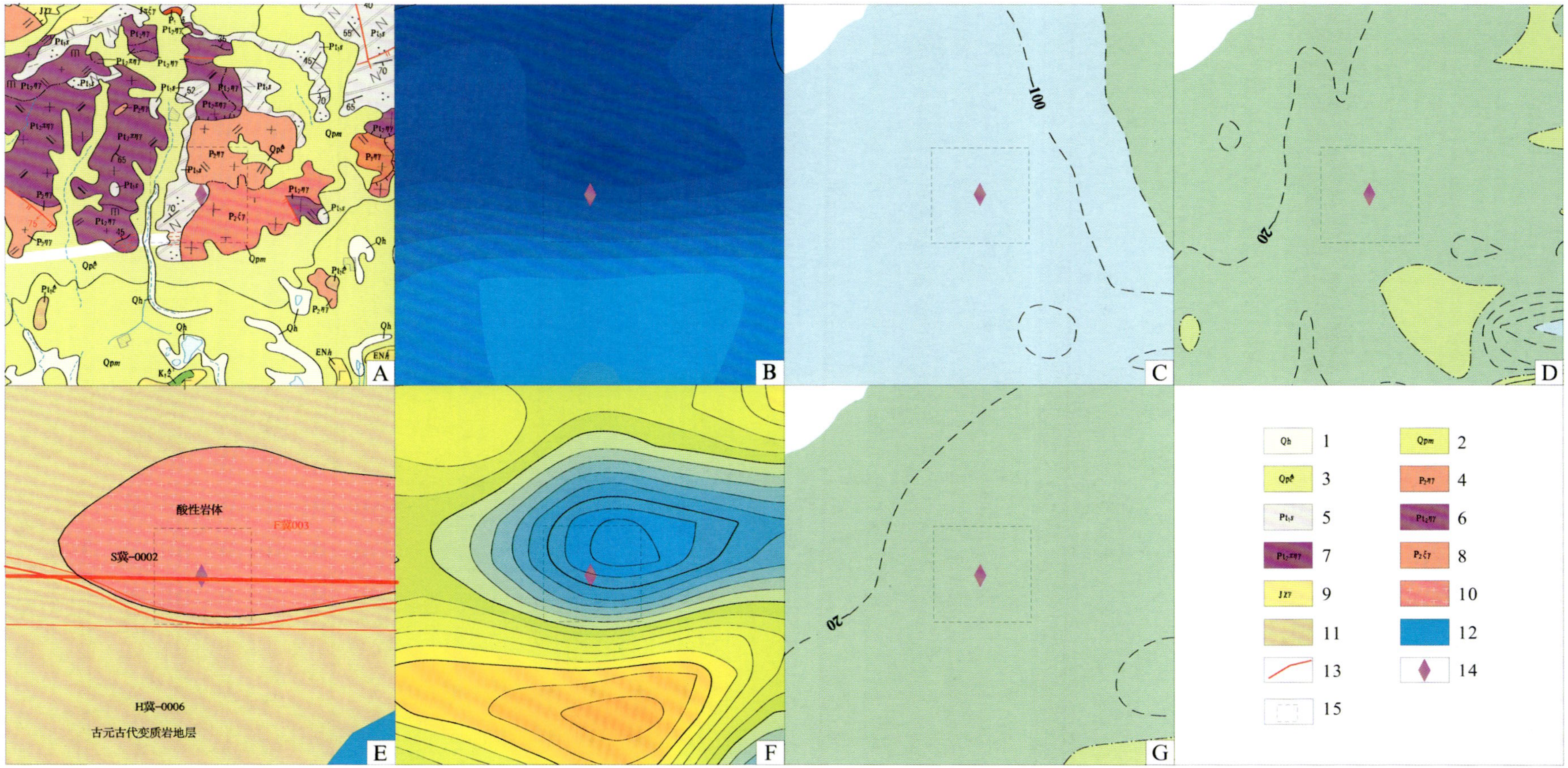

图 5-55　河北省康保县炭头山钨矿所在区域地质矿产及物探剖析图

A—地质矿产图；B—布格重力异常图；C—航磁 ΔT 等值线平面图；D—航磁 ΔT 化极垂向一阶导数等值线平面图；E—重磁推断地质构造图；F—剩余重力异常图；G—航磁 ΔT 化极等值线平面图；1—第四系松散堆积；2—第四系马兰山组；3—第四系赤城组；4—二叠纪二长花岗岩；5—化德岩群三夏天组；6—中元古代二长花岗岩；7—中元古代斑状二长花岗岩；8—二叠纪正长花岗岩；9—侏罗纪碱性花岗岩；10—重磁推断酸性岩体；11—古元古代变质岩地层；12—火山岩；13—重磁推断断裂；14—典型矿床所在位置；15—典型矿床所在地区范围

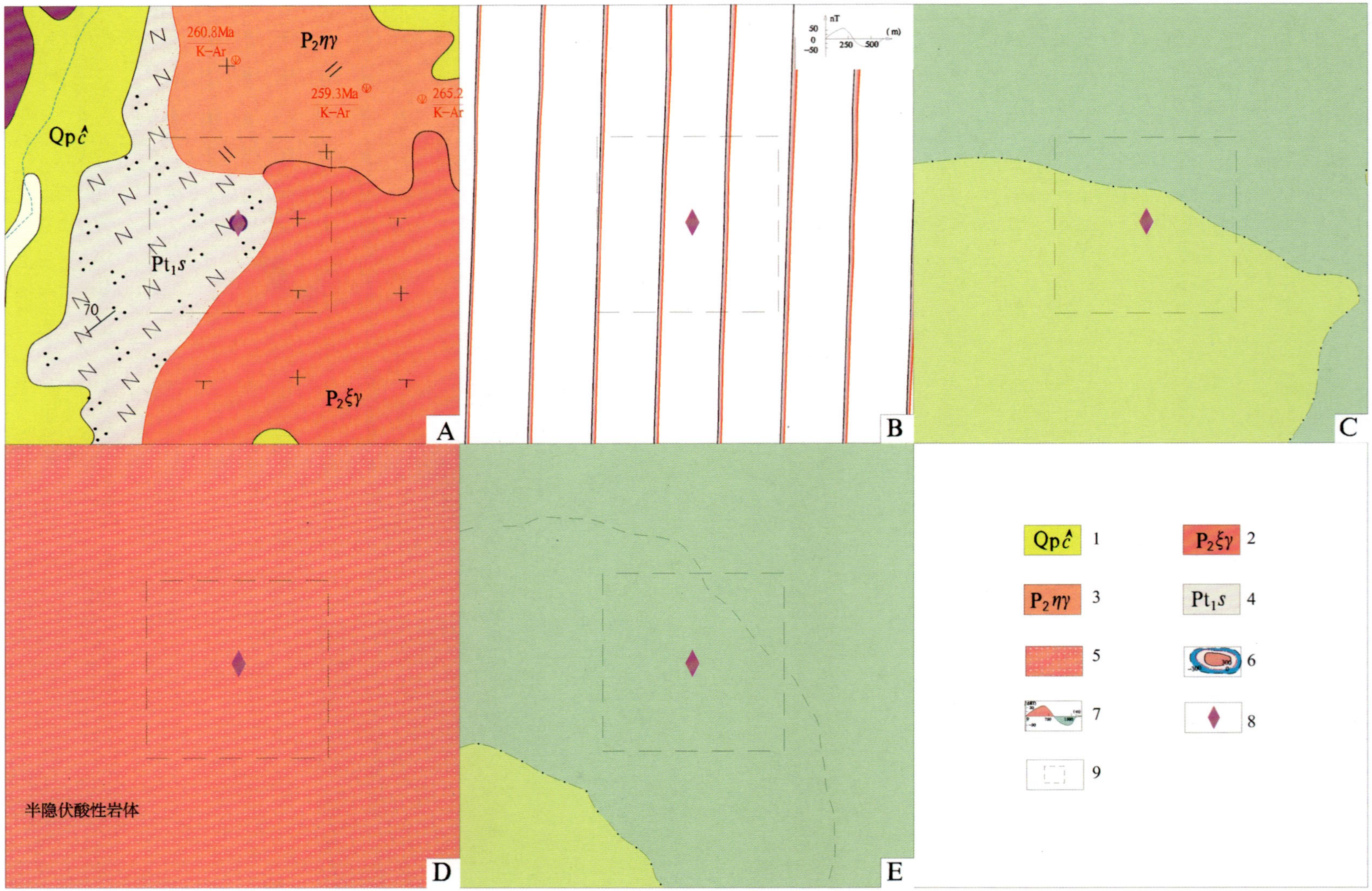

图 5-56　河北省康保县炭头山钨矿所在地区地质矿产及物探剖析图

A—地质矿产图；B—航磁 ΔT 剖面平面图；C—航磁 ΔT 化极垂向一阶导数等值线平面图；D—航磁推断地质构造图；E—航磁 ΔT 化极等值线平面图；1—第四系赤城组；2—二叠纪正长花岗岩；3—二叠纪二长花岗岩；4—古元古代三夏天组；5—磁法推断半隐状酸性岩体；6—航磁 ΔT 等值线；7—航磁 ΔT 平剖图；8—典型矿床所在位置；9—典型矿床所在地区范围

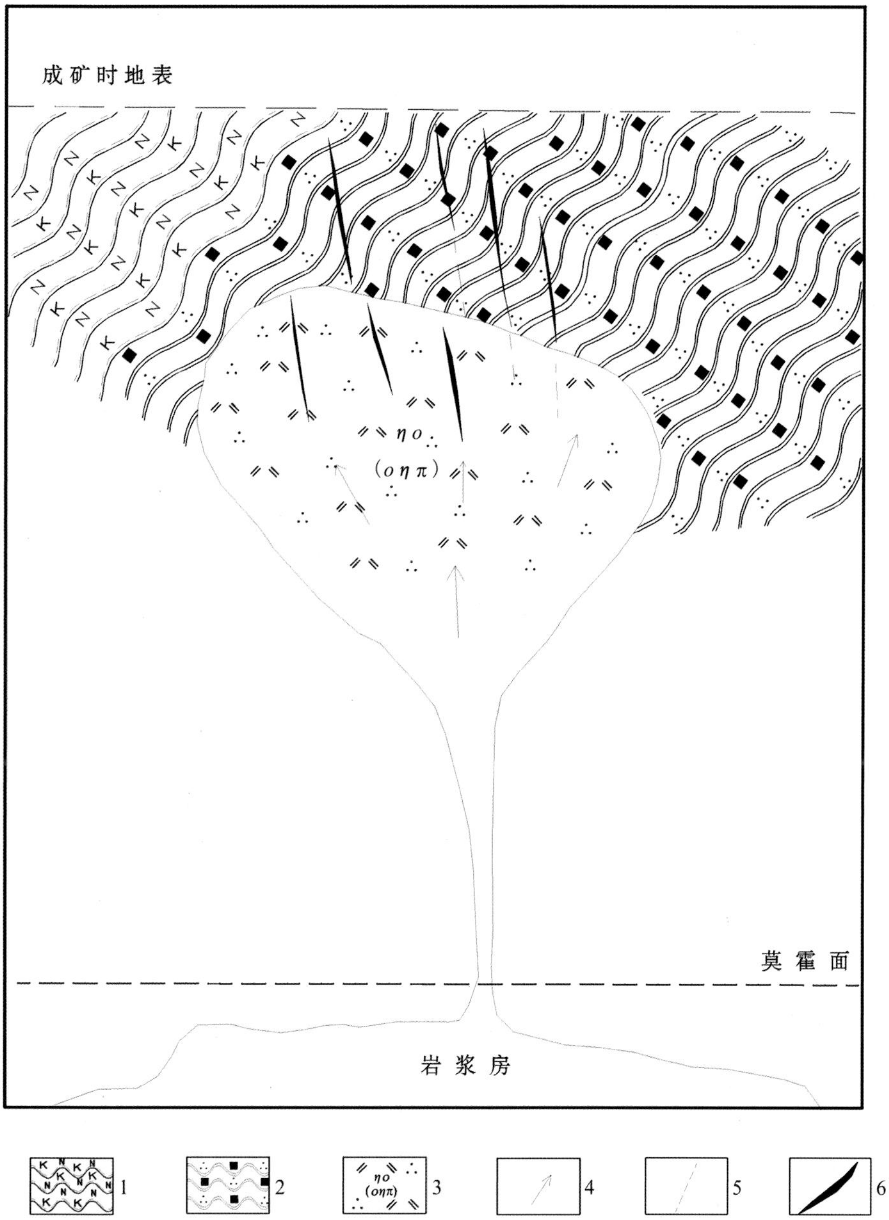

图 5-57　康保县炭头山钨矿典型矿床成矿模式图

1—华德群片麻岩、二云母片岩；2—华德群磁铁石英岩；3—海西期石英二长岩（石英二长斑岩）；4—矿液流动方向；5—次级构造裂隙；6—含钨石英脉

该区岩浆侵入岩以晚古生代最为发育，分为南、北两个近东西向的岩浆岩带。岩性主要为二长花岗岩、正长花岗岩等。钨产于古生代侵入岩与变质地层的接触带，海西期侵入岩及变质地层与成矿关系密切。

区内主要发育断裂构造，呈东西向、近东西向，有康保-围场断裂带、兴隆村-阿布盖庙断裂带。

（二）重力场特征

本次工作的重力资料为 1∶20 万资料，编制了重力布格异常图、剩余重力异常图、垂向一阶异常图，布格异常图和剩余异常图如图 5-58 所示。本次工作利用这些图件圈定隐伏岩体、推断断裂及变质地层、火山盆地等。

区内重力布格异常南高北低，异常值为$-144\times10^{-5}\sim-154\times10^{-5}\,m/s^2$，变化缓慢，中部被一东西向梯级带所分割，该梯级带反映康保-围场断裂位置。剩余重力异常轴向均为东西向。重力低主要由古生代酸性岩引起，重力高由元古宙变质岩引起。

（三）重力推断地质构造成果

该区重力推断断裂构造2条，其中一级断裂1条、三级断裂1条，均为半隐伏断裂。

重力圈定侵入岩体1处，为酸性岩体，属于出露岩体。钨产于古生代侵入岩与变质地层的接触带，海西期侵入岩及变质地层与成矿关系密切。

重力圈出地层区2处，均为变质岩地层区，属于半隐伏1处、出露1处。

重力圈出盆地1处，为新生代火山盆地。推断结果如图5-59所示。

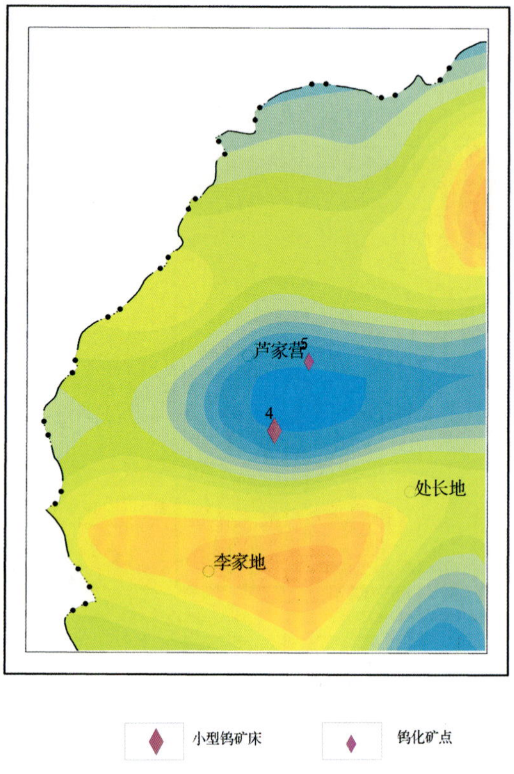

图5-58　河北省康保钨矿预测区剩余重力异常图

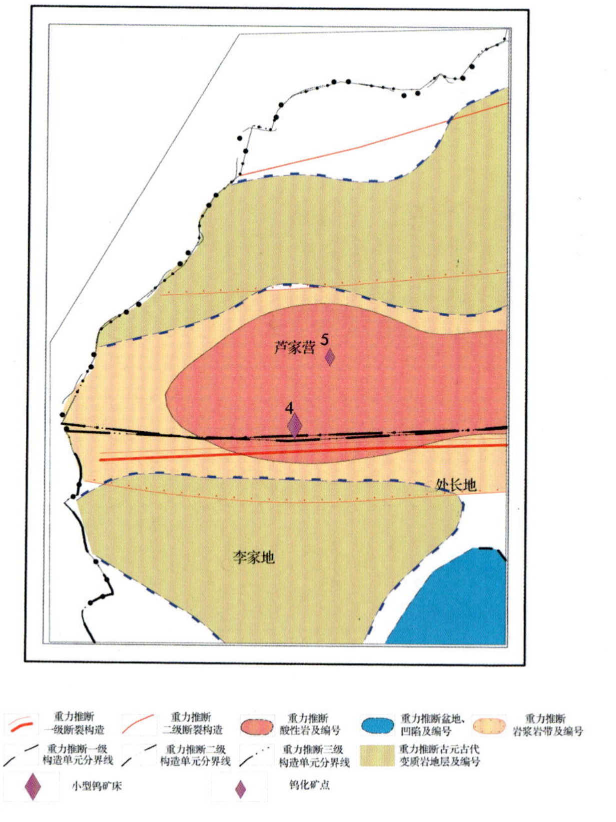

图5-59　河北省康保钨矿预测区重力推断地质构造图

第十一节　镍矿预测重力资料应用成果

河北省矿产预测组在镍矿资源潜力评价工作中确定研究的典型矿床共计1个，为沉积变质型。预测类型为杏树台式，分布于赞皇预测区内。

(一)地质概况

矿床位于五台群石家栏组第二段上部和第三段下部变质岩系，岩性为斜长角闪岩、黑云角闪斜长片麻岩、角闪黑云斜长片麻岩。根据物探资料推断其下有隐伏的中酸性岩体，与成矿关系密切。成矿时代为燕山期。

矿体呈透镜状、似层状斜列或平行状排列。主要矿体长460～478m，厚1.69～5.43m。矿石矿物成分常见的有辉砷镍矿、紫硫镍矿、红锑镍矿、水镍钴矾和金红石、电气石、白钛石以及黄铁矿、黄铜矿。矿石结构有自形细粒结构、鳞片粒状变晶结构，偶见陨铁结构。矿石构造有块状构造、变余片状构造、斑杂状构造以及变余片麻状构造。

(二)区域重磁异常特征(图5－60)

在1∶20万布格重力异常图上，矿床位于近南北向梯级带西侧的重力低值区的北端。在剩余重力异常图上，矿床位于北东向重力低上，该推断由隐伏变质花岗岩引起。

在1∶20万航磁航磁ΔT化极等值线图上，矿床位于低缓的北东向正磁异常区；在化极垂向一阶导数等值线图上，矿床位于低缓的北东向负磁异常区。以上异常是由隐伏变质花岗岩引起。

(三)矿床概念模式

矿床概念模式如图5－61所示。

第十二节　菱镁矿预测重力资料应用成果

在本次矿产资源潜力评价项目中，河北省矿产预测组确定研究的典型矿床共计1个，为沉积变质型。预测类型为大河式，分布于邢台预测区内。

一、菱镁矿典型矿床研究

河北省仅见区域变质型菱镁矿，目前发现中、小型矿床各1处，分布于河北省邢台地区邢台县大河—前补透一带。

(一)地质概况

矿床位于太行隆起中段赞皇隆起，赋矿层位为红鹤组下段白云岩。

矿体呈似层状、透镜状，局部呈不规则团块状，矿体产状与围岩基本一致，受弧形转折构造控制。区内主要有两个矿层，第一层为主要矿层，大河矿段矿层长约1 000m，最大延深900m，厚2.83～38.37m；前补透矿段矿层长1 000m，延深550～900m，厚3.62～17.6m，平均7.68m。矿石矿物成分以菱镁矿为主，脉石主要为白云石，含少量石英、长石，偶见黄铜矿、黄铁矿、赤铁矿、孔雀石等矿物。矿石结构：叶片状或粒状镶嵌结构、他形粒状结构。矿石构造：块状构造。

(二)重磁异常特征(图5－62)

在1∶20万布格重力异常图上，矿床位于近南北向梯级带上。在剩余重力异常图上，矿床位于重力高上，该重力高由太古宙变质岩引起，反映成矿位于变质地层区，该菱镁矿床成矿受太古宇红

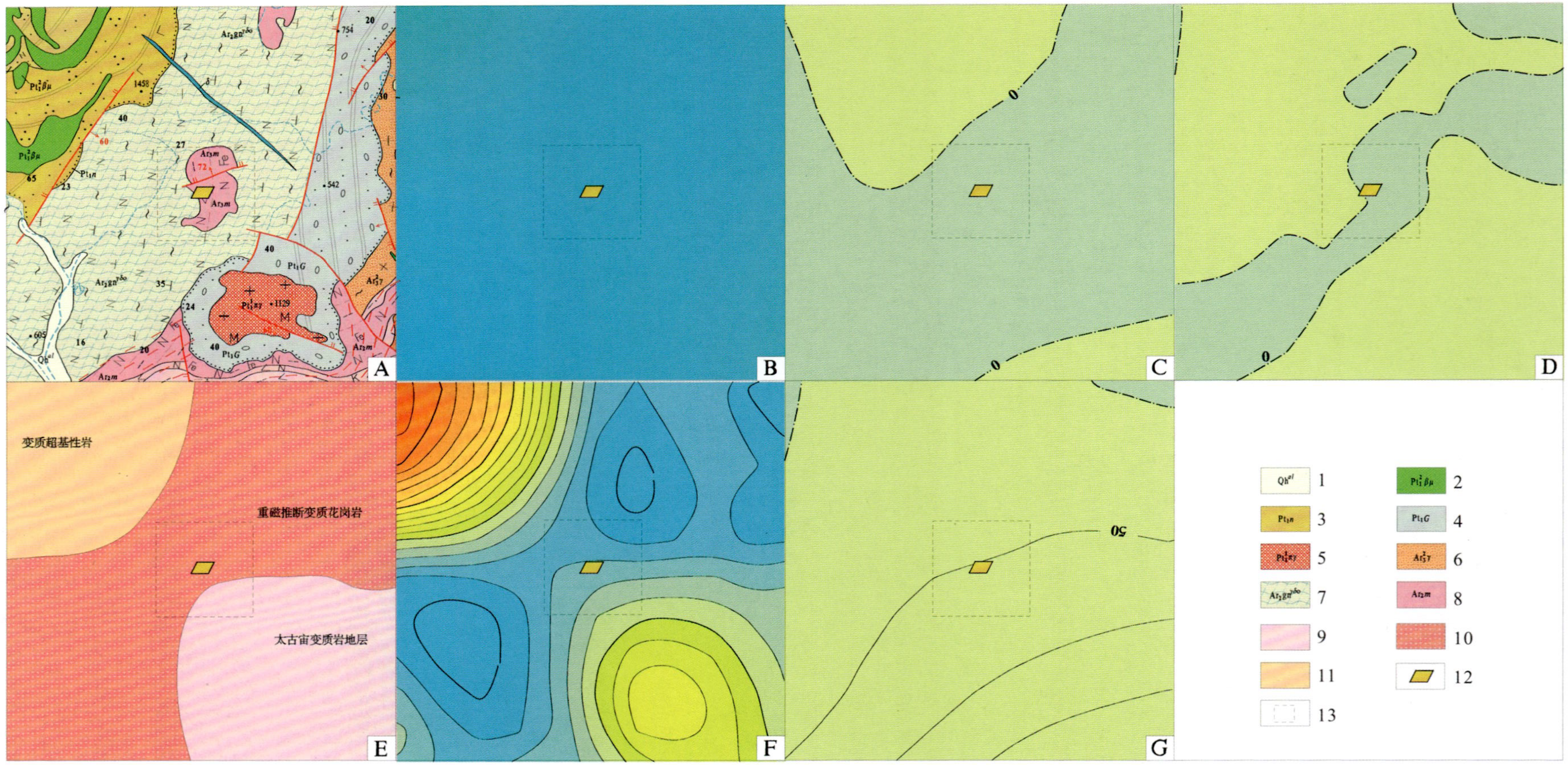

图 5-60 河北省内丘县杏树台硫铁镍矿矿床所在区域地质矿产及物探剖析图

A—地质矿产图；B—布格重力异常图；C—航磁 ΔT 等值线平面图；D—航磁 ΔT 化极垂向一阶导数等值线平面图；E—重磁推断地质构造图；F—剩余重力异常图；G—航磁 ΔT 化极等值线平面图；1—第四系冲积物；2—古元古代楼底变质辉绿岩；3—古元古代甘陶河群南寺掌组；4—新太古代官都岩群；5—古元古代许亭变质斑状花岗岩；6—新太古代变质花岗岩；7—中太古代王家崇片麻岩；8—中太古代麻河清岩组；9—重磁推断太古宙变质岩地层；10—重磁推断变质花岗岩；11—重磁推断变质超基性岩；12—典型矿床所在位置；13—典型矿床所在地区范围

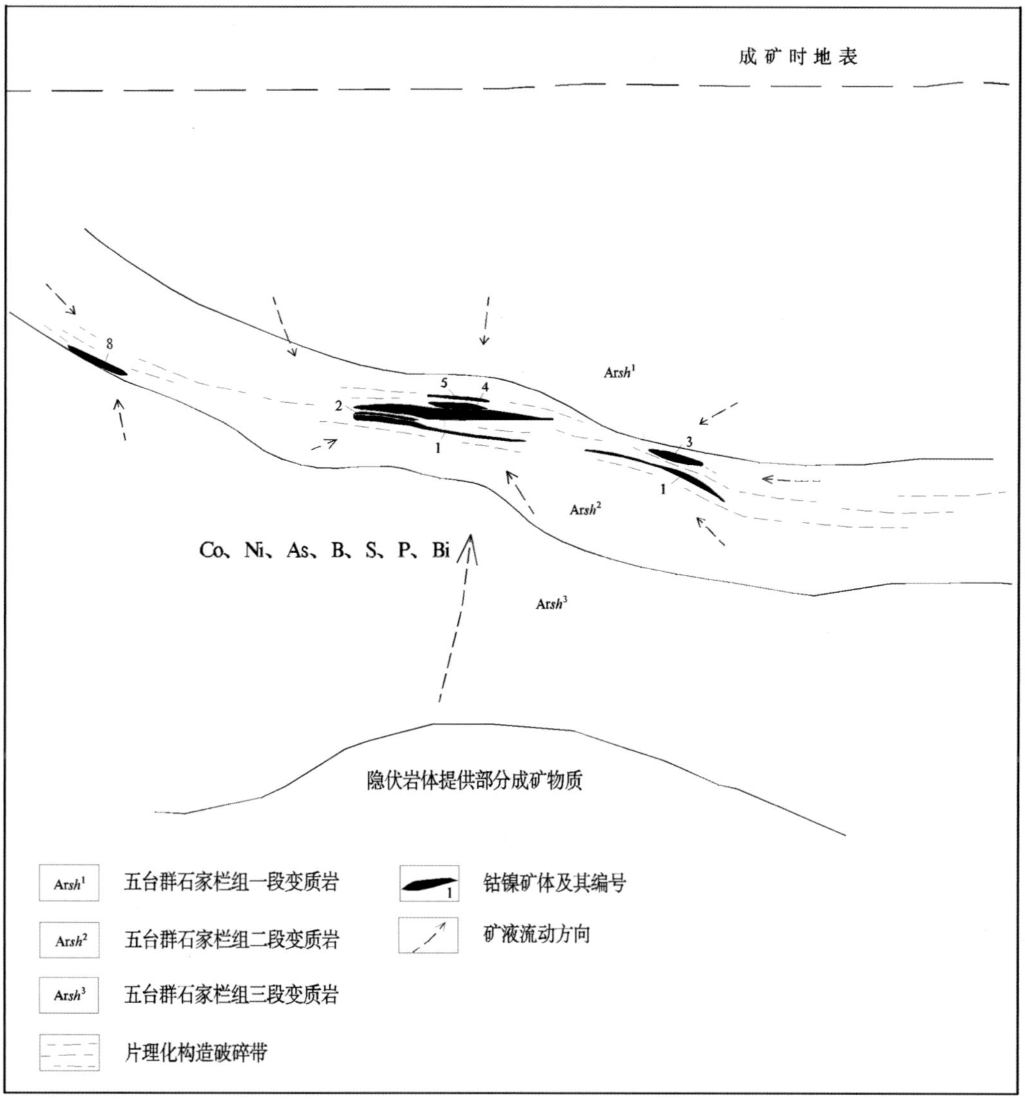

图 5-61　河北省内丘县杏树台镍矿典型矿床成矿模式图

鹤组控制。

在 1∶20 万航磁航磁 ΔT 三种图上，矿床位于低缓的北北东向、北东向正磁场上，反映变质地层及中酸性岩浆岩的磁场特征。

（三）矿床概念模式

矿床概念模式如图 5-63 所示。

二、菱镁矿预测工作区重力资料解释应用成果

河北省矿产资源潜力评价矿产预测组在全省确定了邢台菱镁矿预测工作区，下面简要介绍该预测工作区解释应用成果。

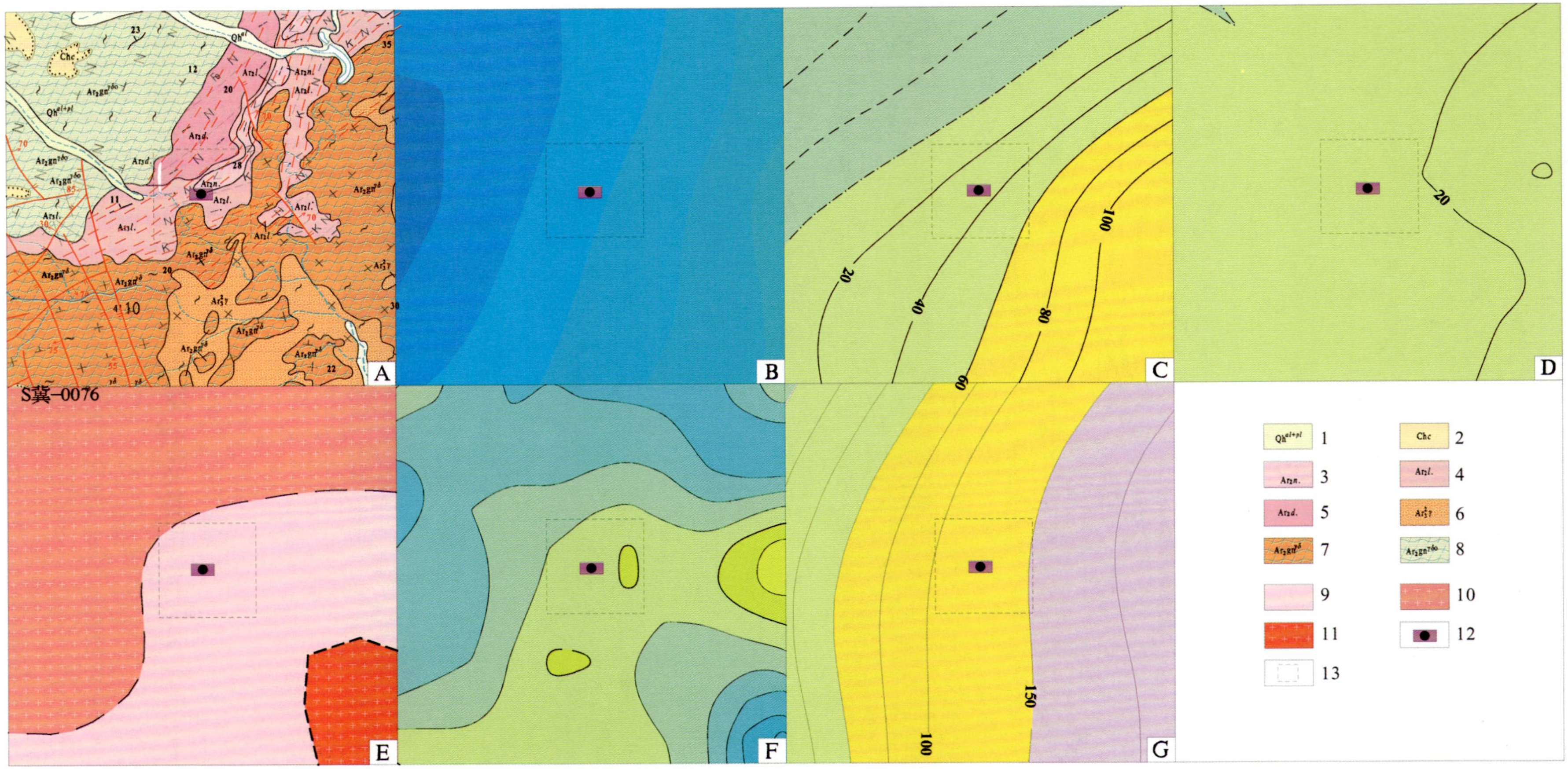

图 5-62　河北省邢台县大河菱镁矿所在区域地质矿产及物探剖析图

A—地质矿产图；B—布格重力异常图；C—航磁 ΔT 等值线平面图；D—航磁 ΔT 化极垂向一阶导数等值线平面图；E—重磁推断地质构造图；F—剩余重力异常图；G—航磁 ΔT 化极等值线平面图；1—第四系冲洪积；2—长城系常州沟组；3—中太古代宁家庄岩组；4—中太古代立洋河岩组；5—中太古代大和庄岩组；6—新太古代变质花岗岩；7—中太古代半来峪片麻岩；8—中太古代王家崇片麻岩；9—重磁推断太古宙变质岩地层；10—重磁推断变质花岗岩体；11—重磁推断隐伏花岗岩；12—典型矿床所在位置；13—典型矿床所在地区范围

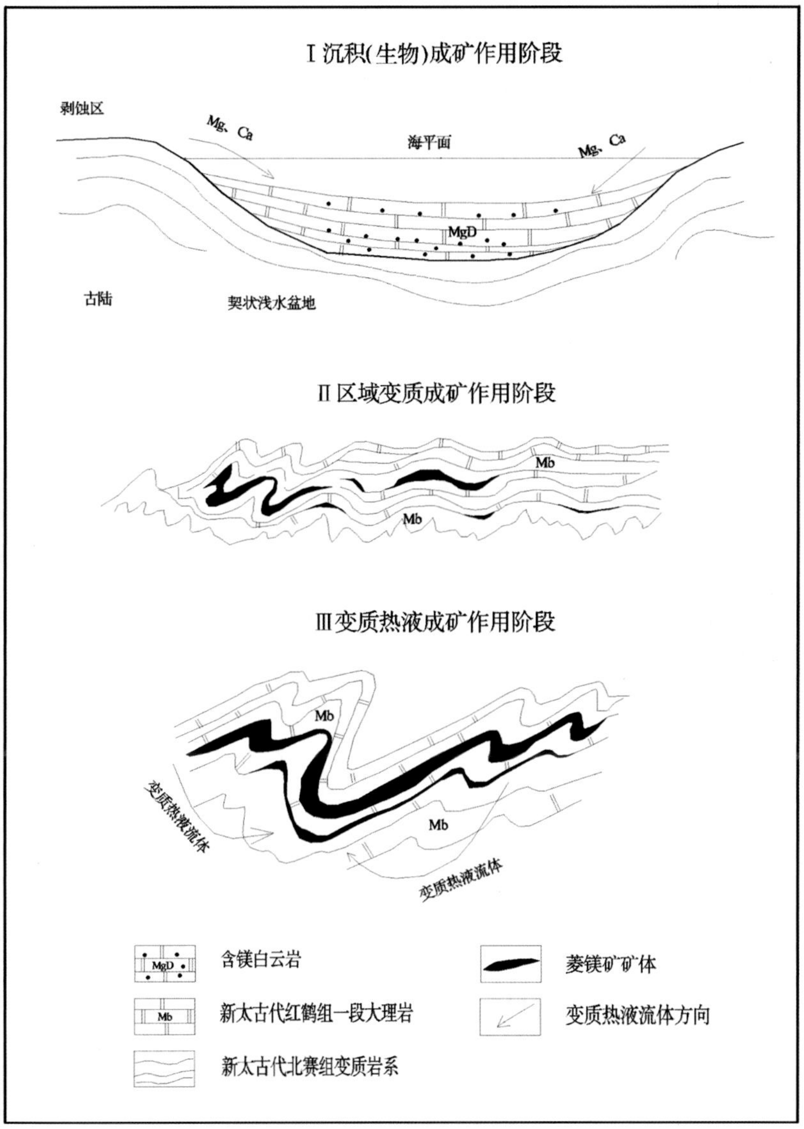

图 5-63　河北省邢台县大河菱镁矿典型矿床成矿模式图

该区位于一级构造单元华北陆块区(Ⅱ),二级构造单元为晋冀古陆块(Ⅱ-2),三级构造单元为五台-太行岩浆弧(Ⅱ-2-2)。

区内变质表壳岩有新太古代赞皇岩群、古元古代官都岩群,变质深成岩为新太古代变质深成岩。赞皇岩群有黑云变粒岩-斜长角闪岩-磁铁石英岩建造、黑云变粒岩-钾长浅粒岩-大理岩建造、黑云斜长变粒岩-斜长角闪岩建造。官都岩群为变质砂砾岩-片岩-大理岩建造。变质深成岩有潘片麻岩、王家崇片麻岩、丰来峪片麻岩。预测区内沉积岩主要以中新元古代地层为主,见少量寒武纪和奥陶纪地层,大多被第四系覆盖。侵入岩分布局限,仅可见浅变质的许亭变质斑状花岗岩体,为古元古代岩浆活动的产物。变质岩岩石较为复杂,主要由变质深成岩、变质侵入岩和变质表壳岩组成,此外,尚有不同期次的变质岩脉、岩墙侵入。该区菱镁矿主要与赞皇岩群中的黑云变粒岩-钾长浅粒岩-大理岩建造有关,为沉积变质型。

该区以基底构造发育多期背向形(斜)构造和韧性剪切带为特征，表部构造以北东向、北西向断裂最发育，规模较大，其次为近南北向断裂。矿区断裂构造发育程度不一，局部地段较集中。断层一般断距不大，大多为正断层，少数具有平推性质。

1. 重力场特征

本次工作的重力资料为 1∶20 万资料，编制了重力布格异常图、剩余重力异常图、垂向一阶异常图，布格异常图和剩余异常图如图 5－64 所示。本次工作利用这些图件圈定隐伏岩体、推断断裂及变质地层、盆地等。

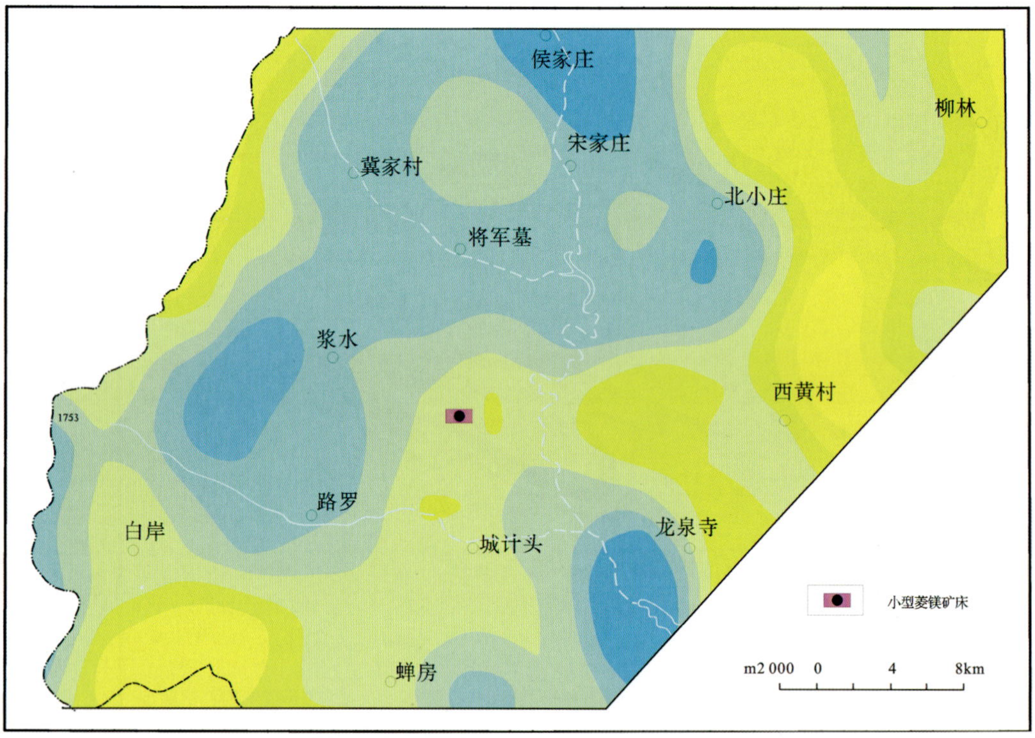

图 5－64 河北省邢台菱镁矿预测区剩余重力异常图

区内布格重力异常东高西低，变化平稳，主要表现为北东向梯级带。剩余重力异常主要为重力低，轴向为北东向，由变质花岗岩引起。另有一重力低，近南北向，由新生代沉积盆地引起。

2. 重力推断地质构造成果

该区重力推断断裂构造 1 条，为一级断裂，属于隐伏断裂。

重力圈定侵入岩体 2 处，其中中酸性岩体 1 处、酸性岩体 1 处，属于隐伏岩体 1 处、半隐伏岩体 1 处。

重力圈出地层区 1 处，为变质岩地层区，属于出露岩体。

重力圈出盆地 1 处，为新生代沉积盆地，推断结果如图 5－65 所示。

第十三节 重晶石预测重力资料应用成果

河北省矿产预测组在重晶石矿资源潜力评价工作中确定研究的典型矿床共计 2 个，均为低温

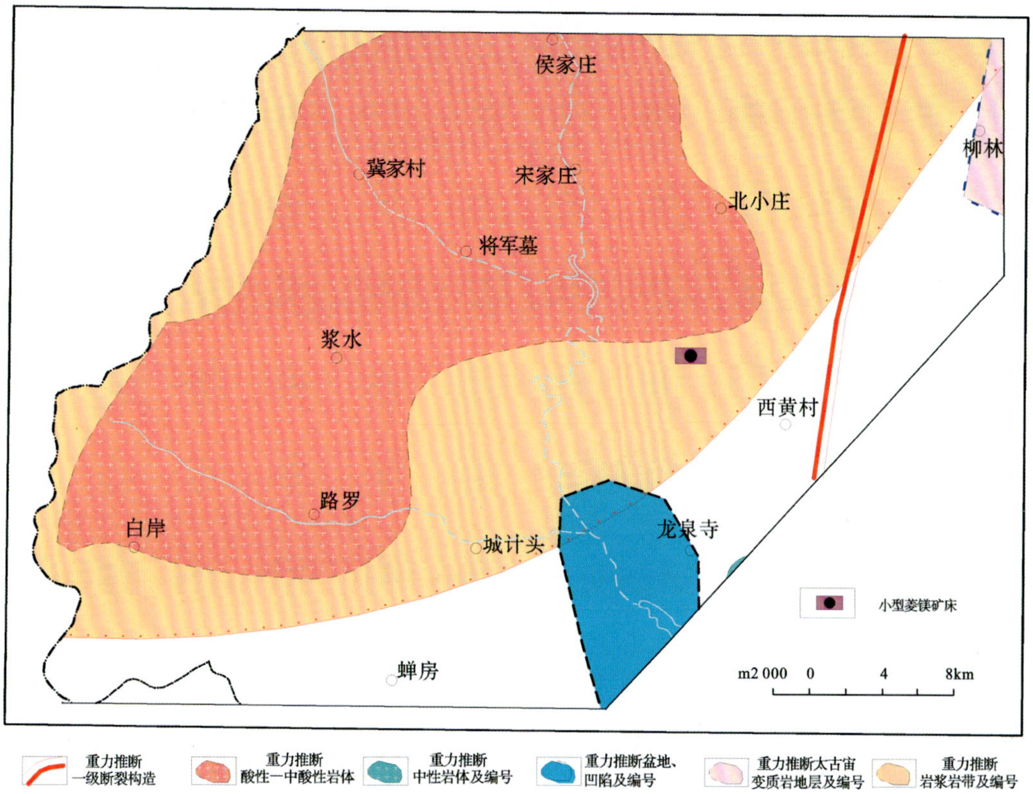

图 5-65 河北省邢台菱镁矿预测区重力推断地质构造图

热液型，预测类型为李家庄式，分别分布于邢台和抚宁预测工作区内。

河北省已知重晶石矿产地 3 处，均属变质岩中的低温热液型矿床，下面介绍其中重要的邢台李家庄热液型重晶石典型矿床研究成果。

(一)地质概况

该矿床赋存于五台群石家栏组变质岩系中，岩石类型有黑云角闪斜长片麻岩、黑云斜长片麻岩、花岗片麻岩、斜长角闪片麻岩，其次尚有黑云角闪片麻岩、黑云角闪片岩、云母片岩等。重磁资料推断区内有隐伏的中酸性岩体。成矿时代为燕山期。

矿体呈脉状、不规则脉状、透镜状。主矿脉(东侧矿脉)连续延长约 1 200m，局部因矿化不均或蚀变有所间断，矿体最大厚度为 1.80m，最小厚度为 0.70m。支脉位于主矿脉西侧，呈不连续出现，含矿带断续延长 1 000 余米，矿脉厚度均小于可采厚度。矿石矿物成分主要为重晶石，其次有石英、褐铁矿和少量的黄铁矿、黄铜矿颗粒及云母等。矿石结构为粗粒状或板状结晶。矿石构造为块状构造。

(二)区域重磁异常特征(图 5-66)

在 1∶20 万布格重力异常图上，矿床位于近南北向梯级带的西侧，所处位置为一北北东向低值带的东北端。在剩余重力异常图上，矿床位于一北东向重力低上，该重力低由将军墓隐伏变质花岗岩引起。

在 1∶20 万航磁航磁 ΔT 三种图上，矿床位于低缓的北东向正或负磁场上，反映区内地层磁场特征对矿床无明显的指示作用。

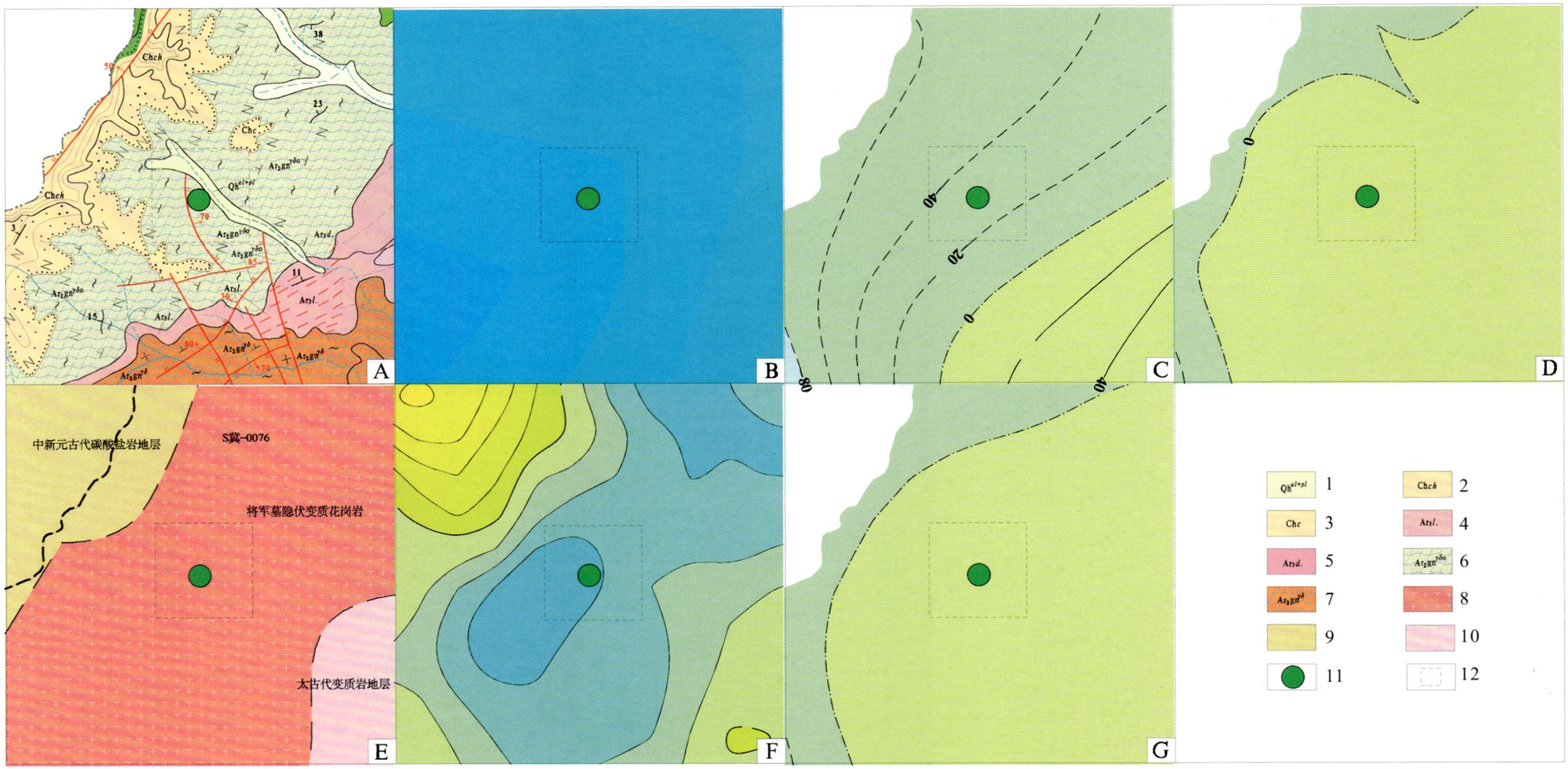

图 5-66　河北省邢台县李家庄重晶石矿所在区域地质矿产及物探剖析图

A—地质矿产图；B—布格重力异常图；C—航磁 ΔT 等值线平面图；D—航磁 ΔT 化极垂向一阶导数等值线平面图；E—重磁推断地质构造图；F—剩余重力异常图；G—航磁 ΔT 化极等值线平面图；1—第四系洪冲积；2—长城系常州沟组；3—长城系串岭沟组；4—中太古代赞皇岩群立羊河岩组；5—中太古代赞皇岩群大和庄岩组；6—中太古代王家崇片麻岩；7—中太古代半来峪片麻岩；8—重磁推断将军墓隐伏变质花岗岩；9—重磁推断中新元古代碳酸盐岩地层；10—重磁推断太古宙变质岩地层；11—典型矿床所在位置；12—典型矿床所在地区范围

(三)矿床概念模式

矿床概念模式如图 5-67 所示。

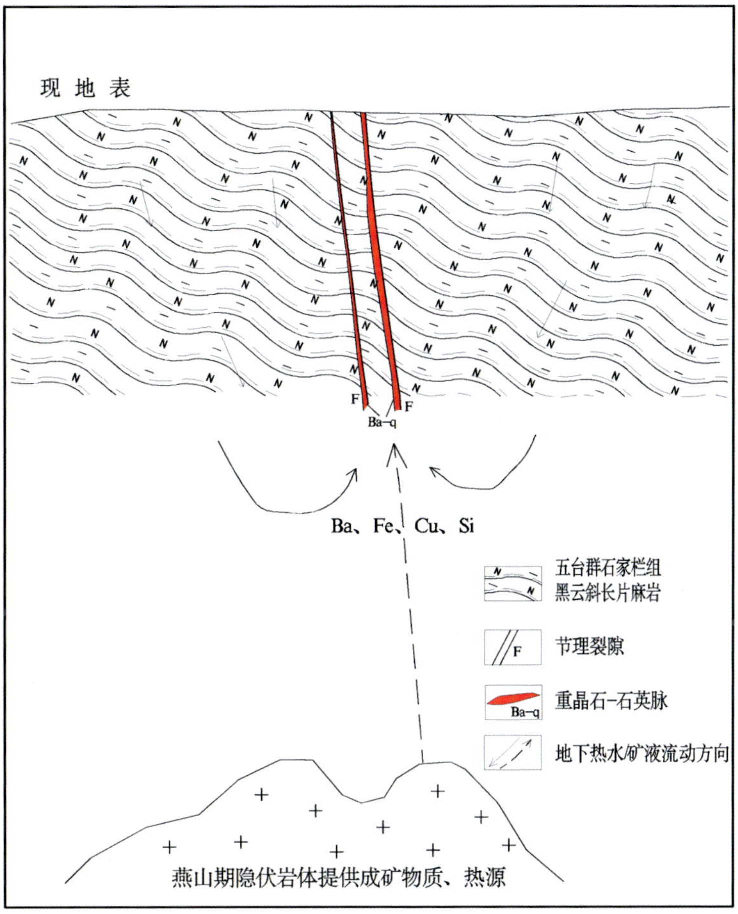

图 5-67　河北省邢台县李家庄重晶石矿典型矿床概念模式图

第十四节　硫铁矿预测重力资料应用成果

硫铁矿是河北省主要的硫矿资源，资源丰富，尚有一定的找矿远景。全省已知硫铁矿产地共 14 处，其中：中型 4 处、小型 10 处。截至 2003 年底，该矿床累计资源储量为 59 242×10^3t，保有资源储量为 49 710×10^3t。

一、硫铁矿典型矿床研究

河北省硫铁矿矿床按其成因可分为三大类，即沉积矿床、内生矿床-矽卡岩与热液充填交代型、沉积变质矿床。本次矿产资源潜力评价工作中确定研究的典型矿床共计 6 个，按成因类型分为海相沉积型、沉积变质型、矽卡岩型和热液型，按预测类型分为高板河式、荞麦川式、阳原式、杏树台式、台口式和石头囫囵式。下面介绍其中重要的张北-赤城石头囫囵热液型硫铁矿典型矿床重力资料应用成果。

(一)地质概况

区内出露地层为太古宇红旗营子岩群老变质岩。侵入岩分布广泛,种类繁多,中性、中酸性至酸性均有分布,但以酸性为主。花岗岩规模大、时代老,呈岩基或岩株产出。与成矿有关岩体为燕山期花岗闪长斑岩、钠长斑岩。

矿体基本沿片麻岩层理分布,上下重叠形成了多层矿体,形态多呈透镜体扁豆体或似层状产出。Ⅰ-S、Ⅱ-S、Ⅲ-S、Ⅳ-S、Ⅴ-S、Ⅶ-S 为硫铁矿和磁铁矿共生。S-1、S-2 为硫铁矿,规模较小。主要金属矿物为磁黄铁矿、黄铁矿、闪锌矿、黄铜矿、方铅矿,脉石矿物有石榴石、透辉石、绿帘石、绿泥石、方解石、石英等。矿石结构多呈粒状集合体分布,矿物呈他形及半自形晶体。矿石构造为稠密浸染状、稀疏浸染状、网脉浸染状。

蚀变特征:围岩强烈钠化、角岩化等。

(二)重磁异常特征

1. 区域重磁异常特征(图 5-68)

在 1∶20 万布格重力异常图上,矿床位于近南北重力低值区的北端。在剩余重力异常图上,矿床位于南北向重力低上,由侏罗纪火山岩地层引起,区内火山岩及后期岩浆岩侵入体与成矿关系密切。

在 1∶20 万航磁 ΔT 三种图上,矿床位于东西向正负磁异常的西端,负磁异常由中酸性岩体引起,正磁异常由太古宙变质岩引起。矿床位于岩体与地层的接触带附近。

2. 局部磁异常特征(图 5-69)

在 1∶5 万航磁 3 种图上,矿床位于东西向正负磁异常的交接部位,负磁异常由中酸性岩体引起,正磁异常由太古宙变质岩引起。矿床位于岩体与地层的接触带附近。

(三)矿床概念模式

矿床概念模式如图 5-70 所示。

二、硫铁矿预测工作区重力资料解释应用成果

河北省矿产预测组在硫铁矿资源潜力评价工作中确定沙河-涉县、内丘-临城、井陉、蔚县柏树-涿鹿谢家堡、兴隆-宽城、张北-赤城、阜平 7 个硫铁矿预测工作区,下面介绍其中重要的张北-赤城硫铁矿预测工作区。

(一)地质概况

该区位于华北陆块区中北部。Ⅰ级构造单元为华北陆块区,Ⅱ级构造单元为晋冀古陆块和鄂尔多斯古陆块(中生代盆地),Ⅲ级构造单元属迁西-阜平岩浆弧和集宁弧后盆地。区内变质岩为红旗营子岩群太平庄岩组,为黑云变粒岩-斜长角闪岩-大理岩建造。区内火山沉积地层有侏罗纪地层和早白垩世地层。侏罗纪地层以陆相碎屑沉积岩为主,下部有中基性火山岩地层发育。早白垩世地层在区内发育分布广泛,主要为一套陆相火山岩地层,以中酸性火山岩、火山碎屑岩为主。

岩浆侵入岩自元古宙至中生代均有发育,以早白垩世侵入岩为主,岩体出露广泛,但规模不大,

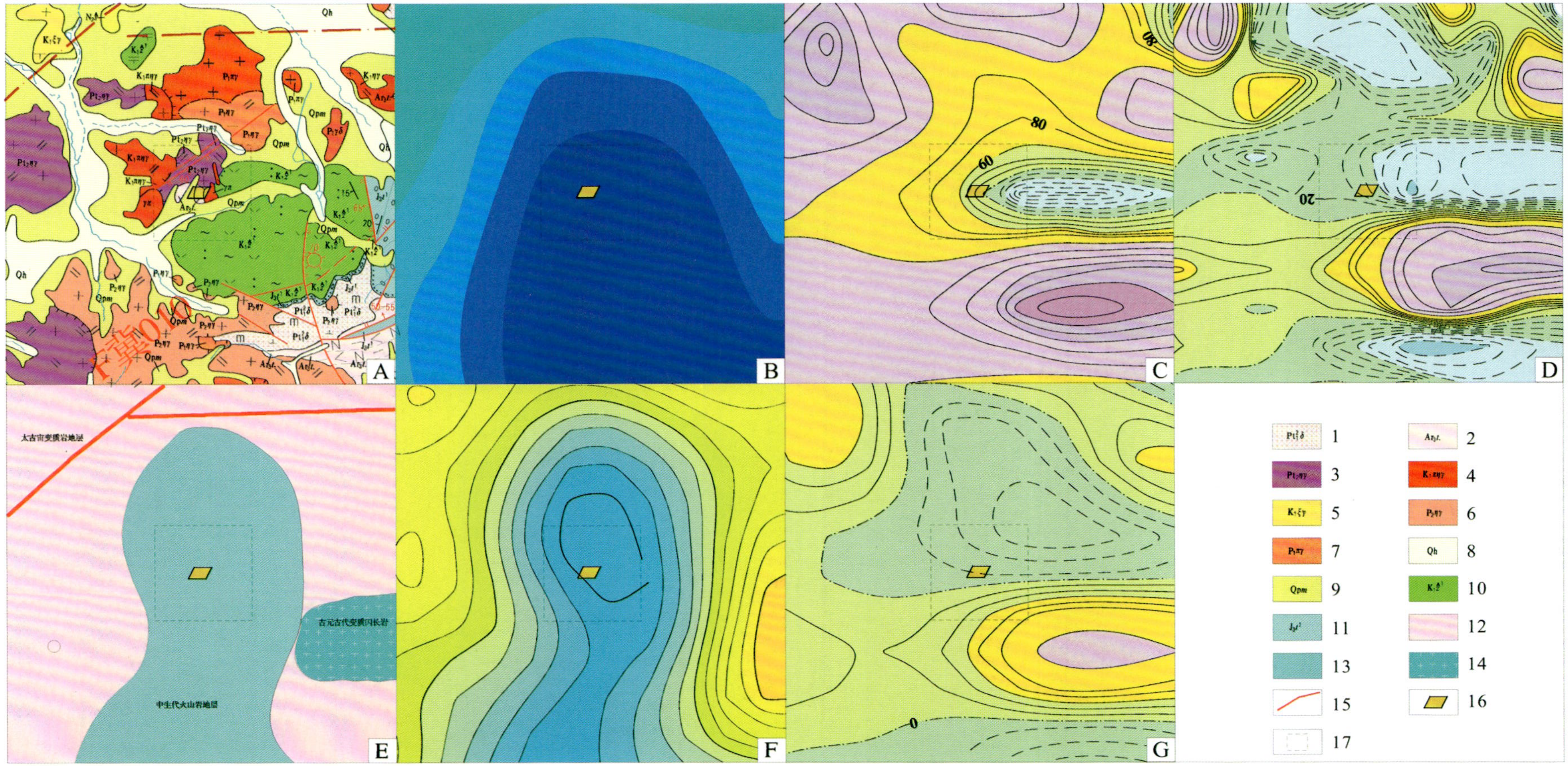

图 5-68 河北省张北县石头囫囵磁黄铁矿闪锌矿矿床所在区域地质矿产及物探剖析图

A—地质矿产图；B—布格重力异常图；C—航磁 ΔT 等值线平面图；D—航磁 ΔT 化极垂向一阶导数等值线平面图；E—重磁推断地质构造图；F—剩余重力异常图；G—航磁 ΔT 化极等值线平面图；1—古元古代郝家沟变质闪长岩；2—新太古代太平庄岩组；3—中元古代二长花岗岩；4—白垩纪斑状二长花岗岩；5—白垩纪正长花岗岩；6—二叠纪二长花岗岩；7—二叠纪斑状花岗岩；8—第四系堆积物；9—第四系马兰组；10—白垩系张家口组；11—侏罗系土城子组；12—重磁推断太古宙变质岩地层；13—重磁推断火山岩地层；14—重磁推断太古宙变质闪长岩；15—重磁推断断裂；16—典型矿床所在位置；17—典型矿床所在地区范围

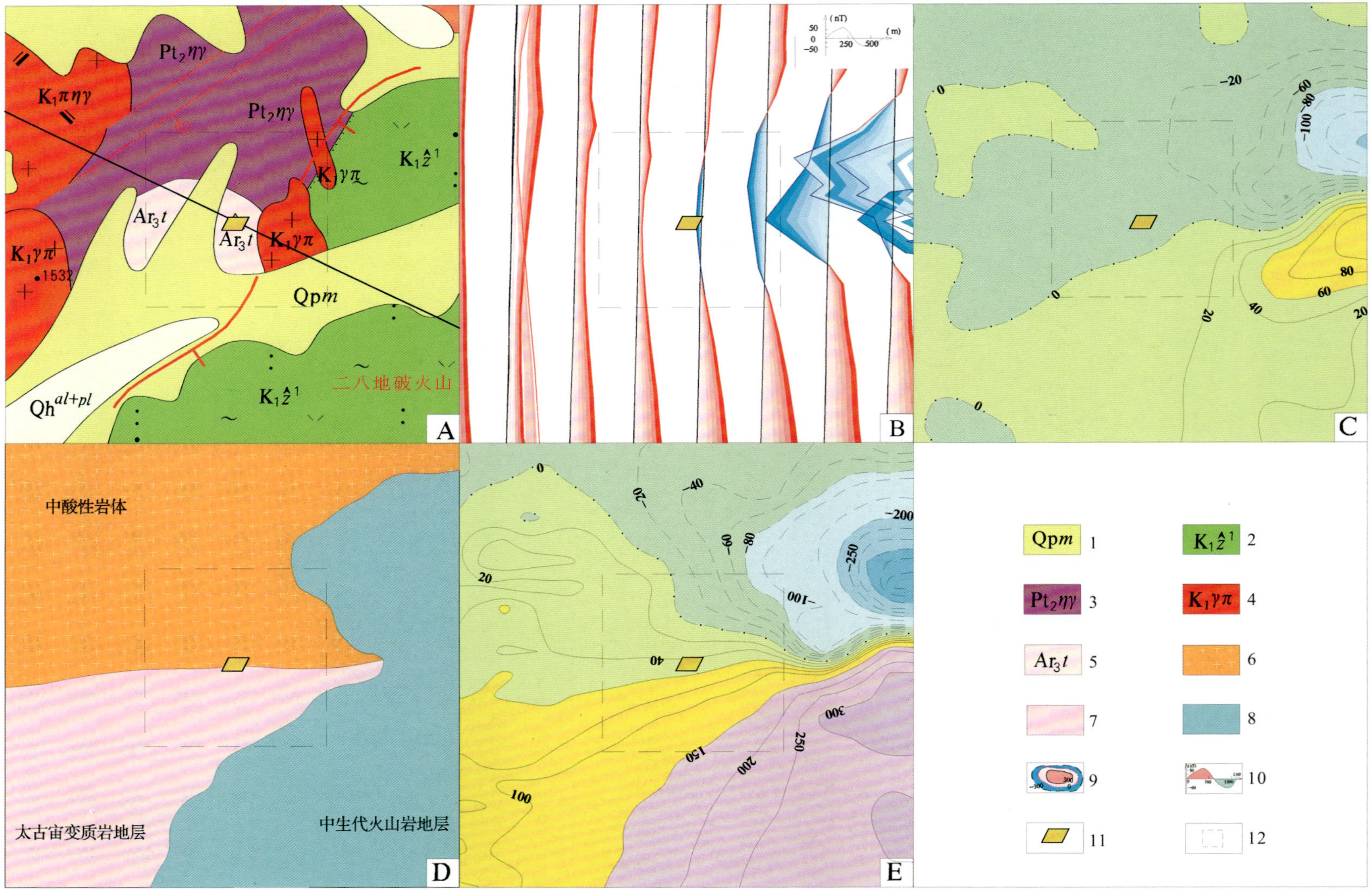

图 5-69　河北省张北县石头囫囵磁黄铁矿闪锌矿所在地区地质矿产及物探剖析图

A—地质矿产图；B—航磁 ΔT 剖面平面图；C—航磁 ΔT 化极垂向一阶导数等值线平面图；D—航磁推断地质构造图；E—航磁 ΔT 化极等值线平面图；1—第四系马兰组；2—中生界白垩系张家口组一段；3—中元古代蓟县纪二长花岗岩；4—早白垩世二长花岗岩；5—新太古代红旗营子岩群太平庄岩组；6—重力推断中酸性岩体；7—磁法推断太古宙变质岩地层；8—磁法推断中生代火山岩地层；9—航磁 ΔT 等值线；10—航磁 ΔT 平剖图；11—典型矿床所在位置；12—典型矿床所在地区范围

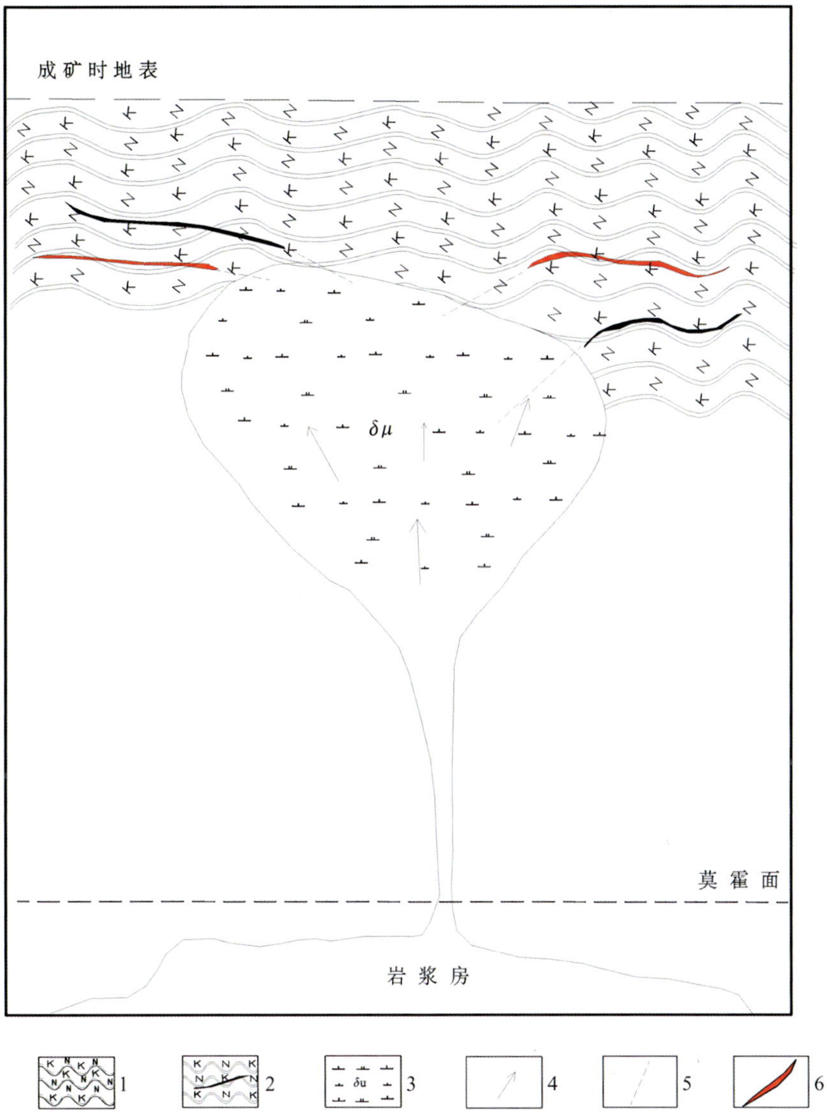

图 5－70　河北省张北县石头囫囵硫铁矿床典型矿床概念模式图

1—片麻岩；2—脉岩；3—闪长玢岩；4—矿液流动方向；5—次级构造裂隙；6—矿脉

多为浅—中深成岩株和岩枝。单个岩体出露面积为 0.7～22km²，岩性较杂，有（斑状）二长花岗岩、石英二长斑岩、花岗斑岩、石英正长斑岩和正长花岗岩。

尚义-赤城-隆化断裂带在南部边缘附近通过，上黄旗-乌龙沟断裂带控制着该区的东南边界。区内一般断裂受上述主要断裂控制，北东向、北西向、南北向断裂都有发育。

区内各地层具有一定的密度差异，主要与岩性和时代有关，由老到新，其密度由大到小。

（二）重力场特征

本次工作的重力资料为 1∶20 万资料，编制了重力布格异常图、剩余重力异常图、垂向一阶异常图，布格异常图和剩余异常图如图 5－71 所示。

该区西部、东南部布格重力异常为东西向梯级带，东部为北西向梯级带，西北部为东西向重力低。剩余重力异常轴向西部为东西向，东部为北西向。重力低主要反映中生代火山盆地，重力高主要反映太古宙结晶基底隆起。区内中生代火山盆地边缘与硫铁矿、多金属矿关系密切，是成矿的有利部位，重力表现为重力低的边缘，如图 5－71 所示。

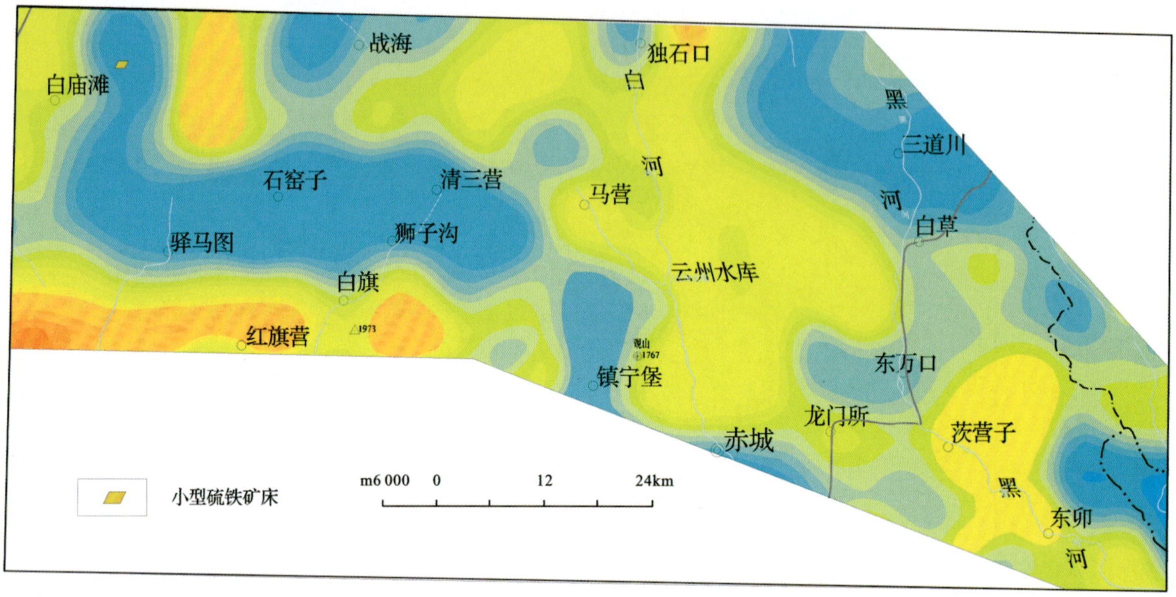

图 5－71　河北省张北-赤城硫铁矿预测区剩余重力异常图

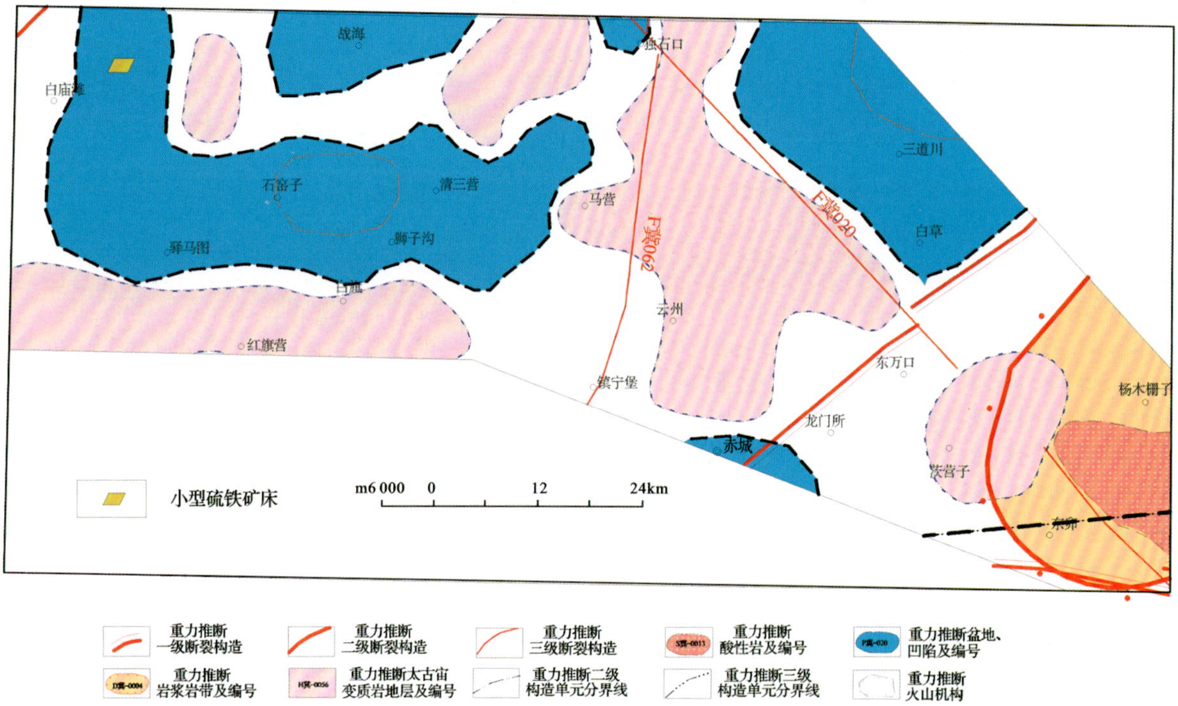

图 5－72　河北省张北-赤城硫铁矿预测区重力推断地质构造图

(三)重力推断地质构造成果

本次工作利用这些图件圈定隐伏岩体、推断断裂及变质地层和碳酸盐岩地层、火山盆地、火山机构等,如图 5－72 所示。该区重力推断断裂构造 9 条,其中一级断裂 4 条、二级断裂 1 条、三级断裂 4 条,属于隐伏断裂 2 条、半隐伏断裂 1 条、出露断裂 6 条。

重力圈定侵入岩体 1 处,为酸性岩体,属于出露岩体。区内硫铁矿与中生代侵入岩关系密切。

重力圈出地层区 6 处,其中变质岩地层区 5 处、碳酸盐岩地层区 1 处,属于半隐伏地层 4 处,出露地层 2 处。

重力圈出盆地 5 处,其中新生代断陷 1 处、中生代盆地 4 处。区内硫铁矿与中生代中酸性火山岩关系密切。

重力圈出火山机构 2 处。

第十五节　萤石矿预测重力资料应用成果

河北省是国内普通萤石生产的主要省区之一,已知萤石矿产地 8 处,主要分布于张家口、承德、秦皇岛三市。

一、萤石矿典型矿床研究

本次工作选定典型矿床共 7 个,其成因类型为热液充填型。按预测类型分为柳扒店式和孔督沟式,分别分布于沙河-涉县、内丘-临城、井陉、蔚县柏树-涿鹿谢家堡、兴隆-宽城、张北-赤城 6 个预测工作区内。

河北省与火山有关的萤石矿主要产于上侏罗统张家口组流纹岩、粗面岩及凝灰岩和下白垩统大北沟组、义县组安山岩凝灰岩中。矿体一般呈单脉、复脉、网脉及透镜状。与岩浆侵入体有关的萤石矿主要产于华力西期、燕山期花岗岩体内,矿脉成群产出;矿体呈脉状、透镜状、复脉状和支脉状。康保-围场、丰宁-隆化东西向深断裂,上黄旗-紫荆关北东向深断裂控制着该区萤石矿的区域分布。区内产于蓟县系雾迷山组顶部含燧石白云岩中的萤石矿位于平泉县双洞子—杨树岭一带东西向构造与北东向构造的交汇部位,矿体受背斜构造控制,多分布于背斜核部;矿体呈似层状、透镜状和脉状,产状与围岩一致,主要分布于附近围岩裂隙中。

下面简要介绍隆化-围场广发永热液填充型普通萤石典型矿床重磁资料应用成果。

(一)地质概况

与萤石矿有关的地层为中生界侏罗系张家口组二段火山岩,岩体为燕山期粗粒似斑状花岗岩,成矿环境为张家口火山旋回的火山-潜火山活动。

矿体为脉状,全区仅一条矿脉,长 700m,厚 0.80～1.20m,平均厚度为 1.03m。矿石矿物成分为萤石、石英、方解石、绢云母。矿石结构为他形—半自形粒状结构、自形—半自形粒状结构、角砾状结构。矿石构造以块状构造为主,皮壳状构造、梳状构造少见。矿体围岩蚀变主要有绿泥石化、高岭土化、绢云母化、碳酸盐化、硅化和萤石矿化。

(二)重磁异常特征

1. 区域重磁异常特征(图 5-73)

在 1∶20 万布格重力异常图上,矿床位于北东向梯级带上,说明矿床位于不同地质区的交接部位。在剩余重力异常图上,矿床位于一重力高的边缘,重力高由隐伏变质岩地层引起,反映矿床位于局部隆起的边缘。

在 1∶20 万航磁 3 种异常图上,矿床位于低缓的北西向正磁异常区东南端,与张家口组火山岩有关。

2. 局部磁异常特征(图 5-74)

在 1∶5 万航磁 ΔT 航磁 3 种异常图上,矿床位于北东向低缓正异常上,异常走向与萤石矿体走向不一致,对矿床无明显指示作用。

(三)矿床概念模式

矿床概念模式如图 5-75 所示。

二、萤石矿预测工作区重力资料解释应用成果

根据河北省萤石矿的分布特征,全省已知萤石矿床多集中分布于北部燕山一带,其中以承德地区的平泉、围场、隆化等县矿床较集中,是河北省重要的找矿远景区。此外在秦皇岛地区及沽源、赤城等县也有一定的找矿前景。

本次矿产资源潜力评价工作中,矿产预测组确定了沙河-涉县、内丘-临城、井陉、蔚县柏树-涿鹿谢家堡、兴隆-宽城、张北-赤城 6 个普通萤石矿预测工作区,下面介绍其中重要的隆化-围场萤石矿预测工作区重力资料解释应用成果。

(一)地质概况

工作区大地构造分属天山-兴蒙造山系包尔汉图-温都尔庙弧盆系(Pz)和华北陆块区晋冀古陆块迁西陆核(Ar)。

区内变质岩表壳岩有遵化岩群灰黑色斜长角闪岩-黑云变粒岩-磁铁石英岩建造、红旗营子岩群黑云斜长变粒岩夹斜长角闪岩-浅粒岩-磁铁石英岩建造。变质深成岩有英云闪长片麻岩、奥长花岗质片麻岩、辉长质片麻岩、花岗闪长质片麻岩、斜长花岗质片麻岩、二长花岗质片麻岩、正长花岗质片麻岩。变质侵入岩有古元古代变质石英闪长岩、变质石英二长闪长岩、变质斜长花岗岩、变质石英二长岩、变质斑状花岗闪长岩、变质花岗闪长岩、变质含石榴二长花岗岩、变质斑状二长花岗岩、变质二长花岗岩。该区火山-沉积岩石地层有中元古代长城群、晚古生代地层、中生代地层和新生代玄武岩及松散堆积物,包括中元古代沉积岩、晚古生代二叠纪火山-沉积岩、中生代火山-沉积岩建造、新生代地层。其中以早白垩世火山岩最发育,是萤石矿重要的目标层之一。

侵入岩分布极为广泛,形成时代可分为中元古代、晚古生代及中生代。中元古代岩性以中性岩为主,晚古生代及中生代岩性以中酸性岩浆岩为主。其中中生代早白垩世侵入岩与萤石矿关系密切。

区内断裂构造发育,主要有康保-围场-赤峰断裂带、尚义-丰宁-隆化断裂带、红石砬-大庙-娘娘庙断裂带、乌龙沟-上黄旗断裂带、黑山咀-张三营-银镇(区内)断裂带、伊逊河八十二号-棋盘山-小锥子山-碾盘沟断裂。除此,该区侏罗纪至早白垩世火山构造也很发育。

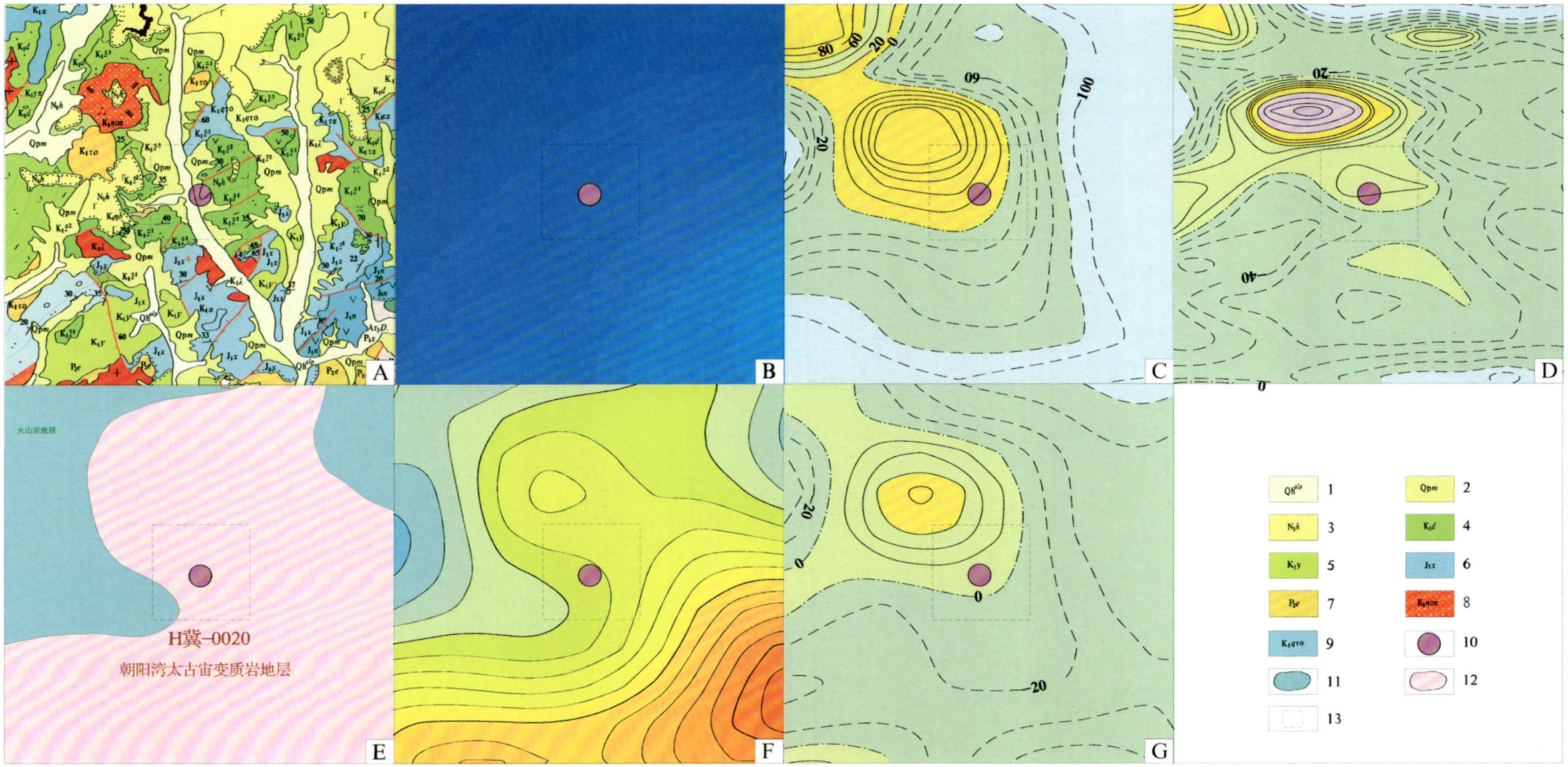

图 5-73 河北省围场县广发永普通萤石矿矿床所在区域地质矿产及物探剖析图

A—地质矿产图；B—布格重力异常图；C—航磁 ΔT 等值线平面图；D—航磁 ΔT 化极垂向一阶导数等值线平面图；E—重磁推断地质构造图；F—剩余重力异常图；G—航磁 ΔT 化极等值线平面图；1—第四系堆积物；2—第四系马兰组；3—新近系汉诺坝组；4—白垩系大北沟组；5—白垩系义县组；6—侏罗系下花园组；7—二叠系额里图组；8—白垩纪石英二长斑岩；9—潜石英粗面岩；10—典型矿床所在位置；11—重磁酸性火山岩地层；12—重磁推断朝阳湾太古宙变质岩地层；13—典型矿床所在地区范围

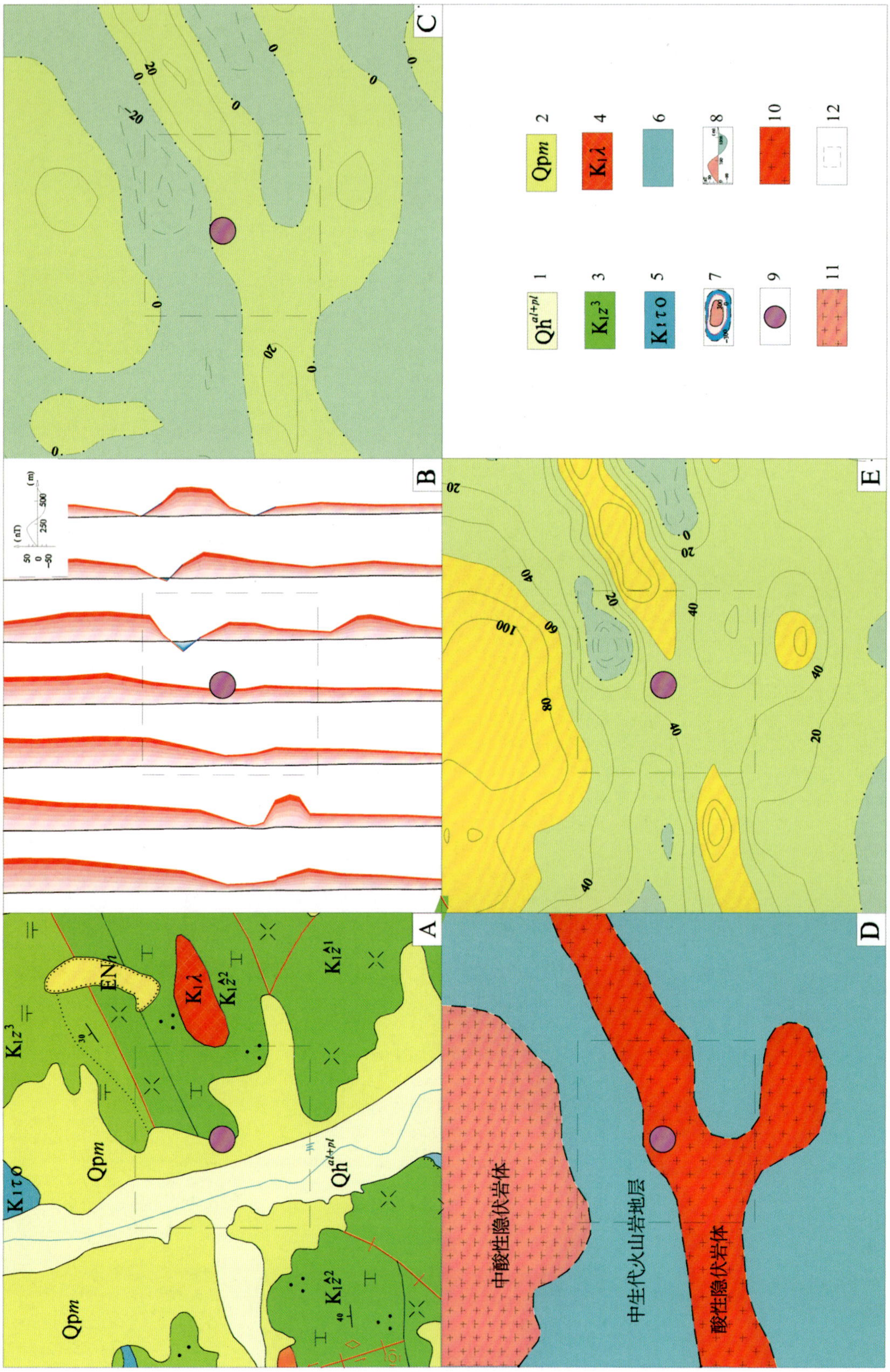

图 5－74　河北省围场县广发永普通萤石矿所在地区地质矿产及物探剖析图

A—地质矿产图；B—航磁 ΔT 剖面平面图；C—航磁 ΔT 化极垂向一阶导数等值线平面图；D—航磁推断地质构造图；E—航磁 ΔT 化极等值线平面图；1—第四系冲洪积；2—第四系马兰组；3—白垩系张家口组三段；4—早白垩世潜流纹岩；5—早白垩世潜石英粗面岩；6—磁法推断中生代火山岩地层；7—航磁 ΔT 等值线；8—航磁 ΔT 平剖图；9—典型矿床所在位置；10—磁法推断中酸性岩体；11—磁法推断酸性岩体；12—典型矿床所在地区范围

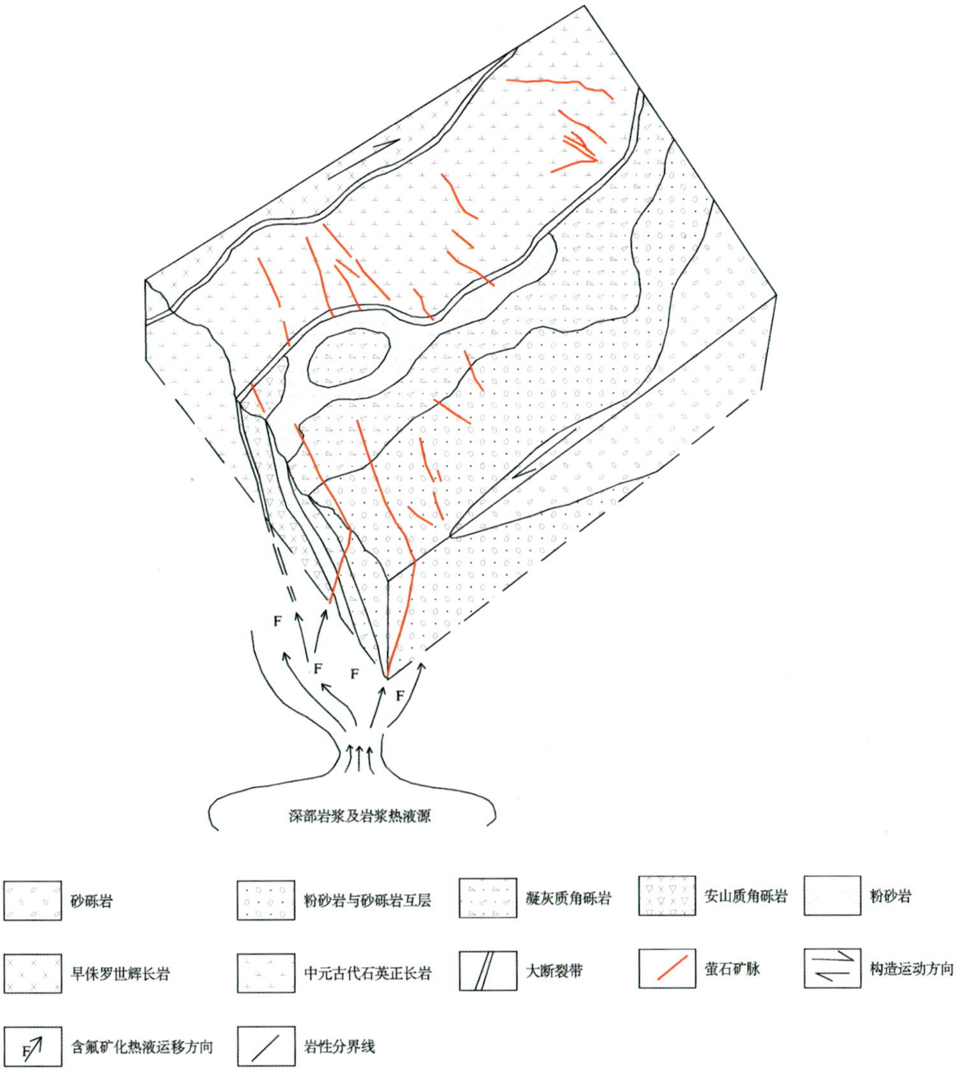

图 5-75　河北省萤石矿概念模式图

(二)重力场特征

本次工作的重力资料为 1∶20 万资料,编制了重力布格异常图、剩余重力异常图、垂向一阶异常图,布格异常图和剩余异常图如图 5-76 所示。

该区布格重力异常受区域性断裂影响,重力场表现为 3 个明显的梯级带,分别是与丰宁-隆化断裂带有关的东西向梯级带、与乌龙沟-上黄旗断裂带有关的北东向梯级带、与区内北部东西向断裂有关的东西向梯级带。上述 3 条梯级带在区内呈一个"Z"字形,将重力场分割为不同的场区,工作区北部重力场以东西向为主,南侧近东西向和北东向兼而有之。剩余重力异常重力低主要由中生代火山盆地和酸性、中酸性岩浆侵入岩引起。重力高多由变质基底隆起区内萤石多与张家口组火山岩关系密切,多位于重力低异常区。

(三)重力推断地质构造成果

本次工作利用这些图件圈定隐伏岩体、推断断裂及变质地层、火山盆地、火山机构等,如图 5-

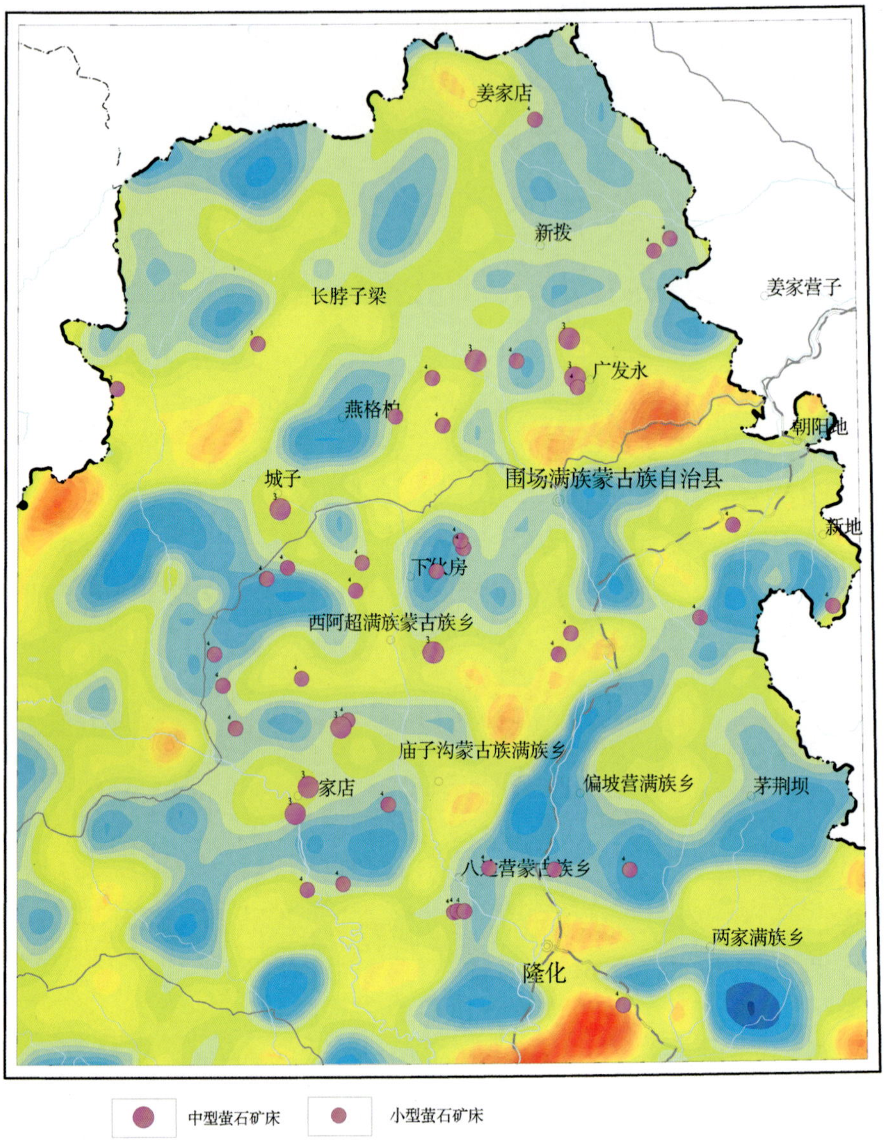

图 5-76　河北省隆化-围场萤石矿预测区剩余重力异常图

77 所示。该区重力推断断裂构造 23 条，其中一级断裂 11 条、三级断裂 12 条，属于隐伏断裂 4 条、半隐伏断裂 10 条、出露断裂 9 条。

重力圈定侵入岩体 11 处，其中基性—超基性岩体 1 处、中基性岩体 2 处、中酸性岩体 2 处、酸性岩体 6 处，属于隐伏岩体 2 处、半隐伏岩体 3 处、出露岩体 6 处。早白垩世侵入岩与成矿关系密切。

重力圈出地层区 15 处，其中磁性变质岩地层区 11 处、火山岩地层 4 处，属于隐伏地层 2 处、半隐伏地层 10 处、出露地层 3 处。

重力圈出盆地 15 处，其中新生代盆地 3 处、中生代火山盆地 12 处。中生代早白垩世火山岩、潜火山岩、早白垩世火山构造与萤石矿化关系密切。

重力圈出火山机构 2 处。

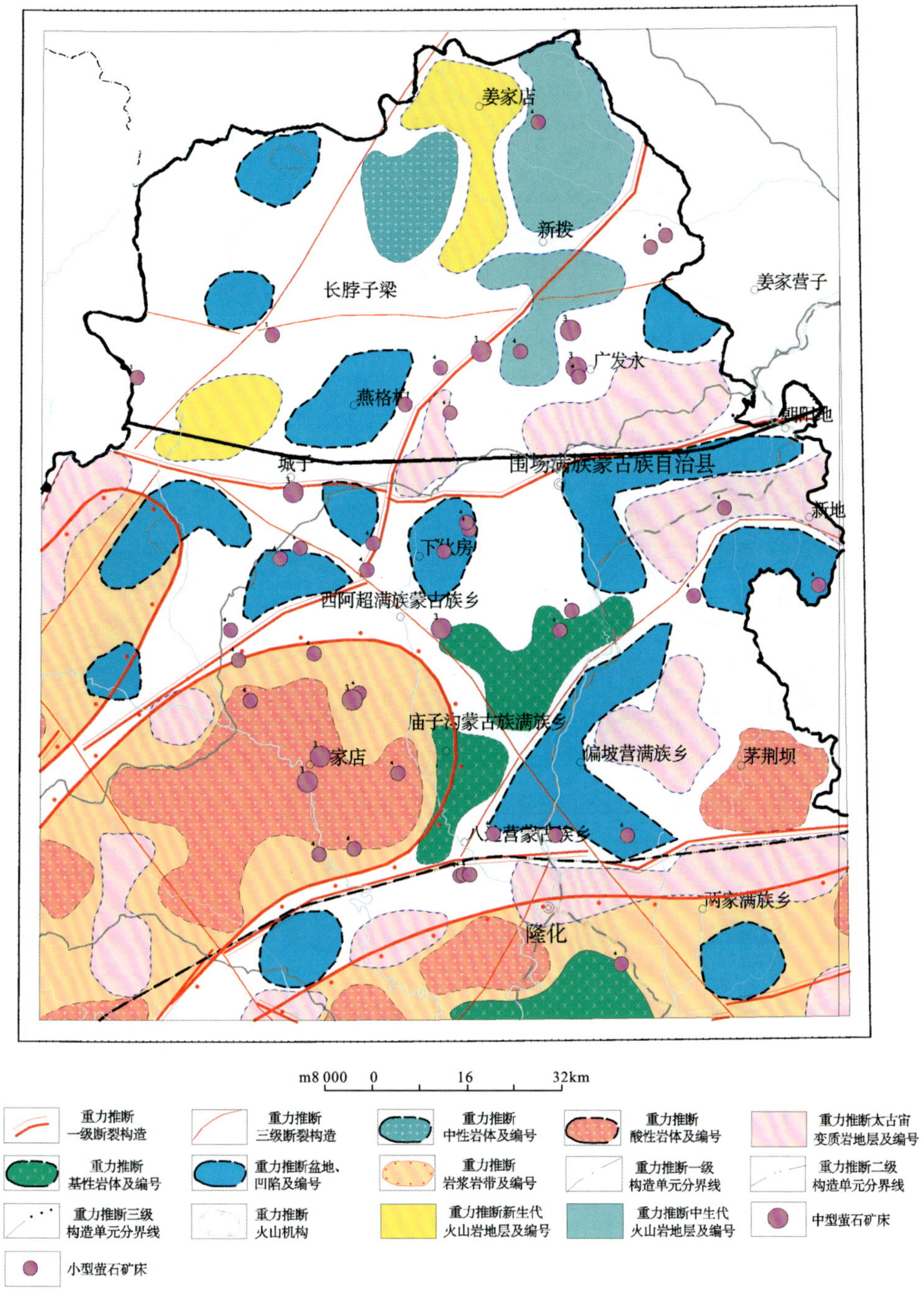

图 5-77 河北省隆化-围场萤石矿预测区重力推断地质构造图

第六章 结 论

在全国矿产资源潜力评价工作中，区域重力资料的综合研究工作取得了突出的地质效果，为矿产预测和今后的地质找矿工作提供了重要的依据，彰显了重力勘探的独特优势，对于探讨重力资料在地质找矿工作中的应用方法也提供了新的思路。

(1)在对区域重力资料进行系统整理和改算的基础上，通过各种数据处理工作，编制各种数据处理图件(包括布格异常图、剩余异常图以及上延和求导等图件)，这是开展重力资料综合研究的最基础和最关键的首要工作。这些图件中包含大量的反映地质构造的信息，是推断地质构造的重要依据，对划分不同级别和规模的地质构造单元(如大地构造分区、深部地质构造、断裂、岩浆岩带等)，对推断与圈定隐伏构造界面、具有一定规模的岩体，以及对综合利用矿产地质资料圈定成矿区范围，都具有独特的作用和价值。尤其是对矿产资源潜力预测评价涉及的隐伏半隐伏构造、岩浆岩带、岩体的揭示来说，重力异常及解释成果是不可或缺的资料。

本次工作编制了河北省铁、铝、铜、铅、锌、金、磷、银、钼、锰、镍、钨、铬铁矿、硫铁矿、萤石、菱镁矿、重晶石 17 个矿种 59 个预测工作区布格重力异常平面图、剩余重力异常平面图及其他数据处理图件；在此基础上还编制了全省及各预测工作区重力推断地质构造图，从不同层面揭示了全省及各预测区的地质构造和成矿环境。

对于各矿种预测区成果，本书只选择了部分重要预测区成果进行了展示，旨在揭示重力资料在不同矿种预测中的应用方法和作用。

(2)将研究区的重力场置于更大范围场的背景中加以研究，并与邻区对照，按照场的各种特征对研究区的重力场进行不同级别分区，这种场的分区为研究地质构造分区提供了重要的依据。由于重力异常在地槽区和地台区具有不同的特征，因此根据重力场特征及分区，结合其他地质和物化探资料，可以对大地构造单元进行划分。

在充分研究重力场特征的基础上，本次工作中在全省划分 5 个重力场区，它们基本反映了区内地质构造单元的分布特征，进而划分出Ⅰ级构造单元 2 个、Ⅱ级构造单元 5 个、Ⅲ级构造单元 7 个。

(3)在布格重力异常图及剩余重力异常图上，结合其他数据处理图件(如上延、求导等图件)，根据异常的强度、形态、梯度、走向、多寡及展布特点等标志，再结合地质和物性资料，可以建立起地质-地球物理概念模型。同时通过与地质构造图件的对应分析，运用地质学的基本原理，则可以将重力调查解释成果转变为推断的地质作用或现象，进而对它们从空间和时间上做出合乎地质学原理的地质解释和推断。另外，结合以上工作，对工作区内的某些地质结论，可以在更大范围的地质背景上或与邻区加以对比，判断其合理性。

本次工作对全省的重力资料并结合航磁、区域地质、物性、钻孔等资料，进行了综合研究和地质解释。在全省范围内共编号、初步解释重力异常 400 多处，并填写了重力异常解释登记表，录入了相应的数据库。本书详细叙述了其中部分重点异常由定性到定量的解译方法和推断的地质构造成果。

(4)根据区域重力调查资料，在结合主要矿产分布特征和对区内构造、岩浆岩空间分布特征建立了新的认识的基础上，可以对调查区进行成矿预测研究，总结成矿规律，建立找矿标志，为今后寻找新的矿产地提供依据。

本次工作通过对重力资料的综合研究，对河北省断裂构造、岩浆岩及地层分布特征进行了分析，得出了以重力资料为主的综合研究认识成果，推断了对河北省有重要成矿控制作用的北西向断裂构造，并结合化探和地质资料进行了成矿背景分析以及找矿方向的初步研究与探讨，总结了铁矿找矿规律，划定了金银铅锌等多金属成矿远景区 16 处，为河北省今后的找矿工作提供了有价值的参考依据。

(5)利用重力资料，结合不同比例尺磁测资料和典型矿床地质特征，可以对各矿种典型矿床进行综合研究，总结典型矿床地质地球物理特征，揭示重磁场特征对矿床的指示作用。小比例尺重力资料(结合航磁资料)反映区域地质构造特征明显，可以解决极大部分矿床的区域地质构造问题；在与岩浆岩有关的铁、磷、锰、硫铁矿、萤石、重晶石以及金银铜铅锌钼等多金属矿床区，重力资料能够反映和识别基性、超基性岩体及部分中酸性岩体的存在，同时可以提供控岩控矿断裂构造的大致位置。

本次工作对全省铁、硫铁矿、金、铅锌、铜、钼、银、磷、钨、锰、镍、铬、硫铁矿、萤石、菱镁矿、重晶石 17 矿种(组)的 92 个典型矿床，编制了典型矿床所在区域、所在地区、所在位置地质矿产及物探剖析图和典型矿床勘探剖面或成矿模式图，并且按照由区域到局部、由粗到细的方法，对每个典型矿床进行了系统的剖析和对比研究，编制了典型矿床系列图成果图册，成效显著。

本书仅叙述了其中部分具有代表意义的重要典型矿床成果，以揭示重力资料综合应用对于典型矿床的研究方法和意义。

(6)重力场是浅表和深部地质体的综合反映，因而可以发挥重力资料的优势，为找矿预测服务。本书为今后利用重磁资料来加强成矿规律以及深部地质信息的研究工作提供了宝贵的资料和新的思路。随着国民经济发展的需要，必然会有新的地质课题被提出，这需要物化探配合解决。目前摆在面前的就有环境地质、灾害地质以及水源地等问题，因此，除了寻找矿产资源方法，还应不断提高区域重力调查资料综合研究的水平，扩大区域重力调查的应用领域。

总之，重力资料是研究地质环境和地质找矿不可或缺的基础性地球物理勘查资料，在地质勘探中有着极其重要的地位和作用。

主要参考文献

陈志彬.冀北北岔沟门银多金属矿的控矿因素[J].地质调查与研究,2008,31(1):1-5.

成都地质学院等四院校.应用地球物理学——磁法教程[M].北京:地质出版社,1980.

代军治,谢桂青,段焕春,等.河北撒岱沟门斑岩型钼矿床成矿流体特征及其演化[J].岩石学报,2007,23(10):2 519-2 529.

范正国,黄旭钊,熊盛青,等.磁测资料应用技术要求[M].北京:地质出版社,2010.

宫进忠,施兴,张亚东,等.沽源超级环形构造与中生代成矿大爆发[J].矿产与地质,2009,23(5):399-405.

管志宁.地磁场与磁力勘探[M].北京:地质出版社,2005.

郝太平,马国玺,韩志宏.对河北省涞源县浮图峪矿田控矿构造的几点认识[J].河北地质,2006(4):14-17.

河北省地质矿产勘查开发局.河北省北京市天津市区域地质志[M].北京:地质出版社,1989.

河北省地质矿产勘查开发局.河北省地质·矿产·环境[M].北京:地质出版社,2006.

河北省地质矿产勘查开发局.河北省岩石地层[M].武汉:中国地质大学出版社,1996.

黄典豪,丁孝石,吴澄宇,等.河北省蔡家营铅锌银矿床地质特征、成矿机制及外围找矿靶区选择[M].北京:地质出版社,1992.

李孝红,李生路,王艳辉.小寺沟铜钼矿区及外围地质地球化学异常特征及找矿方向[J].物探与化探,2007,31(4):305-308.

刘俊长,龚红蕾,刘军恒.河北省莫霍面和深部构造与矿集区的关系[J].物探与化探,2011,35(6):758.

马国玺.河北省省涞源县木吉村铜矿地质特征及成矿模式[J].华北地质矿产杂志,1997,12(1):52-66.

毛德宝,钟长汀,武永平,等.冀北北岔沟门铅锌多金属矿床地质特征及成因[J].地质调查与研究,2005,28(4):228-239.

裴荣富,翟裕生,张本仁.深部构造作用与成矿[M].北京:地质出版社,1999.

乔德武.河北寿王坟铜矿地区构造体系与矿液运移和铜铁矿分布的关系[D].北京:中国地质科学院,1988.

施俊法,唐金荣,周平,等.找矿模型与矿产勘查[M].北京:地质出版社,2010.

宋瑞先,王有志,王振彭,等.河北金矿地质[M].北京:地质出版社,1994.

王昌华.冀东金厂峪、锻树沟金矿床找矿模型[M]//邹光华.中国主要金矿床找矿模型论文集.北京:地质出版社,1996.

王学方,王玉娟.河北东坪金矿床找矿模型[M]//邹光华.中国主要金矿床找矿模型论文集.北京:地质出版社,1996.

邢集善,刘建华,赵晋泉.华北板内深部构造[J].山西地震,2002(4):3-12.

曾华霖等.重力场与重力勘探[M].北京:地质出版社,2005.

翟裕生,邓军,李晓波.区域成矿学[M].北京:地质出版社,1999.

张明华,乔计花,黄金明,等.重磁电数据处理解释软件 RGIS[M].北京:地质出版社,2011.

张明华,乔计花,刘宽厚,等.重力资料解释应用技术要求[M].北京:地质出版社,2010.

张素兰,姚敬金,曹洛华.河北蔡家营铅锌银矿床地球物理——地球化学找矿模型[J].物探与化探,1999,23(3):161.

重力勘探资料解释手册编写组.重力勘探资料解释手册[M].北京:地质出版社,1983.

附 表

附表 1 河北省重力推断岩体一览表

岩体编码	出露情况	推断所依据资料（数据比例尺）	推断依据	构造要素与矿产关系	相关矿种	相关项目组利用情况
S 冀-0001	半隐伏	1∶20 万	整体重力低异常变宽缓，改变梯度和走向的部分，与出露岩体相吻合	未知		参考使用
S 冀-0001	出露	1∶20 万	局部重力低，与已知出露的岩体相对应	控矿	萤石	未使用
S 冀-0002	出露	1∶20 万	具有一定规模的重力低异常，以元古宙变质岩为围岩，与负磁异常相对应	控矿	萤石、钨	未使用
S 冀-0003	半隐伏	1∶20 万	具有一定规模的重力低异常	控矿	铅锌	参考使用
S 冀-0005	半隐伏	1∶20 万	重力低异常，与之相对应的是磁力高	赋矿	铅锌	参考使用
S 冀-0015	半隐伏	1∶20 万	重力低异常，重力垂向二阶导数图零值线圈定范围与剩余重力异常范围相吻合	赋矿	铁、铜、锰	参考使用
S 冀-0057	半隐伏	1∶20 万	规则封闭的重力低异常，剩余异常范围与重力垂向二阶导数零值线圈定的范围基本吻合	控矿	铁	参考使用
S 冀-0058	出露	1∶20 万	大规模的重力低异常，对应高磁异常，剩余异常范围与重力垂向二阶导数零值线圈定的范围	赋矿	硫铁、铁、金、钼、铜、铅锌	未使用
S 冀-0059	半隐伏	1∶20 万	规则封闭的重力低异常，对应弱磁异常	赋矿	金银、钼、铁	参考使用
S 冀-0061	出露	1∶20 万	大规模的重力低异常，对应磁力高异常，剩余异常范围与重力垂向二阶导数零值线圈定的范围	赋矿	金、铅、锌、银、铜、钼、铁	未使用
S 冀-0067	半隐伏	1∶20 万	重力低异常，对应低磁背景，以太古宙地层为围岩，出露部分闪长岩及花岗岩	赋矿	铁、金、银铅锌	参考使用
S 冀-0069	半隐伏	1∶20 万	重力低异常，对应磁力高异常，剩余异常范围与重力垂向二阶导数零值线圈定的范围及出露部分范围	赋矿	金、铜、铁、铅锌	参考使用
S 冀-0055	半隐伏	1∶20 万	具一定规模的封闭状重力低异常，对应弱磁异常及部分出露岩体	控矿	铁、铜、重晶石	参考使用
S 冀-0054	半隐伏	1∶20 万	规则的重力低异常，对应磁力高异常	控矿	萤石、铜	参考使用

续附表 1

岩体编码	出露情况	推断所依据资料（数据比例尺）	推断依据	构造要素与矿产关系	相关矿种	相关项目组利用情况
S冀-0053	半隐伏	1∶20万	具有一定规模的规则的重力低异常，剩余异常范围与重力垂向二阶导数零值线圈定的范围及出露部分范围	赋矿	铁、萤石、铅锌、铜、铝土矿、金	参考使用
S冀-0050	半隐伏	1∶20万	规模较大的重力低异常，对应磁力高异常，主要以碳酸盐岩地层为围岩，对应出露岩体	赋矿	金、铁、锰、银、铅锌、钼	参考使用
S冀-0036	隐伏	1∶20万	有一定规模的封闭的重力低，以碳酸盐岩地层为转岩	控矿	铁、金、银铜铅锌钼	已使用
S冀-0045	隐伏	1∶20万	重力低异常对应磁力高异常，以碳酸盐岩地层为围岩	控矿	铁、金、硫铁	已使用
S冀-0046	隐伏	1∶20万	重力低异常，以太古宙地层为围岩	赋矿	铜、铁、金	已使用
S冀-0044	隐伏	1∶20万	重力低异常对应磁力低，以碳酸盐岩地层为围岩	赋矿	硫铁矿、银铜锌钼	已使用
S冀-0043	半隐伏	1∶20万	重力低异常，部分对应磁力低异常，具一定规模，以太古宙地层为围岩	赋矿	铁、铬铁、金	参考使用
S冀-0041	隐伏	1∶20万	较具规模的重力低异常，以碳酸盐岩为围岩	赋矿	铁、铅锌、硫铁矿	已使用
S冀-0042	半隐伏	1∶20万	重力低异常，以太古宙地层为围岩，对应部分出露岩体	赋矿	金、铁、银	参考使用
S冀-0040	半隐伏	1∶20万	重力低异常对应低磁异常，与出露岩体大体吻合	赋矿	金、铁、银钼、铅、硫铁矿	参考使用
S冀-0039	半隐伏	1∶20万	梯度较大的重力低异常，对应磁力高异常，以碳酸盐岩地层为围岩	控矿	银钼	参考使用
S冀-0038	隐伏	1∶20万	重力低异常，对应高磁背景，以太古宙地层为围岩	赋矿	金	已使用
S冀-0025	隐伏	1∶20万	规则的重力低异常，对应高磁异常	控矿	铅锌银、铁、金	已使用
S冀-0021	隐伏	1∶20万	重力低异常，磁异常对应高背景区，重力垂向二阶导数图零值线圈定范围与剩余重力异常范围	赋矿	铁、金、银	已使用
S冀-0020	半隐伏	1∶20万	规则的局部重力低异常，磁异常对应高背景区	控矿	金	参考使用
S冀-0017	出露	1∶20万	规模较大的重力低异常，出露部分对应磁力高异常	控矿	金	未使用
S冀-0016	出露	1∶20万	重力低异常，磁异常对应高背景区，重力垂向二阶导数图零值线圈定范围与剩余重力异常范围，参考出露范围	控矿	铅锌银、钼、金	未使用
S冀-0026	半隐伏	1∶20万	重力低异常，对应高磁异常，剩余异常与出露岩体边界相吻合	控矿	金	参考使用

续附表 1

岩体编码	出露情况	推断所依据资料（数据比例尺）	推断依据	构造要素与矿产关系	相关矿种	相关项目组利用情况
S冀-0027	半隐伏	1∶20万	规则的重力低异常，梯度较大，对应磁力高背景	控矿	金、铁、磷、银	参考使用
S冀-0028	隐伏	1∶20万	规则的重力低异常，对应磁力低背景	控矿	铅锌银钼、铁、铬、金、磷	已使用
S冀-0029	半隐伏	1∶20万	具有一定规模的重力低异常，对应磁力低背景	控矿	铁、金	参考使用
S冀-0013	出露	1∶20万	重力低异常，剩余异常与出露岩体边界相吻合	赋矿	金	未使用
S冀-0034	出露	1∶20万	规则封闭的重力低异常	控矿	磷、铁	未使用
S冀-0035	半隐伏	1∶20万	重力低异常，磁力高异常	控矿	铁、铜钼、金、铅锌	参考使用
S冀-0048	半隐伏	1∶20万	重力低异常，与出露部分岩体相吻合	赋矿	金、铁	参考使用
S冀-0047	半隐伏	1∶20万	重力异常扭曲处，对应高磁背景，出露部分正长岩、闪长岩及花岗岩体	赋矿	铜、铁、金	参考使用
S冀-0023	半隐伏	1∶20万	封闭的重力高异常，对应磁力低异常	控矿	铁、铅锌、钼、金	参考使用
S冀-0056	半隐伏	1∶20万	重力低异常，对应高磁背景，以碳酸盐岩地层为围岩	赋矿	银	参考使用
S冀-0022	出露	1∶20万	具有一定规模的重力低异常，剩余异常与出露岩体边界相吻合	控矿	铅锌、钼、铁	未使用
S冀-0010	出露	1∶20万	局部重力低，与已知出露的岩体相对应，对应局部重力高异常	赋矿	铁、钼	未使用
S冀-0009	出露	1∶20万	重力低异常，对应局部磁力高异常，剩余异常与出露岩体边界相吻合	赋矿	铅锌、金	未使用
S冀-0007	半隐伏	1∶20万	局部重力高异常与已知出露的花岗岩体相对应	赋矿	银、铅锌、萤石	参考使用
S冀-0033	隐伏	1∶20万	具有一定规模的重力低和磁力低异常，重力垂向二阶导数图零值线圈定范围与剩余重力异常	控矿	铁、金、银铅锌钼	已使用
S冀-0012	出露	1∶20万	重力低异常，与之对应的是磁力高异常	赋矿	银、钼、萤石、金	未使用
S冀-0049	出露	1∶20万	规模较大的重力低异常，以太古宙地层为围岩，对应出露岩体	赋矿	金、银、铜、铁	未使用
S冀-0065	半隐伏	1∶20万	重力低异常，对应低磁背景，以太古宙地层为围岩，出露部分闪长岩及花岗岩	控矿	铁	参考使用
S冀-0066	半隐伏	1∶20万	重力低异常，对应低磁背景，以太古宙地层为围岩，出露部分闪长岩及花岗岩	赋矿	金、银、铁	参考使用
S冀-0030	半隐伏	1∶20万	重力低异常，对应高磁背景	控矿	铜、银铅锌、萤石	参考使用

续附表 1

岩体编码	出露情况	推断所依据资料（数据比例尺）	推断依据	构造要素与矿产关系	相关矿种	相关项目组利用情况
S冀-0004	隐伏	1∶20万	重力低异常，与之相对应的是磁力高异常	控矿	萤石、铅锌银	已使用
S冀-0006	半隐伏	1∶20万	重力高异常，对应局部磁力高异常	控矿	铅锌银	参考使用
S冀-0024	半隐伏	1∶20万	具有一定规模的重力低异常，对应部分磁力高异常	赋矿	铁、金	参考使用
S冀-0032	半隐伏	1∶20万	重力低异常，对应磁力高异常，重力垂向二阶导数图零值线圈定范围与剩余重力异常及岩体出露范围	赋矿	铁、金、铜、萤石、铅锌银	参考使用
S冀-0014	出露	1∶20万	明显的局部重力低异常，以太古宙地层为围岩，在航磁异常图上表现为局部磁力高	赋矿	金、铁、银	未使用
S冀-0019	出露	1∶20万	规则的重力高异常，对应磁力高异常，剩余异常与出露岩体边界相吻合	控矿	金	未使用
S冀-0018	半隐伏	1∶20万	规则的重力高异常，对应磁力高异常，剩余异常与出露岩体边界相吻合	赋矿	金、铁、硫铁、磷、铜	参考使用
S冀-0051	半隐伏	1∶20万	重力低异常，对应部分磁力低异常及部分出露岩体	赋矿	金、铜	参考使用
S冀-0052	出露	1∶20万	重力高异常，对应磁力高异常，且与出露岩体部分对应	赋矿	金、银、铁、钨	未使用
S冀-0031	半隐伏	1∶20万	重力低异常，对应高磁异常，剩余异常与出露岩体边界相吻合	控矿	萤石	参考使用
S冀-0037	半隐伏	1∶20万	规则的重力低异常，对应磁力高异常，且与出露的岩体相吻合	控矿	铁	参考使用
S冀-0011	半隐伏	1∶20万	局部重力低，与已知出露的岩体相对应，剩余异常与出露岩体边界相吻合	控矿	萤石	参考使用
S冀-0068	半隐伏	1∶20万	范围较大的重力低异常，剩余异常范围与重力垂向二阶导数零值线圈定的范围基本吻合	赋矿	铜、铅锌、银	参考使用
S冀-0077	隐伏	1∶20万	重力高异常，对应磁力高异常	控矿	铁	已使用
S冀-0078	隐伏	1∶20万	重力高异常，对应磁力高异常	控矿	铁	已使用
S冀-0079		1∶20万	具一定规模的重力高异常，对应磁力高异常	控矿	硫铁、铁、铝土矿	
S冀-0080	半隐伏	1∶20万	具一定规模的低缓重力低异常，对应负磁异常	赋矿	铁、铝土矿	参考使用

续附表 1

岩体编码	出露情况	推断所依据资料（数据比例尺）	推断依据	构造要素与矿产关系	相关矿种	相关项目组利用情况
S 冀-0062	隐伏	1∶20 万	重力高异常，部分对应磁力高异常	控矿	锰、铁	已使用
S 冀-0063	隐伏	1∶20 万	重力低异常，对应高磁背景	控矿	铁、金	已使用
S 冀-0064	隐伏	1∶20 万	具一定规模的封闭重力高异常，对应较强的高磁异常	控矿	铁	已使用
S 冀-0071	半隐伏	1∶20 万	范围较大的重力低异常，剩余异常范围与重力垂向二阶导数零值线圈定的范围基本吻合	控矿	铜、铁	参考使用
S 冀-0072	半隐伏	1∶20 万	大范围剩余重力高异常中的局部重力低异常，对应高磁异常	赋矿	银、铁	参考使用
S 冀-0073	半隐伏	1∶20 万	大规模的重力低异常，对应大范围的低缓正磁异常	赋矿	铁、铅锌、铝土矿、硫铁矿、铜	参考使用
S 冀-0074	半隐伏	1∶20 万	规模较大的重力低异常，对应大部分的低缓正磁背景	赋矿	铁、铜、铝土矿	参考使用
S 冀-0075	半隐伏	1∶20 万	具一定规模的低缓重力低异常，对应负磁异常	控矿	铁、硫铁矿	参考使用
S 冀-0076	半隐伏	1∶20 万	具一定规模的低缓重力低异常，对应负磁异常	赋矿	菱镁矿、重晶石、铁、镍、硫铁矿	参考使用
S 冀-0070	半隐伏	1∶20 万	重力低异常，对应负磁背景，产于太古宙变质岩地层中，剩余异常范围与重力垂向二阶导数	控矿	铁	参考使用
S 冀-0060	隐伏	1∶20 万	规则封闭的重力低异常，对应部分磁力高异常，以碳酸盐岩地层为围岩	控矿	铁	已使用
J 冀-0001	出露	1∶20 万	重力高异常，对应很强的磁力高异常，剩余异常范围与重力垂向二阶导数零值线圈定的范围	赋矿	铁、铬、磷、金、萤石	未使用
J 冀-0002	隐伏	1∶20 万	重力高异常，对应较强的磁力高异常	赋矿	铁、磷	已使用
J 冀-0003	半隐伏	1∶20 万	重力高异常，对应很强的磁力高异常	赋矿	铁、金、磷、硫铁矿	参考使用
J 冀-0004	隐伏	1∶20 万	重力高异常，对应高磁背景	控矿	金、锰、铁	已使用
J 冀-0005	半隐伏	1∶20 万	重力高异常，对应低磁背景	赋矿	银、铅锌、铁	参考使用
J 冀-0006	半隐伏		范围较大、梯度较强的重力高异常，磁异常对应背景区	赋矿	铁、金	参考使用

附表2 河北省重力推断盆地一览表

盆地编码	基底性质	推断所依据资料（数据比例尺）	推断依据	构造要素与矿产关系	相关矿种	相关项目组利用情况
P冀-0012	中生代火山沉积盆地	1:20万	规则状封闭的重力低异常	未知		参考使用
P冀-0013	新生代断陷盆地	1:20万	规则状封闭的重力低异常	控矿	铅锌银、萤石	参考使用
P冀-0016	新生代火山盆地	1:20万	封闭的重力低异常	控矿	萤石	参考使用
P冀-0021	中生代火山沉积盆地	1:20万	范围较大的低缓条带状重力低异常	控矿	铁、金、萤石	参考使用
P冀-0020	中生代火山盆地	1:20万	规则状封闭的重力低异常	赋矿	萤石	参考使用
P冀-0001	新生代火山盆地	1:20万	规则状封闭的重力低异常	控矿	铅锌银	参考使用
P冀-0018	中生代火山盆地	1:20万	封闭的重力低异常	赋矿	萤石	参考使用
P冀-0007	中生代火山沉积盆地	1:20万	范围较大的低缓条带状重力低异常	控矿	铅锌银、萤石	参考使用
P冀-0023	中生代火山盆地	1:20万	范围较大的低缓条带状重力低异常	控矿	萤石	参考使用
P冀-0024	新生代沉积盆地	1:20万	封闭的重力低异常	无关		参考使用
P冀-0033	中生代火山沉积盆地	1:20万	规则状封闭的重力低异常	赋矿	银、金	参考使用
P冀-0028	新生代火山沉积盆地	1:20万	规则状封闭的重力低异常	控矿	铅锌	参考使用
P冀-0039	中生代火山沉积盆地	1:20万	规则状封闭的重力低异常	赋矿	金、银、磷	参考使用
P冀-0034	中生代火山沉积盆地	1:20万	规则的条带状封闭重力低异常	控矿	铁	参考使用
P冀-0025	中生代火山沉积盆地	1:20万	规则的条带状封闭重力低异常	未知		参考使用
P冀-0037	中生代火山沉积盆地	1:20万	范围较大的低缓条带状重力低异常	赋矿	金	参考使用
P冀-0029	中生代火山沉积盆地	1:20万	范围较大的低缓条带状重力低异常	未知	铁	参考使用
P冀-0040	中生代火山沉积盆地	1:20万	范围较大的低缓条带状重力低异常	赋矿	银、锰、萤石	参考使用
P冀-0032	新生代断陷盆地	1:20万	规则状封闭的重力低异常	控矿	铁、金、银	参考使用
P冀-0041	中生代火山沉积盆地	1:20万	封闭的重力低异常	控矿	萤石	参考使用

续附表 2

盆地编码	基底性质	推断所依据资料（数据比例尺）	推断依据	构造要素与矿产关系	相关矿种	相关项目组利用情况
P冀-0050	中生代火山盆地	1∶20万	规则状封闭的重力低异常	控矿	铁	参考使用
P冀-0042	新生代断陷盆地	1∶20万	低缓封闭的重力低异常	赋矿	铁、金、磷、锰	参考使用
P冀-0049	新生代断陷盆地	1∶20万	范围较大的低缓规则条带状重力低异常	未知	铁、金	参考使用
P冀-0043	中生代火山沉积盆地	1∶20万	规则状封闭的重力低异常	未知		参考使用
P冀-0051	中生代火山盆地	1∶20万	规则状封闭的重力低异常	未知		参考使用
P冀-0052	新生代沉积盆地	1∶20万	规则状封闭的重力低异常	未知		参考使用
P冀-0047	新生代断陷盆地	1∶20万	规则状封闭的重力低异常	控矿	铁、锰	参考使用
P冀-0048	中生代火山盆地	1∶20万	低缓封闭的重力低异常	赋矿	锰、银金、铜、铁	参考使用
P冀-0056	新生代断陷盆地	1∶20万	规则状封闭的重力低异常	控矿	铁	参考使用
P冀-0053	新生代凹陷	1∶20万	范围较大的低缓条带状重力低异常	未知		参考使用
P冀-0055	新生代断陷盆地	1∶20万	范围较大的低缓规则条带状重力低异常	控矿	铁、锰	参考使用
P冀-0057	中生代火山沉积盆地	1∶20万	规则状封闭的重力低异常	控矿	铁	参考使用
P冀-0059	新生界沉积盆地	1∶20万	规则状封闭的重力低异常	未知		参考使用
P冀-0061	新生界沉积盆地	1∶20万	规则状封闭的重力低异常	赋矿	铝土矿	参考使用
P冀-0054	新生代凹陷	1∶20万	规则状封闭的重力低异常	未知		参考使用
P冀-0060	新生界沉积盆地	1∶20万	低缓封闭的重力低异常	控矿	铝土矿、铁	参考使用
P冀-0071	古生代沉积盆地	1∶20万	规则状封闭的重力低异常	未知		参考使用
P冀-0080	新生代凹陷	1∶20万	范围较大的低缓条带状重力低异常	未知		参考使用
P冀-0079	新生代凹陷	1∶20万	范围较大的低缓条带状重力低异常	未知		参考使用
P冀-0064	新生代沉积盆地	1∶20万	低缓封闭的重力低异常	未知		参考使用

续附表 2

盆地编码	基底性质	推断所依据资料（数据比例尺）	推断依据	构造要素与矿产关系	相关矿种	相关项目组利用情况
P 冀-0082	新生代凹陷	1∶20 万	规则状封闭的重力低异常	未知		参考使用
P 冀-0068	新生代沉积盆地	1∶20 万	范围较大的低缓的带状重力低异常	控矿	铁	参考使用
P 冀-0067	新生代沉积盆地	1∶20 万	规则状封闭的重力低异常	未知		参考使用
P 冀-0066	新生代凹陷	1∶20 万	规则状封闭的重力低异常	未知		参考使用
P 冀-0081	新生代凹陷	1∶20 万	范围较大的低缓的条带状重力低异常	未知		参考使用
P 冀-0075	新生代凹陷	1∶20 万	规则状封闭的重力低异常	未知		参考使用
P 冀-0086	新生代凹陷	1∶20 万	范围较大的低缓的条带状重力低异常	未知		参考使用
P 冀-0077	新生代凹陷	1∶20 万	范围较大的低缓的条带状重力低异常	未知		参考使用
P 冀-0085	新生代凹陷	1∶20 万	低缓封闭的重力低异常	未知		参考使用
P 冀-0092	新生代凹陷	1∶20 万	规则状封闭的重力低异常	未知		参考使用
P 冀-0091	新生代凹陷	1∶20 万	规则状封闭的条带状重力低异常	未知		参考使用
P 冀-0088	新生代凹陷	1∶20 万	规则状封闭的重力低异常	未知		参考使用
P 冀-0090	新生代凹陷	1∶20 万	范围较大的低缓的规则条带状重力低异常	未知		参考使用
P 冀-0096	新生代凹陷	1∶20 万	范围较大的低缓的带状重力低异常	控矿	铁	参考使用
P 冀-0089	新生代凹陷	1∶20 万	低缓封闭的重力低异常	未知		参考使用
P 冀-0087	新生代沉积盆地	1∶20 万	规则状封闭的重力低异常	控矿	铁、镍	参考使用
P 冀-0097	新生代凹陷	1∶20 万	低缓封闭的重力低异常	未知		参考使用
P 冀-0095	新生代沉积盆地	1∶20 万	则状封闭的重力低异常	赋矿	硫铁、铁、金	参考使用
P 冀-0099	新生代凹陷	1∶20 万	规则状封闭的重力低异常	未知		参考使用
P 冀-0100	新生代凹陷	1∶20 万	规则状封闭的重力低异常	未知		参考使用
P 冀-0098	新生代凹陷	1∶20 万	低缓封闭的重力低异常	控矿	铁	参考使用
P 冀-0002	中生代火山沉积盆地	1∶20 万	规则状封闭的重力低异常	控矿	铅锌	参考使用

续附表 2

盆地编码	基底性质	推断所依据资料（数据比例尺）	推断依据	构造要素与矿产关系	相关矿种	相关项目组利用情况
P 冀-0004	中生代火山沉积盆地	1∶20 万	规则状封闭的重力低异常	控矿	铅锌	参考使用
P 冀-0027	中生代火山沉积盆地	1∶20 万	范围较大的低缓的条带状重力低异常	赋矿	硫铁、铅锌银、萤石、锰	参考使用
P 冀-0006	中生代火山沉积盆地	1∶20 万	规则状封闭的重力低异常	未知		参考使用
P 冀-0005	中生代火山盆地	1∶20 万	封闭的重力低异常	控矿	铅锌	参考使用
P 冀-0011	中生代火山盆地	1∶20 万	范围较大的低缓的封闭状重力低异常	控矿	萤石、银	参考使用
P 冀-0030	中生代火山沉积盆地	1∶20 万	规则状封闭的重力低异常	控矿	铁、金、银、铜	参考使用
P 冀-0031	新生代断陷盆地	1∶20 万	规则状封闭的重力低异常	控矿	铁、金、银	参考使用
P 冀-0045	中生代火山盆地	1∶20 万	规则状封闭的重力低异常	未知		参考使用
P 冀-0078	新生代凹陷	1∶20 万	规则状封闭的重力低异常	未知		参考使用
P 冀-0058	新生界沉积盆地	1∶20 万	低缓封闭的重力低异常	控矿	铁	参考使用
P 冀-0062	中生代火山沉积盆地	1∶20 万	规则状封闭的重力低异常	未知	铁、重晶石	参考使用
P 冀-0063	新生代沉积盆地	1∶20 万	规则状封闭的重力低异常	赋矿	铁	参考使用
P 冀-0036	中生代火山盆地	1∶20 万	规则状封闭的重力低异常	控矿	铅锌银钼、铁	参考使用
P 冀-0035	中生代火山沉积盆地	1∶20 万	低缓封闭的重力低异常	赋矿	金	参考使用
P 冀-0019	中生代火山盆地	1∶20 万	封闭的重力低异常	控矿	萤石	参考使用
P 冀-0014	中生代火山盆地	1∶20 万	封闭的重力低异常	未知	铅锌银、萤石	参考使用
P 冀-0017	中生代火山沉积盆地	1∶20 万	规则状封闭的重力低异常	未知		参考使用
P 冀-0073	新生代断陷盆地	1∶20 万	规则状封闭的重力低异常	未知		参考使用
P 冀-0072	中生代火山沉积盆地	1∶20 万	规则状封闭的重力低异常	未知		参考使用
P 冀-0094	新生代凹陷	1∶20 万	范围较大的低缓的条带状重力低异常	未知		参考使用

续附表 2

盆地编码	基底性质	推断所依据资料（数据比例尺）	推断依据	构造要素与矿产关系	相关矿种	相关项目组利用情况
P 冀-0093	新生代凹陷	1∶20 万	范围较大的低缓的条带状重力低异常	未知		参考使用
P 冀-0084	新生代凹陷	1∶20 万	范围较大的低缓的条带状重力低异常	未知		参考使用
P 冀-0083	新生代凹陷	1∶20 万	范围较大的低缓的条带状重力低异常	未知		参考使用
P 冀-0070	新生代凹陷	1∶20 万	范围较大的低缓的重力低异常	未知		参考使用
P 冀-0069	新生代凹陷	1∶20 万	范围较大的低缓的重力低异常	未知		参考使用
P 冀-0065	新生代沉积盆地	1∶20 万	大范围的条带状重力低异常	未知	铁	参考使用
P 冀-0038	中生代火山沉积盆地	1∶20 万	范围较大的低缓的条带状重力低异常	控矿	萤石	参考使用
P 冀-0022	中生代火山沉积盆地	1∶20 万	低缓封闭的重力低异常	赋矿	萤石	参考使用
P 冀-0015	新生代沉积盆地	1∶20 万	规则状封闭的重力低异常	未知	萤石	参考使用
P 冀-0008	中生代火山盆地	1∶20 万	规则状封闭的重力低异常	未知		参考使用
P 冀-0009	中生代火山沉积盆地	1∶20 万	范围较大的低缓的条带状重力低异常	控矿	萤石、银	参考使用
P 冀-0010	中生代火山沉积盆地	1∶20 万	条带状重力低异常	控矿	萤石	参考使用
P 冀-0003	新生代火山沉积盆地	1∶20 万	大范围的条带状重力低异常	未知		参考使用
P 冀-0026	新生代沉积盆地	1∶20 万	范围较大的低缓的条带状重力低异常	未知		参考使用
P 冀-0044	新生代断陷盆地	1∶20 万	范围较大的低缓的规则条带状重力低异常	控矿	磷、锰	参考使用
P 冀-0046	新生代断陷盆地	1∶20 万	范围较大的低缓的规则条带状重力低异常	控矿	硫铁、金	参考使用
P 冀-0101	新生代凹陷	1∶20 万	规则状封闭的重力低异常	未知		参考使用
P 冀-0076	新生代凹陷	1∶20 万	规则状封闭的重力低异常	控矿	铁	参考使用
P 冀-0074	新生代断陷盆地	1∶20 万	规则状封闭的重力低异常	控矿	铁	参考使用

附表 3　河北省重力推断地层一览表

地层编码	出露情况	推断所依据资料（数据比例尺）	推断依据	地层性质	构造要素与矿产关系	相关矿种	相关项目组利用情况
H 冀-003	半隐伏	1∶20 万	剩余异常表现为重力低异常，航磁异常为大片高磁异常中的相对低异常，地质上对应大片的侏罗系	中生代酸性火山岩	赋矿	萤石	参考使用
H 冀-004	半隐伏	1∶20 万	剩余异常表现为重力低异常，地质上对应大片的侏罗系，在北部航磁异常表现为高磁异常	中生代酸性火山岩	成矿	萤石	参考使用
H 冀-002	半隐伏	1∶20 万	剩余异常表现为重力高异常，地质上表现为高密度的汉诺坝玄武岩	新生代中基性火山岩	控矿	萤石	参考使用
H 冀-001	半隐伏	1∶20 万	剩余异常表现为重力高异常，地质上表现为高密度的汉诺坝玄武岩	新生代中基性火山岩	未知	萤石	参考使用
H 冀-005	出露	1∶20 万	剩余异常表现为重力高异常，地质上对应高密度的化德岩群变质岩地层，航磁异常表现为负磁异常	古元古代变质岩	未知	萤石	未使用
H 冀-006	半隐伏	1∶20 万	剩余异常表现为重力高异常，地质上对应高密度的化德岩群变质岩地层	古元古代变质岩	未知	萤石	参考使用
H 冀-008	隐伏	1∶20 万	剩余异常表现为重力高异常，异常周围有太古宙变质岩地层出露，推断为高密度的老变质岩	太古宙变质岩	未知	铅锌银、萤石	已使用
H 冀-007	半隐伏	1∶20 万	剩余异常表现为重力高异常，地质上对应高密度的太古宙变质岩地层	太古宙变质岩	赋矿	铅锌银、萤石	参考使用
H 冀-026	隐伏	1∶20 万	剩余异常表现为重力高异常，航磁主要表现为高磁异常，异常周围有太古宙变质岩地层出露	太古宙变质岩	未知	铁矿	已使用
H 冀-009	出露	1∶20 万	剩余异常表现为重力高异常，地质上对应高密度的太古宙变质岩地层，航磁异常表现为高磁异常	太古宙变质岩	控矿	铅锌银	未使用
H 冀-010	半隐伏	1∶20 万	剩余异常表现为重力高异常，地质上表现为局部太古宙变质岩地层隆起	太古宙变质岩	控矿	铅锌银、萤石	参考使用
H 冀-011	隐伏	1∶20 万	剩余异常表现为重力高异常，异常周围有太古宙变质岩地层出露，推断为高密度的老变质岩基底隆起	太古宙变质岩	未知		已使用
H 冀-016	隐伏	1∶20 万	剩余异常表现为重力高异常，对应航磁高异常，异常周围有部分太古宙变质岩地层出露	太古宙变质岩	未知	萤石、铅锌银钼	已使用

续附表 3

地层编码	出露情况	推断所依据资料（数据比例尺）	推断依据	地层性质	构造要素与矿产关系	相关矿种	相关项目组利用情况
H 冀-034	半隐伏	1∶20 万	剩余异常表现为重力高异常，航磁异常主要表现为高磁背景，地质上对应小部分太古宙变质岩	太古宙变质岩	未知	铁	参考使用
H 冀-035	半隐伏	1∶20 万	剩余异常表现为重力高异常，航磁异常主要表现为高磁背景，地质上对应小部分太古宙变质岩	太古宙变质岩	未知	钼、铅锌银	参考使用
H 冀-033	出露	1∶20 万	剩余异常表现为重力高异常，地质上主要对应高密度的太古宙变质岩地层，航磁异常表现为高磁背景	太古宙变质岩	控矿	铜、银铅锌	未使用
H 冀-032	半隐伏	1∶20 万	剩余异常表现为重力高异常，航磁异常主要表现为高磁背景，地质上对应部分太古宙变质岩	太古宙变质岩	未知		参考使用
H 冀-036	出露	1∶20 万	剩余异常表现为重力高异常，地质上主要对应高密度的太古宙变质岩地层，航磁异常表现为高磁背景	太古宙变质岩	赋矿	萤石、铁矿	未使用
H 冀-067	出露	1∶20 万	剩余异常主要表现为重力高异常，航磁上也表现为高磁异常，地质上对应高密度的太古宙变质岩	太古宙变质岩	成矿	金、银、铁、锰、磷	未使用
H 冀-068	半隐伏	1∶20 万	剩余异常主要表现为重力高异常，航磁上主要表现为高磁异常，地质上对应部分高密度的变质岩地层	太古宙变质岩	控矿	铁、硫铁、金	参考使用
H 冀-072	出露	1∶20 万	剩余异常主要表现为重力高异常，航磁上也表现为高磁异常，地质上对应高密度的太古宙变质岩	太古宙变质岩	控矿	铁、金	未使用
H 冀-075	隐伏	1∶20 万	剩余异常主要表现为重力高异常，航磁上主要表现为低磁背景，异常边部有高密度的太古宙高质岩	太古宙变质岩	控矿	铁	已使用
H 冀-079	半隐伏	1∶20 万	剩余异常主要表现为重力高异常，航磁上表现为高磁异常，地质上对应部分高密度的太古宙变质岩	太古宙变质岩	赋矿	铁	参考使用
H 冀-076	隐伏	1∶20 万	剩余异常主要表现为重力高异常，航磁上主要表现为高磁背景，异常边部有高密度的太古宙变质岩	太古宙变质岩	控矿	铁	已使用
H 冀-029	半隐伏	1∶20 万	剩余异常表现为重力高异常，航磁异常主要表现为低背景，地质上对应小部分太古宙变质岩	太古宙变质岩	未知		参考使用

续附表 3

地层编码	出露情况	推断所依据资料（数据比例尺）	推断依据	地层性质	构造要素与矿产关系	相关矿种	相关项目组利用情况
H 冀-027	半隐伏	1：20 万	剩余异常表现为重力高异常，航磁异常主要表现为高背景，地质上对应部分太古宙变质岩地层	太古宙变质岩	未知	铁	参考使用
H 冀-028	半隐伏	1：20 万	剩余异常表现为重力高异常，航磁异常主要表现为高磁异常，地质上对应小部分太古宙变质岩	太古宙变质岩	未知	铅锌	参考使用
H 冀-052	半隐伏	1：20 万	剩余异常主要表现为重力高异常，地质上对应部分高密度的太古宙变质岩出露，航磁（化极）表现为高磁异常	太古宙变质岩	控矿	铁、金	参考使用
H 冀-047	出露	1：20 万	剩余重力异常表现为正负异常的分界且靠近正异常部位，航磁（化极）表现为高磁异常，地质上对应部分高密度的太古宙变质岩出露	太古宙变质岩	赋矿	铁、金、硫铁、磷、银	未使用
H 冀-048	出露	1：20 万	剩余重力异常主要表现为正负异常的分界且靠近正异常部位，航磁（化极）表现为低磁背景	太古宙变质岩	赋矿	金、萤石、铁、钨	未使用
H 冀-135	半隐伏	1：20 万	剩余异常主要表现为重力高异常，航磁异常表现为正负异常的分界部位，地质上对应部分太古宙变质岩出露	太古宙变质岩	成矿	萤石、铁、铜、重晶石	参考使用
H 冀-050	出露	1：20 万	剩余重力异常主要表现为正负异常的分界且靠近正异常部位，航磁（化极）表现为低磁背景	太古宙变质岩	赋矿	铁、铬铁、金、铜、银、萤石、磷、硫铁	未使用
H 冀-045	出露	1：20 万	剩余重力异常表现为正负异常的分界且靠近正异常部位，航磁（化极）表现为高磁异常，地质上对应部分太古宙变质岩出露	太古宙变质岩	控矿	铜钼、金、铅锌、银、磷	未使用
H 冀-042	半隐伏	1：20 万	剩余异常表现为重力高异常，地质上主要表现为高密度的混合岩和太古宙变质岩出露	太古宙变质岩	赋矿	铅锌银钼、硫铁、铬铁、金	参考使用
H 冀-038	出露	1：20 万	剩余异常表现为重力高异常，地质上主要表现为高密度的太古宙变质岩地层出露，航磁（化极）主要表现为高磁异常	太古宙变质岩	成矿	铁、金	未使用
H 冀-039	出露	1：20 万	剩余异常表现为重力高异常，地质上主要表现为高密度的太古宙变质岩地层出露，航磁主要表现为高磁背景	太古宙变质岩	赋矿	金、银、铜	未使用
H 冀-037	出露	1：20 万	剩余异常表现为重力高异常，地质上主要表现为高密度的太古宙变质岩地层出露，航磁主要表现为高磁背景	太古宙变质岩	成矿	铁、金、萤石	未使用

续附表 3

地层编码	出露情况	推断所依据资料（数据比例尺）	推断依据	地层性质	构造要素与矿产关系	相关矿种	相关项目组利用情况
H 冀-058	半隐伏	1∶20 万	剩余异常主要表现为重力高异常，航磁上表现为相对低磁异常，地质上对应部分高密度的中部分	中新元古代碳酸盐岩	控矿	铁	参考使用
H 冀-063	半隐伏	1∶20 万	剩余异常主要表现为重力高异常，航磁上主要表现为低磁异常，地质上对应部分高密度的中部分	中新元古代碳酸盐岩	未知	铁	参考使用
H 冀-064	半隐伏	1∶20 万	剩余异常主要表现为重力高异常，航磁上主要表现为低磁异常，地质上对应部分高密度的中部分	中新元古代碳酸盐岩	未知	铁	参考使用
H 冀-059	半隐伏	1∶20 万	剩余异常主要表现为重力高异常，航磁上表现为相对低磁异常，地质上对应部分高密度的中部分	中新元古代碳酸盐岩	未知	铁	参考使用
H 冀-057	半隐伏	1∶20 万	剩余异常主要表现为重力高异常，航磁上表现为相对低磁异常，地质上对应部分高密度的中部分	中新元古代碳酸盐岩	未知	铁	参考使用
H 冀-053	半隐伏	1∶20 万	剩余异常主要表现为重力高异常，地质上对应部分出露的高密度的太古宙变质岩出露，航磁主要表现为高磁背景	太古宙变质岩	未知	铁	参考使用
H 冀-054	出露	1∶20 万	剩余异常主要表现为重力高异常，航磁异常表现为正负异常的分界，地质上表现为密度较高部分	中新元古代碳酸盐岩	未知	铁	未使用
H 冀-060	半隐伏	1∶20 万	剩余异常主要表现为重力高异常，航磁上主要表现为低磁异常，地质上对应部分高密度的中部分	中新元古代碳酸盐岩	未知	铁	参考使用
H 冀-061	半隐伏	1∶20 万	剩余异常主要表现为重力高异常，航磁上主要表现为低磁异常，地质上对应部分高密度的中部分	中新元古代碳酸盐岩	未知	铁	参考使用
H 冀-065	出露	1∶20 万	剩余异常主要表现为重力高异常，航磁上主要表现为低磁异常，地质上对应高密度的中新元古代地层	中新元古代碳酸盐岩	未知		未使用
H 冀-066	半隐伏	1∶20 万	剩余异常主要表现为重力高异常，航磁上主要表现为低磁异常，地质上对应部分高密度的中新元古代地层	中新元古代碳酸盐岩	未知	铁	参考使用

续附表 3

地层编码	出露情况	推断所依据资料（数据比例尺）	推断依据	地层性质	构造要素与矿产关系	相关矿种	相关项目组利用情况
H 冀-087	半隐伏	1∶20 万	剩余异常主要表现为重力高异常，航磁上主要表现为低磁异常，地质上对应部分高密度的中部分	中新元古代碳酸盐岩	未知	铁	参考使用
H 冀-086	出露	1∶20 万	剩余异常主要表现为重力高异常，航磁上主要表现为低磁背景，地质上对应部分高密度的古生代地层	古生代碳酸盐岩	未知	铁	未使用
H 冀-085	半隐伏	1∶20 万	剩余异常主要表现为重力高异常，航磁上表现为高磁异常，地质上对应部分高密度的太古宙地层	太古宙变质岩	控矿	铁、钼、铜、金、铅锌	参考使用
H 冀-083	半隐伏	1∶20 万	剩余异常主要表现为重力高异常，航磁上主要表现为高磁背景，地质上对应部分高密度的古生代地层	古生代碳酸盐岩	未知	硫铁	参考使用
H 冀-084	半隐伏	1∶20 万	剩余异常主要表现为重力高异常，航磁上主要表现为低磁异常，地质上对应部分高密度的古生代地层	古生代碳酸盐岩	控矿	铁、锰、铜、银	参考使用
H 冀-082	出露	1∶20 万	剩余异常主要表现为重力高异常，航磁上主要表现为高磁背景，地质上对应高密度的古生代地层	古生代碳酸盐岩	未知	铁、锰	未使用
H 冀-074	出露	1∶20 万	剩余异常主要表现为重力高异常，航磁上主要表现为相对低磁异常，地质上对应高密度的中部分	中新元古代碳酸盐岩	控矿	铁锌	未使用
H 冀-077	半隐伏	1∶20 万	剩余异常主要表现为重力高异常，航磁上主要表现为高磁异常，地质上对应部分高密度的太古宙地层	太古宙变质岩	赋矿	铁、锰	参考使用
H 冀-078	隐伏	1∶20 万	剩余异常主要表现为重力高异常，航磁上主要表现为低磁背景，异常边部有高密度的太古宙地层	太古宙变质岩	未知		已使用
H 冀-025	隐伏	1∶20 万	剩余异常表现为重力高异常，异常周围有太古宙变质岩地层出露，推断为高密度的老变质岩	太古宙变质岩	未知	银、金	已使用
H 冀-024	隐伏	1∶20 万	剩余异常表现为重力高异常，航磁主要表现为高磁异常，异常周围有太古宙变质岩地层出露	太古宙变质岩	未知		已使用

续附表 3

地层编码	出露情况	推断所依据资料（数据比例尺）	推断依据	地层性质	构造要素与矿产关系	相关矿种	相关项目组利用情况
H 冀-031	半隐伏	1∶20 万	剩余异常表现为重力高异常，航磁异常主要表现为低磁背景，地质上对应小部分太古宙变质岩	太古宙变质岩	赋矿	铁、磷	参考使用
H 冀-071	隐伏	1∶20 万	剩余异常主要表现为重力高异常，航磁上主要表现为低磁背景，异常边部有高密度的太古宙地层出露	太古宙变质岩	赋矿	金、铁、磷、银	已使用
H 冀-081	出露	1∶20 万	剩余异常主要表现为重力高异常，航磁上主要表现为高磁背景，地质上对应高密度的古生代地层	古生代碳酸盐岩	未知		未使用
H 冀-111	出露	1∶20 万	剩余异常主要表现为重力高异常，航磁上主要表现为低磁背景，地质上对应高密度的古生代地层	古生代—新元古代碳酸盐岩	未知		未使用
H 冀-110	出露	1∶20 万	剩余异常主要表现为重力高异常，航磁上主要表现为低磁异常，地质上对应高密度的中新元古代地层	中新元古代碳酸盐岩	控矿	铁、铜、铅、锌、硫铁	未使用
H 冀-104	出露	1∶20 万	剩余异常主要表现为重力高异常，航磁上也表现为高磁异常，地质上对应高密度的太古宙变质岩	太古宙变质岩地层	成矿	金、银	未使用
H 冀-105	半隐伏	1∶20 万	剩余异常主要表现为重力高异常，航磁上也表现为相对高磁异常，地质上对应高密度的太古宙地层	太古宙变质岩基底叠加	成矿	金、银、铁	参考使用
H 冀-107	半隐伏	1∶20 万	剩余异常主要表现为重力高异常，航磁上也表现为相对高磁异常，地质上对应高密度的中新元古代地层	太古宙变质岩叠加中新元古代地层	未知	铁	参考使用
H 冀-106	半隐伏	1∶20 万	剩余异常主要表现为重力高异常，航磁上也表现为相对高磁异常，地质上对应高密度的中新元古代地层	太古宙变质岩基底叠加中新元古代地层	控矿	铁	参考使用
H 冀-103	半隐伏	1∶20 万	剩余异常主要表现为重力高异常，航磁上主要表现为低磁异常	中新元古代碳酸盐岩	未知		参考使用
H 冀-108	出露	1∶20 万	剩余异常主要表现为重力高异常，航磁上主要表现为低磁背景，地质上对应部分高密度的古生代地层	古生代—新元古代碳酸盐岩	未知		未使用
H 冀-114	半隐伏	1∶20 万	剩余异常主要表现为重力高异常，航磁上也表现为高磁异常，地质上对应高密度的古生代碳酸盐岩	古元古代变质岩基性岩	赋矿	铜	参考使用

续附表 3

地层编码	出露情况	推断所依据资料（数据比例尺）	推断依据	地层性质	构造要素与矿产关系	相关矿种	相关项目组利用情况
H 冀-115	半隐伏	1∶20 万	剩余异常主要表现为重力高异常，航磁上也表现为高磁异常，地质上对应高密度的古元古代地层	古元古代变质岩	控矿	铜、铝土矿	参考使用
H 冀-116	半隐伏	1∶20 万	剩余异常主要表现为重力高异常，航磁上也表现为高磁异常，地质上对应部分高密度的古元古代地层	太古宙变质岩	控矿	铁	参考使用
H 冀-122	半隐伏	1∶20 万	剩余异常主要表现为重力高异常，航磁上表现为正磁背景，地质上对应部分出露的古生代碳酸盐岩	古生代碳酸盐岩	未知		参考使用
H 冀-129	半隐伏	1∶20 万	剩余异常主要表现为重力高异常，航磁上主要表现为正磁背景，地质上对应部分古生代碳酸盐岩	古生代碳酸盐岩	控矿	铁、铝土矿	参考使用
H 冀-131	半隐伏	1∶20 万	剩余异常主要表现为重力高异常，航磁上主要表现为正磁背景，地质上对应部分古生代碳酸盐岩	古生代碳酸盐岩	控矿	铝土矿、铁	参考使用
H 冀-133	隐伏	1∶20 万	剩余异常主要表现为重力高异常，航磁上主要表现为负磁异常	太古宙变质岩	未知		已使用
H 冀-128	隐伏	1∶20 万	剩余异常主要表现为重力高异常，航磁上主要表现为正磁背景	古生代碳酸盐岩	未知		已使用
H 冀-013	隐伏	1∶20 万	剩余异常表现为重力高异常，异常周围有太古宙变质岩地层出露，推断为高密度的老变质岩	太古宙变质岩	未知		已使用
H 冀-014	隐伏	1∶20 万	剩余异常表现为重力高异常，异常周围有太古宙变质岩地层出露，推断为高密度的老变质岩	太古宙变质岩	成矿	铁	已使用
H 冀-012	隐伏	1∶20 万	剩余异常表现为重力高异常，对应航磁高异常，异常周围有太古宙变质岩地层出露，推断为高密度的老变质岩基底隆起	太古宙变质岩	成矿	萤石	已使用
H 冀-030	半隐伏	1∶20 万	剩余异常表现为重力高异常，航磁异常主要表现为高磁异常，地质上对应部分太古宙变质岩	太古宙变质岩	赋矿	铅锌银、萤石、锰	参考使用
H 冀-023	隐伏	1∶20 万	剩余异常表现为重力高异常，航磁异常主要表现为低背景，地质上对应高密度的汉诺坝玄武岩	新生代中基性火山岩	未知		已使用
H 冀-040	出露	1∶20 万	剩余异常表现为重力高异常，地质上主要表现为高密度的太古宙变质岩地层出露，局部有岩体出露	太古宙变质岩	控矿	金、银	未使用

续附表 3

地层编码	出露情况	推断所依据资料（数据比例尺）	推断依据	地层性质	构造要素与矿产关系	相关矿种	相关项目组利用情况
H 冀-041	出露	1∶20 万	剩余异常表现为重力高异常，地质上主要表现为出露的高密度太古宙变质岩地层，航磁上表现为高磁背景	太古宙变质岩	未知	铁	未使用
H 冀-073	出露	1∶20 万	剩余异常主要表现为重力高异常，航磁上主要表现为相对低磁异常，地质上对应高密度的中新元古代地层	中新元古代碳酸盐岩	控矿	铁	未使用
H 冀-069	隐伏	1∶20 万	剩余异常主要表现为重力高异常，航磁 ΔT 化极异常图上主要表现为高磁异常，异常边部有太古宙变质岩地层出露	太古宙变质岩	赋矿	铁	已使用
H 冀-070	出露	1∶20 万	剩余异常主要表现为重力高异常，航磁上主要表现为相对低磁异常，地质上对应部分高密度的碳酸盐岩地层	中新元古代碳酸盐岩	控矿	铁、锰、铅锌	未使用
H 冀-062	半隐伏	1∶20 万	剩余异常主要表现为重力高异常，航磁上主要表现为低磁异常，地质上对应部分高密度的中新元古代地层	中新元古代碳酸盐岩	控矿	铁	参考使用
H 冀-089	隐伏	1∶20 万	剩余异常主要表现为重力高异常，航磁上主要表现为负磁异常	中新元古代碳酸盐岩	未知	铁	已使用
H 冀-090	隐伏	1∶20 万	剩余异常主要表现为重力高异常，航磁上主要表现为低磁背景	古生代碳酸盐岩	未知		已使用
H 冀-091	半隐伏	1∶20 万	剩余异常主要表现为重力高异常，航磁上主要表现为负磁异常，地质上多为第四系覆盖，局部有古生代地层出露	古生代碳酸盐岩	未知		参考使用
H 冀-088	隐伏	1∶20 万	剩余异常主要表现为重力高异常，航磁上主要表现为负磁异常	中新元古代碳酸盐岩	未知	铁	已使用
H 冀-093	隐伏	1∶20 万	剩余异常主要表现为重力高异常，航磁上主要表现为低磁背景	古生代—中新元古代碳酸盐岩	未知		已使用
H 冀-092	隐伏	1∶20 万	剩余异常主要表现为重力高异常，航磁上主要表现为低磁背景	古生代碳酸盐岩	未知		已使用
H 冀-094	隐伏	1∶20 万	剩余异常主要表现为重力高异常，航磁上主要表现为低磁背景	古生代碳酸盐岩	未知		已使用
H 冀-095	隐伏	1∶20 万	剩余异常主要表现为重力高异常，航磁上主要表现为低磁背景	古生代碳酸盐岩	未知		已使用
H 冀-096	隐伏	1∶20 万	剩余异常主要表现为重力高异常，航磁上主要表现为负磁异常	古生代—中新元古代碳酸盐岩	未知		已使用

续附表 3

地层编码	出露情况	推断所依据资料（数据比例尺）	推断依据	地层性质	构造要素与矿产关系	相关矿种	相关项目组利用情况
H 冀-097	隐伏	1：20 万	剩余异常主要表现为重力高异常，航磁上主要表现为负磁异常	古生代碳酸盐岩	未知		已使用
H 冀-098	隐伏	1：20 万	剩余异常主要表现为重力高异常，航磁上主要表现为负磁异常	古生代碳酸盐岩	未知		已使用
H 冀-099	隐伏	1：20 万	剩余异常主要表现为重力高异常，航磁上主要表现为高磁异常	太古宙变质岩	未知		已使用
H 冀-100	隐伏	1：20 万	剩余异常主要表现为重力高异常，航磁上主要表现为负磁异常	古生代碳酸盐岩	未知		已使用
H 冀-125	隐伏	1：20 万	剩余异常主要表现为重力高异常，航磁上主要表现为低磁背景	古生代碳酸盐岩	未知		已使用
H 冀-124	隐伏	1：20 万	剩余异常主要表现为重力高异常，航磁上主要表现为负磁异常	古生代碳酸盐岩	未知		已使用
H 冀-120	隐伏	1：20 万	剩余异常主要表现为重力高异常，航磁上表现为负磁异常	古生代碳酸盐岩	未知		已使用
H 冀-121	隐伏	1：20 万	剩余异常主要表现为重力高异常，航磁上表现为负磁异常	古生代碳酸盐岩	未知		已使用
H 冀-117	隐伏	1：20 万	剩余异常主要表现为重力高异常，航磁上也表现为高磁异常	太古宙变质岩	未知		已使用
H 冀-102	隐伏	1：20 万	剩余异常主要表现为重力高异常，航磁上主要表现为低磁异常及负磁背景	中新元古代碳酸盐岩	未知		已使用
H 冀-109	半隐伏	1：20 万	剩余异常主要表现为重力高异常，航磁上也表现为高磁异常，地质上对应部分高密度的太古宙地层	太古宙变质岩	未知	铁	参考使用
H 冀-113	出露	1：20 万	剩余异常主要表现为重力高异常，航磁上主要表现为高磁异常，地质上对应部分高密度的太古宙地层	太古宙变质岩	控矿	铁、金	未使用
H 冀-134	隐伏	1：20 万	剩余异常主要表现为重力高异常，航磁上主要表现为负磁异常	古生代碳酸盐岩	未知		已使用
H 冀-132	隐伏	1：20 万	剩余异常主要表现为重力高异常，航磁上主要表现为负磁异常	古生代碳酸盐岩	未知		已使用
H 冀-127	隐伏	1：20 万	剩余异常主要表现为重力高异常，航磁上主要表现为正磁背景	古生代碳酸盐岩	未知		已使用
H 冀-126	隐伏	1：20 万	剩余异常主要表现为重力高异常，航磁上主要表现为正磁背景	古生代碳酸盐岩	未知		已使用
H 冀-080	出露	1：20 万	剩余异常主要表现为重力高异常，航磁上主要为高磁异常，地质上对应高密度的古生代碳酸盐岩地层	古生代碳酸盐岩	未知	铁	未使用
H 冀-112	出露	1：20 万	剩余异常主要表现为重力高异常，航磁上主要表现为高磁背景，地质上对应高密度的太古宙地层	太古宙变质岩	控矿	金、铁、银	未使用

续附表 3

地层编码	出露情况	推断所依据资料（数据比例尺）	推断依据	地层性质	构造要素与矿产关系	相关矿种	相关项目组利用情况
H 冀-101	隐伏	1∶20 万	剩余异常主要表现为重力高异常，航磁上主要表现为负磁异常	古生代碳酸盐岩	未知		已使用
H 冀-017	半隐伏	1∶20 万	剩余异常表现为重力高异常，地质上表现为高密度的汉诺坝玄武岩，航磁异常表现为正磁背景	新生代基性火山岩	未知		参考使用
H 冀-018	半隐伏	1∶20 万	剩余异常表现为重力高异常，航磁主要表现为高磁异常，地质上对应部分太古宙变质岩地层	太古宙变质岩	控矿	铅锌银、萤石、锰	参考使用
H 冀-020	半隐伏	1∶20 万	剩余异常表现为重力高异常，航磁异常主要表现为低背景，地质上对应部分太古宙变质岩地层	太古宙变质岩	赋矿	铁、金	参考使用
H 冀-021	半隐伏	1∶20 万	剩余异常表现为重力高异常，地质上对应部分老变质岩地层出露	太古宙变质岩	赋矿	萤石、金	参考使用
H 冀-130	半隐伏	1∶20 万	剩余异常主要表现为重力高异常，航磁上主要表现为负磁背景	中新元古代碳酸盐岩	赋矿	铁、锰	参考使用
H 冀-123	隐伏	1∶20 万	剩余异常主要表现为重力高异常，航磁上主要表现为低磁背景	古生代碳酸盐岩	未知		已使用
H 冀-119	出露	1∶20 万	剩余异常主要表现为重力高异常，航磁上也表现为高磁背景，地质上对应大部分高密度的太古宙地层	太古宙变质岩	控矿	铁、铝土矿	未使用
H 冀-118	半隐伏	1∶20 万	剩余异常主要表现为重力高异常，航磁上也表现为高磁异常，地质上对应部分高密度的古元古代地层	古元古代变质岩	赋矿	铜、硫铁、铅锌、铝土、铁、硫铁	参考使用
H 冀-022	半隐伏	1∶20 万	剩余异常表现为重力高异常，航磁异常主要表现为低背景，地质上对应部分太古宙变质岩地层	太古宙变质岩	未知	萤石	参考使用
H 冀-138	隐伏	1∶20 万	剩余异常主要表现为重力高异常，航磁上主要表现为负磁异常	中新元古代碳酸盐岩	未知	铁矿	已使用
H 冀-137	半隐伏	1∶20 万	剩余异常主要表现为重力高异常，航磁异常表现为正负异常的分界部位且主要为负异常，地质上对应部分高密度的中新元古代地层	中新元古代碳酸盐岩	控矿	铁、锰	参考使用
H 冀-049	出露	1∶20 万	剩余异常表现为重力高异常，地质上主要表现为出露的高密度的太古宙变质岩出露，航磁异常表现为高磁异常	太古宙变质岩	赋矿	金、萤石、钨、铁	未使用

续附表 3

地层编码	出露情况	推断所依据资料（数据比例尺）	推断依据	地层性质	构造要素与矿产关系	相关矿种	相关项目组利用情况
H 冀-055	半隐伏	1∶20 万	剩余异常主要表现为重力高异常，航磁上也表现为高磁异常，地质上对应部分高密度的太古宙地层	太古宙变质岩地层	成矿	铁、铅锌、金	参考使用
H 冀-056	隐伏	1∶20 万	剩余异常主要表现为重力高异常，航磁上也表现为高磁异常（化极后）	太古宙变质岩	未知	铁、铅锌	已使用
H 冀-141	半隐伏	1∶20 万	剩余异常主要表现为重力高异常，航磁异常表现为正负异常的分界部位且主要为正异常，地质上对应部分高密度的太古宙地层	太古宙变质岩	控矿	锰、萤石、铅锌	参考使用
H 冀-139	半隐伏	1∶20 万	剩余异常主要表现为重力高异常，航磁上主要表现为高磁背景，地质上对应部分高密度的太古宙地层	太古宙变质岩	控矿	磷、铁、金、银	参考使用
H 冀-142	半隐伏	1∶20 万	剩余异常主要表现为重力高异常，航磁上主要表现为高磁背景，地质上对应部分高密度的太古宙地层	太古宙变质岩	控矿	铁、铜	参考使用
H 冀-140	半隐伏	1∶20 万	剩余异常主要表现为重力高异常，航磁异常表现为低磁背景，地质上对应部分高密度的太古宙地层	太古宙变质岩	未知		参考使用
H 冀-043	出露	1∶20 万	剩余重力异常表现为正负异常的分界且靠近正异常部位，航磁上（化极）表现为高磁异常，地质上对应部分高密度的太古宙地层	太古宙变质岩	控矿	铁、金	未使用
H 冀-152	半隐伏	1∶20 万	剩余异常主要表现为重力高异常，航磁上主要表现为高磁异常，异常边部有部分太古宙变质岩	太古宙变质岩	控矿	铜钼、金、铅锌、银	参考使用
H 冀-143	半隐伏	1∶20 万	剩余异常主要表现为重力高异常，航磁上主要表现为负磁异常，地质上对应部分高密度的中新元古代地层	中新元古代碳酸盐岩	赋矿	萤石	参考使用
H 冀-144	半隐伏	1∶20 万	剩余异常主要表现为重力高异常，航磁上主要表现为负磁异常，地质上对应部分高密度的中新元古代地层	中新元古代碳酸盐岩	赋矿	萤石	参考使用
H 冀-145	出露	1∶20 万	剩余异常主要表现为重力高异常，航磁上主要表现为负磁异常，地质上对应高密度的中新元古代地层	中新元古代碳酸盐岩	赋矿	萤石、铜	未使用
H 冀-146	出露	1∶20 万	剩余异常主要表现为重力高异常，航磁上主要表现为负磁异常，地质上对应高密度的中新元古代地层	中新元古代碳酸盐岩	控矿	铁、锰	未使用

续附表 3

地层编码	出露情况	推断所依据资料（数据比例尺）	推断依据	地层性质	构造要素与矿产关系	相关矿种	相关项目组利用情况
H 冀-149	隐伏	1∶20 万	剩余异常主要表现为重力高异常，航磁上主要表现为高磁异常	太古宙变质岩	控矿	铁	已使用
H 冀-136	半隐伏	1∶20 万	剩余异常主要表现为重力高异常，航磁异常表现为正负异常的分界部位且主要为正异常，地质上对应部分高密度的太古宙地层	太古宙变质岩	赋矿	铁	参考使用
H 冀-147	半隐伏	1∶20 万	剩余异常主要表现为重力高异常，航磁上主要表现为负磁异常，地质上对应部分高密度的中新元古代碳酸盐岩	中新元古代碳酸盐岩	未知		参考使用
H 冀-151	出露	1∶20 万	剩余异常主要表现为重力高异常，航磁上主要表现为负磁异常，地质上对应高密度的中新元古代地层	中新元古代碳酸盐岩	未知	铁	未使用
H 冀-148	隐伏	1∶20 万	剩余异常主要表现为重力高异常，航磁上主要表现为负磁异常	古生代—中新元古代碳酸盐岩	控矿	铝土矿	已使用
H 冀-150	隐伏	1∶20 万	剩余异常主要表现为重力高异常，航磁上主要表现为高磁异常	太古宙变质岩	未知	铁	已使用
H 冀-153	出露	1∶20 万	剩余异常主要表现为重力高异常，航磁上主要表现为负磁异常，地质上对应高密度的中新元古代地层	中新元古代碳酸盐岩	赋矿	硫铁、萤石、铜、金	未使用
H 冀-046	出露	1∶20 万	剩余重力异常主要表现为重力高异常，航磁上（化极）表现为高磁异常，地质上主要表现为高密度的太古宙变质岩	太古宙变质岩	赋矿	铁、金、硫铁	未使用
H 冀-155	隐伏	1∶20 万	剩余异常主要表现为重力高异常，航磁上主要表现为低磁异常	古生代碳酸盐岩地层	控矿	铁、铜	已使用
H 冀-154	半隐伏	1∶20 万	剩余异常主要表现为重力高异常，航磁上主要表现为低磁异常，地质上对应部分高密度的古生代地层	古生代碳酸盐岩	赋矿	萤石、铅锌、硫铁、金、铜	参考使用
H 冀-051	出露	1∶20 万	剩余异常表现为重力高异常，地质上主要表现为出露的高密度的太古宙变质岩出露，航磁异常	太古宙变质岩	控矿	铁、锰、钨	未使用
H 冀-044	出露	1∶20 万	剩余重力异常表现为正负异常的分界且靠近正异常部位，航磁（化极）表现为高磁异常，地质上对应部分高密度的太古宙地层	太古宙变质岩	控矿	铁	未使用
H 冀-156	隐伏	1∶20 万	剩余异常主要表现为明显的重力高异常，航磁上主要表现为强度较高的正磁异常	太古宙变质岩	未知		已使用
H 冀-015	隐伏	1∶20 万	剩余异常表现为重力高异常，对应航磁高异常，异常周围有太古宙变质岩地层出露	太古宙变质岩	未知	铅锌银	已使用

附表 4　河北省重力推断构造岩浆岩一览表

岩体编码	出露情况	推断所依据资料（数据比例尺）	推断依据	构造要素与矿产关系	相关矿种	相关项目组利用情况
D 冀-0001	出露	1∶20 万	布格重力异常梯级带，剩余重力异常表现为带状异常，对应地质上的深大断裂带	控矿	萤石、铁、钨	未使用
D 冀-0002	出露	1∶200 001	布格重力异常宽缓变异处，串珠状剩余重力异常，对应地质上的断裂交汇部位	控矿	银、铅锌、萤石	未使用
D 冀-0003	出露	1∶200 002	布格重力异常梯级带，剩余重力异常表现为串珠状，地质上表现为断裂破碎带	控矿	银、铅锌钼、萤石、金	未使用
D 冀-0004	出露	1∶200 003	布格重力异常扭曲变异带，剩余重力异常图上正负异常呈串珠状相间排列，地质上有深大断裂带存在	控矿	银、金、铬铁矿、萤石、磷、钼、铜、铅、锌	未使用
D 冀-0007	隐伏	1∶200 004	布格重力异常梯级带及扭曲变异带，剩余重力异常呈串珠状排列，地质上断裂发育	控矿	金、银、铜、铁、铅、锌、钼、锰、硫铁矿	已使用
D 冀-0005	出露	1∶200 005	布格重力异常梯级带及扭曲变异带，剩余重力异常呈串珠状排列，中间是负异常，两边是正异常	控矿	铁、金、银、铜、铅、锌、钼、锰、铬铁矿、硫铁矿、磷、萤石	未使用
D 冀-0006	出露	1∶200 006	布格异常扭曲变异带，串珠状剩余重力异常，对应地质上的断裂破碎带	控矿	铁、金、银、铜、铅、锌、钼、重晶石、萤石	未使用
D 冀-0008	出露	1∶200 007	布格重力异常梯级带，剩余异常图上重力低呈弧形排列，位于地质图上的深大断裂边缘	控矿	铁、铜、铝土矿	未使用
D 冀-0009	出露	1∶200 008	布格重力异常扭曲带，剩余异常图上重力低异常呈串珠状排列，对应地质图上的深大断裂及破碎带	控矿	铁、铜、硫铁矿、镍、铅锌、铝土矿、菱镁矿	未使用

附表 5 河北省重力推断断裂构造一览表

断裂编码	出露情况	推断所依据资料（数据比例尺）	推断依据	构造要素与矿产关系	相关矿种	相关项目组利用情况
F 冀 021	半隐伏	1∶20 万	布格异常图、重力异常水平一阶导数图和地质图	控矿	铅锌银	参考使用
F 冀 013	半隐伏	1∶20 万	布格异常图、剩余异常图、重力异常水平一阶导数图和地质图	控矿		参考使用
F 冀 020	隐伏	1∶20 万	布格异常图和地质图	控矿	铅锌银、萤石	已使用
F 冀 015	半隐伏	1∶20 万	布格异常图、剩余异常图和地质图	控矿	铅锌银	参考使用
F 冀 014	半隐伏	1∶20 万	布格异常图和地质图	控矿	萤石	参考使用
F 冀 016	半隐伏	1∶20 万	布格异常图、剩余异常图、重力异常水平一阶导数图和地质图	未知	铅锌银	参考使用
F 冀 004	半隐伏	1∶20 万	布格异常图、重力异常水平一阶导数图和地质图	控矿	铅锌银、萤石	参考使用
F 冀 010	半隐伏	1∶20 万	布格异常图、剩余异常图、重力异常水平一阶导数图和地质图	控矿	铅锌	参考使用
F 冀 001	隐伏	1∶20 万	布格异常图、重力异常水平一阶导数图和地质图	控矿	萤石	已使用
F 冀 009	隐伏	1∶20 万	布格异常图、剩余异常图、重力异常水平一阶导数图和地质图	未知		已使用
F 冀 011	半隐伏	1∶20 万	布格异常图、剩余异常图、重力异常水平一阶导数图和地质图	控矿	铜矿	参考使用
F 冀 024	出露	1∶20 万	布格异常图、剩余异常图和地质图	导矿	铁、铜、银	未使用
F 冀 030	半隐伏	1∶20 万	布格异常图、重力异常水平一阶导数图和地质图	控矿	铁、金、钼	参考使用
F 冀 018	出露	1∶20 万	布格异常图、剩余异常图、重力异常水平一阶导数图和地质图	控矿	硫铁、锰、磷、铁、钼、铜、锌、铅锌	未使用
F 冀 065	半隐伏	1∶20 万	布格异常图、剩余异常图和地质图	控矿	铁、金、磷、锰	参考使用
F 冀 032	隐伏	1∶20 万	布格异常图、剩余异常图、重力异常水平一阶导数图和地质图	控矿	铁、磷	已使用
F 冀 033	隐伏	1∶20 万	布格异常图、重力异常水平一阶导数图和地质图	控矿	铁、金	已使用
F 冀 037	隐伏	1∶20 万	布格异常图、剩余异常图、重力异常水平一阶导数图和地质图	控矿	硫铁矿、铁、金	已使用
F 冀 039	出露	1∶20 万	布格异常图和地质图	控矿	铁、锰	未使用
F 冀 040	半隐伏	1∶20 万	布格异常图、重力异常水平一阶导数图和地质图	导矿	铁	参考使用
F 冀 067	隐伏	1∶20 万	布格异常图、重力异常水平一阶导数图和地质图	未知		已使用
F 冀 044	隐伏	1∶20 万	布格异常图、剩余异常图、重力异常水平一阶导数图和地质图	控矿	金、铜、铁、铅锌、锰	已使用

续附表 5

断裂编码	出露情况	推断所依据资料（数据比例尺）	推断依据	构造要素与矿产关系	相关矿种	相关项目组利用情况
F 冀 058	出露	1∶20 万	布格异常图、重力异常水平一阶导数图和地质图	控矿	铁	未使用
F 冀 052	隐伏	1∶20 万	布格异常图和地质图	控矿	铁、铝土矿、铜矿	已使用
F 冀 061	半隐伏	1∶20 万	布格异常图、剩余异常图、重力异常水平一阶导数图和地质图	导矿	铁、硫铁矿、金、铝土矿、铜	参考使用
F 冀 054	隐伏	1∶20 万	布格异常图、重力异常水平一阶导数图和地质图	未知		已使用
F 冀 053	隐伏	1∶20 万	布格异常图、重力异常水平一阶导数图和地质图	未知		已使用
F 冀 061	半隐伏	1∶20 万	布格异常图、剩余异常图、重力异常水平一阶导数图和地质图	导矿	硫铁、铁、金、铝土矿、铜	参考使用
F 冀 057	隐伏	1∶20 万	布格异常图、剩余异常图、重力异常水平一阶导数图和地质图	未知		已使用
F 冀 047	隐伏	1∶20 万	布格异常图、剩余异常图、重力异常水平一阶导数图和地质图	未知		已使用
F 冀 048	隐伏	1∶20 万	布格异常图、剩余异常图、重力异常水平一阶导数图和地质图	未知		已使用
F 冀 057	隐伏	1∶20 万	布格异常图、剩余异常图、重力异常水平一阶导数图和地质图	未知		已使用
F 冀 049	隐伏	1∶20 万	布格异常图、重力异常水平一阶导数图和地质图	未知		已使用
F 冀 043	隐伏	1∶20 万	布格异常图、剩余异常图和地质图	控矿	铁	已使用
F 冀 024	出露	1∶20 万	布格异常图、剩余异常图和地质图	导矿	铁、金、银	未使用
F 冀 037	隐伏	1∶20 万	布格异常图、剩余异常图、重力异常水平一阶导数图和地质图	控矿	银铜、金、铁	已使用
F 冀 025	出露	1∶20 万	布格异常图、剩余异常图和地质图	控矿	萤石、金、银	未使用
F 冀 022	半隐伏	1∶20 万	布格异常图、重力异常水平一阶导数图和地质图	控矿	萤石、铅锌银钼	参考使用
F 冀 024	出露	1∶20 万	布格异常图、剩余异常图和地质图	导矿	铁、铬、金、磷、铅锌银钼、铜、锰、萤石	未使用
F 冀 023	半隐伏	1∶20 万	布格异常图、重力异常水平一阶导数图和地质图	控矿	铁、金、银铅锌钼、硫铁、磷、萤石、锰	参考使用
F 冀 064	半隐伏	1∶20 万	布格异常图、重力异常水平一阶导数图和地质图	控矿	铁、金、磷	参考使用
F 冀 026	半隐伏	1∶20 万	布格异常图、剩余异常图和地质图	控矿	铅锌、锰、萤石、金、银	参考使用
F 冀 036	半隐伏	1∶20 万	布格异常图、重力异常水平一阶导数图和地质图	控矿	金	参考使用
F 冀 063	隐伏	1∶20 万	布格异常图和地质图	控矿	铅锌银、萤石	已使用

续附表 5

断裂编码	出露情况	推断所依据资料（数据比例尺）	推断依据	构造要素与矿产关系	相关矿种	相关项目组利用情况
F冀004	半隐伏	1∶20万	布格异常图、重力异常水平一阶导数图和地质图	控矿	铅锌银、萤石	参考使用
F冀005	半隐伏	1∶20万	布格异常图、重力异常水平一阶导数图和地质图	导矿	铅锌银、萤石	参考使用
F冀003	半隐伏	1∶20万	布格异常图、重力异常水平一阶导数图和地质图	导矿	萤石、钨	参考使用
F冀002	半隐伏	1∶20万	布格异常图、重力异常水平一阶导数图和地质图	控矿	萤石	参考使用
F冀007	隐伏	1∶20万	布格异常图、剩余异常图和地质图	未知		已使用
F冀008	半隐伏	1∶20万	布格异常图、重力异常水平一阶导数图和地质图	控矿	铅锌	参考使用
F冀013	半隐伏	1∶20万	布格异常图、剩余异常图、重力异常水平一阶导数图和地质图	控矿	银、萤石	参考使用
F冀009	隐伏	1∶20万	布格异常图、剩余异常图、重力异常水平一阶导数图和地质图	控矿	铅锌	已使用
F冀010	半隐伏	1∶20万	布格异常图、剩余异常图、重力异常水平一阶导数图和地质图	控矿	铅锌银、硫铁、锰、萤石	参考使用
F冀010	半隐伏	1∶20万	布格异常图、剩余异常图、重力异常水平一阶导数图和地质图	控矿	铅锌	参考使用
F冀024	出露	1∶20万	布格异常图、剩余异常图和地质图	导矿	金、铁、银、磷	未使用
F冀028	隐伏	1∶20万	布格异常图、重力异常水平一阶导数图和地质图	控矿	铁、银	已使用
F冀006	出露	1∶20万	布格异常图、重力异常水平一阶导数图和地质图	导矿	钼、铅锌银	未使用
F冀031	半隐伏	1∶20万	布格异常图、剩余异常图、重力异常水平一阶导数图和地质图	控矿	金、铁、铜	参考使用
F冀019	隐伏	1∶20万	布格异常图、剩余异常图、重力异常水平一阶导数图和地质图	控矿	银铜、金、铁	已使用
F冀079	出露	1∶20万	布格异常图、剩余异常图、重力异常水平一阶导数图和地质图	控矿	铁、金、萤石	未使用
F冀024	出露	1∶20万	布格异常图、剩余异常图和地质图	导矿	铁、铬、金、磷、铅锌银钼、铜、锰、萤石	未使用
F冀026	半隐伏	1∶20万	布格异常图、剩余异常图和地质图	控矿	铅锌、锰、萤石、金、银	参考使用
F冀079	出露	1∶20万	布格异常图、剩余异常图、重力异常水平一阶导数图和地质图	控矿	银、萤石、硫铁	未使用
F冀078	半隐伏	1∶20万	布格异常图和地质图	控矿	金、锰、钨、钼、银、铜	参考使用
F冀029	出露	1∶20万	布格异常图、剩余异常图、重力异常水平一阶导数图和地质图	导矿	萤石、金、铅锌银钼	未使用
F冀029	出露	1∶20万	布格异常图、剩余异常图、重力异常水平一阶导数图和地质图	导矿	金、铁、磷、铜	未使用

续附表 5

断裂编码	出露情况	推断所依据资料（数据比例尺）	推断依据	构造要素与矿产关系	相关矿种	相关项目组利用情况
F 冀 003	半隐伏	1∶20 万	布格异常图、重力异常水平一阶导数图和地质图	导矿	萤石、铁	参考使用
F 冀 063	隐伏	1∶20 万	布格异常图和地质图	控矿	铅锌银、萤石	已使用
F 冀 062	出露	1∶20 万	布格异常图、剩余异常图、重力异常水平一阶导数图和地质图	控矿	铅锌银、萤石、铁、金	未使用
F 冀 014	半隐伏	1∶20 万	布格异常图和地质图	无关		参考使用
F 冀 062	出露	1∶20 万	布格异常图、剩余异常图、重力异常水平一阶导数图和地质图	控矿	铅锌银、萤石、铁、金	未使用
F 冀 017	出露	1∶20 万	布格异常图、剩余异常图、重力异常水平一阶导数图和地质图	控矿	萤石	未使用
F 冀 027	隐伏	1∶20 万	布格异常图和地质图	控矿	铅锌银钼、铁、金、萤石	已使用
F 冀 066	出露	1∶20 万	布格异常图、剩余异常图、重力异常水平一阶导数图和地质图	导矿	铁、铬、磷、金、银、铜萤石	未使用
F 冀 014	半隐伏	1∶20 万	布格异常图和地质图	控矿	萤石	参考使用
F 冀 021	半隐伏	1∶20 万	布格异常图、重力异常水平一阶导数图和地质图	控矿	铅锌银钼、萤石、金、铁、铜、锰	参考使用
F 冀 028	隐伏	1∶20 万	布格异常图、重力异常水平一阶导数图和地质图	控矿	铁矿	已使用
F 冀 055	隐伏	1∶20 万	布格异常图和地质图	控矿	铁、锰、金、铜、磷	已使用
F 冀 006	出露	1∶20 万	布格异常图、重力异常水平一阶导数图和地质图	导矿	金、铅、锌、银、铜、钼、铁、硫铁矿、锰、磷、萤石	未使用
F 冀 051	隐伏	1∶20 万	布格异常图、剩余异常图、重力异常水平一阶导数图和地质图	未知		已使用
F 冀 067	隐伏	1∶20 万	布格异常图、重力异常水平一阶导数图和地质图	未知		已使用
F 冀 006	出露	1∶20 万	布格异常图、重力异常水平一阶导数图和地质图	导矿	金、铜、铅锌银	未使用
F 冀 006	出露	1∶20 万	布格异常图、重力异常水平一阶导数图和地质图	导矿	铁、锰、铜	未使用
F 冀 040	半隐伏	1∶20 万	布格异常图、重力异常水平一阶导数图和地质图	导矿	铁	参考使用
F 冀 028	隐伏	1∶20 万	布格异常图、重力异常水平一阶导数图和地质图	控矿	铁、铜、银、铅锌、钼、金	已使用
F 冀 038	半隐伏	1∶20 万	布格异常图和地质图	导矿	铁、铜铅锌钼、锰	参考使用
F 冀 038	半隐伏	1∶20 万	布格异常图和地质图	导矿	铁、铅锌、铝土	参考使用

续附表 5

断裂编码	出露情况	推断所依据资料（数据比例尺）	推断依据	构造要素与矿产关系	相关矿种	相关项目组利用情况
F 冀 005	半隐伏	1∶20 万	布格异常图、重力异常水平一阶导数图和地质图	导矿	铅锌银、萤石、锰	参考使用
F 冀 006	出露	1∶20 万	布格异常图、重力异常水平一阶导数图和地质图	导矿	金、铜、铅锌银	未使用
F 冀 024	出露	1∶20 万	布格异常图、剩余异常图和地质图	导矿	铁、金、银、铅锌	未使用
F 冀 033	隐伏	1∶20 万	布格异常图、重力异常水平一阶导数图和地质图	控矿	铁、锰	已使用
F 冀 034	半隐伏	1∶20 万	布格异常图和地质图	控矿	铁、锰	参考使用
F 冀 070	半隐伏	1∶20 万	布格异常图和地质图	控矿	铁、锰	参考使用
F 冀 039	出露	1∶20 万	布格异常图和地质图	控矿	铅锌、钼、铁	未使用
F 冀 050	隐伏	1∶20 万	布格异常图、重力异常水平一阶导数图和地质图	控矿	铁	已使用
F 冀 037	隐伏	1∶20 万	布格异常图、剩余异常图、重力异常水平一阶导数图和地质图	控矿	铁、金	已使用
F 冀 035	半隐伏	1∶20 万	布格异常图、重力异常水平一阶导数图和地质图	导矿	铜、铁、金、铬铁矿、铜、钼	参考使用
F 冀 035	半隐伏	1∶20 万	布格异常图、重力异常水平一阶导数图和地质图	导矿	金、铁	参考使用
F 冀 025	出露	1∶20 万	布格异常图、剩余异常图和地质图	控矿	金、铁、铅锌、硫铁矿	未使用
F 冀 017	出露	1∶20 万	布格异常图、剩余异常图、重力异常水平一阶导数图和地质图	控矿	萤石	未使用
F 冀 025	出露	1∶20 万	布格异常图、剩余异常图和地质图	控矿	金、铁、萤石	未使用
F 冀 037	隐伏	1∶20 万	布格异常图、剩余异常图、重力异常水平一阶导数图和地质图	控矿	锰、银金、铜、铁、磷	已使用
F 冀 040	半隐伏	1∶20 万	布格异常图、重力异常水平一阶导数图和地质图	导矿	铁	参考使用
F 冀 038	半隐伏	1∶20 万	布格异常图和地质图	导矿	铁、铜铅锌钼、锰	参考使用
F 冀 060	隐伏	1∶20 万	布格异常图和地质图	控矿	铁	已使用
F 冀 046	隐伏	1∶20 万	布格异常图、剩余异常图、重力异常水平一阶导数图和地质图	导矿	铁、铝土矿、铜、硫铁、铅锌、镍、菱镁矿、重晶石	已使用
F 冀 055	隐伏	1∶20 万	布格异常图和地质图	未知		已使用

续附表 5

断裂编码	出露情况	推断所依据资料（数据比例尺）	推断依据	构造要素与矿产关系	相关矿种	相关项目组利用情况
F 冀 045	隐伏	1∶20 万	布格异常图、剩余异常图、重力异常水平一阶导数图和地质图	未知		已使用
F 冀 029	出露	1∶20 万	布格异常图、剩余异常图、重力异常水平一阶导数图和地质图	导矿	金、铁、铜、银、钼、铅、萤石	未使用
F 冀 066	出露	1∶20 万	布格异常图、剩余异常图、重力异常水平一阶导数图和地质图	导矿	铁、铬、磷、金、萤石	未使用
F 冀 025	出露	1∶20 万	布格异常图、剩余异常图和地质图	控矿	金、铁、银、硫铁矿、萤石、磷	未使用
F 冀 064	半隐伏	1∶20 万	布格异常图、重力异常水平一阶导数图和地质图	控矿	铁、金、磷	参考使用
F 冀 024	出露	1∶20 万	布格异常图、剩余异常图和地质图	导矿	铁、磷	未使用
F 冀 032	隐伏	1∶20 万	布格异常图、剩余异常图、重力异常水平一阶导数图和地质图	控矿	铁、磷	已使用
F 冀 065	半隐伏	1∶20 万	布格异常图、剩余异常图和地质图	控矿	铁、金、磷、锰	参考使用
F 冀 032	隐伏	1∶20 万	布格异常图、剩余异常图、重力异常水平一阶导数图和地质图	控矿	铁、磷	已使用
F 冀 034	半隐伏	1∶20 万	布格异常图和地质图	控矿	铁、锰	参考使用
F 冀 038	半隐伏	1∶20 万	布格异常图和地质图	导矿	金、铅、锌、银、铜、钼、铁	参考使用
F 冀 056	隐伏	1∶20 万	布格异常图、重力异常水平一阶导数图和地质图	未知		已使用
F 冀 057	隐伏	1∶20 万	布格异常图、剩余异常图、重力异常水平一阶导数图和地质图	未知		已使用
F 冀 069	隐伏	1∶20 万	布格异常图和地质图	未知		已使用
F 冀 047	隐伏	1∶20 万	布格异常图、剩余异常图、重力异常水平一阶导数图和地质图	未知		已使用
F 冀 057	隐伏	1∶20 万	布格异常图、剩余异常图、重力异常水平一阶导数图和地质图	未知		已使用
F 冀 047	隐伏	1∶20 万	布格异常图、剩余异常图、重力异常水平一阶导数图和地质图	未知		已使用
F 冀 047	隐伏	1∶20 万	布格异常图、剩余异常图、重力异常水平一阶导数图和地质图	未知		已使用
F 冀 049	隐伏	1∶20 万	布格异常图、重力异常水平一阶导数图和地质图	未知		已使用
F 冀 049	隐伏	1∶20 万	布格异常图、重力异常水平一阶导数图和地质图	未知		已使用
F 冀 049	隐伏	1∶20 万	布格异常图、重力异常水平一阶导数图和地质图	未知		已使用
F 冀 049	隐伏	1∶20 万	布格异常图、重力异常水平一阶导数图和地质图	未知		已使用

续附表 5

断裂编码	出露情况	推断所依据资料（数据比例尺）	推断依据	构造要素与矿产关系	相关矿种	相关项目组利用情况
F冀043	隐伏	1：20万	布格异常图、剩余异常图和地质图	控矿	铁	已使用
F冀043	隐伏	1：20万	布格异常图、剩余异常图和地质图	控矿	铁	已使用
F冀043	隐伏	1：20万	布格异常图、剩余异常图和地质图	控矿	铁	已使用
F冀071	隐伏	1：20万	布格异常图、重力异常水平一阶导数图和地质图	控矿	铁、铜	已使用
F冀043	隐伏	1：20万	布格异常图、剩余异常图和地质图	控矿	萤石、铅锌、铝土、金、铜、重晶石	已使用
F冀043	隐伏	1：20万	布格异常图、剩余异常图和地质图	控矿	铁	已使用
F冀042	隐伏	1：20万	布格异常图、剩余异常图、重力异常水平一阶导数图和地质图	控矿	金、银、萤石、铁、钨	已使用
F冀036	半隐伏	1：20万	布格异常图、重力异常水平一阶导数图和地质图	控矿	铁、锰、金、磷、铜	参考使用
F冀041	出露	1：20万	布格异常图和地质图	导矿	金、银、萤石、铁、钨	未使用
F冀036	半隐伏	1：20万	布格异常图、重力异常水平一阶导数图和地质图	未知		参考使用
F冀074	隐伏	1：20万	布格异常图、重力异常水平一阶导数图和地质图	控矿	铁	已使用
F冀059	隐伏	1：20万	布格异常图、重力异常水平一阶导数图和地质图	控矿	铁	已使用
F冀072	隐伏	1：20万	布格异常图和地质图	控矿	铁	已使用
F冀073	隐伏	1：20万	布格异常图、重力异常水平一阶导数图和地质图	控矿	铁	已使用
F冀022	半隐伏	1：20万	布格异常图、重力异常水平一阶导数图和地质图	控矿	铅锌银钼、铁、铬、磷、金、萤石	参考使用
F冀035	半隐伏	1：20万	布格异常图、重力异常水平一阶导数图和地质图	导矿	铜、金、银、铁、锰、铅锌	参考使用
F冀022	半隐伏	1：20万	布格异常图、重力异常水平一阶导数图和地质图	控矿	萤石、铅锌银钼、铁、铬、磷、金	参考使用
F冀020	隐伏	1：20万	布格异常图和地质图	控矿	铁、金	已使用
F冀019	隐伏	1：20万	布格异常图、剩余异常图、重力异常水平一阶导数图和地质图	控矿	银、金、铁、铜	已使用
F冀012	隐伏	1：20万	布格异常图、剩余异常图和地质图	未知		已使用
F冀030	半隐伏	1：20万	布格异常图、重力异常水平一阶导数图和地质图	控矿	铁、金、钼	参考使用
F冀019	隐伏	1：20万	布格异常图、剩余异常图、重力异常水平一阶导数图和地质图	未知		已使用

续附表 5

断裂编码	出露情况	推断所依据资料（数据比例尺）	推断依据	构造要素与矿产关系	相关矿种	相关项目组利用情况
F 冀 052	隐伏	1∶20 万	布格异常图和地质图	未知		已使用
F 冀 059	隐伏	1∶20 万	布格异常图、重力异常水平一阶导数图和地质图	控矿	金、银、钨、铁、萤石、重晶石、铜、铅锌	已使用
F 冀 021	半隐伏	1∶20 万	布格异常图、重力异常水平一阶导数图和地质图	控矿	铁、重晶石	参考使用
F 冀 076	出露	1∶20 万	布格异常图、剩余异常图、重力异常水平一阶导数图和地质图	控矿	铁、铜锌钼、金、萤石、硫铁矿	未使用
F 冀 076	出露	1∶20 万	布格异常图、剩余异常图、重力异常水平一阶导数图和地质图	控矿	铁、铜锌钼、金、银、锰	未使用
F 冀 079	出露	1∶20 万	布格异常图、剩余异常图、重力异常水平一阶导数图和地质图	控矿	金、银、锰	未使用
F 冀 077	隐伏	1∶20 万	布格异常图、重力异常水平一阶导数图和地质图	控矿	铁	已使用
F 冀 077	隐伏	1∶20 万	布格异常图、重力异常水平一阶导数图和地质图	控矿	硫铁、铁、钼、铜、银、铅锌、金、锰	已使用
F 冀 068	隐伏	1∶20 万	布格异常图和地质图	未知		已使用
F 冀 075	隐伏	1∶20 万	布格异常图、剩余异常图和地质图	未知		已使用
F 冀 041	出露	1∶20 万	布格异常图和地质图	导矿	铁	未使用
F 冀 051	隐伏	1∶20 万	布格异常图、剩余异常图、重力异常水平一阶导数图和地质图	未知		已使用
F 冀 033	隐伏	1∶20 万	布格异常图、重力异常水平一阶导数图和地质图	控矿	铁、锰	已使用
F 冀 076	出露	1∶20 万	布格异常图、剩余异常图、重力异常水平一阶导数图和地质图	控矿	铁、铜锌钼、金、铬铁矿	未使用
F 冀 036	半隐伏	1∶20 万	布格异常图、重力异常水平一阶导数图和地质图	控矿	铁、锰、金、磷、铜	参考使用
F 冀 036	半隐伏	1∶20 万	布格异常图、重力异常水平一阶导数图和地质图	控矿	铁、铝土矿	参考使用
F 冀 052	隐伏	1∶20 万	布格异常图和地质图	未知		已使用
F 冀 022	半隐伏	1∶20 万	布格异常图、重力异常水平一阶导数图和地质图	控矿	萤石、铅锌银钼	参考使用

国家“十二五”规划重点图书

中国地质调查局
青藏高原1:25万区域地质调查成果系列

中华人民共和国

区域地质调查报告

比例尺 1:250 000

托和平错幅

(I44C002004)

项目名称:西藏1:25万I44C002003(土则岗日)幅、I44C002004(托和平错)幅区域地质调查

项目编号:200313000011

项目负责:魏荣珠 王 权

报告编写:魏荣珠 张宏伟 杨五宝 董挨管 魏云峰
柴金钟 王 权 王致山 武俊高 段春森
杨月生 潘永胜 田智勇 吴仲华

编写单位:山西省地质调查院

单位负责:李德胜(院长、总工程师)

中国地质大学出版社
ZHONGGUO DIZHI DAXUE CHUBANSHE

内容简介

报告共分为七章，主要内容包括：利用板块结合带及大断裂对图幅进行了地层区的划分，完整地建立了测区的地层系统；对图幅内各类岩浆岩地质特征、岩石化学特征、时代及大地构造背景等进行了详细研究，为重塑本区古特提斯洋的演化提供了依据；对区内不同地质单元内各类变质岩石特征进行了系统总结和研究；确定了土则岗日构造带为龙木错-双湖结合带的西延，为北羌塘地块和南羌塘地块的分界，反演了测区地质构造演化历程；新发现各类矿(化)点两处，对区内不同种类动物的分布、活动范围及数量进行了初步的统计，收集了丰富的第一手资料；总结了取得的成果和存在的问题。本报告内容丰富，资料翔实，对地质调查、研究、生产、教学和国民经济建设具有参考和实用价值。

图书在版编目(CIP)数据

中华人民共和国区域地质调查报告·托和平错幅(I44C002004)：比例尺1：250 000/魏荣珠，张宏伟，杨五宝等著. —武汉：中国地质大学出版社，2013.10

ISBN 978-7-5625-3041-1

Ⅰ.①中…
Ⅱ.①魏…②张…③杨…
Ⅲ.①区域地质-地质调查-调查报告-中国 ②盆地-地质调查-调查报告-西藏
Ⅳ.①P562

中国版本图书馆CIP数据核字(2013)第006171号

中华人民共和国区域地质调查报告
托和平错幅(I44C002004) 比例尺1：250 000

魏荣珠 张宏伟 杨五宝 等著

责任编辑：马新兵 责任校对：张咏梅

出版发行：中国地质大学出版社(武汉市洪山区鲁磨路388号) 邮政编码：430074
电 话：(027)67883511 传真：67883580 E-mail：cbb @ cug. edu. cn
经 销：全国新华书店 http://www.cugp.cn

开本：880毫米×1 230毫米 1/16 字数：309千字 印张：9 图版：11 附件：1
版次：2013年10月第1版 印次：2013年10月第1次印刷
印刷：武汉中远印务有限公司 印数：1—1 500册

ISBN 978-7-5625-3041-1 定价：456.00元

前　言

青藏高原包括西藏自治区、青海省及新疆维吾尔自治区南部、甘肃省南部、四川省西部和云南省西北部，面积达 260 万 km^2，是我国藏民族聚居地区，平均海拔 4 500m 以上，被誉为地球第三极。青藏高原是全球最年轻、最高的高原，记录着地球演化的最新历史，是研究岩石圈形成演化过程和动力学的理想区域，是“打开地球动力学大门的金钥匙”。

青藏高原蕴藏着丰富的矿产资源，是我国重要的战略资源后备基地。青藏高原是地球表面的一道天然屏障，影响着中国乃至全球的气候变化。青藏高原也是我国主要大江大河和一些重要国际河流的发源地，孕育着中华民族的繁生和发展。开展青藏高原地质调查与研究，对于推动地球科学研究、保障我国资源战略储备、促进边疆经济发展、维护民族团结、巩固国防建设具有非常重要的现实意义和深远的历史意义。

1999 年国家启动了“新一轮国土资源大调查”专项，按照温家宝总理“新一轮国土资源大调查要围绕填补和更新一批基础地质图件”的指示精神，中国地质调查局组织开展了青藏高原空白区 1∶25 万区域地质调查攻坚战，历时 6 年多，投入 3 亿多，调集 25 个来自全国省(自治区)地质调查院、研究所、大专院校等单位组成的精干区域地质调查队伍，每年近千名地质工作者，奋战在世界屋脊，徒步遍及雪域高原，实测完成了全部空白区 158 万 km^2 共 112 个图幅的区域地质调查工作，实现了我国陆域中比例尺区域地质调查的全面覆盖，在中国地质工作历史上树立了新的丰碑。

西藏 1∶25 万 I44C002004(托和平错)幅区域地质调查项目，由山西省地质调查院承担，工作区位于藏北羌塘高原腹地。目的是参照造山带填图的新方法，充分利用遥感等新技术手段，以区域构造调查与研究为先导，合理划分调查区的构造单元，对调查区不同地质单元、不同构造-地层单位采用不同的填图方法进行全面的区域地质调查。最终通过对沉积建造、变质变形、岩浆作用的综合分析，反演区域地质演化史，建立构造模式。本着图幅带专题的原则，在区域地质调查的基础上，探讨青藏高原环境变化趋势和隆升过程。进行新生代岩浆活动、新构造活动和第四纪地质的调查研究，对调查区具有代表性的各种沉积物的时空分布、古地理、古气候和古生态环境进行调查研究，探讨青藏高原环境变化趋势和隆升过程及其对成矿条件的影响；采用有效的技术方法和方法组合，注意对生态环境、旅游资源、矿产资源和灾害地质的调查研究。

I44C002004(托和平错)幅地质调查工作时间为 2003—2005 年，累计完成地质填图面积为 15 450km^2，实测剖面 93.1km。地质路线 2 250.3km，采集种类样品 1 098 件，全面完成了设计工作量。主要成果有：①在三岛湖一带侏罗系地层中采集到腕足类、双壳类、腹足类、珊瑚、海百合茎等古生物化石，共 39 属 69 种，时代均为中侏罗世；②在甜水湖北一带首次发现霞石响岩类火山岩，获得 2.26Ma 的全岩K-Ar同位素年龄；③确定了土则岗日构造带为龙木错-双湖-查吾拉结合带的西延，为北羌塘地块和南羌塘地块的分界，为探讨、恢复该区的构造演化历史提供了重要依据。

2006 年 4 月，中国地质调查局组织专家对项目进行最终成果验收，专家组成员由潘桂棠、王立全、杜子图、谭富文、于庆文、胡世华、尹福光、陈智梁、李荣社、王尚彦、秦德厚、曹德斌、雍永源、王大可组成，评审认为，成果报告资料齐全，工作量达到(或超过)设计规定，技术手段、方法、测试样品质量符合有关规范、规定。报告章节齐备，论述有据，在地层、古生物、岩石和构造等方面取得了较突出的进展和重要成果，反映了测区地质构造特征和现有研究程度，经评审委员会认真评议，一致建议项目报告通过评审，托和平错幅成果报告被评为优秀级。

参加报告编写的主要有魏荣珠、张宏伟、杨五宝、董挨管、魏云峰、柴金钟、王权、王致山、武俊高、段春森、杨月生、潘永胜、田智勇、吴仲华，由魏荣珠、张宏伟编纂定稿。先后参加野外工作的还有：续世朝、王根根、康元顺、张作功、郭建忠、杨晋锋、刘文明、潘建国、魏海伟、续子超。

在整个项目实施和报告编写过程中，得益于许多单位和领导的大力协助、支持，尤其要感谢的是：中国地质调查局、西安地质矿产研究所、乌鲁木齐工作总站、拉萨工作总站、成都地质矿产研究所、新疆自治区第一区调大队、贵州省地质调查院、陕西省地质调查院；项目始终得到了潘桂棠、夏代祥、王大可、王立全、刘鸿飞、王全海、武胜、李德胜、续世朝等多方指导和帮助。地质报告排版工作由王延威完成，地质图和报告插图计算机清绘由贺文莲、吕建萍、李嫣、杜艳伟等同志完成。

为了充分发挥青藏高原 1∶25 万区域地质调查成果的作用，全面向社会提供使用，中国地质调查局组织开展了青藏高原 1∶25 万地质图的公开出版工作，由中国地质调查局成都地质调查中心与项目完成单位共同组织实施。出版编辑工作得到了国家测绘局孔金辉、翟义青及陈克强、王保良等一批专家的指导和帮助，在此表示诚挚的谢意。

鉴于本次区调成果出版工作时间紧、参加单位较多、项目组织协调任务重以及工作经验和水平所限，成果出版中可能存在不足与疏漏之处，敬请读者批评指正。

“青藏高原 1∶25 万区调成果总结”项目组

2010 年 9 月

目　　录

第一章　绪　论

西藏1∶25万I44C002003(土则岗日)幅、I44C002004(托和平错)幅区域地质调查项目,是中国地质调查局下达、成都地质矿产研究所实施的青藏高原南部空白区基础地质调查与研究项目。任务书说明如下:

工作内容编号:200313000011

任务书编号:中地调基[2003]002-09

工作内容名称:西藏1∶25万I44C002003(土则岗日)幅、I44C002004(托和平错)幅区域地质调查

工作性质:基础地质调查

工作年限:2003年1月—2005年12月

承担单位:山西省地质调查院

填图面积:30 900km^2

经费概算:总经费概算为520万元

所属实施项目:青藏高原南部空白区基础地质调查与研究

第一节　目的与任务

中国地质调查局编号为基[2003]002-09地质调查工作任务书中规定的总体目标任务是:按照《1∶25万区域地质调查技术要求(暂行)》、《青藏高原艰苦地区1∶25万区域地质调查技术要求(暂行)》及其他有关规范、指南,参照造山带填图的新方法,充分利用遥感等新技术手段,以区域构造调查与研究为先导,合理划分调查区的构造单元,对调查区不同地质单元、不同构造-地层单位采用不同的填图方法进行全面的区域地质调查。最终通过对沉积建造、变质变形、岩浆作用的综合分析,反演区域地质演化史,建立构造模式。

本着图幅带专题的原则,在区域地质调查的基础上,探讨青藏高原环境变化趋势和隆升过程。进行新生代岩浆活动、新构造活动和第四纪地质的调查研究,对调查区具有代表性的各种沉积物的时空分布、古地理、古气候和古生态环境进行调查研究,探讨青藏高原环境变化趋势和隆升过程及其对成矿条件的影响;采用有效的技术方法和方法组合,注意对生态环境、旅游资源、矿产资源和灾害地质的调查研究。

任务书要求于2005年12月提交最终成果,内容包括:提交印刷地质图件及报告、专题报告,同时提交ARC/INFO、MAPGIS图层格式的数据光盘及图幅与图层描述数据、报告文字数据各一套。

第二节　位置、交通

图幅位于西藏自治区北部,行政区划属西藏自治区阿里地区改则县、那曲地区尼玛县管辖。地理坐标:东经82°30′—84°00′,北纬34°00′—35°00′。

区内全部为无人区,为藏北典型的高原荒漠区,交通极其不便。调查区北部有一条简易道路(俗称测绘路),向西约250km与新藏公路(国道219线)相连,测区中部有一条简易道路(俗称牧民路),向南约300km可到达日土-改则县级公路(图1-1)。

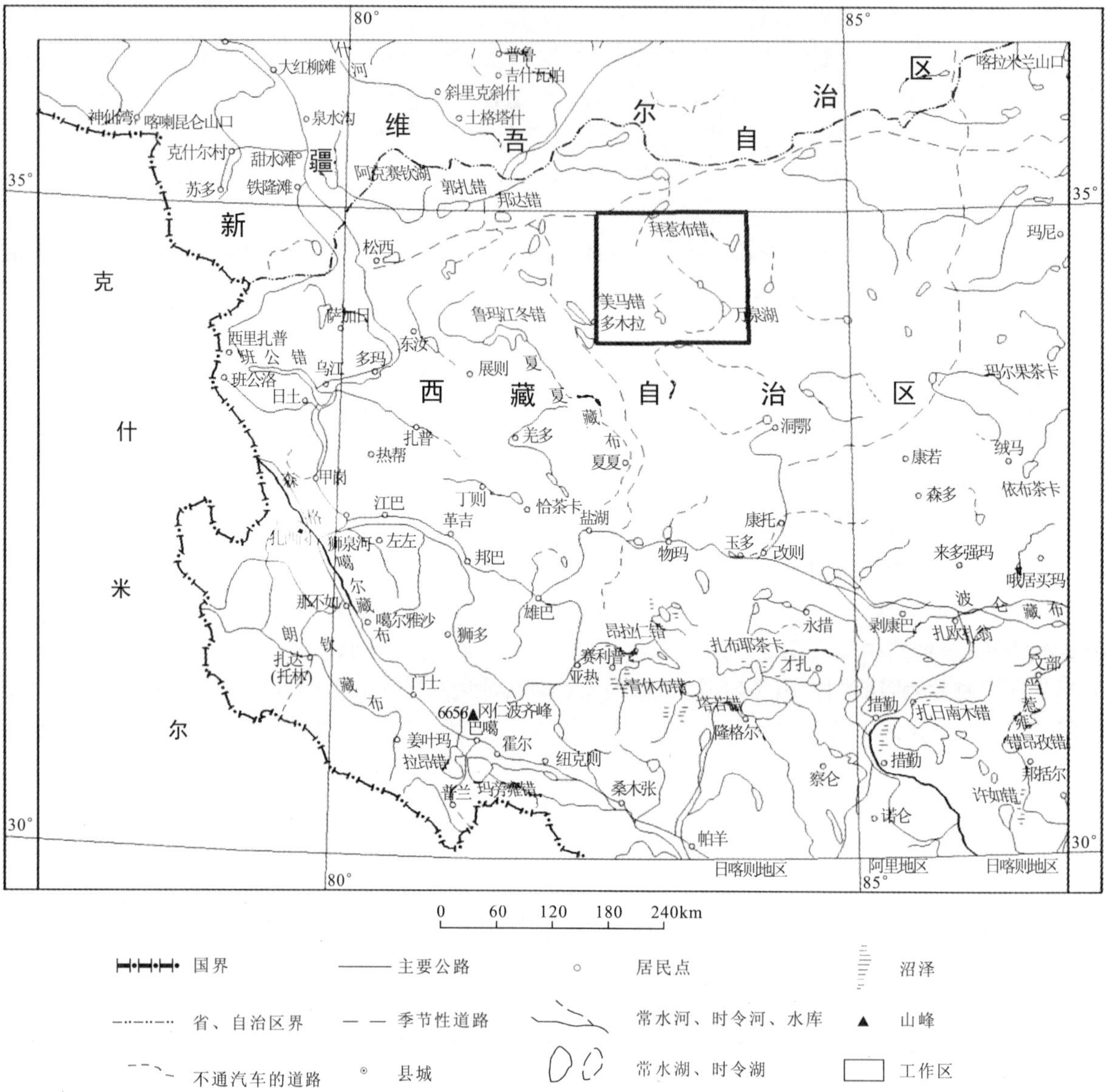

图 1-1　交通位置图

另外,区内有少量可通行汽车的山路,但终年少有人行。所有道路路况极差,均属季节性道路,一般4—6 月、9—10 月汽车可以通行,但逢雨季及大雪封山时难以通行。在出入工作区、野外作业和物资补充过程中,陷车事故时有发生,给工作造成巨大困难。

第三节　自然地理、经济概况

调查区地处藏北羌塘高原北部,属山地宽谷湖盆高寒区,自然地理环境极为恶劣,戈壁广布、植被稀疏、高寒缺氧、湖水苦涩。海拔高度一般为 4 900～5 400m。区内湖泊星罗棋布,有数十个之多,面积较大的有十余个。区内河流均为内陆水系,流水汇入各个湖泊中,多数为间歇性河,有开阔的河漫滩,一般 5～15km,下蚀能力较弱,构成山间平坦宽阔的滩荒漠地形。

调查区属大陆性气候,为高原亚寒干旱季风气候区。6—9 月天气多云或阴,雨雪频繁,夜雨率较高,属湿季;10 月至次年 5 月天气晴朗,少雨雪,空气干燥,风力强,属于干季。年降水量 189mm,风力一般在 3～4 级,最大可达 7～8 级,6—8 月昼夜平均温差为 25℃左右,夜间多在 −8℃以下。日照充足,太阳辐射强，总辐射值高达 58～670kJ/(cm^2 · a)，其中直接辐射 70%～80%，散射辐射相对较少。辐射平衡值则为 16～250kJ/(cm^2 · a)。恶劣的自然条件除高寒、缺氧、低气压等特点外，还有雷、雹、雪、风等自然灾害。

调查区属藏北羌塘自然保护区，区内发育稀疏的高原植被，主要野生动物资源有野牦牛、野驴、黄羊、藏羚羊、熊、狼、猞猁、草狐、旱獭、雪鸡、黄白鸭等。

调查区恶劣的自然地理条件决定了利于开展野外调查的有效工作时间很短，一般为 5 月初至 6 月中下旬，其他时间内由于大雪封山、气候寒冷或地表解冻、沼泽湿地陷车等原因而难以开展工作。在 5 月初至 6 月中下旬的这段时间内虽降雪也较频繁，气温一般在－10～10℃，但人员基本能够适应，同时地表基本没有解冻，大部分地段车辆可以通行，较适宜于野外工作的开展。

调查区自然条件均极恶劣，绝大部分地区人迹未至，普遍缺氧 40%～60%，仅沿河边和湖滨生长稀疏的高原植物，区内有广阔的牧场，经济以牧业为主，主要饲养牦牛、犏牛、马、绵羊、山羊等。调查区属藏北羌塘自然保护区，区内发育稀疏的高原植被，主要野生动物有野牦牛、野驴、黄羊、藏羚羊、狗熊、狼、猞猁、草狐、旱獭、雪鸡、黄白鸭等。矿产资源主要有砂金、铜、天然碱、食盐、钾盐、石膏等。此外，风能和太阳能可满足小型发电机工作。

第四节 研究程度概况

一、地质调查历史及其主要进展

调查区地质研究程度极低。19 世纪后期至 20 世纪 50 年代虽有一些中外学者进行过路线地质调查，但资料零星分散，成果意义不大，不便利用。有参考价值的地质成果完成于近 50 年，特别是 20 世纪 80 年代完成的 1∶100 万日土幅区域地质调查与其他专项地质调查工作（表 1－1，图 1－2）和 2000—2002 年完成的北部邻幅黑石北湖幅 1∶25 万区域地质调查工作，为本次区域地质调查打下了良好的基础。

表 1－1 测区及相邻地区地质调查历史简表

工作时间	调查单位或作者	工作性质	主要成果	出版单位及时间
1972 年	新疆地质局区测大队	矿产	新疆于田县以南昆仑山矿产调查报告	内部资料
1973—1992 年	苏珍等	专著	昆仑山—喀喇昆仑山地区冰川与环境	科学出版社，1998
1973—1992 年	邓万明	专著	青藏高原北部新生代板内火山岩	地质出版社，1998
1980—1986 年	杨遵仪，聂泽同等	科学考察	西藏阿里古生物	中国地质大学出版社，1990
1980—1988 年	成都地质矿产研究所主编	科研项目	《青藏高原形成、演化及主要矿产分布规律》科研项目系列地质报告和图件	地质出版社，1990
1982—1987 年	西藏自治区地质矿产局	综合研究	西藏自治区区域地质志	地质出版社，1993
1986—1988 年	孙鸿烈等	综合	昆仑山—喀喇昆仑山地区综合科学考察	科学出版社，2000
1987—1992 年	中国科学院青藏高原综合考察队	科研项目	青藏高原喀喇昆仑山—昆仑山地区科学考察丛书	科学出版社，1998
1988 年	成都地质矿产研究所	科研项目	青藏高原及邻区地质图	地质出版社，1988
1987—1989 年	文世宣等	专著	喀喇昆仑山—昆仑山地区古生物	科学出版社，1998
1994 年	程裕淇	专著	中国区域地质概论	地质出版社，1994
1993—1998 年	赵政璋等	专著	青藏高原大地构造特征及盆地演化	科学出版社，2001
1993—1996 年	尹集祥	专著	青藏高原及邻区冈瓦纳相地层地质学	地质出版社，1997
1992—1995 年	西藏自治区地质矿产局夏代祥等主编	综合研究	西藏自治区岩石地层	中国地质大学出版社，1997
1998—2000 年	中国国土资源航空物探遥感中心熊盛青等	航磁概查	青藏高原中西部航磁调查	地质出版社，2001
2002 年	中国地质调查局古生物研究中心	综合研究	中国各系多重地层划分对比表及说明书（西部地区）	内部资料
2004 年	中国地质调查局成都地质矿产研究所	编图	1∶150 万青藏高原及邻区地质图	成都地图出版社

1. 20 世纪 50 年代以前的科学考察阶段

自 1888—1890 年波格丹诺维奇(K. L. Bogdanovich)首次踏进青藏高原北部以后，一些西方学者相继深入藏北地区，以地理考察为目的，收集了大量资料。

瑞典地理学家斯文赫定(Sven Hedin)于 1895—1908 年三次进入羌塘高原西部，主要进行地理考察，采集了大量标本，对考察区地理、地质、人文诸多方面有大量珍贵的发现和记载，出版了考察报告，有关资料发表于《中央亚细亚》一书。

1946 年，诺林(Erik Norin)由新疆进入西藏，考察了昆仑山南缘及部分喀喇昆仑山区，报道了一些地质地理概况，记述了昆仑山南缘的几个火山群，建立了窝尔巴错系。

这一阶段的考察对于科学地认识青藏高原的自然特征积累了一定的基础资料。

2. 20 世纪 50 年代—80 年代中期地质调查阶段

1976 年中国科学院青藏高原综合考察队曾进入测区西部拉竹龙一带工作，获得了丰富的地质资料，特别是在古生物研究方面有重大进展，建立了调查区北西部喀喇昆仑地层区古生界地层系统，先后有许多专著和论文发表。

1980—1987 年，西藏自治区地质矿产局区域地质调查大队完成了 1∶100 万日土幅区域地质矿产调查工作，这是调查区内迄今最为全面系统的基础资料。主要地质成果为：初步建立了区域地层系统和地层区划；确定了岩浆岩的时代和期次，对岩石成分、空间分布规律及其与构造的成因联系进行了分析；用传统构造分析法和地质力学分析法对区域地质构造特征进行了讨论，划分了构造带和构造体系；发现并踏勘矿产地 102 处。

1980—1988 年，中国地质矿产部高原地质研究所对青藏高原全区进行了地质矿产资料的全面研究，有 22 项研究报告和图件，包括《1∶150 万青藏高原及邻区地质图及说明书》、《青藏高原大地构造与形成演化》(附 1∶400 万大地构造图)、《青藏高原构造体系》(附 1∶250 万构造体系图)、《西藏古生代地层及古生物》、《西藏特提斯沉积地质》、《西藏阿里地区地质》、《青藏高原三叠系》、《青藏高原盐湖及钾、硼、锂成盐环境》、《藏北地质构造与铬铁矿分布规律》、《昆仑开合构造》、《青藏高原新生代构造演化》、《青藏高原第四纪地质与环境》、《青藏高原遥感资料综合研究》和《西藏花岗岩类地球化学及成矿》等。其主要进展和成果是：补充和建立了昆仑山及其以南的地层系统，在地层划分和古生物研究方面有较大突破；对全区构造体系和分区构造、主要断裂带、地球物理场及高原地质发展与抬升进行了研究；编制了系列图件，提高了青藏高原的地质研究程度。

3. 20 世纪 80 年代中期以来的新进展

1987—1992 年中国科学院青藏高原综合科学考察队考察了青藏高原西北部的喀喇昆仑山和昆仑山地区，该项研究成果丰富，主要成果反映在《青藏高原喀喇昆仑山—昆仑山地区科学考察丛书》中，包括《喀喇昆仑山—昆仑山地区古生物》、《喀喇昆仑山—昆仑山地区地质演化》、《喀喇昆仑山—昆仑山地区晚新生代以来的环境变迁》、《喀喇昆仑山—昆仑山地区冰川与环境》、《喀喇昆仑山—昆仑山地区自然地理》等专著，为本次工作提供了地质、地理和古生物等方面非常宝贵的实际资料和研究思路。

1993 年出版的《西藏自治区区域地质志》运用板块构造理论对西藏大地构造的时空结构特点和浅层地壳结构进行了论证，统一了西藏综合地层区划，调查区涉及其中羌塘-昌都地层区的羌南地层分区、羌北地层分区和喀喇昆仑地层分区。

1992—1995 年，西藏自治区地质矿产局完成了全国地层多重划分对比研究项目——《西藏自治区岩石地层》，该成果运用现代地层学新理论、新方法，进行了岩石地层划分，建立了岩石地层序列。调查区分属华南地层大区羌北-昌都-思茅地层区赤布张错地层分区和藏滇地层大区羌南-保山区多玛地层分区，二者以龙木错-查桑-澜沧江断裂带为界。

1993—1997 年中国石油天然气公司进行了“青藏高原石油地质综合评价与勘探目标研究”项目，下设

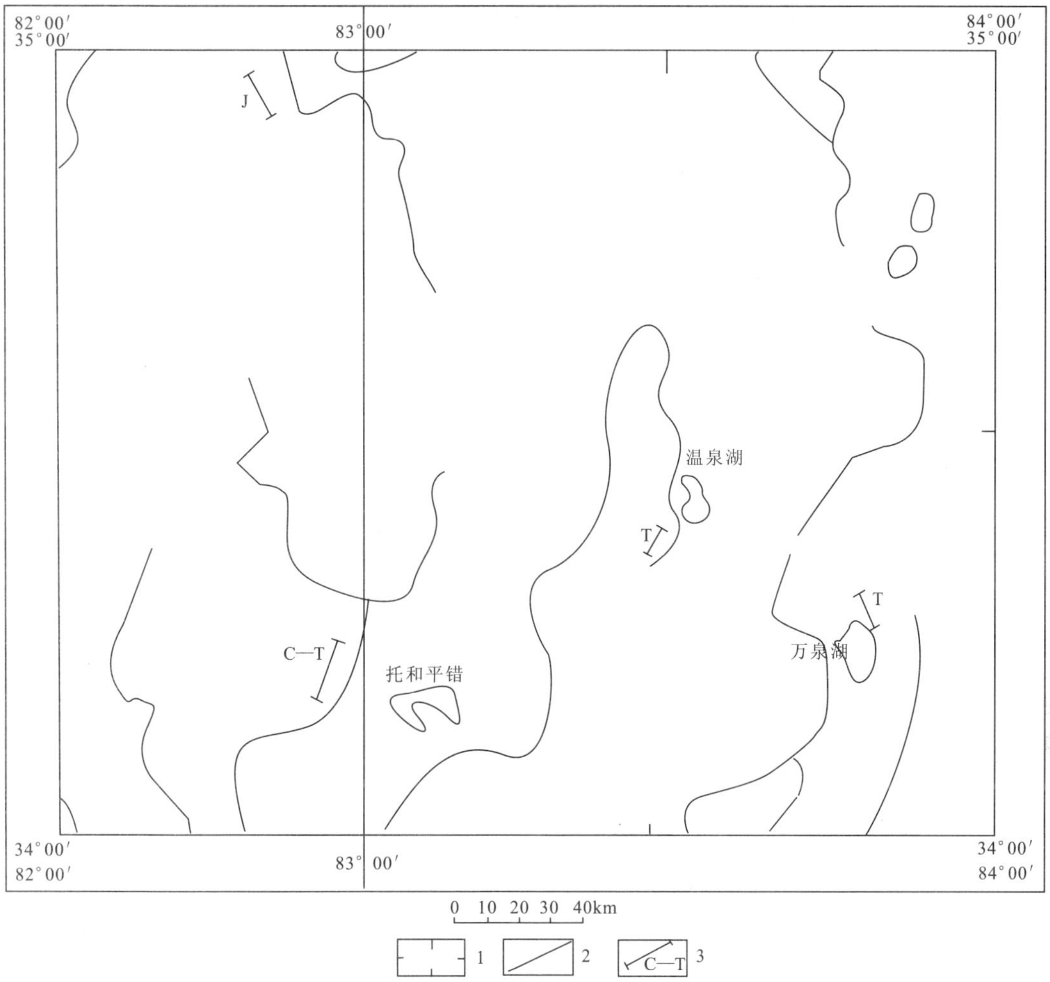

图 1-2 调查区地质研究程度图

1. 日土幅 1∶100 万区域地质矿产调查范围；2. 地质调查路线及观察点；3. 实测地层剖面及地层代号

四个专题，着重研究了羌塘及邻区的大地构造和盆地演化。

1998—2000 年，中国国土资源航空物探遥感中心对青藏高原中西部进行了 1∶100 万航磁概查工作，编制了 1∶100 万航空磁测 ΔT 平面图、剖面图，此项工作覆盖了调查区。通过对航磁资料的综合分析，对青藏高原基底和缝合带性质、断裂构造格架、构造单元划分等重大问题以及成矿地质条件等进行了研究，获得了新的成果，对高原地质研究和矿产资源及地质环境评价，都具有重要参考价值。

《中国各系多重地层划分对比表及说明书》以霍尔巴错-西亚尔岗结合带为界，认为以南发育冈瓦纳相冰碛沉积物和冷水动物群，北为暖水动物群分布区，测区分属滇藏地层大区南羌塘地层分区和北羌塘-昌都-临沧思茅地层大区北羌塘地层区。

2000—2002 年，中国地质调查局组织了新一轮国土资源大调查，在调查区北部完成了 1∶25 万黑石北湖幅区域地质调查工作，在构造地层分区以及地层、构造、岩浆岩、变质岩和矿产等方面均取得了重大发现和进展，为本次工作奠定了良好的基础。

上述成果为本次开展 1∶25 万区域地质调查提供了重要的基础地质资料。

二、地质研究程度

调查区及相邻地区的地质调查历史表明，有代表性的地质工作可分为综合性科学研究和基础性区域地质调查工作。

综合性科学研究主要是 20 世纪 80 年代以来进行的，工作范围广，涉及到多种学科。调查区及相邻地区有数条考察路线，包括古生物、自然地理环境和构造单元划分等方面的研究，地层划分依据较充分，剖面和化石采集地点明确，是本次工作调查区北部北羌塘地层区地层划分的主要参考资料。

1∶100 万日土幅区调工作是 20 世纪 80 年代完成的，涉及本区的地质路线约 1 000km，实测地质剖面 10 条，对不同的地质体均较系统地采集了各类测试样品。对区内地层、构造、岩浆岩进行了较系统的研究，基本反映了区内构造轮廓和地层展布特征。

日土幅区域地质调查报告在各个地层区内系统地建立了地层序列，部分群、组目前仍在沿用，从奥陶—侏罗系均有剖面控制，地层划分为传统的年代地层方法，采集到一些化石，地层时代划分依据较充分。

岩浆岩方面在图幅东南部发现有大量辉长岩体和辉绿岩脉，托和平错一带填绘出上新世至早更新世鱼鳞山组火山岩。

该报告以龙木错-拜惹布错深断裂为界将调查区划分为两个一级构造单元，即喀喇昆仑晚海西褶皱系和羌塘地块，其中喀喇昆仑晚海西褶皱系进一步分为林济塘中生代坳陷带和加勒万河-雅西尔隆起带；羌塘地块分为拜惹布错中生代边缘坳陷带和熊彩岗日-让布拉隆起区。

日土幅区调工作中矿产工作较为系统，重点调查了区内第四纪盐类矿产和地热活动区。本次工作将对区内的矿点、矿化点进行重点调查，并注意发现新的矿化线索。

第五节　任务完成情况

2003 年项目任务书下达后，山西省地质调查院随即着手组队、资料收集、遥感图像主干路线的初步解译、野外作业物资准备等工作。2003 年，完成了土则岗日幅 8 000km^2 的填图任务，实测剖面 43.057km。当年 12 月提交了项目总体设计，2004 年 1 月在长春通过了总体设计的评审，获优秀级(91 分)。

2004 年，完成填图面积 15 900km^2，测制剖面 76.2km；2005 年完成填图面积 7 000km^2，同时进行了野外检查及补充工作，全面完成了设计工作量。项目完成的主要实物工作量见表 1-2。

表 1-2　主要实物工作量一览表

项目		单位	设计工作量(两幅联测)	完成工作量(两幅联测)	备注(完成率)	托和平错幅完成工作量
区域地质矿产调查	1∶25 万填图	km^2	30 900	30 900	100%	15 450
	1∶5 万填图(简测)	km^2	350	350	100%	200
	实测剖面	km	139.5	119.3	101%	71.1
	主干路线剖面	km		22		22
	矿点检查	个	5	5	100%	4
	地质调查路线	km	4 200	4 446.7	106%	2 250.3
遥感解译	遥感地质详细解译(1∶10 万)	km^2	30 900	30 900	100%	15 450
各类样品	大古生物样	件	800	1 003(113 个层位)	125%	403
	微古生物样	个	17	4	部分调整为大化石样	4
	岩矿薄片	块	750	823	110%	454
	岩矿光片	块	10	15	150	7
	硅酸盐样	个	60	取 142 件，实送 101 件	168%	58
	微量元素分析	个	30	57	190%	33
	稀土元素分析	个	30	57	190%	33
	电子探针	点	40	26	65%	12
	人工重砂	个	25	26	104%	16
	化学样	个	15	14	93%	6

续表 1-2

项目		单位	设计工作量（两幅联测）	完成工作量（两幅联测）	备注（完成率）	托和平错幅完成工作量
各类样品	天然重砂	个		5		5
	微金分析	个		33		33
	粒度分析样	个	35	35	100%	13
	碳酸盐分析	个	40	30	75%	20
	U-Pb同位素	点	32	38	118%	
	Rb-Sr同位素	点	16	28	175%	
	K-Ar同位素	件	3	1	33%	1
	光释光测年	件	12	0	0	0

2005年7月，中国地质调查局委托成都地质矿产研究所对项目进行了野外验收，野外地质成果被评为优秀级(90分)。

2005年8—12月，系统整理原始资料，完善地质图，编写地质报告和专题研究报告。

2006年4月，中国地质调查局对该项目进行了最终成果验收，托和平错幅被评为优秀级。

第六节 地质调查报告编写说明

区域地质调查报告是在综合分析研究此次调查取得的大量原始资料、各项野外地质成果、测试数据的基础上，并充分吸纳了近年来的专题科研成果和应用了造山带新理论、新方法而编写的。报告共分七章，第一章绪论，概述了项目总体目标任务、工作区位置交通、自然地理、经济概况、以往地质矿产研究评述和任务完成情况等；第二章地层，以年代地层单位为主线，分地层区对各岩石地层单位地层特征、岩石特征进行叙述，并对其沉积环境、构造环境进行分析，对地层时代进行讨论；第三章岩浆岩，第一、第二节分别为基性侵入岩和中酸性侵入岩，按时代从早到晚叙述，对其形成时代及其产出的大地构造环境进行了探讨，第三节为火山岩，重点对石炭—二叠系霍尔巴错群火山岩进行了详细论述；第四章变质岩及变质作用，重点对霍尔巴错群中的变质岩石特征进行了总结，利用变质矿物及其共生组合的研究对变质作用进行了探讨，确定了变质相及变质作用类型；第五章地质构造及构造演化史，根据本区所处的大地构造位置进行构造单元的划分，总结了各构造单元的基本特征，在此基础上通过对各构造单元内各类构造形迹特征及其序次详细的分析、研究，总结了各构造单元的地壳演化历史；第六章经济地质与资源，简要地总结了此次工作所发现的各种矿化线索；第七章为结语，总结了本次工作所取得的主要地质成果及存在问题。

在整个项目实施和报告编写过程中，得益于许多单位和领导的大力协助、支持，尤其要感谢的是：中国地质调查局、西安地质矿产研究所、乌鲁木齐工作总站、拉萨工作总站、成都地质矿产研究所、新疆自治区第一区调大队、贵州省地质调查院、陕西省地质调查院；项目始终得到了潘桂棠、夏代祥、王大可、王立全、刘鸿飞、王全海、武胜、李德胜、续世朝等多方指导和帮助。地质图空间数据建设和报告插图计算机清绘由贺文莲、吕建萍、李嫣、杜艳伟等同志完成，在此表示诚挚的谢意。由于作者认识能力、技术水平有限，该报告中可能存在不少谬误之处，恳请各位专家、同仁不吝指正。

第二章　地　层

通过实地调查，结合遥感解译，在综合不同地区地层发育特点、地质演化历史的基础上，以土则岗日构造带为界，将调查区划分为两个地层区，即北羌塘地层区和南羌塘地层区。其中北羌塘地层仅分布于图幅北部，零星出露三叠纪地层；南羌塘地层区出露有石炭—二叠纪、三叠纪、侏罗纪地层，尤其是石炭—二叠纪地层出露最广，是调查区的主体部分。据野外地质调查，土则岗日构造带内包括的地层纳入南羌塘地层区内叙述。新生代以后，按《中国地层典》编委会意见，古近系和新近系属青藏滇西区；第四系属西部地层区，青藏高原地层分区。岩石地层单位划分方案见表2-1、表2-2。

表2-1　岩石地层划分方案

<table>
<tr><th>界</th><th>系</th><th>统</th><th colspan="3">岩石地层单位</th></tr>
<tr><td rowspan="4">新生界</td><td rowspan="2">第四系</td><td>全新统</td><td colspan="3">冲洪积：砂、砾、亚粘土；冲积：砂、砾、亚砂土；洪积：砾、砂砾石、亚砂土、扇积物；湖积：砂、粉砂、粘土、盐类堆积</td></tr>
<tr><td>更新统</td><td colspan="3">鱼鳞山组</td></tr>
<tr><td rowspan="2">新近系</td><td rowspan="2">中新统</td><td colspan="3">唢纳湖组</td></tr>
<tr><td colspan="3">康托组</td></tr>
<tr><td rowspan="4">中生界</td><td rowspan="2">侏罗系</td><td rowspan="2">中统</td><td rowspan="2">雁石坪群</td><td colspan="2">布曲组</td></tr>
<tr><td colspan="2">色洼组</td></tr>
<tr><td rowspan="2">三叠系</td><td rowspan="2">中—上统</td><td rowspan="2">肖茶卡组</td><td colspan="2">二段</td></tr>
<tr><td colspan="2">一段</td></tr>
<tr><td rowspan="7">上古生界</td><td rowspan="5">二叠系</td><td rowspan="2">上统</td><td rowspan="2">吉普日阿组</td><td colspan="2">灰岩、白云岩段</td></tr>
<tr><td colspan="2">砂砾岩段</td></tr>
<tr><td rowspan="2">中统</td><td rowspan="5">霍尔巴错群</td><td rowspan="2">曲地组</td><td>二段</td></tr>
<tr><td>一段</td></tr>
<tr><td>下统</td><td colspan="2" rowspan="2">展金组</td></tr>
<tr><td rowspan="2">石炭系</td><td rowspan="2">上统</td></tr>
<tr><td colspan="2">擦蒙组</td></tr>
</table>

表2-2　羌塘地区石炭—二叠系划分沿革表

<table>
<tr><th colspan="2">Norin
(1946)</th><th colspan="2">文世宣
(1984)</th><th colspan="3">梁定益
(1983)</th><th colspan="3">1∶100万日土幅
(1987)</th><th colspan="3">西藏自治区岩石
地层(1997)</th><th colspan="4">本报告(2005)</th></tr>
<tr><td></td><td></td><td></td><td></td><td>上二叠统</td><td colspan="2">吉普日阿组</td><td rowspan="8">二叠系</td><td>上统</td><td>吉普日阿组</td><td rowspan="3">二叠系</td><td>上统</td><td>吉普日阿组</td><td>二叠系</td><td colspan="2">上　统</td><td>吉普日阿组</td></tr>
<tr><td rowspan="3">二叠系</td><td rowspan="3">塔什立克湖群</td><td rowspan="3">下二叠统</td><td>民工茶卡灰岩</td><td rowspan="4">下二叠统</td><td colspan="2">龙格组</td><td rowspan="7">下统</td><td rowspan="3">先遣组</td><td rowspan="2">下统</td><td>先遣组</td><td rowspan="8">二叠—石炭系</td><td rowspan="5">二叠系中统—下统</td><td rowspan="8">霍尔巴错群</td><td>曲地组二段</td></tr>
<tr><td rowspan="2">吞龙共巴组</td><td colspan="2" rowspan="2">吞龙共巴组</td><td rowspan="2">吞龙共巴组</td><td rowspan="3">曲地组一段</td></tr>
<tr><td rowspan="6">石炭系</td><td rowspan="6">上统</td></tr>
<tr><td rowspan="5">石炭系</td><td rowspan="5">霍尔巴错岩系</td><td rowspan="5">上石炭统</td><td rowspan="5">龙木错群</td><td rowspan="5">霍尔巴错群</td><td>曲地组</td><td rowspan="4">财那哈组</td><td>曲地组</td></tr>
<tr><td rowspan="4">上石炭统</td><td rowspan="2">展金组</td><td rowspan="2">展金组</td><td rowspan="2">展金组</td></tr>
<tr><td rowspan="3">石炭系上统</td></tr>
<tr><td rowspan="2">擦蒙组</td><td rowspan="2">擦蒙组</td><td rowspan="2">擦蒙组</td></tr>
<tr><td>石炭系</td><td>上统</td><td>木实热不卡群</td></tr>
</table>

第一节 概 述

调查区地处土则岗日构造带两侧，断裂构造较为发育，地层出露连续性差，分布不规则，所测制的地层剖面多缺顶或少底，加之第四系覆盖严重，部分地层剖面不完整，给地层研究造成较大的困难，地层分区见图2-1。

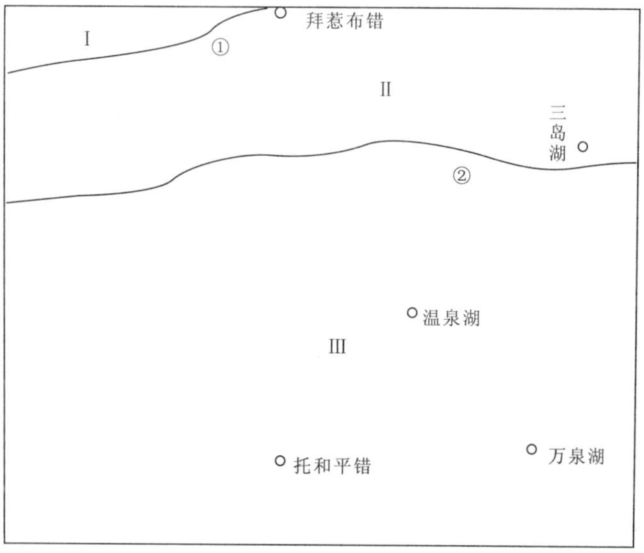

图2-1 托和平错幅地层分区示意图
Ⅰ.北羌塘地层区；Ⅱ.土则岗日构造带；Ⅲ.南羌塘地层区
①窝尔巴错-拜惹布错断裂；②窝尔巴错-三岛湖断裂

一、古生界、中生界

1. 北羌塘地层区

北羌塘地层区分布于图幅北西部鸭子湖至拜惹布错一带，前人曾划分为“喀喇昆仑地层区”，出露面积约1 197.6km^2，占图幅总面积的7.8%。该地层区内仅出露有三叠系康鲁组和新生界，岩石地层序列见表2-1。

2. 南羌塘地层区

研究区主体属南羌塘地层区，面积约14 252.4km^2，占图幅总面积的92.2%。通过对地层空间分布、岩石组合等特征分析，将土则岗日构造带纳入南羌塘地层区，该地层区以石炭—二叠系分布广泛为主要特征。依据本次地质调查，否定了前泥盆系阿木岗群、白垩系温泉湖群的存在。从下至上划分出石炭—二叠系霍尔巴错群(擦蒙组、展金组、曲地组)、二叠系吉普日阿组、三叠系肖茶卡组、侏罗系雁石坪群色洼组、布曲组等地层单位(表2-1)。地层区内晚石炭世至中二叠世为连续沉积，在石炭系霍尔巴错群展金组砂质灰岩中采集到大量鏟科化石，其中单通道鏟属冷水型动物群；在侏罗系雁石坪群中采集到了大量古生物化石，以双壳类动物群最为繁盛为特征，同时伴生的生物群落有腕足类、腹足类、珊瑚、海百合茎等，取得的资料为研究羌塘地区地质发展历史提供了可靠的依据。

二、新生界

调查区发育有新近系和第四系。本次工作根据《中国地层典》意见，参照《西藏自治区岩石地层》的划分方案，确定了区内新生界的划分方案(表 2－1)。

1. 新近系

图幅内的新近系属青藏滇西地层区，主要出露的地层为康托组和唢纳湖组，以角度不整合与下伏不同时代地层接触。

2. 第四系

图幅内第四系属西部沉积区，青藏高原沉积分区。主要发育有各种成因不同的松散沉(堆)积物，分布在大小湖泊周围、山间洼地、河流两岸，本次调查按成因类型填绘。此外，新发现了更新世鱼鳞山组火山岩。

第二节　古生界

古生界仅出露于南羌塘地层区，大面积分布于测区中部鸭子湖和南部托和平错一带，出露地层为石炭—二叠系霍尔巴错群擦蒙组、展金组、曲地组，地层总体呈北东-南西向带状展布。受区域变质作用及接触变质作用影响，图幅内石炭—二叠系霍尔巴错群普遍发生低绿片岩相变质作用，详见第四章。

一、石炭—二叠系

霍尔巴错群由诺林(Norin)1964 年所称的霍尔巴错岩系演变而来。1976 年章炳高等在窝尔巴错之西的龙木错发现了同一套地层，从下至上划分为上石炭统龙木错群(碎屑岩夹火山岩)；下二叠统吞龙共巴组(民卓茶卡灰岩)。1982 年梁定益等在日土县多玛区北的吉普村将其下部碎屑岩地层更名为霍尔巴错群，并进一步划分为 3 个组(由下至上)：擦蒙组、展金组和曲地组。西藏区调队(1987)在盐湖区木实热不卡又创名了木实热不卡群，实际上与龙木错群和霍尔巴错群为同物异名。本次工作依据《西藏自治区岩石地层》沿用霍尔巴错群，并根据其岩性组合特征、沉积构造、古生物特征、同位素年龄及构造变形特征，将区内该套地层划分为 3 个组，分别为擦蒙组、展金组和曲地组(表 2－2)。

(一)石炭系擦蒙组(C_2c)

1. 地层沿革、分布及划分依据

梁定益等 1982 年于日土县多玛区吉普村北擦蒙一带创名，原义指岩性由砂岩、板岩、含砾板岩、含砾粉砂岩等组成的一套地层。沿革参见霍尔巴错群，1993 年《西藏地质志》引用其名，将其时代定于晚石炭世早期。1997 年《西藏自治区岩石地层》沿用其名，并定义为：擦蒙组指整合于展金组碎屑岩夹火山岩之下的一套以含砾板岩为主的地层。岩性以含砾板岩为主，夹含砾粉砂岩、砂砾岩、板岩、石英砂岩，局部夹基性火山岩。时代定为晚石炭世。本次将图幅内分布于甜水湖、托和平错以北、鸭子湖以南的一套以含砾粉砂质泥岩、泥质粉砂岩为主，夹细粒钙质岩屑长石砂岩、不等粒长石岩屑砂岩、含砾含粉砂泥质细粒长石石英砂岩等的碎屑岩建造，依据其岩性、岩相组合等特征，划分为霍尔巴错群擦蒙组。

2. 剖面描述

托和平错-鸭子湖实测地层剖面位于西藏改则县托和平错、鸭子湖一带，起点坐标：X＝3 790 095，Y＝14 686 736；终点坐标：X＝3 825 877，Y＝14 679 626。剖面编号为 P_{20}。其中擦蒙组相当于实测剖面第 1—21 层(图 2－2)，展金组相当于实测剖面第 40—64 层。

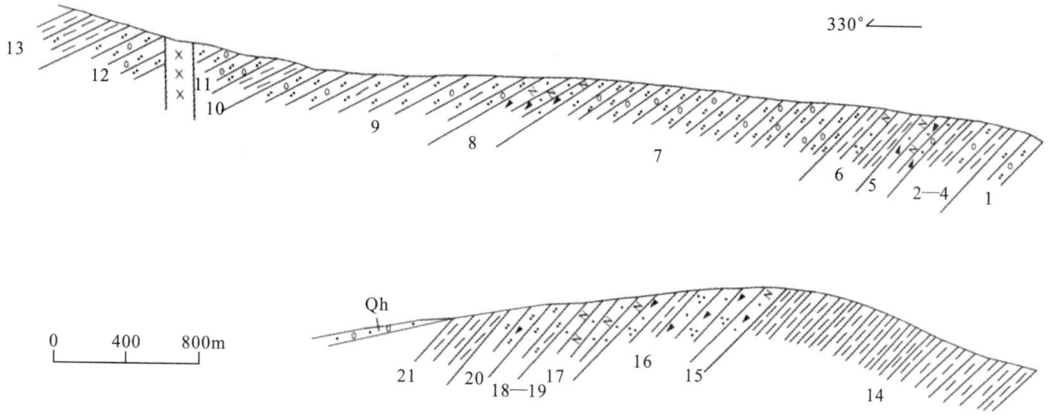

图 2-2 托和平错-鸭子湖擦蒙组实测地层剖面

（与剖面描述层号对应）

上覆地层：展金组灰色含砾粉砂岩、粉砂质页岩夹灰色薄板状泥质粉砂岩

——————整 合——————

擦蒙组(C_2c) **厚度＞1 559.7m**

21. 灰色、灰绿色薄层泥岩夹细粒岩屑长石砂岩 39.8m
20. 灰黑色薄层岩屑长石泥质粉砂岩。递变粒序层理发育，砂质、泥质构成条纹条带状 9.9m
19. 灰色、灰绿色中厚层细粒岩屑长石砂岩夹灰色、灰绿色薄层泥岩 64.9m
18. 灰黑色薄层泥质粉砂岩夹灰色、土灰红色薄层细粒长石砂岩。砂泥比为 1∶4 35.1m
17. 灰色中厚层状细粒长石砂岩、薄层泥岩，平行层理、斜层理、递变粒序层理发育，由下向上砂泥比由 9∶1 渐变为 1∶9 131.5m
16. 灰色中厚层状细粒岩屑石英砂岩夹灰色、灰黑色薄层泥岩。露头较差 212.4m
15. 灰色、灰黑色薄层泥岩夹灰色中薄层状细粒岩屑长石砂岩。砂泥比 3∶7 37.2m
14. 灰色、灰黄色薄板状泥岩 112.5m
13. 灰色、灰黑色泥岩夹灰、绿灰色粉砂岩。砂泥比 3∶7 138.9m
12. 灰黑色含砾泥质砂质粉砂岩、含砾含粉砂泥质细粒长石石英杂砂岩、变质粉砂岩 8.9m
11. 灰黑色薄层状含砾泥质砂质粉砂岩（含砾板岩）。零星分布大小悬殊的砾石，成分为砂岩、白云岩、脉石英等，具坠石结构 90.0m
10. 灰黑色泥岩 10.9m
9. 灰黑色含砾泥质砂质粉砂岩、含砾泥质不等粒岩屑长石砂岩，泥质粉砂岩中含微晶黄铁矿，局部见直径 1.5～3.0m 的巨砾，成分为砂岩、细砾岩、花岗岩，与基质成分、构造极不协调，坠石特征明显。该层总体露头较差 ＞156.2m
8. 灰褐色薄层不等粒钙质长石岩屑砂岩夹灰黑色含粉砂泥岩。呈 3mm 厚的板状 35.3m
7. 灰黑色含砾泥质粉砂岩夹钙质中粗粒含砾岩屑石英砂岩。中下部夹 40cm 厚泥砾岩 186.1m
6. 灰色泥岩夹薄层钙质中粒长石石英砂岩。泥岩具弱千枚状构造，砂泥比为 1∶4 76.1m
5. 灰黑色泥质不等粒含砾长石岩屑砂岩夹钙质粗粒长石石英粉砂岩。常见冰劈节理砾石 46.4m
4. 灰黑色泥岩夹钙质细粒岩屑长石砂岩。泥石具弱千枚岩状构造，下部夹一层厚 1.0m 砾岩，砾石成分单一，为黑色燧石，大小 10mm 左右，分选性、磨圆度较好 62.1m
3. 灰黑色含砾泥质粉砂岩。局部片理发育，呈板片状 36.6m
2. 灰黑色泥岩夹含砾泥质粉砂岩及透镜状灰色钙质细粒岩屑长石砂岩。砂泥比为 2∶3 18.0m
1. 灰黑色含砾含砂质泥质粉砂岩夹透镜状灰色钙质粗粉砂岩。砾石成分复杂，主要为白色石英岩、脉石英、黑色燧石、硅质岩、花岗岩、粉砂岩、砂岩等。大小一般 2.0～10.0mm。局部片理发育，岩石呈薄片状或板状 50.9m

（未见底）

3. 地层特征

擦蒙组广泛分布于调查区的中西部小盆湖、鸭子湖及南部托和平错一带，在图幅南东角一带小面积出

露。地层走向总体呈近东西向，褶皱形态复杂，断裂构造发育，地貌上多表现为陡峭的山脊，呈正地形，出露范围内平均海拔在5 500m左右。遥感影像特征以明显的深灰色色调，平行状影纹、不规则细密的影纹，半尖棱状较连续的山脊，水系不发育，局部树枝状水系发育等为特征，与其他地质体截然不同，分界标志极为明显。该组岩性较单一，厚度巨大，岩性主要为灰、灰黑色含砾含砂质泥质粉砂岩、灰黑色钙质含砾粗粉砂岩、灰绿色粉砂质泥岩、灰黑色含砾砂质泥岩，夹灰、灰黑色细粒岩屑长石砂岩、灰黑色不等粒含砾泥质岩屑长石砂岩、中粗粒含砾岩屑石英砂岩、含粉砂泥质细粒长石石英砂岩、中粒钙质长石石英砂岩、细粒钙质长石砂岩及细砾岩。含砾砂(粉)岩、含砾砂质泥岩单层最大厚度138m左右(图版Ⅰ,1)，砂泥比一般为1∶4或3∶7。其中含砾粉砂岩、粉砂质泥岩及不等粒长石岩屑砂岩等，因片理发育呈板片状，前人称其为含砾板岩。所含砾石成分复杂，主要为白色石英岩、脉石英、黑色燧石、硅质岩、花岗岩、粉砂岩、砂岩等，小者一般2.0～10.0mm，大者直径可达1.5～3.0m的巨砾，与基质成分、构造极不协调，基质支撑，随机分布，且常见冰劈理砾石，坠石结构特征明显。但该组中所夹砾岩的砾石成分为单一的黑色燧石，大小10mm左右，分选性、磨圆度较好，密集呈层展布，其沉积特征明显与粉砂岩、泥岩中所含砾石截然不同。

区内该组岩石均发生强变形—弱变质，原始沉积构造大多已破坏。变形相对较弱的地层，可识别的沉积构造主要有小型斜层理、毫米级水平纹层理、平行层理、粒序层理及包卷层理(图版Ⅰ,2,3,4)。该组厚度大于1 559.7m。

垂向上据岩性组合及纵向叠覆规律，该组地层结构及层序类型见图2-3。剖面或路线地质调查中，基岩出露好的地段，由砾岩—砂岩、砂岩—泥岩构成的沉积旋回特征明显，A型层序由砾—砂韵律层构成(图2-3A)，单个层序厚0.5～1.0m，一般由2～3个砾砂韵律层构成，砾石层厚20～40cm，砂岩层厚10～20cm，由粗到细韵律特征明显，占该组地层总厚的1%；B型层序由砂岩—泥岩构成的基本层序在垂向上多次叠置(图2-3B)，单个层序厚30～50cm，一般由3个以上的砂泥韵律层对构成，粉砂岩层厚8～10cm，泥岩层厚2～5cm，层序内砂泥呈沉积渐变过渡，砂岩粒序层由细砂(2.2cm)—粉砂(1.0cm)—泥皮(0.5cm)组成。该层序占该组地层总厚的99%以上。垂直粉砂岩层理的切片(定向薄片)，镜下可识别出

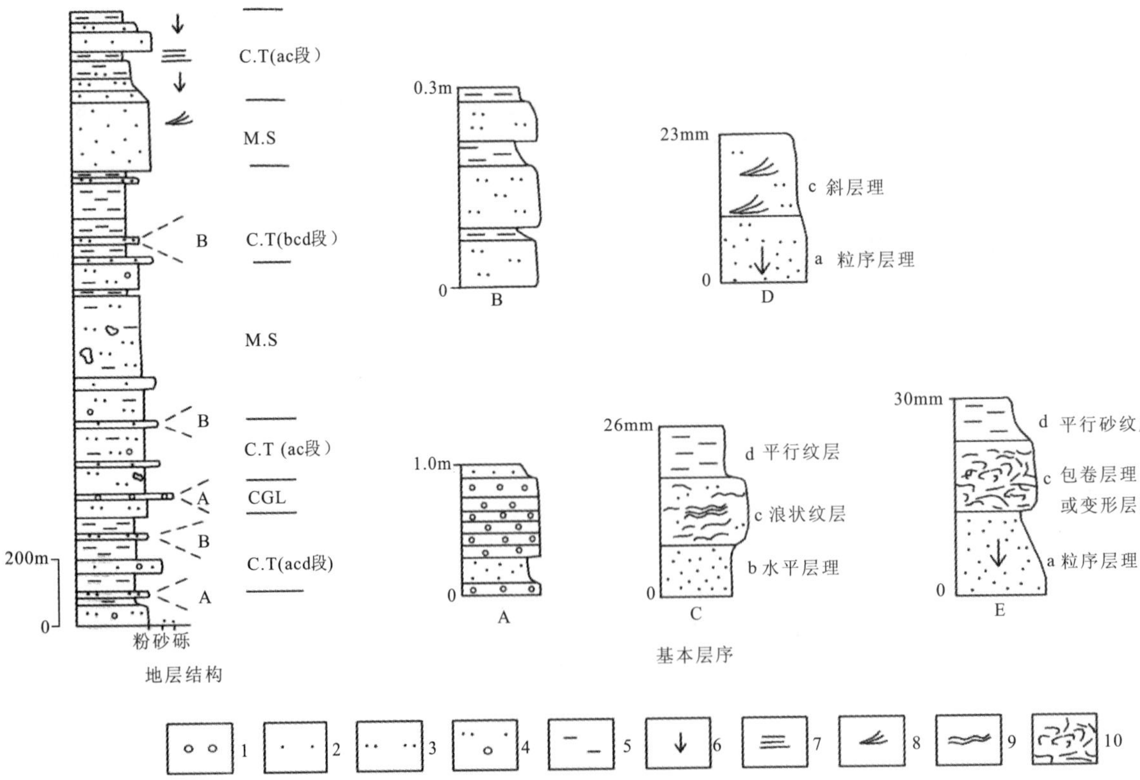

图2-3　擦蒙组地层结构及基本层序类型图

1. 砾岩；2. 砂岩；3. 粉砂岩；4. 含砾泥质粉砂岩；5. 泥岩；6. 递变粒序层理；7. 平行层理；8. 斜层理；9. 波状纹层理；10. 包卷层理或变形层理；C. T. 经典浊积岩；M. S. 块状砂岩；CGL. 砾岩

(图2-3C、D、E)不完整的浊流沉积序列bcd、acd和ac段,a层厚度8～10mm,细砂为主,具不明显的平行层理和粒序层理;b层少见,厚度一般小于5mm,粉砂为主,具不明显的平行层理;c层厚度10～15mm,粉砂为主,发育沙纹交错层理、波纹层理或变形层理;d层厚度8mm以上,主要为泥粒矿物,具较明显的水平纹层。从野外观测和室内镜下定向测量,该组总体以不完整的鲍马序列acd和ac段发育为特征,纵向上总体表现为大陆斜坡近源相浊流沉积组合特征。

横向上往西,在美马错至恰贡错一带,其下部以灰黑色板片状片理化含砾变质泥质粉砂岩、灰白色中厚层含砾不等粒岩屑石英砂岩、浅灰绿色中厚层不等粒长石石英砂岩为主,夹黑色细砾岩、黑色泥岩、含菱铁矿绢云千枚岩(变质粉砂岩);中部以灰黑色、浅灰色薄层—中层变质含砾砂质粉砂岩、变质砂质粉砂岩、变质泥质粉砂岩为主,夹灰黑色中厚层砂砾岩、灰黑色厚层砾岩、中厚层不等粒含砾长石岩屑砂岩、细粒钙质岩屑长石砂岩;上部以灰—灰黑色薄层—中薄层细粒含泥质条带长石石英砂岩、不等粒含砾泥质岩屑砂岩、灰—灰黑色中薄层不等粒石英砂岩为主,夹灰黑色薄层含砾泥质粉砂岩、含菱铁矿泥质细粉砂岩及透镜状砾岩。小型楔状交错层理、平行层理、粒序层理、毫米级水平纹层发育。层面见小型不对称波痕(波痕纹层)。该组厚度大于2 559.72m。

总体该组沉积物的物质组成、砾石特征反映其为一套冰水沉积物(冰海杂砾岩沉积),具有如下特点。首先,基质成分复杂,有泥质粉砂岩、长石岩屑砂岩、粉砂质泥岩、不等粒钙质长石岩屑砂岩、中粗粒钙质长石岩屑石英砂岩、不等粒含砾泥质长石岩屑砂岩等一套成分成熟度、结构成熟度均较低的碎屑岩沉积组合,反映其为快速沉积的特点。其次,砾石成分复杂、分选差。从野外露头来看,其砾石含量不等,一般为5%～10%,分选性差,大小悬殊(图版Ⅰ,5),大多在2～10mm之间,大者可达2～3m,砾石形态多种多样,较小的砾石多呈棱角状,大者多呈球状、透镜状、长条状等。较小砾石的磨圆度一般较差,为棱角状、次棱角状,大者磨圆度一般较高,呈次圆状,长条状砾石内部一般发育冰劈裂理(图版Ⅰ,6,7)。砾岩成分有灰岩、白云岩、花岗岩、砂砾岩、石英岩、脉石英、黑色燧石、硅质岩、泥质岩、中基性火山岩等(图版Ⅱ,1,2,3,4),个别较大砾石发育的坠石构造一般有穿层现象(图版Ⅱ,5)。在同一露头范围内不同粒级的砾石可同时出现,砾石分布无规律,无定向。擦蒙组中粒序层理、平行层理、包卷层理、斜层理局部可见,反映其整体沉积环境为大陆斜坡上发育的浊积扇。第三,其地层中所夹细砾岩层中砾石含量达40%～50%以上,成分主要为燧石,砾径大小一般2～3mm,砾石磨圆度、分选性中等(图版Ⅱ,6,7,8)。杂基含量小于10%,呈颗粒支撑,密集呈层展布,其沉积特征明显有别于冰川坠石,系一套大陆斜坡带或海底扇沉积砾石。

4. 岩石特征、沉积环境及构造环境分析

(1)岩石特征

该组主要为一套岩性单调、厚度较大的碎屑岩建造,岩石类型有细砾岩、不等粒含砾泥质长石岩屑砂岩、钙质细粒岩屑长石砂岩、中粒钙质长石石英(杂)砂岩、钙质粗粉砂岩、含砾粉砂岩、含砂泥质粉砂岩、含粉砂质泥岩和泥岩。受构造影响局部岩石发生强变形弱变质,层理与片理大多不一致(图版Ⅲ,1,2),其火山岩和变质岩的岩石特征可参考第三章和第四章。未变质的各类型砂岩矿物成分及特征见表2-3。

①细砾岩

呈灰黑色,砾状结构,块状构造。砾石成分主要为燧石,含量30%～40%,砾径一般10mm左右。形态呈次棱角状—次圆状,砾石磨圆度、分选性差—中等。基质为不等粒石英、长石、岩屑和泥质。胶结物成分为硅质,杂基含量小于10%,成分为粘土矿物。基底式胶结。

②不等粒含砾泥质长石岩屑砂岩

岩石多呈灰、深灰色,不等粒砂状结构,页理构造。碎屑含量占55%,胶结物占3%左右,杂基含量占42%。碎屑组分为石英、长石、岩屑、重矿物,其中石英由单晶和少量石英岩组成,占碎屑总量的69%;长石以斜长石、钾长石为主,含量10%～15%;岩屑成分为泥岩、千枚岩、粉砂岩、碳酸盐岩、白云母,含量小于15%～20%;重矿物少量,主要矿物为锆石、电气石。所含砾石成分为碳酸盐岩、粉砂岩、泥岩、花岗岩、石英砂岩等,含量5%～10%,大小2～6mm,磨圆度差。胶结物成分主要为铁质。杂基成分为粘土矿物,部分颗粒碳酸盐化,具弱定向排列。碎屑颗粒大小0.01～1.5mm,分选较差,形态呈次棱角状、棱状,基底式胶结,杂基支撑。岩石的结构成熟度和成分成熟度均低。

表 2-3　霍尔巴错群中砂岩的物质组成特征

样号	岩　性	碎屑（%）	胶结物（%）	杂基（%）	石英（%）	长石（%）	岩屑（%）	成分成熟度	结构成熟度
B1	含砂泥质粉砂岩	50	5	45	＞90	少量	10	较高	低
B2	钙质粗粉砂岩	70	30		94	＜5	少量	较高	较低
B3	细粒钙质岩屑长石砂岩	80	20		74	20	6	较低	较高
B4	粗粒钙质长石石英粉砂岩	80	20		84	10	6	较高	较高
B5	含砾长石岩屑砂岩	55	3	42	69	10	20	低	低
B6	中粒钙质长石石英砂岩	80	15	5	80	15	5	较高	较高
B7	含泥砾长石岩屑石英砂岩	80	10	10	80	5	15	较高	较高
B8	含砾砂质页岩	45	55		80	5	10	较高	低
B9	不等粒钙质长石岩屑砂岩	80	20		64	10	25	低	较低
B10	含粉砂泥岩	20	3	77	79	10	10	较高	较低
B11	不等粒泥质岩屑长石砂岩	57	3	40	74	15	10	较低	低
B12	泥质砂质粉砂岩	53	2	45	74	15	10	较低	低
B14	细粒粉砂质长石石英杂砂岩	55		45	75	20	5	较高	低
B15	泥质砂质粉砂岩	55		45	80	10	10	较高	低
B18	细粒岩屑长石砂岩	87	3	10	58	30	10	低	较高
B19	细粒长石砂岩	93	2	5	63	30	5	低	较高
B20	细粒岩屑长石砂岩	92	3	5	49	40	10	低	低
B21	泥质岩屑长石粉砂岩	87	3	10	69	20	10	低	低
B22	粗粒长石石英粉砂岩	89	1	10	83	10	5	较高	较低
B23	砂质泥岩	47	3	50	79	10	10	较高	低
B29	细粒岩屑长石砂岩	90	5	5	59	30	10	低	较低
B57	细粒长石岩屑砂岩	85	5	10	75	10	15	较低	较低
B60	细粒钙质岩屑砂岩	85	15		30	5	65	低	较高
B61	等粒岩屑长石石英砂岩	57	3	40	85	10	5	较高	低
B63	细粒岩屑长石砂岩	85	10	5	60	30	10	低	较低
B69	粗粒钙质砂岩	60	30	10	89	5	5	较高	较低
B70	细粒泥质岩屑长石石英砂岩	65	25	10	84	10	5	较高	较低
B72	细粒泥质长石石英砂岩	87	3	10	84	10	5	较高	低
B73	细粒泥质长石石英砂岩	72	3	25	85	10	5	较高	较高
b2	不等粒石英砂岩	90	少量	10	95	0	5	高	较低
b3	不等粒长石石英砂岩	85	5	10	90	5	5	较高	较低
b4	不等粒泥质岩屑石英砂岩	87	3	10	90	0	10	较高	低
b5	不等粒长石石英砂岩	85	5	10	90	5	5	较高	较低
b6	不等粒长石石英砂岩	87	3	10	85	10	5	较高	较低
b10	不等粒石英砂岩	85	5	10	94	5	1	较高	较低
b20	泥质含砂质粉砂岩	70	10	20	94	5	1	较高	低
b21	泥质粉砂岩	65	3	32	95	5	0	较高	低
b22	不等粒长石岩屑砂岩	90	5	5	70	10	20	较低	低
b23	细粒钙质岩屑长石砂岩	85	15		74	15	10	较低	较高
b25	细粒长石石英砂岩	85	10	5	90	5	5	较高	较高
b26	不等粒石英砂岩	87	10	3	98	1	1	较高	较高
b27	不等粒泥质岩屑砂岩	65	10	25	70	5	25	低	低
b28	岩屑砂岩、泥质细粉砂岩	62	13	25	95	2	3	较高	低

③不等(细)粒钙质岩屑长石砂岩

岩石多呈灰、灰黑色,不等(细)粒砂状结构,块状构造。碎屑含量占56%~80%,胶结物占5%~15%,杂基含量小于10%~40%。碎屑组分为石英、岩屑、长石、重矿物,其中石英由单晶和少量硅质岩组成,占碎屑总量的70%左右;岩屑成分为千枚岩、泥岩、火山岩等,含量5%~15%;长石以斜长石、钾长石为主,含量15%~20%;重矿物少量,主要矿物为电气石、锆石、磷灰石。胶结物成分主要为钙质,其次为铁质。杂基成分为隐晶质粘土矿物,部分颗粒碳酸盐化,具弱定向排列。碎屑颗粒大小以0.06~0.25mm为主,分选较差,形态呈棱角状、次棱角状。孔隙-基底式胶结,颗粒或杂基支撑。岩石的结构成熟度低—较高,成分成熟度低。

④中粒长石石英砂岩

岩石多呈深灰、灰褐色,中粒砂状结构,层状构造。碎屑含量占80%,胶结物占15%,杂基约占5%。碎屑组分为石英、岩屑、长石,其中石英以单晶为主,占碎屑总量的80%;岩屑成分为泥岩、中酸性火山岩、粉砂岩等,含量约5%;长石以斜长石、钾长石为主,含量小于15%;重矿物少量。胶结物成分主要为钙质,其次为铁质。碎屑颗粒大小以0.25~0.5mm为主,碎屑形态呈次棱角状、次圆状,分选性较好,磨圆度较差。岩石的结构成熟度低,成分成熟度较低。部分颗粒碳酸盐化,粘土杂基重结晶。

⑤(含砂质)泥质粉砂岩

岩石多呈深灰、灰黑色,粉砂状结构,层状构造。碎屑含量占50%~55%,杂基含量45%左右,胶结物占3%~5%。碎屑组分为石英、岩屑、长石、重矿物,其中石英由单晶和少量硅质岩组成,占碎屑总量的80%左右;岩屑成分为泥岩、火山岩,占碎屑总量的10%;长石以斜长石、钾长石为主,含量小于10%;重矿物少量。胶结物成分主要为铁质。杂基成分为隐晶质粘土矿物,具弱定向排列。碎屑颗粒大小0.01~1.5mm,以0.01~0.06mm为主,部分颗粒碳酸盐化,分选中等,形态呈棱角状、次棱角状。基底式胶结,杂基支撑。岩石的结构成熟度低,成分成熟度低—较高。

⑥(含)粉砂质泥岩

岩石多呈灰、灰黑色,泥状结构,层状构造。碎屑含量占20%,杂基含量77%左右,胶结物占3%左右。碎屑成分主要为石英、岩屑、长石及少量锆石、电气石、绿帘石。其中石英占碎屑总量的79%,成分为单晶石英;岩屑成分为泥岩、火山岩,占碎屑总量的10%;长石以斜长石、钾长石为主,占碎屑总量的10%;碎屑呈棱角状、次棱角状、次圆状外形,大小以0.01~0.06mm为主;杂基成分为粘土矿物,弱定向排列;基底式胶结,杂基支撑。岩石的结构成熟度低,成分成熟度较高。砂质成分呈条带状分布,砂泥韵律特征明显,构成不完整的鲍马序列。

⑦泥岩

岩石多呈深灰、灰黑色,泥状结构,块状构造。矿物成分由粘土矿物、粉砂及铁质组成,其中粘土矿物含量92%以上,呈纤维状、鳞片状、片状大致定向排列;粉砂含量小于5%,成分为单晶石英,呈棱角状,大小0.005~0.03mm;铁质含量3%左右,黑褐色,沿片晶方向呈条带状分布。

(2)碎屑沉积模型分析

砂岩的碎屑组成特征与所处的大地构造位置密切相关,砂岩碎屑组分类型反映了沉积建造形成时的大地构造条件,即一定的板块构造背景下形成的物源区和沉积盆地。因此,采用岩石薄片的镜下鉴定结果,选取未变质的岩石进行薄片观察,统计不同类型砂岩的碎屑组分及含量,建立碎屑沉积模型,从表2-4中可见碎屑物含量一般为45%~93%,胶结物一般为0~30%,杂基一般为0~50%,砂岩中碎屑物中石英一般为60%~98%,长石为2%~30%,岩屑一般为5%~20%,总体上岩石成分成熟度低—较高,而结构成熟度低或较低,从而也反映了其快速沉积的特征。运用Dickinson等编制的Q-F-L判别图(图2-4)投点落于优地槽和冒地槽的分界线及冒地槽区内,说明其处于动荡不定的构造环境中。

(3)岩石化学特征

霍尔巴错群擦蒙组8个粉砂岩样品和4个泥岩样品岩石化学特征见表2-4,其中,SiO_2含量为60.44%~71.72%,多数小于70%;K_2O/Na_2O一般在1.00~6.31;Fe_2O_3+MgO为2.47%~5.87%,大多在3.07%~4.24%之间;Al_2O_3/SiO_2为0.08~0.27,多数样品在0.17~0.19;$Al_2O_3/(CaO+Na_2O)$一般为2.28~4.06。经与Bhatia(1983)不同构造背景砂岩的经验参数比较,具有活动大陆边缘的特征。利

表 2-4　霍尔巴错群粉砂岩、泥岩岩石化学成分表　(单位:%)

样品号	岩性	SiO_2	TiO_2	Al_2O_3	Fe_2O_3	FeO	MnO	MgO	Na_2O	CaO	K_2O	P_2O_5	H_2O^+	CO_2	总量
1018Gs-1	粉砂岩	68.23	0.71	12.51	1.36	3.52	0.07	1.94	2.18	2.18	2.67	0.18	2.67	1.59	99.81
1025Gs-1	粉砂岩	67.23	0.66	14.62	2.37	3.55	0.06	1.87	2.47	3.94	3.95	0.23	2.01	0.14	103.1
1050Gs-1	泥岩	64.52	0.82	15.26	1.54	4.82	0.09	2.05	2.3	1.46	3.27	0.2	3.28	0.17	99.78
4072Gs-1	变质泥岩	68.21	0.64	12.33	0.89	3.95	0.06	1.95	2.07	2.32	2.89	0.2	2.5	1.78	99.79
P12Gs-1	粉砂岩	61.71	0.83	16.84	1.5	5.62	0.08	2.58	1.73	0.8	3.65	0.18	3.87	0.39	99.78
P12Gs-2	泥岩	63.60	0.85	19.75	1.25	2.75	0.04	1.22	0.22	0.48	5.45	0.1	3.7	0.47	99.88
P12Gs-3	粉砂岩	67.54	0.24	5.56	0.73	4.85	0.31	3.23	0.16	5.82	1.01	0.3	1.93	8.16	99.84
P12Gs-5	粉砂岩	69.11	0.72	10.73	1.27	3.18	0.06	2.02	1.48	3.12	2.54	0.14	2.51	2.95	99.83
P12Gs-7	泥岩	60.44	0.71	12.82	1.91	3.42	0.09	3.96	0.61	4.06	3.77	0.25	3.24	4.38	99.66
P20Gs-2	粉砂岩	69.02	0.78	12.38	0.48	5.18	0.06	2.43	4.00	1.04	1.82	0.17	2.39	0.2	99.95
P20Gs-3	粉砂岩	67.72	0.69	12.9	0.97	5.08	0.08	2.89	3.09	1.09	2.19	0.18	2.27	0.24	99.39
P20Gs-5	粉砂岩	71.72	0.8	11.94	1.61	3.9	0.04	1.46	2.16	0.82	2.21	0.13	2.67	0.33	99.79

用 B. P. Roser 和 R. J. Korsch(1986)的 K_2O/Na_2O 与 SiO_2 图解模型,经计算投点(图 2-5),本区岩石落于活动大陆边缘区并靠近被动大陆边缘区,与根据碎屑成分与含量进行的判别结果基本一致,可以初步确定本区霍尔巴错群中碎屑岩形成于次稳定的大地构造环境中。

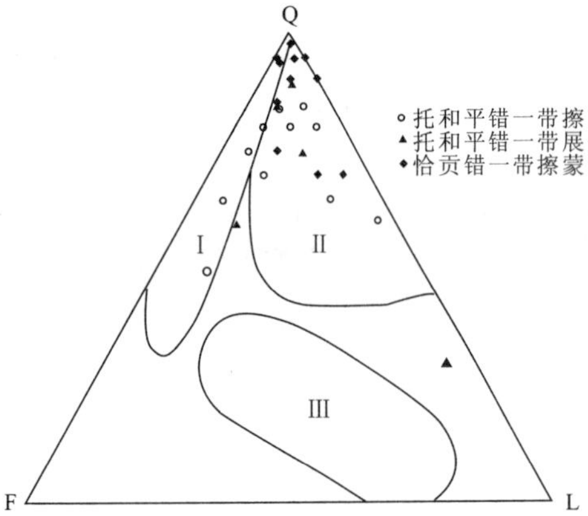

图 2-4　Q-F-L 图解
(据 Dickinson,1979 简化)
Ⅰ.优地槽;Ⅱ.冒地槽;Ⅲ.断裂地槽

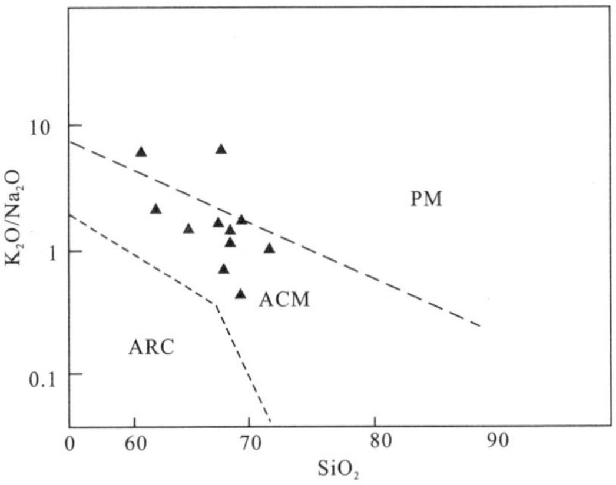

图 2-5　粉砂岩和泥岩 K_2O/Na_2O-SiO_2 图解
(据 Rose 等,1986)
PM. 被动大陆边缘;ACM. 活动大陆边缘;ARC. 岛弧

(4)砂岩的粒度特征

地层剖面的宏观特征主要是含砾砂岩、粗粒砂岩、粉砂岩及泥岩组成的巨厚的韵律层系,且其岩性单调、韵律组成单调,剖面中常见有大量的递变层理砂岩,均显示了深海浊流沉积的特征。粒度分布特征在粒度分布累计概率曲线图(图 2-6)上或是粒度分布 C-M 图解(图 2-7)上都表现出浊流沉积的特征,其中 C-M 图解是大致与 C=M 基线平行的长条图形,且图形较窄,粒级细,其最大分选指数 I_m 小于 1Φ。C 值随 M 值变化,并且 C 值和 M 值的变化幅度都很大,而不同于牵引流沉积的粒度悬浮 C-M 图型,是较典型的深海浊流图形。从粒度分布累计概率曲线图上可见,其粒度分布范围较宽($\varphi=-0.5\sim5.75$),偏度 SK$=-0.30\sim-1.25$,属极负偏,表明沉积物的粒度分布为细偏,反映出悬浮搬运为主的特点,曲线的斜率较低,充分表明了浊流沉积所特有的递变悬浮和整体沉积作用的特征。与现代哈德逊海下扇粒度曲线极其相似,属于浊流沉积粒度概率图型。

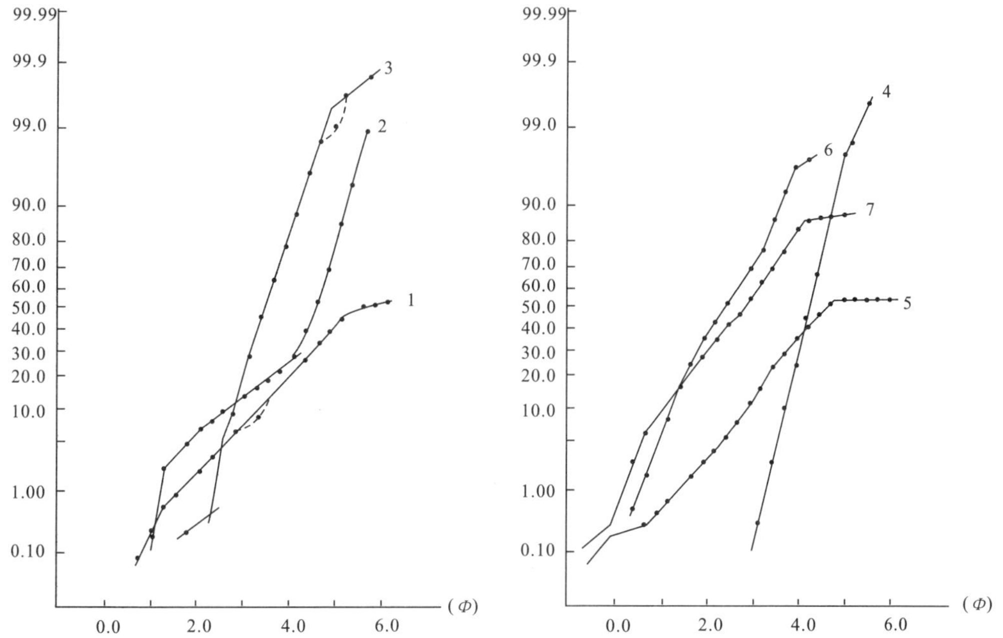

图 2-6　不同类型的碎屑岩粒度分布累计概率曲线图

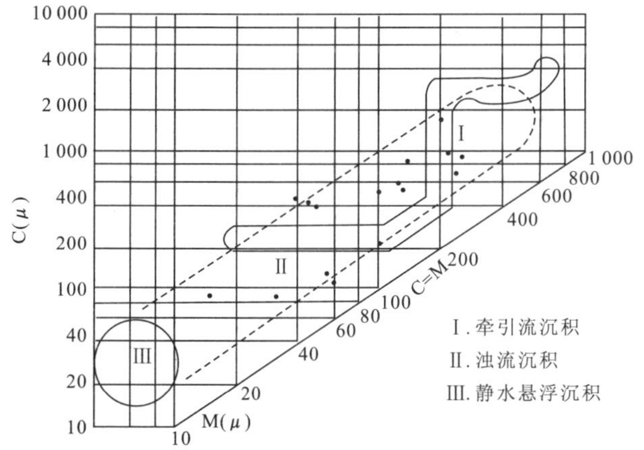

图 2-7　擦蒙组不同类型碎屑岩 C-M 图解

(5)沉积构造方面及沉积层序分析

冈瓦纳相沉积记录以杂砾岩的层数多、厚度大、侧向变化快和伴生透镜体状砾岩、砂砾岩、砂岩等为显著特征，发育冰融褶皱，并显示碎屑颗粒向上变细、岩石单层变薄的特点。本区擦蒙组含砾砂岩、含砾粉砂岩中的砾石随机分布于深色调的细碎屑泥、粉砂质基质中，砾石大小不等，砾径较大者磨圆度一般较好，呈次棱角状—次圆状，砾径较小者一般呈棱角状—次棱角状，各种形状各异的砾石呈漂浮状、不协调状出现在泥质粉砂岩或粉砂质泥岩中，属浮冰沉积的落石。落石成分多样，以花岗岩、灰岩、砂岩等为主，长条状砾石上多见一组冰劈裂理，显然该砾石经历了冰川作用的压裂，后经浮冰携带进入海盆中，因温度升高而从冰山溶融出来落于基质中，从而造成了基质层理被压弯或刺穿。

总之，霍尔巴错群擦蒙组地层特征、岩石特征、岩石化学特征及粒度特征均表现出以下几个特点：

a. 厚度巨大、岩性单调的不等粒砂岩、含砾粉砂岩、粉砂岩、泥岩；

b. 地层色调以深灰、灰黑、黑为主，总体颜色较深；

c. 粉砂岩、粉砂质泥岩所含砾石成分复杂、形状各异，与基质呈不协调状出现；

d. 发育粒序层理及不完整的浊流沉积序列；

e. 粒度分析 C-M 图型及粒度概率累积曲线图分属深海浊流型图形和浊流沉积粒度概率图形；

f. 碎屑岩的结构成熟度和成分成熟度均低，碎屑形态以棱角、次棱角状为主，部分颗粒碳酸盐化，弱定向排列。碎屑与杂基比值低，多为粘土杂基充填，呈杂基支撑；

g. 各类岩石的化学参数反映出霍尔巴错群擦蒙组的构造环境以活动大陆边缘为主，沉积环境为大陆斜坡-盆地边缘。

由此可见，霍尔巴错群擦蒙组系较活动大地构造环境中的大陆斜坡上发育的浊积扇，以浊流沉积为主，综合分析成因模式为斜坡＋冰水沉积＋滑塌体。

5. 时代划分依据

该组地层为一套贫化石的大陆斜坡相具浊流沉积特点的碎屑岩建造，前人及本次工作在本区一直未找到化石，据其岩性组合特征与正层型剖面对比大体一致，故将区内分布于骆驼湖至恰贡错一带以深灰色、灰黑色不等粒砂岩、含砾粉砂岩、粉砂岩、泥岩为主的碎屑岩建造归属擦蒙组。横向上往东分布于小盆湖至鸭子湖一带的擦蒙组，其整合于含 *Eurydesma*、*Monodiexodina* sp. 的展金组之下，本次在托和平错幅鸭子湖一带整合于擦蒙组之上的展金组砂质灰岩、灰岩中新发现了大量蜓科化石，该化石通过南京古生物研究所鉴定，其种属为：*Neoshwagerina* sp. ind(新希瓦格蜓)，*Kahlerna* sp. ind(卡勒蜓)，*Verbeekina* sp. ind(费伯克蜓)，*Chalaroschwagerina* sp.(松希瓦格蜓(未定种))，*Monodiexodina sutschanica* Dutkevich(苏特斯钱单通道蜓)，*Rugosofusulina* sp.(皱壁蜓)。这些化石的时代为早—中二叠世，故将擦蒙组时代推测为晚石炭世。

(二)石炭—二叠系展金组(C_2P_1zh)

1. 地层沿革、分布及划分依据

梁定益等 1982 年于日土县多玛区吉普村北展金河命名。原义指砂岩、板岩互层夹多层基性火山岩。1993 年《西藏地质志》引用其名，将其时代定于阿舍尔晚期。1997 年《西藏自治区岩石地层》沿用其名，主要指整合于擦蒙组含砾板岩与曲地组碎屑岩之间的一套含火山岩夹层的地层，其岩性为石英砂岩、粉砂岩、砂质板岩夹多层中—酸性火山碎屑岩和少量基性熔岩。顶、底均以火山岩的出现和结束为界。本次将分布于托和平错、鸭子湖一带，整合于擦蒙组之上，以黑色泥岩、粉砂质泥岩为主夹火山岩、硅质岩、碳酸盐岩的一套地层，依据其岩石特征、岩相组合划归霍尔巴错群展金组。

2. 剖面描述

(1)托和平错-鸭子湖剖面

剖面位于西藏改则县托和平错、鸭子湖一带。起点坐标：X=3 790 095，Y=14 686 736；终点坐标：X=3 825 877，Y=14 679 626。剖面编号为 P_{20}。其中展金组相当于实测剖面第 40—64 层(图 2-8)。

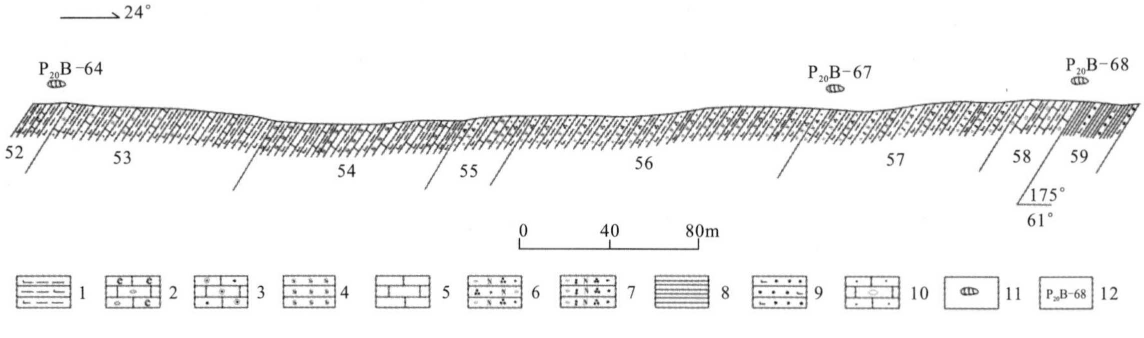

图 2-8　托和平错北展金组实测地层剖面图

1. 钙质泥岩；2. 含生物屑内碎屑灰岩；3. 含鲕粒砂质砂屑灰岩；4. 硅质岩；5. 泥晶灰岩；6. 长石石英砂岩；7. 凝灰质砂岩；8. 黑色页岩；9. 安山质凝灰岩；10. 含砾屑砂屑灰岩；11. 蜓化石；12. 样品号

展金组(C_2P_1zh)　　**厚度 2 594.0m**

(未见顶)

38. 灰色、灰绿色蚀变凝灰岩、灰黑色含粉砂质泥岩混杂堆积　25.5m

39(41). 灰、灰绿色片理化蚀变凝灰岩、蚀变安山质凝灰岩、变质凝灰岩(蛇绿片岩)、变余凝灰岩，夹黑色千枚状泥岩。泥岩中含蜂窝状黄铁矿，凝灰岩中碳酸盐脉发育　260.5m

40(42). 黑色薄板含炭质铁质泥岩，上部夹蚀变凝灰岩　46.4m

41(43). 灰绿色变质凝灰岩夹黑色硅质岩、含炭质铁质泥岩、灰黑色千枚状泥岩　130.7m

42(44). 黑色薄层泥岩,中部夹蚀变安山岩,顶部为厚 2.0m 的砂泥韵律层 36.3m

43(45). 灰色、浅灰红色中—薄层细粒长石岩屑砂岩 55.0m

44(46). 黑色泥岩夹方解绿泥片岩(变质安山质凝灰岩)。片理发育,露头较差 288.5m

45(47). 灰绿色变质安山质凝灰岩 14.5m

46(48). 灰、灰黑色泥岩夹灰黑色中厚层钙质细粒岩屑砂岩、黑色薄层泥质不等粒岩屑长石石英砂岩。泥岩具弱千枚状构造,砂泥比为 1∶4 154.7m

47(49). 灰色云质泥晶灰岩夹细粒岩屑长石砂岩 288.7m

48(50). 灰色细粒岩屑长石砂岩夹灰色泥晶灰岩和少量灰黑色薄层硅质岩 36.6m

49(51). 灰色薄层硅质岩夹薄层泥晶灰岩。硅质岩毫米级水平纹层发育 137.3m

50(53—52). 灰色薄片状钙质泥岩夹灰色薄层亮晶含生物屑内碎屑灰岩、亮晶含鲕粒砂质砂屑灰岩。灰岩呈疙瘩状,其中产 *Neoschwagenina* sp. ind, *Kahlerina* sp. ind, *Verbeekina* sp. ind 等䗴类化石 90.3m

51(54). 灰、灰黑色薄层硅质岩与灰、灰黑色薄片状钙质泥岩互层,夹灰白色薄层亮晶含砂屑生物碎屑灰岩。硅质岩毫米级水平纹层发育 85.1m

52(56—55). 灰色、灰黑色中厚层含砾凝灰质砂岩,夹薄层泥晶灰岩、硅质岩、钙质泥岩。砂岩中砾屑成分为火山碎屑、灰岩砾屑等,呈长条状、撕裂状,大小 2～15mm;灰岩中含海百茎;泥岩中含 5%左右的褐铁矿结核 150.2m

53(57). 灰、灰黑色中厚层状含砾凝灰质砂岩与页片状钙质泥岩互层。凝灰质砂岩中产 *Chalaroschwagerina* sp., *Monodiexodina sutschanica* Dutkevich 等䗴类化石 83.1m

54(58). 灰黑色中—厚层含砂质砂屑灰岩夹灰黑色页片状钙质泥岩。灰岩、泥岩中均含较多黄铁矿结核,由下层面到上层面结核由小变大,且灰岩与泥岩具较明显的韵律特征,灰岩中含珊瑚、海百合茎及䗴类 *Rugosfusulina* sp., *Monodiexodina* sp. 化石 18.0m

55(59). 灰、灰黑色页岩夹薄层钙质粗粉砂岩、碳酸盐化泥质细粒长石石英砂岩。砂岩中发育水平层理、斜层理、波状层理、包卷层理,砂泥比为 1∶4 179.8m

56(60). 黑色薄板状泥质粉砂岩和含粉砂质泥岩韵律。韵律性层理,砂泥比为 1∶2 46.9m

57(61). 灰色页片状钙质泥岩夹灰黑色薄层细粒长石石英砂岩。砂泥比为 1∶9 49.3m

58(62). 灰黑色薄板状泥质细粒长石石英砂岩。局部变形较强 281.8m

59(63). 灰黑色页片状泥质粉砂岩夹灰黑色中厚层粉砂质灰岩(钙质泥岩) 80.6m

60(64). 灰色粉砂质页岩夹灰色薄板状泥质粉砂岩。砂泥比为 1∶4 54.2m

——————整 合——————

下伏地层:擦蒙组(C_2c)含砾粉砂岩、粉砂质泥岩

(2)托和平错南实测地层剖面

剖面位于西藏改则县托和平错南。起点坐标:X=3 771 390,Y=14 709 790;终点坐标:X=3 777 170,Y=14 709 275。剖面编号为 P_{19}(图 2-9)。

石炭—二叠系展金组(C_2P_1zh) **厚度 1 855.97m**

(未见顶)

44. 深灰—灰黑色含气孔、杏仁状玄武岩 102.15m
43. 青灰色厚—巨厚层泥晶灰岩 17.51m
42. 暗灰绿色气孔状玄武岩 11.91m
41. 青灰色厚层泥晶灰岩 2.10m
40. 深灰绿色安山玄武岩。斑状结构,块状构造。斑晶为辉石、斜长石 10.51m
39. 青灰色厚层泥晶灰岩 3.50m
38. 深灰色玄武岩 14.01m
37. 青灰色泥亮晶砂屑灰岩。含生物碎屑介形虫、棘皮、腕足、瓣鳃等 1.50m
36. 黄绿色角砾状气孔、杏仁状玄武安山岩夹厚 1.5～2.0m 含云质泥晶灰岩。含珊瑚化石 62.76m
35. 灰黑色气孔、杏仁状安山岩,杏仁大小 3～5mm,在流面上气孔含量约占 30% 6.97m
34. 深灰色变质凝灰岩。凝灰结构,似流纹状构造,强烈碳酸盐化、绿泥石化 5.51m

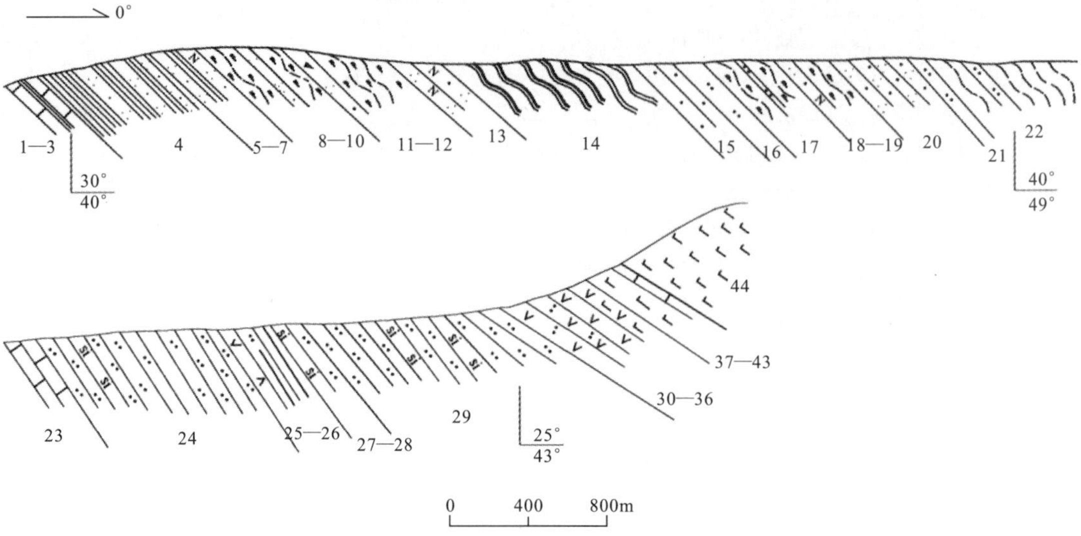

图 2-9　托和平错南展金组实测地层剖面图

（与剖面描述层号对应）

33.	浅灰色气孔-杏仁状安山岩、变质安山玢岩。斑状结构，气孔杏仁状构造，气孔占 10%，大小 1～5mm，多呈椭圆形。斑晶以斜长石、暗色矿物为主	31.94m
32.	浅灰色变质凝灰岩。片理较发育，片理面上褐铁矿化普遍	9.36m
31.	青灰色变质泥岩	8.80m
30.	浅灰色变质凝灰岩	26.97m
29.	浅灰色泥质粉砂岩、粉砂质泥（页）岩夹条带状硅质岩。地形平坦，露头较差	127.46m
28.	浅灰色泥质粉砂岩夹硅质岩、长石石英砂岩	6.31m
27.	浅灰绿色变质辉绿岩夹黑色薄层泥岩	8.42m
26.	灰黑色粉砂质泥页岩夹灰黑色硅质岩、细粒长石石英砂岩	44.99m
25.	灰绿色碳酸盐化含砾英安质熔结角砾岩。角砾呈棱角状、不规则状、撕裂状，大小不等，成分为英安岩、凝灰岩、火山碎屑、玻屑等，凝灰质充填	3.36m
24.	深灰色泥粉砂岩夹灰黑色硅质岩、亮晶生物屑灰岩、不等粒岩屑石英砂岩。局部泥质粉砂岩与硅质岩互层，灰岩中见海百合茎、有孔虫、䗴等化石，露头较差	90.15m
23.	青灰色厚层状含生物屑泥晶灰岩。水平层理	48.86m
22.	烟灰色千枚岩夹灰黑色薄层状变质粉砂岩、细粒石英砂岩。露头较差	256.45m
21.	灰黑色薄层状变质粉砂岩	13.91m
20.	浅灰色细粒石英砂岩夹烟灰色千枚岩。风化严重，露头较差	38.95m
19.	烟灰色绢云千枚岩夹厚约 3.0m 的变质长石石英砂岩	59.91m
18.	浅灰色细粒长石石英砂岩	11.91m
17.	烟灰色绢云千枚岩夹深灰色变质粉砂岩、变质长石石英砂岩。露头较差	131.91m
16.	灰黑色变质粉砂岩。纹层发育，含大小 1mm 呈立方体的黄铁矿	54.88m
15.	深灰色薄层变质砂岩夹烟灰色粉砂岩。粉砂中含 5%～10%的黄铁矿	37.49m
14.	烟灰色千枚状菱铁矿粘土板岩、绢云千枚岩夹薄层细粒岩屑砂岩	73.33m
13.	浅灰白色长石石英砂岩与浅灰色含砾绢云千枚岩互层。平行层理	50.44m
12.	灰白色绢云千枚岩夹薄层细粒岩屑石英砂岩、细砾岩。砾石成分为脉石英、硅质岩	76.29m
11.	灰白色细粒岩屑石英砂岩	6.39m
10.	深灰色含菱铁矿绢云千枚岩	8.01m
9.	灰白色中层状细粒岩屑石英砂岩。平行层理	21.07m
8.	灰黑色绢云千枚岩夹两层厚度为 0.5m、1.0m 的细粒岩屑石英砂岩	32.14m
7.	灰白色薄层状细粒长石石英砂岩。平行层理	27.30m
6.	深灰—灰黑色泥页岩夹页片状泥质粉砂岩及少量灰白色细粒石英砂岩	29.37m
5.	灰白色中细粒石英岩状砂岩与黄绿色钙质粉砂岩互层。平行层理，砂岩具逆粒序	20.16m

4. 深灰、灰黑色泥页岩夹中细粒石英砂岩、结晶灰岩。上部砂岩夹层增多变厚　217.46m

3. 深灰、灰黑色中层硅质粉晶灰岩。节理发育　12.51m

2. 深灰色—灰黑色泥页岩　22.94m

1. 灰—深灰色角砾状亮泥晶砂砾屑灰岩夹薄层硅质岩。砾屑呈棱角状、次圆状、扁条状，大小悬殊，粒径2～50mm，成分主要为内碎屑灰岩，沿长轴定向排列　8.10m

（未见底）

(3)托和平错剖面

剖面位于西藏改则县托和平错南山。起点坐标：X=3 780 567，Y=14 700 683；终点坐标：X=3 781 205，Y=14 700 541。剖面编号为P_{15}(图2-10)。

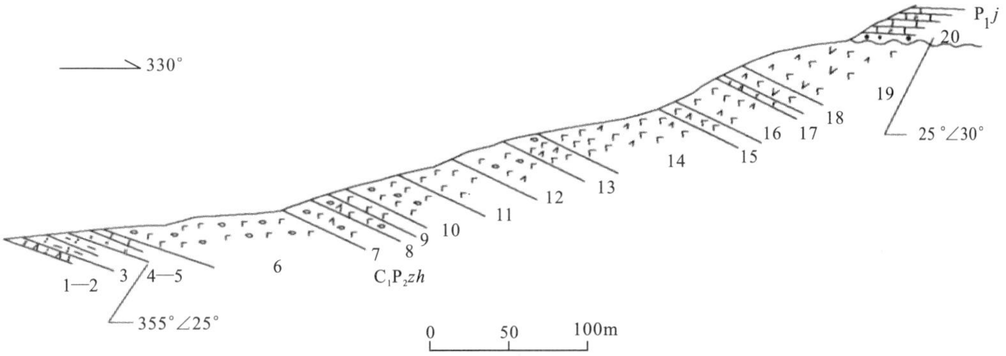

图2-10　托和平错南山展金组实测地层剖面图

（与剖面描述层号对应）

上覆地层：二叠系吉普日阿组灰白色角砾状灰岩

~~~~~~~~~~角度不整合~~~~~~~~~~

二叠系展金组(C_2P_1zh)　　厚度353.56m

20. 灰黑色橄榄玄武岩，斑状结构，气孔状、致密块状构造，气孔大小为1～2mm，稀疏分布　76.51m

19. 黑色致密块状气孔、杏仁状橄榄玄武岩　20.15m

18. 灰绿色橄榄玄武岩，气孔构造　3.22m

17. 深灰、灰黑色含气孔状橄榄玄武岩　13.70m

16. 气孔杏仁状橄榄玄武岩　8.87m

15. 下部为铁黑色致密块状含气孔状橄榄玄武岩，厚约0.5m，上部为铁黑色、灰黑色含气孔（杏仁）状橄榄玄武岩　66.71m

14. 气孔状橄榄玄武岩，下部为暗红色气孔、杏仁状橄榄玄武岩，上部为灰绿色杏仁状玄武岩，上部岩层延伸不稳定，呈透镜状分布　11.91m

13. 黑色气孔状玄武质初糜棱岩　14.89m

12. 黑色气孔状玄武岩，稀疏气孔状构造、致密块状构造　19.00m

11. 深灰色含气孔状玄武岩，斑状结构，块状构造、稀疏气孔状构造，气孔含量2%～3%，大小1～2mm　17.46m

10. 铁锈黑色含气孔玄武岩，致密块状、稀疏气孔状构造，气孔含量1%左右，大小1mm左右　4.86m

9. 灰绿色含气孔橄榄玄武岩　4.86m

8. 黑色气孔状橄榄玄武岩，块状、稀疏气孔状构造，气孔一般1mm大小，含量10%左右　9.23m

7. 灰黑色含气孔玄武岩　53.91m

6. 灰黑色硅质岩夹两层微晶灰岩　6.86m

5. 深灰绿色碎裂状变质中性火山岩　3.00m

4. 深灰色含粉砂质泥岩　13.71m

3. 浅灰绿色、铁锈色泥质岩夹细粒岩屑砂岩　2.57m

2. 深灰绿色安山质凝灰岩　0.43m

1. 灰绿色硅质岩　1.71m

（未见底）
~~~~~~~~~~

3. 地层特征

该组主要分布于图幅中西部鸭子湖以北、中东部温泉湖以东及托和平错、甜水湖以南一带，处于形态复杂的以擦蒙组为核的复式背斜两翼，与下伏擦蒙组整合接触。根据岩性组合特征，自下而上可进一步划分为三个段，即碎屑岩段、灰岩段与火山岩段。各段的岩性组合及厚度来源于托和平错幅鸭子湖霍尔巴错群擦蒙组-展金组剖面。

碎屑岩段：主要岩性为灰色、灰黑色薄层泥质粉砂岩、含粉砂泥岩、钙质粗粉砂岩，夹黑色、深灰色中层细粒泥质长石石英砂岩。泥质粉砂岩或粉砂质泥岩页理发育，受构造影响，局部发生强变形和弱变质。

灰岩段：主要岩性为黑色泥岩、灰色、灰黑色薄层状云质泥晶灰岩、薄层含砂屑生物屑亮晶灰岩、含鲕粒砂质砂屑亮晶灰岩、（含䗴）含砂质砂屑亮晶灰岩、片理化泥质灰岩，夹灰绿色凝灰质砂岩、灰黑色薄层硅质岩、灰黑色中厚层细粒钙质岩屑砂岩、薄层不等粒泥质岩屑长石石英砂岩、岩屑长石砂岩。砂岩中含黄铁矿晶粒，砂质砂屑灰岩中含丰富的动物化石，以珊瑚、䗴、海百合茎等为主。

火山岩段：分布于托和平错—鸭子湖一带，构成向斜的核部地层。岩石类型较为复杂，主要岩性为灰绿色变质安山质凝灰岩、（蚀变）凝灰岩、玻屑凝灰岩、安山岩、气孔杏仁状玄武岩、橄榄玄武岩、安山玄武岩、黑色中基性火山角砾岩、绿泥片岩及方解绿泥片岩（变余凝灰岩）、灰黑色薄层钙质泥岩、含炭质铁质泥岩、黑色千枚状钙质泥岩、含粉砂泥岩、硅质岩（图版Ⅲ，3，4）。

在石炭系霍尔巴错群展金组砂质灰岩、灰岩中新发现了大量䗴科化石，该化石通过南京古生物研究所鉴定，其种属为：*Neoshwagerina* sp. ind（新希瓦格䗴），*Kahlerna* sp. ind（卡勒䗴），*Verbeekina* sp. ind（费伯克䗴），*Chalaroschwagerina* sp.（松希瓦格䗴（未定种）），*Monodiexodina sutschanica* Dutkevich（苏特斯钱单通道䗴），*Rugosofusulina* sp.（皱壁䗴），*Monodiexodina* sp.（单通道䗴）（图版Ⅴ）。这些化石的时代为中—下二叠世，其中单通道䗴属冷水型动物群。

垂向上据岩性组合及纵向叠覆规律，该组地层结构及层序类型见图 2－11，剖面或路线地质调查中，基岩出露好的地段，可划分出由不同岩性构成的五种基本类型。

其中 A 型层序由粉砂岩-泥岩构成的基本层序在垂向上多次叠置，单个层序厚 1.2～1.5m，一般由三个以上的砂泥韵律层对构成，粉砂岩层厚 10～20cm，泥岩层厚 0.8～1.0m，层序内砂泥呈沉积渐变过渡，粉砂岩层由粉砂（5.0～7.0cm）-粉砂质泥岩（2.0cm）-泥皮（0.5cm）组成，并与泥岩构成不完整的鲍马序列 bcd 和 cd 段（图版Ⅳ，1）。其中 c 段以粉砂质泥岩或泥质粉砂岩为主，并发育小型斜层理、包卷层理、波状纹层理、粒序层理（图版Ⅳ，2）；d 段以泥质成分为主，发育平行层理、水平纹层理。此层序类型出现于该组下部碎屑岩段，宏观上由泥质粉砂岩和含粉砂质泥岩构成韵律性层理，砂泥比为 1∶2 或 1∶4，纵向上表现为深水浊流沉积的扇叶叠覆岩相组合。

B 型层序由砂质砂屑灰岩-黑色泥岩-凝灰质砂岩-黑色泥岩组成，单个层序厚 1.0～2.0m，一般由 3～4 个层对构成厚 5.5～6.2m 的三级或四级层序。凝灰质砂岩单层厚 1.0m 左右，发育平行层理，含较多黄铁矿，且由下向上黄铁矿晶粒由小变大，泥岩单层厚 0.2～0.8m，有时缺失，层序由砂质砂屑灰岩或凝灰质砂岩单层构成，层序间冲刷侵蚀面特征较明显，层序内则呈沉积渐变过渡。

C 型层序由硅质岩-黑色泥岩构成韵律层序（图版Ⅲ，3），硅质岩单层厚 7～10cm，泥岩单层厚 1～3cm，延伸较稳定。此类型层序出现于该组中部，以 D 型层序为主的地层中。

D 型层序由黑色泥岩-薄层灰岩构成的基本层序在垂向上多次叠置，单个层序厚 2.0～2.5m，一般由两个以上的灰泥韵律层对构成，泥岩单层厚 1.5～2.0m，灰岩单层厚 0.5m，层面上呈疙瘩状，多发生白云石化。纵向上表现出 B 型、C 型、D 型层序出现于该组中部的灰岩段。

E 型层序由安山岩、凝灰岩与黑色含炭质铁质泥岩构成的层序在垂向上的多次叠置，其层序厚度变化较大，与安山岩、凝灰岩的厚度变化密切相关，但泥岩厚度一般 2～3m，说明火山活动和喷发有一定的旋回性，其火山碎屑岩及熔岩的厚度变化，说明每次火山活动的强烈程度和火山熔岩的喷发量明显不同。此类型层序出现于该组上部火山碎屑岩段，且横向上火山熔岩的岩性组合及所夹沉积物亦发生较大变化，出现了安山玄武岩、玄武岩与泥亮晶砂屑灰岩、含云质泥晶灰岩在垂向上的多次叠置。

横向上该组上部的火山岩段厚度及岩性组合变化较大，分布于调查区南部托和平山、黑山头一带的火

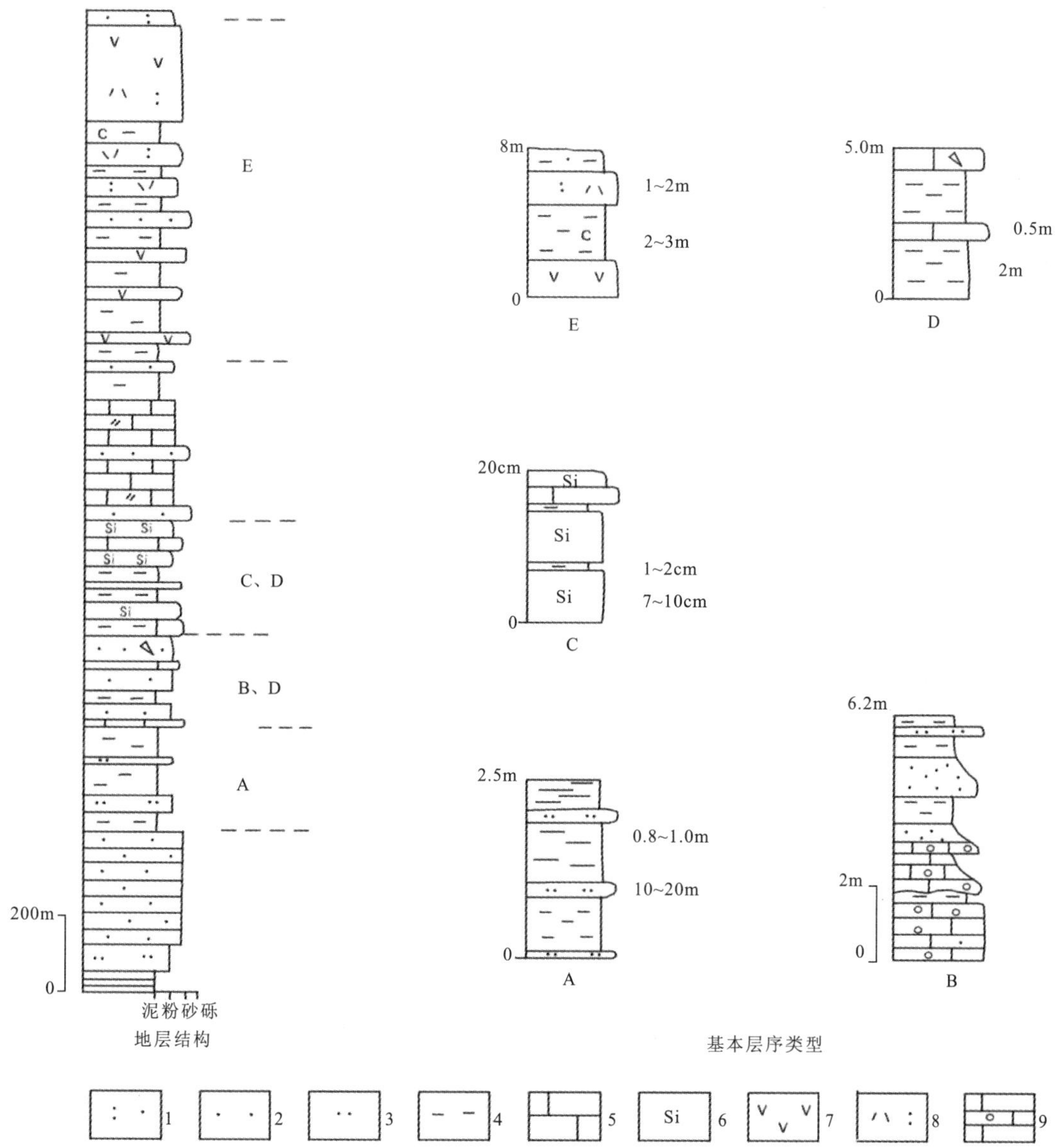

图 2－11　展金组地层结构及基本层序

1. 凝灰质砂岩；2. 砂岩；3. 粉砂岩；4. 泥岩；5. 灰岩；6. 硅质岩；7. 安山岩；8. 凝灰岩；9. 砾屑砂屑灰岩

山岩段，为一套含中基性火山熔岩的地层，其岩性下部为浅灰色变质凝灰岩、浅灰、灰绿色气孔杏仁状安山岩、杏仁状玄武安山岩、变质安山玢岩、深灰—灰黑色安山玄武岩、杏仁状玄武岩夹四层青灰色中厚层泥亮晶砂屑灰岩、含云质泥晶灰岩及一层泥岩，灰岩中含珊瑚化石（图版Ⅳ，3，4）。可划分为七个火山喷发旋回，火山岩厚约 500m。中部岩性为深灰色含粉砂质泥岩、灰黑色薄层硅质岩、微晶灰岩夹灰绿色安山质凝灰岩及碎裂状变质中性火山岩等；上部为黑色气孔状玄武岩、黑色气孔状橄榄玄武岩及灰绿色、暗红色橄榄安山玄武岩等，中间无沉积夹层，火山岩厚约 400m。在托和平错幅鸭子湖一带，该组出露厚度大于 2 596m，其中火山岩夹层有 8～10 层，其中最厚一层可达 260.0～288.5m，岩性主要为灰绿色变质安山质凝灰岩、（蚀变）凝灰岩、玻屑凝灰岩、枕状玄武岩，并在粉砂质泥岩中夹有大量火山熔岩与灰岩混杂堆积体或外来岩块（图版Ⅲ，5，6），大小几米至几十米，具半塑性揉皱现象，形态极不规则，枕状玄武岩与灰岩的地貌特征见图版Ⅲ，7，8。在托和平错南西一带，该组出露厚度 1 855.9m，火山岩夹层有 6～8 层，其中最厚一层可达 102.1m，岩性主要为灰色变质凝灰岩、浅灰色安山岩、安山质玄武岩及黑色玄武岩，岩石发生强烈碳酸盐化、绿泥石化，主要表现为斑晶矿物全部绿泥石化，基质矿物大部分被白云石、绿泥石替代。横向上往西分布于鲁玛江东错北牧羊沟及窝尔巴错东的展金组，出露层位为该组上部的火山碎屑岩段，岩性为含砾粉砂质泥岩、变质粉砂岩夹多层变质凝灰岩、流纹质晶屑凝灰岩、石英安山岩、辉石英安岩，出露厚度约 940m。

4. 岩石特征及沉积环境分析

(1)岩石特征

该组主要为一套碎屑岩夹火山岩及碳酸盐岩建造，岩性组合复杂，碎屑岩类以泥岩、粉砂质泥岩为主，其次为细粒岩屑长石石英砂岩、岩屑长石砂岩、钙质岩屑砂岩、凝灰质砂岩；碳酸盐岩类有泥晶灰岩、白云质泥晶灰岩、含生物屑砂屑灰岩、含鲕粒砂质砂屑灰岩、生物碎屑灰岩；火山岩类有蚀变凝灰岩、玻屑凝灰岩、安山岩、火山角砾岩等；此外还有少量硅质岩。受火山喷发作用及后期构造影响，部分岩石发生强变形弱变质，其变质岩和火山岩的岩矿特征可参考有关章节。该组未变质碎屑岩和碳酸盐岩的岩矿特征如下。

a. 岩屑长石石英杂砂岩：呈深灰色，细粒砂状结构，块状或层状构造。碎屑含量占 65%～70%，杂基含量 10%～40%，胶结物含量 3%～5%。碎屑组分为石英、岩屑、长石，其中石英以单晶为主，占碎屑总量的 85%左右；岩屑成分有千枚岩、泥岩、火山岩、粉砂岩，含量 5%～15%；长石以斜长石为主，含量 5%～10%；重矿物少量，主要矿物为电气石、锆石、磷灰石。杂基为隐晶质粘土矿物，部分重结晶为绢云母、绿泥石。胶结物成分主要为铁质。碎屑颗粒大小 0.01～0.25mm，碎屑形态呈棱角状、次棱角状，分选性中等，磨圆度较差。岩石的结构成熟度低，成分成熟度较高。

b. 岩屑长石(或长石岩屑)砂岩：呈灰、深灰色，细粒砂状结构，块状构造。碎屑含量占 85%，杂基含量小于 10%，胶结物含量 3%～5%。碎屑组分为石英、岩屑、长石，其中石英以单晶为主，少量硅质岩，占碎屑总量的 60%～70%；岩屑成分有千枚岩、泥岩、火山岩，含量 10%～15%；长石以斜长石为主，含量 10%～30%；重矿物少量。杂基为隐晶质粘土矿物，部分重结晶为绢云母、绿泥石。胶结物成分为硅质、铁质。碎屑颗粒大小 0.01～0.25mm，碎屑形态呈次圆状，分选性中等。岩石的结构成熟度和成分成熟度较低。

c. 凝灰质砂岩：呈灰、深灰色，凝灰质砂状结构，块状构造。成分主要由火山碎屑岩、陆源砂、内碎屑组成，其中火山碎屑约 50%，成分为具交织结构安山岩；陆源砂约 15%，主要为单晶，少量硅质岩、石英岩、粉砂质泥岩；砂屑约 15%，主要为泥晶灰岩；生物屑约 5%，为䗴、棘皮、腕足等，䗴具有完整个体。胶结物含量 15%，成分为粒状方解石。碎屑颗粒大小 0.1～2.0mm，火山碎屑形态呈次圆状，分选性、磨圆度中等。孔隙式胶结，颗粒支撑。

d.（泥质）粉砂岩：岩石多呈深灰、灰黑色，粉砂状结构，纹层状构造。碎屑含量占 60%～70%，杂基含量小于 10%，胶结物含量 30%左右。碎屑组分为石英、岩屑、长石及重矿物，其中石英以单晶为主，占碎屑总量的 89%以上；岩屑成分为泥岩、碳酸盐岩，含量小于 5%；长石以斜长石为主，含量小于 5%；重矿物约 1%。杂基为隐晶质粘土矿物。胶结物成分为方解石。碎屑颗粒大小 0.01～0.06mm，碎屑形态呈棱角、次棱角状，分选性好。基底式胶结，微晶支撑。岩石的结构成熟度低，成分成熟度较高。

e. 泥岩：包括钙质泥岩、粉砂质泥岩、含炭质铁质泥岩等，岩石多呈黑色，泥状结构，纹层状构造。矿物成分由粘土矿物、粉砂、生物屑、铁质及方解石组成，其中粘土矿物含量 60%～80%以上，呈隐晶质、鳞片状，大致定向排列；粉砂含量小于 5%，成分为单晶石英，呈棱角状，大小 0.005～0.03mm；铁质（黄铁矿、菱铁矿微粒）含量小于 2%，黑褐色，沿片晶方向分布。泥晶方解石局部呈条带、条纹状分布，含量 20%～30%。受后期应力影响，部分泥岩千枚状构造发育。

f. 泥晶灰岩：呈灰、灰白色，泥晶结构，层状构造。矿物成分由泥晶方解石（含量 70%～80%）、粒状白云石（15%～25%）、生物屑（3%～5%）和少量粉砂、黄铁矿、菱铁矿微粒组成，生物屑主要为介形虫，呈半壳状，杂乱分布。

g. 含生物屑内碎屑灰岩：呈深灰色、黑色，粒屑结构，块状构造。碎屑颗粒由内碎屑、生物屑组成，其中内碎屑含量 65%，呈次棱角、次圆状，大小 0.2～7.0mm，分选较差；生物屑约 10%，由苔藓虫、有孔虫、棘皮类、䗴等组成，有孔虫和䗴具有完整个体，其他为碎屑。填隙物为亮晶方解石、粒状白云石。孔隙式胶结，颗粒支撑。

h. 鲕粒砂质砂屑灰岩：呈深灰、灰褐色，砂质砂屑结构，块状构造。碎屑颗粒由砂屑、砂、生物屑、鲕组成，其中砂屑占 50%左右，成分为泥晶、微晶、含生屑泥晶灰岩，呈次圆状、圆状；砂质占 25%，成分主要为单晶石英，少量长石、安山岩屑、绿泥石等，呈棱角、次棱角状；生物屑少量，主要由棘皮类、介形虫、腕足类、苔藓虫等组成，大小不等。填隙物为亮晶方解石，含量15%左右。砂屑和鲕大小0.1～0.6mm，具褐红色氧化边，大小相近，分选较好，且伴生的碎屑颗粒成分复杂，说明其来源于异地。

i. 硅质岩：呈深灰色、黑色，隐晶质结构，贝壳状断口，矿物成分主要为隐晶质玉髓，含量95%以上，其次含碳酸盐或泥质约4%，呈粒状或隐晶质，其他黑褐色金属矿物约占1%。岩石裂隙发育，裂隙宽0.01～0.5mm，被石英、碳酸盐、铁质充填。

(2)岩石化学特征

剖面测制过程中，对该组不同类型的灰岩进行了拣块取样，碳酸盐岩化学成分见表2-5。从表中可知，该组4个碳酸盐岩样品中氧化物含量与石灰岩的一般化学成分 SiO_2 占5.19%、CaO占42.61%、MgO占7.90%、CO_2 占41.85%、其他氧化物仅占2.72%的值相比，其中 SiO_2 及其他氧化物含量远大于石灰岩一般的化学成分，而CaO、MgO、CO_2 含量则低于一般石灰岩的化学成分。其次与测区内正常浅海沉积的碳酸盐岩(主要包括泥盆系拉竹龙组、石炭系月牙湖组、侏罗系雁石坪群18个样品)和未变质的粉砂岩(12个样品)的平均化学成分进行对比，其CaO、MgO、CO_2、SiO_2、Al_2O_3 及其他氧化物含量相差较大，SiO_2、Al_2O_3、K_2O、Na_2O 的含量远高于正常浅海沉积的碳酸盐岩，而又远低于区内未变质的粉砂岩；CaO、CO_2 则恰恰相反。此外与威克曼(1954)、克拉克(1924)统计的页岩、沉积岩、岩浆岩的平均化学成分相比，同样存在较大的差异。因此可以判定该组的碳酸盐岩为非生物成因的碳酸盐岩，其形成环境较为特殊。

表2-5 展金组灰岩、硅质岩岩石化学成分表 (单位：%)

样品号	岩性	SiO_2	TiO_2	Al_2O_3	Fe_2O_3	MnO	MgO	Na_2O	CaO	K_2O	P_2O_5	H_2O	CO_2	S
P20TS-1	泥晶灰岩	30.15	0.10	3.00	1.99	0.53	0.86	0.45	34.12	0.51	0.09	0.18	27.88	0.009
P20TS-3	泥晶灰岩	30.54	0.06	1.92	1.23	0.46	0.36	0.48	36.34	0.25	0.05	0.02	28.74	0.012
P20TS-4	硅质泥晶灰岩	49.66	0.38	10.47	5.44	0.27	1.98	0.87	14.48	1.88	0.12	0.30	12.24	0.008
2211TS-1	砂屑泥晶灰岩	44.86	0.22	4.17	2.04	0.15	1.82	1.43	23.94	0.36	0.06			
P20TS-2	硅质岩	80.81	0.21	3.36	2.80	0.06	0.89	1.24	5.45	0.08	0.04	0.12	4.49	0.025
测区内	碳酸盐岩(18)	6.26	0.09	0.73	0.32	0.05	1.29	0.06	53.23	0.18	0.04	0.18	41.3	0.032
	粉砂岩(12)	66.59	0.70	13.14	1.32	0.09	2.30	1.87	2.26	2.95	0.19		1.73	
威克曼(1954)	泥(页)岩	61.39	1.01	17.95	8.22		2.32	1.35	0.56	3.04	0.25			
克拉克(1924)	沉积岩	57.95	0.57	13.39	3.47		2.65	1.13	5.89	2.86	0.13		5.38	
	岩浆岩	59.12	1.05	15.34	3.08	0.12	3.49	3.84	5.08	3.13	0.30		0.10	

(3)沉积环境(及构造环境)分析

综上所述，展金组据其岩性、岩相组合、沉积构造、生物特征，并结合岩矿特征、岩石化学特征，总体为一套盆地边缘或深水盆地沉积的碎屑岩建造，并发育有裂谷型或岛弧型火山喷发岩。其识别依据如下。

a. 沉积层序特征方面，由于该套地层夹多层火山岩，并受后期构造叠加干扰，变形强烈，变质程度不等，原始沉积构造大多已破坏，局部露头砂、泥韵律特征明显，不同的层序类型反映了不同的微环境。结合野外观测，与下伏擦蒙组相比，碎屑岩以泥岩、粉砂质泥岩为主体，夹硅质岩、灰岩，由于两组岩性相似，之间以火山岩的出现和夹灰岩、硅质岩为划分依据，连续沉积特征明显，是早石炭世盆地演化的继承性发展，宏观上该组下部，由泥质粉砂岩和含粉砂质泥岩构成韵律性层理，砂泥比为1∶2或1∶4，纵向上表现为深水浊流沉积的扇叶叠覆岩相组合。展金组总体环境为盆地边缘并接近深水盆地，并接受了多期火山喷发沉积。

b. 岩石特征方面，碎屑岩的成分成熟度和结构成熟度低，碎屑颗粒呈棱角状、次棱角状，杂基含量较高，局部含大量火山碎屑。黑色泥岩中含炭质、铁质。碳酸盐岩中普遍含生物碎屑、粉砂及菱铁矿微粒，局部碳酸盐岩中也含大量火山碎屑，所含砂屑、鲕粒具褐红色氧化边，属异地来源，故该组中的碳酸盐沉积物的来源与火山喷发密切相关。因此，综合分析该组中的不同的岩石类型，具盆地边缘相沉积特点。

c. 岩相组合方面，薄层硅质岩、黑色泥岩、火山喷发岩、含砂屑生物灰岩、含介形虫泥晶灰岩及深水浊流沉积的碎屑岩相伴产出，硅质岩与黑色泥岩互层，并夹有薄层砂屑生物屑灰岩。岩性变化较大、岩相组合复杂，综合分析应属次稳定型或不稳定型大陆斜坡-盆地边缘相组合。

d. 砂岩的粒度特征方面，从粒度分布累计概率曲线图（图 2-12）上可见，粒度分布累积概率曲线主要有三种形态，其中一组（图中 a_1）粒度区间 φ=3.0～6.0，峰态 K=4.05～5.64，呈双峰形态，标准偏差 δ=0.99～1.4，反映出物源方向多样，分选性中等；第二组（图中 a_2）粒度区间 φ=2.0～4.0，粒度分布为粗偏，反映出跳跃搬运为主的特点；第三组（图中 a_3）其粒度分布范围较宽（φ=1.25～6.25），偏度 SK= -0.83，属极负偏，表明沉积物的粒度分布为细偏，反映出悬浮搬运为主的特点，曲线的斜率较低，且与现代哈德逊海下扇粒度曲线相比，极其相似，属于浊流沉积粒度概率图形。

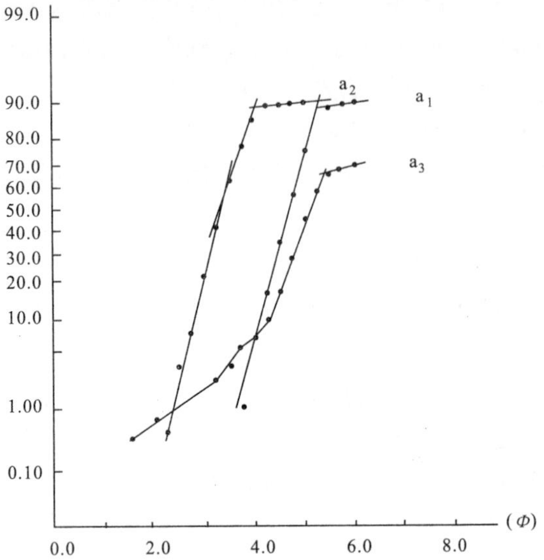

图 2-12　不同类型砂岩粒度分布累计概率曲线图

e. 在古生物特征上，以有孔虫和介形虫化石组合为主，偶见少量单体珊瑚。以浮游类型动物群为特征，微体化石多产出于凝灰质砂岩、粉砂质泥岩、泥晶灰岩等细粒沉积物中。

5. 时代划分依据

本次在托和平错幅鸭子湖一带的霍尔巴错群展金组砂质灰岩、灰岩中新发现了大量䗴科化石，该化石通过南京古生物研究所鉴定，其种属为：*Neoshwagerina* sp. ind（新希瓦格䗴），*Kahlerna* sp. ind（卡勒䗴），*Verbeekina* sp. ind（费伯克䗴），*Chalaroschwagerina* sp.（松希瓦格䗴（未定种）），*Monodiexodina sutschanica* Dutkevich（苏特斯钱单通道䗴），*Rugosofusulina* sp.（皱壁䗴），*Monodiexodina* sp.（单通道䗴）（图版Ⅴ，7，8）。这些化石的时代为中—晚二叠世，其中单通道䗴属冷水型动物群。通过区域对比将该组的时代定为晚石炭世—早二叠世。

（三）二叠系曲地组（$P_{1-2}q$）

1. 地层沿革、分布及划分依据

梁定益等 1982 年命名于日土县多玛区吉普村北西脱塔拉。原义指时代为萨克马尔中晚期—阿丁斯克期的地层。1993 年《西藏地质志》引用其名，主要指展金组火山岩之上的一套细碎屑岩为主夹灰岩、硅质岩的地层。1997 年《西藏自治区岩石地层》沿用其名，指整合于下伏展金组火山岩、碎屑岩之上，岩性以粉砂质板岩（局部为石英砂岩）为主夹灰岩、硅质岩的一套地层。本次将分布于图幅北部拜惹布错南山至三岛湖及南部黑环山至长山梁一带，以灰黑、灰白色长石石英砂岩、石英杂砂岩、长石岩屑砂岩为主夹灰岩、白云岩、硅质岩的一套地层，依据其岩石特征、岩相组合划分为霍尔巴错群曲地组。

2. 剖面描述

西藏改则县三岛湖实测地层剖面：剖面位于西藏改则县三岛湖西。起点坐标：X=3 850 899，Y=14 766 060；终点坐标：X=3 865 515，Y=14 765 350。剖面编号为 P_{16}。该组相当于实测地层剖面第 1—27 分层，总体形态构成复式向斜（图 2-13）。

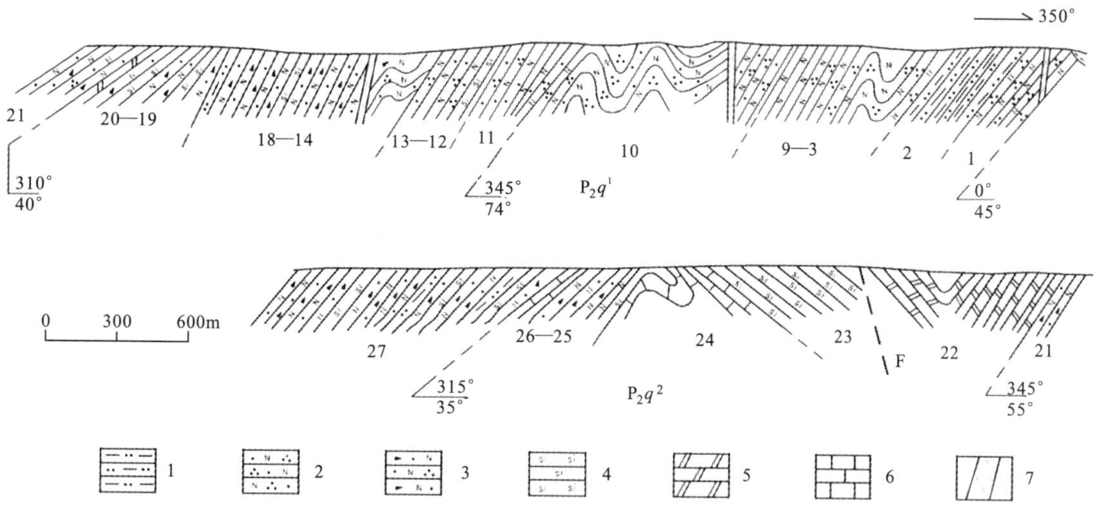

图 2-13　三岛湖曲地组实测地层剖面图

1. 泥质粉砂岩；2. 长石石英砂岩；3. 岩屑长石石英砂岩；4. 硅质岩；5. 微晶白云岩；6. 微晶、泥晶灰岩；7. 辉绿岩

上覆地层：新近系唢纳湖组

~~~~~~~~~~~~角度不整合~~~~~~~~~~~~

霍尔巴错群曲地组(P_2q)　　**总厚度＞4 517.34m**

曲地组二段(P_2q^2)　　**厚度＞2 136.46m**

27. 浅灰黑色中厚层状细粒长石岩屑砂岩夹灰黑色薄板状泥质粉砂岩、灰黑色硅质岩　　992.43m
26. 灰黑色中厚层状微晶灰岩　　19.19m
25. 浅灰黑色中厚层状细粒长石岩屑砂岩、铁质不等粒钙屑砂岩夹灰黑色中厚层状微晶灰岩、灰黑色硅质岩、薄板状泥质粉砂岩　　267.97m
24. 灰黑色中厚层、中薄层泥晶灰岩夹青灰色中厚层状微晶灰岩　　39.60m
23. 灰黑色中层状、薄板状含粘土质硅质岩　　420.12m
22. 灰黑色粉晶白云岩、含灰质微晶白云岩夹青灰色微晶灰岩　　397.15m

——————整　合——————

曲地组一段(P_2q^1)　　**厚度＞2 380.88m**

21. 浅灰黑色中厚层状细粒长石岩屑砂岩夹灰黑色硅质岩　　127.61m
20. 青灰色中厚层微晶白云岩。含灰黄色泥质条带，风化面多呈疙瘩状，不显层理　　27.33m
19. 灰黑色中厚层状细粒长石岩屑砂岩夹灰黑色硅质岩　　315.97m
18. 灰黑色薄板状泥质粉砂岩夹薄层状中细粒长石岩屑砂岩　　44.67m
17. 灰黑色中厚层状细粒长石岩屑砂岩夹硅质岩、泥质粉砂岩　　344.10m

16(21). 辉绿岩脉　　33.61m

15. 灰白色中薄层状细粒长石石英砂岩　　22.75m
14. 灰白色薄—中厚层状细粒长石石英砂岩夹黄绿色泥岩、泥质粉砂岩　　33.5m
13. 灰白色中层细粒长石石英砂岩　　201.81m
12. 灰黑色硅质岩夹灰白色薄层细粒长石石英砂岩　　24.49m

11(13). 灰白色中薄层状中细粒长石石英砂岩　　157.31m

10. 黄绿色中薄层状中细粒长石石英砂岩夹灰黑色碎斑状中细粒石英砂岩、泥质粉砂岩　　127.22m
9. 灰白色细粒长石石英砂岩　　81.81m

8(10). 灰黑色中粒长石石英砂岩　　13.32m

7. 灰黑色细粒泥质长石石英砂岩夹灰黑色薄板状泥质粉砂岩　　172.00m
6. 灰白色厚层状变质不等粒石英砂岩、薄层状粗粒长石石英砂岩夹灰黑色薄板状泥质粉砂岩　　28.89m
5. 灰黑色薄层状泥质细粒长石石英杂砂岩　　36.41m
4. 灰白色厚层状变质不等粒石英砂岩　　51.64m
~~~~~~~~~~~~

3. 灰黑色薄层状泥质中细粒长石石英砂岩。单层厚度 10～15cm　8.57m

2. 灰黑色薄板状泥质粉砂岩夹细粒长石石英砂岩　298.51m

1. 浅肉红色、灰白色变质细粒长石石英砂岩　229.46m

（未见底）

3. 地层特征

曲地组（$P_{1-2}q$）分布于图幅北部三岛湖至拜惹布错南山及图幅南部黑环山至长山梁一带，受构造控制与相邻不同地层单位大部分呈断层接触。在三岛湖一带呈北东-南西向展布，而在拜惹布错南山呈近东西展布，总体处于以擦蒙组为核部的大型复式背斜两翼。该测区内由于断裂构造发育，基岩露头连续性较差，可依据岩石特征及岩性组合划分为两个段，其中一段与1∶100万日土幅地质报告中财那哈组相当，二段与先遣组相当。

曲地组一段（$P_{1-2}q^1$）：主要岩性为一套以长石石英砂岩、长石岩屑砂岩及粉砂岩为主的碎屑岩建造。厚度大于2 136.46m。下部岩性主要为灰红、灰白色薄层中细粒长石石英砂岩、细粒泥质长石石英（杂）砂岩、不等粒石英砂岩，夹灰黑色薄层泥质粉砂岩、细粒岩屑长石石英砂岩、硅质岩及辉绿岩脉；上部为灰黑色中厚层细粒长石岩屑砂岩、岩屑长石砂岩夹黄绿色泥页岩、泥质粉砂岩、硅质岩及青灰色中厚层微晶白云岩。在淡水河南、拜惹布错南山及三岛湖一带该段中夹有火山岩夹层，或以岩片形式产出；主要岩性为辉石安山岩、角闪安山岩及玄武岩等，夹层厚度一般较小。有关特征详见第三章有关内容。

曲地组二段（$P_{1-2}q^2$）：主要岩性为一套碳酸盐岩夹碎屑岩建造。厚度大于2 380.88m。下部岩性为灰黑、青灰色中厚层粉晶白云岩、含灰质微晶白云岩；中部为灰黑色薄层含粘土质硅质岩、青灰色中厚层泥晶灰岩、微晶灰岩；上部为灰黑色薄层细粒长石岩屑砂岩、不等粒铁质岩屑砂岩夹硅质岩、微晶灰岩、泥晶灰岩及泥质粉砂岩，局部长石岩屑砂岩与泥晶灰岩不均匀互层。

由于该组一段地层受后期构造叠加干扰，变形强烈，变质程度不等，原始沉积构造大多已破坏，其沉积构造、沉积层序、纵向叠覆规律难以分析。局部露头显示的基本层序类型有A、B两种。

A型基本层序由深灰色、灰黑色厚层泥晶灰岩-薄层微泥晶灰岩组成的基本层序在垂向上多次叠置，该层序出现于曲地组二段下部，一般单个层序厚2.7～4.0m。其中厚层泥晶灰岩单层厚度2.0～2.5m，块状层理，水平纹层发育；薄层微泥晶灰岩单层厚1.0～1.5m，水平纹层发育。两者渐变过渡呈互层状，其特点显示出碳酸盐沉积物供应充足的浅海陆棚沉积。

B型基本层序由黑色硅质岩-黄绿色泥岩构成韵律层序，硅质岩单层厚5～7cm，黄绿色泥岩单层厚度小于1cm，延伸较稳定。此类型层序出现于该组二段下部。

横向上分布于淡水河南、拜惹布错南山、三岛湖一带，该组中夹少量厚度较小的火山岩，火山岩主要岩性为辉石安山岩、角闪安山岩、玄武岩、沉凝灰岩、玄武质火山角砾岩。在邻幅（土则岗日幅）月牙达坂、独立石湖一带，该组厚度及岩性组合有所变化。其中一段岩性主要为一套以弱变质石英砂岩、长石石英砂岩及粉砂岩、黑色泥岩为主的碎屑岩建造，岩性较单一，未见顶底。下部岩性为黑色页岩与深灰色、黑色薄层细粒石英砂岩或不等粒岩屑石英砂岩不均匀互层，砂岩及页岩中普遍含2%～5%的黄铁矿晶粒，其大小一般2～3mm，呈自形立方体；中部以灰、深灰色薄层变质长石石英砂岩、变质绢云石英砂岩、变质不等粒石英砂岩为主，夹泥质粉砂岩、黑色泥岩，平行层理发育；上部为黑色页岩夹黑色、深灰色薄层变质不等粒石英砂岩、页片状变质绢云石英砂岩及灰色、深灰色绢云石英千枚岩。总体该套地层具轻微变质，但变形较强，砂岩中石英碎屑颗粒次生加大且普遍拉长定向，杂基部分重结晶。页岩、粉砂岩具绢云母化及弱千枚状构造。该组厚度约2 902.2m。分布于独立石湖南岸及黄羊泉一带的该组二段，主要为一套碳酸盐岩夹少量碎屑岩建造。岩性主要为灰黑色薄层、厚层或巨厚层亮晶鲕粒灰岩、生物碎屑亮晶鲕粒灰岩、砾屑灰岩及灰黑色中薄层或厚层泥晶灰岩、灰白色中厚层砂质灰岩。下部夹灰黄、灰白色细粒岩屑砂岩，上部夹灰黄绿色砂质泥页岩。含丰富的珊瑚、腕足类、苔藓虫等古生物化石。此外在托和平错南长山梁一带，曲地组与北侧展金组呈断层接触，仅出露有曲地组二段，主要为一套以碳酸盐岩为主夹碎屑岩相组合，与原先遣组层位相当。原先遣组中产丰富的䗴类化石：*Parafusulina* sp.，*Dunbarula* sp.，*Yangchienia* sp.，*Pseudodlina* sp.，*Schwagerina* sp.，*Schubertella* sp.，*Minojapanella* sp.，*Neoschwagerina* sp.，

Misellina sp.；菊石：*Agathiceras* sp.，*Eothinites* sp.，*Medlicottidaeo*。

4. 岩石特征及沉积环境分析

(1)岩石特征

该组一段为一套碎屑岩建造，二段为一套碳酸盐岩夹碎屑岩建造，但岩性均单调。碎屑岩主要为细粒长石石英砂岩、不等粒石英砂岩、长石岩屑砂岩、钙岩屑砂岩，且大部分发生浅变质；碳酸盐类有泥晶灰岩、微晶灰岩及微晶、粉晶白云岩。该组的变质岩岩矿特征可参考有关章节，其未变质碎屑岩、碳酸盐岩及硅质岩的岩矿特征如下。

a.(变质)长石石英砂岩：岩石多灰白、深灰色，细粒或中细粒、中粒、粗粒砂状结构，块状构造。碎屑含量占80%～90%，胶结物占5%左右，杂基含量小于10%。碎屑组分由石英、长石和少量岩屑、重矿物组成，其中石英以单晶为主，石英岩、硅质岩少量，占碎屑总量的80%～90%；长石以钾长石、斜长石为主，占碎屑总量的10%～15%；岩屑为火山岩、泥岩；重矿物主要为电气石、锆石。碎屑颗粒分选性中等，形态以次棱角状、次圆状为主。胶结物成分主要为硅质，其次为铁质。杂基成分为隐晶质粘土矿物，部分重结晶为绢云母，长形颗粒定向排列。孔隙式胶结，颗粒支撑。岩石的结构成熟度和成分成熟度较高。

b.不等粒石英砂岩：呈灰白色，不等粒状结构，块状构造。碎屑含量占90%，杂基含量小于5%，胶结物含量大于5%。碎屑组分由石英、长石及少量岩屑、重矿物组成，其中石英以单晶为主，硅质岩、石英岩次之，占碎屑总量的95%以上；长石以斜长石、钾长石为主，含量小于4%；岩屑成分为泥岩；重矿物主要为电气石、锆石、磷灰石。杂基为隐晶质粘土矿物，部分重结晶为绢云母、绿泥石。胶结物成分主要为硅质和少量铁质。碎屑颗粒大小0.05～1.0mm不等，具双峰态结构，碎屑形态呈棱角、次棱角状，分选、磨圆度较差，部分颗粒次生加大，发生重结晶或拉长。岩石的结构成熟度低，成分成熟度高。

c.长石岩屑砂岩：呈灰白、深灰色，细粒砂状结构，块状构造。碎屑含量占87%，杂基含量小于10%，胶结物含量3%～5%。碎屑成分由石英、岩屑、长石和少量重矿物组成，其中石英以单晶为主，少量硅质岩，占碎屑总量的60%～70%；岩屑成分有千枚岩、泥岩、云母，含量约25%；长石以斜长石、钾长石为主，含量10%～15%。杂基为隐晶质粘土矿物，部分重结晶为绢云母、绿泥石。胶结物成分为铁质。碎屑颗粒大小0.05～0.25mm，碎屑形态呈次圆状，分选性中等。岩石的结构成熟度和成分成熟度较低。

d.不等粒铁质钙岩屑砂岩：呈灰黑、灰褐色，不等粒砂状结构，块状构造。碎屑含量占87%，胶结物含量10%左右，杂基含量3%。碎屑组分主要为石英、岩屑和少量长石、重矿物，其中石英颗粒由单晶、硅质岩和少量石英岩组成，占碎屑总量的34%左右；岩屑成分为内碎屑、泥晶灰岩、泥岩、千枚岩，含量60%左右，此外碳酸盐岩屑占岩屑总量的65%以上。胶结物成分主要为黑褐色铁质。杂基为隐晶质粘土矿物，部分重结晶。碎屑颗粒大小0.05～1.3mm不等，分选差，碎屑形态呈次棱角状，磨圆度较差。岩石的结构成熟度和成分成熟度低。具风暴流或浊流成因特征。

e.微晶灰岩：呈深灰、灰黑色，微晶结构，块状构造。矿物成分主要为微粒方解石(占85%～90%)，其次为黑褐色、团块状、云雾状有机质，含量10%左右。另外，含少量星点状分布的金属矿物。岩石次生裂隙发育，裂隙宽0.01～1.5mm，大部分被方解石、铁质充填。

f.白云岩：呈深灰色，微晶、粉晶结构，层状构造。矿物成分主要为较自形粒状白云石(占85%～95%)，其次为粒状散布方解石(含量小于5%)和呈棱角状石英砂(含量2%～5%)。岩石次生裂隙发育，裂隙宽0.01～1.5mm，全部被方解石充填。

g.硅质岩：呈深灰色、黑色，隐晶质结构，贝壳状断口，矿物成分主要为隐晶质玉髓，含量95%以上，其次含炭质、方解石、黄铁矿或泥质2%～4%，呈粒状或隐晶质，其他黑褐色金属矿物占1%左右。岩石裂隙发育，裂隙宽0.01～0.5mm，被硅质、钙质、铁质充填。

(2)岩石化学特征

剖面测制过程中，对该组不同类型的灰岩进行了拣块取样，碳酸盐岩化学成分见表2-6。从表上可知，硅质微晶灰岩与石灰岩的一般化学成分CaO占42.61%、MgO占7.90%、CO_2占41.85%、SiO_2占5.19%、其他氧化物仅占2.72%的值相比，存在较大的差异，SiO_2含量高说明其形成时与水体中的硅质生物和燧石的存在有关。

表 2-6 曲地组碳酸盐岩岩石化学成分表 (单位:%)

样品号	岩性	SiO_2	TiO_2	Al_2O_3	Fe_2O_3	MnO	MgO	Na_2O	CaO	K_2O	P_2O_5	H_2O	CO_2	S
P16TS-1	粉晶白云岩	2.49	0.07	0.71	0.81	0.03	17.00	0.28	33.55	0.17	0.04	0.33	44.67	0.007
P16TS-2	硅质微晶灰岩	41.46	0.37	4.56	1.87	0.31	1.53	1.85	25.80	0.44	0.12	0.50	20.62	0.013
P16TS-3	硅质微晶灰岩	30.05	0.12	2.53	0.92	0.08	2.16	1.26	35.41	0.19	0.07	0.28	26.29	0.049
P16TS-4	微晶灰岩	2.44	0.01	0.17	0.44	0.12	0.86	0.07	53.04	0.03	0.07	0.06	42.24	0.037

(3)沉积环境(及构造环境)分析

综上所述,曲地组据其岩性、岩相组合、沉积构造、生物特征,并结合岩石特征,总体为一套大陆斜坡与浅海陆棚沉积的碎屑岩-碳酸盐岩建造。其识别依据如下。

a.沉积层序特征方面,由于该段地层受后期构造叠加干扰,变形强烈,变质程度不等,原始沉积构造大多已破坏,其沉积构造、沉积层序难以观测。但该组下部为一套以长石石英砂岩、粉砂岩、泥岩为主的碎屑岩建造,上部为一套以灰岩为主的碳酸盐岩建造。与下伏展金组相比,下部碎屑岩岩性、岩相组合相似,连续沉积特征明显。综合分析认为曲地组应属大陆斜坡演变为浅海陆棚沉积的沉积建造。

b.岩性特征方面,碎屑岩的成分成熟度较高,结构成熟度低,碎屑颗粒呈棱角状、次棱角状,杂基含量小于10%。

c.岩相组合方面,区内该组下部碎屑岩普遍轻微变质,但横向上其下部主要为一套长石石英砂岩、长石石英杂砂岩为主夹黑色泥质粉砂岩、页岩的岩相组合,反映出该组接受沉积时,地壳活动减弱并趋于稳定,碎屑沉积物供应充足,其沉积速率远大于盆地下降速度,因此后期演变为碳酸盐沉积物供应充足的浅海陆棚沉积。

d.在古生物特征上,该组下部为一套贫化石的大陆斜坡相碎屑岩,上部灰岩中以富含珊瑚、腕足、腹足、介形虫及棘皮类化石组合为特征(多为不完整的生物碎片)。

5. 时代划分依据

该组下部为一套普遍轻微变质的贫化石碎屑岩建造,本次工作未找到化石,但在其上部灰岩中发现有大量珊瑚、腕足、腹足等化石碎片,本次所采集的化石大多不完整,未取得鉴定结果。该组与下伏展金组整合接触,横向对比与原先遣组层位相当,结合前人资料,原先遣组中产丰富的䗴类化石:*Parafusulina* sp., *Dunbarula* sp., *Yangchienia* sp., *Pseudodlina* sp., *Schwagerina* sp., *Schubertella* sp., *Minojapanella* sp. *Neoschwagerina* sp., *Misellina* sp.;珊瑚:*Szechuanophyllum szechuanense*, *Iranophyllum* sp., *Yatsengia* sp., *Waagenopyllum* sp, *Polythecalis* sp. 等。其中,䗴类组合较明显反映出我国各区茅口阶的特征,珊瑚动物群大多属于特提斯区早、中二叠世的属种。由上所述,将该组的时代归属于早—中二叠世。

二、二叠系

二叠系吉普日阿组

1. 地层沿革、分布及划分依据

该地层由梁定益、郭铁鹰等(1983)创名于日土县多玛区吉普村东北吉普日阿。原义指下部为砾岩、砂砾岩、钙质粉砂岩或粉砂岩互层,上部为白云质灰岩,局部夹安山岩的一套碎屑岩-碳酸盐岩建造。1987年1∶100万日土幅《区域地质调查报告》沿用了这一划分方案。1997年《西藏自治区岩石地层》沿用其名,指一套以碎屑岩和白云质灰岩为主夹中性火山岩的地层体。下部以碎屑岩为主,上部为白云质灰岩夹少量中性火山岩。本次将区内零星分布于托和平错南及鸭子湖北一套以灰白色厚层白云质灰岩为主,下

部夹少量碎屑岩的地层，据其岩石特征、岩性组合及产出层位，与吉普日阿组上部白云质灰岩层位大致相当，划归为吉普日阿组。

2. 剖面描述

托和平错剖面：剖面位于西藏改则县托和平错北一带。起点坐标：X=3 771 390，Y=14 709 790，H=5 090。剖面编号为 P_{19}。

二叠系吉普日阿组(P_3j)	**厚度>72.8m**
（未见顶）	
5. 灰红、灰白色厚—巨厚层状白云质灰岩	>25.0m
4. 灰黑色粉砂岩	5.5m
3. 灰黄色、深灰色含砂质粉砂岩夹薄层生物碎屑灰岩。灰岩中含双壳、腕足类化石	30.0m
2. 灰黑色泥质粉砂岩	12.0m
1. 灰黑色砾岩	0.3m
~~角度不整合~~~~~~~~~~	

下伏地层：石炭—二叠系展金组

3. 地层特征

零星分布于测区托和平错南部及鸭子湖北西部一带，本次工作发现该套地层在岩性、岩貌、遥感影像特征等方面较为特殊，该组上部灰岩白云岩化强烈，厚度巨大，呈正地形，具“岩体”地貌特征，遥感影像为亮灰白色，与石炭系暗灰黑色形成明显的对比，同时发现该套地层与下伏地层石炭—二叠系展金组间为角度不整合接触关系。地层时代确定的化石依据尚显不足。

该组主要岩性为灰、灰白色厚—巨厚层泥晶灰岩、薄层生物屑灰岩、含砂质砂屑灰岩。底部为灰黑色砾岩，厚 30cm，厚度变化较大，横向上极不稳定。下部夹两层灰黑色泥质粉砂岩，厚度分别为 12.0m 和 5.5m。

横向上该组厚度变化较大，极不稳定，大部分地段缺失。往西至土则岗日幅区内窝尔巴错东至鲁玛江冬错北一带，底部为灰色块状砾岩，之上为灰褐色薄层含砾砂岩、褐黄色中—薄层细砂岩夹粉砂岩、黑色灰岩。中上部岩性主要为黑色薄层—中厚层泥晶灰岩、灰白色白云质灰岩、礁灰岩等，上部夹紫红色厚层砾状灰岩。该段地貌上呈陡峭的岩壁，多分布于山脊上，溶蚀孔洞、溶蚀坑等溶蚀现象极普遍。远观似“岩体”地貌，一般呈角度不整合覆盖于霍尔巴错群展金组火山岩之上。

4. 沉积环境分析

晚二叠世时，羌北已整体抬升，羌南沉积区海水变浅，因而沉积形成了一套白云岩、白云质灰岩沉积物，其底部出现了厚度、岩性变化较大的陆源碎屑堆积，在不整合面之上吉普日阿组下部多为红色砂砾岩、泥页岩、粉砂岩、砂泥岩、砂岩夹灰岩，且大部分地段缺失。据其岩性、岩相组合、沉积构造等特征，该组为干旱炎热气候条件下形成的以红色调为主的碎屑岩或封闭海湾泻湖相沉积。

5. 时代划分依据

区内该组上部为一套以白云质灰岩为主的碳酸盐岩建造，在其下部白云质灰岩中发现有大量珊瑚、腕足、腹足等化石，本次所采集的化石大多不完整，未取得鉴定结果。该组与下伏展金组不整合接触，横向对比与分布于日土县多玛区吉普村脱塔拉、改则县茶布区财那哈二叠系剖面中的吉普日阿组岩性、岩相组合大体一致，与其上部白云质灰岩层位相当。层型剖面灰岩中含䗴类化石：*Palaeofusulina* sp.，*Codonofusiella* sp.，*Reichelina* sp. 等；珊瑚：*Waagenopyllum* sp.，*Lophophyllidium* sp. 等。由上所述，将该组的时代归属于晚二叠世。

第三节　中生界

区内中生界主要出露有三叠系和侏罗系，缺失白垩系。其中在北羌塘和南羌塘地层区内分布的三叠系，其岩石特征、岩相组合、古生物组合特征明显不同，羌北出露地层为下三叠统康鲁组，属一套河流相碎屑岩建造；羌南主要出露地层为中、上三叠统肖茶卡组，下三叠统缺失，总体属一套浅海相碎屑岩-碳酸盐岩建造。而侏罗系雁石坪群无论在羌南或羌北地层区内其岩石特征、岩相组合、古生物面貌基本一致。各系分述如下。

一、三叠系

以窝尔巴错-拜惹布错断裂带为界，北羌塘地层区只出露下三叠统康鲁组，主要分布于图幅北西部拜惹布错至土则岗日北西一带，分布范围较小；南羌塘地层区出露中、上三叠统肖茶卡组，主要分布于图幅中部三岛湖—温泉湖一带，在图幅南部托和平错及万泉湖一带也有零星出露。

（一）北羌塘地层区

康鲁组(T_1k)

1. 地层沿革、分布及划分依据

康鲁组由文世宣1979年创名，建组于双湖办事处之北西的康鲁山，岩性以紫红、灰紫色砂岩、粉砂岩为主。1993年《西藏地质志》引用其名，代表印度阶。1997年全国地层多重划分对比研究时《西藏自治区岩石地层》沿用其名，含义与原始定义大体相当，岩性以紫红色、黄灰色细砂岩、粉砂岩为主，底部夹紫红色砂砾岩等。本次工作中发现分布于普尔错—月牙湖一带的一套紫红色碎屑岩建造，其岩石特征、岩相组合与康鲁山层型剖面对比大体一致，因此本报告将该套地层仍沿用康鲁组。

2. 剖面描述

月牙湖剖面位于西藏日土县月牙湖西岸。起点坐标：X=3 862 817，Y=14 607 543，H=5 210。剖面编号为P_8，未见顶、底(图2-14)。

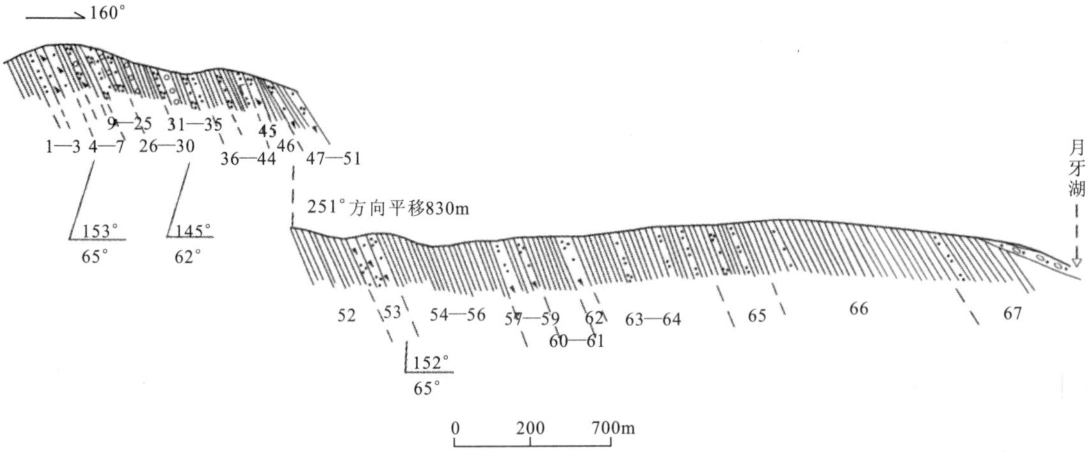

图2-14　月牙湖康鲁组实测地层剖面图
（与剖面描述层号对应）

三叠系康鲁组(T_1k)　　　　**总厚度>1 744.16m**

（未见顶）

50(67). 暗紫红色页岩夹灰色薄层状细粒岩屑石英砂岩。页理发育　　　　89.51m

49(65). 黑色页岩夹灰绿色薄层状细粒岩屑石英砂岩。细粒岩屑石英砂岩厚1.0～2.0m，出现5个夹层，垂向上可相变为页片状粉砂岩→粉砂质页岩　232.83m

48(65). 紫红色页岩夹黑紫红色薄层状铁质细粒石英砂岩。上部夹一层2.0m厚的黑色泥岩　79.35m

47(64). 紫红、灰绿色页岩夹灰绿色薄层状钙质粗粒岩屑石英粉砂岩。局部粉砂岩轻微变质但变形较强，矿物定向拉伸线理发育　228.04m

46(63). 紫红色页岩　26.78m

45(62). 灰绿色中层夹薄层状细粒岩屑石英砂岩　25.97m

44(61). 紫红色页岩夹灰绿色页岩及少量灰绿色薄层状细粒岩屑石英砂岩。页理发育　47.17m

43(60). 紫红色页岩夹暗紫红色薄层状粗粒岩屑石英粉砂岩。粉砂岩波状层理发育　36.60m

42(58—59). 灰黄色页岩→灰绿色薄层状细粒岩屑砂岩韵律层。页岩单层厚度大于砂岩　14.32m

41(57). 紫红色页岩　19.89m

40(56). 灰绿色薄层、中薄层状细粒岩屑砂岩。夹三层厚度分别为1.2～1.5m的灰黄色页岩，由页岩-砂岩构成三个砂泥沉积旋回　27.81m

39(55). 紫红色、灰绿色页岩夹暗紫红泥质粉砂岩　53.38m

38(54). 紫红色页岩夹暗紫红色薄板状泥质粉砂岩。局部露头显示由紫红色页岩→褐色泥质粉砂岩→灰绿色泥质粉砂岩呈渐变过渡关系　174.50m

37(53). 灰绿色中层—厚层状细粒岩屑石英砂岩　26.64m

36(52). 紫红色页岩夹暗紫红色薄板状泥质粉砂岩。粉砂岩共两层，厚度分别为30cm、50cm，与上下紫红色页岩呈渐变过渡　129.37m

35(51). 灰色、灰绿色中层状钙质细粒岩屑石英砂岩夹灰绿色页片状粗粒岩屑石英粉砂岩。砂岩层厚小于80cm，层系厚40～50cm，平行层理为主　37.28m

34(50). 紫红色页岩夹暗紫红色薄层泥质粉砂岩。下部夹两层厚度小于30cm的暗紫红色层间砾岩　38.27m

33(49). 灰绿色中薄层状细粒岩屑石英砂岩夹粉砂质页岩　3.83m

32(48). 紫红色页岩夹暗紫红色泥质粉砂岩。层间发育4～5层厚度小于30cm的暗紫红色砾岩　26.81m

31(47). 灰绿色中薄层状细粒岩屑石英砂岩夹粉砂岩。层系厚度20～30cm，上部夹一层30cm左右的灰绿色砾岩，与上下岩性层呈过渡关系　10.38m

30(46). 紫红色页岩。上部夹一层厚约40cm的褐红色钙质粉砂岩　21.56m

29(45). 暗紫红色中薄层钙质细粒岩屑石英砂岩。中部夹两层厚约1.2m、0.8m的层间砾岩　23.08m

28(44). 暗紫红色薄层状粗粒岩屑石英粉砂岩，中部夹灰绿色砾岩　5.36m

27(43). 暗紫红色薄层状粗粒岩屑石英粉砂岩与紫红色页岩互层　5.36m

26(42). 灰绿色砾岩。砾石成分复杂，磨圆度、分选性差，与上部粉砂岩呈过渡关系　1.79m

25(41). 暗紫红色薄层状岩屑石英粉砂岩。波状层理　8.94m

24(40). 紫红色页岩夹暗紫红色钙质岩屑石英粉砂岩。页理较发育　25.04m

23(39). 灰绿色钙质细粒岩屑石英砂岩。平行层理　3.58m

22(38). 紫红色页岩夹暗紫红色钙质岩屑石英粉砂岩　5.36m

21(37). 深灰色钙质细粒岩屑石英砂岩。斜层理发育，顶部渐变过渡为粉砂岩　6.26m

20(36). 紫红色页岩夹暗紫红色钙质岩屑石英粉砂岩。页理较发育　45.86m

19(35). 灰绿色含砾粗粒岩屑石英砂岩。底部含砾，分选性、磨圆度差，向上过渡为粉砂岩　4.05m

18(33—34). 紫红色页岩夹暗紫红色钙质岩屑石英粉砂岩。粉砂岩发育波状层理　28.37m

17(32). 暗紫红色砾岩。砾石磨圆度、分选性差　4.86m

16(31—30). 紫红色页岩夹暗紫红色钙质细粒岩屑石英砂岩、粉砂岩　63.53m

15(29). 暗紫红色砾岩。砾石成分复杂，主要为脉石英、片岩、砂岩及细砂砾岩等，分选性差，大小混杂。磨圆度较差，呈棱角状，最大扁平面多与层面一致　9.11m

14(28). 紫红色薄层状细粒岩屑石英砂岩夹褐色岩屑石英粉砂岩　9.11m

13(27—24). 灰绿色页岩夹灰绿色中薄层细粒岩屑石英砂岩　21.03m

12(23—22). 暗紫红色砾岩。正粒序，由粗砾岩→细砾岩四个韵律构成，顶部为厚0.70m的紫红色页片状粉砂岩　5.20m

11(21—19). 紫红色薄层状细粒岩屑石英砂岩夹粉砂岩　4.50m

10(18—11). 暗紫红色砾岩与紫红色页岩互层。砾石成分复杂，磨圆度、分选性较差　4.80m

9(10). 暗紫红色薄层钙质岩屑石英粉砂岩。具斜层理	1.10m
8(9). 紫红色粉砂质泥岩。波状层理	9.56m
7(8). 灰绿色薄层细粒岩屑石英砂岩夹灰绿色页岩。具平行层理	4.78m
6(6—7). 紫红色泥岩。上部夹一层厚约30cm的层间砾岩，砾石成分为砂岩、页岩，分选性、磨圆度较差	6.14m
5(5). 灰色厚层含砾不等粒岩屑石英砂岩。层间砾岩发育，分选性、磨圆度较差。具粗尾递变层理	12.77m
4(4). 紫红色页岩夹紫红色薄层泥岩	10.87m
3(3). 灰绿色中薄层细粒岩屑砂岩夹灰绿色粉砂质页岩。具平行层理	19.95m
2(2). 紫红色薄层钙质岩屑石英粉砂岩	14.32m
1(1). 紫红色页岩、粉砂质页岩夹紫红色薄层钙质岩屑石英粉砂岩	29.19m

（未见底）

3. 地层特征

该组分布于月牙湖—普尔错东西两侧，呈北东-南西向带状展布，为一套陆相碎屑岩建造。宏观地貌特征为突出的低矮带状山脊，呈较鲜艳的紫红色色调，地层产状较陡，与其两侧地质地貌单元明显不同。该组厚度大于1 744.16m。

下部岩性为紫红色薄层钙质岩屑石英粉砂岩、灰绿色中薄层细粒岩屑砂岩、灰色厚层含砾不等粒岩屑石英砂岩、暗紫红色砾岩夹暗紫红色细粒石英砂岩、泥质粉砂岩及紫红色页岩。以平行层理、粒序递变层理、斜层理为主。砂岩、粉砂岩中层间砾岩发育，其细粒物质在全层内均有分布，以细粒物质作为基质，砾石及粗颗粒自下而上逐渐减小和变细。砾石成分较复杂，主要由脉石英、泥岩、粉砂岩、砂岩砾等组成，大小一般2.0～7.0cm，多呈棱角状。厚约532.0m。

上部岩性为灰绿、紫红色页岩、暗紫红色钙质粗粒岩屑石英粉砂岩夹灰绿色薄层细粒岩屑砂岩、暗紫红色薄层细粒铁质石英砂岩。该段总体露头较差，局部灰绿色薄层粉砂岩发生轻微绢云母化、绿泥石化，矿物线理、皱纹线理发育。后期方解石脉斜穿层理，宽10.0cm左右，且较发育。厚约1 212.16m，横向上变化较大。

康鲁组地层结构特征及沉积层序见图2-15，据岩性组合及纵向叠覆规律，可以划分出由粗变细的两种不同岩性组合的基本层序。

A型层序由紫红色砾岩-紫红色粉砂岩或页岩组成多个向上变细的基本层序的垂向叠加，每个基本层序厚1.0～4.0m。砾岩单层一般厚0.3～1.0m，个别厚达1.5～2.0m，递变粒序层理，砾石成分复杂，成熟度较低，磨圆度、分选性较差，具近源搬运沉积特征。上部单元粉砂岩或页岩单层厚度0.5～1.0m，粗粒粉砂岩具斜层理，局部层间砾岩发育。上部单元在个别层序中缺失，主要由粗砾岩-细砾岩组成，垂向上下粗上细粒序特征明显，冲刷侵蚀面清楚。总体反映出典型的砾质辫状河道与砂质心滩沉积的垂向叠加，河流相二元结构特征非常明显。

B型层序由紫红色细粒岩屑石英砂岩、粉砂岩-紫红色页岩组成基本层序，每个基本层序厚3.0～6.0m，个别层序厚可达10m以上。层序下部砂岩、粉砂岩单层厚0.3～0.8m，局部显示波状层理，横向上不连续，呈透镜体夹于页(泥)岩中，上部页岩单层厚0.7～4.5m。总体表现为河漫滩或浅湖沉积，垂向上A型层序见于该组下部，B型层序出现于上部，呈现出向上变细的演化序列。

4. 岩石特征及沉积环境分析

(1)岩石特征

该组主要岩石类型为砾岩、细粒岩屑石英砂岩、含砾不等粒岩屑石英砂岩、细粒岩屑砂岩及岩屑石英粉砂岩、页岩。

a. 砾岩：主要分布于该组下部，呈厚层状、薄层状、块状产出，横向上呈透镜体。多呈暗紫红色、杂色钙质砾岩，砾石含量从大于30%到大于60%不等，其成分复杂，主要为紫红色、灰绿色砂岩、粉砂岩、紫红色泥岩、灰白色石英岩、绿泥片岩、千枚岩、基性火山岩等，砾径一般2～8mm或5～7cm，大者10cm左右。砾石分选性差，磨圆度差—中等，呈次棱角状—次圆状，表面不光滑，颗粒支撑。砾间被泥砂质充

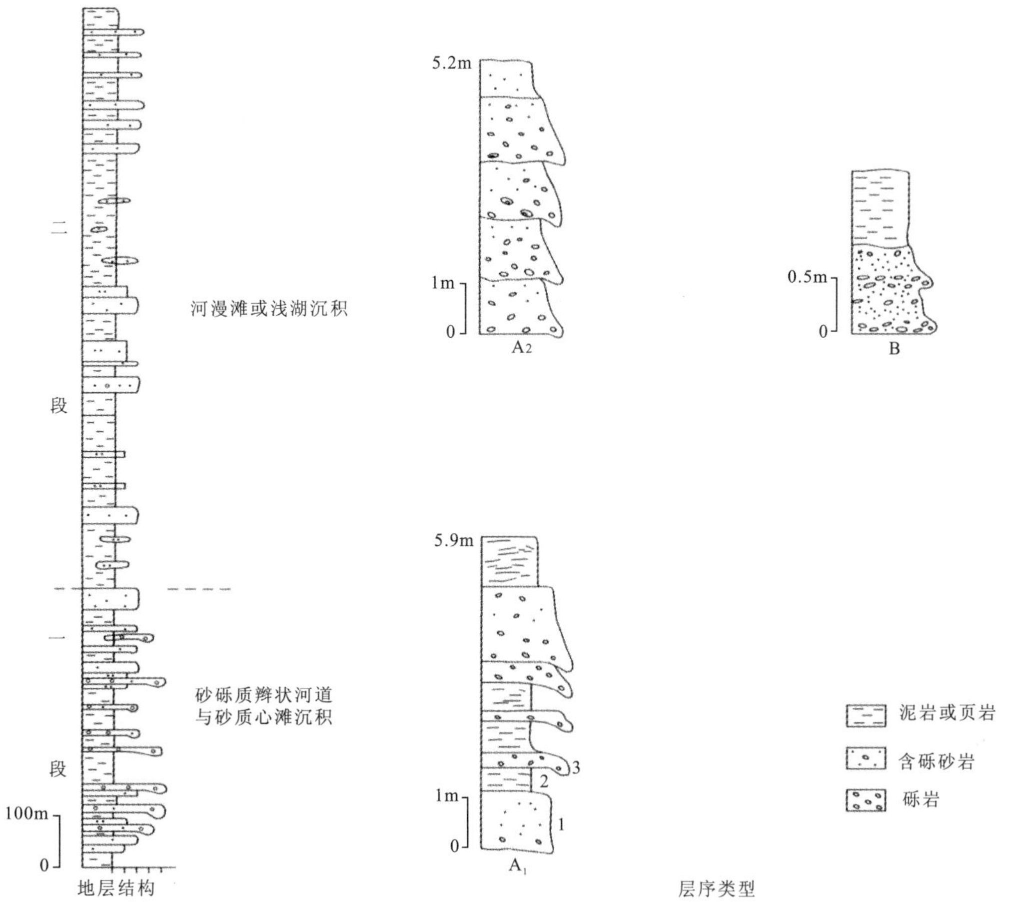

图 2-15 康鲁组地层结构及基本层序类型图

填，钙质胶结。垂向上显示粒序层理，砾石具一定定向性，长轴方向与层理面一致。

b. 细粒岩屑石英砂岩：岩石多呈灰、褐灰色、紫红色，细粒砂状结构，层状或块状构造。碎屑含量占85%～90%，胶结物占5%～10%，杂基3%～10%。碎屑组分为石英、岩屑、长石、重矿物，石英由单晶、石英岩、硅质岩组成，占碎屑总量的79%～90%；岩屑成分有千枚岩、泥岩、中酸性火山岩、碳酸盐岩，含量10%～20%；长石以斜长石、钾长石为主，含量小于5%；重矿物少量，主要矿物为电气石、锆石、磷灰石及绿帘石。胶结物成分主要为方解石，其次为铁质。碎屑颗粒大小以0.06～0.12mm为主，分选好，形态以次棱角状、次圆状为主，孔隙式胶结，颗粒支撑。岩石的结构成熟度较高。

c. 细粒岩屑砂岩：呈灰色、灰褐色，细粒砂状结构，层状构造。碎屑含量占90%以上，胶结物占5%～10%，杂基含量小于5%。碎屑组分为石英、岩屑、长石、重矿物，其中石英由单晶石英、硅质岩、石英岩组成，占碎屑总量的60%～65%；岩屑成分有火山岩、泥岩、白云母，含量25%左右；长石以斜长石为主，含量小于5%；重矿物少量至3%，主要矿物为电气石、锆石、磷灰石。胶结物成分主要为硅质，其次为方解石。杂基成分为隐晶质粘土矿物。碎屑颗粒大小以0.06～0.3mm为主，分选好，形态以次棱角状、次圆状为主，孔隙式胶结，颗粒支撑。成分成熟度低，结构成熟度较高。

d. 钙质岩屑石英粉砂岩：岩石一般呈红褐色、紫红色、灰绿色，粉砂状结构，层状构造。碎屑含量60%～80%，胶结物含量15%～40%。碎屑组分为石英、长石、重矿物，其中石英主要为单晶石英，占碎屑总量的90%以上，岩屑成分为泥岩、火山岩、白云母等，含量5%～10%，长石以斜长石、钾长石为主，含量小于5%；重矿物少量。胶结物成分以方解石为主，铁质次之。碎屑颗粒以0.01～0.06mm为主，分选好，基底式胶结，微晶支撑。岩石的成分成熟度高，结构成熟度较低。

(2)沉积环境(及构造环境)分析

综上所述，据其岩性、岩相组合、沉积构造，并结合沉积层序和岩矿特征，总体为一套河流沉积的碎屑岩建造。其识别依据如下。

a. 沉积层序特征方面,不同类型的基本层序反映出不同的微环境。A 型层序垂向上下粗上细粒序特征明显,冲刷侵蚀面清楚,总体反映出典型的砾质辫状河道与砂质心滩沉积的垂向叠加,河流相二元结构特征非常明显。B 型层序以紫红色页岩为主,而层序下部的紫红色细粒岩屑石英砂岩、粉砂岩,向上粒度由粗变细,发育波状层理,垂向上多表现为薄的夹层或透镜体,为河漫滩或浅湖沉积。

b. 沉积构造方面,砾岩下部表现为块状层理,随粒度变化出现相应的变化,显示出下粗上细的正旋回粒序层理-平行层理-小型波状层理或斜层理-水平纹层理的大致顺序。

c. 粒度分布累积概率曲线图(图 2-16),粒度分析结果表明,其标准偏差 $\delta=0.79\sim0.98$,分选性中等;图中 a_1、a_2、a_4 主要由跳跃总体组成(占 90%以上),跳跃总体的斜率在 65°~70°间,a_3 为洪水型,T 截点不明显,在截点处出现零散点,形成混合过渡带,反应了沉积速度快和分异差的洪水期沉积特点,其粒度区间分布很宽,曲线斜率在 40°~60°间。从粒度参数散布图中其总的趋势为河流沙区。

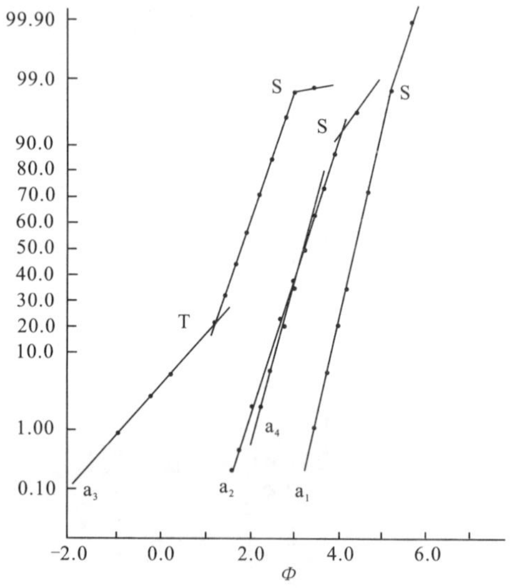

图 2-16　粒度分布累计概率曲线图

d. 在砂体形态上,剖面上砂体呈透镜状、板状—透镜状,横向上呈断续条带状分布。

5. 时代划分依据

该组地层为一套化石贫乏的陆相杂色碎屑岩建造,前人及本次工作在本区一直未找到化石,其岩性组合特征与康鲁山层型剖面对比大体一致,层型剖面中双壳类化石为 *Astarte* sp. *Claraia* sp. 组合。故将区内分布于月牙湖—普尔错一带以紫红色色调为主的碎屑岩建造归属早三叠世。横向上与分布于兽形湖一带的万泉河群相对比,岩性组合不同,但地质地貌及地层色调极相似,所以应属同期异相的产物。

(二)南羌塘地层区

肖茶卡组($T_{2-3}x$)

1. 地层沿革、分布及划分依据

1986 年西藏区调队在双湖西肖茶卡创名“肖茶卡群”,原义主要代表羌塘地区上三叠统。1987 年西藏区调队将分布于测区内三岛湖—温泉湖—万泉湖一带的中、上三叠统,分别命名为万泉湖群和托和平错群(1∶100 万日土幅区调报告)。1989 年编写的《西藏地质志》,将羌塘地区的三叠纪地层划分为羌南、羌北地层分区,羌南地层分区含火山岩、厚度大、均为浅变质地层的肖茶卡群改用日干配错群代替;羌北地层分区保留原肖茶卡群一名。1997 年的《西藏自治区岩石地层》沿用此划分方案。

本次 1∶25 万区域地质调查结果,发现大面积分布于图幅中部温泉湖一带的一套碎屑岩-碳酸盐岩建造,无火山岩夹层亦未发生浅变质,与下伏地层呈角度不整合接触。依据本次调查结果,并结合《西藏自治区岩石地层》及近年青藏高原 1∶25 万区域地质调查和研究取得的新资料《青藏高原及邻区地质图说明书》降群为组,将区内中、上三叠统厘定为肖茶卡组,据其岩性组合特征可初步划分为两个段。

2. 剖面描述

(1)托和平错西剖面

剖面位于西藏改则县托和平错西。起点坐标:$X=3\ 781\ 653$,$Y=14\ 689\ 717$;终点坐标:$X=3\ 782\ 421$,$Y=14\ 689\ 800$。高程为 5 126m。剖面编号为 P_{17}。该组相当于实测剖面第 1—10 层,总体构造形态为一向斜(图 2-17),现将该剖面介绍如下。

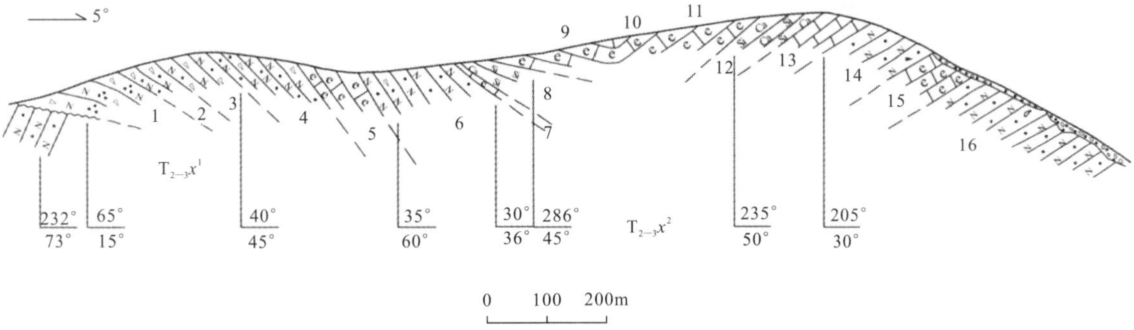

图 2-17　托和平错肖茶卡组实测地层剖面图

（与剖面描述层号对应）

肖茶卡组($T_{2-3}x$) **厚度＞172.8m**

（未见顶）

二段($T_{2-3}x^2$) **厚度＞101.4m**

10. 灰黑色中厚层微晶灰岩 6.3m

9. 浅灰色中厚层泥亮晶生物碎屑灰岩 28.0m

8. 浅灰色薄层钙质硅质岩夹黄绿色泥岩 8.0m

7. 浅灰色中厚层含生物屑(海绵骨针)泥晶灰岩 2.8m

6. 灰黑色薄片状泥灰岩夹不等粒岩屑长石砂岩、泥质粉砂岩 50.3m

5. 浅灰色薄—中层含生物屑泥晶灰岩 6.0m

————整　合————

一段($T_{2-3}x^1$) **厚度 71.4m**

4. 灰白色薄层不等粒长石岩屑砂岩 27.0m

3. 灰褐色中厚层不等粒岩屑长石砂岩 13.0m

2. 灰褐色中厚层不等粒长石岩屑砂岩。局部含砾，砾石成分复杂，大小 5mm 左右 6.9m

1. 灰褐色中厚层中细粒长石岩屑石英砂岩 24.5m

~~~~~~角度不整合~~~~~~

下伏地层：石炭系擦蒙组

(2)托和平错剖面

该剖面位于改则县托和平错西约 5.0km。剖面起点约东经 82°58′，北纬 34°10′，剖面由南西向北东测制(据日土幅修测)。原剖面为托和平错群，实测厚度为 2 571.6m，本次通过地质路线观测，该组总体构造形态为一向斜，其地层厚度为 1 186.52m(图 2-18)。

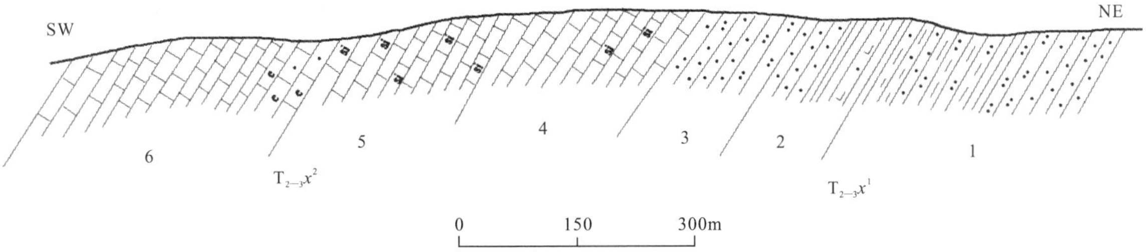

图 2-18　托和平错西肖茶卡组实测地层剖面图

（与剖面描述层号对应）

肖茶卡组($T_{2-3}x$) **厚度＞1 186.52m**

（未见顶）

二段($T_{2-3}x^2$) **厚度＞760.67m**

6. 深灰色、浅紫红色薄—厚层状微晶灰岩、硅质灰岩、泥灰岩夹薄层硅质岩。泥灰岩中含丰富的
~~~~~~

双壳类：*Daonella bulongensis bifurcata* Chen　　220.82m

5. 灰色、浅紫红色薄层硅质岩夹硅质灰岩　　141.35m

4. 灰、深灰色微晶灰岩、硅质灰岩夹薄层硅质岩　　398.50m

——————整　合——————

一段($T_{2-3}x^1$)　　**厚度 425.85m**

3. 灰、深灰色薄层不等粒长石岩屑砂岩、粉砂岩夹页岩　　69.63m

2. 深灰色薄层粉砂岩、粉砂质泥岩、页岩夹不等粒岩屑长石砂岩　　83.96m

1. 灰、深灰色中薄层岩屑石英砂岩、粉砂岩、粉砂质泥岩夹钙质泥岩　　272.26m

~~~~~~~~~~角度不整合~~~~~~~~~~

下伏地层：石炭系擦蒙组

(3)万泉湖剖面

该剖面位于改则县茶布区万泉湖北岸。剖面起点约东经 83°50′，北纬 34°18′，剖面由北西向南东测制(据日土幅修测)。原剖面为上三叠统万泉河群，本次通过地质路线观测划归肖茶卡组二段(图 2－19)。

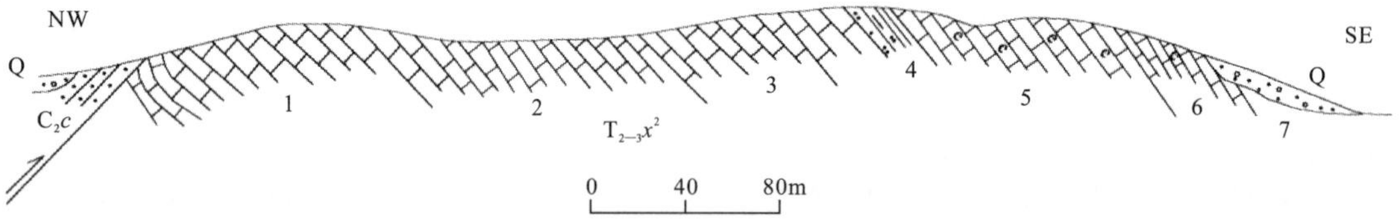

图 2－19　万泉湖肖茶卡组实测地层剖面图

(与剖面描述层号对应)

肖茶卡组($T_{2-3}x$)　　**厚度>231.54m**

(未见顶)

二段($T_{2-3}x^2$)　　**厚度>231.54m**

7. 灰色厚层微晶灰岩　　>6.00m

6. 灰色中厚层生物碎屑微晶灰岩。含珊瑚化石　　20.82m

5. 深灰色厚层砾屑灰岩夹生物碎屑灰岩　　43.98m

4. 深灰色中薄层岩屑石英砂岩、泥质粉砂岩夹薄层硅质泥岩　　6.12m

3. 灰白色中厚层泥晶灰岩。含双壳类化石　　47.23m

2. 深灰色厚层—块状微晶灰岩。产珊瑚、海百合茎等化石　　55.42m

1. 灰、深灰色中薄层细晶灰岩。产双壳类化石　　51.97m

(未见底)

——————断　层——————

3. 地层特征

该组主要分布于图幅中部温泉湖以北，三岛湖以南，地层走向近东西向，产状相对较缓，地层倾角一般 20°～35°，总体构造形态为向斜核部地层。地质地貌多呈浑圆状丘陵，遥感影像特征呈灰黄—黄褐色，中山地貌，地形呈杂乱的碎斑状，无统一的山脊走向，影纹不发育，局部具不明显的粗线条影纹，树枝状水系发育。该组与北部的二叠系地层界线比较清楚，但与西南部的石炭系间的不整合接触界线不够明显，但其影像特征总体较为特殊，通过路线地质调查，其解译标志和解译效果较好。本次在托和平错南西实测了地层剖面，并结合路线地层调查，依据其岩性组合特征及纵向叠覆规律可划分为两个岩性段，其中一段主要为一套碎屑岩，二段主要为一套碳酸盐岩建造。

一段($T_{2-3}x^1$)：与下伏石炭系擦蒙组呈角度不整合接触。底部为灰褐色中厚层中细粒长石岩屑石英砂岩，下部为灰褐色中厚层不等粒(含砾)长石岩屑砂岩，上部为灰白色薄层不等粒岩屑长石砂岩夹泥质粉砂岩。砂岩中所含砾石成分复杂，主要为燧石、脉石英、千枚岩、碳酸盐岩、火山岩等，大小 2～5mm，呈棱角状、次棱角状，分选性、磨圆度差。纵向上由下向上可大致判别出由细粒-粗粒-细粒组成的基本层序。
~~~~~~~~~~

该段出露厚度 71.4m。

二段($T_{2-3}x^2$):底部为浅灰色薄层含生物屑(海绵骨针)泥晶灰岩夹黄绿色泥岩、灰黑色钙质硅质岩,上部为浅灰色、灰黑色中厚层泥晶生物碎屑灰岩、亮晶生物碎屑灰岩、微晶灰岩,有时夹砾屑灰岩,可大致判别出薄层-厚层的基本层序。生物屑灰岩中含珊瑚、腹足类、双壳类等化石。双壳类:*Daonella bulongensis bifurcata*;珊瑚类:*Triadophyllum* sp.,*Pinacophyllum* sp.,*Thecellastrea* sp.。该段出露厚度大于 172.8m。

横向上该组岩性、岩相组合特征变化不大,但其厚度受后期褶皱构造的叠加,不同地段厚度差异较大。在托和平错以西—夏碱湖以东一带,该组与下伏石炭系擦蒙组呈角度不整合接触(图版Ⅳ,5),出露厚度 1 186.52m,一段岩性为灰、深灰色薄层岩屑石英砂岩、不等粒长石岩屑砂岩夹粉砂岩、粉砂质泥岩及页岩,厚度约 425m;二段岩性为深灰色微晶灰岩、硅质灰岩、泥灰岩夹硅质岩,并含丰富的双壳类化石,厚度约 760m。在托和平错以北—三岛湖以南,该组分布范围较广,一段岩性主要为中粗粒石英砂岩、细粒岩屑砂岩夹粉砂岩;二段为泥晶灰岩、亮晶含生物屑砂屑灰岩、亮晶生物屑灰岩夹数层硅质岩,出露厚度 1 500m左右。

4. 岩石特征及沉积环境分析

(1)岩石特征

该组主要岩石类型较为复杂,碎屑岩主要类型为不等粒长石岩屑砂岩、不等粒岩屑长石砂岩、中细粒长石(岩屑)石英砂岩、细粒长石砂岩、泥质粉砂岩、粉砂质泥岩及页岩;碳酸盐岩主要为含生物屑泥晶灰岩、亮晶生物屑灰岩、海绵骨针泥晶灰岩、微晶灰岩等,此外还夹多层硅质岩。

①碎屑岩

a. 不等粒长石岩屑砂岩:岩石多呈灰、灰褐色,不等粒砂状结构,块状构造。碎屑含量占 85%～90%,胶结物占 5%～10%,杂基含量小于 5%。碎屑组分为石英、岩屑、长石、重矿物,其中石英由单晶和少量石英岩、硅质岩组成,占碎屑总量的 70%左右;岩屑成分为千枚岩、泥岩、粉砂岩、火山岩、碳酸盐岩,含量 20%～25%;长石以斜长石、钾长石为主,含量 5%～10%;重矿物少量,主要矿物为电气石、锆石及绿帘石。胶结物成分主要为方解石,其次为硅质。粘土杂基部分重结晶为绢云母。碎屑颗粒大小为 0.06～1.5mm,分选差,形态以次棱角状、次圆状为主,孔隙式胶结,颗粒支撑。岩石的结构成熟度较低,成分成熟度低。

b. 不等粒岩屑长石砂岩:岩石多呈灰、灰褐色,不等粒砂状结构,块状构造。碎屑含量占 87%左右,胶结物含量小于 10%,杂基含量小于 3%。碎屑组分为石英、岩屑、长石、重矿物,其中石英由单晶和少量脉石英、硅质岩组成,占碎屑总量的 60%;长石以斜长石为主,含少量钾长石,含量 25%;岩屑成分为千枚岩、泥岩、酸性火山岩、碳酸盐岩,含量 10%～15%;重矿物少量,主要矿物为电气石、锆石。胶结物成分主要为方解石,其次为铁质、硅质。碎屑颗粒大小 0.06～1.5mm,分选差,形态以次棱角状、次圆状为主,孔隙式胶结,颗粒支撑。岩石的成分成熟度低,结构成熟度较低。

c. 长石岩屑石英砂岩:岩石多呈灰、灰褐色,中细粒砂状结构,块状构造。碎屑含量占 90%左右,胶结物和杂基含量各占 5%。碎屑组分为石英、岩屑、长石和少量重矿物,其中石英由单晶和少量脉石英、硅质岩组成,占碎屑总量的 75%;长石以斜长石和钾长石为主,含量 10%;岩屑成分为千枚岩、泥岩、酸性火山岩、碳酸盐岩,含量 15%;重矿物主要为电气石、锆石。胶结物成分主要为方解石,其次为铁质。碎屑颗粒大小以 0.1～0.3mm 为主,分选较好,形态以次棱角状、次圆状为主,孔隙式胶结,颗粒支撑。岩石的成分成熟度和结构成熟度较高。

②碳酸盐岩

a. 含生屑泥晶灰岩:呈灰、深灰色,泥晶结构,层状构造。成分主要由泥晶方解石和生物碎屑组成,其中泥晶方解石呈泥晶粒状均匀分布,含量 85%左右;生物碎屑主要由海绵骨针和少量棘皮、介形虫等组成,骨针形态多为单轴骨针,其次为三轴骨针,大小 0.01mm×0.05mm～0.03mm×0.5mm,含量大于 10%,大致定向排列。基底式胶结,泥晶支撑。

b. 泥亮晶生物屑灰岩:呈灰、浅灰色,生物碎屑结构,块状构造。成分主要由生物碎屑和泥晶方解石组成，其中生物碎屑主要由苔藓虫、有孔虫、棘皮、介形虫等组成，大部分生物屑破碎较强烈，个体保存完整的生物为有孔虫，其形态呈塔状低螺旋、圆形、椭圆形等，大小 0.2mm×1.5mm～1.5mm×2.5mm，含量大于 60%，杂乱分布。泥晶方解石，呈泥晶、亮晶粒状均匀分布，含量 40%左右，大小 0.05～0.5mm；孔隙式胶结，颗粒支撑。

③硅质岩

呈深灰色、黑色，隐晶质结构，层状构造。贝壳状断口，矿物成分主要为隐晶质玉髓，含量 75%以上，其次为方解石，呈粒状较自形，集中成层分布，含量小于 25%，其他黑褐色金属矿物占 1%左右。岩石裂隙发育，裂隙宽 0.01～0.5mm，被钙质、铁质充填。

(2)沉积环境分析

综上所述，三叠系肖茶卡组据其岩性、岩相组合、沉积构造等总体属一套浅海相碎屑岩-碳酸盐岩建造。

其识别依据如下。

a. 沉积层序特征方面，该组下部主要为一套以长石岩屑砂岩或岩屑长石砂岩为主夹粉砂岩、泥岩为特征，纵向上表现出由粗—细或由细—粗—细的基本层序；上部为以一套生物屑泥晶灰岩、微晶灰岩夹硅质岩为特征的碳酸盐岩建造。

b. 岩性特征方面，碎屑岩的成分成熟度和结构成熟度较低，碎屑颗粒呈次棱角状、次圆状，分选差，化学胶结物成分主要为钙质，其次为铁质。

c. 在古生物特征上，该组下部为一套贫化石的碎屑岩，上部灰岩中以富含珊瑚、有孔虫、介形虫、苔藓虫及棘皮类化石组合为特征(多为不完整的生物碎片)，显示了当时浅海生物群的大量繁殖。

5. 时代划分依据

该组地层下部为一套化石贫乏的浅海相碎屑岩建造，前人及本次工作在本区该组下部碎屑岩中一直未找到化石，但从其上部灰岩中采集到较多生物化石，因所采化石完整性较差，未取得鉴定结果。据前人资料，原托和平错群和万泉湖群中，灰岩中产双壳类：*Daonella bulongensis bifurcata* Chen；珊瑚：*Triadophyllum* sp.，*Pinacophyllum* sp.，*Thecosmilia* sp.，*Thecellastrea* sp. 等(图版Ⅳ，6)，其时代多为晚三叠世，常见于西藏拉萨及申扎地区的上三叠统。因此肖茶卡组二段主要为晚三叠世的沉积，而下部未见化石的碎屑岩层位可能是中三叠世的沉积。

二、侏罗系

侏罗系雁石坪群(J_2YS)

1. 地层沿革、分布及划分依据

1957 年詹灿惠、韦思槐(手稿)创名“雁石坪岩系”。《日土幅 1∶100 万区调报告》(1987)中将分布于拜惹布错一带的侏罗系自上而下划分为淡水河组、雁石坪群、拜惹布错组。《西藏地质志》(1993)将下部的火山岩称那底岗日群，其上部的灰岩和碎屑岩组成的地层以龙木错-查桑-澜沧江断裂为界，在南部的称为佣钦错群，北部的自下而上称为白龙冰河组、雁石坪群。《西藏自治区岩石地层》(1997)将西藏北部羌塘地区的侏罗系定义为：不整合于结扎群及其他地层之上的一套碎屑岩夹灰岩，下部局部地段夹火山岩组成的地层，统称为雁石坪群，由下而上划分为雀莫错组、布曲组、夏里组、索瓦组、雪山组，各组之间均为整合接触。正层型剖面在青海省雁石坪一带，西藏境内的次层型剖面位于改则县北查桑那底岗日西山。本次区调工作中，将分布于测区北部三岛湖及黄土岗达坂一带，以灰岩为主夹碎屑岩的一套地层，依据所采集的化石组合、时代及岩性组合特征与层型剖面对比，划分为中侏罗统色洼组和布曲组。

2. 剖面描述

剖面位于西藏自治区改则县玉环湖北约 9.3km 处，剖面起点坐标：X=3 865 799，Y=14 764 022；终点坐标：X=3 874 040，Y=14 764 022。剖面编号为 P_{10}。本次工作由南往北实测，地层走向近东西向，构造形态由一系列宽缓的背、向斜构成的褶皱，总体产状向北倾斜，现将基岩出露及连续性较好的部分剖面

介绍如下。

布曲组(J_2YSb) **厚度>1 307.2m**

(未见顶)

45. 灰黑色厚层状含砂屑泥晶灰岩 100.5m
44. 灰黄色、灰黑色薄、中薄层状泥晶灰岩夹灰黄色生物屑砂屑灰岩、腕足灰岩 235.8m
43. 灰黑色、深灰色薄层—中层状泥晶灰岩夹薄片薄板状泥晶灰岩。厚层→薄层韵律特征明显 114.2m
42. 灰黑色、黑色中薄层状泥晶灰岩夹灰黑色薄板状泥晶灰岩、灰红、灰黑色中薄层状亮晶砂屑灰岩。缝合线发育 69.2m
41. 灰黑色、黑色厚层—块状泥晶灰岩夹薄层状泥晶灰岩、黑色亮晶砂砾屑灰岩、灰色含生物屑鲕粒灰岩。砾屑具褐红色氧化边,含较多腕足、腹足、有孔虫、棘皮类化石碎片 260.9m
40. 黑色泥晶灰岩夹灰色泥晶灰岩及少量灰红色薄板状泥质灰岩 46.4m
39. 灰色中薄层状亮晶砂屑灰岩夹灰黄色薄层状亮晶含腕足鲕粒灰岩。灰岩中含大量腕足、腹足、海胆、棘皮等化石碎片,顶面为1.0~1.5cm厚的生物灰岩。
 含个体完整的腕足类:*Rhynchonelloidea pararuthenensis* Sun;
 腹足类:*Proceritella* cf. *archiaci* Fischer,*Coelostylina* sp.,*Ceritella* sp.,*Pseudomelania* sp. 7.7m
38. 灰黄色、灰色薄板状泥质灰岩夹灰黑色中薄层状泥晶灰岩、灰色薄层状含生物屑亮晶鲕粒灰岩。
 含腹足类:*Coelostylina* sp.,*Goniospira* cf. *bicoronata* (Piette);*Cylindrobullina* sp.,*Promathildia* sp. 126.6m
37. 灰色、深灰色厚层泥晶灰岩与薄层泥晶灰岩不均匀互层,夹含生物屑砂屑灰岩 79.8m
36. 浅紫红色中薄层—中层状微晶砂屑灰岩夹深灰色泥晶灰岩 109.2m
35. 深灰色、黑色泥晶灰岩夹灰色核形石灰岩、含生物屑灰岩、含生物屑亮晶鲕粒灰岩 79.6m
34. 灰色、深灰色薄层—厚层状微晶灰岩夹亮晶含腕足鲕粒灰岩。
 含双壳类:*Liostrea*cf. *jiangjinensis* Wen, *Liostrea* cf. *eduliformis* (Schl.),*Entolium* sp. 77.3m

——————整 合——————

色洼组(J_2YSs) **厚度628.2m**

33. 灰色、灰黑色薄板状钙质泥岩夹灰黑色中薄层状泥晶灰岩、含生物屑亮晶鲕粒灰岩、腕足灰岩。
 产腕足类:*Echinirhynchia fileyensis*(Buckman et Walker) 88.8m
32. 灰黑色中薄层状泥晶灰岩与灰色、灰黑色钙质泥岩互层夹生物屑灰岩。含双壳类:*Chlamys* sp.;*Liostrea* cf. *birmanica*(Reed),*L.* sp.,*Anisocardia* (*A.*) sp.,*Plagiostoma* sp.,*Liostrea* cf. *jiangjinensis* Wen 52.1m
31. 灰黑色中薄层、薄板状泥晶灰岩夹灰黑色含生物屑泥晶灰岩。两者间呈渐变过渡 13.0m
30. 灰、灰黑色钙质泥岩夹灰黑色泥晶灰岩。泥晶灰岩单层厚度10~30cm 31.2m
29. 黑色中薄层状、薄层亮晶含生物屑鲕粒灰岩夹灰红色、灰黑色钙质泥岩 31.2m
28. 灰色中薄层状亮晶含生物屑鲕粒灰岩夹灰红色薄板状微晶砂屑灰岩。缝合线构造发育 6.8m
27. 灰色中薄层—薄层状亮晶鲕粒灰岩夹灰色、灰黑色页片状钙质泥岩 8.5m
26. 灰色、灰黑色中薄层含砂屑泥晶灰岩夹灰色、灰黑色页片状钙质泥岩及生物屑灰岩。
 含腕足类:*Rutorhynchia jieshanensis* Sun,*Rutorhynchia biplicata* Sun,*Rutorhynchia quadriplicata* Sun,*Rutorhynchia elongata* Sun,棘皮类:*Isocrinus* sp. 35.0m
25. 黑色中薄层状泥晶灰岩夹灰、灰黑色页片状钙质泥岩、灰红、灰色含砂屑泥晶灰岩及灰红色含生物屑砂屑微晶灰岩。含腹足类:*Cryptoplocus* cf. *depressus* (Voltz) 125.1m
24. 灰色、深灰色中薄层状泥晶灰岩夹灰色页片状钙质泥岩,中薄层状亮晶鲕粒灰岩。含腕足类:*Hurmannella pentaptyca* Ching,Sun et Ye 120.1m
23. 灰色、灰黄色钙质泥岩夹灰色微晶砂砾屑灰岩。含有孔虫、海胆、腕足、介形虫等 9.1m
22. 灰色、深灰色厚层—块状泥晶灰岩夹灰色、灰黄色薄板状钙质泥岩。灰岩单层厚度小于2.0m,泥岩单层厚度10~40cm 46.9m
21. 灰黑色、灰黄色页片状钙质泥岩,夹深灰色中层—中薄层状含砂屑泥晶灰岩及含生物屑亮晶鲕粒灰岩。含海百合茎、苔藓虫、介形虫、有孔虫、腕足等化石碎片和个体完整的珊瑚及腕足类:*Praelacunoeslla kokdzharensis*(Ovtsharenko) 30.3m
20. 灰色、灰黄色页片状—薄板状泥质灰岩,夹深灰色薄层状泥晶灰岩、浅紫红色薄层状含砂屑泥

晶灰岩及含生物屑亮晶鲕粒灰岩。含腕足、腹足、海胆等化石　27.1m

19(20). 灰色、深灰色薄层状泥晶灰岩夹中薄层状泥晶灰岩　3.00m

（未见底）

3. 地层特征

本次在西藏改则县玉环湖北约 9.3km 处，实测了侏罗系雁石坪群地层剖面，该剖面控制了雁石坪群的岩性、岩相组合特征、沉积构造，并对其进行组级地层单位划分，据其岩性组合特征由下向上将其划分为色洼组和布曲组。

(1)色洼组(J_2YSs)

岩性主要为钙质泥页岩、粉砂质泥岩、泥晶灰岩及鲕粒灰岩。下部以灰、灰黑色泥页岩、钙质泥岩、钙质粉砂质泥岩为主，夹黑色腕足壳屑亮晶灰岩、含生物碎屑灰岩及灰色薄层泥晶灰岩；中部以灰黑色中薄层泥晶灰岩、泥质灰岩为主，夹深灰色薄层亮晶鲕粒灰岩、含砂屑泥晶灰岩、生物碎屑灰岩及灰红色微晶砂屑灰岩、灰黄色钙质泥岩；上部以灰色中薄层、薄层亮晶鲕粒灰岩、泥晶灰岩与灰、灰黑色钙质泥岩不均匀互层。中部灰岩中含极丰富的古生物化石（图版Ⅳ,7,8）。该组厚度大于 1 307.2m。

本次在该组中采集到的古生物化石以腕足类、双壳类为主，其次为腹足类。其中腕足类为：*Holcothyris* sp. 沟孔贝；*Holcothyris angulata* Buckman 棱角沟孔贝；*Monsardithyris ronzevauxi* Almeras 伦采沃蒙撒德贝；*Sphaenorhynchia plicatella* (Sowerby) 细褶球孔贝；*Praelacunoeslla kokdzharensis* (Ovtsharenko) 科赞前小孔贝；*Hurmannella pentaptyca* Ching, Sun et Ye 五褶瑟曼贝；*Rutorhynchia jieshanensis* Sun 界山日土贝；*Rutorhynchia biplicata* Sun 双褶日土贝；*Rutorhynchia quadriplicata* Sun 四褶日土贝；*Rutorhynchia elongata* Sun 纵长日土贝。双壳类为：*Anisocardia* (*Antiquicyprina*) *trapezoidalis* Wen 梯形古美蛤；*Anisocardia*? sp. 等心蛤；*Chlamys* sp. 套海扇；*Liostrea* cf. *eduliformis* (Schl.) 可食光蛎；*L.* sp. 光蛎，*Lopha* cf. *costata* (Sow.) 脊棱蛎（比较种）；*Modiolus imbricateus* (Sow.) 叠瓦偏顶蛤；*Liostrea* cf. *birmanica* (Reed) 缅甸光蛎（比较种）；*Bositra*? sp. 波希蛤；*Gervillella qinghaiensis* Wen 青海小荚蛤，*Anisocardia* sp. 等心蛤；*Anisocardia* (*A.*) sp. 等心蛤（狭义）。

(2)布曲组(J_2YSb)

与下伏色洼组整合接触，岩性主要为泥晶灰岩、鲕粒灰岩、生物碎屑灰岩。下部以灰、深灰色薄层微晶灰岩、泥晶灰岩为主，夹灰色含腕足亮晶鲕粒灰岩、核形石灰岩、含生物亮晶鲕粒灰岩及生物碎屑灰岩；上部为灰、灰黄色薄层泥质灰岩、亮晶砂屑灰岩与灰黑色薄层泥晶灰岩不均匀互层，夹少量灰色薄层含生物屑亮晶鲕粒灰岩、灰黄色薄层亮晶含腕足鲕粒灰岩及灰色薄层钙质细粒岩屑砂岩。水平层理、冲洗交错层理发育，生物碎屑灰岩中含丰富的动物化石，且保存完整。玉泉湖北该组厚度大于 628.2m。

本次在该组中采集到了大量古生物化石，以腕足类、双壳类为主，其次为腹足类、海百合茎等。其中腕足类为：*Rhynchonelloidea pararuthenensis* Sun 近鲁斯似小嘴贝；*Cymatorhynchia reynesi* (Oppel) 瑞耐斯波嘴贝；*Rugithyris* cf. *submalegastr* (Buckman) 近平褶孔贝（比较种）；*Planirhynchia tantilla* Suviv-Protic 难释平嘴贝；*Monsardithyris ronzevauxi* Almeras 伦采沃蒙撒德贝；*Holcothyris luchiangensis* Reed 潞江沟孔贝；*Holcothyris subovalis* Buckman 亚园沟孔贝；*Holcothyris concava* Buckman 凹曲沟孔贝；*Burmirhynchia gutta* Buckman 泪滴缅甸贝；*Burmirhynchia asiatica* Buckman 亚洲缅甸贝；*Burmirhynchia transversalis* Buckman 横宽缅甸贝；*Burmirhynchia obesa* Buckman 肥大缅甸贝；*Burmirhynchia costa* Buckman 粗线缅甸贝。双壳类为：*Liostrea* cf. *jiangjinensis* Wen 江锦光蛎（比较种）；*Chlamys* sp. 套海扇；*Liostrea* cf. *birmanica* (Reed) 缅甸光蛎；*plangiostoma* sp. 斜铿蛤；*Liostrea* cf. *eduliformis* (Schl.) 可食光蛎（比较种）；*Entolium* cf. *cornedum* (Yang et Bird) 角氏光海扇（比较种）；*Anisocardia* (*A.*) cf. *minima* (Sow.) 小等心蛤（比较种）；*Corbicellopsis* sp. nov（拟篮蛤新种）；*Camptonectes* (*C.*) sp. 岔线海扇（未定种）。腹足类为：*Proceritella* cf. *archiaci* Fischer 阿氏前小贝螺比较种；*Coelostylina* sp. 空轴螺（未定种）；*Ceritella* sp. 小贝螺（未定种）；*Pseudomelania* sp. 假黑螺（未定种）；*Goniospira* cf. *bicoronata* (Piette) 双环角螺比较种；*Cylindrobullina* sp. 筒泡螺（未定种）；*Promathildia* sp. 前马第尔特螺。

垂向上据岩性组合及纵向叠覆规律，雁石坪群可识别并划分出的基本层序类型见图 2 - 20。

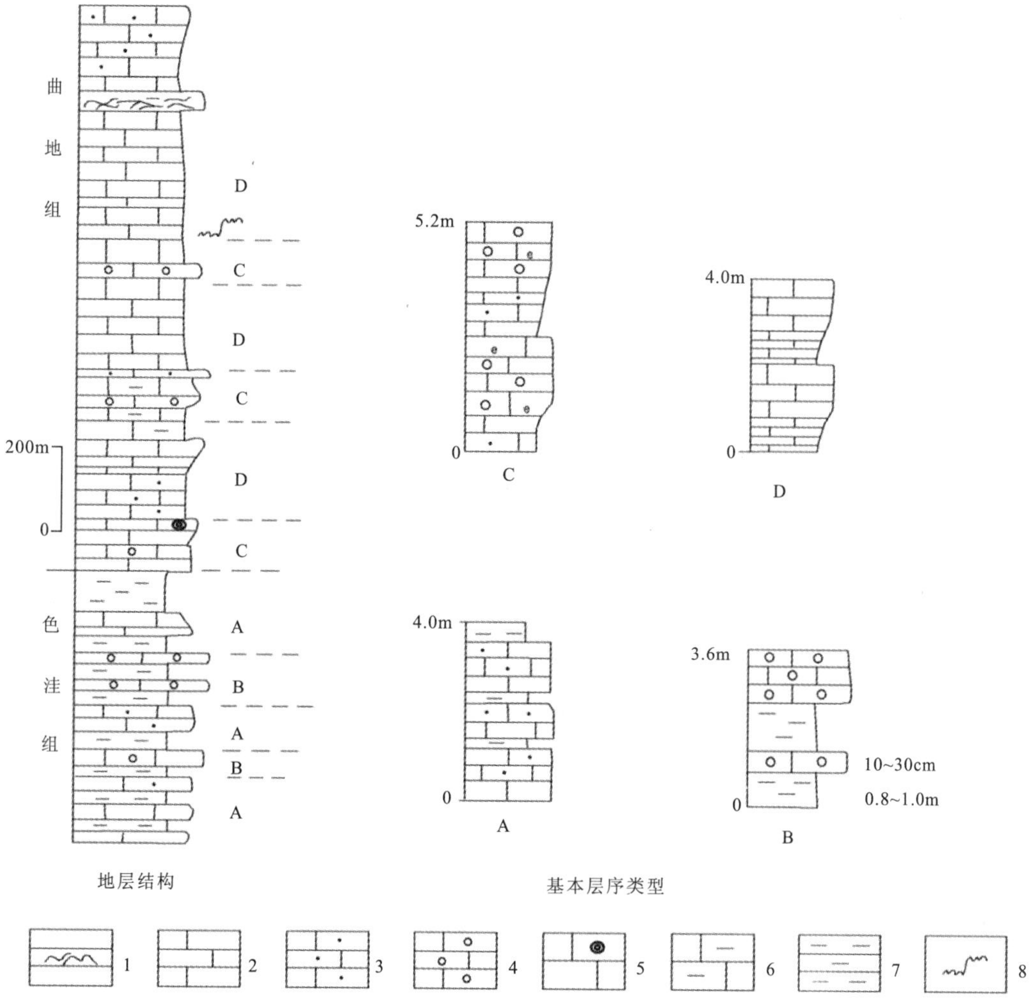

图 2 - 20 雁石坪群色洼组、布曲组地层结构及基本层序图

1. 腕足灰岩；2. 泥晶灰岩；3. 砂屑泥晶灰岩；4. 鲕粒灰岩；5. 核形石灰岩；6. 泥质灰岩；7. 泥岩(页岩)；8. 缝合线

A 型基本层序由灰、深灰色泥晶灰岩、含砂屑泥晶灰岩-灰、灰色钙质泥岩构成的基本层序在垂向上多次叠置，该层序出现于雁石坪群色洼组，每个基本层序厚 1. 2～2. 0m，一般由 2～3 个基本层序构成厚度 4. 0～6. 1m 的三级或四级层序。基本层序中泥晶灰岩所占比例较大，单层厚度一般 0. 8～2. 0m，含大量的生物碎片、砂屑及个体完整的双壳、腕足类化石；钙质泥岩所占比例较小，单层厚 0. 1～0. 8m，页理较发育，呈夹层或互层出现。其特点显示出介质能量较低的浅海陆棚相叠置层序。

B 型基本层序由灰、灰黑色钙质泥岩-黑色含生物屑亮晶鲕粒灰岩构成基本层序在垂向上多次叠置，该层序出现于雁石坪群色洼组中部，单个基本层序厚 1. 0～2. 5m，一般由 2～4 个基本层序构成厚度 3. 6～5. 0m 的三级或四级层序。基本层序中泥岩所占比例较大，单层厚 0. 8～1. 2m，页理较发育，风化后呈页片状；鲕粒灰岩所占比例较小，单层厚度一般 10～30cm，个别层序中厚度可达 2. 0～3. 0m，含较多生物碎屑，其最大扁平面与层理面一致，由下向上具较明显的粒序特征，一般下部鲕粒、生物屑较大，向上均变小，且含量减少到不含鲕，每个粒序韵律层 3～4cm。其特点显示出以潮下低能沉积为主与潮下间歇高能浅滩沉积的叠置层序。

C 型基本层序由灰色薄层亮晶砂屑灰岩或薄层含砂屑泥晶灰岩→灰、灰黄色薄层含生物屑亮晶鲕粒灰岩或砂砾屑灰岩构成基本层序，该层序出现于雁石坪群布曲组中部，每个层序厚 2. 5～3. 0m，其中亮晶砂屑灰岩单层厚 0. 8～1. 5m，水平层理发育，含少量生物屑；薄层亮晶鲕粒灰岩单层厚 1. 2～1. 8m，微波状层理、小型斜层理发育，个别层序顶部出现厚 15cm 左右的紫红色生物灰岩，由大量个体较小的腹足类及其他生物碎片沉积形成，具明显的暴露标志特征。其特点显示出潮间或潮下持续高能浅滩沉积的叠置层序。

D型基本层序由深灰色、灰黑色薄层泥晶灰岩-厚层微泥晶灰岩组成的基本层序在垂向上叠置，该层序出现于雁石坪群布曲组，是该组的主体部分，单个层序厚一般小于2.0m。其中薄层泥晶灰岩单层厚0.4～0.8m，厚层泥晶灰岩单层厚1.0～1.2m，块状层理，水平纹层发育，含丰富的介形虫、有孔虫、棘皮等微体化石。两者渐变过渡呈互层状，其特点显示出以潮下低能沉积为主的开阔碳酸盐台地。

横向上由于岩层露头不连续，地层褶皱和断裂发育，测区内雁石坪群各组厚度较难估计。但其岩性组合及古生物特征相对变化较小，以双壳类动物群最为繁盛为特征。在黄土岗达坂一带，布曲组上部夹厚约20.0m的灰色薄层细粒钙质岩屑砂岩，低角度冲洗交错层理发育，岩石结构成熟度较高，成分成熟度低。在红山达坂一带，主要为一套灰、深灰色块状生物屑泥晶灰岩、含生物屑砂屑灰岩、泥晶灰岩夹双壳灰岩、钙质粉砂岩、泥岩。此外在土则岗日及淡水河一带地质路线调查中，灰岩中采集到双壳类：*Propeamussium* (*Propeamussium*) cf. *heptacostatum* Wen 七脊近日月海扇(J_2)，*Camptonectes* (*Camptonectes*) *auritus*(Schlotheim) 耳岔线海扇(J_{1-3})，*Radulopecten* sp. 刮具海扇(J_{2-3})，*Radulopecten baimaensis* Wen. 白马刮具海扇(J_2)；腕足类：*Monsardithyris cortonensis* (Buckman)考腾蒙撒德贝(J_2^1)；腹足类：*Ampullospira* cf. *coxi* (J)- *C. Fisher* 坛旋螺(J_2)等生物组合，并以双壳类和腕足类生物为主。

4. 岩石特征及沉积环境分析

(1)岩石特征

该组主要岩石类型较为简单，碎屑岩主要类型为钙质泥岩及页岩，主要出现于色洼组，但其所占比例较小；碳酸盐岩则是区内雁石坪群各组的主体部分，类型主要有泥晶灰岩、含砂屑泥晶灰岩、含粉砂质泥晶灰岩、腕足灰岩、含生物屑微晶灰岩、含生物屑砂屑灰岩、鲕粒灰岩及砂砾屑灰岩等。

a. 含生物屑砂屑灰岩：呈紫红、红褐色，砂屑结构，块状构造。碎屑颗粒由砂屑、生物屑、粉砂组成。其中砂屑占50%～70%，成分为泥晶方解石，呈次圆状、圆状，大小0.06～0.25mm，分选较好；生物屑含量10%左右，主要为有孔虫、介形虫，有孔虫个体完整，呈圆盘形、球形、圆锥形，房室由亮晶充填，大小0.05～0.3mm，介形虫为破碎的弧形屑；粉砂占1%～5%，成分主要为单晶石英，呈次棱角状，大小0.02～0.1mm；有时含少量薄皮鲕。填隙物含量20%～35%，成分为亮晶粒状方解石。孔隙式胶结，颗粒支撑。据此成因分析，其形成于水动力相对较强、水体极浅且时常暴露的沙坝或浅滩环境。

b. 微晶砂砾屑灰岩：呈灰、深灰色，砂砾屑结构，块状构造。碎屑颗粒由砾屑、砂屑、生物屑、鲕组成。其中砾屑占30%～35%，成分为泥晶灰岩、生物泥晶灰岩，呈次圆状、圆状，大小2.0～7.0mm，磨圆度较好，无褐红色氧化边；砂屑含量25%～47%，成分、形态与砾屑相同，粒径较小，为0.06～1.5mm；生物屑少量～3%，主要由有孔虫、海胆、介形虫、腕足等组成，有孔虫个体完整，其余均呈碎屑，杂乱分布，大小0.2～1.5mm；胶结物含量10%～40%，成分为微晶粒状方解石。孔隙式或基底式胶结，颗粒支撑或微亮晶支撑。其特点显示了介质持续中—强动荡的水下高能浅滩沉积。

c. 亮晶鲕粒灰岩：呈灰、灰黑色，鲕粒结构，块状构造。碎屑颗粒主要由鲕、砂屑、生物屑组成。其中鲕粒含量75%～85%，主要为真鲕，伴有放射鲕、薄皮鲕、复鲕，其形态呈圆状、椭圆状，具同心环状包壳结构，鲕核为内碎屑、生物屑、藻屑或石英砂，鲕粒大小一般0.25～0.75mm，分选较好；砂屑含量3%～5%，成分主要为泥晶灰岩，呈次棱角状，大小0.3～1.5mm；生物屑含量3%～15%，主要为介形虫、腕足、有孔虫、海胆、棘皮等，破碎较强烈，杂乱分布。填隙物为亮晶方解石，含量15%～20%，呈不规则粒状，孔隙式胶结，颗粒支撑。其特征充分说明形成于水动力较强的高能浅滩。

d. 泥晶灰岩：包括含砂屑泥晶灰岩、含生物屑泥晶灰岩、含粉砂质泥晶灰岩等，呈深灰、灰黑色，泥晶结构，块状构造。主要由泥晶方解石组成，含量占80%～90%，其次含10%的由介形虫、腕足、有孔虫、棘皮等组成的破碎较强烈、大小不等、杂乱分布的生物碎屑。或含10%～20%的砂屑，其成分为泥晶灰岩、呈圆状、次圆状，大小为0.05～1.5mm，分选性较差。有时含个体完整的有孔虫、海胆等微体化石，大小0.1～0.3mm。

e. 腕足灰岩：呈黑色，生物屑结构，层状构造。主要由腕足类壳屑和微晶、亮晶方解石组成。其中腕足类壳屑占 65% 以上，垂直切面碎片较平直，呈长条形相互叠置，壳厚 0.05～1.0mm，壳体长 1.0～10.0mm。外层为正柱状结构，柱径 0.02～0.3mm。内层较薄为 0.01～0.05mm，微晶结构。胶结物为微晶、亮晶方解石，含量小于 35%，呈粒状，大小 0.03～1.0mm。孔隙式胶结，颗粒支撑。

(2)岩石化学特征

剖面测制过程中，对该组不同类型的灰岩进行了拣块取样，碳酸盐岩化学成分见表 2-7。从表上可知，碳酸盐岩 CaO 含量高，而且 K_2O 远大于 Na_2O，陆源物含量很低，可能为离海岸较远的浅海陆棚近礁沉积。

表 2-7　雁石坪群灰岩岩石化学成分表　　(单位：%)

样品号	岩性	SiO_2	TiO_2	Al_2O_3	Fe_2O_3	MnO	MgO	Na_2O	CaO	K_2O	P_2O_5	H_2O	CO_2	S
P10TS-1	微晶灰岩	2.26	0.02	0.36	0.23	0.01	0.62	0.03	53.33	0.11	0.04	0.04	42.20	0.017
P10TS-2	泥晶灰岩	3.75	0.05	0.98	0.37	0.02	0.80	0.06	51.75	0.26	0.04	0.21	41.02	0.044
P10TS-3	泥晶灰岩	2.90	0.03	0.38	0.27	0.01	0.60	0.08	53.04	0.10	0.04	0.18	42.07	0.027
P16TS-5	泥晶灰岩	10.20	0.14	2.15	0.77	0.03	0.87	0.10	46.74	0.65	0.06	0.37	37.45	0.061
P16TS-6	鲕粒灰岩	0.98	0.01	0.19	0.38	0.01	0.25	0.04	54.76	0.06	0.03	0.03	42.96	0.031
P16TS-7	粉屑灰岩	9.94	0.07	0.89	0.46	0.01	0.57	0.05	48.60	0.30	0.05	0.11	38.51	0.021
P16TS-8	鲕粒灰岩	2.85	0.02	0.45	0.51	0.03	0.21	0.05	53.47	0.18	0.04	0.24	41.90	0.049

(3)沉积环境分析

综上所述，雁石坪群据其岩性、岩相组合、沉积构造，并结合岩矿特征、岩石化学特征分析，总体为一套浅海陆棚及开阔台地相碳酸盐岩建造。其识别依据如下。

a. 沉积层序特征方面，不同类型的基本层序反映出不同的微环境。A 型基本层序以泥晶灰岩为主夹黑色泥岩，厚层泥晶灰岩中含丰富的个体保存完整的腕足、双壳、介形虫、有孔虫、棘皮类等化石，反映出一个温暖浅水清澈透光、生物繁盛并可提供大量碳酸盐沉积物的潮下静水低能环境；B 型、C 型基本层序中鲕粒灰岩多呈夹层，与钙质泥岩、含生物屑砂屑灰岩、含砂屑泥晶灰岩共生，鲕主要以真鲕、薄皮鲕、放射鲕为主，粒径较大，分选性较好，总体反映出潮下间歇或持续中—强动荡的浅滩沉积；D 型基本层序则反映出碳酸盐沉积供应充足的开阔台地沉积，其层理厚与薄的规律性变化，反映了沉积物的供应与沉积速率发生周期性变化的特点。

b. 在古生物特征上，以双壳类、腕足类动物群大量繁衍为特征(图版Ⅵ、Ⅶ、Ⅷ、Ⅸ)，常见的壳型有海扇型、固着蛤型，壳体较大且形态复杂多变，并出现了介壳灰岩夹层。此外与其伴生的尚有海胆、海星、介形虫、有孔虫、苔藓虫等。双壳类大多是内栖移动类(等心哈类)，外栖固结类(光蛎、棱蛎)和外栖足丝类(海扇)全是摄食悬浮物为生，棱蛎的出现显示海水较温暖，总的来说双壳生物组合群落生活于温暖的浅海(水深小于 30m)。而以 *Holcothyris* 和 *Burmirhynchia* 占优势的腕足类，呈巢状或介壳层产出，反映了不正常盐度(淡化)、水体较浅、水动力条件较弱、沉积物较细的粉砂泥质海底为特征的潮间带下部—潮下带上部的生物群落。总之，上述动物群代表了侏罗纪特别是中侏罗世广泛发育的温暖正常浅海环境。

5. 时代划分依据

本次在剖面测制及路线地质调查工作中采集到大量古生物化石，鉴定工作由中国科学院南京地质古生物研究所完成。其中头足类化石由陈挺恩鉴定；腕足类由许汉奎、孙东立鉴定；腹足类由潘华璋鉴定；双壳类由陈楚震鉴定；珊瑚类由邓占球鉴定；其他门类的生物由曹瑞骥、林彩华、王玉净、张遴信等人鉴定。其主要化石鉴定成果如上地层特征所述，由此可见雁石坪群主要以双壳类、腕足类生物群繁盛为主，其次伴生有腹足类、珊瑚、海胆、海星、介形虫、有孔虫、苔藓虫等生物群落。

对腕足动物群而言，*Monsardithyris ronzevauxi* 的化石是特提斯生物区 Bajocian 期广泛分布的属种，在我国西藏南北均有发现。*Sphaenorhynchia plicatella* 曾见于英格兰 Dorsetfbaq 上 Bajocian 阶的下鲕粒灰岩层和波兰 Wielun 地区的 Callovian 阶。*Praelacunoeslla kokdzharensis* 曾见于塔吉克斯坦共和国的东南帕米尔和中央帕米尔的 Bathonian-Callovian 阶，在我国喀喇昆仑地区中侏罗统龙山组上部(Callovian)也找到此种。*Thurmannella pentaptyca* 曾见于羌塘地区 Callovian 阶夏里组和唐古拉地区上侏罗统下部 Oxfordian 阶的索瓦组及喀喇昆仑东部的松木希错群上部(Callovian 阶)。*Thurmannella* 的一些种也产于法国侏罗地层区、英国约克郡的 Callovian-Oxfordian 地层中。*Rutorhynchia jieshanensis* Sun、*R. biplicata* Sun、*R. quadriplicata*、*R. elongata* 曾见于新藏公路界山达坂附近的界山达坂组灰岩中(相当于红旗拉甫组下部)，与晚侏罗世珊瑚共生，其时代为 Oxfordian 期。这些属种还见于羌塘西部白龙冰河一带索瓦组下部(Oxfordian 阶)，其可能为特提斯北缘东部的我国青藏北部的喀喇昆仑、羌塘及唐古拉一带晚侏罗世早期正常开阔浅海外陆棚近礁环境的一个地方性腕足动物群落。*Rhynchonelloidea pararuthenensis* 见于喀喇昆仑地区龙山组下部(Bajocian 阶)。*Cymatorhynchia reynesi* 种是法国东南盆地边缘 Bajocian-Bathonian 阶常见的种。*Rugithyris subomalogaster*、*Monsardithyris ronzevauxi* 和 *Rhynchonelloidea pararuthenensis* 均为英格兰下鲕粒灰岩层上部 *Bajocian* 阶的属种。*Holcothyris luchiangensis*、*H. subovalis*、*H. concave*、*Burmirhynchia gutta*、*B. asiatica*、*B. transversalis* 等属种则是北特提斯东部从缅甸、云南西部、西藏东部、青海南部、西藏北部到帕米尔地区广泛分布的 *Bathonian* 早期的 *Burmirhynchia-Holcothyris* 动物群中的典型属种。此动物群是以 *Holcothyris* 和 *Burmirhynchia* 占优势的呈巢状或介壳层产出，以不正常盐度(淡化)、水体较浅、水动力条件较弱、沉积物较细的粉砂泥质海底为特征的潮间带下部—潮下带上部的生物群落。上述腕足类总体反映了中侏罗世—晚侏罗世早期的生物组合特征。

对双壳类而言，*Liostrea* cf. *birmanica* 等属种常见于缅甸中侏罗世地层中。*Anisocardia* (A.) cf. *minima*、*Liostrea* cf. *eduliformis*、*Lopha* cf. *costata*、*Modiolus imbricateus* 等属种，常见于欧洲的中侏罗世地层中。双壳类总体组合特征及面貌是中侏罗世(巴通期)雁石坪群常见的生物种属，它们分布于唐古拉地区藏东、青海南部以及滇西南柳湾组，相信与羌塘其他地区布曲组双壳类极为相似。

综上所述，地层中含有丰富的双壳类、腕足类化石，并伴生有珊瑚、有孔虫、海胆、介形虫、腹足、苔藓虫、棘皮类等生物。其中双壳类可建立 *Anisocardia-Modiolus imbricateus* 组合、*Liostrea-Lopha* 组合、*Chlamys-Entolium* 组合，双壳类所有属种的时代为中侏罗世(J_2)。腕足类发育 *Burmirhynchia-Holcothyris* 组合，其时代为中侏罗世早期—中期，以巴通期属种为主。而所含腹足类属种及海百合茎、有孔虫等生物组合，均显示了中生代侏罗世的古生物面貌。因此根据其岩性组合、化石组合及其时代，与层型剖面对比将该套地层确定为中侏罗世。

第四节　新生界

新生界主要有新近系陆相磨拉石建造、第四系更新统鱼鳞山组和全新统不同成因类型的沉积物。其中新近系康托组和第四系全新统在区内北羌塘地层区和南羌塘地层区均有分布，第四系更新统鱼鳞山组只见于托和平错幅西南的甜水湖北部一带。

一、新近系

区内的新近系地层岩性及厚度变化甚大，分布广泛，根据区域资料及野外地质调查，基本上沿用 1∶100万日土幅区域地质调查报告的划分方案，将区内新近系划分为康托组和唢纳湖组。

(一)康托组(N*k*)

1. 地层沿革、分布及划分依据

康托组为西藏区调队(1986 年)命名。创名地点位于改则县北康托附近。原义指岩性为紫红色砾岩夹砂岩、含砾砂岩、粉砂岩及少量泥岩夹基性喷出岩和凝灰质砂岩的地层。《西藏地质志》及《西藏自治区岩石地层》(1997)沿用其名，其定义为一套以紫红色砂砾岩为主，次为杂色泥岩、粉砂岩沉积，底部夹基性火山岩的地层体。其不整合于下伏日贡拉组(E_3r)之上，未见顶，地质时代定为新近纪。本次工作沿用其名。

2. 剖面描述

该组地层仅分布于图幅的西南部长尾湖东一带，地层走向总体呈东西向，岩层产状较陡，倾角达38°～72°，本次工作在西藏改则县长尾湖东一带实测了康托组剖面。剖面起点坐标：X=3 771 251，Y=14 662 798。高程为4 870m。剖面编号为P_{18}。现将该剖面介绍如下(图2-21)。

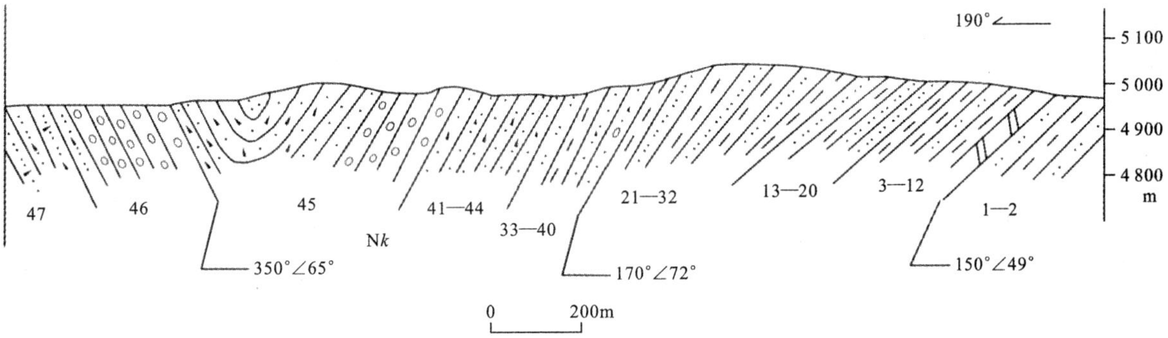

图2-21 长尾湖康托组实测地层剖面图
(与剖面描述层号对应)

康托组(N*k*)	**>1 362.2m**
(未见顶)	
45. 灰绿、灰黑色含砾不等粒岩屑砂岩	387.9m
44. 灰紫色砂岩与灰绿色含砾不等粒岩屑砂岩互层	12.3m
43. 灰紫色砂岩夹灰绿、黄绿色含砾粗砂岩	90.2m
42. 灰紫色泥岩夹灰绿、灰黑色含砾粗砂岩与细砂岩	76.0m
41. 灰、灰黑色细砂岩夹灰、灰黑色粗砂岩及紫红色细砂岩	42.7m
40. 灰紫色砂岩与灰紫色泥岩互层。总体构成三个砂泥旋回	100.2m
39. 灰紫色泥岩	18.7m
38. 灰紫色砂岩与灰紫色泥岩互层	3.4m
37. 灰紫色泥岩	14.4m
36. 灰紫色砂岩夹灰紫色泥岩	10.2m
35. 灰紫色泥岩夹钙质粉砂岩	13.6m
34. 灰紫色细砂岩夹灰紫色泥岩	5.9m
33. 灰绿、杂色薄层含砾不等粒岩屑砂岩	3.4m
32. 灰紫、灰褐色砂岩与灰紫色泥岩互层。砂泥比为3∶2	29.7m
31. 紫红色砂岩夹紫红色泥岩	21.2m
30. 灰紫、灰褐色砂岩与灰紫色泥岩互层	60.2m
29. 灰紫色砂岩夹灰紫色泥岩	14.6m
28. 灰紫色泥岩夹砂岩透镜体	45.4m
27. 灰紫色砂岩夹灰紫色泥岩。砂泥比为2∶1	5.6m
26. 紫红色泥岩	30.9m
25. 灰绿—灰褐色泥岩夹灰绿、黄绿—灰褐色薄层细砂岩	6.7m
24. 紫红色泥岩	7.3m
23. 紫红色砂岩夹紫红色泥岩。砂泥比为2∶1	8.0m
22. 灰绿、黄绿色泥岩夹灰绿色薄层微晶白云岩	13.3m
21. 紫红色砂岩夹紫红色泥岩	8.7m

20. 紫红色泥质砂岩与紫红色砂岩韵律层	22.9m
19. 灰绿、黄绿色泥岩夹灰绿色薄层微晶白云岩	14.0m
18. 紫红色泥质砂岩与紫红色砂岩韵律层	11.2m
17. 紫红色泥岩	10.2m
16. 紫红色泥质砂岩与紫红色中—薄层砂岩韵律层	7.4m
15. 紫红色泥岩	12.9m
14. 紫红色砂岩夹紫红色泥质砂岩	9.0m
13. 黄绿色—灰绿色泥岩夹黄绿色—灰绿色薄层微晶白云岩	16.7m
12. 紫红色砂岩夹紫红色泥质砂岩	6.4m
11. 紫红色泥质砂岩夹紫红色薄层砂岩韵律层	32.2m
10. 紫红色泥岩	13.5m
9. 紫红色泥质砂岩与紫红色泥岩韵律层	8.4m
8. 灰绿色泥岩夹灰绿色微晶白云岩	8.3m
7. 紫红色泥岩	17.1m
6. 紫红色泥质砂岩夹紫红色砂岩	20.9m
5. 紫红色泥岩	10.1m
4. 紫红色泥质砂岩夹紫红色砂岩韵律层	4.7m
3. 灰、灰绿色泥岩夹绿色薄层含粉砂含灰微晶白云岩	38.4m
2. 紫红色泥岩夹紫红色钙质粗粉砂岩	53.2m
1. 紫、紫红色钙质粗粉砂岩。发育小型楔状交错层理，局部含砾	14.2m

（未见底）

3. 地层特征

在改则县长尾湖东，岩层产状较陡，倾角30°～40°，近东西向展布，总厚度大于1 362.2m。该组下部岩性为紫红色泥岩与紫红色泥质砂岩韵律层或呈互层，夹灰绿、黄绿色泥岩及灰绿色薄层微晶白云岩；中部为灰紫色、灰褐色细砂岩与灰紫色泥岩不均匀互层，夹灰绿色、杂色薄层含砾不等粒岩屑砂岩、黑色薄层钙质粉砂岩；上部为灰、灰黑色细砂岩、含砾粗粒砂岩、紫红色泥岩夹灰绿、灰黑、灰紫等杂色砾岩、灰绿色含砾不等粒岩屑砂岩。小型楔状交错层理、砂泥韵律层理发育。

横向上往西，在邻幅清澈湖西南，岩层产状较陡，近东西向展布，岩性为砖红色亚砂土-亚粘土夹紫红色、褐红色中层—中厚层岩屑砂岩、泥质粉砂岩及含砾粗砂岩、砾岩。长尾湖东剖面下部岩性变化较大。据其岩性组合及岩石特征可划分为两个段。康托组一段、二段岩性特征差别较大，分界截然，从宏观上看，上下两部分呈不整合接触关系。一段：岩性为砖红色亚砂土-亚粘土夹紫红色、褐红色中层—厚层钙质细粒岩屑砂岩、泥质粉砂岩及含砾粗砂岩及灰层白、灰紫色厚层砾岩。砂岩中发育大型楔状交错层理、双向交错层理、斜层理及脉状层理，砾岩横向上厚度变化较大，不稳定，剖面上呈透镜体展布。二段：岩性为灰紫—灰红褐色巨厚层—块状砾岩夹紫红色含砾粗砂岩及砖红色亚砂土。砾岩其砾石成分以砂岩、灰岩为主，其次为少量燧石、脉石英，大小不一，大者砾径0.5～1.0m，小者为0.5～1.0cm。分选性较差，磨圆中等。

4. 岩石特征及沉积环境分析

（1）岩石特征

该组岩石类型较为简单，主要为由砂质泥岩、钙质粗粉砂岩、泥质砂岩、不等粒岩屑砂岩等组成的一套碎屑。

a. 砂质泥岩：岩石多呈黄绿、紫红色，砂质泥状结构，层状构造。碎屑含量占35%，杂基含量大于65%。碎屑组分由石英、长石、岩屑和少量重矿物组成，其中石英以单晶为主，硅质岩少量，占碎屑总量的69%；长石以钾长石、斜长石为主，占碎屑总量的20%；岩屑为千枚岩、云母类，占碎屑总量的10%；重矿物主要为磷灰石、锆石，含量1%左右。碎屑颗粒大小0.02～0.35mm，形态以棱角状为主，分选性差。杂基成分为隐晶质粘土矿物，部分重结晶为绢云母、绿泥石，且片状矿物定向排列。基底式胶结，杂基支撑。岩石的结构成熟度较低，成分成熟度低。

b. 钙质粉砂岩：呈紫红色，粉砂状结构，层状构造。碎屑含量占80%，胶结物含量15%左右，杂基含量5%。碎屑组分主要为石英、岩屑、长石和少量重矿物，其中石英颗粒由单晶和少量硅质岩组成，占碎屑总量的78%左右；岩屑成分为泥岩、千枚岩、白云母，含量15%左右；长石以钾长石、斜长石为主，占碎屑总量的5%；胶结物成分主要为粒状方解石和铁质。杂基为隐晶质粘土矿物，部分重结晶成绢云母。碎屑颗粒大小以0.03～0.06mm为主，分选较好，碎屑形态呈次棱角状，磨圆度较差。

c. 不等粒岩屑砂岩：岩石多呈灰、灰绿色，不等粒砂状结构，层状构造。碎屑含量占85%，胶结物占5%，杂基含量小于5%，此外含5%的砾。碎屑组分为石英、岩屑和少量长石、重矿物，其中石英由单晶和少量石英岩、硅质岩组成，占碎屑总量的25%左右；岩屑成分为千枚岩、泥岩、粉砂岩、细砂岩、火山岩，含量75%左右；长石以斜长石、钾长石为主；重矿物主要为电气石、锆石及磷灰石。砾由花岗岩、千枚岩、泥岩等组成，呈棱角状，大小2.0～10.0mm。胶结物成分主要为硅质，其次为铁质。粘土杂基部分重结晶为绢云母、绿泥石。碎屑颗粒大小0.1～10.0mm不等，分选差，形态以棱角状、次棱角状为主，孔隙式胶结，颗粒支撑。岩石的结构成熟度和成分成熟度低。

(2)沉积环境分析

a. 岩性特征方面，总体色调以紫红、灰紫色为主，局部夹灰黄、灰绿色。钙质、铁质胶结为主，岩石的固结性一般。碎屑分选性、磨圆度均差，岩石的结构成熟度和成分成熟度低。总体显示出搬运距离短、沉积速率快的特点。

b. 沉积层序方面，该组底部与区域范围的康托组比较缺少上部粗碎屑岩沉积。沉积物组成与特征随地理位置不同而稍有变化，横向上厚度不稳定，岩性变化大；垂向上，下部出现多层含粉砂微晶白云岩，由砂-泥构成的沉积旋回明显，一个三级或四级沉积旋回，其厚度一般20～30m，岩性单调，厚度相对稳定。

综上所述，康托组据其岩石特征、岩相组合及沉积层序，反映出该时期气候干旱炎热，红色、紫红色沉积物发育，物理风化产生的大量碎屑物质为山间盆地快速堆积提供了充足的物源。总体反映出一套小型山间河-湖盆地沉积。

5. 时代划分依据

本组主要为干热氧化环境的红色碎屑岩沉积，化石罕见，本次工作未找到化石，据其岩性组合特征与层型剖面对比大体一致，将区内分布于红山达坂、温泉湖一带以紫红色色调为主的碎屑岩建造归属新近系康托组。

(二)唢纳湖组(N*s*)

1. 地层沿革、分布及划分依据

唢纳湖组为西藏区调队(1986)创名，命名地点位于双湖县所在地北西西方向约210km的唢纳湖东。原义指岩性为泥灰岩、泥岩、粉砂岩夹生物碎屑泥晶灰岩、含砾砂岩及多层石膏。《西藏地质志》(1993)及《西藏自治区岩石地层统编》(1997)沿用其名，其定义为：岩性主要为红色、砖红色、土红色或鲜红色泥岩、泥质粉砂岩、砂岩、粗砂岩、含砾砂岩、砾岩，夹多层石膏层含盐岩石地层体。产淡水、双壳类化石。底部与雁石坪群($J_{2-3}Y$)不整合接触，上未见顶。地质时代定于新近纪。本次工作沿用其名。

2. 剖面描述

(1)修测剖面

剖面位于西藏改则县茶布区温泉湖南一带，剖面起点坐标：东经83°33′，北纬34°23′。据1∶100万日土幅剖面进行了修测，现将该剖面介绍如下(图2-22)。

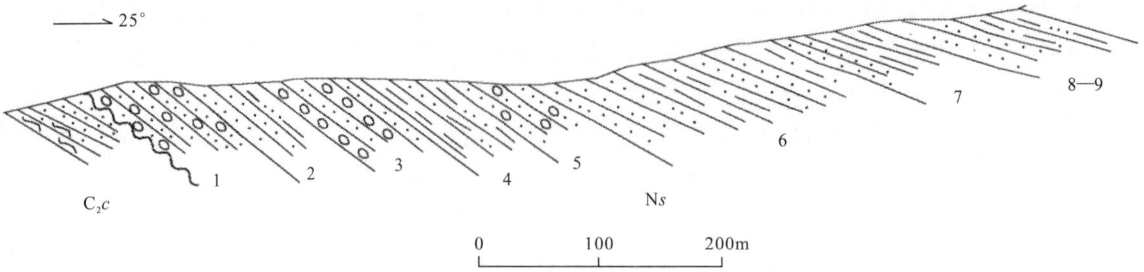

图 2-22　温泉湖唢纳湖组实测地层剖面图
（与剖面描述层号对应）

唢纳湖组(N*s*)　　**>424.6m**

（未见顶）

8—9. 紫红色含砾砂质泥岩	38.74m
7. 紫红色泥岩夹细砂岩和粉砂岩	61.98m
6. 紫红色薄层状细砂岩夹粉砂质泥岩	138.92m
5. 紫红色砾岩、含砾粗砂岩夹砂岩和砂岩韵律层	32.31m
4. 紫红色泥质粉砂岩夹泥岩	38.42m
3. 紫红色砾岩夹砂岩和粉砂岩	31.61m
2. 紫红色细砂岩夹泥质粉砂岩	40.54m
1. 紫红色含砾中粗粒砂岩	42.09m

~~~~~~~~~~角度不整合~~~~~~~~~~

下伏地层：石炭系霍尔巴错群擦蒙组(C_2c)

(2)路线剖面

在图幅西北角淡水河北岸一带，该组地层走向总体呈东西向，岩层产状较陡，倾角达 30°～35°，本次工作在西藏改则县淡水河北岸一带简测了唢纳湖组剖面，剖面起点坐标：X=3 858 052，Y=14 653 015。高程为 5 550m。现将该剖面介绍如下（图 2-23）。

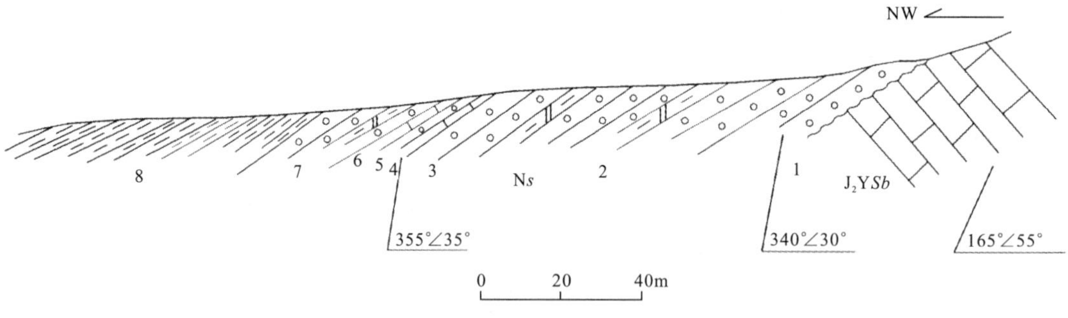

图 2-23　淡水河唢纳湖组实测地层剖面图
（与剖面描述层号对应）

唢纳湖组(N*s*)　　**>1 570m**

（未见顶）

8. 砖红色泥岩	804.0m
7. 浅紫色砾岩夹土黄色(白云质)粉砂质泥岩	423.0m
6. 浅灰色薄层泥晶灰岩	112.0m
5. 浅紫色砾岩	8.0m
4. 浅灰色薄层泥晶灰岩	21.0m
~~~~~~~~~~

3. 灰黄色块状砾岩　81.0m

2. 灰黄色块砾岩夹土黄色(白云质)粉砂质泥岩　730.0m

1. 浅紫色块状砾岩　195.0m

~~~~~~~~~~角度不整合~~~~~~~~~~

下伏地层:侏罗系雁石坪群布曲组(J_2YSb)

3. 地层特征

在测区内分布较广泛,角度不整合于下伏地层之上。各地岩性有所差异,在淡水河北岸一带,岩性为灰紫—灰褐色巨厚层—块状砾岩夹灰红色粉砂质泥岩及浅灰色薄层灰岩,与下伏雁石坪群布曲组(J_2YSb)呈角度不整合接触。在温泉湖以南一带呈北东-南西向展布,在与基岩接触带附近,地层产状60°～70°,远离基岩区岩层产状5°～10°,较平缓,平面上延伸长30～40km,宽5～10km,岩性主要为紫红色薄层状细砂岩、含砾中粗粒砂岩夹紫红色泥质粉砂岩、泥岩。在玉环湖以北、黄土岗达坂一带,该组靠近盆地为灰绿色、浅紫红色泥岩夹灰绿色粉砂岩(图版Ⅹ,1),盆地边缘为厚—巨厚层砾岩(图版Ⅹ,2),砾石成分单一,均为黑色、深灰色泥晶灰岩、生物屑灰岩,偶见燧石、脉石英等砾,大小一般5.0～8.0cm,小者0.4～3.0cm,大者10.0～15.0cm,呈次棱角、次圆状,磨圆度较好,分选性较差。砾间被泥质、粉砂充填,胶结物主要为钙质,其次为铁质。其砾石来源与相邻母岩密切相关,并且其分布范围与侏罗系雁石坪群的出露区域一致。在玉环湖北一带,主要分布于近东西向展布的沟谷中,受断裂带晚期作用的影响,局部岩层产状近直立,岩石破碎强烈,岩性为紫灰、黄褐色厚层块状砾岩和含砾粗砂岩,钙质胶结。在清澈湖西南,主要岩性为暗紫红色复成分砾岩和砂砾岩,地层产状较为平缓,与康托组呈断层接触。横向上厚度变化较大,温泉湖一带仅厚424.6m,淡水河一带厚达1 570m。

结合区域资料,唢纳湖组主要表现为一套粗碎屑岩、富镁碳酸盐岩和膏盐沉积,岩性较复杂,反映唢纳湖组为内陆山间盆地河湖相沉积环境。

4. 时代划分依据

测区在唢纳湖组剖面测制及填图过程中虽未获生物化石的年龄资料,但岩性组合面貌、岩石的固结程度和结构松散度与区域上同期唢纳湖组基本相似,完全可以对比,并认为它是与康托组同时异相的沉积产物,故将本组地质时代确定为新近纪。

二、第四系

区内出露的第四系地层为更新统鱼鳞山组和全新统沉积物。鱼鳞山组仅分布于图幅的西南部甜水湖北一带,出露面积约7km²。全新统主要分布于山间凹地中。由于区内地形较复杂,因而全新统沉积物的成因类型、岩性、分布特征以及地层发育等均有较大的差别。本次工作将第四系按成因类型划分为湖积物、冲积物、冲洪积物。

(一)更新统鱼鳞山组(Qp*yl*)

1. 地层沿革、分布及划分依据

鱼鳞山组为西藏区调队(1987)创名,命名地点位于改则县所在地338°方向约188km处的鱼鳞山附近。原义指下部岩性为黄灰绿色火山角砾岩、凝灰岩和凝灰质砂岩,厚度30～50m;中部为灰绿色气孔状白榴石响岩、白榴石响岩质凝灰岩和凝灰质火山角砾岩;上部为灰绿色致密块状和气孔状霓辉粗面岩和含砾霓辉粗面岩。《西藏地质志》(1993)及《西藏自治区岩石地层统编》(1997)沿用其名,其定义为:一套不整合覆于康托组之上的火山盆地型碱性火山岩及火山碎屑岩。岩性为白榴石响岩、霓辉粗面岩及火山角砾岩、凝灰岩和凝灰质砂岩,上未见顶。地质时代定于晚上新世—早更新世。本次将区内新发现的分布于甜水湖北一带的一套火山熔岩,厘定为鱼鳞山组,据本次测年结果(K-Ar)为2.26Ma,时代定于更新世。
~~~~~~~~~~

2. 剖面描述

该组地层仅分布于图幅的西南部甜水湖北一带，本次工作在西藏改则县甜水湖北一带实测了鱼鳞山组剖面。剖面起点坐标：X=3 790 916，Y=14 654 964。高程为 5 052m。剖面编号为 P_{14}。现将该剖面(图 2－24)介绍如下。

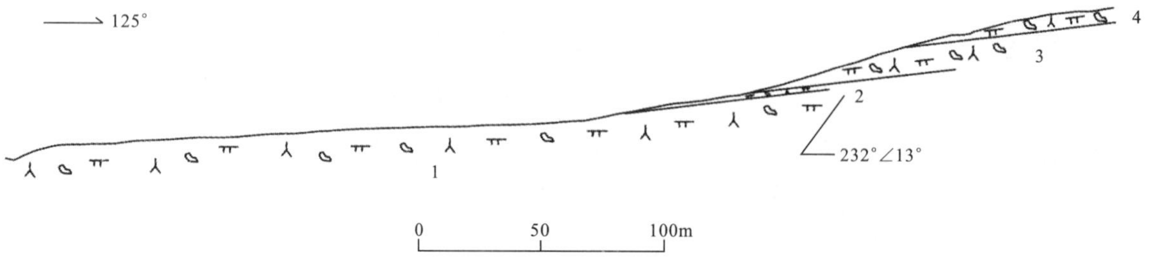

图 2－24　甜水湖鱼鳞山组火山岩实测剖面图
(与剖面描述层号对应)

鱼鳞山组(Qp*yl*)	**33.24m**
4. 灰绿、深灰、灰黑色气孔状霞石响岩	5.20m
3. 灰白色略带紫红色气孔状霞石响岩	5.60m
2. 深灰色杏仁、气孔状霞石响岩	6.70m
1. 烟灰色杏仁、气孔状霞石响岩	15.74m

(未见底)

3. 地层特征

该组为测区内新发现的一套火山岩地层体，分布于甜水湖北，面积约 7km²。熔岩流由火山中心向南呈长舌状展布，倾向南西，倾角 13°～14°，火山锥基底直径 600～700m，保存高度约 60m(图版Ⅹ，3，4)。与鱼鳞山一带的白榴石响岩略有不同，该组主要岩性为烟灰色、深灰色杏仁、气孔状霞石响岩、灰白色—紫红色霞石响岩，斑状结构，气孔-杏仁构造。剖面主要可分为 4 层，各层间以岩石颜色、结构、构造而区分，第 2、3、4 层间关系较明显，为不同期次熔岩喷发形成。该火山岩可划分为溢流相、爆发相，地层总厚约 60m。其岩矿特征、岩石化学特征及时代讨论可参考第三章第三节。

(二)全新统

全新统分布于区内山间凹地及较大的沟谷两侧。成因类型较多，主要有湖积物(*fl*)、冲洪积物(*apl*)、洪积物(*pl*)、冲积物(*al*)等，其中以冲洪积物和湖积物最为发育。

1. 湖积物(Qh^{fl})

主要分布于托和平错、甜水湖、四家湖、万泉湖和三岛湖等区内较大的湖泊周边。沉积物包括湖滨相砂砾石层、湖相粉砂质粘土层、灰绿色粘土层和湖相化学沉积等，厚度数米至数十米不等。其中测区南部四家湖、白烟湖、小泉湖、万泉湖湖面处于萎缩期，从遥感图像上可以清晰地反映出湖的四周均为亮白色层圈影纹，由于高原气候处于异常剧烈的波动之中，气候向偏暖、干旱方向发展，蒸发量远远大于补给量，湖水变浅并面临干涸，蒸发岩及化学沉积岩较发育，并形成了规模大小不等的盐类矿产。

2. 冲洪积物(Qh^{apl})

主要分布于区内较大的淡水河、托和平河、百泉河两侧及温泉湖、万泉湖一带大面积的低凹地带，其厚度在横向上变化很大，主要成分为砂砾石及砂土沉积。砾石以灰岩、砂岩、脉石英及砂质泥岩为主，砾石磨圆度不均一，分选性较差，多为次圆至次棱角状，砾石在地层中的含量离基岩区越远越少，砾石成分受周围出露基岩的岩性控制，地层在局部地区偶显层理。

冲洪积沉积物在地貌上很平坦，高原地区由于大多数河流“有头无尾”，大量的残坡积物被搬运至较低凹地带沉积，逐渐填平，形成了现在较平坦的地貌。常上覆于湖积物之上，厚度一般为0～10m，出露厚度一般大于2m。岩性为泥、砂、砾石及黄色粉砂质粘土，成分复杂。砾石砾径一般3.0～4.0cm，大者可达1.0m以上，磨圆度中等。其形成时代为全新世。

3. 洪积物(Qh^{pl})

主要分布于淡水河北岸、黄土岗达坂以南及万泉湖一带的山体周围，由于高原地区洪水期不太明显，大量的残坡积物只能被搬运至山体周围沉积，在较大的河流口形成较明显的洪积扇状体，其顶面高出现代河床30～200m，也就是说其厚度自扇体前缘至扇根逐渐增大，沉积物粒度也由细变粗。沉积物主要由砾石、砂及粉砂、粉砂质粘土组成。高差较大的淡水河北岸的洪积扇可划分为河道充填沉积物和筛积物，其中筛积物主要由棱角、次棱角状单成分砾石组成，砾石成分与下伏基岩的岩性密切相关，90%以上为邻近物源区的母岩碎块，磨圆度普遍较差，偶显层理，砾径大小不一，少数大者可达3m以上。地层厚度从几米至百余米不等。河道充填沉积物主要由砂砾石及砂土组成，分选较差，砾石无磨圆，成分受周围出露基岩的岩性控制明显，这些特征均反映洪积物为短距离搬运、快速堆积而形成。

由于全新世以来，气候转暖，洪积频繁发生，常出现洪积的叠加作用，这一特征从遥感图像上可以清晰地观察到。其外形呈扇形和平缓的锥形，表面具辫状、扇状分叉水系，在影像图上为浅色均匀色调，并且新形成的扇体对较老的处于稳定期的扇体发生侵蚀冲刷及削顶等现象。

4. 冲积物(Qh^{al})

全新世冲积物主要沿河流两侧呈带状分布。图幅内主要出露于托和平错及三岛湖北一带。地貌上表现为现代河床或河流一级冲积阶地，出露标高随不同河流所处的海拔标高不同而变化。冲积物主体岩性由一套浅灰色砂砾石层、含砾砂土层及细砂土组成。其中的砾石成分多种多样，有砂岩、灰岩及脉石英等，主要受河流附近出露的基岩的控制。砾石砾径一般为2～15cm，大者可达数十厘米。砾石具较好的磨圆度和一定的分选性。厚度从不足1m至数十米不等。

第三章 岩浆岩

调查区岩浆岩主要产出于窝尔巴错-拜惹布错断裂带以南的南羌塘陆块内，出露面积总计约 160km²，仅占图幅总面积的 1%左右。空间分布上呈有规律的成群或成带分布，明显受区域性构造控制。岩浆活动主要集中于晚古生代二叠纪和中生代，二叠纪侵入岩主要为基性侵入体，呈岩株或脉状产出，岩石类型有辉绿岩、辉绿玢岩、辉长岩、苦橄玢岩及变质基性岩等；中生代侵入岩以中酸性岩类为主，以小规模岩株产出，岩石类型有花岗闪长岩、花岗斑岩等(表 3-1)。火山岩主要出露于南羌塘地块、土则岗日构造带中，发育晚古生代晚石炭世—早二叠世和新生代第四纪火山岩。晚石炭世—早二叠世火山岩分布较广，主要产出于南羌塘地块霍尔巴错群展金组、曲地组中，分布于图幅南部的托和平错、夏碱湖南及图幅中部的鸭子湖、双湖、温泉湖、淡水河南、拜惹布错南山、三岛湖一带；在土则岗日构造带东部的拜惹布错一带分布有少量火山岩岩片；新生代火山岩仅见于甜水湖北部一带，产出于鱼鳞山组。

表 3-1 侵入岩简表

填图单位	时代	代号	产状	主要岩石类型	同位素年龄(Ma)或时代依据	分布地区
石英脉	三叠纪	q	岩脉	石英		鸭子湖北
花岗斑岩		$T\gamma\pi$	岩脉、岩株	黑云母花岗岩花岗斑岩	246±2Ma(U-Pb)	鸭子湖、万泉湖西
花岗闪长岩		$T\gamma\delta$	岩株	角闪石黑云母花岗闪长岩		长山梁
辉长岩	二叠纪	$P\nu$	岩株	辉长岩	侵入于霍尔巴错群，轻微变质	夏碱湖
变质基性岩		PN	岩株	变质基性岩		白烟湖
辉绿岩		$P\beta\mu$	岩脉、岩株	辉绿岩、辉绿玢岩	345±2Ma(U-Pb)	温泉湖、万泉湖
苦橄玢岩		$P\omega\mu$	岩脉	苦橄玢岩		万泉湖西

第一节 基性侵入岩

二叠纪岩浆活动较为频繁，以基性的辉绿(玢)岩最为发育，并有少量辉长岩及变质基性岩，出露面积约 150km²，岩体(脉)集中分布于测区东部的温泉湖—万泉湖一带，三岛湖、黑山头等地也有零星出露。

1. 地质特征

(1)苦橄玢岩($P\omega\mu$)

本次工作在万泉湖西一带新发现了数条苦橄玢岩脉，呈脉状产出，近南北向延伸，脉宽十几米至百余米，延伸几十米至 2km。岩脉侵入于霍尔巴错群擦蒙组中，是区内侵入时代最早的基性侵入体。

(2)辉绿(玢)岩($P\beta\mu$)

区内辉绿岩多呈脉状或小规模岩株产出，数量众多，集中分布于温泉湖—万泉湖一带，另在黑环山、拜惹布错南山南、小盆湖南有零星分布。岩体的产状及分布明显受近东西向断裂的控制，岩脉产状陡立，宽一般几十米至百余米，延长数千米，温泉湖附近发育 6 个具有一定规模的岩株，最大面积达 32km²。岩体侵入于霍尔巴错群擦蒙组、展金组、曲地组中，局部为肖茶卡组、唢纳湖组不整合覆盖。岩石蚀变较为强烈，多具低绿片岩相变质。

温泉湖北辉绿岩脉($P\beta\mu$)侵入于展金组中(C_2P_1zh)，多处为第四系不整合覆盖。呈不规则岩株状产出，东西长约 12km，南北宽 1～4km，出露面积约 33km²。主要岩性以辉绿岩为主。

万泉湖北辉绿岩体($P\beta\mu$)北部与展金组(C_2P_1zh)呈断层接触，西部被肖茶卡组不整合覆盖，南部为第四系覆盖。呈不规则状岩株产出，东西长约 8km，南北宽 2km，出露面积约 $20km^2$。

温泉湖西辉绿玢岩($P\beta\mu$)分布于温泉湖西，侵入于擦蒙组中，南部为康托组不整合覆盖。呈一不规则状岩株产出，出露面积约 $14km^2$。

三岛湖南基性岩体($P\beta\mu$)成群分布，共发现 12 个侵入体，其中面积最大者为出露于图幅东部边界的辉绿岩体，面积约 $15km^2$，最小者不足 $0.1km^2$。另发现 3 条辉绿岩脉。岩体侵入于石炭—二叠系霍尔巴错群展金组中，局部为三叠系肖茶卡组、新近系唢纳湖组不整合覆盖。主要岩性为辉绿岩。

黑环山辉绿岩体($P\beta\mu$)分布于图幅南部黑环山，呈近东西向展布的长圆形岩株产出，面积约 $9km^2$ 侵入于二叠系曲地组中，围岩岩性为灰黑色薄层细粒长石岩屑砂岩、铁质不等粒岩屑砂岩夹粉砂岩等。主要岩性为纤闪石化辉绿岩，岩石普遍发生纤闪石化，矿物明显定向。

(3)变质基性岩(PN)

变质基性岩分布比较局限，仅在图幅南部边缘白烟湖一带见有分布。出露面积约 $15km^2$。岩体北侧与二叠系霍尔巴错群曲地组($P_{1-2}q^2$)呈侵入接触，南部和西部为新近系唢纳湖组和第四系不整合覆盖。岩石普遍变质，发生绿帘石化、钠长石化及阳起石化。

(4)辉长岩($P\nu$)

仅发现一个岩体，辉长岩仅出露于夏碱湖南西。辉长岩近东西向展布，呈不规则状岩株产出，东西长约 2km，宽几百米至 1.5km，面积约 $3.5km^2$。侵入于霍尔巴错群擦蒙组中，岩体西部为第四系覆盖。主要岩性为辉长岩，岩石普遍发生绿帘石化。

2. 岩石特征

苦橄玢岩：岩石呈黑色，由斑晶和基质两部分组成，斑状结构，基质为隐晶-微粒结构，块状构造。斑晶 70%，其中橄榄石 60%，自形—半自形粒状，裂纹发育，沿裂隙蛇纹石化，成网状结构，部分呈假象，析出星点状磁铁矿。晶体大小 0.5～5.0mm；辉石 10%，柱状，为普通辉石，大小 0.5～2.5mm；基质 30%，由柱粒状辉石、橄榄石、金云母和充填于粒间的磁铁矿、火山玻璃组成。岩石普遍发生蛇纹石化。

辉绿(玢)岩：岩石一般呈灰绿色，辉绿结构、嵌晶含长结构，辉绿玢岩具斑状结构，块状构造。主要矿物成分：辉石 30%～35%，为普通辉石，晶体大小 0.3～4.0mm；斜长石 25%～50%，板柱状，较自形，钠黝帘石化强烈，晶体大小 0.05mm×0.3mm～0.4mm×2.0mm；绿泥石 5%～10%。另见少量金属矿物。岩石多发生绿泥石化、绢云母化，含绢云母、绿泥石等蚀变矿物。

变质基性岩：岩石呈灰绿色，粒纤状变晶结构，块状构造。主要矿物成分：阳起石 40%，柱状，纤维状，弱定向，晶体大小(0.2～0.5)mm×1.5mm；钠长石 30%，粒状，晶体大小 0.03～0.2mm；绿帘石 15%，石英 3%，不规则粒状，大小 0.02～0.2mm；绿泥石 5%。另见榍石、磷灰石及少量金属矿物。

辉长岩：岩石呈灰绿色，辉长结构，块状构造。主要矿物成分：斜长石 50%，板柱状，较自形，绢云母化、土化、碳酸盐化强烈，晶体大小 0.1mm×0.3mm～1.0mm×1.2mm；辉石 40%，柱状、粒状，晶体大小 0.2～1.5mm；石英 3%，不规则粒状，0.05～0.5mm；钾长石 5%，0.1～0.5mm。副矿物见磁铁矿、绿帘石。

3. 岩石化学及地球化学特征

(1)岩石化学特征

辉绿(玢)岩岩石化学成分及含量见表 3-2，SiO_2 含量 47.56%～51.62%，平均值 48.89%，Al_2O_3 含量 11.03%～15.19%，平均值 13.89%，明显偏高，MgO 含量 4.57%～6.55%，Fe_2O_3+FeO 含量 9.47%～13.97%，K_2O+Na_2O 含量 2.44%～4.21%，表现为基性岩的岩石化学特征。铝质指数(A/NCK)为 0.47～0.79，明显小于 1.1，属正常范围。里特曼指数 σ 为 0.90～2.75，大部分为 1.6～3.3，属次铝的钙碱性系列岩石。在基性侵入岩的 SiO_2-K_2O 图解(图 3-1)中，样品分别落入高钾钙碱性和钙碱性系列岩区。岩石地球化学成分具富 TiO_2、K_2O+Na_2O 特点，与展金组基性火山岩相比，基性侵入岩类具较低的 TiO_2、K_2O+Na_2O 含量。

(2)微量元素特征

微量元素含量见表 3-3，与地壳克拉克值相比，Sc、Co、Cr 含量偏高，其余元素含量近于或低于地壳

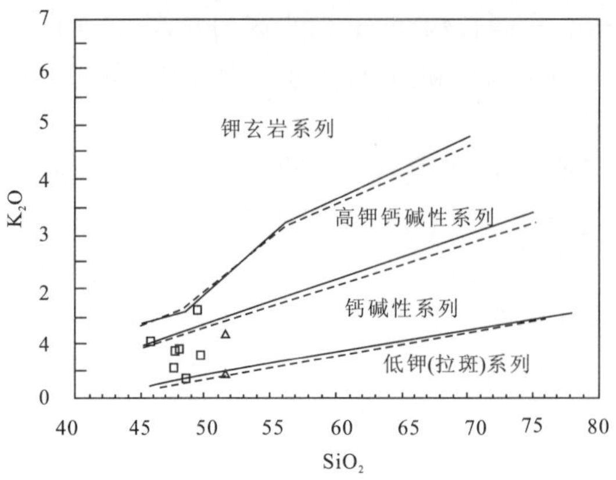

图 3-1　基性岩侵入岩 SiO_2 - K_2O 图

表 3-2　二叠纪侵入岩岩石化学成分含量及有关参数

样品号	岩石名称	氧化物含量(ω_B%)										
		SiO_2	TiO_2	Al_2O_3	Fe_2O_3	FeO	MnO	MgO	CaO	Na_2O	K_2O	P_2O_5
P20Gs-4	辉绿岩	49.5	1.3	14.19	2.13	8.87	0.18	6.22	10.0	1.92	1.6	0.12
0005Gs-1	辉绿岩	49.77	1.12	15.33	3.66	6.1	0.2	6.12	10.3	1.93	0.8	0.09
0005Gs-2	辉绿玢岩	51.6	1.57	13.81	2.81	7.68	0.18	5.48	8.75	2.71	1.19	0.27
0019Gs-1	辉绿岩	45.73	2.98	13.87	3.48	10.13	0.21	5.81	9.11	2.45	1.06	0.62
1348Gs-1	辉绿岩	48.06	1.2	14.2	3.17	8.42	0.21	6.55	9.75	2.7	0.92	0.11
1366Gs-1	辉绿岩	47.68	2.83	12.94	3.64	8.57	0.23	5	7.78	3.34	0.87	0.38
4745Gs-1	辉绿玢岩	51.62	1.39	15.19	3.09	6.38	0.21	4.57	9.64	3.49	0.48	0.14
4217Gs-1	纤闪石化辉绿岩	47.56	3.06	11.03	4.24	9.73	0.21	6	10.7	1.87	0.57	0.32
3210Gs-1	辉绿玢岩	48.48	1.21	14.45	3.02	8.08	0.22	6.5	11.4	2.27	0.36	0.11
平均值		48.89	1.85	13.89	1.54	8.22	0.21	5.80	9.74	2.52	0.87	0.24

样品号	岩石名称	氧化物含量(ω_B%)			有关参数				
		H_2O^+	CO_2	总量	A/NCK	σ	AR	SI	DI
P20Gs-4	辉绿岩	3.59	0.15	99.84	0.61	1.58	1.34	29.99	27.82
0005Gs-1	辉绿岩	3.72	0.18	99.38	0.67	0.90	1.24	32.89	27.99
0005Gs-2	辉绿玢岩	3.31	0.13	99.49	0.64	1.54	1.42	27.58	36.39
0019Gs-1	辉绿岩	3.93	0.12	99.5	0.64	2.75	1.36	25.34	28.28
1348Gs-1	辉绿岩	3.79	0.45	99.53	0.61	1.94	1.36	30.10	29.68
1366Gs-1	辉绿岩	3.61	2.41	99.28	0.63	2.51	1.51	23.34	37.88
4745Gs-1	辉绿玢岩	3.51	0.22	99.93	0.64	1.60	1.38	25.37	37.76
4217Gs-1	纤闪石化辉绿岩	3.04	1.17	99.59	0.47	0.95	1.25	26.77	26.06
3210Gs-1	辉绿玢岩	3.11	0.18	99.44	0.58	1.01	1.23	32.13	23.33
平均值		3.51	0.56	99.55	0.61	1.64	1.34	28.16	30.58

表 3-3　二叠纪侵入岩微量元素含量表

样品号	岩石名称	微量元素及含量(ω_B/$\times10^{-6}$)													
		Nb	Sc	Zr	Th	Sr	Ba	V	Co	Cr	Ni	Rb	Ta	Hf	Y
P20wl-4	绿岩	10	14	107	1.2	278	359	241	37	153	65	48	0.3	3.2	21.18
0005wl-1	绿岩	3.3	29	117	1.8	161	333	200	35	214	72	26	0.7	3.4	26.87
0006wl-1	辉绿岩	14	20	128	1.7	316	409	197	33	193	35	23	0.89	3.5	21.02
1348wl-1	辉绿岩	7	14	87	1.2	182	248	314	45	169	89	29	0.85	2.7	29.11
4745wl-1	辉绿玢岩	8.6	26	137	3.1	154	153	249	30	103	25	21	0.38	4	23.42
克拉克值(维氏,1962)		20	10	170	13	340	650	90	18	83	58	150	2.5	1	29

丰度值。微量元素洋脊玄武岩标准化蛛网图见图 3-2，K、Rb、Ba、Th 等元素明显富集，Ta、Zr 亏损，显示各样品具有非常相似的地球化学特征，其与展金组基性、中基性火山岩微量元素洋脊玄武岩标准化蛛网图既具有一定的相似性，亦有所不同，辉绿岩墙的曲线形态为"大隆起"之形态，而展金组基性、中基性火山岩具有多峰多谷之形态，这些特征表明区内辉绿岩墙与展金组火山岩在成因及生成环境上存在较大差别。

(3)稀土元素特征

稀土元素含量及有关参数见表 3-4，表现出基性岩的稀土元素特征。稀土总量∑REE 为 58.66×10^{-6}～101.56×10^{-6}，稀土元素总量较低，LREE/HREE 值位于 1.94～5.43 之间，表现为轻、重稀土分馏不明显，δEu 值为 0.96～1.06，平均值 1.01，大于 0.7，说明为基性岩浆分异的产物。稀土元素球粒陨石标准化配分型式曲线(图 3-3)形态与大陆拉斑玄武岩较为相似，主要表现为两种特征，一种平坦型，一种倾斜较陡，基本无 Eu 异常或 Eu 异常不明显。

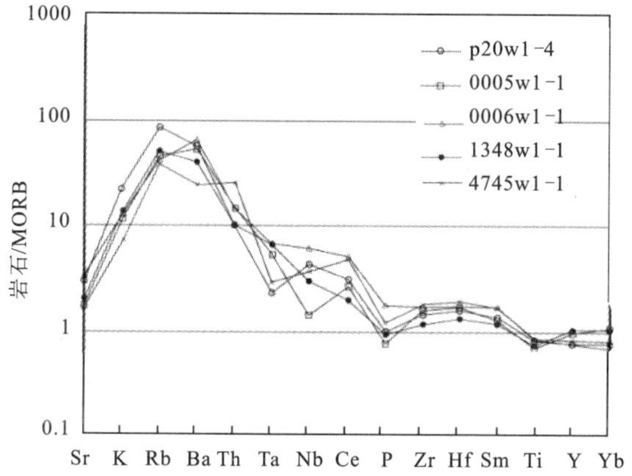

图 3-2 辉绿岩微量元素 MORB 标准化蛛网图

(洋脊玄武岩据 Sun 和 McDoungh，1989)

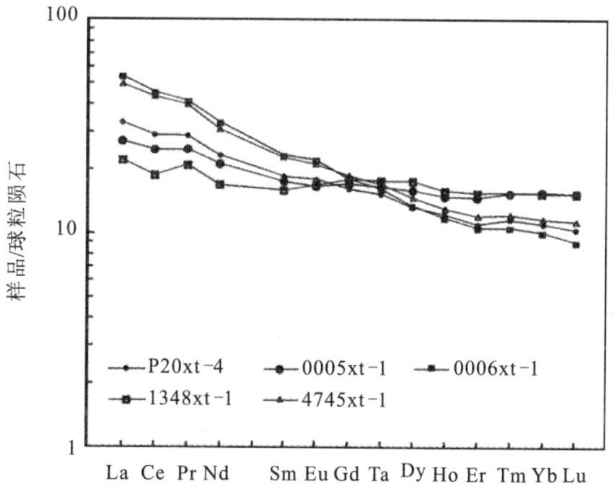

图 3-3 辉绿岩稀土元素球粒陨石标准化配分型式图

(球粒陨石为里德平均值，增田，1973)

表 3-4 二叠纪侵入岩类稀土元素含量表

样品号	样品名	稀土元素含量(ω_B/×10^{-6})										
		La	Ce	Pr	Nd	Sm	Eu	Gd	Tb	Dy	Ho	Er
P20xt-4	辉绿岩	10.40	23.33	3.33	14.05	3.59	1.29	4.22	0.72	4.37	0.89	2.39
0005xt-1	辉绿岩	8.58	20.09	2.86	12.66	3.39	1.22	4.41	0.79	5.24	1.09	3.16
0006xt-1	辉绿岩	17.09	37.68	4.81	20.10	4.49	1.60	4.69	0.77	4.43	0.86	2.28
1348xt-1	辉绿岩	6.94	15.05	2.38	10.03	3.10	1.23	4.67	0.84	5.75	1.16	3.31
4745xt-1	辉绿玢岩	15.79	35.95	4.71	18.57	4.37	1.53	4.86	0.81	4.83	0.95	2.58
样品号	样品名	稀土元素含量(ω_B/×10^{-6})					有关参数					
		Tm	Yb	Lu	Y	∑REE	LREE	HREE	LREE/HRE	δEu	δCe	
P20xt-4	辉绿岩	0.39	2.33	0.34	21.18	71.64	55.99	15.65	3.58	1.01	0.95	
0005xt-1	辉绿岩	0.52	3.29	0.50	26.87	67.80	48.80	19.00	2.57	0.96	0.97	
0006xt-1	辉绿岩	0.36	2.10	0.30	21.02	101.56	85.77	15.79	5.43	1.06	0.99	
1348xt-1	辉绿岩	0.53	3.18	0.49	29.11	58.66	38.73	19.93	1.94	0.99	0.89	
4745xt-1	辉绿玢岩	0.41	2.44	0.37	23.42	98.17	80.92	17.25	4.69	1.01	0.99	

4. 副矿物特征

副矿物主要有黄铁矿、磁铁矿、磷灰石、榍石、锐钛矿、金红石、锆石。主要副矿物特征：磁铁矿，d=0.05～0.5mm，褐黑色，不规则粒状，褐铁矿化，光泽暗淡；黄铁矿，d=0.05～0.5mm，黄色，多数为不规则棱角状，少数为立方体，金属光泽；磷灰石，d=0.05～0.2mm，无色、淡黄色，粒状和柱状，透明，玻璃光泽；榍石：d=0.1～0.2mm，淡黄色，颗粒碎块，个别为扁平信封状，透明，金刚光泽；锐钛矿，d=0.05mm，浅蓝色，四方双锥状，半透明，金刚光泽；金红石，d=0.05～0.1mm，红色，碎块，金刚光泽。

锆石特征：$a\times b\times c$=(0.03～0.06)mm×(0.03～0.06)mm×(0.03～0.15)mm，浅紫色，少数为无色，颗粒细小晶面不清，呈浑圆状四方柱和四方双锥的聚形或者由四方柱(110)、(100)和四方双锥(111)及偏锥面(131)、(311)组成的聚形，个别颗粒内含细小黑色包体。透明度较差，一般为半透明，金刚光泽，长宽比为1∶1.5～1∶3。

5. 形成时代

本次工作在图幅东部一带新发现大量辉绿(玢)岩侵入体，侵入于石炭—二叠系霍尔巴错群中，多以近东西向展布，局部为三叠系肖茶卡组不整合覆盖，基本确定其形成时代为晚二叠世。关于该类辉绿岩脉的侵入时代，本次工作采取的同位素年龄样品也获得了(345±2)Ma的$^{206}Pb/^{238}U$表面年龄，李才等(2004)对改则县鲁谷友谊沟口北侧和改则县戈木日东侧的辉绿岩脉进行了同位素测年工作，分别获得了(312±4)Ma的单颗粒锆石U-Pb谐和线年龄和(299±13)Ma、(314±5)Ma两个Sm-Nd全岩等时线年龄。本区内辉绿岩脉与上述地区的辉绿岩脉具有相同的地质背景，故可以认为区内辉绿岩脉的侵入时代与上述地区基本一致。结合地质依据及其演化特征，认为区内基性侵入岩属晚古生代二叠纪岩浆活动的产物。

6. 构造环境分析

一般认为基性岩墙群是大陆伸展背景下主要来自陆下软流圈或地幔岩石圈的岩浆侵入体，是古板块伸展、裂解事件的反映。对基性岩浆事件的研究既可恢复岩墙侵位时古板块的性质和古板块裂离的动力学背景与行为过程，又可以为同一构造域构造-岩浆事件对比研究提供参照体系。测区辉绿岩脉多侵入于石炭—二叠系霍尔巴错群，不仅在研究区内发育，在整个羌塘地区也十分发育，普遍认为是冈瓦纳大陆裂离事件的反映。区内辉绿岩在La/Zr-Nb/Zr和Th/Zr-Nb/Zr判别图(图3-4)中，投影点多集中分布于Ⅳ区和D1区，即大陆板内裂谷、拉张玄武岩区及陆缘裂谷拉张玄武岩区，表明该类侵入岩形成于陆内初始裂谷及陆缘裂谷的构造环境。综合其产出的地质背景、岩石特征、地球化学特征及区域地质构造演化分析，可以认为区内以辉绿岩墙为代表的基性侵入岩形成于陆内初始裂谷及陆缘裂谷环境。

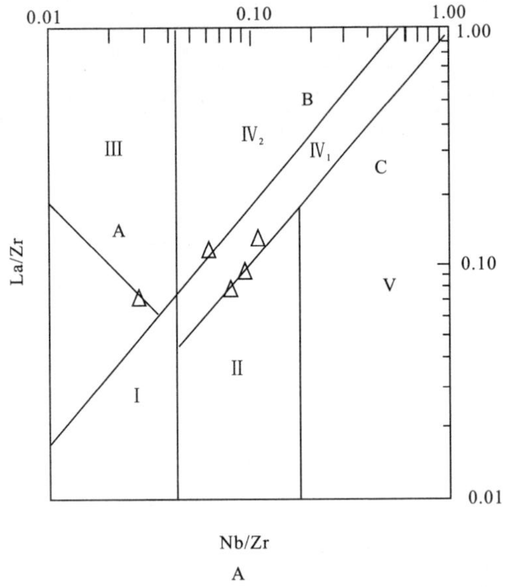

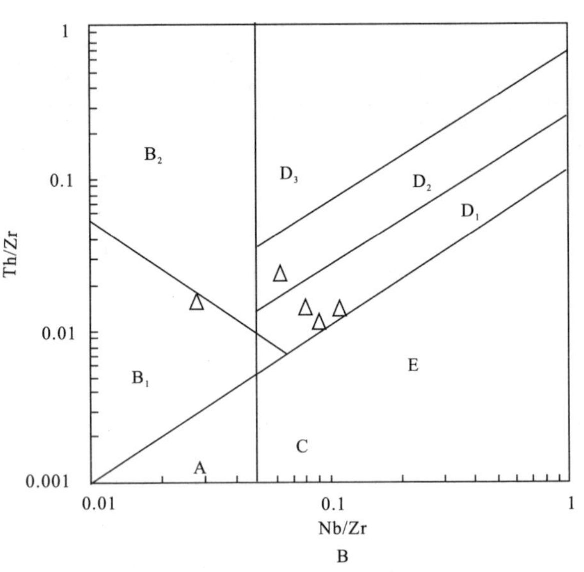

图3-4 辉绿岩La/Zr-Nb/Zr(A)、Th/Zr-Nb/Zr(B)判别图

图A中：Ⅰ. 大洋板块发散边缘N-MORB区；Ⅱ. 大洋板内洋岛、海山玄武岩区及T-MORB、E-MORB区；Ⅲ. 板块汇聚边缘；$Ⅳ_1$. 大陆板内裂谷、拉张玄武岩区及陆缘裂谷拉张玄武岩区；$Ⅳ_2$. 大陆板内陆-陆碰撞带玄武岩区；Ⅴ. 地幔热柱玄武岩区

图B中：A. 大洋板块发散边缘N-MORB区；B. 板块汇聚边缘(B_1. 大洋岛弧玄武岩区；B_2. 陆缘火山弧玄武岩区)；C. 大洋板内玄武岩区；D. 大陆板内玄武岩区(D1. 陆内初始裂谷及陆缘裂谷拉斑玄武岩区；D2. 大陆拉张带玄武岩区；D3. 陆-陆碰撞带玄武岩区)；E. 地幔柱玄武岩区

第二节 中酸性侵入岩

测区中酸性侵入岩不发育，主要为三叠纪岩浆活动的产物。岩体主要分布于鸭子湖、托和平错东，呈岩株或脉状产出，规模较小。出露面积共 $20km^2$。代表岩体为托和平错东的花岗闪长岩体、花岗斑岩体及鸭子湖花岗斑岩体。另在黑山头、小南湖一带见有花岗斑岩呈小岩株或脉状产出。岩性主要为中酸性的花岗闪长岩、黑云母花岗斑岩、黑云母花岗岩。

1. 地质特征

托和平错东花岗闪长岩体（$T\gamma\delta$）分布于托和平错东，侵入于霍尔巴错群擦蒙组中，呈椭圆状小岩株产出，出露面积约 $2km^2$。其中见暗色包体，包体呈不规则状，大小不一。地形上呈孤立突起的山包。围岩多为变质石英砂岩、粉砂岩、硅质灰岩等，多具明显的接触变质作用。主要岩性为黑云母花岗闪长岩。

万泉湖西花岗斑岩岩体（$T\gamma\pi$）分布于万泉湖西侧，侵入于霍尔巴错群擦蒙组中，呈不规则状小岩株产出，出露面积约 $12km^2$。岩体与围岩接触处粒度较细，围岩多为变质石英砂岩，多具明显的接触变质作用。主要岩性为花岗斑岩。

鸭子湖花岗斑岩体（$T\gamma\pi$）分布于鸭子湖南东，侵入于石炭系擦蒙组（C_2c）中，呈不规则状岩株产出，出露面积约 $4.4km^2$。主要岩性为花岗斑岩。围岩岩性为深灰—灰黑色含砾粉砂岩、粉砂质泥岩等。岩体风化剥蚀严重，接触处多为残坡积覆盖，与围岩接触关系不清。

2. 岩石特征

黑云母花岗闪长岩：岩石呈灰白色，细粒花岗结构，块状构造。主要矿物成分：斜长石 45%，板柱状，较自形；聚片双晶、环带结构发育，晶体大小 0.5～2.5mm；钾长石 20%，不规则粒状，晶体大小 0.5～2.5mm；石英 20%，不规则粒状，大小为 0.1～2.5mm；角闪石 5%，黑云母 10%。副矿物见磷灰石、锆石及少量金属矿物。

花岗斑岩：岩石呈灰白色，斑状结构，基质为微晶结构，块状构造。由斑晶和基质两部分组成，斑晶 20%，其中钾长石 20%，板柱状，见卡氏双晶，晶体大小（0.5～1.0）mm×1.5mm；斜长石 5%，板柱状，较自形，绢云母化普遍，晶体大小（0.5～1.0）mm×2.5mm；石英 3%，他形粒状，晶体大小 0.3～1.5mm；黑云母 5%；基质 80%，多为微粒的长英质矿物。副矿物见有磷灰石、榍石及少量金属矿物。

3. 岩石化学及地球化学特征

（1）岩石化学特征

岩石化学成分含量见表 3-5，SiO_2 为 59.13%～69.7%，平均为 65.5%，Al_2O_3 为 14.24%～15.76%，平均为 14.91%，含量明显偏高。MgO 为 0.4%～2.91%，平均为 1.82%，Fe_2O_3 + FeO 为 2.83%～5.32%，平均为 4.39%，CaO 为 1.05%～5.65%，平均为 3.61%，含量偏高，变化范围较大。K_2O 为 1.51%～4.61%，平均为 3.09%，Na_2O 为 1.12%～4.16%，平均为 3.08%。SI 值为 14.69，显示其岩浆分异程度较高，DI 值为 69.87，较正常花岗岩类偏低。里特曼指数 σ 为 1.28～2.78，铝质指数 A/CNK为 0.91～1.20，平均值 1.01，大于 1，属过铝的钙碱性系列岩石。在 SiO_2 - K_2O 图解（图 3-5）中，投影点大部分落入高钾钙碱性系列岩区，部分落入钙碱性系列岩区。

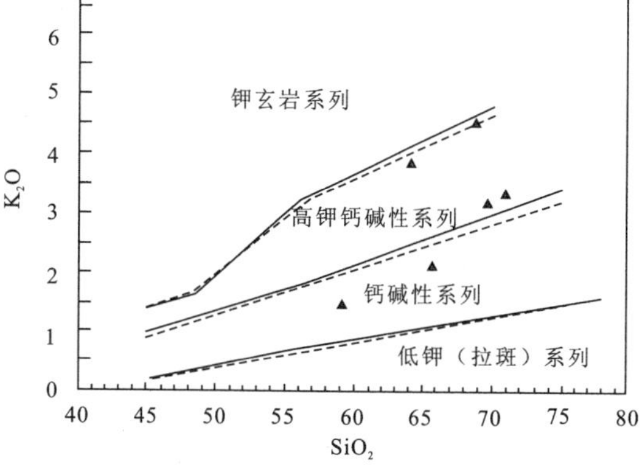

图 3-5 三叠纪侵入岩 SiO_2 - K_2O 图

表 3-5　三叠纪侵入岩岩石化学成分含量表

样品号	岩石名称	氧化物含量(ω_B%)										
		SiO_2	TiO_2	Al_2O	Fe_2O	FeO	MnO	MgO	CaO	Na_2O	K_2O	P_2O_5
P20Gs-5	花岗斑岩	68.74	0.3	15.4	1.5	1.22	0.06	0.4	2.49	3.88	4.61	0.08
2633Gs-1	花岗斑岩	65.67	0.62	14.2	0.95	4.08	0.12	2.73	5.65	1.12	2.19	0.13
4275Gs-1	黑云母花岗岩	69.7	0.29	14.6	0.73	2.1	0.09	0.96	1.05	4.16	3.2	0.09
4306Gs-1	黑云母花岗闪长斑岩	64.16	0.64	14.4	1.42	3.9	0.11	2.12	4.17	2.46	3.88	0.28
3225Gs-1	花岗闪长斑岩	59.13	0.61	15.7	1.49	4.5	0.14	2.91	4.71	3.23	1.51	0.15
平均值		65.5	0.49	14.9	1.22	3.16	0.10	1.82	3.61	2.97	3.08	0.15

样品号	岩石名称	氧化物含量(ω_B%)			有关参数				
		H_2O^+	CO_2	总量	A/CNK	δ	AR	SI	DI
P20Gs-5	花岗斑岩	0.44	0.36	99.54	0.97	2.78	2.79	3.45	83.81
2633Gs-1	花岗斑岩	1.81	0.06	99.37	0.98	0.47	1.40	24.66	56.06
4275Gs-1	黑云母花岗岩	1.76	0.56	99.37	1.20	2.00	2.76	8.61	85.09
4306Gs-1	黑云母花岗闪长斑岩	1.34	0.34	99.27	0.91	1.86	2.03	15.38	67.10
3225Gs-1	花岗闪长斑岩	3.35	2.42	99.85	1.01	1.28	1.60	21.33	57.30
平均值		1.74	0.75	99.48	1.01	1.68	2.12	14.69	69.87

(2)微量元素特征

微量元素含量见表 3-6,与维氏值相比,具有较高的 Sr、Ba、Cr、Hf 值,其他元素含量近于或低于地壳丰度值。与洋脊球粒陨石标准化值相比,具有富 Rb、Ba、Th、Nb、Ce 特征,其他元素接近或略低于 ORG 值,微量元素洋脊花岗岩标准化曲线(图 3-6)起伏较大,具多峰多谷之形态,与火山弧花岗岩(VAG)曲线形态极为相似。表现出大离子亲石元素强烈富集,相容元素亏损。

表 3-6　三叠纪侵入岩微量元素含量表

样品号	岩石名称	微量元素及含量($\omega_B/\times10^{-6}$)													
		Nb	Sc	Zr	Th	Sr	Ba	V	Co	Cr	Ni	Rb	Ta	Hf	Y
P20wl-5	花岗斑岩	26	21	251	24	741	1207	34	6.2	129	16	96	0.97	6.8	24.26
2633wl-1	花岗斑岩	12	16	172	15	462	572	94	15	134	58	59	0.84	5	18.20
4275wl-1	黑云母花岗岩	11	11	113	7.3	239	947	41	7.7	58	7.8	46	1.3	3.7	10.41
4306wl-1	黑云母花岗闪长斑岩	61	20	210	18	952	1 656	114	13	74	11	39	0.14	5.8	23.76
3225wl-1	花岗闪长斑岩	9.9	9	140	6.8	439	569	107	13	82	12	22	0.57	4.2	15.39
克拉克值(维氏,1962)		20	10	170	13	340	650	90	18	83	58	150	2.5	1	29

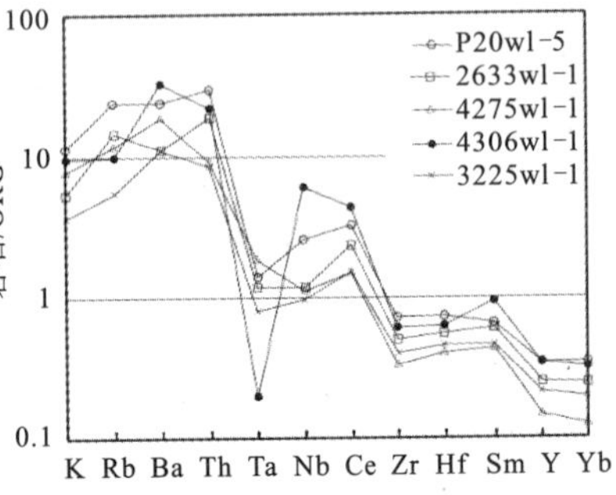

图 3-6　三叠纪侵入岩微量元素 ORG 标准化蛛网图

(洋脊花岗岩据 Pearce 等,1984)

(3)稀土元素特征

稀土元素含量及有关参数见表 3-7。稀土元素总量$\sum$REE 为 $125.99\times10^{-6}\sim347.9\times10^{-6}$,含量变化较大,LREE/HREE 为 10.68～17.9,轻稀土富集,重稀土亏损,轻、重稀土分馏强烈,δEu 值为 0.77～0.87,较正常花岗岩类偏高,说明岩浆分异程度较低。稀土元素球粒陨石标准化配分型式曲线(图 3-7)右倾平滑,基本不显负 Eu 异常。

4. 副矿物特征

主要组成：磁铁矿、磷灰石、榍石、黄铁矿、自然金、锆石。为常见花岗岩副矿物组合，主要副矿物特征：磁铁矿，d=0.05～0.3mm，黑色，不规则棱角状颗粒，少数为八面体，部分褐铁矿化，金属光泽；磷灰石，d=0.05～0.5mm，无色，不规则粒状，少数为柱状，个别为六方双锥柱状，透明，玻璃光泽；榍石：d=0.05～0.5mm，褐色，棱角状，少数为信封状，半透明，金刚光泽；黄铁矿，d=0.05～0.3mm，黄色，颗粒碎块；自然金3粒，d=0.1～0.18mm，金黄色，浑圆粒状，强金属光泽。

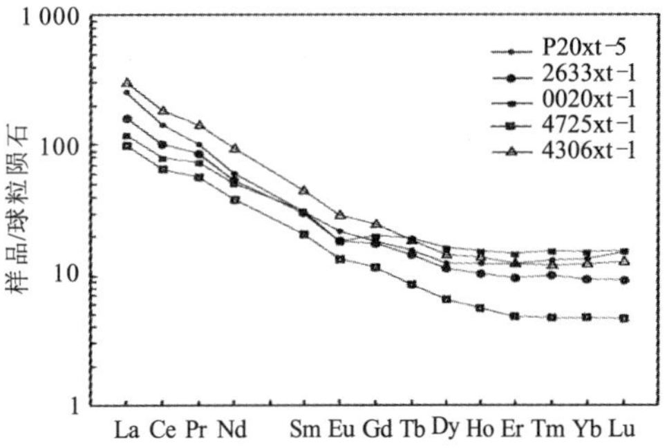

图3-7 三叠纪侵入岩稀土元素配分型式曲线图
（球粒陨石为里德平均值，增田，1973）

表3-7 三叠纪侵入岩稀土元素含量及有关参数

样品号	岩石名称	稀土元素含量($\omega_B/\times10^{-6}$)										
		La	Ce	Pr	Nd	Sm	Eu	Gd	Tb	Dy	Ho	Er
P20wl-5	花岗斑岩	79.52	114.70	11.64	36.07	5.92	1.56	4.73	0.75	4.14	0.89	2.61
2633wl-1	花岗斑岩	50.55	82.54	9.75	31.88	5.67	1.31	4.50	0.69	3.73	0.75	2.05
4275wl-1	黑云母花岗岩	30.67	52.80	6.45	22.88	3.98	0.95	2.99	0.41	2.12	0.41	1.03
4306wl-1	黑云母花岗闪长斑岩	94.52	151.80	16.31	55.39	8.65	2.10	6.45	0.88	4.79	1.00	2.6
3225wl-1	花岗闪长斑岩	31.81	54.59	6.35	22.38	4.17	1.12	3.53	0.50	2.92	0.62	1.61

样品号	岩石名称	稀土元素含量($\omega_B/\times10^{-6}$)				有关参数					
		Tm	Yb	Lu	Y	ΣREE	LREE	HREE	LREE/HREE	δEu	δCe
P20wl-5	花岗斑岩	0.44	2.85	0.50	24.26	266.32	249.41	16.91	14.75	0.87	0.81
2633wl-1	花岗斑岩	0.34	1.97	0.30	18.20	196.03	181.70	14.33	12.68	0.77	0.84
4275wl-1	黑云母花岗岩	0.16	0.99	0.15	10.41	125.99	117.73	8.26	14.25	0.81	0.86
4306wl-1	黑云母花岗闪长斑岩	0.40	2.59	0.42	23.76	347.90	328.77	19.13	17.19	0.83	0.86
3225wl-1	花岗闪长斑岩	0.25	1.59	0.26	15.39	131.70	120.42	11.28	10.68	0.87	0.87

锆石特征：$a\times b\times c$=(0.02～0.25)mm×(0.02～0.25)mm×(0.06～0.66)mm，褐色，少数为无色，晶体完整，主要由四方柱(110)和四方双锥(111)及偏锥面(311)组成的简单聚形，透明，金刚光泽，表面具熔蚀坑，个别颗粒内含细小黑色包体。长宽比为1∶3～1∶3.5。

5. 成因

岩石化学成分中SiO_2为59.13%～69.7%，平均为65.5%，Al_2O_3为14.24%～15.76%，平均为14.91%，里特曼指数σ为1.28～2.78，铝质指数A/CNK为0.91～1.20，平均值1.01，大于1，属过铝的钙碱性系列岩石。在划分花岗岩成因类型的A-C-F判别图(图3-8)中落入S型花岗岩区，结合微量元素及稀土元素特征分析认为三叠纪侵入岩成因类型属S型花岗岩，为地壳发生部分熔融的产物。

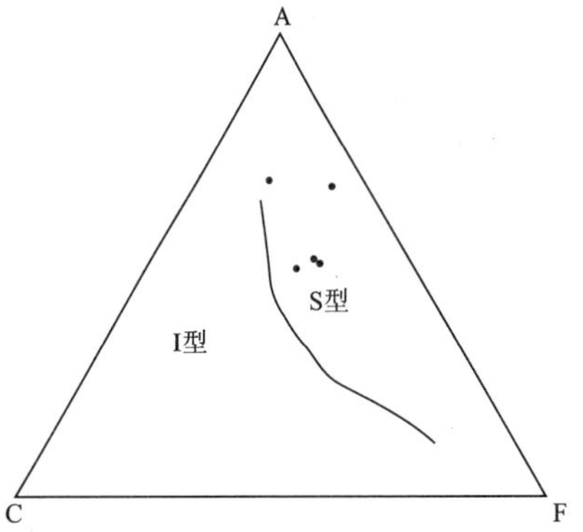

图3-8 三叠纪侵入岩A-C-F判别图

6. 形成时代

本次工作分别在鸭子湖花岗斑岩体和万泉湖西花岗斑岩体中取了两个同位素年龄样品，由宜昌地质矿产研究所中南实验检测中心进行U-Pb同位素测年分析，结果见表3-8，分别获得了(246±2)Ma、(288±1)Ma的$^{206}Pb/^{238}U$表面年龄。具有相似特征的邻幅清澈湖花岗岩体同位素年龄(K-Ar)为239.8Ma(1∶100万日土幅)。结合地质特征将测区中酸性侵入岩的形成时代置于三叠纪。

表 3-8　三叠纪 U-Pb 同位素年龄测试结果表

岩石名称	样品号	样品信息		同位素原子比及误差 2σ				表面年龄(Ma)		
		序号	点号	$^{206}Pb/^{204}Pb$	$^{206}Pb/^{238}U$	$^{207}Pb/^{235}U$	$^{207}Pb/^{206}Pb$	$^{206}Pb/^{238}U$	$^{207}Pb/^{235}U$	$^{207}Pb/^{206}Pb$
花岗斑岩	2633TW-1	1	0204114-1	130.7	0.045 84	0.382 22	0.060 46	288	328	620
					0.000 29	0.027 17	0.004 31	1	23	44
		2	0204114-2	251.5	0.045 20	0.663 79	0.106 48	285	516	1 740
					0.000 38	0.047 23	0.007 63	2	36	124
		3	0204114-3	24.8	0.025 00	0.170 23	0.049 38	159	159	165
					0.001 64	0.102 38	0.029 87	10	96	100
		4	0204114-4	235.7	0.048 78	0.544 51	0.080 94	307	441	1 220
					0.000 48	0.057 30	0.008 55	3	46	128
花岗斑岩	P20TW-3	1	0204115-1	98	0.039 04	0.326 29	0.060 61	246	286	625
					0.000 34	0.034 47	0.006 42	2	30	66
		2	0204115-2	28.9	0.052 91	0.425 53	0.058 32	332	360	541
					0.003 25	0.390 86	0.053 69	20	330	498
		3	0204115-3	163.6	0.043 81	0.371 74	0.061 53	276	320	657
					0.000 27	0.027 47	0.004 56	1	23	48

7. 构造环境分析

区内三叠纪花岗岩类主要分布于托和平错东、鸭子湖等地，多侵入于霍尔巴错群擦蒙组、展金组中。在阳离子 R_1-R_2 图解(图 3-9)中，投影点落入同碰撞花岗岩区及其附近；在花岗岩类构造环境判别图 Y-Nb 和(Y+Nb)-Rb(图 3-10)中，投影点大部分落入火山弧花岗岩区，结合区域构造演化及岩浆演化规律，认为其是龙木错-双湖裂谷在三叠纪初闭合、两侧地层碰撞的信息反映。

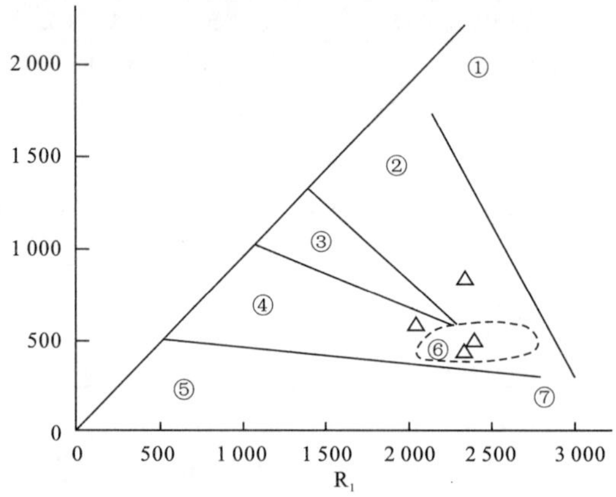

图 3-9　侵入岩阳离子 R_1-R_2 图解

①地幔斜长花岗岩；②破坏性活动板块边缘(板块碰撞前)花岗岩；③板块碰撞后隆起期花岗岩；④晚造山期花岗岩；⑤非造山区 A 型花岗岩；⑥同碰撞(S 型)花岗岩；⑦造山期后 A 型花岗岩

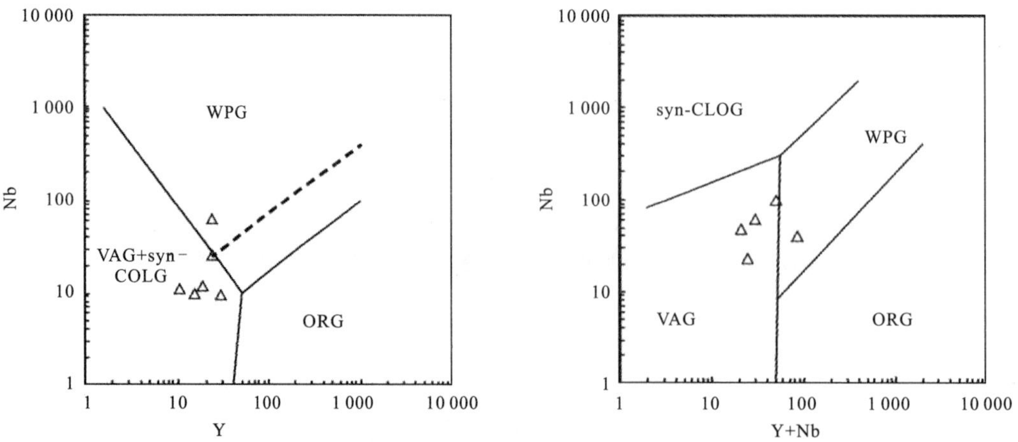

图 3-10　三叠纪侵入岩构造环境判别图(据 Pearce J A,1984)

syn-COLG. 同碰撞花岗岩；VAG. 火山弧花岗岩；WPG. 板内花岗岩；ORG. 洋脊花岗岩

第三节 火山岩

调查区内主要发育晚古生代火山岩和新生代第四纪火山岩。主要出露于南羌塘地块、土则岗日构造带中，北羌塘地块内未见火山岩。晚石炭世—早二叠世火山岩分布较广，主要产出于南羌塘地块霍尔巴错群展金组中，分布于图幅的南部托和平错、夏碱湖南及图幅的中部鸭子湖、双湖、温泉湖一带；早—中二叠世火山岩主要产出于土则岗日构造带霍尔巴错群曲地组中，分布于淡水河南、拜惹布错南山、三岛湖一带，另外在南羌塘地块霍尔巴错群曲地组中也见有零星出露，仅分布于图幅南部黑环山一带；在土则岗日构造带的东部拜惹布错一带分布有少量火山岩岩片；新生代火山岩仅见于甜水湖北部一带，产出于鱼鳞山组中(表 3-9)。

表 3-9 托和平错幅火山岩基本特征一览表

岩浆活动时期	地层构造单元	时代	产出层位	代号	分布地区	产出状态	主要岩石类型
喜马拉雅期	南羌塘地块	更新世	鱼鳞山组	Qpyl	甜水湖北部一带	锥状、层状	霞石响岩
海西期	土则岗日构造带	石炭纪—二叠纪	曲地组	$P_{1-2}q$	淡水河南、拜惹布错南山、三岛湖一带	层状	辉石安山岩、角闪安山岩、沉凝灰岩，玄武质火山角砾岩
			玄武岩岩片	β	拜惹布错东一带	层状	拉斑玄武岩
	南羌塘地块		曲地组	$P_{1-2}q$	黑环山一带	层状	含绿泥绿帘阳起片岩
			展金组	C_2P_1zh	托和平错、夏碱湖、鸭子湖、双湖、温泉湖一带	层状	安山岩、玄武安山岩、玄武岩、变质中酸性凝灰岩

一、早二叠世火山岩

1. 地质特征

区内早二叠世火山岩主要产出于展金组中，展金组主要分布于甜水湖北及托和平错、双湖、温泉湖一带，其中以甜水湖北和托和平错一带的火山岩厚度最大，岩性也最全。双湖一带的火山岩以基性火山岩为主，甜水湖北与托和平错、温泉湖一带的火山岩岩性种类复杂，从中性至基性皆有分布，火山岩顶部被上二叠统吉普日阿组灰岩角度不整合覆盖。

工作中对西藏改则县托和平错一带的石炭—二叠系霍尔巴错群展金组火山岩进行了重点研究，实测了两条剖面进行控制(剖面编号 P_{15}、P_{19})，从剖面来看(图 2-8)，展金组火山岩以中基性、基性火山熔岩为主，含少量凝灰岩和安山岩，火山岩总厚度大于 715.5m，其下部为凝灰岩、气孔、杏仁状安山岩、气孔、杏仁状玄武安山岩、气孔、杏仁状玄武岩夹一层泥岩、四层灰岩，可划分为七个火山喷发旋回，总厚约 367.4m；中部露头较差，从零星露头来看为变质粉砂质泥岩夹少量凝灰岩、硅质岩、少量灰岩、砂岩等；上部为黑色气孔状玄武岩、黑色气孔状橄榄玄武岩及灰绿色、暗红色橄榄玄武安山岩等，中间无沉积夹层，厚约 348.14m。

2. 岩石学特征

区内展金组中的火山岩有熔岩和火山碎屑岩两大类，其中火山碎屑岩含量较少，多见于各熔岩层的下部，为火山喷发旋回初期的产物；熔岩是区内展金组的主要组成部分，包括中性岩类的安山岩、中基性岩类的玄武安山岩和基性岩类的玄武岩。根据薄片鉴定，结合岩石化学(TAS 法和 OQNH 法)将展金组火山岩主要划分为如下几类。

安山岩：岩石为浅灰绿色，含斑结构、显微斑状结构，基质为玻晶交织结构，气孔状、杏仁状构造，斑晶主要为斜长石(1%～5%)和暗色矿物(0～5%),斜长石呈自形板柱状,暗色矿物呈粒状,已全部暗化,种类难辨。基质65%～90%,由斜长石(30%～50%)、暗色矿物(3%～5%,部分暗化,部分样品为辉石)、磁铁矿(5%～6%)、石英(0～3%)、隐晶质或玻璃质(25%～30%)组成;气孔、杏仁体(5%～30%)被硅质、绿泥石、碳酸盐及铁质充填。

玄武安山岩:是展金组中较主要的组成岩石之一。两条剖面上的玄武安山岩特征略有不同,第19号剖面上的玄武安山岩一般为深灰绿色—灰黑色,斑状结构,基质为交织-微间粒间隐结构,杏仁、气孔状构造。斑晶(>5%)主要为辉石,粒状,较自形,大小为(0.2～0.4)mm×0.8mm;基质(<75%)由斜长石(27%)、辉石(10%)、金属矿物(3%)、含钛矿物(15%)、隐晶质(20%)组成;杏仁体20%左右,不规则状,大小不等,被石英、铁质及少量碳酸盐矿物充填。第15号剖面上的玄武安山岩类可进一步划分为橄榄玄武安山岩,岩石为暗灰色—灰黑色,斑状结构,基质为间粒结构、微晶结构,局部为显微交织结构,块状或气孔、杏仁构造。岩石由斑晶、基质和气孔、杏仁组成。斑晶(10%～25%)由橄榄石(5%～10%,粒状、柱状,见自形晶,裂隙发育,全部被氧化铁、绿泥石、石英替代呈假象,大小为0.2～3mm)、斜长石(5%～15%,板柱状,半自形,全部被绿泥石、石英、方解石等矿物替代呈假象,大小为0.1mm×0.3mm～1.0mm×3.0mm)组成;基质(75%～90%)由斜长石(40%～45%)、辉石(0～5%)、橄榄石(5%)、磁铁矿(10%～30%)、含钛矿物(0～10%)等组成;气孔、杏仁3%左右,圆状、椭圆状、不规则状,部分被绿泥石充填。

玄武岩类:玄武岩类是展金组火山岩最主要的组成岩石,岩石一般为暗灰绿色、灰黑色,斑状结构,基质为间粒间隐结构或隐晶-微晶结构,块状或气孔、杏仁构造。由斑晶、基质和气孔、杏仁组成,其中斑晶5%～20%,由辉石(2%～15%,较自形,个别见简单双晶,晶体大小为(0.15～2.0)mm×6.0mm)、橄榄石(0～10%,全部被绿泥石、氧化铁、石英等替代呈假象,大小为0.2～3.0mm)、斜长石(0～5%)组成;基质(80%～95%)由斜长石(32%～45%)、辉石(10%～30%)、隐晶质(15%～64%)、磁铁矿(1%～25%)、含钛矿物(0～5%)、绿泥石(0～5%)等组成,气孔、杏仁体少量。

3. 岩石地球化学特征

(1)岩石化学

展金组各火山岩类的岩石化学成分见表3-10,火山岩具有从安山岩、玄武安山岩到玄武岩连续过渡的特征,虽有部分样品从SiO_2含量来看属超基性岩的范畴,但考虑到样品受到后期蚀变的影响和气孔中充填物的影响(如H_2O^+、CO_2等的含量已超出新鲜岩石的范围),故不应将其划归超基性火山岩类。

玄武岩类:其SiO_2含量一般为44.43%～49.85%,平均为46.43%,TiO_2为4.48%～6.48%,平均为5.15%,K_2O为1.36%～4.05%,平均为2.29%,Na_2O为0.64%～4.54%,平均为2.27%,K_2O+Na_2O为2.51%～6.08%,平均为4.56%,Al_2O_3为6.69%～12.45%,平均为9.73%,MgO为3.24%～8.61%,平均为5.78%,CaO为2.27%～10.87%,平均为8.32%。该类玄武岩总体上具有富TiO_2、K_2O+Na_2O,贫Al_2O_3、MgO之特点,$Na_2O-2<K_2O$,Na_2O/K_2O为0.49～2.95,平均为0.99,二者含量基本相当。在TAS图解(图3-11a)上,多数样品落于Ir线的上方或其附近,表明展金组玄武岩类为碱性玄武岩系列,另外据图3-12可知该玄武岩类属钾玄岩系列,各样品投点多落于岩石系列的分界线附近,属过渡类型的岩石。根据该图解的分类命名法,本组的玄武岩类可分为粗面玄武岩、(一般)玄武岩、碱玄岩等,但CIPW标准矿物计算均不含碱性矿物组合,(一般)玄武岩类为石英拉斑玄武岩,粗面玄武岩属钾质粗面玄武岩。玄武岩类的里特曼指数σ为1.31～9.59,多数样品大于4,平均为4.39,属碱性岩石。

玄武安山岩类:区内有4件样品属玄武安山岩类,其SiO_2含量一般为52.37%～54.87%,平均为53.37%,TiO_2为3.94%～6.21%,平均为5.39%,K_2O为0.61%～1.29%,平均为1.01%,Na_2O为3.41%～3.90%,平均为3.57%,K_2O+Na_2O为4.09%～5.09%,平均为4.58%,Al_2O_3为8.17%～11.14%,平均为9.86%,MgO为2.54%～4.04%,平均为2.97%,CaO为1.45%～3.67%,平均为4.21%,个别可能由于后期碳酸盐化,CaO高达10.22%。与区内玄武岩类岩石相似,也具有富TiO、K_2O+Na_2O,贫Al_2O_3、MgO的特点,$Na_2O-2>K_2O$,Na_2O/K_2O为2.71～5.70,岩石明显贫钾、富钠。里特曼指数σ为1.29～2.40,属钙碱性岩,在TAS图解(图3-11a)上处于Ir线的下方,为亚碱性玄武岩系列,据图3-12可知,区内玄武安山岩属钙碱性系列。

表 3-10　展金组火山岩岩石化学成分表

序号	样品号	岩石名称	SiO_2	TiO_2	Al_2O_3	Fe_2O_3	FeO	MnO	MgO	Na_2O	CaO	K_2O	P_2O_5	H_2O^+	CO_2	总量	K_2O+Na_2O
1	P15Gs-1	含气孔状玄武岩	48.46	4.48	12.45	11.22	3.68	0.15	3.78	4.54	6.1	1.54	1.04	2.32	0.06	99.82	6.08
2	P15Gs-2	气孔状橄榄玄武岩	47.76	5.43	10.65	9.34	5.02	0.14	4.5	3.01	8.21	1.81	0.87	2.74	0.54	100	4.82
3	P15Gs-3	含气孔状橄榄玄武岩	45.16	4.72	8.39	9.89	5.68	0.19	8.27	0.64	9.37	3.04	0.61	3.54	0.52	100	3.68
4	P15Gs-4	含气孔状玄武岩	49.85	4.57	9.87	12.37	2	0.12	3.26	3.16	8.56	2.66	1.1	1.31	0.93	99.76	5.82
5	P15Gs-5	玄武(质初糜棱)岩	42.16	6.49	11.15	14.36	5.02	0.17	5.01	2.55	6.42	2.74	0.68	2.84	0.11	99.7	5.29
6	P15Gs-6	气孔杏仁状橄榄玄武岩	46.56	4.56	6.69	13.25	4.03	0.18	8.33	1.15	10.11	1.36	0.46	2.52	0.38	99.58	2.51
7	P15Gs-7	杏仁状玄武岩	41.09	4.85	5.76	11.83	4.72	0.22	9.29	0.18	13.23	0.83	0.62	3.28	3.86	99.76	1.01
8	P15Gs-8	含气孔状橄榄玄武岩	47.32	4.71	8.72	9.7	4.12	0.15	4.7	2.08	10	2.43	0.77	1.91	2.91	99.52	4.51
9	P15Gs-9	含气孔状橄榄玄武岩	48.47	5.08	9.91	10.91	4.72	0.14	5.05	3.01	7.86	1.73	0.87	2.2	0.46	100.4	4.74
10	P15Gs-10	橄榄玄武岩	44.04	4.93	8.08	10.06	6.53	0.26	8.45	0.87	10.75	2.47	0.65	2.64	0.74	100.5	3.34
11	P15Gs-11	玄武安山岩	54.87	5.6	9.22	12.36	2.97	0.16	2.54	3.48	3.67	0.61	0.7	1.92	1.39	99.49	4.09
12	P15Gs-12	玄武安山岩	52.37	6.21	10.92	14.38	3.2	0.17	2.56	3.49	1.45	1.29	0.81	2.28	0.22	99.35	4.78
13	P15Gs-13	玄武安山岩	52.84	5.82	11.14	13.49	3.12	0.17	2.73	3.9	1.62	1.19	0.92	2.36	0.79	100.1	5.09
14	P19Gs-3	气孔、杏仁状安山岩	55.00	2.41	13.1	3.64	5.55	0.11	2.4	4.54	4.58	0.63	0.98	2.84	4.02	99.8	5.17
15	P19Gs-5	苦橄玄武岩	37.74	4.59	8.32	3.42	10.8	0.2	7.94	1.21	8.91	0.13	0.61	4.07	12.00	99.94	1.34
16	P19Gs-7	杏仁状安山岩	57.18	2.14	11.22	2.29	5.75	0.14	2.11	3.75	6.09	0.98	0.85	1.92	4.96	99.38	4.73
17	P19Gs-8	杏仁状玄武安山岩	53.40	3.94	8.17	6.99	3.27	0.19	4.04	3.41	10.11	0.93	1.05	2.3	1.62	99.42	4.34
18	P19Gs-9	含气孔状玄武安山岩	46.20	5.14	10.28	4.71	9.47	0.18	6.03	2.45	8.9	2.13	0.72	2.78	0.24	99.23	4.58
19	P19Gs-10	玄武岩	45.31	5.79	10.67	6.73	8.27	0.17	5.48	3.13	8.61	1.81	0.78	2.38	0.2	99.33	4.94
20	P19Gs-11	玄武岩	44.79	5.04	8.46	6.31	8.38	0.25	7.81	1.51	10.87	2.08	0.78	3.12	0.33	99.73	3.59
21	P19Gs-12	气孔状玄武岩	45.11	4.95	8.83	6.1	8.88	0.2	8.61	1.85	9.31	1.9	0.68	3.11	0.15	99.68	3.75
22	P19Gs-13	杏仁状玄武岩	44.43	6.48	11.93	10.55	5.47	0.16	4.69	2.45	5.62	3.01	0.99	3.29	0.25	99.32	5.46
23	P19Gs-14	含气孔状玄武岩	46.61	6.17	11.35	14.37	5.9	0.16	3.24	1.98	2.27	4.05	0.65	2.55	0.12	99.42	6.03

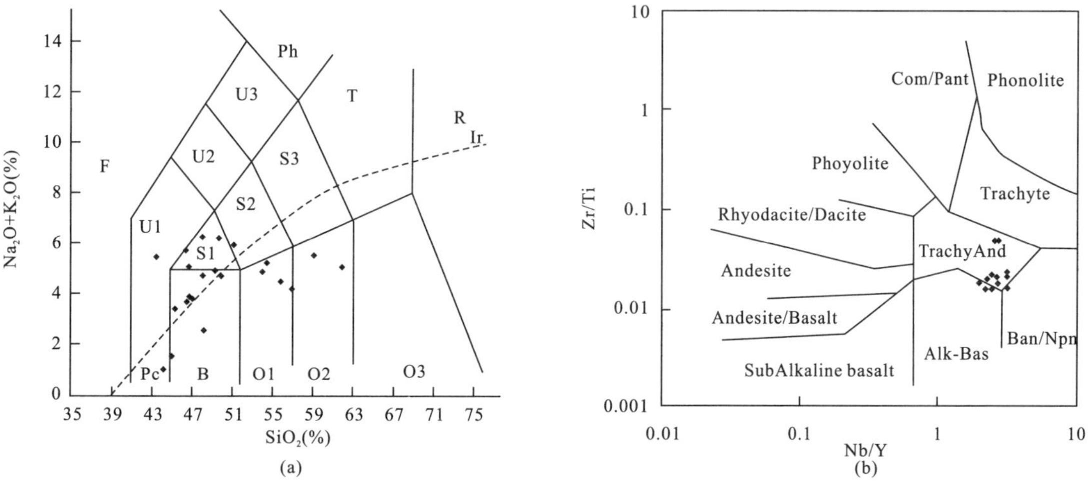

图 3-11　展金组火山岩分类命名的(Na_2O+K_2O)- SiO_2(TAS)和 Zr/Ti-Nb/Y 图解

Pc. 苦橄玄武岩；B. 玄武岩；O1. 玄武安山岩；O2. 安山岩；O3. 英安岩；R. 流纹岩；S1. 粗面玄武岩；S2. 玄武粗安岩；S3. 粗安岩；T. 粗面岩、粗面英安岩；F. 副长石岩；U1. 碱玄岩、碧玄岩；U2. 响岩质碱玄岩；U3. 碱玄质响岩；Ph. 响岩；Ir. (Irvine 分界线)，上方为碱性，下方为亚碱性安山岩：展金组火山岩中仅有两件样品属安山岩类，其 SiO_2 含量为 55.00%～57.18%，平均为 56.09%，TiO_2 为 2.14%～2.41%，平均为 2.28%，K_2O 为 0.63%～0.98%，平均为 0.81%，Na_2O 为 3.75%～4.54%，平均为 4.15%，K_2O+Na_2O 为 4.73%～5.17%，平均为 4.95%，Al_2O_3 为 11.22%～13.10%，平均为 12.16%，MgO 为 2.11%～2.40%，平均为 2.26%，CaO 为 4.58%～6.09%，平均为 5.34%。与玄武安山岩类岩石相似，也具有富 TiO_2、Na_2O，贫 Al_2O_3、K_2O、MgO 的特点，$Na_2O-2>K_2O$，Na_2O/K_2O 为 3.82～7.02，岩石明显富钠。里特曼指数 σ 为 1.39～1.91，属钙碱性岩，在 TAS 图解(图 3-11a)上处于 Ir 线的下方，为亚碱性玄武岩系列，据图 3-12 可知，展金组安山岩属低钾(拉斑)系列。

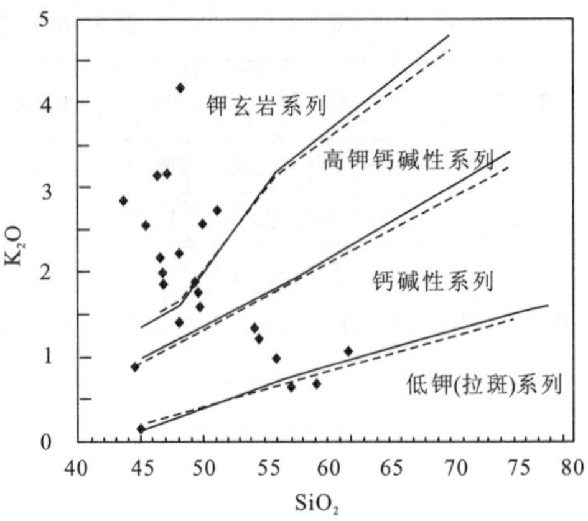

图 3-12 展金组火山岩 K_2O-SiO_2 关系图

考虑到展金组火山岩普遍蚀变较强，其岩石化学成分上发生了一定的改变，因此利用主元素进行岩石分类、系列划分易产生误差，为此利用较稳定的微量元素进行划分，正如 Pearce(2003)所言，就火山岩分类而言，Zr/Ti-Nb/Yb 图是 TAS (全碱-硅)图解的一个有用的稳定元素对应物。在该图(图 3-11b)上本区火山岩样品投点多集中在碱性玄武岩区和粗面安山岩区的分界线附近，而安山岩类样品则靠近粗面岩区，该结果与常量元素所反映的信息基本一致，进一步说明展金组火山岩富碱的特征。另外，Pearce 等提出当 Y/Nb<1 时，为碱性系列火山岩，当 Y/Nb>1 时为，属拉斑玄武岩及钙碱性系列，本区火山岩 Y/Nb 为 0.322～0.499，远小于 1，故也证明展金组火山岩属碱性系列火山岩。

(2)微量元素

微量元素含量见表 3-11，展金组火山岩无论是玄武岩还是玄武安山岩及安山岩都具有非常一致的微量元素含量特征。各岩类以富集大离子亲石元素(LIL)为特征，微量元素洋中脊玄武岩标准化蛛网图(图 3-13)显示除在 K、Rb、Cr 处含量有高有低外，其他元素具有非常一致的曲线形态，具“三峰三谷”的特点，在 K、Ba、Th、Ta、Ce、P、Zr、Sm、Ti、Cr 处呈隆起的形态，在 Rb、Nb、Hf、Sc 处呈负异常之势，与典型板内玄武岩的微量元素 MORB 标准化蛛网图存在一定的差别。其微量元素比值如 Nb/Zr、Ta/Hf、Th/Hf、La/Zr、La/Nb 等均与板内玄武岩或大陆板内玄武岩、大陆板内裂谷碱性玄武岩相近。

表 3-11 展金组火山岩微量元素含量表

序号	样品号	岩性	微量元素含量($\omega_B/\times10^{-6}$)												
			Nb	Sc	Zr	Th	Sr	Ba	V	Co	Cr	Ni	Rb	Ta	Hf
1	P15xt-2	气孔状橄榄玄武岩	88	26	631	6.4	272	476	404	45	137	132	21	3.4	16
2	P15xt-4	含气孔状玄武岩	105	17	597	8.1	322	583	289	41	135	131	23	4	16
3	P15xt-6	气孔杏仁状橄榄玄武岩	80	29	439	6.7	295	453	378	88	820	479	19	3.5	12
4	P15xt-9	含气孔状橄榄玄武岩	119	21	618	7.7	509	628	416	55	223	163	22	9.3	16
5	P15xt-11	橄榄玄武岩	84	32	548	7	333	251	612	114	408	316	8.4	4	14
6	P15xt-13	橄榄玄武岩	110	33	687	8.5	317	427	660	123	394	384	9.5	4.4	18
7	P19xt-3	气孔、杏仁状安山岩	114	18	697	15	332	320	215	22	48	21	9.8	4.2	17
8	P19xt-5	变质安山玢岩	66	31	497	5.5	1010	90	366	51	341	237	2.5	3.3	13
9	P19xt-7	杏仁状安山岩	103	23	610	15	424	433	185	14	51	6.4	12	3.8	15
10	P19xt-9	含气孔状玄武安山岩	89	28	492	5.8	248	813	436	47	193	157	82	3.4	13
11	P19xt-11	安山玄武岩	110	27	664	9.6	354	994	418	55	294	182	50	1.5	17
12	P19xt-12	气孔状玄武岩	82	13	481	5.8	247	499	352	59	321	250	61	4	13
13	P19xt-14	含气孔状玄武岩	109	32	652	5.7	245	640	324	79	489	379	12	4.9	17

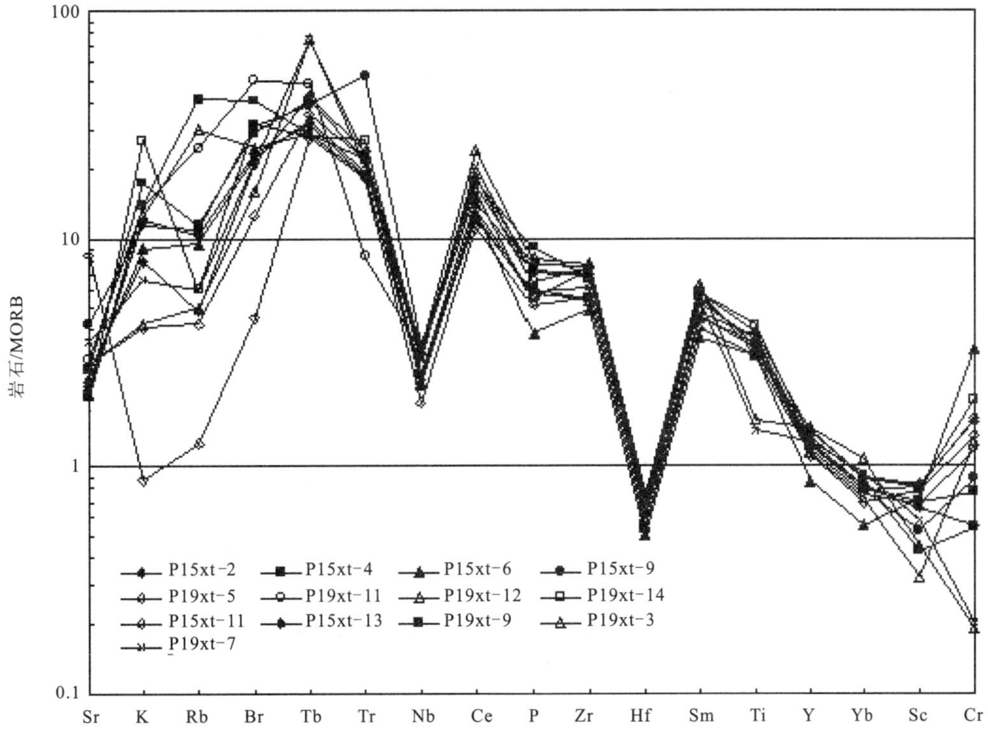

图 3-13 展金组火山岩微量元素洋脊玄武岩标准化蛛网图

(MORB据Pearce,1983)

(3)稀土元素

稀土元素含量见表3-12,在稀土元素特征上,除安山岩稀土总量较其他岩类略偏高外,玄武岩、玄武安山岩的稀土总量基本没有明显变化。区内火山岩$\sum$REE为$289.02\times10^{-6}\sim571.57\times10^{-6}$,平均为$402.31\times10^{-6}$,稀土总量较高,但处于碱性玄武岩含量的正常范围。$\sum$LREE为$258.67\times10^{-6}\sim529.83\times10^{-6}$,平均为$366.76\times10^{-6}$,$\sum$HREE为$25.19\times10^{-6}\sim41.74\times10^{-6}$,平均为$35.55\times10^{-6}$,LREE/HREE为8.17~12.69,平均为10.28,为轻稀土强烈富集型,δEu为0.93~1.04,平均为0.99,多数样品具极不明显的Eu负异常,其球粒陨石标准化配分型式图呈向右略倾斜的光滑曲线(图3-14)。

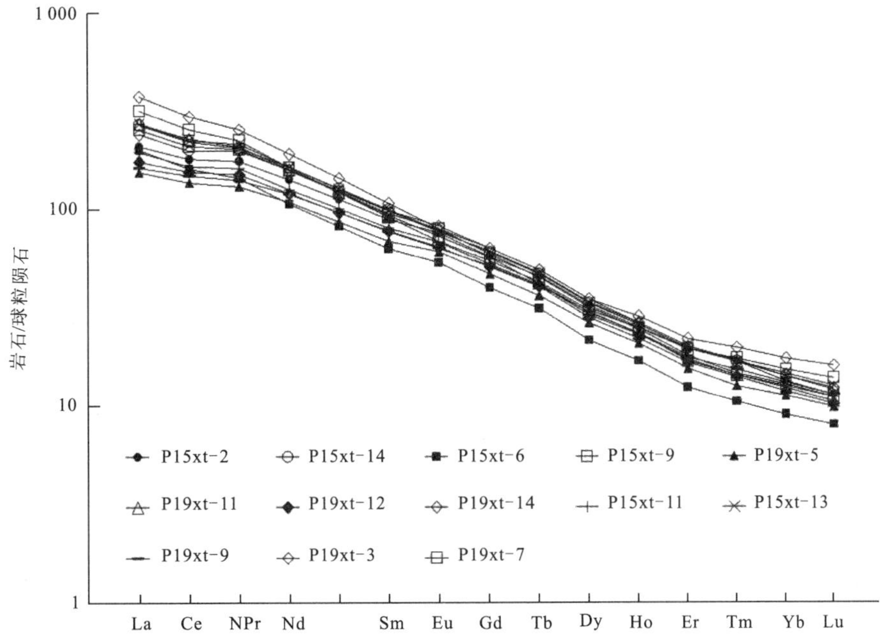

图 3-14 展金组火山岩稀土元素配分模式图

(球粒陨石为里德平均值,增田,1973)

表 3-12　展金组火山岩稀土元素含量表

序号	样品号	岩石名称	稀土元素含量($\omega_B/\times10^{-6}$)									
			La	Ce	Pr	Nd	Sm	Eu	Gd	Tb	Dy	Ho
1	P15xt-2	气孔状橄榄玄武岩	66.02	146.1	20.24	84.84	17.17	5.48	14.95	2.17	10.52	1.81
2	P15xt-4	含气孔状玄武岩	84.93	180.2	23.57	98.07	19.22	5.64	15.68	2.22	10.8	1.88
3	P15xt-6	气孔杏仁状橄榄玄武岩	63.41	131.3	16.6	63.74	12.12	3.87	10.32	1.48	7.02	1.23
4	P15xt-9	含气孔状橄榄玄武岩	80.33	171	23.36	94.18	18.27	5.75	15.34	2.14	10.3	1.77
5	P15xt-11	橄榄玄武岩	61.83	134.6	18.69	75.55	15.43	4.95	13.69	1.95	9.52	1.68
6	P15xt-13	橄榄玄武岩	86.28	182.7	24.8	98.51	18.83	5.56	15.92	2.24	10.96	1.92
7	P19xt-3	气孔、杏仁状安山岩	118.2	241.2	29.34	114.7	20.62	5.77	16.51	2.33	11.35	2.07
8	P19xt-5	变质安山玢岩	48.71	111.9	15.07	65.3	13.3	4.39	12.13	1.73	8.61	1.5
9	P19xt-7	杏仁状安山岩	100.2	207	25.79	97.57	17.45	5	14.27	2.03	9.95	1.8
10	P19xt-9	含气孔状玄武安山岩	51.54	120.1	16.28	71.39	14.86	4.58	13.36	1.93	9.78	1.69
11	P19xt-11	安山玄武岩	86.27	185.2	23.9	95.45	17.86	5.26	14.83	1.98	9.71	1.69
12	P19xt-12	气孔状玄武岩	55.08	126.6	17.27	71.78	14.92	4.65	13.22	1.91	9.15	1.6
13	P19xt-14	含气孔状玄武岩	76.14	161.5	22.88	94.85	18.87	5.96	16.42	2.32	11.37	1.92

序号	样品号	岩石名称	稀土元素含量($\omega_B/\times10^{-6}$)					有关参数				
			Er	Tm	Yb	Lu	Y	ΣREE	LREE	HREE	LREE/HREE	δEu	δCe
1	P15xt-2	气孔状橄榄玄武岩	4.16	0.56	2.77	0.37	38.13	377.16	339.85	37.31	9.11	1.02	0.95
2	P15xt-4	含气孔状玄武岩	4.2	0.56	2.95	0.39	42.63	450.31	411.63	38.68	10.64	0.96	0.95
3	P15xt-6	气孔杏仁状橄榄玄武岩	2.65	0.35	1.88	0.26	25.77	316.23	291.04	25.19	11.55	1.03	0.95
4	P15xt-9	含气孔状橄榄玄武岩	3.84	0.49	2.67	0.36	37.35	429.80	392.89	36.91	10.64	1.02	0.94
5	P15xt-11	橄榄玄武岩	3.69	0.48	2.63	0.36	37.9	345.05	311.05	34.00	9.15	1.02	0.94
6	P15xt-13	橄榄玄武岩	4.27	0.56	3.06	0.41	42.28	456.02	416.68	39.34	10.59	0.96	0.94
7	P19xt-3	气孔、杏仁状安山岩	4.67	0.66	3.63	0.52	44.31	571.57	529.83	41.74	12.69	0.93	0.96
8	P19xt-5	变质安山玢岩	3.3	0.42	2.34	0.32	32.92	289.02	258.67	30.35	8.52	1.04	0.99
9	P19xt-7	杏仁状安山岩	4.14	0.58	3.18	0.45	38.24	489.41	453.01	36.40	12.45	0.94	0.96
10	P19xt-9	含气孔状玄武安山岩	3.76	0.51	2.73	0.37	36.42	312.88	278.75	34.13	8.17	0.98	0.99
11	P19xt-11	安山玄武岩	3.62	0.48	2.56	0.34	35.46	449.15	413.94	35.21	11.76	0.96	0.97
12	P19xt-12	气孔状玄武岩	3.55	0.47	2.46	0.33	34.19	322.99	290.30	32.69	8.88	0.99	0.98
13	P19xt-14	含气孔状玄武岩	4.27	0.57	2.95	0.4	40.19	420.42	380.20	40.22	9.45	1.01	0.92

(4)大地构造环境判别

火山岩大地构造环境的判别，应在综合考察其产出地质背景的基础上，正确选择岩石地球化学判别图解，得出合理的结论。霍尔巴错群主体为一套大陆斜坡环境下沉积的含冰海漂砾垂落物的变质泥砂质岩、碳酸盐岩、火山碎屑岩建造，展金组火山岩中夹有泥岩、粉砂岩、硅质岩、火山碎屑岩及6层以上的灰岩，灰岩中产珊瑚化石，灰岩夹层的出现说明本区火山岩形成于水下环境。

本区火山岩后期蚀变较强，具绿泥石化、碳酸盐化及硅化，对其常量元素的影响较大，构造环境的判别应采用在地质作用过程中较稳定的微量元素进行。在下面叙述的各个构造环境判别图解上，选择不同元素组合进行的投点多集中分布，同样反映了本区火山岩相同或相近的地球化学特征，其结果可靠程度较高。在 Hf/3-Th-Nb/15 图上(图 3-15a)，本区火山岩样品多数落于板内碱性玄武岩区，Pearce and Cann (1971，1973，2003)认为利用 Ti/100-Zr-Y*3 图解(图 3-15b)对于板内熔岩具有良好的判别效果。本区火山岩投点集中分布于板内玄武岩的外围，从侧面反映了本区火山岩处于板内大地构造环境的可能。在 Nb*2-Zr/4-Y 图上(图 3-15c)，样品投点集中分布于板内碱性玄武岩(A1)区内，这一结果与常量元素所反映的信息基本一致，在 Y/15－La/10－Nb/8 图上(图 3－15d)，多数样品密集分布于大陆裂谷区的碱性玄武岩区，在 La/Zr－Nb/Zr 判别图上(图 3－15e)，与长白山地区玄武岩、玄武安山岩的样品分布范围一致，与 Th/Hf－Ta/Hf 图上(图 3－15f)投点得出的陆内裂谷碱性玄武岩区相吻合。另外，Th/Ta 是一个重要的大陆与大洋环境的区分指标，原始地幔的 Th/Ta＝1.6(Taylor，1985)，大陆板内和岛弧玄武岩的 Th/Ta 值高于原始地幔值，而 MORB 和 OIB 的 Th/Ta 值低于原始地幔值。区内玄武岩的 Th/Ta值多数高于 1.6，表明本区展金组火山岩形成于大陆环境。

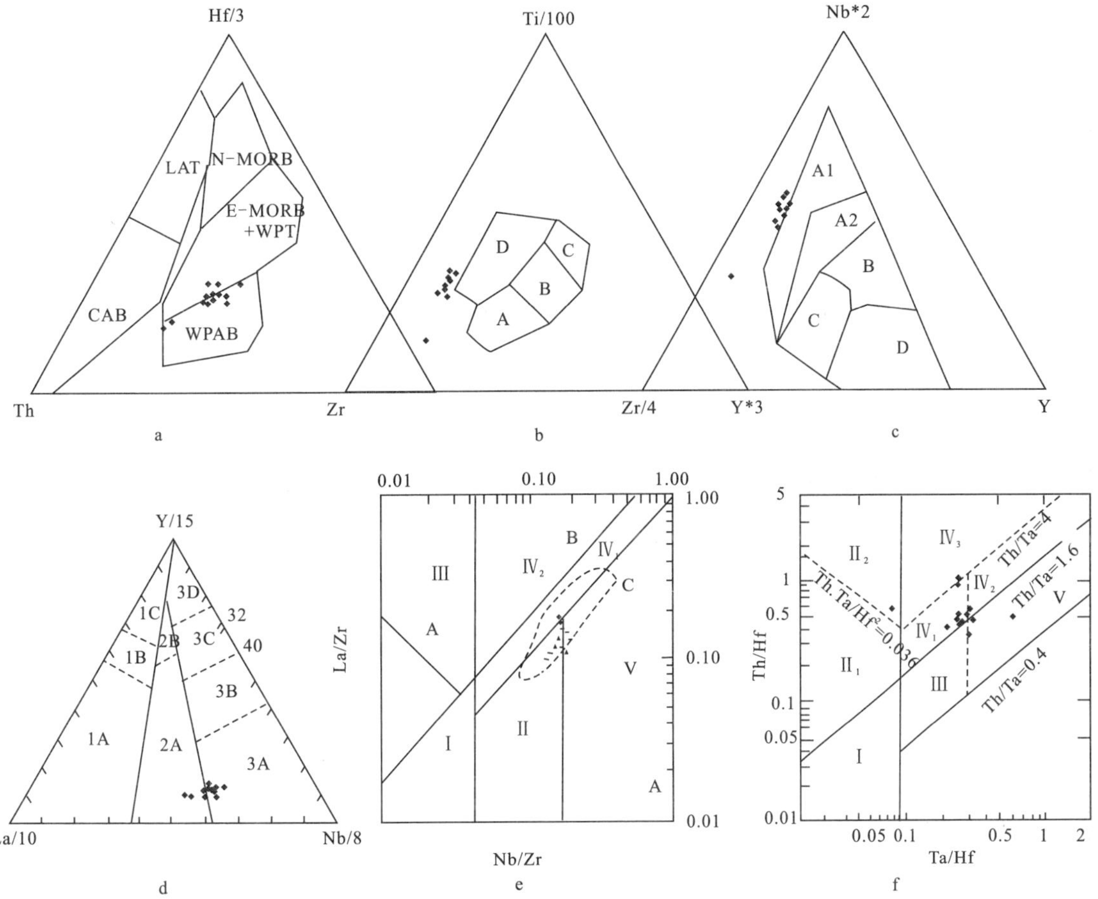

图 3－15　展金组火山岩大地构造环境判别图解

a. Hf/3－Th－Nb/15 判别图(据 Wood D A，1980)；b. Ti/100－Zr－Y＊3 判别图(据 Pearce J A，Cann J R，1973)：A＋B. 低钾岛弧拉斑玄武岩；B＋C. 钙碱性岛弧玄武岩；D. 板内玄武岩；c. Nb＊2－Zr/4－Y 图(据 Meschede M，1986)：A1. 板内碱性玄武岩；A2. 板内碱性玄武岩，板内拉斑玄武岩；B. 富集型 MORB；C. 板内拉斑玄武岩，火山弧玄武岩；D. 正常型 MORB，火山弧玄武岩；d. Y/15－La/10－Nb/8 判别图(据 Cabanis Lecollr，1989)：1. 火山弧玄武岩：1A. 区钙碱性玄武岩；1B，1A 区和 1C 区间的重叠区域；1C. 火山弧拉斑玄武岩；2. 大陆玄武岩：2A. 大陆玄武岩；2B. 弧后盆地玄武岩；3. 大洋玄武岩：3A. 大陆内裂谷区的碱性玄武岩；3B. E 型 MORB(富集的)；3C. E 型 MORB(弱富集)；3D. N 型 MORB；e. La/Zr—Nb/Zr 判别图(据武莉娜等，2003)：Ⅰ. 大洋板块发散边缘 N－MORB 区；Ⅱ. 大洋板内洋岛、海山玄武岩区及 T－MORB、E－MORB 区；Ⅲ. 板块汇聚边缘；Ⅳ1. 大陆板内裂谷、拉张玄武岩区及陆缘裂谷拉张玄武岩区；Ⅳ2. 大陆板内陆-陆碰撞带玄武岩区；Ⅴ. 地幔热柱玄武岩区；图中虚线为笔者加上的长白山地区玄武岩、玄武安山岩的样品分布区；f. Th/Hf－Ta/Hf 判别图(据汪云亮等，2001)：Ⅰ. 离散板块边界区；Ⅱ. 汇聚板块边缘；Ⅲ. 大洋板内洋岛、海山；Ⅳ. 大陆板内：Ⅳ1. 陆内裂谷及陆缘裂谷拉斑玄武岩区；Ⅳ2. 陆内裂谷碱性玄武岩区；Ⅳ3. 大陆拉张带(或初始裂谷)玄武岩区；Ⅴ. 地幔柱玄武岩区

(5)形成时代

该火山岩以夹层的形式产出于霍尔巴错群展金组中，前人将该套地层划分为石炭—二叠系。本次工作在鸭子湖展金组砂质灰岩、灰岩中新发现了大量䗴科化石，该化石通过南京古生物研究所鉴定，其种属为：*Neoshwagerina* sp. ind(新希瓦格䗴)，*Kahlerna* sp. ind(卡勒䗴)，*Verbeekina* sp. ind(费伯克䗴)，*Chalaroschwagerina* sp.(松希瓦格䗴(未定种))，*Monodiexodina sutschanica* Dutkevich(苏特斯钱单通道䗴)，*Rugosofusulina* sp.(皱壁䗴)，*Monodiexodina* sp.(单通道䗴)，这些化石的时代为中—下二叠世。

本次工作在P_{19}剖面展金组火山岩中取了一个同位素年龄样品，由宜昌地质矿产研究所中南实验检测中心进行U-Pb同位素测年分析，结果见表3-13，结合地质特征将测区展金组火山岩形成时代置于石炭—二叠纪。

表3-13　石炭—二叠纪U-Pb同位素年龄测试结果表

序　号	岩石名称	采样位置	样品信息		表面年龄(Ma)			谐和线年龄(Ma)	上交点年龄(Ma)	下交点年龄(Ma)
			序号	点号	$^{206}Pb/^{238}U$	$^{207}Pb/^{235}U$	$(^{207}/^{206})Pb$			
P_{19}TW-1	气孔、杏仁状安山岩	P_{19}剖面第33层	1	0204112-1	356	445	934	2 101	2 101±1 021	261±226
			2	0204112-3	225	228	253			
			3	0204112-4	448	649	1428			
			2	0204004-2	274	309	582			
			3	0204004-3	255	361	1038			
			4	0204004-4	155	182	548			
3204TW-1	(拉斑)玄武岩	淡水河	1	0204005-1	150	157	277	1 778	1 778±548	126±94
			2	0204005-2	181	275	1 170			
			3	0204005-3	275	379	1 075			
			4	0204005-4	322	494	1 007			

二、早—中二叠世侵入岩

(一)曲地组火山岩

1. 地质特征

分布于淡水河南、拜惹布错南山、三岛湖一带。以夹层的形式产出于曲地组中，火山岩厚度较小，野外不易区分。火山岩主要岩性为辉石安山岩、角闪安山岩、玄武岩、沉凝灰岩、玄武质火山角砾岩。另外在南羌塘地块中也见有零星出露，分布于图幅南部黑环山一带。

2. 岩石学特征

区内曲地组中的火山岩有熔岩和火山碎屑岩两大类，根据薄片鉴定，结合岩石化学(TAS法和OQNH法)将曲地组火山岩主要划分为如下几类。

辉石安山岩：深灰色，斑状结构，基质具交织结构，块状构造，斑晶25%(斜长石15%、辉石10%)，基质75%(斜长石<45%、辉石15%、磁铁矿5%)，石英少量，蚀变矿物为绢云母、绿泥石。

角闪安山岩：深灰色，斑状结构，基质具交织结构，块状构造。由斑晶和基质两部分组成，斑晶一般<15%，其中斜长石<5%、角闪石10%；基质85%，其中斜长石>72%、角闪石5%、磁铁矿<5%，含钛矿物3%。蚀变矿物主要为绢云母、绿泥石。

玄武岩：暗绿色，斑状结构，基质为间粒结构，含杏仁构造。由斑晶、基质和杏仁组成，其中斑晶<10%，由斜长石(<10%，较自形，局部为聚斑状，晶体大小为0.15mm×0.25mm～2.5mm×3.5mm)、辉石(少量)组成；基质>85%，由斜长石(>40%)、辉石(25%)、绿泥石(<10%)、含钛矿物(10%)等组成；杏仁体<5%。

玄武质火山角砾岩：灰绿色，岩屑角砾结构，角砾状构造，岩屑<72%(由同一种玄武岩屑组成)，辉石3%，斜长石少量，胶结物25%(火山尘15%、辉石7%、斜长石3%)。

3. 岩石地球化学特征

(1)岩石化学

曲地组各火山岩类的岩石化学成分见表3-14，火山岩具有从安山岩到英安岩连续过渡的特征。

表 3-14 曲地组、火山岩片火山岩岩石化学成分表

序号	样品号	岩石名称	氧化物含量(ω_B%)													总量	K_2O+Na_2O
			SiO_2	TiO_2	Al_2O_3	Fe_2O_3	FeO	MnO	MgO	Na_2O	CaO	K_2O	P_2O_5	H_2O^+	CO_2		
1	1075Gs-1	角闪安山岩	57.21	0.70	15.22	1.88	3.62	0.16	2.31	6.79	3.89	1.69	0.12	2.39	3.80	99.78	5.58
2	1081Gs-1	辉石安山岩	62.26	0.96	15.30	2.97	3.85	0.12	1.54	4.82	3.68	2.61	0.19	1.28	0.20	99.78	6.29
3	3204Gs-1	(拉斑)玄武岩	48.38	3.31	11.51	3.19	7.92	0.18	5.27	11.75	3.35	0.05	0.40	1.97	1.97	99.25	3.40

注:测试者为武汉岩矿实验室;测试方法为X-射线荧光熔片法(XRF);表中1、2号样品为土则岗日幅曲地组火山岩样品。

安山岩类:其岩石化学成分中SiO_2一般为57.21%,TiO_2为0.70%,Al_2O_3为15.22%,K_2O+Na_2O为5.58%,火山岩里特曼指数σ为2.19,为钙碱性岩石。在TAS图解(图3-16)上,落于Ir线的下方,表明曲地组安山岩类为亚碱性安山岩类系列,另外据图3-17可知该安山岩类属钙碱性系列。

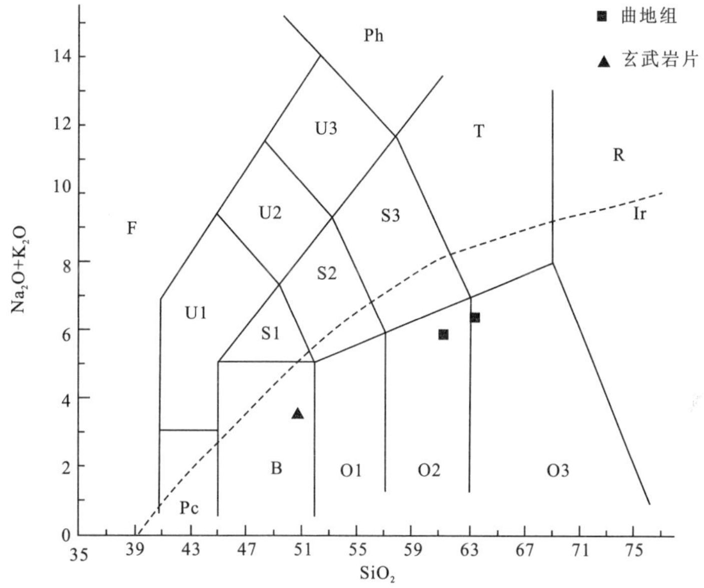

图3-16 曲地组及岩片中火山岩(Na_2O+K_2O)-SiO_2图解

Pc.苦橄玄武岩;B.玄武岩;O1.玄武安山岩;O2.安山岩;O3.英安岩;R.流纹岩;S1.粗面玄武岩;S2.玄武粗安岩;S3.粗安岩;T.粗面岩、粗面英安岩;F.副长石岩;U1.碱玄岩、碧玄岩;U2.响岩质碱玄岩;U3.碱玄质响岩;Ph.响岩;Ir.Irvine分界线,上方为碱性,下方为亚碱性

英安岩类:其SiO_2含量一般为62.26%,TiO_2为0.96%,K_2O为2.61%,Na_2O为4.82%,K_2O+Na_2O为6.29%,Al_2O_3为15.30%,火山岩里特曼指数σ为2.05,属钙碱性岩石,在TAS图解(图3-16)上处于Ir线的下方,为亚碱性英安岩系列,据图3-17可知,区内英安岩类属高钾钙碱性系列。

(2)微量元素

微量元素含量见表3-15(1、2号),火山岩以富集大离子亲石元素(LIL)为特征,各类元素具有非常一致的曲线形态(图3-18),具"大隆起"的特点,在K、Rb、Th、Ta、Ce、Zr、Hf处呈隆起的形态,在Nb、P、Ti处呈负异常之势,与典型火山(岛)弧玄武岩的微量元素标准化蛛网图相近。

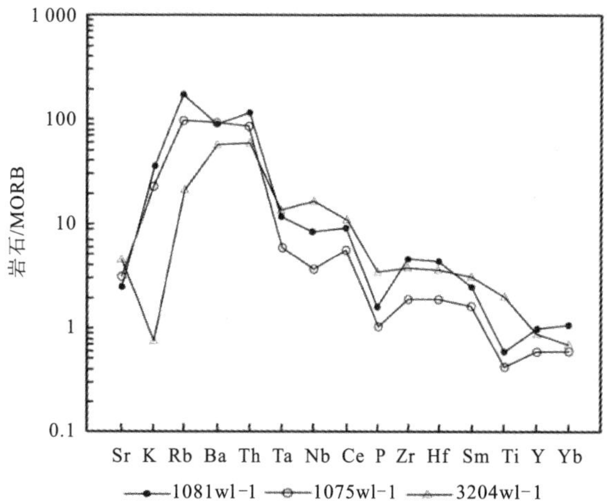

图3-17 曲地组及岩片中火山岩微量元素洋中脊玄武岩标准化蛛网图

表 3-15　曲地组、火山岩片火山岩微量元素分析结果表

序号	样品号	岩石名称	微量元素含量($\omega_B/\times10^{-6}$)												
			Nb	Sc	Zr	Th	Sr	Ba	V	Co	Cr	Ni	Rb	Ta	Hf
1	1075wl-1	角闪安山岩	8.6.	16.8	138	10.2	284	591	128	27.2	352	36.6	57	0.79	3.8
2	1081wl-1	辉石安山岩	19.7	16.0	346	14.3	221	550	114	15.3	177	15.9	99	1.5	8.9
3	3204wl-1	(拉斑)玄武岩	38.4	24.3	280	7.2	413	361	347	45.6	256	118	12	1.8	7.5

注:测试者为武汉岩矿实验室;微量元素采用 ICP-AES、XRF 及 C-ICP-AES 法分析;表中 1、2 号样品为土则岗日幅曲地组火山岩样品。

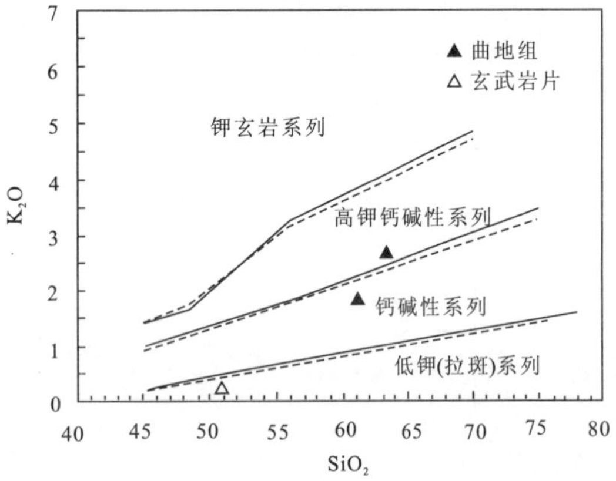

图 3-18　曲地组及岩片中火山岩 K_2O-SiO_2 关系图

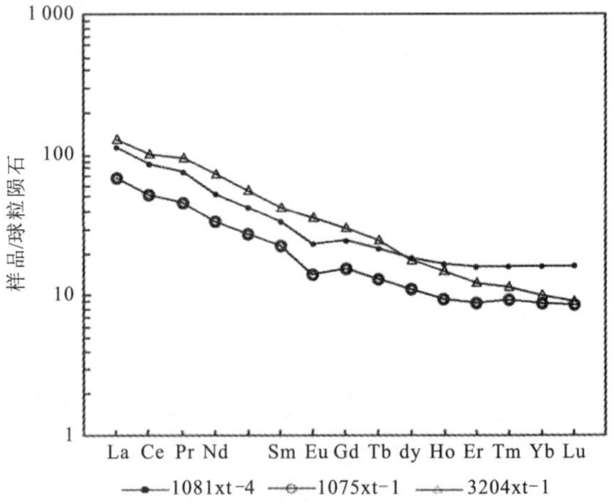

图 3-19　曲地组及岩片中火山岩稀土元素球粒陨石标准化配分型式图

(3)稀土元素

稀土元素含量见表 3-16(1、2 号),在稀土元素特征上,区内火山岩∑REE 为 $124.84\times10^{-6}\sim205.44\times10^{-6}$,稀土总量较高。∑LREE 为 $94.84\times10^{-6}\sim154.92\times10^{-6}$,∑HREE 为 $13.25\times10^{-6}\sim22.45\times10^{-6}$, LREE/HREE 为 6.90~7.06,为轻稀土富集型,δEu 为 0.75~0.80,具 Eu 负异常,其球粒陨石标准化配分型式图呈向右略倾斜的光滑曲线(图 3-19)。

表 3-16　曲地组、火山岩片火山岩稀土元素含量表

序号	样品号	岩石名称	稀土元素分析结果($\omega B/10^{-6}$)									
			La	Ce	Pr	Nd	Sm	Eu	Gd	Tb	Dy	Ho
1	1075xt-1	角闪安山岩	21.66	42.47	5.31	20.06	4.31	1.03	4.00	0.63	3.58	0.69
2	1081xt-1	辉石安山岩	36.07	70.30	8.66	31.73	6.46	1.70	6.47	1.03	5.95	1.20
3	3204xt-1	(拉斑)玄武岩	40.19	84.32	11.17	43.25	8.32	2.64	7.81	1.17	5.91	1.08

序号	样品号	岩石名称	稀土元素分析结果($\omega_B/\times10^{-6}$)					有关参数				
			Er	Tm	Yb	Lu	Y	∑REE	∑LREE	∑HREE	∑LREE/∑ HREE	δEu
1	1075xt-1	角闪安山岩	1.91	0.31	1.85	0.28	16.75	124.84	94.84	13.25	7.16	0.75
2	1081xt-1	辉石安山岩	3.40	0.54	3.34	0.52	28.07	205.44	154.92	22.45	6.90	0.80
3	3204xt-1	(拉斑)玄武岩	2.60	0.39	2.10	0.30	24.47	235.72	189.89	21.36	8.89	0.99

注:测试者为武汉岩矿实验室;稀土元素采用 ICP-AES 法;表中 1、2 号样品为土则岗日幅曲地组火山岩样品。

(4)大地构造环境判别

该组火山岩在 Hf/3-Th-Ta 图(图 3-20)中落入岛弧钙碱性玄武岩岩区,说明曲地组火山岩形成于岛弧构造环境。

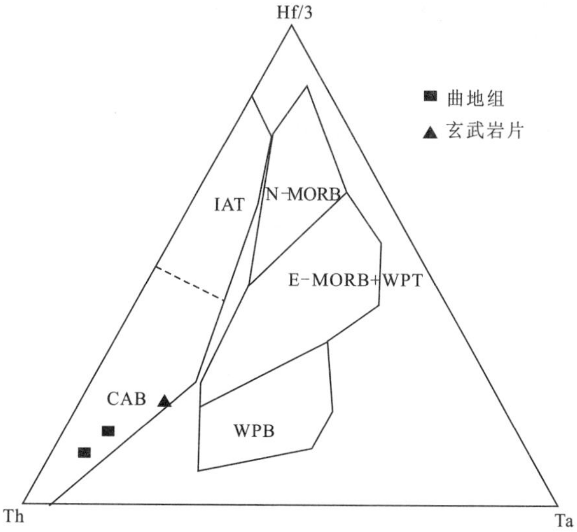

图 3-20　曲地组、岩片中火山岩 Hf/3-Th-Ta 图
MORB. 洋中脊玄武岩；WPB. 板内玄武岩；
IAT. 岛弧拉斑玄武岩；CAB. 岛弧钙碱性玄武岩

(二)土则岗日构造带中玄武岩岩片

1. 地质特征

玄武岩岩片分布于土则岗日构造带中。呈北东走向产出于曲地组中，出露于拜惹布错东一带，火山岩主要岩性为拉斑玄武岩。

2. 岩石学特征

拉斑玄武岩：深灰色，斑状结构，基质为间粒间隐结构，含气孔构造。由斑晶、基质和气孔组成，其中斑晶 15%，由辉石(>10%，较自形，为单晶，晶体大小为 0.2～1.5mm)、斜长石(<5%)组成；基质 85%，由斜长石(>50%)、辉石(10%)、隐晶质(<10%)、磁铁矿(10%)、含钛矿物(5%)等组成；气孔<5%。

3. 岩石地球化学特征

(1)岩石化学

该火山岩岩片的岩石化学成分见表 3-14，据岩石化学分类命名法(TAS 图解)(图 3-16)，该火山岩为玄武岩类。其火山岩岩石化学成分中 SiO_2 为 48.38%，TiO_2 为 3.31%，Al_2O_3 为 11.51%，K_2O+Na_2O 为 3.40%，火山岩里特曼指数 σ 为 2.15，为钙碱性岩石。在 TAS 图解(图 3-17)上处于 Ir 线的下方，为亚碱性玄武岩系列，据图 3-18 可知，区内玄武岩类属低钾(拉斑)系列。

(2)微量元素

微量元素含量见表 3-15(3 号)，火山岩以富集大离子亲石元素(LIL)为特征，具双隆起的特点(图 3-18)，在 Sr、Rb、Th、Nb 处呈隆起的形态，在 K、Ta 、P 处呈负异常之势与典型火山(岛)弧玄武岩的微量元素标准化蛛网图相近。

(3)稀土元素

稀土元素含量见表 3-16(3 号)，在稀土元素特征上，区内火山岩 $\sum$REE 为 235.72×10^{-6}，稀土总量较高。$\sum$LREE 为 189.89×10^{-6}，$\sum$HREE 为 21.36×10^{-6}，LREE/HREE 为 8.89，为轻稀土富集型，δEu 为 0.99，其球粒陨石标准化配分型式图呈向右略倾斜的光滑曲线(图 3-19)。

(4)大地构造环境判别

玄武岩片中火山岩在 Hf /3-Th-Ta 图(图 3-20)中，落入岛弧钙碱性玄武岩岩区。说明火山岩片形成于岛弧构造环境。

(5)形成时代

本次工作在拜惹布错东一带玄武岩岩片火山岩中取了一个同位素年龄样品，由宜昌地质矿产研究所中南实验检测中心进行 U-Pb 同位素测年分析，其中一个点获得了 274Ma 的 $^{206}Pb/^{238}U$ 表面年龄(表 3-13)。结合地质特征将测区曲地组火山岩形成时代置于早—中二叠纪。

三、第四纪火山岩

1. 地质特征

分布于托和平错幅西南的甜水湖北部一带，为本次工作在区内新发现的一套火山岩，其分布面积约 $7km^2$，厚约 60m，可划分为溢流相、爆发相及火山口中的侵出相。其中，爆发相仅分布于火山口周围，形成高约 60m 的火山锥，火山锥下部直径为 700m，上部直径为 200m 左右，其组成岩性为气孔构造极发育的火山渣。溢流相产状平缓，倾角13°左右，流动构造发育，其组成岩性为气孔、杏仁状霞石响岩。

2. 岩石特征

该火山岩具斑状结构，基质为响岩结构。斑晶矿物以辉石、黑云母、霞石为主，含量为15%～20%，其中辉石为5%～10%，黑云母为5%～10%，霞石为3%～5%。基质成分为碱性长石、霞石、辉石、黑云母、磷灰石等。岩石中气孔、杏仁含量不均，一般为20%～30%。

3. 岩石地球化学特征

(1)岩石化学

该类火山岩的岩石化学成分见表3-17，据岩石化学分类命名法(TAS图解)(图3-21)，该火山岩为碱玄质响岩和粗安岩，其岩石化学成分中SiO_2一般为52.46%～55.91%，K_2O+Na_2O为9.9%～11.18%，K_2O为8.63%～10.07%，TiO_2为2.07%～2.38%，具高碱、富钾、富钛的特征。

表3-17　鱼鳞山组火山岩岩石化学成分表

序号	样品号	岩石名称	氧化物含量(ω_B%)												总量	K_2O+Na_2O
			SiO_2	TiO_2	Al_2O_3	Fe_2O_3	FeO	MnO	MgO	Na_2O	CaO	K_2O	P_2O_5	H_2O^+	CO_2		
1	P14Gs-1	气孔状霞石响岩	54.81	2.38	10.76	3.24	2.27	0.09	4.21	0.99	6.53	9.89	2.24	0.83	0.81	99.05	10.88
2	P14Gs-2	杏仁、气孔状霞石响岩	53.43	2.32	10.43	2.44	2.88	0.08	4.06	0.98	7.22	9.81	2.22	0.98	2.25	99.1	10.79
3	P14Gs-3		52.46	2.35	10.23	3.24	2.3	0.08	4.46	0.87	8.22	9.44	2.14	1.36	1.35	98.5	10.31
4	P14Gs-4	霞石响岩	54.75	2.29	10.84	2.96	2.4	0.08	3.85	1.11	6.7	10.07	2.13	0.69	0.82	98.69	11.18
5	P14Gs-5	霞石响岩	55.58	2.18	10.81	4.31	1.23	0.08	3.92	1.4	6.71	9.49	1.99	0.49	1.02	99.21	10.89
6	P14Gs-6	气孔状霞石响岩	54.9	2.21	10.69	2.5	2.88	0.08	3.86	1.01	7.53	9.14	2.01	0.86	1.45	99.12	10.15
7	P14Gs-7	气孔状霞石响岩	54.78	2.07	10.46	2.67	2.48	0.09	3.92	1.2	7.46	8.74	1.85	1.29	1.93	98.94	9.94
8	P14Gs-8	酸性凝灰岩	55.91	2.11	10.73	2.7	2.87	0.08	4.21	1.27	6.68	8.63	1.99	0.94	1.04	99.16	9.9

注：测试者为武汉岩矿实验室；测试方法为X-射线荧光熔片法(XRF)。

火山岩里特曼指数σ为7.59～11.24，为碱性岩石。在TAS图解(图3-21)上处于Ir线的上方，为碱性系列。

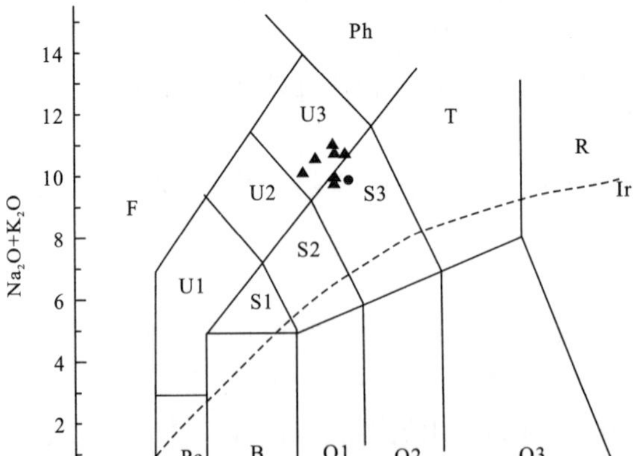

图3-21　鱼鳞山组火山岩的(Na_2O+K_2O)-SiO_2图解

Pc. 苦橄玄武岩；B. 玄武岩；O1. 玄武安山岩；O2. 安山岩；O3. 英安岩；R. 流纹岩；S1. 粗面玄武岩；S2. 玄武粗安岩；S3. 粗安岩；T. 粗面岩、粗面英安岩；F. 副长石岩；U1. 碱玄岩、碧玄岩；U2. 响岩质碱玄岩；U3. 碱玄质响岩；Ph. 响岩；Ir. Irvine，分界线，上方为碱性，下方为亚碱性

(2)微量元素

微量元素含量见表 3-18,具有 Sr、Ba、Zr、Rb 等亲石元素含量高的特征。火山岩以富集大离子亲石元素(LIL)为特征,在 Rb、Ba、Ce、Hf 处呈隆起的形态,在 Ta、Ti 处呈负异常之势,总体上为峰谷相间的驼峰形分配型式(图 3-22),类似于板内熔岩的驼峰状分配型式。

表 3-18 鱼鳞山组火山岩微量元素分析结果表

序号	样品号	岩石名称	微量元素含量($\omega_B/\times10^{-6}$)												
			Nb	Sc	Zr	Th	Sr	Ba	V	Co	Cr	Ni	Rb	Ta	Hf
1	P14wl-1	气孔状霞石响岩	43	26	1 370	7.9	1 858	4 276	204	21	168	103	292	1.3	38
2	P14wl-3	杏仁、气孔状霞石响岩	42	26	1 323	6.6	1 626	4 481	217	23	167	111	268	1.2	37
3	P14wl-4	霞石响岩	41	31	1 313	7.7	1 910	3 866	237	20	154	88	289	1.3	36
4	P14wl-5	霞石响岩	40	25	1 236	7.9	1 673	3 644	210	20	137	85	272	1.2	34
5	P14wl-6	气孔状霞石响岩	41	27	1 250	8.3	1 562	3 698	225	22	158	92	285	1.2	34
6	P14wl-7	气孔状霞石响岩	39	30	1 192	9.1	1 576	3 778	219	22	146	92	314	1.2	33

注:测试者为武汉岩矿实验室;微量元素采用 ICP-AES、XRF 及 C-ICP-AES 法分析。

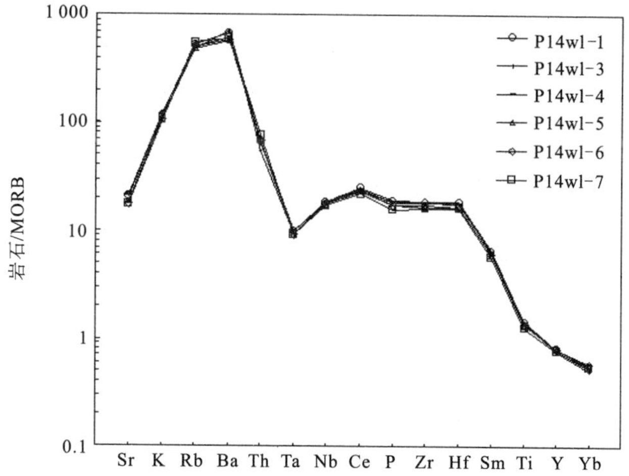

图 3-22 鱼鳞山组火山岩微量元素洋中脊玄武岩标准化蛛网图

(3)稀土元素

稀土元素含量见表 3-19,在稀土元素特征上,区内火山岩$\sum$REE 为 386.13×10^{-6}~445.81×10^{-6},稀土总量较高。$\sum$LREE 为 363.81×10^{-6}~421.54×10^{-6},$\sum$HREE 为 22.32×10^{-6}~24.27×10^{-6},LREE/HREE 为 16.30~17.43,为轻稀土富集型,δEu 为 0.87~0.91,轻、重稀土分馏较强,铕负异常不明显。其球粒陨石标准化配分型式图呈向右陡倾斜的光滑曲线(图 3-23)。

(4)大地构造环境判别

采用图 3-24 的方法以常量元素的分析结果对甜水湖北部一带早更新世火山岩喷发的构造环境进行了初步鉴别(邱家骧等,1991)。投影结果表明,甜水湖北部一带早更新世火山岩样品落在图 3-25 的 A 区的边缘及 C 区,基本上属于板内造山后的火山活动产物。由此看来本区火山岩是形成于板内造山后的大地构造环境。

(5)火山岩的同位素特征及源区性质

由表 3-20 可知,甜水湖一带鱼鳞山组火山岩^{147}Sm/^{144}Nd(0.105 5~0.106 0)低于现代球粒陨石均匀库值^{147}Sm/^{144}Nd(0.196 7),^{143}Nd /^{144}Nd(0.512 309~0.512 327)低于球粒陨石现代 Nd 同位素组成^{143}Nd /^{144}Nd(0.512 683),^{87}Sr /^{86} Sr(0.706 70~0.706 75)高于大陆地幔^{87}Sr /^{86}Sr(0.705 77),εNd 值为−6.07~−6.42,表现为富集地幔特征。^{143}Nd /^{144}Nd-^{87}Sr/^{86}Sr 相关图解(图 3-25)也说明甜水湖一带鱼鳞山组火山岩起源于富集地幔。

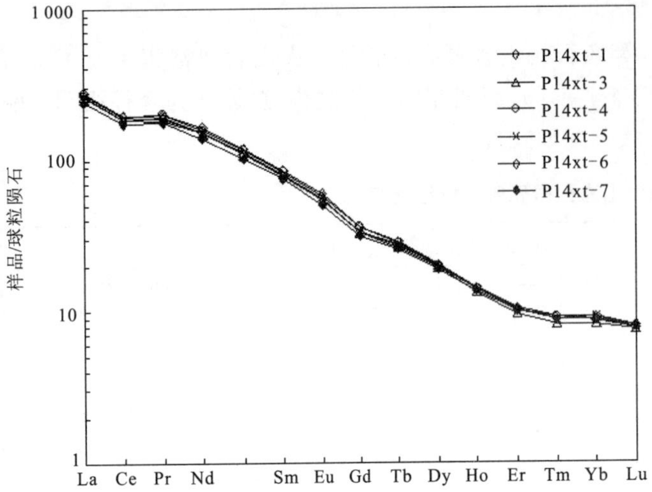

图 3-23　鱼鳞山组火山岩稀土元素配分型式图

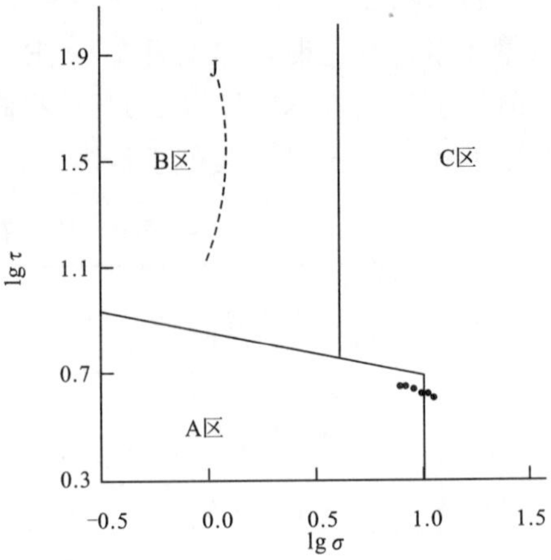

图 3-24　鱼鳞山组火山岩 lgτ-lgσ 图

A 区．板内稳定区火山岩；B 区．消减带火山岩；C 区．A、B 区演化的碱性火山岩

表 3-19　鱼鳞山组火山岩稀土元素含量表

序号	样品号	岩石名称	稀土元素分析结果($\omega_B/\times10^{-6}$)									
			La	Ce	Pr	Nd	Sm	Eu	Gd	Tb	Dy	Ho
1	P14xt-1	气孔状霞石响岩	90.63	186.4	24.27	98.81	17.08	4.35	11.1	1.44	6.35	1.03
2	P14xt-3	杏仁、气孔状霞石响岩	84.2	174.5	23.12	91.90	16.14	4.02	10.26	1.33	5.98	0.97
3	P14xt-4	霞石响岩	87.74	184.1	24.6	96.01	16.75	4.24	11.17	1.41	6.21	1.02
4	P14xt-5	霞石响岩	85.91	174.4	22.65	90.38	15.96	3.92	10.33	1.37	6.07	1.01
5	P14xt-6	气孔状霞石响岩	85.87	175.9	21.98	90.61	15.83	3.91	10.31	1.34	6.19	1.03
6	P14xt-7	气孔状霞石响岩	77.63	162.6	21.13	83.82	14.97	3.66	9.86	1.29	5.88	0.99

序号	样品号	岩石名称	稀土元素分析结果($\omega_B/\times10^{-6}$)					有关参数				
			Er	Tm	Yb	Lu	Y	ΣREE	ΣLREE	ΣHREE	ΣLREE/Σ HREE	δEu
1	P14xt-1	气孔状霞石响岩	2.15	0.29	1.67	0.24	22.69	445.81	421.54	24.27	17.37	0.91
2	P14xt-3	杏仁、气孔状霞石响岩	2.00	0.27	1.56	0.23	21.5	416.48	393.88	22.60	17.43	0.89
3	P14xt-4	霞石响岩	2.10	0.30	1.63	0.24	21.98	437.52	413.44	24.08	17.17	0.89
4	P14xt-5	霞石响岩	2.14	0.29	1.73	0.24	22.50	416.40	393.22	23.18	16.96	0.88
5	P14xt-6	气孔状霞石响岩	2.18	0.30	1.75	0.25	23.01	417.45	394.10	23.35	16.88	0.88
6	P14xt-7	气孔状霞石响岩	2.08	0.29	1.68	0.25	21.61	386.13	363.81	22.32	16.30	0.87

注：测试者为武汉岩矿实验室；稀土元素采用 ICP-AES 法。

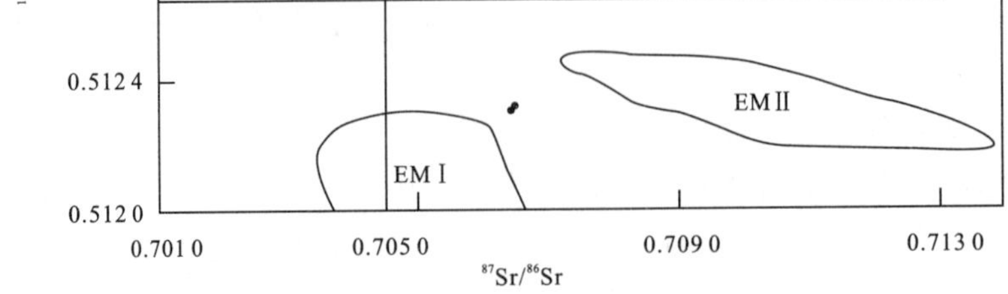

图 3-25　鱼鳞山组火山岩 $^{143}Nd/^{144}Nd-^{87}Sr/^{86}Sr$ 图

DMM. 亏损地幔；MORB. 洋中脊玄武岩；HIMU. 高 U/Pb 比值地幔；EMI、EMⅡ. Ⅰ、Ⅱ型富集地幔

表 3-20　火山岩同位素示踪及年龄测试结果表

样品号	岩石名称	实验室号	$W(Sm)/\times10^{-6}$	$W(Nd)/\times10^{-6}$	$^{147}Sm/^{144}Nd$	$^{143}Nd/^{144}Nd\pm1\sigma$	εNd	TCHUR(Ma)±1σ
P14SZ-2	霞石响岩	904211	18.31	105	0.105 5	0.512 327±0.000 006	-6.07	521±10
P14SZ-2	霞石响岩	904212	15.55	88.75	0.106 0	0.512 309±0.000 006	-6.42	554±10
			$W(Rb)/\times10^{-6}$	$W(Sr)/\times10^{-6}$	$^{87}Rb/^{86}Sr$	$^{87}Sr/^{86}Sr(2\sigma)$		
P14SZ-1	全岩	304451	337.1	1 994	0.487 3	0.706 75±0.000 04		
P14SZ-2	全岩	304452	336	2 001	0.484 1	0.706 70±0.000 07		
P14TW-1	全岩	1204111	$W(K)/\times10^{-2}$	$W(^{40}Ar)/\times10^{-6}$	$^{40}Ar/^{40}K$	年龄(Ma)		φ(空氩)/$\times10^{-2}$
			7.80	0.001 224	0.000 131 6	2.26		91.9

注:测试单位为宜昌地质矿产研究所中南实验检测中心;主要仪器设备为气体质谱计;编号为 LZD-201。

(6)形成时代

本次工作在 P_{14} 剖面鱼鳞山组火山岩中取了一个同位素年龄样品,由宜昌地质矿产研究所中南实验检测中心进行全岩 K/Ar 年龄同位素测年分析,获得了 2.26Ma 的年龄(表 3-20)。结合地质特征将测区鱼鳞山组火山岩形成时代置于更新世。

第四章　变质岩

调查区内变质岩主要分布于南羌塘地层区及土则岗日构造带内，产出于石炭—二叠系霍尔巴错群的擦蒙组、展金组和曲地组中，主要属区域浅变质岩系，该套变质岩内原岩结构构造仍有保留，故原岩类型仍清晰可辨，局部地段可见其变质(形)面理与原始(变余)层理不一致的现象，可根据变余沉积构造恢复原岩层序。

另外有少量动力变质岩分布在窝尔巴错-拜惹布错断裂带和区内几条大断裂中。接触变质岩多沿岩体与围岩的外接触带分布。

变质岩岩石分类命名采用国家质量技术监督局(1998)发布的《变质岩岩石分类和命名方案》(GB/T 17412.3－1998)提出的方案。

第一节　区域变质岩

一、区域变质岩岩石特征

测区变质岩种类齐全，可分 8 大类，53 种岩石。它们的特征如下。

(一)变质碎屑岩类

分布于南羌塘地层区及土则岗日构造带的石炭—二叠系霍尔巴错群擦蒙组、展金组和曲地组，主要岩石类型如下。

(1)片理化岩屑砂岩

灰色，细粒砂状结构，弱片理化构造。颗粒大小 0.03～0.4mm，以小于 0.25mm 为主，占 65%左右，分选中等，棱角状。碎屑成分：石英>55%，长石 4%左右，岩屑泥岩＋黑云母＋白云母 25%左右，重矿物锆石＋磷灰石＋石榴石＋金属矿物<1%，杂基为粘土矿物，部分重结晶，且产生片理化现象，约 15%，胶结物为少量铁质。孔隙式胶结，颗粒支撑，结构成熟度较低。

(2)变质细粒长石岩屑砂岩

灰绿色，变余细粒砂状结构，千枚状构造。石英粒度为 0.05～0.4mm，以小于 0.2mm 为主，含量约 59%；长石多呈棱角状—次棱角状，粒度 0.1～0.3mm，含量约 5%；白云母粒度 0.05～(0.05×0.3)mm，含量<5%；粘土矿物含量<5%；绢云母大小为 0.001mm×0.02mm～0.01mm×0.05mm，含量约 25%；重矿物锆石＋磷灰石＋电气石＋金属矿物<1%，大小为 0.03～0.1mm。

(3)变质不等粒岩屑砂岩

灰色，变余不等粒砂状结构，千枚状构造。岩石由石英、长石、云母、泥岩、千枚岩、火山岩及花岗岩碎屑和已重结晶成绢云母、石英的胶结物组成，含少量锆石、电气石、磷灰石及金属矿物。其中石英含量约 50%，长石含量<5%，岩屑含量约 20%，绢云母约 25%，定向排列，重矿物锆石＋磷灰石＋电气石＋石榴石＋金属矿物<5%。部分颗粒拉长定向，呈透镜状、眼球状，在其拉长部位，构成拉力影。

(4)变质石英砂岩

深灰色，变质砂状结构，定向构造。主要由石英、长石砂屑、泥岩、火山岩、白云母等岩屑组成，填隙物为方解石、粘土矿物等。粘土矿物大部分重结晶，且定向排列，部分砂屑碳酸盐化。石英粒度 0.03～0.5mm，以 0.06～0.25mm 为主，棱角—次棱角状，含量约 65%；白云母呈鳞片状，定向排列，粒度为(0.1

～0.2)×0.3mm,含量<5%;少量斜长石砂屑。方解石粒度0.03～0.1mm,含量约10%;粘土矿物粒度<0.005mm×0.05mm,含量<17%;重矿物锆石+磷灰石+电气石+金属矿物含量约3%。

(5)变质砂岩

浅灰色、深灰色,变余不等粒砂状结构,千枚状构造、块状构造。岩石由石英、长石、白云母、硅质岩、石英岩等砂屑和已重结晶成绢云母、石英的胶结物组成,含少量锆石、电气石、磷灰石及金属矿物。其中,石英含量<65%,长石含量约2%,岩屑含量<3%,绢云母约30%,定向排列,重矿物锆石+磷灰石+电气石+金属矿物<1%。原砂屑保留其棱角、次棱角、次圆状外形。

(6)变质砂岩(绢云石英片岩)

浅灰绿色,变余砂状结构,鳞片粒状变晶结构,片状构造。岩石由粒状矿物石英、斜长石、鳞片状绢云母、绿泥石及少量碳酸盐、氧化铁等组成,副矿物为电气石、锆石、金属矿物等。其中:石英粒度大的达0.03～0.8mm,小的为0.005～0.03mm,含量35%～65%;斜长石粒度0.05～0.7mm,含量<5%;绢云母片晶大小0.001mm×0.020mm～0.02mm×0.3mm,含量约35%;绿泥石粒度0.03～0.15mm,含量<5%;碳酸盐、氧化铁含量约2%;副矿物含量约3%。碎屑颗粒呈棱角、次棱角状外形,部分拉长、定向。

(7)变质长石石英砂岩

灰色、灰褐色、灰绿色,变余不等粒砂状结构,鳞片粒状变晶结构,片状构造、千枚状构造、块状构造。岩石由粒状矿物石英、长石和鳞片状绢云母、绿泥石等组成,副矿物为绿帘石、磷灰石、锆石、金属矿物等。其中,石英分两种,一种为碎屑,保留其次棱角状、次圆状外形,粒度0.06～0.8mm不等,以小于0.25mm为主;另一种为微粒状,分布于碎屑中,粒度0.005～0.05mm,含量<85%。斜长石粒度0.03～0.8mm,含量约5%;绢云母片晶大小0.001mm×0.03mm～0.1mm×0.3mm,含量约25%;其他矿物含量<1%。石英、长石颗粒保留原砂屑外形,胶结物已变为绢云母和微粒石英。

(8)变质石英砂岩

淡绿色,变余砂状结构,鳞片粒状变晶结构,片状构造。岩石主要由粒状矿物石英、长石及鳞片状绢云母等组成,副矿物为磷灰石、锆石、金属矿物。石英、长石颗粒保留原砂屑外形,胶结物已全部重结晶成微晶石英、绢云母等。其中,石英分两种,一种为碎屑,次棱角状、次圆状,粒度0.06～0.5mm;另一种为微粒状,分布于碎屑中,粒度0.005～0.03mm,含量约69%。斜长石呈粒状,粒度0.03～0.2mm,含量<5%;绢云母呈鳞片状,定向排列,片晶大小0.003mm×0.05mm～0.03mm×0.4mm,含量约25%;副矿物含量<1%。

(9)变质不等粒石英砂岩

深灰色、灰白色,不等粒砂状结构,块状构造。岩石由石英、少量长石碎屑及胶结物组成。胶结物成分为硅质及少量铁质等,含量约5%;杂基成分主要为粘土,含量<5%。副矿物为电气石、锆石、磷灰石、金属矿物等。其中,石英以单晶为主,粒度0.05～1.0mm不等,含量约95%;少量斜长石、钾长石粒度0.05～0.3mm,含量<4%。

(10)变质绢云石英砂岩

浅灰色,变余砂状结构,千枚状构造。岩石由石英、长石、云母及泥岩、千枚岩、火山岩岩屑和绢云母等组成,副矿物为电气石、磷灰石、锆石及金属矿物等。其中,石英粒度0.03～1.0mm,含量约60%;少量斜长石粒度0.1～1.5mm,含量约3%;云母呈鳞片状,大小0.03mm×0.1mm～0.05mm×0.4mm,定向排列,含量<2%;岩屑含量<3%;绢云母片晶大小(0.01～0.1)mm×0.1mm,定向排列,含量约30%;其他矿物(氧化铁+锆石+磷灰石+电气石+金属矿物)含量约2%。碎屑颗粒保留其次棱角、次圆状外形。

(11)变质细粒石英砂岩

深灰色,变余砂状结构,块状构造。碎屑成分以石英为主,颗粒大小0.06～0.5mm,以0.1～0.25mm为主,部分次生加大,含量约85%;岩屑(泥岩+火山岩+白云母)含量<3%;重矿物锆石+电气石+金属矿物含量约2%;另有少量斜长石,成分成熟度高。粘土杂基已重结晶成绢云母及微晶石英,含量<10%。颗粒支撑,孔隙式胶结,结构成熟度较低。

(12)变质泥质细粒石英砂岩

灰黑色,细粒砂状结构,块状构造。碎屑成分以石英为主,颗粒大小0.03～0.5mm,含量约82%;斜长石大小为0.05～0.25mm，含量<2%；岩屑(泥岩＋火山岩＋白云母)含量约3%；另有少量重矿物锆石＋电气石＋金属矿物。胶结物成分为铁质，含量<3%。杂基为粘土矿物，已重结晶成云母及微粒石英等，含量约10%。颗粒支撑，孔隙式胶结。岩石成分成熟度高，结构成熟度较低。

(13)变质粉砂岩

深灰色、褐色、灰黑色、灰绿色，变余粒砂状结构、变余粉砂结构，千枚状构造、变余层状构造、条带状构造。岩石由石英、斜长石粉砂及鳞片状绢云母、碳酸盐、氧化铁等组成，副矿物为电气石、磷灰石、锆石及金属矿物等。其中，石英粒度0.01～0.1mm，保留棱角、次棱角外形，含量55%～65%；少量斜长石呈棱角状，粒度0.03～0.1mm，含量<5%；绢云母片晶大小为0.001mm×0.02mm～0.005mm×0.1mm，定向排列，含量约20%；菱铁矿含量<33%；其他矿物(氧化铁＋锆石＋磷灰石＋电气石＋金属矿物)含量约3%。

(14)变质含砂质粉砂岩

深灰色，变余含砂质粉砂状结构，显微鳞片粒状变晶结构，千枚状构造。石英、长石碎屑具棱角、次棱角、次圆状外形，其中石英颗粒大小为0.01～0.45mm，以小于0.06mm为主，含量约76%；长石大小为0.02～0.1mm，含量<5%。胶结物已变为绢云母，呈鳞片状，大致定向排列，片晶大小为0.005mm×0.02mm～0.01mm×0.1mm，含量约15%。另不均匀分布有约3%的铁质、含量小于1%的副矿物(电气石＋绿帘石＋锆石)。

(二)板岩类

分布于南羌塘地层区及土则岗日构造带的石炭—二叠系霍尔巴错群擦蒙组、展金组，主要岩石类型如下。

(1)板岩(变质含粉砂质泥岩)

深灰色，显微鳞片变晶结构，变余含粉砂质泥状结构，板状构造。粘土矿物大部分重结晶成绢云母，石英、长石粉砂保留其次棱角、棱角状外形。绢云母呈鳞片状，定向排列，大小为0.005～0.005×0.03mm，含量约78%；石英大小为0.01～0.05mm，含量约10%；少量长石大小为0.03～0.06mm；粘土矿物小于0.01mm，含量约10%；其他矿物(磷灰石＋电气石＋金属矿物)含量小于2%。

(2)斑点板岩

灰黑色，变余泥状结构，斑点状构造。致密坚硬，原岩中大多重结晶成石英及黑云母，基质中可见变余泥状结构。由粘土矿物、黑云母雏晶、石英、炭质、铁质等组成。斑点由绢云母、石英组成，大小为0.2～0.6mm，含量约30%；粘土矿物呈隐晶质，粒度<0.01mm，含量约20%；黑云母呈鳞片状，片晶大小为0.01～0.03mm，含量<30%；石英晶体粒度<0.02mm，含量约13%；粉砂主要为石英，少量长石，大小为0.01～0.06mm，含量约3%；炭质集中于斑点中，含量约3%；铁质及金属矿物含量<1%。

(3)粘土板岩

深灰色，变余泥状结构，板状构造。致密隐晶质，表面略显丝绢光泽。粘土矿物为云母、高岭石，部分重结晶成鳞片状，略具定向，大小为(0.01～0.001)mm×0.05mm，含量>92%；粉砂主要为石英，少量长石，棱角、次棱角状，大小为0.005～0.05mm，含量约3%；氧化铁含量<5%。

(4)千枚状菱铁粘土板岩

深灰色，斑状变晶结构、变余粉砂泥质结构，千枚状、皱纹状构造。岩石主要由菱铁矿变斑晶、显微鳞片状粘土矿物及少量石英、长石粉砂、砂等组成，偶见电气石、锆石、磷灰石。粘土矿物大部分变为绢云母、绿泥石等，长轴定向排列，局部呈皱纹状，石英、长石砂屑保留其次棱角、次圆状外形。菱铁矿晶体大小为0.01～1.0mm，含量约10%；粘土矿物小于0.005mm×0.05mm，含量约72%；石英大小为0.06～0.08mm，含量大于10%；长石大小为0.05～0.5mm，含量小于5%；氧化铁含量约3%；可见少量绿泥石。原岩为含粉砂质泥岩。

(5)菱铁含砂质粘土板岩

褐灰色，斑状变晶结构、变余含砂泥质结构，平行构造。岩石主要由菱铁矿变斑晶、显微鳞片状粘土矿物及石英、长石砂屑等组成，偶见电气石、锆石、磷灰石。粘土矿物大部分变为绢云母、绿泥石等，长轴定向排列，石英、长石碎屑具次棱角、次圆状外形。菱铁矿晶体大小为0.05～1.0mm，含量约20%；粘土矿物为隐晶质,大小为 0.001mm×0.01mm～0.005mm×0.03mm,含量约 57%;石英大小为 0.03～0.5mm,含量小于 15%;长石大小为 0.05～0.5mm,含量小于 5%;氧化铁含量小于 3%;可见少量绿泥石。原岩为含砂质泥岩。

(三)千枚岩类

分布于南羌塘地层区及土则岗日构造带的石炭—二叠系霍尔巴错群擦蒙组、展金组和曲地组,主要岩石类型如下。

(1)绢云千枚岩

灰色,深灰色,变余粉砂质泥质结构、斑状变晶结构、显微粒状鳞片变晶结构,变余纹层构造、变余层状构造、千枚状构造。岩石主要由细小的绢云母、绿泥石、石英、长石及少量菱铁矿变斑晶等组成,偶见电气石、锆石、磷灰石。绢云母呈鳞片状、针状,定向排列,大小为 0.001mm×0.02mm～0.005mm×0.2mm,含量<87%;绿泥石呈鳞片状,粒度<0.05mm,含量<5%;石英大小为 0.005～0.5mm,含量<15%;长石大小为 0.03～0.3mm,含量约<5%;菱铁矿变斑晶较自形,大小为 0.05～0.7mm,含量<5%。原岩为粉砂质泥岩、泥质岩。

(2)绢云石英千枚岩

深灰色,鳞片粒状变晶结构(变余砂状结构),千枚状构造。岩石主要由粒状变晶矿物石英、少量长石及鳞片状绢云母等组成,偶见磷灰石、锆石、电气石及金属矿物。石英拉长定向,晶体大小 0.03～1.5mm,含量 49%～63%;斜长石大小为 0.03～0.7mm,含量<5%;绢云母呈鳞片状,定向排列,晶片大小为 0.003mm×0.03mm～0.01mm×0.3mm,含量 30%～35%;铁质含量<5%;炭质含量约 2%。

(3)含菱铁矿绢云千枚岩

褐灰色,变余砂状结构(显微鳞片粒状变晶结构),千枚状构造。主要由变余石英砂屑、鳞片状绢云母及菱铁矿等组成。石英分两种,一种为碎屑石英,保留其次棱角、次圆状外形,部分显压扁、拉长,大小为 0.03～0.4mm,一种为微粒石英,充填于碎屑矿物间,大小为 0.005～0.03mm,含量约 40%;菱铁矿晶体大小为 0.02～0.1mm,含量<10%。胶结物已全部重结晶成绢云母、微晶石英,绢云母定向排列,片晶大小为 0.003mm×0.03mm～0.01mm×0.1mm,含量约 50%;另见少量长石及副矿物电气石、锆石、金属矿物。原岩为岩屑石英砂岩。

(四)片岩类

分布于南羌塘地层区的石炭—二叠系霍尔巴错群擦蒙组、展金组和曲地组,主要岩石类型如下。

(1)绿泥片岩(变质凝灰岩)

灰绿色,粒状鳞片变晶结构、变余火山碎屑(凝灰)结构,片状构造。矿物大部分已变为绿泥石,残余部分为火山碎屑。火山碎屑主要由安山岩岩屑组成,不规则棱角状,斑状结构、隐晶质结构,大小为 0.1～1.0mm,含量约 15%;绿泥石呈鳞片状,定向排列,大小为(0.1～0.4)mm×2.0mm,含量约 61%;方解石大小为 0.05～0.6mm,含量约 5%;长石大小为 0.05～0.2mm,含量约 5%;石英大小为 0.02～0.25mm,含量约 10%;金属矿物大小为 0.05～0.3mm,含量约 1%;含钛矿物大小为 0.02～0.2mm,含量约 3%。原岩为火山碎屑岩。

(2)白云石绿泥片岩(变质凝灰岩)

灰绿色,粒状鳞片变晶结构,变余凝灰结构,片状构造。胶结物已全被绿泥石、碳酸盐替代。火山碎屑主要为安山岩岩屑,不规则棱角状,斑状结构、隐晶质结构、交织结构,大小为 0.2～1.5mm,含量大于 15%;绿泥石呈鳞片状,片晶大小为(0.1～0.5)mm×3.0mm,含量小于 51%;白云石呈粒状,大小为 0.05～0.3mm,含量约 15%;长石大小为 0.05～0.2mm,含量约 5%;石英大小为 0.03～0.3mm,含量约 10%;金属矿物大小为 0.01～0.05mm,含量约 1%;含钛矿物大小为 0.02～0.1mm,含量约 3%。原岩为火山碎屑岩。

(3)方解绿泥片岩

灰绿色,粒状鳞片变晶结构,片状构造。岩石主要由鳞片状绿泥石、粒状方解石、长石、石英等组成,含少量含钛矿物、金属矿物及氧化铁。绿泥石大小为0.1～3.0mm，含量约50%；方解石大小为0.1～1.5mm，含量约20%；长石大小为0.05～0.2mm，含量约6%；石英大小为0.02～0.25mm，含量约15%；含钛矿物大小为0.01～0.03mm，含量小于5%；金属矿物大小为0.03～0.3mm，含量约1%；氧化铁含量小于3%。原岩为中基性火山岩。

(4)方解绿泥片岩(变质安山质凝灰岩)

灰绿色，粒状鳞片变晶结构、变余凝灰结构，片状构造。岩石主要由鳞片状绿泥石、粒状方解石、长石、石英及部分火山碎屑等组成，微量矿物有绿帘石、含钛矿物、金属矿物，胶结物已全部绿泥石化。火山碎屑主要为安山岩碎屑，呈不规则棱角状，大小为0.2～1.5mm，含量约15%；绿泥石淡绿色，呈鳞片状，大小为(0.1～0.5)mm×3.0mm，含量约52%；方解石大小为0.2～1.5mm，含量约15%；粒状长石大小为0.1～0.3mm，含量<5%；粒状石英大小为0.1～0.5mm，含量<10%；含钛矿物大小为0.02～0.2mm，含量<3%；金属矿物大小为0.05～0.2mm；绿帘石呈粒状，大小为0.05～0.2mm。原岩为火山碎屑岩。

(5)方解绿泥石英片岩

灰白色，显微粒状鳞片变晶结构，片状构造、条带状构造。岩石主要由粒状变晶矿物石英、长石、方解石及鳞片状绿泥石等组成，副矿物为含钛矿物、金属矿物等。绿泥石定向排列，片晶大小为0.05～0.4mm，含量约30%；石英大小为0.03～0.1mm，含量约35%；钠长石大小为0.03～0.1mm，含量<10%；方解石顺片理分布，大小为0.05～0.5mm，含量约22%；含钛矿物、金属矿物含量约3%。

(6)含绿泥黑云绢云片岩

灰绿色，鳞片变晶结构，片状构造。岩石主要由黑云母、绿泥石、石英、碳酸盐、金属矿物等组成。黑云母呈鳞片状，定向排列，片晶大小为0.01mm×0.1mm～0.1mm×0.4mm，含量约15%；绿泥石呈鳞片状，定向排列，片晶大小为0.05～0.2mm，含量<10%；绢云母呈鳞片状，大小为0.001mm×0.02mm～0.03mm×0.1mm，含量>55%；石英大小为0.02～0.15mm，含量<5%；碳酸盐矿物以方解石为主，大小为0.05～0.25mm，含量约10%；金属矿物含量约5%。

(7)绿帘阳起片岩

黑绿色，粒柱状变晶结构，片状构造。岩石主要由阳起石、绿帘石、钠长石及少量绿泥石、石英等组成，含少量含钛矿物、金属矿物。阳起石呈纤柱状，长轴定向排列，晶体大小为0.02mm×0.05mm～0.1mm×0.2mm，含量约72%；绿帘石呈柱状，大小为0.03～0.2mm，含量约15%；钠长石大小为0.02～0.2mm，含量<5%；绿泥石呈鳞片状，片晶大小为0.03～0.15mm，含量<5%；含钛矿物、金属矿物含量约3%；另有少量粒状石英。

(8)含绿泥绿帘阳起片岩

灰绿色，显微粒纤状变晶结构，片状构造。岩石主要由阳起石、绿泥石、绿帘石、钠长石、石英等组成，副矿物为金属矿物。阳起石呈纤柱状，定向排列，晶体大小为0.01mm×0.05mm～0.05mm×0.5mm，含量>61%；绿泥石呈鳞片状，片晶大小为0.01～0.1mm，含量约5%；绿帘石呈粒状，大小为0.02～0.2mm，含量约25%；钠长石大小为0.01～0.05mm，含量<5%；石英大小为0.02～0.1mm，含量约1%；金属矿物含量约3%。

(9)含绿帘绿泥阳起片岩

灰绿色，粒柱状变晶结构，片状构造。岩石主要由阳起石、绿泥石、绿帘石、钠长石、石英等组成，副矿物为氧化铁及含钛矿物。阳起石呈纤柱状，定向排列，晶体大小为0.02mm×0.05mm～0.15mm×0.4mm，含量约62%；绿帘石呈粒状，大小为0.03～0.2mm，含量约15%；绿泥石呈鳞片状，夹于矿物间，定向分布，片晶大小为0.05～0.1mm，含量<10%；钠长石大小为0.03～0.2mm，含量约5%；石英大小为0.01～0.06mm，含量<3%；氧化铁含量约2%；含钛矿物含量约3%。

(10)绿帘钠长阳起绿岩(变质基性岩)

灰绿色，粒纤状变晶结构，块状构造。岩石由纤柱状阳起石、粒状钠长石、绿帘石及少量绿泥石、石英等组成，微量矿物有榍石、磷灰石及金属矿物。阳起石晶体大小为(0.2～0.5)mm×1.5mm，含量约40%；钠长石大小为0.03～0.2mm，含量约30%；绿帘石呈粒状，大小为0.01～0.1mm，含量约15%；绿泥石大小为0.05～0.5mm，含量小于5%；石英大小为0.02～0.2mm，含量约3%。副矿物榍石晶体大小为0.05

～0.5mm，含量约4%；磷灰石及金属矿物含量小于3%。原岩为基性岩。

（五）石英岩类

分布于南羌塘地层区的石炭—二叠系霍尔巴错群展金组中，岩石类型如下。

片状石英岩：浅灰色，显微粒状变晶结构，片状构造。岩石主要由粒状变晶矿物石英、鳞片状绢云母及少量铁质组成，副矿物见锆石、电气石。其中，石英呈粒状，定向排列，受构造影响压扁、拉长，晶体大小为0.02～0.1mm，含量约88%；粒状长石大小为0.05～0.2mm，含量＜5%；绢云母呈鳞片状，片晶大小＜0.01mm，含量＜5%；铁质呈灰褐色，星点状、条带状分布，大小为(0.01～0.05)mm×0.5mm，含量约2%；另有少量锆石、电气石。

（六）变质碳酸盐类

分布于南羌塘地层区的石炭—二叠系霍尔巴错群展金组中，岩石类型如下。

片理化含铁质生物屑微晶灰岩：红褐色，生屑微晶结构，受应力作用，呈片理化。生物屑大小0.1～1.5mm，含量约35%；砂屑为石英，大小为0.03～0.15mm，含量约2%；铁质含量＜10%；胶结物为方解石，粒度0.004～0.02mm，含量＞53%。微晶支撑，基底式胶结。原岩为生物屑灰岩。

（七）变质火山岩类

分布于南羌塘地层区的石炭—二叠系霍尔巴错群展金组和曲地组，主要岩石类型如下。

(1)变质基性火山岩

灰黑色，变余斑状结构，基质为纤状变晶结构，块状构造。辉石斑晶呈柱状，纤闪石化，大小为0.3～2.0mm，含量约10%；斜长石斑晶呈板柱状，纤闪石、高岭石等呈假象取代，大小为0.3～5.0mm，含量约15%。基质以纤闪石为主，纤维状，大小为0.01mm×0.05mm～0.03mm×0.5mm，含量＞52%；另有斜长石含量约5%，绿泥石含量约10%，金属矿物含量＜5%，氧化铁含量＜3%。

(2)变质酸性火山岩

灰褐色，变余斑状结构、显微鳞片粒状变晶结构，变余含杏仁、气孔构造。斑晶保存完好，其中石英呈粒状，具熔蚀边，大小为0.25～0.7mm，含量约8%；长石呈板柱状，较自形，大小为(0.3～0.4)mm×0.7mm，含量＜2%。基质已全部蚀变为石英、长石、白云母，其中石英呈粒状，大小为0.03～0.1mm，含量约45%；长石大小为0.03～0.1mm，含量约15%；白云母呈鳞片状，片晶大小为0.02mm×0.05mm～0.05mm×0.15mm，含量约25%；另有少量副矿物锆石、金属矿物。气孔呈圆状、椭圆状、不规则状，部分为铁质充填成杏仁状，大小为0.2～2.0mm，含量＜5%。

(3)变质凝灰岩

灰绿色，变余岩屑砂状凝灰结构，片状构造、块状构造、似流纹状构造。岩屑主要为酸性火山岩，大小为0.1～3.0mm，含量＜30%；晶屑含量较少，大小为0.02～2.0mm；玻屑内部具气孔状构造，大小为0.1～2.5mm，含量＞30%。胶结物中绿泥石定向排列，大小为0.03～0.3mm，含量＜15%；长英质粒度＜0.02mm，含量＜5%；氧化铁含量＜20%。矿物绿泥石化、碳酸盐化强烈。

(4)变质安山质凝灰岩

灰绿色，变余凝灰结构、粒状鳞片变晶结构，块状构造、片状构造。岩屑主要为安山岩，呈不规则棱角状、次棱角状，大小为0.1～2.5mm，含量＜10%；绿泥石呈鳞片状，定向排列，片晶大小为(0.05～0.4)mm×2.0mm，含量＞35%；长石粒度大小为0.02～0.2mm，含量＜10%；石英粒度大小为0.01～0.1mm，含量＜30%；方解石粒度大小为0.02～0.5mm，含量＜15%；金属矿物呈粒状，不透明，大小为0.01～0.06mm，含量＜5%；氧化铁含量约3%。矿物绿泥石化、碳酸盐化强烈，局部残留安山岩岩屑。

(5)变质安山玢岩

灰绿色，变余斑状结构，基质为变余交织结构、微粒变晶结构，块状构造。岩石绿泥石化、碳酸盐化强烈，主要表现为斑晶矿物全部绿泥石化，基质矿物也大部分为白云石、绿泥石替代，局部残留斜长石较自形板状晶体，呈交织状分布。斑晶呈柱状，晶体大小为0.3～1.5mm，含量约15%。基质矿物中，粒状白云石晶体大小为0.03～0.1mm，含量约45%；霏细状长英质大小为0.005～0.03mm，局部见板状晶体，交织状，大小为0.02mm×0.05mm～0.05mm×0.3mm，含量约15%；绿泥石大小为0.03～0.15mm，含量约10%；金属矿物含量约15%。

（八）变质侵入岩类

侵入于南羌塘地层区的石炭—二叠系霍尔巴错群擦蒙组、展金组和曲地组，主要岩石类型如下。

(1)变质花岗斑岩

浅黄绿色、灰褐色，变余斑状结构，基质为显微鳞片粒状变晶结构，块状构造。斑晶颗粒含量15%～25%，主要有：石英颗粒大小为0.2～3.0mm，较自形，粒状，含量5%～10%；斜长石颗粒大小为(0.3～0.5)mm×1.2mm，含量约3%；钾长石颗粒大小为0.2～1.0mm，含量约7%。基质含量75%～85%，主要有：长石呈粒状，大小为0.02～0.15mm，含量<50%；石英呈粒状，大小0.01～0.1mm，含量约15%；绢云母呈鳞片状，片晶大小为(0.01～0.03)mm×0.15mm，含量25%；另见少量副矿物磷灰石、锆石、金属矿物。

(2)变质花岗斑岩

灰褐色，变余斑状结构，基质为显微鳞片粒状变晶结构，块状构造。石英、长石、黑云母斑晶轮廓保存完整，其中长石、黑云母均被绢云母、钠长石、白云母替代呈假象，基质已全部变成微粒状石英、长石及鳞片状绢云母。石英斑晶具熔蚀边缘，大小为0.3～3.0mm，含量约10%；长石斑晶大小为0.2～2.0mm，含量约10%；黑云母大小为0.1mm×0.3mm～0.3mm×1.1mm，含量约5%。石英基质大小为0.01～0.05mm，含量约15%；长石基质大小为0.02～0.05mm，含量约34%；绢云母基质片晶大小为(0.01～0.03)mm×0.1mm，含量<25%；另有少量副矿物锆石、金属矿物，含量约1%。

(3)变质酸性岩(变质花岗斑岩)

黄褐色，变余斑状结构，基质为显微鳞片粒状变晶结构，块状构造。石英、长石斑晶保存完整，基质已全部变成微粒状石英、长石及鳞片状白云母。石英斑晶个别具熔蚀边，大小为0.2～1.5mm，含量约7%；长石斑晶大小为(0.2～0.5)mm×1.5mm，含量约3%；金属矿物大小为0.2～1.5mm，含量<5%。石英基质大小为0.03～0.15mm，含量约45%；长石基质大小为0.03～0.1mm，含量约15%；白云母基质片晶大小为0.01mm×0.05mm～0.05mm×0.25mm，含量约25%，另有少量副矿物锆石、金属矿物。

(4)变质闪长岩

暗灰绿色，变余辉长辉绿结构，块状构造。岩石由板柱状斜长石、鳞片状绿泥石及粒状方解石、金属矿物等组成。斜长石斑晶大小为0.1mm×0.25mm～0.5mm×1.5mm，含量>50%；绿泥石大小为0.05～0.5mm，含量约30%。方解石大小为0.05～0.3mm，含量<10%；金属矿物含量约10%。

(5)变质辉绿岩

黑绿色，变余辉绿结构，块状构造。主要由基性斜长石、辉石、绿泥石、方解石及少量石英组成，副矿物为含钛矿物、金属矿物等。斜长石较自形，粒度为0.01mm×0.05mm～0.03mm×0.25mm，含量约40%；辉石部分绿泥石化，大小为0.02～0.1mm，少量呈斑晶，大小为0.2～0.6mm，含量约30%；绿泥石定向排列，呈鳞片状，大小为(0.05～0.6)mm×0.5mm，含量约15%；方解石约占5%；石英约占4%；含钛矿物约占3%；金属矿物为磁铁矿、黄铁矿，约占3%。绿泥石化、碳酸盐化强烈。

(6)变质辉绿玢岩

灰绿色，变余斑状结构、变余辉绿结构，块状构造。斑晶成分为斜长石，板柱状，全部被绢云母、绿泥石、方解石、粘土矿物、石英等替代，大小为(0.5～1.0)mm×1.5mm，含量<5%。基质含量>95%，其中，辉石呈柱、粒状，大小为0.05～0.2mm，含量约15%；斜长石全部蚀变，大小为0.05mm×0.2mm～0.1mm×0.5mm，含量>67%；石英大小为0.02～0.3mm，含量约3%；绿泥石大小为0.03～0.2mm，含量<5%；磁铁矿大小为(0.01～0.05)mm×0.3mm，含量约5%。

(7)变质基性岩

灰绿色，变余辉绿结构，块状构造。岩石中纤闪石呈纤维状，颗粒大小为0.1mm×0.3mm～0.25mm×1.0mm，含量约40%；绿帘石呈柱状，颗粒大小为0.03～0.1mm，含量约20%；绿泥石呈鳞片状，页片大小为(0.1～0.2)mm×0.4mm，含量约15%；钠长石颗粒大小为0.05～0.2mm，含量约15%；石英颗粒大小为0.05～0.15mm，含量约2%。副矿物榍石颗粒大小为0.05～0.5mm，含量<5%；磷灰石含量约3%。

(8)变质基性岩(钠长绿泥片岩)

深灰绿色，变余间粒间隐结构，片状构造。岩石由钠长石、绿泥石、含钛矿物及少量石英组成。钠长石呈粒状，其集合体保留原斜长石板条状晶体，交错分布，大小为0.03mm×0.15mm～0.15mm×0.5mm，含量约35%；绿泥石呈鳞片状，淡绿色，微显定向排列，片晶大小为(0.03～0.1)mm×0.15mm，含量<45%；含钛矿物充填于斜长石所搭成的不规则格架中，微透明，大小为0.01～0.03mm，含量约20%；石英少量，粒状，大小为0.01mm×0.1mm。

二、主要变质体变质作用特征

(一)区域变质岩变质地质单元划分

窝尔巴错-拜惹布错断裂带从图幅西北角穿过，依据变质地质体地质特征、分布情况结合区域构造背景划分为南羌塘和土则岗日构造带两个变质地区，涉及石炭—二叠系霍尔巴错群擦蒙组、展金组和曲地组，属海西期变质作用。

(二)变质矿物及变质温压估算

特征变质矿物是区域变质作用的重要标志。其形成不仅受到原岩成分的控制，而且受变质过程中温压条件、化学流体等因素控制。本区总体变质程度较浅，局部可见特征变质矿物绿泥石、黑云母、白云母、角闪石、斜长石、绿帘石、辉石等。

1. 绿泥石

分布于变质基性岩、变质粉砂岩中，多呈绿色—深绿色，片径细小，常与钠长石、角闪石、绿帘石、绢云母共生。

2. 黑云母

常呈显微鳞片状雏晶出现，呈浅黄—黄棕色、暗褐色，局部因构造动力变质作用呈鳞片状。

3. 绢(白)云母

常呈显微鳞片状出现，少数因构造动力变质作用结晶较大，呈鳞片状—片状，略显弯曲揉皱，部分呈云母鱼状。无色，鲜艳干涉色，矿物成分分析结果及阳离子结果见表4-1。

4. 角闪石

呈柱状、纤柱状，浅绿色—绿色，结晶普遍细小，少数柱粒径达0.75mm，矿物成分分析结果及以O_{23}为基准的阳离子数结果见表4-1。角闪石属钙角闪石亚类($Ca_B \geq 1.34$)，据钙质闪石亚族矿物的分类作图投影，结晶显示，变质基性岩中的角闪石多属阳起石。

5. 斜长石

呈粒状、半自形板状，无色，表面较洁净，部分具绢云母化，矿物成分分析结果及阳离子结果见表4-1。斜长石以钠长石为主，An=2.3～0.3。

6. 绿帘石

呈粒状，无色—略显黄色，正高突起，Ⅱ—Ⅲ级鲜艳干涉色。

表 4-1　矿物化学成分及阳离子数计算结果表

矿物	角闪石			矿物	斜长石			矿物	绢(白)云母					辉石
样品号	0021B-1	样品号	4310B-1	样品号	0021B-1	4215B-1	4310B-1	样品号	1380B-1	1381B-1	3743B-4	3743B-2	1384B-1	0013B-2
层位	C_2P_1zh	层位	$P_{1-2}q^2$	层位	C_2P_1zh	$P_{1-2}q^2$	$P_{1-2}q^2$	层位	C_2P_1zh	C_2P_1zh	C_2P_1zh	C_2P_1zh	C_2P_1zh	C_2P_1zh
矿物名称	Act	矿物名称	Act	矿物名称	Ab	Ab	Ab	矿物名称	Mu	Ser	Mu	Ser	Mu	Prx
岩石名称	含绿泥绿帘阳起片岩	岩石名称	变质基性岩	岩石名称		绿帘阳起(角闪)片岩	变质基性岩	岩石名称	变质砂岩	变质长石石英砂岩	变质花岗斑岩	变质花岗斑岩	变质绢云石英砂岩	糜棱岩化中基性岩
SiO_2	51.5	52.52	52.27	SiO_2	67.73	68.1	68.82	SiO_2	49.02	50.52	46.14	48.95	50.76	52.08
TiO_2	0.27	0.03	0.62	TiO_2	0.24	0.14	0	TiO_2	0.64	0.88	0.02	0.01	0.16	1.06
Al_2O_3	4.58	3.22	1.6	Al_2O_3	19.71	19.89	19.1	Al_2O_3	29.55	33.99	34.06	34.84	26.16	1.37
FeO	16.99	15.35	18.94	FeO	0.16	0	0.01	FeO	4.04	0.76	4.03	1.48	5.83	10.91
MnO	0.41	0.12	0.15	MnO	0	0.12	0	MnO	0	0	0.14	0	0	0.36
MgO	11.12	13.61	12.9	MgO	0	0	0	MgO	2.09	0.33	0	0	1.76	13.54
CaO	12.33	11.89	9.71	CaO	0.52	0.98	0.06	CaO	0.13	0	0	0.04	0.02	19.95
Na_2O	0	0.56	1.48	Na_2O	12.03	10.91	12.24	Na_2O	0	1.7	0.76	0	0.48	0.88
K_2O	0.09	0.02	0.4	K_2O	0.03	0	0.04	K_2O	9.77	8.45	10.66	10.38	10.71	
合计	97.29	97.32	98.07	合计	100.42	100.14	100.27	合计	95.24	96.63	95.88	95.89	95.88	100.15
阳离子数														
TSi	7.588	7.623	7.565	Si	2.96	2.972	3.002	Si	2.99	2.96	2.82	2.92	3.12	3.25
TAl	0.412	0.377	0.273	Al	1.014	1.022	0.981	Al	2.12	2.35	2.45	2.45	1.89	0.1
CAl	0.383	0.174	0	Ti	0.008	0.005	0	Ti	0.03	0.04	0	0	0.01	0.05
CCr	0	0	0	Fe^{2+}	0.006	0	0	Fe^{2+}	0.21	0.04	0.21	0.07	0.3	0.57
CFe^{3+}	0.059	0.337	0.799	Mn	0	0.004	0	Mn			0.01			0.02
CTi	0.03	0.003	0.067	Mg	0	0	0	Mg	0.19	0.03			0.16	1.26
CMg	2.443	2.945	2.783	Ca	0.024	0.046	0.003	Ca	0.01				0	1.34
CFe^{2+}	2.034	1.526	1.332	Na	1.019	0.923	1.035	Na		0.19	0.09		0.06	0.11
CMn	0.051	0.015	0.018	K	0.002	0	0.002	K	0.76	0.63	0.83	0.79	0.84	
BCa	1.946	1.849	1.506	Ab	97.5	95.3	99.5	Fe/(Fe+Mg)	0.53	0.57			0.65	
BNa	0	0.151	0.415	An	2.3	4.7	0.3	Mg/(Fe+Mg)	0.48	0.43			0.35	
ACa	0	0	0	Or	0.2	0	0.2							
ANa	0	0.007	0											
AK	0.017	0.004	0.074											

7. 辉石

呈柱状，浅褐色，具弱多色性，正高突起，解理发育，较鲜艳（Ⅱ级）干涉色，二轴晶正光性，斜消光，含斜长石细小包体，矿物成分分析结果及阳离子结果见表 4-1。

据以上矿物组合特征及电子探针分析结果，区内变质温度在 400～500℃之间，压力在 0.2～0.5GPa 之间。

(三)变质作用类型及时代分析

1. 变质矿物组合

测区变质岩岩石种类较多，变质矿物组合复杂，变质矿物组合以低温—中低温特征变质矿物组合为主。经统计全区能划分出13个矿物组合。

板岩(变质含粉砂质泥岩)：绢云母＋钠长石＋石英

斑点板岩：黑云母＋石英

粘土板岩：绢云母＋高岭石＋长石＋石英

千枚状菱铁粘土板岩、菱铁含砂质粘土板岩：菱铁矿＋绢云母＋绿泥石＋长石＋石英

绢云千枚岩：菱铁矿＋绢云母＋绿泥石＋长石＋石英

绢云石英千枚岩：绢云母＋斜长石＋石英

含菱铁矿绢云千枚岩：绢云母＋菱铁矿＋石英

绿泥片岩(变质凝灰岩)、方解绿泥片岩：绿泥石＋方解石＋长石＋石英

白云石绿泥片岩(变质凝灰岩)：绿泥石＋白云石＋石英

方解绿泥石英片岩：绿泥石＋方解石＋钠长石＋石英

含绿泥黑云绢云片岩：绢云母＋黑云母＋绿泥石＋方解石＋石英

绿帘阳起片岩、含绿泥绿帘阳起片岩、含绿帘绿泥阳起片岩、绿帘钠长阳起片岩(变质基性岩)：阳起石＋绿帘石＋绿泥石＋钠长石＋石英

片状石英岩：绢云母＋长石＋石英

2. 变质作用特征及时代分析

测区区域低级变质岩分布面积广阔，主要处于窝尔巴错-拜惹布错断裂带以南，托和平错、鸭子湖、三岛湖一带，呈近东西向展布，岩石劈理、片理较为发育。

岩石变质作用方式以重结晶作用为主，重结晶矿物的长轴方向与层理一致，具有一定的定向性，原岩结构保存完好，发育各种变余结构。

岩石普遍存在绿泥石＋绢云母＋石英的矿物组合，有时出现黑云母雏晶，变质程度均匀，反映了变质作用的温度较低、变化范围较小，为低绿片岩相变质。

测区的变质岩的原岩以泥质岩类为主，部分为粉砂岩、砂质岩类，变质矿物主要为绿泥石、绢云母、钠长石、方解石及石英等，以低温低压型矿物及矿物组合为特征，表明测区的变质相系为低压型。

测区南羌塘地层区的石炭—二叠系霍尔巴错群擦蒙组、展金组和曲地组均发生了变质作用，证明了测区海西期经历了一次变质作用。测区的三叠纪地层与下伏地层呈角度不整合接触，证明了海西运动在测区表现强烈，造成区域变质作用的发生。海西期变质作用是测区变质范围最广、变质程度最深的一期。三叠纪及更新的地层基本未发生变质。综上所述，测区的变质岩经历了低绿片岩相区域低温动力变质作用，海西期变质作用是测区最主要的一期变质作用。

第二节 动力变质岩

图幅内动力变质岩比较发育，主要分布于窝尔巴错-拜惹布错断裂带和区内几条大断裂中。按变形特征和岩石类型可划分为碎裂岩类和糜棱岩类。

一、碎裂岩类

碎裂岩主要见于晚期脆性断层中，包括碎裂岩化岩石、碎裂岩、碎斑岩。各个岩石特征如下。

(1)碎斑状中细粒石英砂岩

深灰色,碎斑结构、中细粒砂状结构,块状构造。碎斑含量约50%,成分为中细粒长石石英砂岩,棱角状,0.5～7.0mm,矿物成分为石英、长石,其中,石英碎屑呈次棱角、次圆状,晶体大小为0.05～0.6mm,含量约45%;长石(斜长石、钾长石)晶体大小为0.05～0.5mm,含量约5%。基质成分以石英为主,碎粒状,晶体大小为0.005～0.1mm,含量约42%;炭质含量<5%;铁质、钙质含量约3%;另见少量粒状长石。偶见副矿物磷灰石、电气石、锆石。原岩为中细粒石英砂岩。出露于玉环湖西的二叠系曲地组一段地层之中。

(2)碎斑状亮晶鲕粒灰岩

灰白色,碎斑结构、亮晶鲕粒结构,块状构造。受应力影响,岩石破碎成棱角状,其间被碎粒物质和方解石充填。碎斑含量约40%,由亮晶鲕粒灰岩组成,鲕粒呈圆状、椭圆状,层圈发育,大小为0.1～0.8mm,以小于0.4mm为主,分选好。基质以粒状方解石为主,含量约47%;碎粒呈棱角状,含量约10%;氧化铁不均匀分布,含量约3%。出露于玉环湖北的侏罗系雁石坪群色洼组地层之中。

(3)碎斑状硅质岩

灰白色,碎斑结构,块状构造。碎斑由硅质岩(玉髓、粘土矿物)组成,受构造作用成斑状、条带状,其间由方解石及粒状石英充填,具隐晶质结构,呈棱角、次棱角状,含量约60%。基质含量约40%,主要为方解石,有少量石英晶体。出露于温泉湖断裂(F_{12})东盘的展金组地层中。

(4)花岗质碎斑岩

杂色,碎斑结构,块状构造,受应力作用,岩石破碎成碎斑状,其间被碎粒状长英质及次生绿泥石、泥质充填。岩石由碎斑和基质组成,碎斑呈棱角状、次棱角状,大小为2～4mm,由斜长石、钾长石、石英及少量黑云母组成,含量约40%;基质由碎粉级长英质、绿泥石及泥质等组成,含量约60%;副矿物为锆石、磷灰石、金属矿物。其中,钾长石呈粒状,大小为0.1～0.5mm,含量<20%;斜长石呈粒状、板柱状,绢云母化,大小为0.1～0.6mm,含量约10%;石英呈粒状,波状消光,大小为0.1～0.6mm,含量约10%;黑云母少量,棕色,鳞片状,大小为0.1～0.3mm;长英质呈棱角状,大小为0.01～0.1mm,含量约30%;绿泥石呈鳞片状,淡绿色,大小为0.03～0.3mm,含量<10%;泥质呈褐色,不显光性,含量约20%。出露于温泉湖断裂(F_{12})东盘的展金组地层中。

(5)灰质碎斑岩

肉红色,碎斑结构,块状构造。岩石由碎斑、碎粒及基质组成。碎斑呈微晶结构,由微晶方解石组成,棱角、次棱角状,大小为0.05～4.0mm,含量约30%;碎粒结构,成分同碎斑,呈次棱角、次圆状、圆状,大小为0.02～0.5mm,含量约20%。基质中,粒状方解石粒度<0.004mm,含量>45%;氧化铁呈黑褐色,不均匀分布,含量约2%;菱铁矿大小为0.03～0.2mm,含量<3%。出露于托和平错南岸夏碱湖断裂(F_{23})南盘的展金组地层之中。

(6)碎裂微晶灰岩

深灰色,微晶结构,碎裂构造。岩石破碎,裂隙发育,其间由晶粒状矿物充填。主要由微晶方解石组成,含量>98%;大型铜、铁质含量<2%。出露于三岛湖东二叠系曲地组二段地层之中。

(7)碎裂结晶灰岩

灰黑色,碎裂结构,块状构造。受应力影响,岩石破碎成块状、碎斑状,其间位移不明显,裂隙间被碎粒状方解石及次生氧化铁、石英充填。碎斑成分为方解石,晶体裂隙、裂纹发育,晶体大小为0.1～5.0mm,含量约75%。基质中粒状方解石含量>10%,粒状石英含量<5%,氧化铁含量约10%。出露于玉环湖西的二叠系曲地组二段地层之中。

(8)碎裂粗晶白云岩

褐色,碎斑结构、粗晶结构,块状构造。受动力作用,岩石破碎成棱角、次棱角状,其间被碎粒白云石及氧化铁充填。碎斑由粗晶白云石组成,呈棱角、次棱角状,晶体大小为0.1～1.0mm,以0.5～1.0mm为主,含量约75%。基质中白云石约15%,氧化铁约10%。出露于鸭子湖北小温泉-长北山-工字山-泉山断裂(F_{14})北盘的二叠系吉普日阿组地层之中。

(9)碎裂辉绿岩

灰绿色,碎裂结构、碎斑结构、变余辉绿结构、嵌晶含长结构,块状构造、显微定向构造。发育一组面理，面理面上可见擦痕。碎斑由辉石和金属矿物组成，其中，粒状辉石轻微绿泥石化，晶体大小为 0.1～3.0mm，含量＜40%；金属矿物为构造后或同构造分异而成，晶体大小为 0.05～0.7mm，含量约 5%。基质以斜长石为主，强烈绢云母化、高岭石化，充填于辉石之间，微显定向，含量约 50%；另有少量辉石、磷灰石，含量约 5%。出露于温泉湖断裂(F_{12})东盘的展金组地层中。

(10)安山质碎裂岩

灰绿色，碎裂结构、交织结构，块状构造，绿泥石化、碳酸盐化强烈。碎斑为安山岩，棱角、次棱角状，矿物成分有斜长石、绿泥石、石英、方解石、磁铁矿，含量约 70%。基质成分有斜长石、石英、绿泥石、粘土矿物、铁质，含量约 30%。出露于双湖北西的小温泉-长北山-工字山-泉山断裂(F_{14})北东盘和胃湖断裂(F_9)南西盘之间的展金组地层之中。

(11)碎裂安山质凝灰岩

暗褐色，碎斑结构、凝灰结构、斑状结构，块状构造。受应力作用，破碎成碎斑状，其间由碳酸盐、氧化铁充填。岩石由碎斑和基质组成，碎斑成分为安山岩、凝灰岩、玻屑、晶屑等；基质成分为氧化铁、碳酸盐、石英、长石、绿泥石等。其中，安山岩具斑状结构，基质为交织结构，斑晶矿物全部绿泥石化，棱角、次棱角状，颗粒大小为 0.2～10mm，含量＞30%；凝灰岩呈棱角、次棱角状，绿泥石化，晶体大小为 0.2～3.0mm，含量＜30%；玻屑少量，具气孔构造，绿泥石化，大小为 0.3～1.0mm；晶屑呈柱粒状，全部绿泥石化，大小为 0.1～0.7mm，含量＜10%；碳酸盐呈粒状，大小为 0.02～0.05mm，含量约 15%；鳞片状绿泥石片晶大小为 0.1～0.3mm；粒状长石晶体大小为 0.02～0.1mm，含量＜2%；粒状石英晶体大小为 0.02～0.2mm，含量＞3%；氧化铁呈黑褐色，含量约 10%。原岩为安山质凝灰岩。出露于温泉湖北西的小温泉-长北山-工字山-泉山断裂(F_{14})北盘的展金组地层之中。

(12)碎裂状变质中性火山岩

灰绿色，碎裂结构、变余斑状结构，块状构造。碎块间位移不大，部分碎块可拼合，裂隙间由方解石充填，由中性火山岩组成。斑晶呈板柱状，全部被绿泥石、方解石、石英、钠长石等矿物替代，晶体大小为 0.1～0.6mm，含量约 5%。基质中鳞片状绿泥石片晶大小为 0.01～0.1mm，含量约 25%；粒状钠长石晶体大小为 0.02～0.1mm，含量约 5%；粒状石英晶体大小为 0.01～0.15mm，含量约 3%；粒状方解石晶体大小为 0.02～0.1mm，含量约 2%；少量粒状绿帘石晶体大小为 0.01～0.05mm；含钛矿物晶体大小为 0.01～0.05mm，含量＜20%。碎基主要为方解石，少量绿泥石、氧化铁、长英质等，含量约 40%。原岩为中性火山岩。出露于托和平错南岸夏碱湖断裂(F_{23})南盘的展金组地层之中。

(13)碳酸盐化碎裂状基性火山岩

灰绿色，碎裂结构，块状构造，碳酸盐化强烈。受应力影响，岩石破碎，其间被碎粒物质、粘土矿物、次生绿泥石、碳酸盐等充填。碎斑为基性火山岩，具间隐结构、隐晶结构，呈棱角状、不规则状，由基性火山岩和隐晶质组成，含量＞50%。基质由碎粒、绿泥石、方解石、粘土矿物和少量绿帘石组成，含量＜50%。出露于双湖北部的小温泉-长北山-工字山-泉山断裂(F_{14})南盘的展金组地层之中。

二、糜棱岩类

(1)玄武质初糜棱岩

深灰色，碎斑结构、变余斑状结构，眼球状、透镜状、条纹状、条带状构造，由碎斑、碎基组成。碎斑呈眼球状、透镜状，0.1～20.0mm，含量约 70%，由以下矿物组成：斑晶呈柱粒状，全部被绿泥石、氧化铁等矿物替代，大小为 0.1～1.0mm，含量约 5%；基质中斜长石晶体大小为 0.01mm×0.05mm～0.02mm×0.2mm，含量约 20%；含钛矿物晶体大小为 0.02～0.2mm，含量约 30%；磁铁矿及金属矿物含量约 15%。碎基含量约 30%，其中，碎粒成分同碎斑，呈次棱角、次圆状，晶体大小为 0.05～0.1mm，含量＜10%；粘土矿物呈条纹状、条带状分布于碎斑周围，显示流动构造，含量约 20%；另不均匀分布有少量氧化铁。原岩为玄武岩。出露于托和平错南岸夏碱湖断裂(F_{23})南盘的展金组地层之中。

(2)变质基性岩(糜棱岩)

灰褐色，粒状鳞片变晶结构、糜棱结构，千枚状构造。由碎斑和基质组成。碎斑主要为辉石，由于应力作用形成眼球状、透镜状，在其拉长部位形成压力影，晶体大小为 0.1～0.6mm，含量约 15%。基质矿物绕过碎斑定向排列，其中，绿泥石呈鳞片状，片晶大小为0.02mm×0.1mm～0.1mm×1.0mm，含量<40%；绢云母呈鳞片状，片晶大小为0.001mm×0.03mm～0.01mm×0.3mm，含量约30%；辉石呈粒状，晶体大小为0.01～0.1mm，含量约5%；长英质呈粒状，晶体大小为0.01～0.03mm，含量<5%；铁质顺构造面分布，含量>5%；另见少量金属矿物。出露于温泉湖断裂(F_{12})东盘的展金组中。

(3)含绿帘绿泥阳起片岩(糜棱片岩)

灰绿色，显微粒状变晶结构，片状构造、皱纹状构造。岩石主要由阳起石、绿泥石及绿帘石、长石、石英等组成，含少量金属矿物、含钛矿物。受应力影响，呈碎粒状，少见碎斑，且变质矿物阳起石、绿泥石等定向排列，局部呈皱纹状。阳起石呈纤维状，晶体大小为0.005mm×0.03mm～0.015mm×0.3mm，含量>42%；绿泥石呈鳞片状，片晶大小为(0.1～0.2)mm×1.0mm，含量约35%；绿帘石呈粒状，晶体大小为0.03～0.3mm，含量<10%；长英质含量10%；金属矿物、含钛矿物含量约3%。出露于温泉湖断裂(F_{12})东盘的展金组中。

第三节　接触变质岩

仅分布于侵入岩侵入体外接触带。主要岩石类型如下。

(1)蚀变中基性火山角砾岩

灰绿色，岩屑角砾结构，角砾状构造。岩石由火山碎屑物中的基性火山岩岩屑、晶屑、玻屑等组成，含量约70%，其中大于2mm的角砾约占50%，大小不等，形态不规则，碳酸盐化、绿泥石化普遍。胶结物含量约30%，由火山岩、氧化铁及次生碳酸盐、绿泥石等组成。

(2)蚀变凝灰岩

灰色，灰绿色，变余凝灰结构，定向构造、块状构造。火山碎屑物呈棱角状、撕裂状、不规则状，部分具气孔、杏仁构造，全部绿泥石化、碳酸盐化，颗粒大小为0.1～2.5mm，含量>60%；胶结物为白云石、微粒状长英质、碳酸盐、绿泥石及氧化铁，含少量金属矿物，总含量<40%，其中白云石大小为0.01～0.2mm，含量5%～27%不等；长英质大小为0.01～0.1mm，含量多小于5%；绿泥石大小为0.03～0.3mm，含量<5%；氧化物、金属矿物少量。

(3)蚀变(玻屑)凝灰岩

灰色，凝灰结构，块状构造。火山碎屑物玻屑呈棱角状、撕裂状、不规则状，部分具气孔、杏仁构造，全部绿泥石化、碳酸盐化，颗粒大小为0.1～1.5mm，含量约60%；胶结物为微粒状长英质、碳酸盐、绿泥石及氧化铁，含量约40%。

(4)蚀变安山质凝灰岩

灰色，变余凝灰结构，块状构造。岩石由火山碎屑物安山岩岩屑、玻屑等组成，胶结物为长英质、粘土矿物、绿泥石、碳酸盐及氧化铁等。安山岩具斑状结构、交织结构，呈棱角、次棱角状，晶体大小为0.1～2.5mm，含量约25%；玻屑呈棱角、次棱角状，绿泥石化、碳酸盐化强烈，晶体大小为0.1～0.5mm，含量约35%。胶结物中粒状长英质晶体大小为0.02～0.15mm，含量约5%；粒状白云石晶体大小为0.03～0.2mm，含量约15%；粘土矿物呈隐晶质，部分重结晶成鳞片状，粒度<0.01mm×0.1mm，含量约10%；绿泥石呈鳞片状，粒度<0.1mm，含量<5%；氧化铁及金属矿物含量<5%。

(5)蚀变安山岩

浅灰绿色，变余斑状结构，基质为玻质交织结构，杏仁状构造。斑晶呈板柱状、柱状，全部为绿泥石、钠长石替代，晶体大小为(0.2～0.5)mm×1.0mm，含量约30%。基质中斜长石呈板条状，全部被绿泥石、钠长石替代，呈交织状分布，晶体大小为0.01mm×0.03mm～0.03mm×0.2mm，含量约30%；玻璃质部分重结晶成隐晶长英质，晶体<0.02mm，含量<10%；氧化铁分布于矿物间，含量约10%；另有少量榍石。杏仁体呈椭圆状、肠状、不规则状，由绿泥石、少量石英等组成，含量约20%。

(6)蚀变闪长玢岩

深灰色，斑状结构，基质为半自形粒状结构，块状构造。岩石由斑晶和基质组成，斑晶矿物为斜长石、暗色矿物，基质由半自形微晶斜长石、绿泥石化暗色矿物及磁铁矿等组成。蚀变强烈，主要表现为斜长石的绿泥石化、碳酸盐化、钠长石化，暗色矿物的绿泥石化等。斑晶中斜长石呈板柱状，个别晶体绢云母化、碳酸盐化、钠长石化，晶体大小为0.15mm×0.5mm～1.5mm×2.0mm，含量约30%；暗色矿物呈柱状，全部绿泥石化，大小为0.1mm×0.2mm～0.2mm×0.5mm，含量约10%。基质中斜长石呈板柱状，部分碳酸盐化、钠长石化，晶体大小为(0.05～0.2)mm×0.5mm，含量>45%；暗色矿物呈粒状，全部绿泥石化，大小为0.03～0.2mm，含量<10%；磁铁矿呈粒状，半自形，大小为0.03～0.3mm，含量<5%。

第五章　地质构造及构造演化史

第一节　区域地质构造背景和构造单元划分

一、区域地质构造背景

调查区位于青藏高原的北西部，隶属于羌塘-三江构造区，构造区南界为班公湖-怒江结合带，北界为金沙江结合带(图 5-1)。该区经历了漫长的构造变动历史，受不同时代岩石圈裂解与聚合的影响，特别是古生代以来特提斯大洋发生、发展至俯冲消亡，形成一个复杂的消减混杂岩带。后期由于印度板块强烈向北碰撞，青藏高原在新生代以来快速隆升，古老的构造结合带在新构造运动中重新活动，活动断裂构造、走滑拉分盆地形成，伴随有陆内火山活动，原来东西向展布的构造结合带发生变形和变位，造成了区内独特的构造、地貌景观。

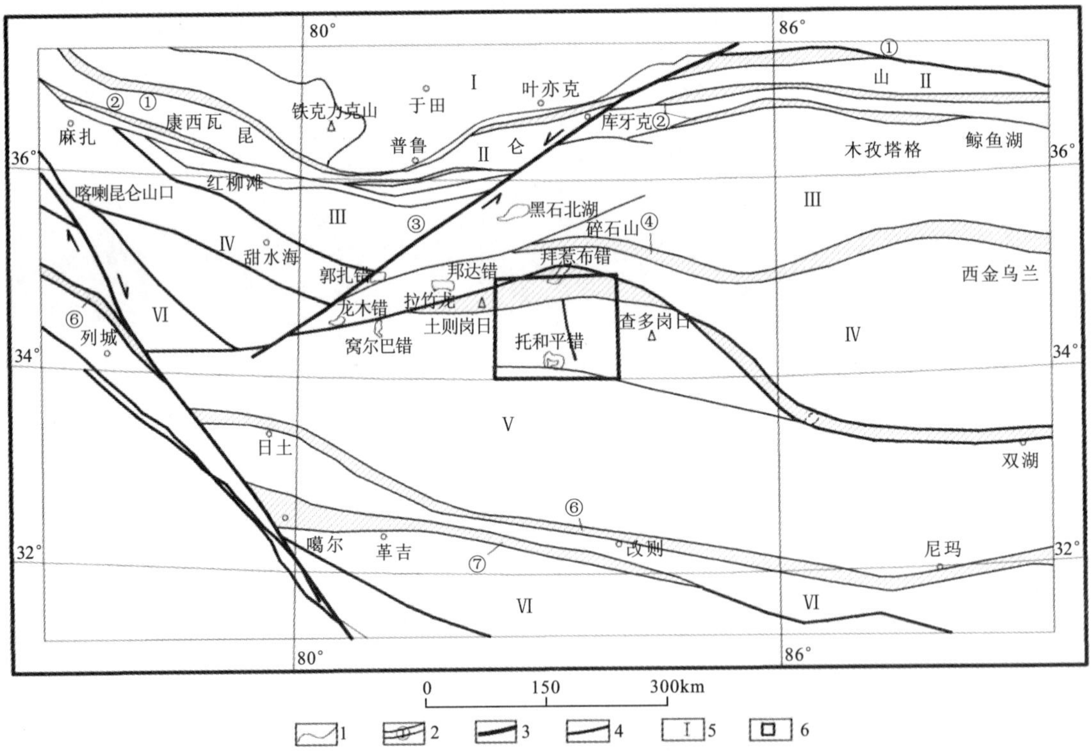

图 5-1　测区大地构造位置图

1. 地质界线；2. 结合带编号；3. 主要断裂；4. 次要断裂；5 构造单元编号；6. 工作区范围

Ⅰ. 塔里木陆块；Ⅱ. 昆仑造山带；Ⅲ. 巴颜喀喇陆块；Ⅳ. 北羌塘地块；Ⅴ. 南羌塘地块；Ⅵ. 拉达克-冈底斯-拉萨-腾冲陆块

①库地-其曼于特结合带；②康西瓦-苏巴什-西大滩晚古生代结合带；③阿尔金断裂；④金沙江结合带；⑤龙木错-双湖结合带；⑥班公湖-怒江结合带；⑦狮泉河-申扎-嘉黎结合带

二、构造单元划分

在全球构造和大地构造格架研究中，大板块的边界是确定的。但在区域地质构造研究及中小比例尺地质填图中，构造单元划分是当前板块构造及结构研究的关键问题，也是区域地质研究中亟待解决的实际问题。调查区次级构造单元的划分主要考虑以下几个方面。

(1)依据板块构造理论，结合大陆造山带研究的新进展，重点反映古生代以来的板块拼接和盆山藕合过程的基本特征及规律。

(2)地层、古生物的发育和分布状况，以及地层沉积组合和不同时期地层间的相互关系等特点所反映的大地构造环境和地壳活动性。

(3)岩浆岩的发育状况，以及岩石、岩石化学和地球化学等特点所反映的构造环境和地壳活动性。

(4)所划分的构造单元应具有相对独立的地质发展历史，构造单元的边界应是分隔重要的岩相带或岩相带突变的断裂。

(5)依据板块构造学说，充分考虑区域地质构造格架和调查区及周边地区最新研究成果。

表 5－1　构造单元划分表

一级构造单元	次级构造单元	边界断裂
金沙江缝合带		
羌塘-三江构造区	北羌塘地块	
		窝尔巴错-拜惹布错断裂带
	土则岗日构造带	
		窝尔巴错-三岛湖断裂带
	南羌塘地块	
班公湖-怒江缝合带		

根据上述划分原则，测区一级构造单元采用《青藏高原及邻区地质图说明书(1∶1 500 000)》(中国地质调查局，成都地质矿产研究所，2004)划分方案，研究区隶属于泛华夏大陆晚古生代羌塘-三江构造区。区内以窝尔巴错-拜惹布错断裂带和窝尔巴错-三岛湖断裂带为界，可进一步划分三个次级构造单元，北西部属北羌塘地块，南东为南羌塘地块，中部为土则岗日构造带(表 5－1，图 5－2)。古生代沉积物、古生物特征和岩浆岩发育状况，以及构造变形特征表明，北羌塘地块和南羌塘地块在(晚)古生代以前分属华夏古陆和冈瓦纳古陆亲缘地体，与古特提斯洋发生、发展、消亡密切相关，显示出各自独特的地质构造运动发展历程；中生代开始，两个地块成为比较稳定的统一陆壳；经过燕山运动和喜马拉雅运动的叠加改造，造就了区内异常复杂的构造格局。

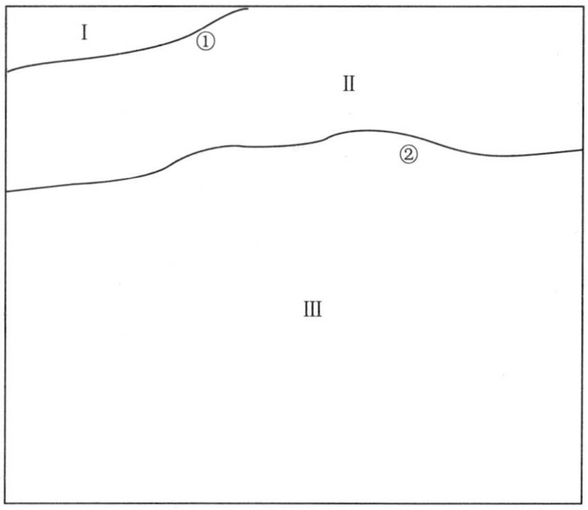

图 5－2　托和平错幅构造单元划分图

Ⅰ．北羌塘地块；Ⅱ．土则岗日构造带；Ⅲ．南羌塘地块

①窝尔巴错-拜惹布错断裂；②窝尔巴错-三岛湖断裂

第二节　构造单元基本特征

一、北羌塘地块

北羌塘地块仅在图幅内北西角有分布，面积不足 200km²。地块内主要出露三叠纪海陆交互相沉积，地层走向与构造线方向基本一致，为北东—北东东向。新近系为一套山间盆地磨拉石建造。

北羌塘地块内发育一条北东向断裂，分布于三叠系康鲁组中，与土则岗日构造带北界断裂近平行展布。该地块中褶皱构造在本图幅不明显。

二、南羌塘地块

南羌塘地块位于青藏高原核心部位，涉及青藏高原大地构造单元、构造地层区的划分，欧亚大陆和冈瓦纳大陆的分界，古特提斯洋的演化等诸多重大基础地质问题。据目前资料，南羌塘地块南以班公湖—怒江结合带为界，北以龙木错-双湖结合带与北羌塘地块相邻，向东接复杂的三江构造带，可以说是解决晚古生代古特提斯洋演化的理想地区。由于图区范围所限，尽可能以实际工作中观察的资料为区域地质构造研究提供依据。

1. 沉积建造

地块内石炭—二叠系分布广泛，主要分布于窝尔巴错—三岛湖一线以南地区。从下向上划分为上石炭统擦蒙组(C_2c)、上石炭统—下二叠统展金组(C_2P_1zh)、下—中二叠统曲地组($P_{1-2}q$)、上二叠统吉普日阿组(P_3jp)。经历了轻微变质作用，原岩类型易识别，但地层层序识别有一定困难。

擦蒙组岩性以碎屑岩为主，以出露大量代表冰海沉积的含砾板岩为特征，且厚度较大，据李才等研究认为，可能由于当时所处位置靠近赤道，受温暖洋流影响较大，使冰体融解而形成。

展金组以变质碎屑岩、火山岩为主，局部夹灰岩及硅质岩。火山岩以夹有多层变质沉凝灰岩、玄武岩和灰岩为特征，据火山岩地球化学特征初步判定，为一套大陆裂谷型火山岩建造。灰岩中含新希瓦格䗴、卡勒䗴、费伯克䗴、松希瓦格䗴(未定种)、苏特斯钱单通道䗴、皱壁䗴、单通道䗴等生物化石，其中单通道䗴属冷水型动物群，反映其形成环境处于较高纬度地区。

曲地组岩性较复杂，下部以碎屑岩为主，夹多层灰岩、硅质岩和火山碎屑岩及安山岩；上部为灰—灰黑色灰岩、生物屑灰岩，局部夹碎屑岩和硅质岩，为一套大陆斜坡-浅海陆棚相的碎屑岩-碳酸盐岩的沉积建造。

吉普日阿组与下伏地层为不整合接触关系。底部为灰色块状砾岩，之上为灰褐色薄层含砾砂岩、褐黄色中—薄层细砂岩夹粉砂岩、黑色灰岩，厚度较小，出露不稳定；下部为黑色薄层—中厚层泥晶灰岩；上部为紫红色厚层砾状灰岩，灰白色白云质灰岩、礁灰岩等，灰岩白云岩化强烈，厚度巨大，遥感影像上为亮灰白色，呈正地形，具“岩溶”地貌特征。

2. 岩浆活动

地块内岩浆侵入活动与断裂构造关系密切，主要有基性岩脉和酸性侵入体。

基性岩脉主要出露于图区东南部温泉湖及黑环山一带，呈群状分布，受近东西向断裂控制，主要有苦橄玢岩、辉绿岩、辉长岩等，脉体基本沿断裂展布，规模不等，侵入于石炭—二叠系霍尔巴错群中，时代为海西晚期，地球化学特征与晚石炭世—早二叠世的大陆裂谷型基性火山岩有一定差异，形成于板内伸展环境。

酸性侵入体分布较广，按产出状态可分为两类。一类是分布于土则岗日构造带南界断裂一带，这类侵入体零星分布，呈岩脉状产出，岩性为石英斑岩；另一类是分布于南部石炭系霍尔巴错群擦蒙组中，侵入体规模较小，呈脉状或小岩株状产出，岩性主要有花岗斑岩、花岗闪长岩。时代为印支—燕山早期，属造山后花岗岩，该花岗岩的出现往往标志着碰撞造山作用的结束。

3. 构造形迹

单元内构造变形较强，褶皱、断裂构造均十分发育。褶皱变形可分为三期，早期为海西期，之后为燕山期，晚期为喜马拉雅期，褶皱叠加样式为北北东向开阔褶皱叠加早期近东西向褶皱。开阔褶皱轴线以北东东向为主，背斜与向斜相间出现，背斜核部多由石炭—二叠系组成，中生界三叠系一般出露于向斜核部。

断裂以东西、北西、北东向三组较为发育。近东西向断裂构造主要形成于晚海西运动，该期断裂基本控制了区内石炭—二叠纪地层的空间分布格局，断裂性质多为压性逆断层，规模较大，呈波状延伸，断面向北倾，少数倾向南，倾角一般 50°～70°，区内东部发育的大量基性岩脉沿此方向断裂分布；印支—燕山运动使区内形成大量北西向断裂，北西向断裂在南羌塘地块中表现明显，全部终止于窝尔巴错-三岛湖断裂带，规模较大的有双湖-万泉湖断裂，该方向断裂活动使石炭—二叠系空间分布发生改变，断裂附近糜棱岩、千糜岩发育，沿断裂带有中生代酸性岩浆活动，该期断裂基本奠定了本区构造格架；喜马拉雅期断裂活动强烈，使前期形成的断裂重新活动，主要表现为平移性质，该期断裂控制了新近纪山间盆地和现代湖泊分布，如万泉湖、温泉湖和双湖等，区内有多处温泉呈串珠状产出，说明断裂现在还在持续活动。另外喜马拉雅期在南北向持续挤压作用下，在测区东部一带形成少量南北向张性断层，规模较小。

4. 地质构造演化

区内南羌塘地块内未见基底出露，因此，只依据地块内浅表层次物质组成进行讨论。

晚石炭世—早二叠世早期，地块处于赤道以南中低纬度区，沉积了擦蒙组冰海砾岩和展金组含单通道䗴的碳酸盐、硅质岩和少量火山碎屑岩建造，总体处于伸展构造背景。

早二叠世，伸展作用加剧，有大量中性—基性火山喷发，表明扩展作用达到顶峰，稍晚有大量的苦橄玢岩、辉长岩、辉绿岩(墙)侵入。

中二叠世开始，扩张作用结束，转入闭合过程。古生物特征表明与华南地区基本一致，沉积物以碳酸盐岩为主，早期还有厚度较大的硅质岩。

晚二叠世，沉积物表现为下部少量粗碎屑岩，上部为厚度较大的灰岩、生物灰岩和礁灰岩建造，岩石白云岩化强烈，说明当时海水变浅，增生于北部大陆南侧，成为新特提斯班-怒洋北侧被动大陆边缘。

三叠纪缺失下、中三叠统，地块曾露出水面之上，经受剥蚀。晚三叠世由于板内伸展作用，向南发生海侵，地块再度被海水淹没，沉积一套滨浅海陆棚环境碎屑岩和碳酸盐岩建造，上三叠统不整合于下伏地层之上。

中侏罗之后，南侧班-怒洋由离散型变为汇聚型，单元构造环境由被动大陆边缘变为前陆盆地，海水南移，在地块的周缘沉积了厚度较大、面积宽广的侏罗系。晚侏罗世班-怒洋向北俯冲，测区抬升成陆，三叠纪地层形成中常直立褶皱，同时形成东西向走滑断裂，早期形成的北东、北西向断裂再次活动。晚白垩世由于弧陆碰撞，测区进入陆内汇聚造山阶段。新近纪开始，南羌塘地块与青藏高原一起处于隆升构造阶段，新近纪断陷盆地沉积了一套粗碎屑岩和碳酸盐岩。

三、土则岗日构造带

1. 分区依据

该带为北羌塘地块和南羌塘地块的分界构造带，构造带两侧沉积物、古生物特征、岩浆活动和构造形态等方面都有明显不同。

从地层特征看，南北两个地块古生界从沉积环境、古生物特征方面存在较大差别，形成鲜明的对比，三叠纪之后沉积特征趋于一致。邻幅北羌塘地块发育奥陶—石炭系稳定浅海相沉积，生物特征与华夏生物群一致；而南羌塘地块石炭—二叠系均表现为次稳定-活动型沉积建造，古生物具冷暖型混生特点。岩浆活动在北羌塘地块不发育，岩浆岩出露极少；南羌塘地块中在晚石炭—早二叠世有火山喷发，中、晚二叠世有大量基性岩脉侵入，中生代酸性岩浆活动较强。在构造形态方面，北羌塘地块断裂构造发育北东(东)向断裂;南羌塘地块中断裂构造较为复杂,有近东西向、北西向、北东向和少量南北向断裂,其中北西向断裂均止于窝尔巴错-拜惹布错断裂带。

2. 构造带特征

该构造带分布于图幅北部,宽度 20～30km,在图幅内呈近东西向(北侧为北东东向)延伸,西部向窝尔巴错一带聚敛,东部向东呈喇叭状撒开(图版Ⅺ,1)。

构造带中岩石组成复杂,其中出露最广的地层为二叠系曲地组和侏罗系雁石坪群,在构造带边部有时出现两侧地块不同单位的地层。该单元以发育侏罗纪浅海盆地沉积为特征,由二叠纪下构造层、侏罗纪上构造层和新近纪盖层组成。二叠纪下构造层组成地层主要为曲地组,为一套碎屑岩-碳酸盐岩夹火山熔岩建造,具冷暖交替环境的台地边缘-碳酸盐台地相沉积特点,表现为岛弧-盆地体系。侏罗纪上构造层组成地层为雁石坪群,为一套碳酸盐岩夹碎屑岩建造,产苔藓虫、藻类、珊瑚、海绵等温暖型动物群,属开阔型浅海碳酸盐台地沉积,表现为拉张背景下的被动大陆边缘盆地环境。新近纪盖层组成地层有唢纳湖组,为一套红色粗碎屑岩-碳酸盐岩建造,具陆相湖盆沉积特点。

同时带内零星出露有少量的中基性火山岩岩片和酸性侵入岩,不同岩石单位之间多以断层接触,表现出构造混杂岩带特征。带内目前未见蛇绿岩套及超基性岩体,沿构造带边界断裂构造透镜体、牵引褶皱、动力变质带较发育,还发育有一系列新近纪断陷盆地。

3. 断裂构造特征

构造边界是划分构造单元的基础,也是认识区域构造格架和构造演化的依据。图幅内土则岗日构造带北以窝尔巴错-拜惹布错断裂带与北羌塘地块为界,南以窝尔巴错-三岛湖断裂带与南羌塘地块相邻。下面对南、北两侧边界断裂特征进行简要叙述。

(1)北界断裂

土则岗日构造带北界断裂在图幅内于拜惹布错西部一带分布,两端延伸出图外,图幅内延伸长约 30km。

该断裂在图幅内以北东 70°方向延伸,卫星遥感图像上线性特征非常清楚,断裂北侧为三叠系康鲁组,南侧为霍尔巴错群曲地组。断裂带控制了新近纪及第四纪盆地的发育,后期活动切割了新近纪地层。

断裂带产状南倾,断层面产状 10°～20°∠50°～60°,主断层面之北(上盘)岩石主要表现为较强烈的脆韧性变形,可见显示韧脆性变形的构造岩,形成宽约 800m 的破碎带,岩石极为破碎,压性特征十分明显,破碎带内砂岩、灰岩多成为碎裂岩,有少量断层泥,岩石变形强烈,片理化、透镜体化等变形发育,形成揉皱、逆冲褶皱构造;主断层面之南(下盘)岩石发育有构造角砾岩、碎裂岩及脆性断层,构造角砾岩中角砾成分有灰岩、碎屑岩及片理化构造岩等,破碎带中脉石英较为发育,反映多期活动特点。断裂两侧动力变质带也较为发育,曲地组岩性为绢云石英千枚岩,岩石显微构造特征显示岩石具鳞片粒状变晶结构,千枚状构造。变余砂屑保留原棱角、次圆状外形,且拉长定向,波状消光,胶结物已重结晶为绢云母及颗粒石英,其粒状石英多出现在拉长部位,构成压力影。黑云母、绢云母呈鳞片状,定向排列。断裂带为一多期次活动带,成生于海西—印支期,喜马拉雅期重新强烈活动,表现为左行走滑和差异升降的斜滑断层。

(2)南界断裂

为南羌塘地块和土则岗日构造带之间的构造边界,东西向横贯图幅,呈近东西向波状展布,经三岛湖向东延伸出图外,图幅内延伸长约 140km。断裂带两侧地层及变形等方面具有明显差异。北侧以发育二叠系霍尔巴错群曲地组和侏罗系雁石坪群滨浅海盆地沉积为特征,以中生代盆地与晚古生代地层组成隆坳相间的构造格局,中生代地层发育有东西向中常直立褶皱,变形变质较弱。南侧广泛分布晚古生代霍尔巴错群擦蒙组、展金组和三叠系肖茶卡组,地层以多期褶皱叠加为特征,具低绿片岩相区域变质作用。

沿断裂带形成东西向新生代盆地,广泛发育新近系唢纳湖组和第四系冲洪积物。在断裂东段黑山头北一带,断裂带北盘曲地组岩石碎裂岩化、片理化构造透镜体极为发育,裂隙发育,充填有方解石脉,断裂带南盘为新近系唢纳湖组紫红色砾岩。在断裂中段黄土岗达坂南部,三叠系康鲁组砂岩沿断裂带形成十余千米的山脊地貌(正地形),两侧为由新近系唢纳湖组构成的低缓沟谷,断裂带南侧三叠系康鲁组砂岩形成拖曳褶曲，发育棱角状构造角砾岩，张性方解石脉发育，地貌上形成断层三角面。沿断裂带零星分布有二叠纪辉绿岩脉和三叠纪花岗斑岩脉。

该断裂带也是南羌塘石炭—二叠纪冰海杂砾岩的北界，发育有不同时代的岩脉，并控制了侏罗纪盆地的沉积和演化。该断裂带具有多期次活动特征，成生于海西期，印支期表现为张性特征，燕山期继续活动，控制晚三叠纪、侏罗纪盆地的发展演化，随着盆地的消亡，产生由北往南逆冲推覆作用。喜马拉雅期再次活动，表现为张扭性，并发育有新近纪断陷盆地。

4. 构造属性及演化

该构造带位于北羌塘地块和南羌塘地块之间。以土则岗日构造带为界，南北两侧的沉积代表了不同构造背景下的沉积建造，尤其是上古生界差异很大。羌南地区的上石炭统具有典型的冈瓦纳型沉积与生物组合，即广泛分布的冰海杂砾岩和 Eurydesma 双壳动物群，它们的分布限定在土则岗日构造带以南地区，在石炭—二叠系霍尔巴错群中夹有大量的的玄武岩，并分布有近东西向展布的基性岩墙，同位素年龄为 314～299Ma（锆石 U－Pb，Sm－Nd 等方法），化学成分具有裂谷型特点，基性岩浆活动与石炭—二叠纪沉积同时，反映了裂谷事件岩浆活动与沉积两个侧面；而该带以北的羌北地区的泥盆系、石炭系、二叠系与扬子区联系更为密切，其生物面貌具有典型的华夏生物区系特点。因此，构造带两侧晚古生代的地质构造活动史截然不同，北侧的地层沉积体之间基本上为连续沉积，反映稳定的构造环境，南侧为构造相对活动的沉积，沉积期后又发展为增生混杂岩体，反映板块俯冲十分活跃的特征。

从构造带的物质组成来看，上古生界二叠系与南羌塘地块中沉积物特征一致，中生代沉积物基本与北羌塘地块相当；构造变形特征也显示出晚古生代末形成的在南羌塘地块中表现明显的近东西向构造在构造带中有所保留，但新生代构造运动中形成的北东向构造在构造带中表现更为明显。在羌南地区发育三叠纪酸性岩浆岩，羌北地区目前没有识别出与之时代相当的中酸性岩浆活动。

从区域上看，构造带为龙木错-双湖结合带组成部分，具构造混杂岩带特征，最早可能是南部冈瓦纳古陆北部边缘在晚古生代后期发生裂解，特提斯大洋开始演化，在大洋演化过程中石炭—二叠系沉积物构成了南羌塘陆块的主体，在特提斯大洋后期俯冲消减时，南羌塘陆块与北羌塘陆块拼合，构造带就是两陆块间的构造结合带。据李才等研究，在龙木错-双湖缝合带的南侧东西向发育高压变质带，延伸大于 400km，同位素定年结果表明，高压变质发生在 275～282Ma、220～222Ma 两个阶段。羌北地区的泥盆系—三叠系均未发生变质作用，从变形角度分析，羌南地区的奥陶系—二叠系变形强烈，羌北的地层变形较弱。

在由南向北持续挤压背景下，该带后期改造强烈，在印支—燕山期主要表现为逆冲断裂，北部奥陶系逆冲于南部石炭—二叠系之上。新生代以来，受阿尔金断裂活动的影响，主要表现为平移性质，在其两侧北羌塘地块和南羌塘地块中新生出数条规模较大的北东东向断裂。

四、区域地球物理场特征

1. 重力特征

青藏高原属中国最低的布格重力负异常区，布格重力值分布在$-490\times10^{-5}\sim-550\times10^{-5}m/s^2$，重力梯级带南陡北缓，内部呈现出巨大的宽盆结构，总体重力值变化较小。调查区位于青藏高原北西部，重力特征十分明显，异常呈东西向延伸，是一个复杂的重力低带，显示南北向分带的重力异常格局（图 5－3）。在土则岗日构造带两侧，重力特征存在一定差异，在构造带北侧，北羌塘地块由$-500\times10^{-5}\sim-520\times10^{-5}m/s^2$重力等值线圈出的重力高带；在构造带南侧，南羌塘地块由$-520\times10^{-5}\sim530\times10^{-5}m/s^2$重力等值线圈出的重力低带，局部出现低重力异常团块，也是青藏高原重力异常最低的地区。构造带在莫霍面深度图（图 5－4）上也有反映，说明该构造带可能影响整个地壳。

2. 航磁特征

羌塘地区区域性磁异常值较低（图 5－5）。北羌塘地区为强度很弱、梯度极为平静的近东西向磁异常带；土则岗日构造带和南侧南羌塘地块中，在略显平静的背景上出现局部磁异常组成的团块，总体走向为

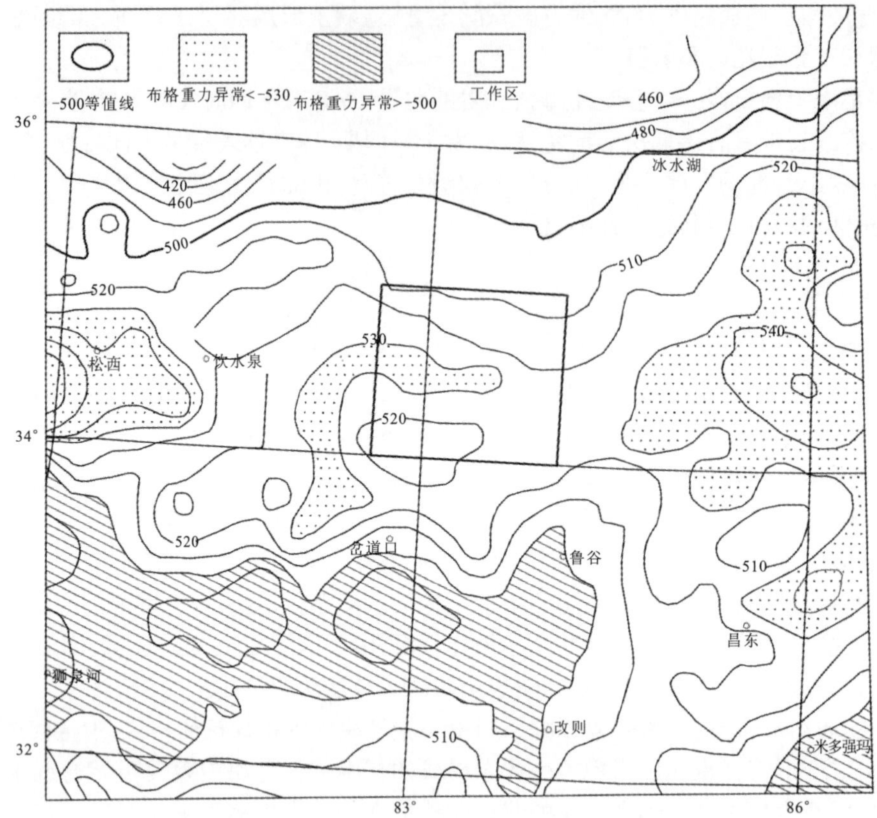

图 5-3　工作区及邻区布格重力异常等值线图

（据马宗晋等，2001；等值线均为负值）

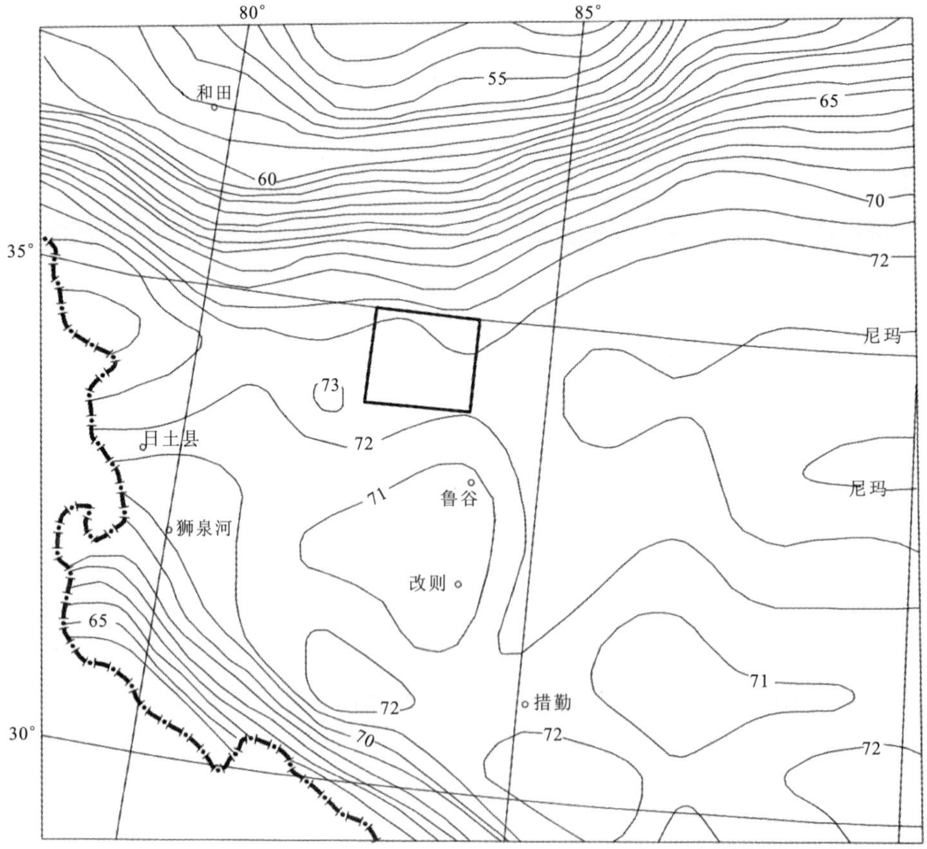

图 5-4　工作区及邻区莫霍面深度分布图

（据孔祥儒等，1999）

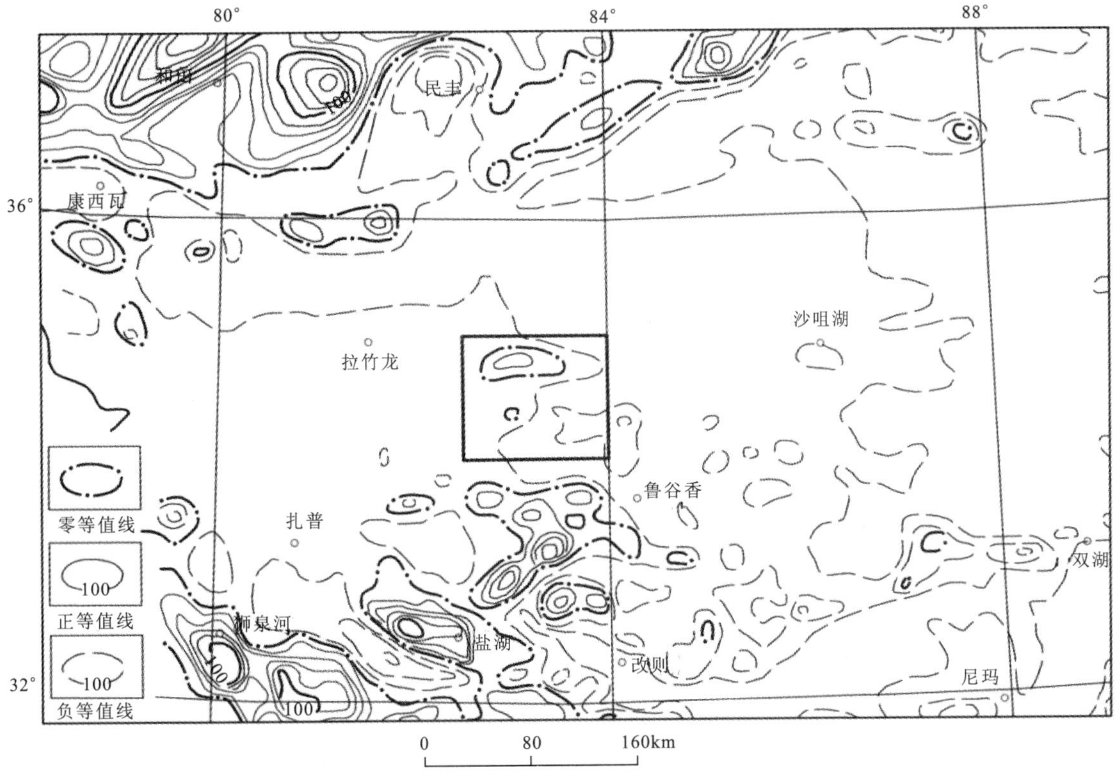

图 5-5　工作区及邻区航磁异常图

（熊盛青等，2001；等值线单位：nT）

北西走向，图幅内表现为近东西向，向东延伸出图外。本区磁场以平缓为主，说明基底可能以浅变质弱磁性岩为主，其中局部异常面积小、强度低、北西向排列，与中生界构造线一致，上延后迅速消失，可能与中生代岩浆岩有关。

第三节　构造形迹描述及构造变形序列

一、构造形迹描述

图幅内构造形迹按时代由早到晚主要表现为东西向断裂、紧闭褶皱、开阔褶皱、左行平移断裂和少量北西向、南北向断层。其中东西向断裂主要分布于南羌塘地块中，是二叠纪末特提斯大洋向北消减、俯冲时的产物，分布于图幅中南部石炭—二叠系霍尔巴错群中，在土则岗日构造带中也发育有少量东西向断裂；紧闭褶皱基本与东西向断裂同时形成，产出于二叠纪以前的地层中。三叠系、侏罗系被卷入北东东向展布的开阔褶皱，侏罗系一般处于向斜的核部，该类褶皱在区域上延伸稳定，长度达数十千米；北西向断裂主要分布于南羌塘地块中，形成于中生代末期，切割了近东西向断裂。新生代在高原隆升、走滑背景之下，北东向左行平移断裂是北羌塘地块中最为重要的构造形迹，断裂规模大，延伸稳定，切割了前期形成的近东西向构造，控制了新近系的分布；在南羌塘地块中，形成了少量南北向断层和褶皱，形成于该期的构造奠定了区内的基本构造格局（图 5-6）。

（一）褶皱构造

区内经过多期构造运动，岩层变形强烈，褶皱构造较发育，在拜惹布错南山、玉环湖北等多处卫星影像资料显示出明显的褶皱构造形迹（图版Ⅺ，2）。通过对褶皱剖面形态、几何特征、闭合程度、轴面产状、枢纽的变化、组合样式及规模等综合分析，发现不同构造单元、不同构造层之间褶皱变形特点存在明显差异。

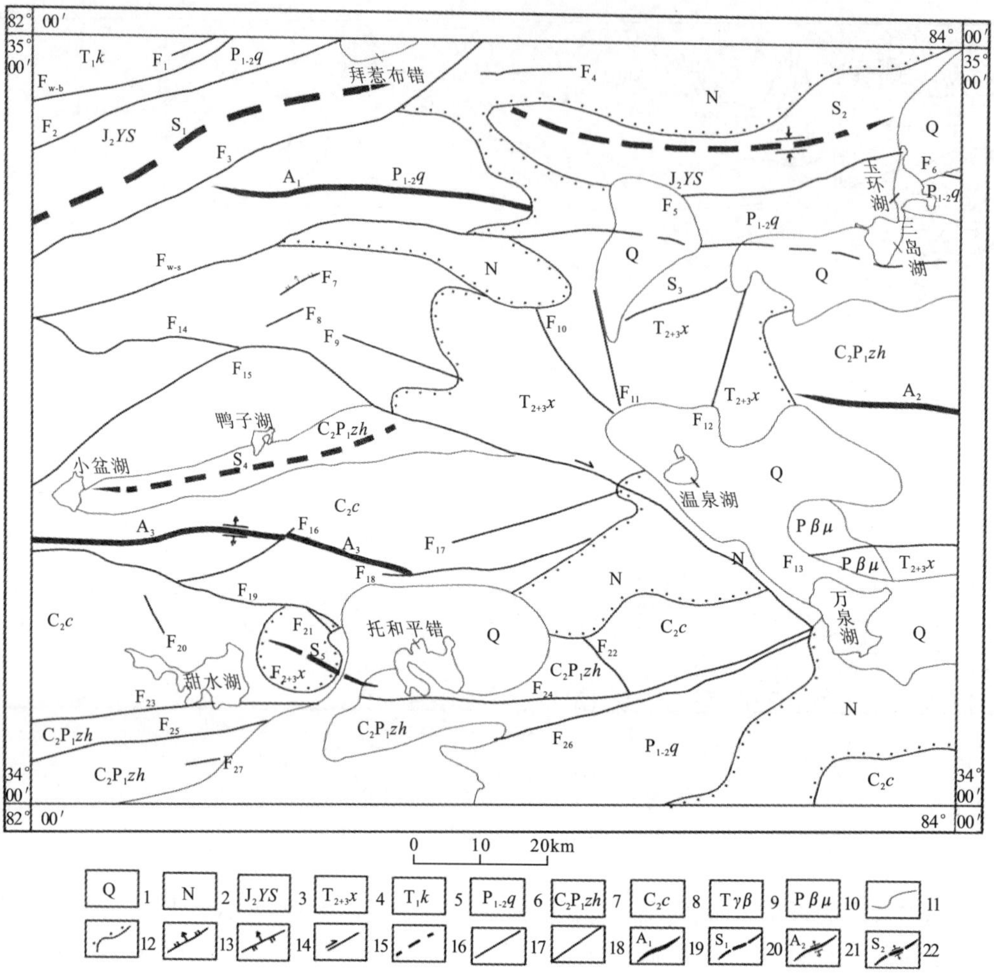

图 5-6　构造纲要图

1. 第四系；2. 新近系；3. 侏罗系雁石坪群；4. 中—上三叠统肖茶卡组；5. 下三叠统康鲁组；6. 二叠系曲地组；7. 石炭—二叠系展金组；8. 上石炭统擦蒙组；9. 三叠纪黑云母花岗岩；10. 二叠纪辉绿岩；11. 地质界线；12. 不整合接触界线；13. 正断层；14. 逆断层；15. 平移断层；16. 隐伏断层；17. 性质不明断层；18. 区域性大断裂；19. 背斜及编号；20. 向斜及编号；21. 复背斜及编号；22. 复向斜及编号

按褶皱的规模、活动时间和轴迹方向可划分为三期：第一期（海西期）褶皱主要发育于石炭—二叠系，以规模较小的同斜褶皱为特征；第二期（燕山期）褶皱规模较大，轴迹方向为北东东向或近东西向，以开阔平缓褶皱为主；第三期（喜马拉雅期）褶皱规模较小，轴迹为南北向或北北东向。

1. 第一期褶皱

二叠纪末期是青藏高原陆壳发生转换的重要时期，位于南亚洲构造域和冈瓦纳构造域之间的特提斯洋向北俯冲消减，盆地北缘出现龙木错-双湖构造带，受其影响，羌塘盆地内二叠纪及其以下地层发生强烈变形，形成了具有广泛意义的区域性东西向线状紧闭褶皱构造。受后期构造，特别是左行走滑构造的强烈影响，该期褶皱位态发生显著变化。而第二期褶皱的构造叠加，使得第一期褶皱的轴面扭曲再褶。

区内在南羌塘地块中，第一期褶皱为该地区地层展布的控制性构造，构成一个大型复式背斜构造，卷入褶皱的地层有晚古生代擦蒙组、展金组、曲地组，复式背斜的核部为擦蒙组，南北两侧依次出露展金组和曲地组，该期褶皱为轴向近东西、以层理 S 为变形面的中常直立倾伏褶皱，枢纽倾伏角 15°～30°，局部出现紧闭或同斜倒转褶皱（图版Ⅹ，7），伴随褶皱形成一组透入性轴面劈理（板理、千枚理），局部还形成杆状构造（图版Ⅹ，8）。

2. 第二期褶皱

中生代末期，在大规模陆陆碰撞作用过程中，陆壳横向挤压缩短，垂向加积增厚，在羌塘地区形成一系列逆冲-逆掩推覆构造和与其伴生的挤压褶皱。主要表现为正常(局部倒转)背、向斜构造以及与其伴生的断裂构造。卷入这一期褶皱变形的地质体为晚侏罗世及其以下地层。形成的褶皱在调查区的不同构造部位其特征明显不同,在图幅北部,即土则岗日构造带中,总体表现为轴向北东东—近东西向的较宽缓的背、向斜构造带;在图幅中南部,为古羌塘隆起区的核心部位,该期褶皱使二叠纪末形成的复背斜更加紧闭,构成该地区的主控构造,鸭子湖一带石炭—二叠系霍尔巴错群构成了一个大型复式背斜(图 5-7)。该期褶皱基本奠定了本区的构造格架,并控制了地质体的空间展布。

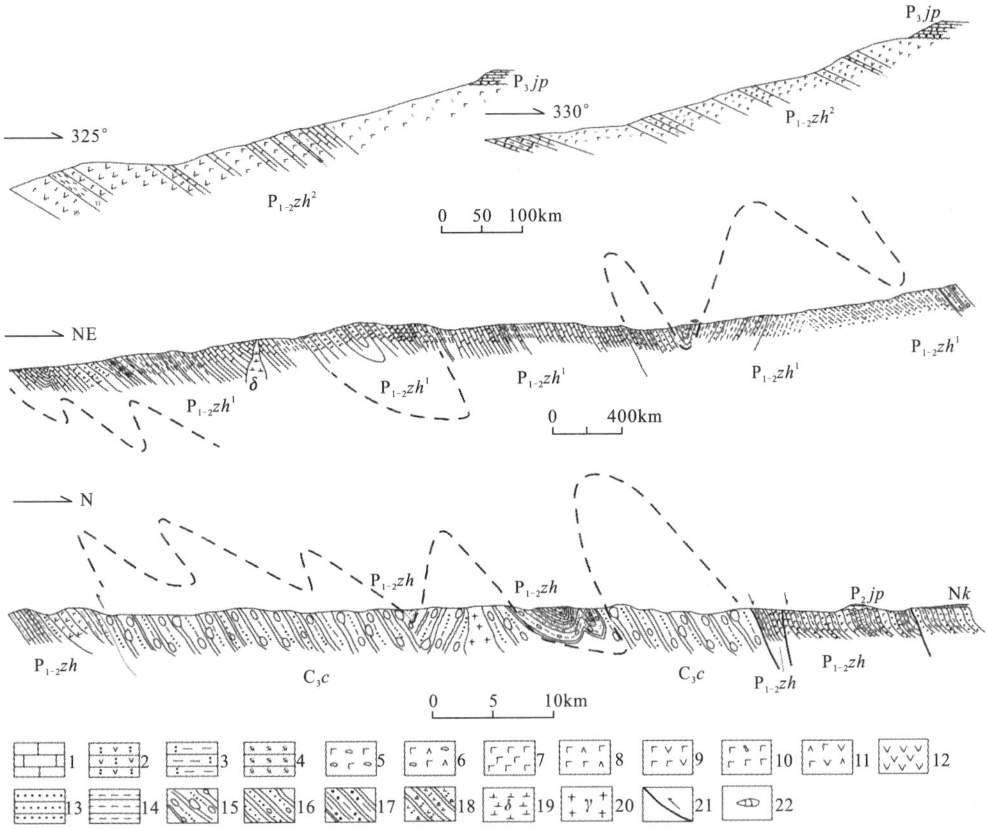

图 5-7　托和平错—鸭子湖一带霍尔巴错群构造剖面图

C_2c. 擦蒙组;$P_{1-2}zh$. 展金组;$P_{1-2}zh^1$. 展金组一段;$P_{1-2}zh^2$. 展金组二段;P_3jp. 吉普日阿组;Nk. 康托组;1. 灰岩;2. 凝灰岩;3. 粉砂质泥岩;4. 硅质岩;5. 气孔状玄武岩;6. 气孔状橄榄玄武岩;7. 玄武岩;8. 橄榄玄武岩;9. 玄武安山岩;10. 杏仁状玄武岩;11. 橄榄玄武安山岩;12. 安山岩;13. 砂岩;14. 泥岩;15. 变质含砾泥砂质岩;16. 变质含砾砂岩;17. 变质泥砂质岩;18. 角砾状凝灰岩;19. 闪长岩;20. 花岗岩;21. 断层;22. 鏇化石产地

经野外调查,区内第二期褶皱发育规模较大的背斜构造 3 条,向斜构造 5 条。褶皱构造特征如下。

(1)拜惹布错南向斜

分布于拜惹布错南西土则岗日构造带中,向斜主要由侏罗系雁石坪群布曲组构成,轴向总体北东 60°方向展布,长约 50km,宽 5~8km。从区域上看,该向斜夹持于两条近于平行的北东向断层之间,断层外侧出露曲地组一段,野外调查表明,向斜北翼地层产状南倾,倾角较陡,达 50°~70°;南翼地层产状北倾,倾角较缓,一般 25°~30°。轴面南倾,两翼发育次级褶皱,向斜两翼多处被新近系康托组不整合覆盖。在地貌上该向斜核部形成北东向展布的正地形,呈高山地貌,两侧为低洼的湖盆和谷地。

(2)拜惹布错南山背斜

分布于拜惹布错南山土则岗日构造带中,主要发育于二叠系曲地组一段中,遥感影像图上褶曲特征明显,轴向北东 75°~80°,向西侵没,向东两翼张开,显示出一个长约 15km、宽约 5km 完整的背斜构造,属于轴面直立、两翼对称的褶皱。从地质图上反映,背斜北翼地层产状北倾,倾角 30°~65°,南翼南倾,倾角 25°~55°。该背斜构造后期改造强烈,受玉环湖断裂破坏,北翼不完整。背斜向东可能一直延伸至三岛湖一带,核部为曲地组一段,南北两侧出露曲地组二段。

(3)玉环湖北复式向斜

向斜分布于图幅东北角玉环湖以北一带，发育于侏罗系雁石坪群中由一系列相隔分布的次级背向斜组成。次级背向斜轴向一般为北西西—南东东向，翼夹角35°～52°，北陡南缓，轴面北倾，为较宽缓的斜歪褶皱。次级向斜核部多由新近系康托组组成。

(4)温泉湖北向斜

该向斜分布于图幅中部温泉湖北一带，发育于三叠系康鲁组中，向斜北部为三岛湖东西向断裂，东、西两侧由南北向断层围限，轴向北东70°左右，长近20km，宽约10km。向斜核部为康鲁组二段，两侧为康鲁组一段。由于后期构造改造强烈，地层产状较为紊乱，总体为一轴面直立的开阔向斜构造。

(5)温泉湖北东背斜

温泉湖北东一带岩石变形、变质较强烈，前人资料将其划为前泥盆系，本次工作通过野外调查研究，重新划分为石炭—二叠系霍尔巴错群展金组，岩石片理化极为发育，普遍遭受绿片岩相变质作用，分布有大量基性火山岩和基性岩脉(株)，产状较为紊乱，前人资料中该地为一复式背斜，图幅内由于只出露其西部一小部分，层(片)理走向多为南北向，背斜特征不太明显，可能与其处于背斜西部倾末端，以及后期南北向构造对其改造强烈有关。

(6)鸭子湖向斜

该向斜分布于图幅中西部小盆湖—鸭子湖一带，核部为霍尔巴错群展金组，两翼为霍尔巴错群擦蒙组。向斜轴向80°左右，延伸长45km，宽5～7km。由于后期构造改造强烈，向斜两翼地层产状变化较大，在小盆湖一带，两翼地层产状近直立，鸭子湖一带倾角稍缓。向斜向西侵没，东部被北西向万泉湖断裂破坏。该向斜是古羌塘隆起巨型复式背斜构造中一个次级褶皱构造。

(7)卧牛岭复式背斜

卧牛岭复式背斜位于图幅中南部，区域上处于古羌塘隆起核心部位的西段。背斜由图幅内南羌塘地块中最老的石炭系霍尔巴错群擦蒙组构成，由于后期构造改造强烈，第四系沉积物覆盖较严重，背斜特征在野外调查中不明显，复式背斜两翼发育次级背向斜构造，褶皱地层中发育劈理。

(8)托和平错向斜

托和平错向斜与鸭子湖向斜同属卧牛岭复式背斜中的次级构造。在托和平错西，该向斜形态完整，三叠系康鲁组二段构成向斜核部，向两侧为康鲁组一段，康鲁组一段不整合于霍尔巴错群展金组之上。向斜轴向北西，沿300°方向延伸，长约5km，宽2km。

3. 第三期褶皱

新生代以来，随着雅鲁藏布江特提斯洋的关闭，羌塘盆地受远端应力的影响，新近纪地层变形，形成宽缓的褶曲，局部相伴发育逆(冲)断层，该期活动对先期构造形迹影响微弱。该期褶皱发育广泛，涉及整个测区，规模一般不大，表现为一系列宽缓的背、向形构造，轴迹方向与盆地展布有关，或与控盆断裂方向有关。

野外调查表明，区内第三期褶皱表现明显的有四家湖东新近系康托组发生褶曲。康托组为一套碎屑岩，由砾岩-粗砂岩-细砂岩-泥岩组成，地层总体走向为近东西向。康托组中发育一向斜构造(图5-8)，向斜轴向近东西向，两翼地层产状为北翼南倾，一般150°～170°∠35°～70°，南翼北倾，产状330°～350°∠55°～65°。可见本区新构造运动是十分强烈的。

(二)断裂构造

不同方向的断裂及其活动期次、性质反映了造山带不同演化阶段的特征。本区断裂构造发育，本次工作共查明较大规模的断层27条(表5-2)，主要分布有近东西向(包括北西西、北东东向8条，序号为4、13、18、19、23—26)、北西向(5条，序号为9、14、20、21、22)、北东向(9条，序号为1、2、3、5、7、8、15、16、17)和南北向(3条，序号为10、11、12)四个方向组合。以近东西向断裂最为发育，为区内主干断裂，其中又以其为代表，控制了区内的地层格架和岩浆岩的分布。北西向、北东向断裂分别以右行和左行运动为主，走滑为其主要特点，兼有挤压，晚期具有伸展性质，是第三纪陆相盆地的控盆构造。而南北向断裂呈带状、间

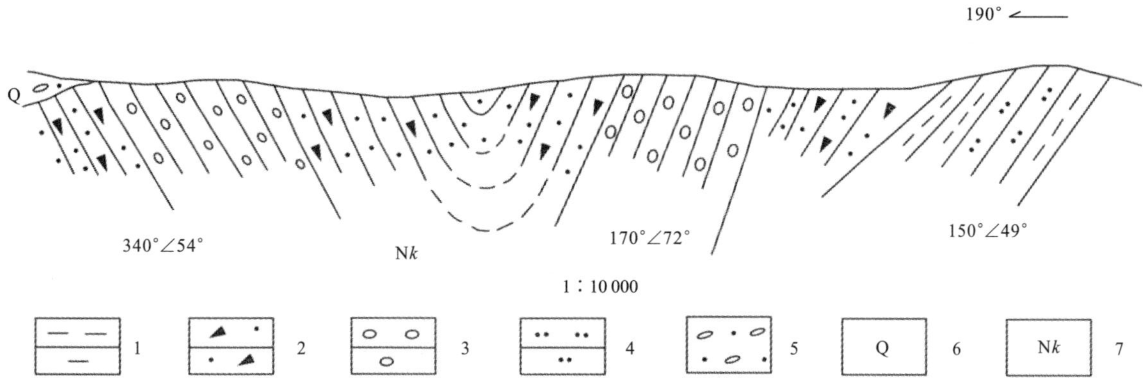

图 5－8　四家湖东新近系康托组向斜构造剖面图

1.泥岩；2.岩屑砂岩；3.砾岩；4.粉砂岩；5.砂砾石层；6.第四系；7.新近系康托组

隔状分布于调查区，以张裂为主，兼有走滑，该方向的断裂组合常形成独具特色的南北向断陷盆地和堑伏构造。上述各组断裂构造多具有多期活动性，由于高原物理风化作用强烈，区内断裂中规模大的断层一般很难观察到断层面，而规模较小的断层具有露头特征清楚的特点，现选择代表性断裂叙述如下。

1. 近东西向断裂

区内近东西向断裂较为发育，窝尔巴错-拜惹布错断裂和窝尔巴错-三岛湖断裂在土则岗日构造带边界特征中已有描述。北羌塘地块和土则岗日构造带中近东西向断裂被后期构造改造强烈，有时被后期沉积物覆盖，并重新活动，空间位态也发生了明显的变化。在南羌塘地块中，该方向断裂保存较完好，呈波状延伸，主要发育于石炭—二叠系中，多数断层为地层间的分界。沿断裂带常有新近系陆相碎屑岩分布，断层通过处形成谷地，或低洼的湖盆。图幅东南部，沿断裂带海西期基性岩脉极为发育。

下面对南羌塘地块中两条东西向断裂叙述如下。

(1)夏碱湖断裂(F_{23})

该断裂分布于图幅西南部，东西向延伸，图幅内延伸长约 25km，东西两端及中部多处被第四系沉积物覆盖。遥感影像图上线性构造清晰、色调反差显著。该断裂构成了石炭系霍尔巴错群擦蒙组和展金组的分界，由于风化强烈，残坡积物覆盖严重，断层产状和性质不清。断裂北侧见辉长岩小岩珠侵入体。沿断裂带方向有线状分布的泉眼和凸起的冻土包，冻土包一般 3～5m^2，高 1～3m，反映该断裂为一活动断裂。

(2)托和平错断裂(F_{24})

该断裂分布于图幅南部，从图幅西南四家湖经托和平错，延伸至万泉湖，图幅内延伸长约 65km，西端延伸出图外，中部多处被第四系沉积物覆盖，东端被北西向万泉湖断裂截切。遥感影像图上线性特征明显。在托和平错以西，断裂西段表现为线状谷地，走向 70°～85°，地貌呈明显负地形，流入托和平错的现代河流方向与断裂一致；断裂特征在托和平错一带最为明显，发育于石炭—二叠系霍尔巴错群展金组中，沿断裂有较强的劈理化带、破碎带，破碎带中保留了较多的早期缓倾斜压性构造面以及与其相关的挤压透镜体，局部发育复合构造岩；在东段，断裂发育于霍尔巴错群擦蒙组中，受万泉湖右行走滑断裂的影响，该段断裂走向为 70°左右，断裂带南侧形成谷地，沿断裂带有二叠纪末苦橄玢岩、辉绿岩脉和三叠纪花岗斑岩、花岗闪长岩的侵入。

综上所述，托和平错断裂是一条具有明显多期活动的断裂构造。

(3)长山梁断裂(F_{26})

分布于图幅南部，走向 70°～85°，西端被第四系沉积物覆盖，东端止于万泉湖断裂，延伸长约 49km。断裂北侧为石炭—二叠系霍尔巴错群擦蒙组和展金组；断裂南侧为曲地组，地层产状为 165°∠25°。断裂北西盘形成低山、谷状地貌，南东盘形成中—高山地貌。在断裂中部发育小面积的辉绿岩脉。该断裂与托和平错断裂共同构成了万泉湖西狭长谷地的南北两侧边界，反映断裂形成时代较早，后期多次活动。

表 5-2　托和平错幅断裂登记表

编号	名称及展布区	规模及走向	主要地质特征
1	拜惹布错断裂	长:15km 宽:800m 走向:70°	断层破碎带由强烈破碎的石英砂岩、钙质砂岩及断层泥组成，两侧脉石英发育。北侧为泥岩、粉砂质泥岩，地形平缓，地层走向北北东向，倾角陡立；南侧为绢云石英千枚岩(钙质砂岩)，产状为240°∠40°。断层北东、南西两端为新生界覆盖。
2	拜惹布错西断裂	长:45km 走向:70°	断裂在遥感影像上线性影像表现明显。沿断裂新生界广泛分布，在拜惹布错西一带，主要发育新近系康托组，在断裂附近，康托组砂砾岩、紫红色泥岩产状陡立，说明断裂在新生代仍有活动。
3	淡水河断裂	长:75km 走向:70°	断裂基本沿淡水河展布，北西侧为侏罗系雁石坪群布曲组灰岩，南东侧为霍尔巴错群曲地组一段砂岩，断裂多被新生界覆盖。
4	鱼鳞山断层	长:3km 走向:90°	断层发育于新近系康托组中，北侧为灰绿色泥岩和紫红色泥岩，产状为160°∠20°。南侧为砂砾岩，产状为340°∠70°。断面平直，局部见断层三角面。遥感影像上线性影像明显。
5	圆湖—三岛湖断裂	长:30km 走向:80°	断裂在三岛湖北和圆湖南一带较为明显，中部及东西两端为第四系覆盖。北侧为侏罗系雁石坪群布曲组，地层产状为10°∠20°，南侧为二叠系曲地组，地层产状为5°∠60°。影像图中线性特征明显。
6	七泉沟—小南湖断裂	长:80km 走向:75°～90°	断裂南盘形成中—高山地貌，北盘形成低山—丘陵、谷状地貌。北盘地层为二叠系曲地组，南盘地层为石炭—二叠系展金组、三叠系肖茶卡群，沿断裂带分布有新近系康托组。在小南湖附近，断裂带中出露规模不大的花岗斑岩岩脉和辉绿岩脉，反映断裂形成时代较早，后期多次活动。遥感影像图中断裂线性特征明显。
7	七泉沟断裂	长:8km 宽:6m 走向:65°	发育于二叠系展金组中，两端延伸被第四系掩盖。破碎带宽6m，带内充填破碎很强的砂岩、泥岩，角砾顺断面排列。北侧为灰黑色、灰绿色中厚层中粒砂岩，产状为210°∠37°；南侧灰黑色泥岩中发育小褶皱，地层产状为320°∠51°。断面产状为330°∠60°。该断裂向北东延伸即到七泉沟，此处发育七处泉水出露点，故该断裂可能与泉水出露点有关，也是一活动断裂。
8	长北山断裂	长:5km 宽:150m 走向:65°	发育于石炭—二叠系展金组中。两端延伸均被第四系掩盖。向北东继续延伸可能与北东—东西走向产出的花岗斑岩和辉绿岩体有关。破碎带内岩性杂乱，有玄武岩、安山岩、灰岩，(次级)断面产状为320°∠60°，线理(擦痕)产状为90°∠12°，破碎带北侧露头较差，山顶部见灰岩，南侧为岩屑砂岩，岩层产状为145°∠55°
9	胃湖断裂	长:15km 走向:290°	发育于二叠系展金组中，断裂带附近岩性复杂，产状紊乱。断裂走向上为低缓的谷地地貌，向南东延伸被第四系掩盖。
10	胃湖北东断裂	长:17km 走向:140°	发育于三叠系肖茶卡群中，断裂带附近地形切割强烈，形成较大的沟谷。走向上断裂多被第四系掩盖。
11	公鸡山断裂	长:6.5km 走向:165°	发育于三叠系肖茶卡群中，两端延伸均被第四系掩盖。断裂西盘形成中山地貌，东盘形成低缓的谷状地貌。西侧为灰绿色中细粒岩屑石英砂岩，产状为330°∠30°；东侧为灰色硅质岩夹微晶灰岩，地层产状为80°∠70°。遥感影像图中断裂线性特征明显。
12	温泉湖逆断裂	长:15km 走向:195°	断裂走向上呈蛇曲状，东盘形成中山地貌，西盘形成谷状地貌。破碎带宽约150m，带内充填岩性主要为紫红色泥岩、辉绿岩透镜体等。断层西盘三叠系肖茶卡群变形较强，主要表现为产状陡立，岩石片理化发育。东盘辉绿岩逆冲于下伏三叠系肖茶卡群砂岩组之上。断层面产状为80°∠50°～60°。两端延伸均被第四系掩盖。
13	万泉湖断裂	长:22.5km 走向:85°	断裂南盘形成中山地貌，北盘形成丘陵、谷状地貌。向西被第四系掩盖。北盘地层为二叠系展金组，南盘地层为三叠系肖茶卡群。在断裂南盘西部出露规模较大的辉绿岩体，反映断裂形成时代较早，后期又有活动。遥感影像图中断裂线性特征明显。
14	小温泉-长北山-工字山-泉山断裂	长:100km 走向:90°～110°	断裂横贯图幅，局部被第四系掩盖。大致上可分为东西两段。断裂东段北东盘为三叠系肖茶卡群，南西盘为石炭—二叠系霍尔巴错群。断裂西段北盘为石炭—二叠系霍尔巴错群展金组，南盘为擦蒙组。在长北山附近有石英脉产出，脉宽约5m，具褐铁矿化，走向275°。沿断裂走向工字山附近有小规模的辉绿岩脉产出，另外有多处泉水点，反映断裂形成时代较早，后期多次活动。

续表 5-2

编号	名称及展布区	规模及走向	主要地质特征
15	小盆湖断裂	长:25km 走向:50°	发育于石炭—二叠系霍尔巴错群中。断裂北西盘形成低山地貌,南东盘形成盆地和中山地貌。遥感影像图中断裂线性特征明显。
16	卧牛岭断裂	长:16km 走向:70°	发育于石炭—二叠系霍尔巴错群中。中部及两端延伸均被第四系掩盖。断裂北西盘形成中—高山地貌,南东盘形成谷状地貌。沿断裂走向有两处泉水出露点,说明断裂仍在活动。断裂南西延伸被 F_{19}截断。遥感影像图中断裂线性特征明显。
17	七沟山断裂	长:22.5km 走向:70°	发育于擦蒙组中,岩层局部破碎强烈。北西盘地层产状为 350°∠70°,南东盘地层产状为 350°∠40°。遥感影像图中断裂线性特征明显。断裂带见辉绿岩脉,有两个泉水点沿断裂分布,说明断裂仍在活动。
18	七沟山断裂	长:32km 走向:70°～90°	发育于石炭—二叠系霍尔巴错群中。断裂北盘为中山地貌,南盘为丘陵、谷状地貌。沿断裂有数处泉水出露,为活动断裂。
19	甜水湖断裂	长:45km 走向:110°	断裂北东盘形成中—高山地貌,南西盘形成低山—丘陵、谷状地貌。局部地段及两端延伸均被第四系掩盖。北东盘地层为石炭—二叠系霍尔巴错群擦蒙组,南西盘地层为石炭—二叠系霍尔巴错群展金组和三叠系肖茶卡群。北东盘地层产状为 241°∠44°,南西盘产状为 170°∠60°。断裂东侧发育北东向的辉绿岩脉,沿断裂见两处泉水出露。遥感影像图中断裂线性特征明显。
20	甜水湖断裂	长:5km 走向:325°	发育于石炭—二叠系霍尔巴错群展金组中。断裂北东盘形成中山地貌,南西盘形成低山-丘陵地貌。两端延伸均被第四系掩盖。北东盘地层为石炭—二叠系霍尔巴错群展金组,南西盘为鱼鳞山组霞石响岩,为活动断裂。
21	卧牛岭断裂	长:7.5km 走向:215°	发育于石炭—二叠系霍尔巴错群擦蒙组和三叠系肖茶卡群中。断裂向北西延伸被 F_{19}截断,南东延伸被第四系掩盖。北东盘为石炭系擦蒙组,南西盘为三叠系肖茶卡群和石炭系擦蒙组。北东盘地层产状为 180°∠45°,南西盘地层产状为 95°∠25°。
22	白烟湖断裂	长:10km 走向:310°	发育于石炭—二叠系霍尔巴错群擦蒙组、展金组中。断裂向南东延伸被 F_{24}截断,北西延伸被新近系掩盖。断裂北东盘为石炭系擦蒙组,南西盘为二叠系展金组。在断裂北东侧发育苦橄玢岩脉。
23	夏碱湖断裂	长:25km 走向:83°	断层北盘为擦蒙组,南盘为展金组,东延与 F_{24}合并,西延被第四系覆盖。断裂在基岩中形成三处鞍部地形。局部表现为一串近 80°走向的冰包,为活动断裂。
24	托和平错断裂	长:65km 走向:70°～85°	断裂北盘形成中—高山地貌,南盘形成丘陵、谷状地貌。断裂西段北盘为石炭系擦蒙组、二叠系展金组及三叠系肖茶卡群,南盘为二叠系展金组。东段北盘为石炭系擦蒙组,南盘为断裂带形成的谷状地貌。两端延伸均被第四系掩盖。遥感影像图中断裂线性特征明显。
25	黑云山断裂	长:18km 走向:75°	发育于石炭—二叠系霍尔巴错群中。断裂北盘形成中山地貌,南盘形成谷状地貌。中部及两端延伸均被第四系掩盖。北盘地层为擦蒙组、展金组,南盘地层为曲地组。遥感影像图中断裂线性特征明显。
26	长山梁断裂	长:49km 宽:600m 走向:70°～85°	发育于石炭—二叠系霍尔巴错群展金组、曲地组中。断裂北西盘形成低山、谷状地貌,南东盘形成中—高山地貌。断裂北西盘为石炭系展金组,南东盘为石炭系曲地组。北西盘地层产状为 165°∠25°。在断裂中部发育小面积的辉绿岩脉,反映断裂形成时代较早,后期多次活动。
27	黑云山断裂	长:3.75km 走向:75°	断裂北盘为展金组,南盘为新近系康托组。两端延伸均被第四系掩盖。南盘产状为 150°∠30°,片理产状为 180°∠85°。

2. 北西向断裂

区内北西向断裂以万泉湖断裂最为显著。发育于图幅南部南羌塘地块中，呈北西—南东方向延伸，区内长约120km。北西端在土则岗日南一带交于窝尔巴错-三岛湖断裂，南东方向在万泉湖一带被第四系沉积物覆盖。

断裂两侧地层、构造不连续，有较大差异。南西侧主要为石炭系霍尔巴错群擦蒙组冰海杂砾岩；近东西向构造形迹被错移；地貌上总体要高出北东侧。南西侧主要为二叠系展金组和三叠系肖茶卡组。沿断裂带岩浆活动较为发育，主要为二叠纪辉绿岩脉，工字山附近有小规模的辉绿岩脉产出。在长北山附近有石英脉产出，脉宽约5m，具褐铁矿化，走向275°。在温泉湖一带，断裂带边缘分布有新近系唢纳湖组，不整合于基岩山体之上，倾角5°～20°，断裂附近最大达70°。另外沿断裂走向有7处(温)泉水点，并发育有双湖、温泉湖和万泉湖等现代湖泊。以上特征反映断裂形成时代较早，后期多次活动。

3. 北东向断裂

北东向断裂主要发育于图幅北部。

(1)拜惹布错西断裂(F_2)

断裂在图幅内呈北东70°方向延伸，在遥感影像上线性影像表现显著。在土则岗日东一带，断裂西南段构成北西侧二叠系曲地组二段和南东侧侏罗系雁石坪群布曲组的分界；向北东该断裂全部发育于新生界中，在拜惹布错西一带，两侧地层均为新近系唢纳湖组，北东侧为砂砾岩，走向60°，近于直立，南西侧为紫红色泥岩，产状杂乱。由于风化强烈，在野外调查中断面特征不清。

(2)淡水河断裂(F_3)

分布于图幅西北角，基本沿淡水河展布，西南起于土则岗日东，北东70°方向呈波状延伸，向北东延伸出图外，遥感影像图中断裂线性特征明显，图区内长约75km。断裂在区内全部被第四系覆盖，北西侧为侏罗系雁石坪群布曲组灰岩，南东侧为霍尔巴错群曲地组一段砂岩。该断裂与F_2断裂基本平行展布，共同构成以侏罗系雁石坪群为核的向斜构造的两侧边界。

(3)七泉沟断裂(F_7)

断裂分布于图幅北中部七泉沟西，发育于二叠系展金组中，两端延伸被第四系掩盖。断裂走向65°，长8km，破碎带宽6m，岩石强烈破碎，带内充填破碎很强的砂岩、泥岩角砾，顺断面排列，带中常见呈不规则状的方解石细脉。北侧为灰黑色、灰绿色中厚层中粒砂岩，产状为210°∠37°；南侧灰黑色泥岩中发育小褶皱，地层产状为320°∠51°。断面产状为330°∠60°。断裂性质为张性正断层。该断裂向北东延伸即到七泉沟，此处发育7处泉水出露点，故该断裂可能与泉水出露点有关，也是一活动断裂。

4. 南北向或北北东向断裂

南北向断层在区内不太发育，在温泉湖北部一带较为明显。发育于三叠系肖茶卡组中，延伸和断距均较小(F_{10}、F_{11}、F_{12})，但断层破碎带较宽，

在骆驼湖北东、东西20km的范围内，岩层产状紊乱，劈理化、碎裂岩化和节理极为发育，劈理产状总体近南北向，间隔状密集分布。

该期断裂形成时间较晚，为新生代之后南北向持续挤压作用下发生的脆性断层，张性特征明显，断层性质一般为正断层。

二、构造变形序列

区内主要构造变形时期为海西期、印支—燕山期和喜马拉雅期。海西期表现为早期南北向伸展、扩张，晚期局部挤压，东西向、北西向断裂形成；印支期主要表现为南北向的水平挤压，造成区内地层横向缩短，使新老地质体相互叠置，地壳厚度明显增大，以形成逆冲推覆构造和紧密褶皱为特征，构造形迹总体为近东西向；燕山期基本上仍处于南北向挤压状态，是前期构造的继续，断层仍以逆冲断层为主，沿区域性断裂带发育有后碰撞构造阶段的过铝侵入岩类，褶皱构造主要发生于地壳的表面部分，以开阔宽缓褶皱为

主。中新世以来区内快速隆升，以垂直运动为主，前期形成的断裂重新活动，原来近东西向的断层方向转变为北东向，且以左行走滑构造为主要特征。第四纪以来发育正断层组合。托和平错幅构造-变形序列见表 5-3。

表 5-3　主要构造-变形序列简表

<table>
<tr><th colspan="2">时代</th><th>变形特征</th><th colspan="2">沉积建造</th><th>岩浆事件</th><th>变质作用</th><th>演化阶段</th><th>地壳运动</th></tr>
<tr><td rowspan="2">新生代</td><td>Q</td><td>山间断陷盆地，南北向断层，活动断裂，河流阶地、夷平面</td><td colspan="2">河湖相砂砾石、粉砂、粘土</td><td>鱼鳞山组碱性火山岩</td><td rowspan="2">未变质</td><td rowspan="2">高原隆升演化阶段</td><td rowspan="2">喜马拉雅运动</td></tr>
<tr><td>N</td><td>走滑拉分盆地、北东向左行走滑断裂(北部)和北西向右行走滑断裂(南部)</td><td>河湖相碎屑岩、灰岩建造</td><td>磨拉石建造</td><td></td></tr>
<tr><td rowspan="2">中生代</td><td>J</td><td>逆冲断层，大型开阔宽缓褶皱</td><td colspan="2">浅海陆棚-陆屑碎屑岩、碳酸盐岩建造</td><td></td><td rowspan="2">未变质↑低级</td><td>陆内汇聚造山阶段</td><td>燕山运动</td></tr>
<tr><td>T_1</td><td>逆冲推覆断裂，产生大量层内斜歪褶皱</td><td>碎屑岩、碳酸盐岩建造</td><td>磨拉石建造</td><td>花岗斑岩、石英斑岩、花岗闪长岩</td><td rowspan="3">俯冲消减</td><td>印支运动</td></tr>
<tr><td rowspan="4">古生代</td><td>P_3</td><td rowspan="2">近东西向、北西向断裂，紧闭、平卧-倒转褶皱</td><td colspan="2">浅海台地碎屑岩、碳酸盐岩建造</td><td></td><td>低级</td><td rowspan="4">海西运动</td></tr>
<tr><td>P_2</td><td colspan="2">碎屑岩、碳酸盐岩、硅质岩和火山碎屑岩</td><td rowspan="2">苦橄玢岩、辉绿岩脉、辉长岩、基性岩浆喷发</td><td rowspan="3">低级↑中级</td></tr>
<tr><td>P_1</td><td rowspan="2">面理置换，形成紧闭褶皱，东西向断裂</td><td colspan="2">冈瓦纳北部边缘碎屑岩、碳酸盐岩、中-基性火山岩建造，冷温型动物群</td><td rowspan="2">伸展拉张</td></tr>
<tr><td>C_2</td><td colspan="2">冈瓦纳北部边缘大地斜坡沉积与冰海杂砾岩、冷温型动物群</td><td></td></tr>
</table>

第四节　新构造运动

新构造运动，顾名思义，是地球历史中最近期间的构造运动，对现代地形地貌、生态环境的形成起了重要的作用。新构造泛指晚近时期高原地貌、活动断裂、地热活动、新生代断陷盆地、地震活动等。新构造运动影响了最近期间的各种其他地质作用，也将先前已形成的地质体和构造加以改造，是区域地质调查不可缺少的重要内容。

图幅位于世界屋脊青藏高原的北西部，新生代前青藏高原北缘经历了复杂的地质演化过程，新生代以来又经历了挤压、逆冲、走滑和伸展及山地崛起等一系列重大地质事件。新构造运动在区内表现十分显著，总体上表现在上新世以来欧亚板块和印度板块强烈碰撞，新构造运动的时限一般以区内现代地貌特征开始形成为准。区域地质资料表明，青藏高原隆升主要是中新世以来地质构造作用的产物，因此，中新世就是本区新构造运动的起始时限。

一、新构造运动特征及分区

新构造运动产生的断裂发生于板块碰撞以后的后造山阶段，它们改造及破坏了原有的构造格局，把原来在一起的地质体运移到很远的地方，使原先完整的层序和岩系支离破碎。断裂的性质以平移为主，平移断裂的发生往往与板块边界的不规则及板块相对作用力方向的改变有关(许志琴等，1997)。根据新构造运动统一的构造应力场产生的不同构造组合样式及其在空间上的分布关系，区内存在北东向、北西向和北北东向等不同方向的构造组合，据此，研究区可划分为两个新构造分区——北羌塘区和南羌塘区，二者大致以土则岗日-三岛湖断裂为界。其中北东向构造带分布于图幅的北部，从广义上讲，可纳入阿尔金断裂系中，主要受新近纪以来阿尔金断裂强烈的左行走滑运动影响，已存在的断裂等构造形迹在新构造运动中重新活动，同时也伴生有新的构造现象产生，但其规模较小，主要表现为小型断陷盆地。在图幅的南部，南羌塘地块北侧近东西向构造带在新构造运动中重新活动，同时形成了北西向和南北向断裂，湖泊大量分布。

1. 北羌塘区

区内新构造运动主要受新近纪以来阿尔金断裂强烈的左旋走滑运动的影响，先期存在的近东西向构造形迹转变为北东向，新构造运动对区内地貌发育形态具定向性和定位性的作用。本区中新世以来总体处于隆起剥蚀状态，在地貌上总体已较为平坦，地形上无大的起伏，海拔一般为 5 000～5 700m。山脉总体走向北东东向，具山脉和沟谷相间排列的地貌格局。区内第四纪河流谷地呈南北向或北东向展布，两条主要的河流为淡水河和七泉河，河流流向均为从南(西)流向北(东)，汇入拜惹布错。

2. 南羌塘区

该区大体上分布于图幅南侧，是古羌塘隆起继承活动的显示。其形成机理与南北向挤压应力产生的左行走滑运动有关，大致从中新世晚期开始活动，近东西向断裂在新构造运动中重新活动，主要表现有沿断裂带断续出露有泉眼和凸起的冻土包。另外北西向和南北向断裂在新构造运动中表现明显，对区内地貌格局起主导作用。

图幅内新构造活动最为明显的为东西向托和平错断裂和北西向万泉湖断裂重新活动。在图幅南部沿托和平错断裂一线，从西向东形成凹陷谷地，托和平错河沿断裂展布，泉眼、冻土包线状分布，并分布有甜水湖、夏碱湖、托和平错和万泉湖等较大的现代湖泊。万泉湖断裂在温泉湖—万泉湖一带，构成南西侧基岩山体和北东侧第四系盆地的分界线，分布有双湖、温泉湖和万泉湖等湖泊，泉眼密布。

南北向断层为新构造运动中新产生的构造形迹，区内广泛分布。在温泉湖以北一带表现明显，在三叠系肖茶卡组中分布有三条近南北向断裂，断裂延伸 10～20km，在地貌上表现为低洼的谷地，两端被第四系沉积物覆盖。

二、高原隆升的分期及时间约束

不同学者从不同角度、采用不同方法获得青藏高原不同时期的隆升高度如图 5－9 所示。尽管隆升的

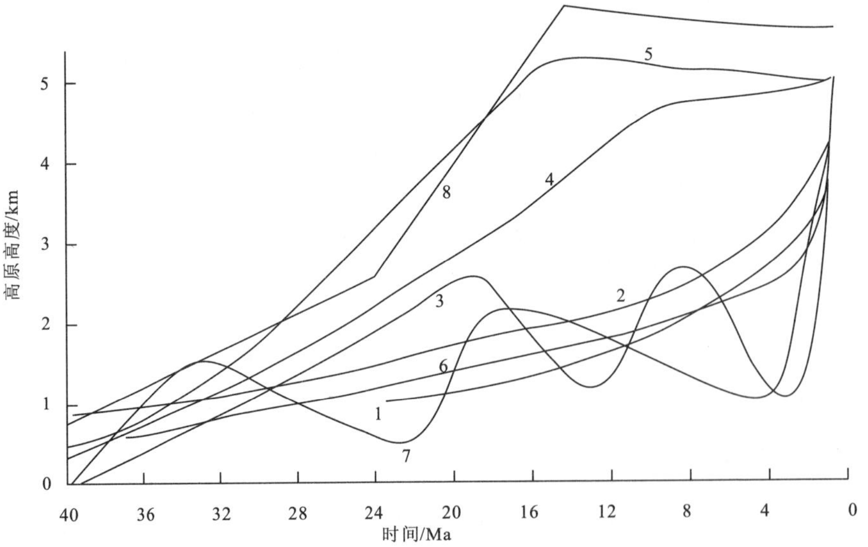

图 5－9　青藏高原不同时期的隆升高度观点示意图(据刘燊等)

1. Mericier 等(1987)青藏高原北部高度变化曲线；2. Mericier(1987)青藏高原南部高度变化曲线；3. 沈显杰(1986)青藏高原高度变化曲线；4. Harrrison 等(1992)青藏高原高度变化曲线；5. Coleman 等(1995)青藏高原高度变化曲线；6. 李廷栋等(1990)青藏高原高度变化曲线；7. 施雅风等(1998)青藏高原高度变化曲线；8. Fielding(1997)青藏高原高度变化曲线

时间过程存在一定的差异，但是对青藏高原隆升起始时间和起始高度结论基本一致。青藏高原及其周边山体的构造隆升主要发生在20Ma以来，是在始新世正常地壳结构的基础上演化成现今的“似盆状”异常地壳结构。青藏高原的新构造运动大致可划分为四个强烈活动期，即中新世晚期，上新世末—早更新世初，早更新世末和中更新世末。

1. 中新世晚期

中新世晚期，随着碰撞事件的开始发生，青藏高原北缘的阿尔金断裂重新活动。塔里木陆块向高原发生陆内俯冲，昆仑造山带作为高原的北缘翘起，与塔里木南部断陷区已出现较大的高差。与此同时，在区内康托组陆相磨拉石建造和喷纳湖组以粘土粉砂岩河湖相含石膏沉积地层广泛分布于山间断陷盆地内，不整合于不同时代的前期地层之上。根据地层沉积特征和区域上亚热带植物孢粉组合大量出现，反映了气候温暖湿润，湖泊发育，山势低缓，标志着高原已经抬升，在区内发育有黄土岗达坂和万泉湖等断陷盆地。不过从该时期沉积地层的特征反映，该次抬升并未造成太大的高差。上新世的夷平作用把区内的平均高程削低到1 000m左右，该夷平面分布较广，是现代地形地貌起始的基础，因此称之为主夷平面，推测其形成时间为中新世中晚期(15～7Ma)。

以上特征反映，该期构造以陆内俯冲和聚敛作用为主导，造成了区内地壳增厚和壳内断陷作用，奠定了高原现代构造格局的基础，形成了高原北缘山脉断块翘起带，拉开了高原差异性升降的序幕。

2. 上新世末—早更新世初

在上新世末—早更新世初，高原周边坳陷带继续沉陷，高原进一步强烈抬升。区内南部夏碱湖一带发生火山岩活动。显然，这次运动激发了活动构造带的强烈断陷和相邻断块山脉的隆升。

高原内、外磨拉石沉积的广泛分布，表明这次运动造成了青藏高原的整体抬升和进一步的差异性隆升。到早更新世末，高原的平均高程约为2 000m，而昆仑山脉已达到当时雪线以上3 000m左右的高程。

3. 早更新世末期

早更新世末期的构造运动主要表现为高原周边的早更新世磨拉石沉积与中更新世的高阶地砾石层之间广泛存在不整合面。中更新世时期，由于冰川大规模消退，河流下切强烈，冰川遗迹普遍残存于各山脉隆起区之上。中更新世昆仑山南麓的隆升幅度为300～500m。这次运动造成了高原进一步隆升，高原内的山脉普遍达到当时雪线以上，外流河下切作用增强，山脉与周边断陷盆地的高差进一步加大。

4. 中更新世末期

此时期是新构造运动的最后一幕，主要表现有：

①高原周边中更新世的高阶地砾石层与晚更新世—全新世松散堆积物之间的不整合或平行不整合，是本期构造运动的表现。

②在区内形成大量的断裂，或使前期断裂重新活动，如万泉湖断裂、托和平错断裂等，且沿断裂带分布有冰泉、冻土包，有些断裂可能现在仍在活动。区内各断陷盆地和谷地，都有此次运动的相关沉积。

③在晚更新世，高原隆升幅度达到800～2 400m。

可以看出，青藏高原新构造运动的最后一幕，使高原大幅度快速隆升，加之侵蚀作用的加剧，强化了高原及其周边山体的地貌分割，产生了大量新的活动构造，伴随有强烈的火山喷发活动，对区内构造格局的最终形成，具有重要的作用。

三、新构造运动的主要特征

高原现代地貌特点反映，新构造运动中高原隆升有整体性、差异性和阶段性的特征。

1. 整体性

从上新世以来，高原整体隆升，隆升幅度达到3 500～4 000m，结合高原与周边坳陷带的特征表明，坳陷带第四纪沉积物源区均来自高原,表明自上新世以来高原的隆升具有整体隆升的特点。

青藏高原隆起前形成两级夷平面,一级夷平面海拔高度大多在 5 500m 以上,由于该夷平面时代较老,经差异运动和后期剥蚀已变化很大,特别是冰川和冰缘作用的改造,使原有的风化壳及其他沉积与微地貌保存较少,主要分布于大山脉的顶部,保存面积较小,这级夷平面被称为山顶夷平面;第二期夷平面分布较广,一般出现在各大河流的源头及河流之间的分水岭,构成青藏高原和外围山地的主体,海拔高度大多为 4 500～5 000m,切削了古近纪沉积物,是现代地形地貌起始的基础,因此称之为主夷平面。两级夷平面的特征表明新构造运动以垂直隆升为主。

2. 差异性

在隆升过程中,不同地区在隆升幅度和主要隆升时期方面,存在一定的差异。昆仑造山带的上升幅度较大,为 3 500～4 500m。南侧原西金乌兰-金沙江结合带两侧活动构造带分布的地区,上升幅度较小,为 3 200～4 000m。从主要隆升时期看,昆仑造山带可能较高原内部稍晚,高原内部主要隆升时期为晚更新世,昆仑造山带除晚更新世之外,全新世还有 1 000m 左右的隆升。造成昆仑造山带高出南侧活动带地区 300～1 000m 左右,反映出新构造运动在平面上的不均衡特征,这种不均衡特征与各地区不同的构造条件和深部构造背景的控制有关。这种差异性,同隆升的整体性相比,只属于从属地位。

3. 阶段性

高原的隆升除在空间上的整体性和局部的差异性之外,在时间上还有明显的阶段性。

图幅内昆仑山的隆起成山主要发生于更新世早期(1.1～0.6Ma),根据地貌学的一般原理,夷平面形成时的海拔高度应接近于海平面,一般只有几百米,并以此为起点估计青藏高原的隆升速率和高原的高程。同时把新构造运动总结为三期。第一期始新世(40Ma),以印度板块和欧亚板块碰撞为标志。第二期中新世中期(20Ma),是新构造运动中最主要的一期。第三期时限为 3.4～1.7Ma,青藏高原大幅度隆升。并把第三期单独划出,而且限定新构造运动仅仅就是这一幕(施雅风等,1998)。

四、青藏高原隆升机制的探讨

青藏高原的形成和演化目前已有多种认识,提出了一些模式,如双地壳说、逆冲叠瓦说、碰撞挤压说、均衡调整说和热动力隆升说等。不论何种模式,大多数研究者较为一致的看法是青藏高原的形成与印度板块和欧亚板块强烈碰撞有关,所不同的是青藏高原的隆升是印度板块直接挤压的结果,也是后期其他作用力形成的。地球物理资料表明,青藏高原的地壳厚度可达 50～70km,远比其他地区的地壳厚度大。如此大的地壳厚度是如何形成的,是什么作用力使得青藏高原的地壳在近期整体抬升,我们认为有以下几方面因素。

(1)印度板块向欧亚板块的长期持续挤压和相对刚性的塔里木地块的阻挡,使得青藏高原内部较为塑性的各地块产生了横向缩短、纵向拉伸而垂向扩展。从区内资料看,青藏高原北缘昆仑造山带在中新世快速隆升时期,主要表现为垂直抬升,而高原内部岩石在南北向强大挤压力的持续作用下,各地块和主要构造形迹均呈北西西-南东东走向,强烈褶皱和逆冲推覆等构造现象与这种水平作用力有关,高原岩石圈在南北方向上缩短压扁,垂直方向上拉伸增厚,东西方向上拉伸滑移或流动。地壳的增厚可能与深部岩浆的上升活动也有关系。

(2)高原山根的重力均衡补偿是高原近期快速隆升的一个原因。肖序常等(1998)认为,青藏高原的隆升可能经历了构造抬升阶段和均衡抬升阶段,始新世晚期—更新世初期,强烈的挤压作用引起各地块之间的差异运动,产生一系列的冲掩断层、推覆构造和塑性褶皱,地壳大规模缩短、加厚,高原缓慢抬升,上地幔大幅度沉陷,形成宽而深的高原山根;更新世中期—现代,主要为均衡抬升阶段,随着高原整体漂移速度的变慢,各地块之间的漂移速度的减小,产生了应力松弛,挤压作用大为减弱,在山根作用下产生了强烈的均衡调整,引起高原大幅度的快速隆升。

(3)近南北向的挤压力一方面来自印度板块向北的推挤,另一方面来自岩石圈根带下沉的拖力。会聚碰撞作用造成造山带岩石圈水平方向缩短,垂向增厚。增厚的岩石圈根带向下深入地幔,会产生拖力,吸引板块向造山带下汇聚，对造山带形成挤压力。并且，数值模拟研究表明(Zang and Bott，2000)，如果增厚的岩石圈根部偏离造山带中央部位(上下非对称)，偏向盆地的一侧，则岩石圈根部在向下的拖带过程中，推动造山带向盆地逆冲，在山前形成深坳陷。

(4)图幅内出露新近纪火山岩，表明造山带岩石圈内存在伸展构造。伸展构造产生的机制可能来自增厚地壳的均衡反弹作用。另一个原因可能是岩石圈根部的断离而引发的地幔动力学过程。软流圈地幔对流引起的高密度的增厚岩石圈根部很容易插入低密度的软流圈，断离后引起软流圈地幔小尺度对流，为岩浆活动提供了条件。

第五节 区域地质构造演化史

处于我国西部核心构造部位的青藏高原经历了多期造山作用，地壳结构复杂，不同构造单元的地质发展史明显不同。调查区构造演化过程在晚古生代末期，冈瓦纳大陆北部边缘裂解，出现了裂谷作用形成的基性火山岩，中二叠世向被动大陆边缘转化；三叠纪末期，晚古生代新生成的南羌塘地块增生于北方大陆之上，本区形成一个完整的大陆，进入了陆内构造发展阶段。新生代以来受到欧亚板块和印度板块碰撞的强大后陆效应的影响，陆块间发生了剧烈的构造变动、叠置和改造，属于早期古板块体制的构造成分和岩石单元，在陆-陆碰撞和后造山阶段发生了移置或再定位，显然现今的位置不代表原始构造位置，本节试图运用板块构造分析和后造山期变形分析相结合的方法，简要阐述羌塘地块北缘的构造演化史。

调查区构造演化过程可分为以下几个演化阶段(图 5－10)。

一、冈瓦纳大陆边缘演化阶段

工作区处于羌塘地块北缘。北羌塘陆块的结晶基底在喀喇昆仑乔格里峰一带出露，为新太古—古元古界的片麻岩、片岩、大理岩、变粒岩和石英岩等，厚 1 200m。奥陶纪—早石炭世冈瓦纳大陆北部有着广阔的大陆架，调查区应属这一广阔边缘海的一部分。这一时期羌北地层区处于较稳定的构造环境，沉积了一套稳定型浅海碎屑岩-碳酸盐岩建造。地层特征和生物组合特征与华夏区相当，显示出华夏复合古陆南部边缘活化台地拉张沉陷的构造环境。晚石炭世之前虽然存在小幅度升降运动，但是并没有改变古大陆边缘海盆的构造环境。

冈瓦纳大陆北部可能在石炭纪中晚期开始裂解。

二、洋陆转化阶段

图幅处于藏北高原无人区，研究程度极低，实际地质资料很少。以往对区内构造单元的划分、地层系统的归属和结合带性质的认定等，主要是依据卫星影像资料结合区域地质资料分析、推测。以下根据我们所取得的实际资料，结合众多学者对青藏高原研究的成果，对区内晚古生代—中三叠世的地质构造演化进行简要分析。

晚古生代是全球古地理格局发生重大变化的时期。南半球冈瓦纳古陆向南漂移，其以北就是广阔的(古)特提斯大洋。这一时期在北羌塘地块上发育有维宪晚期至晚石炭世的陆缘斜坡沉积。晚石炭世羌南地区开始表现为强烈伸展，当时可能处于赤道以南中低纬度区，受冈瓦纳大陆冰川影响，气候寒冷，冰海杂砾岩发育，主要为深海盆地环境，为一套冰海相含砾泥岩(板岩)、泥岩和砂岩互层的复理石沉积，生物门类单调、稀少。羌北地区并没有发现冰海杂砾岩，气候适宜，盐度正常，腕足类、珊瑚和䗴类动物群很繁盛，同时伴生有腹足类、菊石、苔鲜虫类动物群，说明冈瓦纳大陆冰川影响相对较弱。说明当时冈瓦纳大陆北部可能存在广阔的陆表海，造成它们受冈瓦纳大陆冰川影响程度不同。

早二叠世陆壳进一步减薄、拉断，伸展作用加剧，大量的玄武岩喷发和沿拉伸断裂侵入的基性脉岩，经地球化学特征研究，侵入和喷发是同源同期不同相的产物。这次张裂活动不但强烈而且活动时限短。年代资料证实集中在 318～299Ma 时间内。

中二叠世特提斯洋北部边缘开始向北消减，但特提斯洋的扩张活动并未结束，一直要持续至早白垩

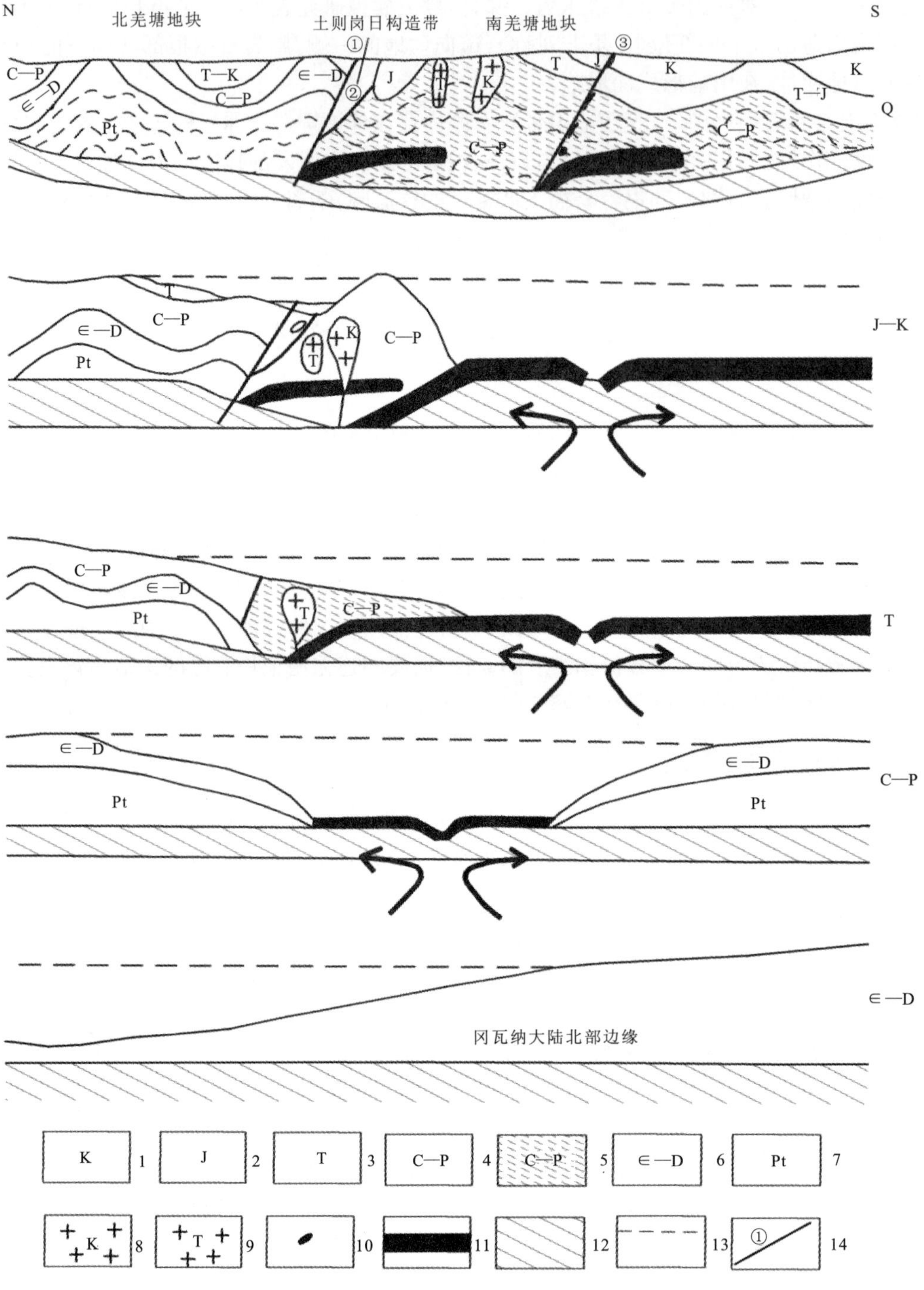

图 5-10　地质构造演化模式示意图

1. 白垩系；2. 侏罗系；3. 三叠系；4. 石炭—二叠系稳定型沉积；5. 石炭—二叠系活动型沉积；6. 寒武—泥盆系；7. 元古界；8. 白垩纪花岗岩；9. 三叠纪黑云母花岗岩；10. 蛇绿岩；11. 洋壳；12. 地幔；13. 海平面；14. 主要结合带及编号；①金沙江结合带；②龙木错-双湖结合带；③班公湖-怒江结合带

世，也就是说，中二叠世—早白垩世期间特提斯洋处于中心扩张和边缘消减并存阶段。中二叠世调查区南羌塘地区沉积物以碳酸盐岩、硅质岩为主，早期还有厚度较大的碎屑岩，说明当时海水较深，远离陆缘。这一时期，冈瓦纳冰川退缩，气温升高，气候适宜，水循环良好，盐度正常，氧气充足，生物极其繁盛，见腕足类、腹足类、苔藓虫、䗴、海百合、有孔虫等化石。

晚二叠世，由于古特提斯的消减，古地理格局产生较大的变化。羌南地区由于抬升作用，沉积物表现为下部少量粗碎屑岩，上部为厚度较大的灰岩、生物灰岩和礁灰岩建造，岩石白云岩化强烈。晚二叠世形成了区域性的微角度不整合，说明当时海水变浅，接近北部大陆。区域资料显示，两侧地层受其影响发生褶皱，岩石发生区域浅变质作用。

三、板内调整阶段

三叠纪—侏罗纪是中国古大陆陆内汇聚造山的第一阶段，中国各主要陆块基本拼合，并进入欧亚板块的范畴。

早、中三叠世，在晚石炭世—晚二叠世新生成的南羌塘地块已与北侧大陆联为一体，全区已进入稳定的陆内构造发展阶段。随着龙木错—双湖一线俯冲加剧，发生由北向南的逆冲作用，羌南已隆起成陆，海水从东侧退出，缺失下三叠统，地块曾露出水面之上，经受剥蚀；土则岗日构造带北缘分布有三叠系康鲁组陆相磨拉石建造，主要为山间盆地沉积（上叠盆地），不整合在前期地层之上；羌北地区龙木错一带可能为残留海，发育浅海相万泉河群。

晚三叠世由于板内伸展作用，海平面的上升速度大于中央隆起带的上升速度，向南发生海侵，造成海进岸退，南羌塘地区再度被海水淹没，接受沉积，此时处于巴颜喀拉海的南缘，使晚三叠世地层多处以角度不整合方式超覆于中央隆起带变质岩系之上。晚三叠世时，由碳酸盐岩海岸转化为陆源碎屑海岸，沿岸出现滨岸碎屑的岩屑石英砂岩、泥岩不等厚互层，出现大量植物碎片。远离海岸保持碳酸盐岩台地环境，形成微晶灰岩、泥灰岩、生物屑灰岩及钙质页岩。生物以双壳类、腕足类最繁盛。之后，中央隆起带成为相对稳定的陆源剥蚀区。

侏罗纪，本区升降运动频繁，羌塘地块成为（新）特提斯活动边缘的后陆区。早侏罗世末期海水退出，在中侏罗世，海水再次入侵，此次海侵规模较大，与龙木错一带的残留海相连通。在海侵-海退过程中形成一系列准稳定建造，是在羌塘陆块北缘被动陆缘基础上发育起来的周缘前陆盆地沉积，广泛出露侏罗系下中统雁石坪群浅海沉积，为一套碳酸盐岩建造和陆相碎屑岩建造，属海相磨拉石沉积，在整个研究区内充填了砂屑、砾屑灰岩、核形石灰岩、生物屑灰岩、微晶灰岩的开阔台地相沉积，生物繁盛，见有双壳、腕足、海百合、珊瑚、菊石等大量化石。在羌塘中央隆起的北缘多处可以见到中侏罗统向上隆起的超覆现象，构成了上超型的角度不整合。晚侏罗世末，区内发生横推造山作用，前期地层强烈褶皱，并伴随有大规模的逆冲推覆构造活动，不同时期的地质体相互叠置，使地壳加厚。在地壳褶皱缩短过程中，上地壳主要产生叠覆构造，下地壳则为褶曲变形，地壳厚度增加了一倍。在南北向挤压作用下，先期形成的断裂在新构造运动中重新活动。全区大部分地区从此海水退出，上升为陆。

早、中白垩世，羌塘地区处于隆起的剥蚀状态，受班怒带的俯冲强烈影响，冈瓦纳古陆向北俯冲并发生与欧亚大陆碰撞的加剧，陆壳叠覆增厚，增厚的下地壳（$>$40km）在适合的温度条件下发生熔融，形成了调查区较富钾且强烈亏损 HREE 和 Y 的花岗岩，在本区相继发生了过铝质花岗岩和碱性花岗岩侵位。早白垩世晚期—晚白垩世早期，在羌北地区发生由南西向北东海侵，海侵初期普遍沉积一套海侵砂砾岩，稍晚时，海侵达到高峰，形成了碳酸盐岩沉积。生物极其丰富，出现有孔虫、腕虫、双壳、腹足、苔藓虫、海胆、海百合茎、介形虫等大量化石。晚白垩世晚期，受整个青藏高原整体抬升的影响，藏北地区地壳不断缩短，地层又一次发生区域性褶皱，相应的逆冲断裂活动普遍，海水退出全区。因此晚白垩世晚期是藏北海陆变迁的重要转折期，调查区从此结束了海洋历史。

四、高原隆升阶段

青藏高原的形成和演化目前较为一致的看法是青藏高原的形成是与印度板块向北俯冲和欧亚板块的碰撞有关。从内部来讲，整个青藏高原是由大小不同、形成时代有异的微陆块体群以蛇绿混杂岩带、混杂岩带、深大断裂带等拼贴而成，其中以亿年计的特提斯洋演化过程中沉积、岩浆活动形成的物质构成其浅表层次物质的主体，还有大量的导源于下地壳乃至地幔的深大断裂的存在，为在印度板块与欧亚板块碰撞过程中高原内部的多种变形、俯冲叠置和应力释放提供了物质基础。在印度板块向欧亚板块的长期持续挤压和受塔里木刚性地块的阻挡的大地构造背景下，众多微陆块间的有限俯冲叠置（包括印度板块的俯冲）、下地壳通过塑性变形、上地壳通过逆冲叠置作用应该是青藏高原地壳加厚的主要原因。

新生代初期，青藏高原北部总体处于陆内汇聚状态，始新世晚期—更新世初期主要为构造抬升阶段。始新世新特提斯海消亡后，受制于印度洋扩张，印度板块向北漂移并与亚洲大陆碰撞后仍然向北楔入，周边印度、扬子、塔里木三大刚性陆块向高原陆内汇聚，导致高原周边的帕米尔、横断山和秦岭三大构造结的形成，高原周边断裂带毫无例外地均向高原区倾斜，表现出高原地区上部柔性壳块向周边古陆台区方向的逆冲推覆、超叠，地壳发生不均衡缩短、加厚，上地幔大幅度沉陷，形成宽而深的"高原山根"，受该时期古地理和古气候的影响，全区处于剥蚀状态，许多地区出现了光秃的沙丘以及贫脊荒漠砂土，生物极其少见。上新世之后，地壳进一步缩短加厚，高原缓慢抬升，近南北向挤压转化为近东西向的侧向伸展作用，形成北北东向正断层，在调查区发育了一系列陆内拉分盆地，盆地几何形态呈菱形，沉积了较厚的新近系湖相沉积物，湖相地层主要为含石膏的细碎屑岩建造，有些盆地进一步发育为南北走向的湖泊。进入更新世，气候转入寒冷期，导致冰川广泛发育。更新世末，气候逐渐变暖，冰碛物发育。

更新世中期—现代，主要为均衡抬升阶段。晚更新世早期(时间跨度为 4.6～16.8 万年)，山根的抬升、均衡调整，对隆升起一定作用，大致相当于末次间冰期。区域气候由干冷转为温暖湿润，冰雪消融，降水充沛，湖泊水源补给充足。湖积物主要为一套灰色含砂砾石层偶夹灰—灰黄色含砾粗砂土，湖积物粒度普遍较粗。广泛发育的湖积(蚀)阶地及湖岸堤表明，邦达错湖面波动频繁，反映区内这一时期气候是多变的。全新世以来，青藏高原的整体隆升，地势不断升高，形成多级夷平面、湖相阶地等，并伴有一些北西向、北东向、近东西向继承性断层的活化，最终形成了现今的高原地貌。

第六章 经济地质与资源

第一节 矿产资源

测区位于青藏高原的北西部，隶属于羌塘-三江构造区，构造区南界为班公湖-怒江缝合带，北界为西金乌兰-金沙江板块缝合带。由于恶劣的自然环境(高寒缺氧)及艰苦的交通条件，测区地质矿产勘查程度较低。本次工作在收集利用前人资料的基础上，在开展地质调查的同时，注意搜集和发现新的矿化信息，并对有价值的鸭子湖砂金矿做了进一步调查工作，对矿化特征、分布规律及其成因进行了初步探讨。

一、矿产各论

测区矿产种类相对较少，主要以沉积型和蒸发沉积型矿产为主。贵重金属主要为金，非金属矿产主要有建筑材料石灰岩、化工原料钾盐、钠盐、硼；另有丰富的地热资源。

1. 贵重金属

图幅内贵重金属矿产仅金一种，矿产地共两处，其中鸭子湖砂金矿为本次工作新发现，小盆湖砂金矿为前人资料。

(1)鸭子湖砂金矿

位于西藏改则县北部鸭子湖一带(图 6-1)。从改则县向北约 400km 有简易道路可与矿区相通，地理坐标：东经 82°56′—83°08′，北纬 34°26′—34°40′。该矿为我项目在区调过程中根据群众报矿而发现的，经初步调查该矿具有品位高、无埋深、矿石较易选淘、金粒粗大、回收率高等特点，具较高的经济价值。

矿区周围地层为石炭—二叠系霍尔巴错群擦蒙组、展金组。擦蒙组主要为灰黑色板片状含砾变质泥质粉砂岩、含砾长石岩屑砂岩、灰黑色板片状千枚岩化泥岩夹灰色中层状钙质细粒石英砂岩。展金组为一套含中基性火山熔岩的地层，其岩性下部为凝灰岩、安山岩、玄武安山岩、玄武岩；中部为变质粉砂质泥岩夹少量凝灰岩、硅质岩、少量灰岩、砂岩等；上部为黑色气孔状玄武岩、黑色气孔状橄榄玄武岩及灰色、绿色、暗红色橄榄安山玄武岩等，中间无沉积夹层。展金组基性火山岩可能为砂金的主要物源。

矿区内基岩的主要构造线方向为近东西向，近东西向断裂主要产出于石炭—二叠系中，呈波状延伸，断裂性质多为压性逆断层，断面总体倾向北，局部地段倾向南，倾角一般 50°～70°；北西向断裂活动使石炭—二叠系空间分布发生改变。褶皱构造较发育，褶皱轴线以北东东向为主。背斜与向斜相间出现，背斜核部多由石炭—二叠系组成，中生界三叠系一般出露于向斜核部。

矿床位于鸭子湖北东水系中，矿体主要赋存于Ⅰ级阶地洪冲积层和河床、河漫滩洪冲积层内。砂金多富集于洪冲积层中下部或产于基岩上部，其碎屑物质经近距离搬运，砾石多呈棱角—次棱角状，分选性差；砾石成分复杂，与矿区基岩成分一致；矿体保存较好且较稳定。平面上，矿体呈北东向的长条形，沿北西45°展布；纵向上，由上游至下游呈缓倾斜的层状展布，且由北东向南西略有缓倾。水源主要为周围雪山融水，为季节性流水，水流方向为由北东向南西注入托和平错。含矿层位于地表以下 2～3m 处，具有砾石砾径小、砾石成分以凝灰岩为主的特征。地质剖面如下。

5. 灰黄色砾石层夹粗砂层	0.3m
4. 灰黄色含砾粗砂层，平行层理	0.6m

3. 灰黄色砾石层，砾石扁平，一般大小 2cm×3cm～3cm×5cm，含量 60%～70%，砾间砂质充填，砾石成分以粉砾岩为主，砂金含量较低　　1.2～2.0m

2. 深灰、灰黑色砂砾石层，砾石一般大小 2cm×3cm，次圆状，含量 50%，砾石成分以安山岩为主，是主要含砂金层　　0.1～0.3m

1. 灰黄色粘土质淤泥　　0.1～0.2m

下伏基岩为石炭—二叠系展金组灰色凝灰岩

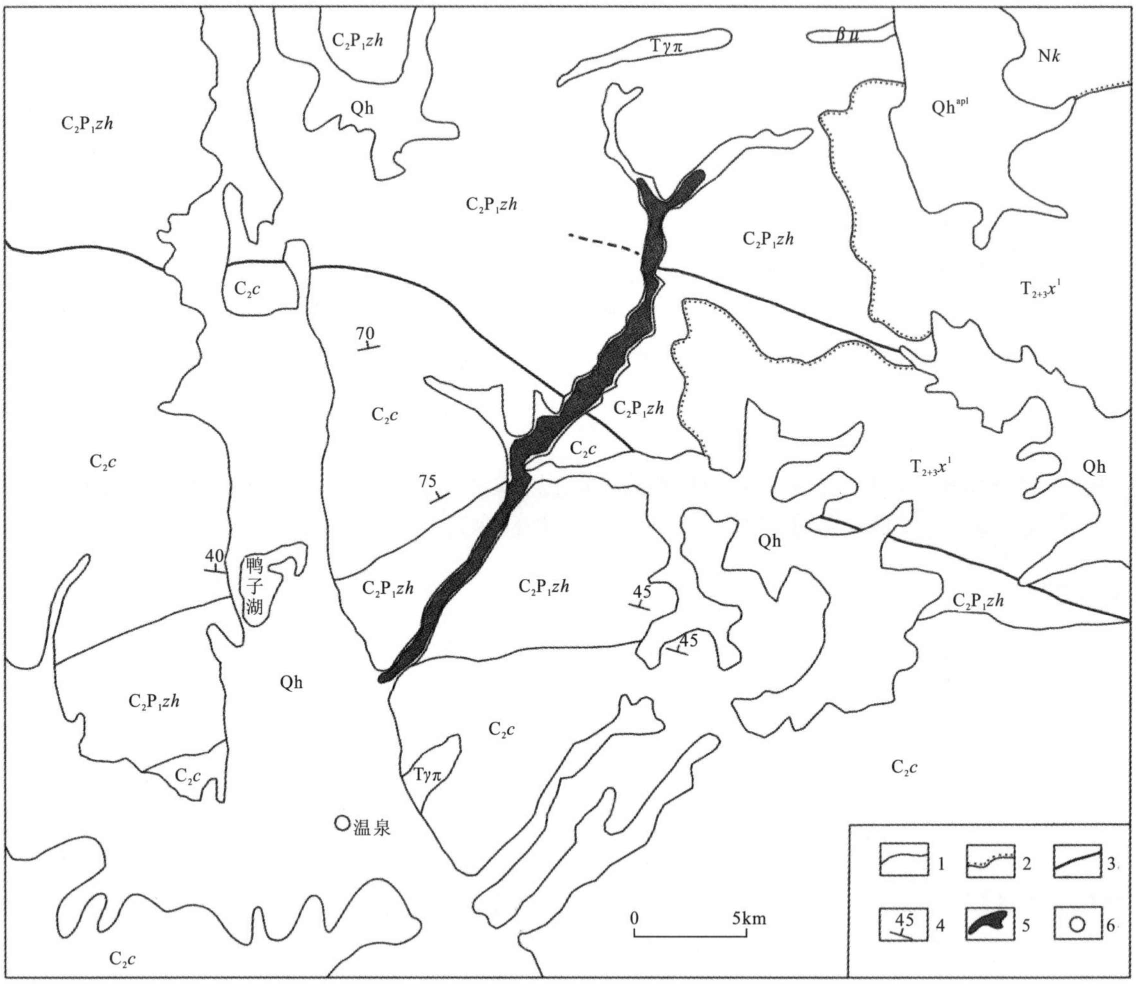

图 6-1　鸭子湖砂金矿地质略图

Qh. 第四系；*Nk*. 新近系康托组；$T_{2+3}x^1$. 三叠系砂岩组；C_2P_1zh. 石炭—二叠系展金组；C_2c. 石炭—二叠系擦蒙组；$T\pi\gamma$. 花岗斑岩；$\beta\mu$. 辉绿岩；1. 地层界线；2. 不整合界线；3. 断裂；4. 地层产状；5. 砂金矿体；6. 温泉

含矿层主要呈层状、似层状。重矿物组合简单，变化小，主要矿物为褐铁矿，其次为磁铁矿，少数为锆石、石榴子石、绿帘石、磷灰石，个别为方铅矿、独居石、辉石。砂金多呈金黄色，强金属光泽，硬度小，具强延展性；形态主要为浑圆粒状，少数为树枝状和片状。通过 4 件组合样分析，砂金粒度为 0.18mm×2.54mm～0.45mm×1.25mm，个别达 1.6mm×3.5mm。该矿发现的最大金粒为 1.8mm×3.5mm，呈片状。

该砂金矿产出河谷宽 300～800m，其可采宽度 200～500m，河谷长 20km，含金砂层厚度 0.2m，金粒肉眼可见，呈鳞片状、片状，一般直径在 1mm 左右，大者可达 2～3mm。本次工作采集了两个精砂矿样和两个自然重砂矿样，样品品位 0.43～6.3g/m³，矿体平均品位为 1.985g/m³，属不均匀矿化类型。由此可概略预测该矿的资源量(334)约为 2.8t。

(2)小盆湖砂金矿

位于西藏改则县北部小盆湖一带，与鸭子湖金矿东西间距约 10km，同属于“藏北羌塘小盆湖-拉雄错砂金矿带”，地理坐标：东经 82°31′—82°37′，北纬 34°24′—34°29′。海拔高程为 5 162m～5 206m。

矿区周围地层为石炭—二叠系霍尔巴错群擦蒙组、展金组。其岩性为一套以深灰色含砾晶屑凝灰质板岩、灰黑色板岩、粉砂质板岩为主，夹灰白色石英砂岩、长石石英砂岩、含砾砂岩、细砾岩。地层褶皱较发育，褶皱枢纽走向与地层走向一致，为近东西向，有倾伏，倾角较缓，两翼倾角主要为 50°～60°，翼间角为 60°～80°，以对称型直立褶皱为主。在断层附近可见地层倒转，表现为小型的斜歪或同斜紧闭褶皱。褶皱反映总的挤压应力为近南北向。区内共见 7 条断裂，一般延伸不大，仅 2～4km；断裂带宽数米至 20m；走向以近东西向为主。

矿床位于小盆湖北东水系中上游，矿体主要赋存于Ⅱ级阶地洪冲积层和河床、河漫滩洪冲积层内。矿体形态简单，产状基本呈水平层状。平面上，矿体呈北东宽、南西窄的梯形，沿 NE—SW 向展布；纵向上，由上游(NE)至下游(SW)呈缓倾斜的层状展布，且由北西向南东略有缓倾。矿体长 1 403.35m，平均宽度为 121.63m，混合砂平均厚度为 2.13m。

矿体由 4 条勘探线 13 个够品位浅井控制，矿体平均品位为 0.970 7g/m^3，品位变化系数为 109.20%，属不均匀矿化类型。矿体在纵向上从上游到下游品位呈高低起伏、跳跃的特点，勘探线平均品位从 0.478 4%至 1.379 9%变化。矿体横向上总趋势为中部品位较高，两端逐渐变贫，可由表内矿变为非矿。矿体品位在垂直(厚度)方向的变化特征是上贫下富，砂金分布频率在矿体底板以上 0～1m 范围内达 44.68%，向上渐次变贫。

矿石类型主要有含砂砾石粘土矿石、含粘土砂砾石矿石、含砂砾石矿石、含砾石砂矿石 4 种类型，主要呈层状、似层状，局部为透镜状。重矿物组合变化小，组合简单，主要矿物为磁铁矿、赤铁矿、褐铁矿，其次为锆石，少数为石榴子石、白钛石、金红石，个别为白钨矿、独居石、锡石、辰砂。其中，锆石、石榴子石、金红石、白钛石等具明显的磨蚀现象。

砂金多呈金黄色，少数呈铜红色，强金属光泽，个别砂金表面覆盖有氧化铁薄膜而呈桔黄色，硬度小，具强延展性；形态主要为等粒状参差粒状、长柱状等。金粒表面似蜂窝状，凹凸不平，一般干净无污，粗大金粒普遍有石英碎粒包体或包体分离后留下一空洞。该矿发现的最大金粒为 6.5mm×4.5mm×1.8mm，呈长粒状，重 242.68mg。

砂金在横向上矿体中部及南侧品位较高。在纵向上近上游的矿体展布较宽，品位较高，向南西宽度变窄，这与河谷由窄突然变宽的地貌吻合。在垂向上砂金主要富集在中下部，即在冰冻层上部和基岩底板上部，这可能与后期冰冻作用导致的粘土和金粒下坠有关。

矿体厚度较为稳定，大体呈中间厚、两端薄的形态。该矿床检查评价(贾保江，廖忠礼. 西藏自治区改则县小盆湖砂金矿点检查报告. 1999)查明，表内矿体 1 个，求获 D+E 级砂金储量 353kg。

2. 建筑材料

图幅内建筑材料仅石灰岩一种，新发现矿产地一处，赋存于侏罗纪地层内。

三岛湖石灰岩矿

位于三岛湖北约 15km 处，从改则县向北约 400km 有简易道路可与矿区相通，地理坐标：东经 34°56′31″，北纬 83°55′00″。该矿为我项目在区调过程中测制剖面时发现，品位达工业要求，具有一定的工业价值。

矿区出露地层主要有侏罗系雁石坪群色洼组、布曲组、新近系唢纳湖组及第四系冲洪积砂砾石层。色洼组(J_2YSs)岩性主要为钙质泥页岩、粉砂质泥岩、泥晶灰岩及鲕粒灰岩。下部以灰、灰黑色泥页岩、钙质泥岩、钙质粉砂质泥岩为主，夹黑色腕足壳屑亮晶灰岩、含生物碎屑灰岩及灰色薄层泥晶灰岩；中部以灰黑色中薄层泥晶灰岩、泥质灰岩为主，夹深灰色薄层亮晶鲕粒灰岩、含砂屑泥晶灰岩、生物碎屑灰岩及灰红色微晶砂屑灰岩、灰黄色钙质泥岩；上部以灰色中薄层、薄层亮晶鲕粒灰岩、泥晶灰岩与灰、灰黑色钙质泥岩不均匀互层。中部灰岩中含极丰富的古生物化石。布曲组(J_2YSb)与下伏色洼组整合接触，岩性主要为泥晶灰岩、鲕粒灰岩、生物碎屑灰岩。下部以灰、深灰色薄层微晶灰岩、泥晶灰岩为主，夹灰色含腕足亮晶鲕粒灰岩、核形石灰岩、含生物亮晶鲕粒灰岩及生物碎屑灰岩；上部为灰、灰黄色薄层泥质灰岩、亮晶砂屑灰岩与灰黑色薄层泥晶灰岩不均匀互层，夹少量灰色薄层含生物屑亮晶鲕粒灰岩、灰黄色薄层亮晶含腕足鲕粒灰岩及灰色薄层钙质细粒岩屑砂岩。水平层理、冲洗交错层理发育，生物碎屑灰岩中含丰富的动物化石，且保存完整。唢纳湖组(Ns)不整合于下伏雁石坪群之上，主要岩性为紫灰、灰褐色中层状钙质胶结砾岩和含砾粗砂岩、紫红色、灰色粉砂岩、粉砂质泥岩。第四系多分布于低凹地带，由冲洪积砂砾石、砂土组成。区内构造简单，侏罗系地层呈宽缓的背向斜产出，构造线方向近东西向。

本矿含矿层位为侏罗系雁石坪群布曲组的上部，系一套碳酸盐岩沉积，主要岩性为泥晶灰岩、鲕粒灰岩、生物碎屑灰岩。其剖面如下。

53. 黑色薄层—中薄层状泥晶灰岩夹灰色薄层状鲕粒灰岩，含生物屑灰岩	800m
52. 灰色中薄层状细粒石英砂岩	20m
51. 黑色薄层状泥晶灰岩夹薄板状泥晶灰岩，为含矿层	135m
50. 灰色、深灰色中薄层状泥晶灰岩与薄层状泥晶灰岩互层，夹有腕足灰岩	100m
49. 黑色薄板—厚层状泥晶灰岩	760m
48. 灰色中薄层状泥晶灰岩与薄板状泥晶灰岩互层	40m
47. 灰黑色薄层—中厚层状泥晶灰岩，为含矿层	78.5m

矿体规模较大，呈层状产出，延伸在1 000m以上，厚度大于300m，其延伸推测为200m，估算地质储量$6.0\times10^7m^3$以上，属大型石灰岩矿床。样品化学分析结果：CaO 51.75%，53.04%；SiO_2 3.75%，2.90%；MgO 0.80%，0.60%；Al_2O_3 0.98%；Fe_2O_3 0.37%，0.27%；S 0.044%，0.027%。矿石质量较好，属Ⅰ级冶金用石灰岩，具较大的工业价值。

3. 化工原料

图幅内化工原料矿产据1∶1 000 000日土幅矿产报告，主要为以钾盐、钠盐为主的蒸发沉积型盐类矿床，同时伴生有锂、硼等多种矿化，共发现矿产地四处，其中小型矿床一处，矿化点三处。

矿区位于图幅东南部万泉湖—白烟湖—北无名湖一带，出露地层有石炭—二叠系霍尔巴错群擦蒙组、展金组、曲地组、三叠系肖茶卡组以及大面积新近系唢纳湖组和第四系冲洪积砂砾石、湖积粘土。矿区周围出露有二叠纪基性侵入岩和三叠纪中酸性侵入岩。构造较为简单，构造线方向北北东向。唢纳湖组湖相沉积的灰紫—灰褐色厚—巨厚层状砂砾岩和紫红、灰色粉砂质泥岩、粘土可能为该区盐类矿产的直接矿源层。

小泉湖盐矿

位于改则县察布区南西小泉湖，湖中心地理坐标：东经83°40′，北纬34°05′。湖水面积$1.5km^2$。湖水含钾量为3 520mg/L，同时亦具锂、硼、钠盐矿化。估算地质储量(KCl)为2.0×10^4t，属小型矿床。在湖周的湖积物内，含有较高的钠盐(表6-1，表6-2)，但含盐层厚度较小，平均厚仅6cm，分布面积约$2.5km^2$。湖泥样品化学分析结果：Na^+ 34.63%，Cl^- 41.56%，Li^+ 0.04%，B^{3+} 0.49%，K^+ 1.88%。属踏勘矿化点。另湖水及湖积物中B_2O_3含量分别达到1 032.13mg/L和3.16%，已达工业要求，可求得地质储量(B_2O_3)为3.1×10^3t，其规模属小型矿床。

表6-1　盐湖含钠盐样品分析结果一览表

编号	湖名	面积(km^2)	化学分析(%)					湖水水质化学类型	备注
			Na^+	Cl^-	Li^+	B^+	K^+		
1	小泉湖	1.5	34.63	41.56	0.04	0.49	1.88	Cl-Na型	亦具锂、硼、钾矿化
2	万泉湖	5.5	19.62	14.38	0.02	0.22		Cl-Na型	亦具锂、硼矿化
3	白烟湖	8～9	35.56	43.38	0.02	0.23		Cl-Na型	亦具锂、硼矿化
4	北无名湖	4	32.81	41.39	0.08	0.61	2.72	Cl-Na型	亦具锂、硼、钾矿化

表 6-2 盐湖硼含量一览表

编号	湖名	面积(km^2)	湖水 B_2O_3 含量(mg/L)	湖积物 B_2O_3 含量(%)	规模	备注
1	万泉湖	26	277.78	1.42	矿化点	亦具碱、钠盐矿化
2	小泉湖	1.5	1 032.13	3.16	地质储量(B_2O_3)3.1×10^3t,属小型矿床	亦具钾、锂、钠盐矿化

万泉湖盐矿

位于改则县察布区南西万泉湖岸。分布在湖的南岸湖积物内,盐层薄,一般仅厚 0.5cm,局部达 1cm,分布面积约 5.5km^2。湖泥样化学分析:Na^+ 19.62%,Cl^- 14.38%,Li^+ 0.02%,B^{3+} 0.22%。属踏勘矿化点。另湖水及湖积物中 B_2O_3 含量分别达到 277.78mg/L 和 1.42%。属矿化点。

白烟湖盐矿

位于改则县察布区南西白烟湖岸。分布在湖周的湖积物内,含盐层厚度小,平均厚约 6cm,分布面积 8~9km^2。湖泥样化学分析:Na^+ 35.56%,Cl^- 43.08%,Li^+ 0.02%,B^{3+} 0.23%。属踏勘矿化点。

北无名湖盐矿

位于改则县察布区南西北无名湖岸。分布在湖周的湖积物内,含盐层分布面积约 4km^2,但含盐层厚薄不一,中间厚边缘薄,平均厚约 7cm,湖泥样化学分析:Na^+ 32.81%,Cl^- 41.39%,Li^+ 0.08%,B^{3+} 0.61%,K^+ 2.72%。属踏勘矿化点。

4. 地热

图幅地处羌塘水热活动带,水热活动比较强烈,地热显示也较复杂,有间隙喷泉、热泉、温泉以及钙华、硅华等,温泉多以中高温型为主,热泉仅 1 处。涌水量较大,一般都在 10L/s 以上,最大的托和平错泉群,其涌水量可达 150L/s(表 6-3)。

表 6-3 水热活动一览表

名称	位置	海拔标高(m)	水温(℃)	流量(L/s)	pH 值	热显示类型	天然热流量(J/s)	水质类型	备注
托和平错	改则县察布区托和平错北西 30km	5 136	80	150	8.74	间隙喷泉、热泉、钙华、硅华	50 241.6	HCO_3-Na	1∶1 000 000 日土幅矿产报告(1987)
温泉湖	改则县察布区温泉湖南 2km	4 935	18	10		温泉	753.6		1∶1 000 000 日土幅矿产报告(1987)
七泉沟	改则县察布区鸭子湖北东 30km	5 260	15	>50		温泉			本次调查
温泉湖	改则县察布区温泉湖南东 8km	4 890	5	15		温泉			本次调查

托和平错地热田

托和平错热田位于改则县察布区的托和平错北西约 30km 处,海拔高度 5 136m,地理坐标为东经 82°54′47″,北纬 34°22′14″。交通不便,有简易道路与热田相通。

该热田沿北西向的托和平错断裂分布。热田范围内出露的地层有石炭系霍尔巴错群的石英砂岩、板岩、千枚岩和第四系沉积物。在泉口附近有隐晶质和气孔状玄武质凝灰岩和玄武岩。

据 1∶1 000 000 日土幅矿产报告(1987),该热田水热活动强度大,地热显示有间隙喷泉、热泉、钙华等。泉口有 14 处,主泉口 4 处,热水温度高,最高达 94℃;小泉 10 处,平均温度 70℃~80℃。泉的涌水量为 150L/s,天然热流量大约为 5.0×10^4J/s,可获得 2.0×10^4kW 的电力。

本次调查发现,托和平错地热田仍在活动,而鸭子湖温泉可能已经停止活动,泉口不再喷水。托和平错地热田的活动能力有所减弱,间隙喷泉喷出的水柱已由过去的 0.3m 减至目前的 0.1m 左右,强喷发时水柱 1.5m 减至目前的 0.5m。水温仍烫手,估计仍在 70~80℃之间,一般每分钟喷发一次,每次可持续数秒钟。该热泉为含高硫物质的泉群，远处就可闻见呛鼻的异味，至近处则不可久留。

二、矿产分布规律及成因

图幅内未发现内生矿产，外生矿产主要有金、盐湖盐类(硼、钾盐、钠盐)、石灰岩 3 个矿种。

外生矿产的形成和分布严格受岩相古地理和古气候的控制。不同地区由于在不同地质时期的构造变动特点不一及岩相古地理、古气候的差异，形成了不同的外生矿产，据初步研究，它们具有一定的分布规律。

在空间上，金分布于图幅的东部石炭—二叠系地层内，矿产地有两处；石灰岩分布于图幅北东部新生代侏罗纪地层内，规模较大；盐湖盐类主要分布于图幅的东南部湖盆周围。

在成矿时期上，为中、新生代，且以新生代的矿产工业意义最大。中生代有石灰岩生成；新生代，尤其是第四纪以来，有砂金、盐类 2 个矿种。其成因类型有机械沉积、蒸发沉积，表明外生矿产的生成数量随地质时代变新而增加，矿种由少到多，成因类型由较简单到较复杂的演化。

1. 侏罗纪石灰岩矿

侏罗系雁石坪群布曲组岩性为深灰、灰黑色厚层—巨厚层泥晶灰岩、粉砂质微晶灰岩；灰黑色厚层白云岩化砂屑灰岩、灰色中层弱白云岩化亮晶砂质砂屑灰岩夹灰、灰黑色薄层亮晶含粉砂质鲕粒灰岩、灰黄色薄层粉砂岩和黄绿色、灰黄色钙质泥岩及石膏。属一套浅海相的碳酸盐岩沉积建造。矿床的成因为机械碎屑沉积作用成因，系海盆中已沉积的弱固结的灰岩，经浪击作用再沉积固结而成。该类型矿床一般 CaO 含量较低，可作熔剂或烧石灰。该矿规模较大，为大型石灰岩矿床。今后可在本群出露的黄土岗达坂、拜惹布错及鸭子湖一带寻找该时代石灰岩矿。

2. 第四纪矿产

主要矿种有盐类和金矿床，为蒸发沉积和洪冲积型成因类型。

蒸发沉积矿床

本类矿床即为现代盐湖中的盐类矿床，主要包括硼、钠盐、钾盐等固体盐类，主要分布于图幅的东南部湖盆周围。像高原其他内陆湖泊一样，新生代以来，由于高原的不断隆升，气候干燥，蒸发量远远大于降水量，导致湖泊面积不断萎缩，其盐度不断升高而成盐湖，最终导致各种盐类矿床的形成。一般硼矿形成稍早，可能在全新世早期形成；而钠盐、钾盐形成稍晚，可能是在全新世晚期形成。有的湖泊的湖水矿化度较高，含盐量有的已达到工业指标。

洪冲积型矿床

此类矿床仅发现砂金矿。矿体主要赋存于Ⅰ级阶地洪冲积层和河床、河漫滩洪冲积层内。砂金多富集于洪冲积层中下部或产于基岩之上部，其碎屑物质经近距离搬运，砾石多呈棱角—次棱角状，分选性差；砾石成分复杂，与矿区基岩成分一致；矿体保存较好且较稳定。其形成时代为第四纪晚更新世—早全新世。

区内金矿成因类型为洪积-冲积型，形态类型为河床、河漫滩Ⅰ级阶地型，其矿石类型主要为砂砾石型和含砂砾粘土型。根据矿石中砾石磨圆度差、分选性不好，砂金粒度以粗巨粒为主，其形态多为港湾状、疙瘩状、不规则状、板状、粒状、树枝状和浑圆片状等，粗巨粒金多含石英包体，表面常附有钙质铁质薄膜，成色为中等—高等特点，可以判断金矿中的砂金搬运不远，为近源型砂金矿。从矿区地质特征分析，矿床周围地层均为石炭—二叠系霍尔巴错群擦蒙组、展金组，三叠系肖茶卡群砂岩组；尤其是展金组岩性下部为凝灰岩，气孔、杏仁状安山岩，气孔、杏仁状玄武安山岩，气孔、杏仁状玄武岩。少许断裂及构造蚀变岩不可能提供如此巨大的金源，最有可能的金矿源层即为展金组火山岩。据贾保江等对小盆湖金矿 17 件痕金分析及 12 件微量元素分析成果显示，霍尔巴错群 $\omega(Au)$为$(4.5\sim36.0)\times10^{-9}$，平均值为 11.7×10^{-9}，为地壳丰度值(4×10^{-9})的 2.9 倍；与 Au 密切相关的 Ag、As、Sb、Pb、Bi 平均含量分别达到地壳丰度值的 3.2 倍、4.3 倍、2.5 倍、5.1 倍和 1.5 倍，表明该套地层很可能是砂金矿床的矿源层。在金的成色分析样中，部分样品含银较高，表现出火山岩型金矿的特点，也佐证了石炭—二叠系霍尔巴错群展金组中的酸性火山凝灰岩可能是砂金的矿源层。

三、找矿方向和成矿远景区

杜光树等在总结西藏砂金成矿特征时指出，西藏砂金矿具有“新、近、短”和金源丰富的特点，并解释为：新，即成矿时代新；近，即离矿源近；短，即成矿过程短。这一认识与区内砂金矿带的特征是基本吻合的。青藏高原新构造运动在总体上具有相类似的特点，由新构造运动而导致的与砂金成矿作用密切相关的地形地貌、第四纪地质环境、外营力作用和气候条件等具有诸多类似之处。这种类似的环境决定了砂金矿床成因类型、形态类型的相似性。当然，由于羌塘地块的演化有其自身规律特点，在承认相似性的同时也不能忽略其差异性。这种差异性，不仅仅表现为矿质来源的不同，也表现在其他方面。比如，在成矿过程短的问题上，可能不能忽略中央隆起带多次隆升成陆并在相当一个地史过程中呈海、岛频繁变迁的历史。在这个变化过程中，每一个不整合面之上的合适的位置都有可能形成砾岩型金矿，而现在我们在该带所发现的砂金矿，可能有相当部分是经历了多个矿质来源和多个富集阶段的最终产物。归纳起来，本区砂金找矿方向是：

(1)石炭—二叠系霍尔巴错群中的火山岩层分布区。

(2)区域不整合面之上的底砾岩及其流经的水系下部。

(3)古夷平面及其剥蚀区下部堆积区。

(4)直接线索是前人留下的古砂金采场。

(5)在具体矿点上，应非常重视冰冻层(假底板)之上、基岩底板之上和基座基岩表壳裂隙漏砂带 3 个主要砂金富集层位。

小盆湖-鸭子湖砂金矿成矿远景区

依据以上讨论，在本区划分出一个成矿远景区，地理坐标：东经 82°30′—83°30′，北纬 34°08′—34°40′，由小温泉—长北山—胃湖—托和平错—夏碱湖所围成的区域，面积约 5 000km^2。在卫星影像图上，本区呈灰黑色、棕褐色调，与区内其他地方的浅色影像特征截然分明。本区的地层主要为石炭—二叠系霍尔巴错群擦蒙组、展金组，三叠系肖茶卡群砂岩组。目前在小盆湖、恰贡错、鸭子湖等地已发现砂金矿床或古砂金采场。该区砂金矿矿源层分布范围广大，金矿成矿地质条件优越，具有很大的金矿找矿远景，近年来探明的砂金资源量已达近 3t，随着该区金矿地质工作的进一步开展，矿床范围将会得到大大扩展。

特别是在甜水湖北的鱼鳞山组火山岩地层中，对气孔状霞石响岩、霞石响岩进行了含金量分析，其结果见表 6-4。从表中可以看出，霞石响岩的 $\omega(Au)$为$(8.3\sim13.9)\times10^{-9}$，平均值为 11.35×10^{-9}，为地壳丰度值(4×10^{-9})的 2.8 倍，表明该套地层含金。同时其周围地层为石炭—二叠系霍尔巴错群擦蒙组、展金组，展金组中的酸性火山凝灰岩本来就是砂金的矿源层，因此在该区范围内的第四纪河床、河漫滩阶地上很可能发现新的矿床(化)点。

表 6-4　火山岩含金量分析结果($\times10^{-9}$)

样号	岩石名称	Au	样号	岩石名称	Au
P14xt-1	气孔状霞石响岩	13.9	P14xt-5	霞石响岩	10.3
P14xt-3	杏仁、气孔状霞石响岩	13.1	P14xt-6	气孔状霞石响岩	13.5
P14xt-4	霞石响岩	9.0	P14xt-7	气孔状霞石响岩	8.3

注：由武汉综合岩矿测试中心湖北省地质实验研究所检验。

另外，图幅内湖泊广布，咸水湖较为发育，具有分布面积大、矿化程度高的特点，应注意在托和平错、温泉湖、夏碱湖等地寻找与现代盐湖有关的蒸发沉积型盐类矿床。

第二节　生态环境

一、高原地貌

调查区属西昆仑山脉西段，地处高原腹地，属羌塘高原地貌区，平均海拔 5 000m 左右。总的趋势是由北西向南东倾斜。位于调查区中部的海拔 5 994m 的鸭子湖北西极高山是区内最高点，东南部白烟湖湖面海拔 4 849m，为区内最低处。最大高差达 1 144m。由间断分布的中小起伏山地和高原内部湖泊、宽阔的山间谷地组成。

测区地貌可分为极高山地貌、高山地貌、山间谷地地貌、湖积地貌四种类型。

极高山地貌：指多年积雪覆盖的山地，也即雪线以上的山地。区内仅在鸭子湖北西一处有冰雪极高山，海拔 5 900m 以上。极高山发育有冰舌、U 型谷和冰川终积、侧积。终积逐渐上移，反映了冰川加速融化退缩的迹象。

高山地貌：指雪线以下，海拔 3 500m 以上的山地。这是区内最主要的地貌类型。这种地貌类型以冰蚀地貌、流石坡、洪积扇为特征。相对高差 500～1 000m 的中起伏高山，其山峰高度为 5 000～5 600m，多位于山脊两侧。冰蚀现象仍较普遍。地表融冻流石坡地貌发育。相对高差 500m 以下的小起伏高山，多分布在高原面上，物理破碎作用强盛，坡度一般和缓。

山间谷地地貌：指位于平行山系之间，比较平缓开阔的砂砾石、覆沙地。呈开阔平坦的谷状平原，宽几千米到几十千米，多由构造成因或由早期湖盆河系演化而来，谷底沉积物厚几米至数十米，由第四纪残坡积层或湖相砂质粘土沉积物组成。一般呈缓倾斜，地面坡度为 1°～3°。

湖积地貌：指高原湖泊及其周围的地貌。湖泊一般为封闭型内陆湖泊。其周围地势平坦，由第四纪湖相砂质粘土或盐渍化粘土组成。部分湖泊边缘发育盐沼沉积或盐碱滩地。20 多年来，由于高原气候处于异常剧烈的波动之中，气候向偏暖、干旱方向发展。蒸发量远远大于大气降水，且雪线不断升高，冰川后退，河流径流量减少，湖泊萎缩。

二、气候

测区属典型的荒漠寒漠大陆性气候，呈寒冷、干旱、多风、蒸发强烈的高原气候特征。空气稀薄，气压低，氧气少，仅相当于海平面的 40%左右；沸点为 80℃，空气干燥少尘，透明度高，大气质量约为海平面的 1/2。CO_2 含量不及海平面的 1/2，致使高原的天空分外碧蓝。

本区位于昆仑山脉的西部，属藏北羌塘高原区，地处中纬度，全年没有无霜期，更没有四季之分，仅有冷暖季之别，暖季短且暖湿同期。全年以西北风为主，冬春季节多大风、风沙天气。昼夜温差较大，即使夏季也发生降雪。年平均温度为－8～－10℃，冬季（1 月）可达－21℃，进入夏季（7 月）平均气温也只有 4℃。这里气候异常寒冷，气温日变化剧烈，由于暖季晴空少云，太阳辐射强，日照时间长（全年可达 3 300 小时以上），夜间地面长波辐射也强，中午气温可升至 20℃左右，但夜间仍可降至冰点以下，甚至零下 10℃，日温差达 30℃地。每年 6—8 月平均气温 0～11℃，9 月下旬降至 4℃以下，并逐渐封冻。6—7 月中旬为冰冻消融期，之后逐渐干枯。

本区地处青藏高原昆仑山脉西部，卫星云图中云团的移动表明，暖湿的阿拉伯海水汽为本区的降雪和冰川发育，提供了主要的水汽来源。由于远离阿拉伯海，又有重重高山叠嶂，绝大部分水汽被喜马拉雅山、喀喇昆仑山、昆仑山截留形成中纬度地区最为壮观的冰川群，进入高原西部的水汽所剩无几。仅在极高山区有稍多降水，形成山岳冰川的集中发育中心。高原面上年降水量一般不超过 100mm，且多以固态形式的雪、霰、冰雹为主。水汽输送量的强弱和离水汽源地的远近反映在植被类型上，本区的高原面十分干旱，为高山荒漠及光裸不毛之地，植被类型以荒漠沙生针茅草原为主。

三、地表水

区内没有大面积的冰川，发育了少量的河流和星罗棋布的湖泊。

1. 冰川

区内在鸭子湖北西发育冰川，面积不足 1km^2。其属极大陆性冰川，冰川积累区年降水量小于 600mm。冰川发育在较平坦的山峰顶部，因地形平坦，多年积雪有效率高，冰川作用正负差异小，刨蚀和堆积作用弱，冰面洁净。还由于外围不受任何限制，冰川增长同时向四周扩展。

2. 河流、湖、泉

区内河流较发育，主要有淡水河(42km)、托和平错河(40km)、百泉河(62km)、泉水河(10km)。这 4 条河流与众多的时令河组成了高原盆地中的大动脉，滋润着广袤的高山草场。4 条河流的流域面积达 2 000km^2。河流的水量补给主要有两种，即大气降水和出露泉水。

这些河流均为内流水系，由于受纵向及斜向不同构造带控制，处在高原的山间盆地多呈条带状，并沿构造凹陷发育内陆湖盆。无论源自周边高山冰雪，或源自湖泊及泉水的河流，最终则多与湖泊构成封闭的河湖流域系统。河流以流程短、河流面积小和当今无开发利用条件为特点。但是对自然生态环境及野生动植物资源的生存与发展却具有决定性作用。

区内湖泊星罗棋布，主要有托和平错、万泉湖、温泉湖、玉环湖、三岛湖、拜惹布错、夏碱湖等，总面积约 250km^2，对区内气候起着重要作用。主要湖泊托和平错，位于测区的南部。托和平错位于东经 83°09′，北纬 34°10′，海拔 5 015m，湖面积为 40km^2。湖水较咸，水型为 SO—Na。其水源主要靠其北部山地冰雪融水补给。

区内有 3 处泉水，最大的托和平错热泉流量达 150L/s，水温 80℃，是极好的地下水资源。

四、高原生物种类

生物包括植物、动物和微生物，是生态系统的核心部分。生物与其环境的统一体就是生态系统。一个地区所有生态系统的总和构成该地区的自然地理景观。植被是生态系统的第一生产者，是推动整个生态系统运转的能量的捕获者。一个地区植被的组成和外貌特征、动物的生态类群都与其生态环境密切相关。

1. 植物

植物的生存需要一定的环境条件，特别是气候条件和土壤条件对植物的影响最大。测区平均海拔 5 000m左右，气候恶劣，寒冷干旱。基岩裸露区、流石坡区均无植被。5 400m 以上的基岩裸露区无植被，主要以原地物理风化破碎形成的砾石、角砾石组成地表表面。流石坡指碎石在山根脚部以流石坡、洪积扇为特征的地貌，主要分布在高山的山根脚部，在鸭子湖、温泉湖、万泉湖、小盆湖等地表现尤其明显，在卫星影像图中以棕褐色调、砂质、巨大的扇面为特征。

本区现代植被类型在我国植物区划系统中属于青藏高原高寒荒漠植被区域，植被类型较简单，以高原高寒荒漠草原的植物种属为主，主要有紫花针茅(*Stipa purpurea*)、羽状针茅(*Stipa subsessiliflora* var. *basiplumosa*)、沙生针茅(*Stipa glareosa*)、青藏苔草(*Carex Moorcroftii*)、垫状驼绒藜(*Ceratoides compacta*)、合头草(*Sympegma regelii*)、盐生草(*Plantago lanceolata*)和几种高等植物组成。各种植物以不同的生活类型适应着高原干旱、寒冷导致的生长期短的气候，具有抗低温、早生的生态习性。绝大多数植物叶面缩小成刺、被毛，植株低矮、茎短、丛生或近似莲花座或垫状。生产能力低，每公顷产草量合成鲜物质重量平均为 350～700kg，植被覆盖率一般在 20%～50%，植被的平均高度为 12～16cm。载食草动物能力低，草场不耐践踏。但是由于面积广大，牧草适口性好，营养物质含量比较丰富，毒草和有害草少，成为食草动物生存的必要条件。

依据植被特点、土壤状况、地貌特征和水体类型等因素，可将区内植被划归 3 个主要植被类型，即高山荒漠、高山草原、高山草甸。

(1)高山荒漠区

主要分布于黄土岗达坂—拜惹布错山一带，面积约 1 200km^2，分布于 4 900～5 400m 的高度。以合头草和垫状小半灌木驼绒藜等为主，草地盖度一般为 1%～25%。

(2)高山草原区

主要分布于区内各个山系之间的谷地，为区内最广泛的植被类型之一。面积约 5 000km^2，分布于 4 800～5 100m 的高度。此区的特点是植被稀疏，以青藏苔草、沙生针茅等为主。是藏北主要的牧场，草地覆盖度 7%～18%。

(3)高山草甸区

面积约 2 000km^2，分布于 4 800～5 200m 的高度内。草类植被较稀疏，由高原沙生针茅、紫花针茅等组成，草地盖度 7%～18%。

2. 动物

羌塘地区的动物种类比较贫乏，这与其特殊的自然历史、自然地理环境有密切的关系。在这一地区，由于人类活动的影响相对较小，原始的自然生态系统仍维持在较好的状态，动物的区系组成和主要的相互关系也比较协调。区内的动物生态类群主要以哺乳类动物和鸟类为主。

测区内的野生哺乳动物主要有 7 种：藏羚(*Pantholops hodgsoni*)、野牦牛(*Poephagus mutus*)、藏野驴(*Asinus kiong*)、黄羊(*Mongolian gazelle*)、棕熊(*Ursus arctos*)、狼(*Canis lupus*)、鼠兔(*Lepus capensis*)等。其中属于国家一级野生珍稀保护动物的有藏羚、野牦牛、藏野驴 3 种。属于国家二级野生珍稀保护动物的有棕熊 1 种。

藏羚羊：哺乳纲，偶蹄目，牛科。体长约 1.2m，雄兽吻鼻部隆起而粗大，角细长形笔直，近基部有明显的横棱。尾短而尖。背毛浅红棕色，腹部白色。头顶及下颏白色，稍带棕色。耳内呈白色，四肢浅灰白色。为羌塘草原特有的代表动物，在高原草原，高山草甸或荒漠草原环境下均可生活，水源附近尤为密集。喜结群活动，每年 4—6 月为繁殖期。大部分雌性藏羚羊结成大群长途迁徙至繁殖地。其主要食物为禾本科(*Graminena*)和莎草科(*Cyperaceae*)植物。狼是其主要天敌。藏羚极具利用价值，尤其是藏羚绒制品在尼泊尔、印度、意大利市场走俏，为追逐非法商业利润而进行的偷猎活动日渐猖獗，估计进入 20 世纪 90 年代，至少有上万只藏羚遭到非法猎杀，虽然藏羚种群目前还有可观数量，但这一物种仍面临危险的境地。

野牦牛：哺乳纲，偶蹄目，牛科。体形大而粗壮，成年雄兽体重达 500kg，肩部隆起，耳小。四肢短而粗。被毛暗褐黑色，头和背部的毛短而光滑，体侧、颈部、胸部、腹部及尾部均具长毛。尾毛长，下垂至踵部，尾端蓬松。野牦牛是典型的高寒动物，极耐寒。喜集群，冬季常因食物的关系在大范围内做短距离迁移。食物以禾本科(*Cyramineae*)和莎草科(*Cyperaceae*)植物为主。每年 8—9 月为交配季节。次年 6—7 月产犊分布高度海拔 4 500～5 500m，气温较高时可上升至 6 000m 左右高山上，区内在 5 000～5 400m 处见及，对人攻击。当地牧民，有将其头、角悬之屋檐处用以避邪的习俗。为比较稀少的动物，现已列为国家一级重点野生保护动物。

藏野驴：哺乳纲，奇蹄目，马科。别名：亚洲野驴、野马。外形与蒙古野驴相似，但略矮，体重约 250kg。颈的背侧、肩部、背部为黄棕色，在冬季则变成浅棕色或灰褐色；胸、体侧、腹、鼠蹊部均为白色，与其北侧主色有明显的分界线。颈、背、两耳至肩部具短的鬃；背中央一深棕色背纹一直延伸至尾的基部。四肢粗短，蹄比马小，但不大于家驴，前肢内侧有胼胝体。喜结群。性甚好奇，极耐干旱。食物主要有白草(*Pennisetum flaccidum*)、固沙草 (*Orinus thorodii*)、芨芨草(*Achmatherum splendens*)等。每年夏末秋初为交配季节，翌年夏季产仔。

黄羊：哺乳纲，偶蹄目，牛科。四肢细长，蹄尖形细，仅雄性有角，角短而直，先平行，然后略向后弯并逐渐分开，角尖向上。夏季毛浅黄色，四肢内侧白色，尾棕色，冬季毛较淡，略带浅红棕色，臀部具有显著白斑，腰部毛色呈灰色，与羚羊依角易区分，已被列入国家一级重点野生保护动物。区内经常出没于沿湖的湿地范围内。经常 7～8 头成群活动。

棕熊：哺乳纲，食肉目，熊科。体形较大，体长 150～170cm，体重 150kg 左右。头宽圆，身较大，眼小，吻短而尖，四肢粗健，前后足皆具 5 趾，爪尖锐不能伸缩，足垫厚实。尾基短，臀圆大。体毛棕黑色，富有光泽。下颌白色，胸部有一白色或黄色 V 形斑纹。颈侧部毛甚长，成毛丛状。善爬树，能游泳，可直立行走。视觉较差，嗅觉、听觉灵敏。杂食性。

鼠兔：兔形目鼠兔科的 1 属，通称为鼠兔，又名鸣声鼠、石兔。外形略似鼠类，耳短而圆，尾仅留残迹，隐于毛被内。因牙齿结构、摄食方式和行为等与兔子相象，故名。高原鼠兔身体结实、无尾，毛呈棕色至浅红棕色，腹部为淡灰色。它对高山草甸和草原环境里的其他动植物发挥着巨大的影响力，主要是它们爱挖洞筑窝的习性引起的，数量多时易成鼠害，造成对草场的严重破坏。但它们的身体里却蕴涵着整个青藏高原隆升变迁的信息。它的祖先可能就经历了高原的隆生，为了适应环境变化，产生基因变异，然后遗传给后代，成为研究高原隆升的活证据。

狼：犬科，狼属。别名：灰狼，黄狼。体长70～90cm，毛灰黄色。测区广泛分布，但分布区域已大为缩小。该种为藏羚、藏原羚等多种动物的主要天敌，对维护整个生态系统平衡起着极其重要的作用。狼为重要保护物种，但由于狼是传统意义的"害兽"，对其猎捕现象一直不能禁绝。

由于恶劣的环境条件的限制，这里的哺乳动物在身体机能与生态适应上，都显示出它们的特殊性，主要表现为：体毛密长丰厚；鼻腔扩大，口腔广阔；听泡和眼眶发达；生理指标数值比低海拔地区同种动物高；昼间生活与午间憩息；山地裸岩成为草食动物与肉食猛兽的主要活动场所；由杂食性趋向肉食性。根据哺乳动物的食性划分的生态类群有食草动物、肉食动物和杂食动物。食草动物包括蹄类、兔形目和啮齿目等动物类群，如野牦牛、藏野驴、藏羚、黄羊、鼠兔等。食草动物是生态系统中的被捕食者，种群的个体数量一般较多。肉食动物全为食肉目的动物，如狼。这类动物是生态系统中的捕食者，种群的个体数量相对较少。

区内的鸟类主要有5种。主要生态类群为陆禽4种：藏雪鸡（*Tetraog allus*）、岩鸽（*Columba rupestris*）、红嘴山鸦（*Pyrrhocorax pyrrhocorax*）、黄白鸭。其他类群为鸣禽1种：燕子。

藏雪鸡：学名暗腹雪鸡，鸟纲，鸡形目，雉科。全长520～600mm。头顶至后颈灰褐色或灰白色，颈侧有一白色斑，其上下边缘围有粟色线，颏、喉白色；上体土棕色或红棕色，密布黑褐色不规则细斑纹，翅上有一大型白斑，下胸和腹暗灰色，具红棕色粗纹。脚和趾亮红色或橙红色。

岩鸽：中等体型(31cm)的灰色鸽。翼上具两道黑色横斑。非常似原鸽，但腹部及背色较浅，尾上有宽阔的偏白色次端带，灰色的尾基、浅色的背部及尾上的此带成明显对比。虹膜——浅褐色；嘴——黑色，蜡膜肉色；脚——红色。叫声：反复的咯咯声如人在打嗝。起飞和着陆时发出高调的咕咕颤音。常见留鸟及季候鸟，分布可至海拔6 000m。喜欢群栖多峭壁崖洞的岩崖地带。

五、生物分布区域

1. 植物分布区域

青藏苔草为测区内主要的植物类型，分布十分广泛，在测区内部的覆沙谷地和断陷盆地周围覆沙地均有出露。有时这种草原与以垫状驼绒藜为主的高寒荒漠交错复合分布，有沙覆盖的地段为青藏苔草片段，无沙覆盖的地段是垫状驼绒藜，说明覆沙后有利于青藏苔草的生存。显然，这与土壤表层覆沙有利于降水渗入和减少土表水分的蒸发有关。同时也说明，此处分布的青藏苔草草原已有荒漠草原的性质。群落种类组成比较简单，在覆沙较厚的地方，有时仅有1～2种伴生植物，甚至纯为青藏苔草。伴生植物可以是垫状驼绒藜、紫花针茅、座花针茅等植物。群落的盖度一般18%左右，青藏苔草为7%～18%。

紫花针茅也是测区内主要的植物类型，主要分布在山间谷地和湖盆周围山地，与土壤沙性或地表覆沙有密切相关性。主要的伴生植物有青藏苔草、座花针茅等。群落中植物一般比较稀疏，总盖度约20%，其中，紫花针茅一般高达12%～17%，局部有时可高达22%以上。

垫状驼绒藜主要分布在图幅内宽阔谷地中的湖泊周围盐渍土上，是高原寒冷干旱气候条件下最典型的植被类型。在湖滨和山地基部分布的高寒荒漠地表常有白色的盐碱结晶斑块，表现出土壤的荒漠性和强烈的地表蒸发，土壤一般是高寒荒漠土或高寒石膏荒漠土。群落组成成分极其简单，除了垫状驼绒藜外，还常见到棘豆、座花针茅等，在较开阔的湖滨和阶地则常有青藏苔草等。建群植物的高度和群落的总盖度因环境的不同而有较大的变化。有时植物的密度极为稀疏，总盖度不足1%，而有时可高达25%以上。

2. 动物分布区域

测区的动物种类比较贫乏，主要有藏羚、野牦牛、藏野驴、棕熊、黄羊、岩羊、藏雪鸡、岩鸽、喜鹊等。动物的分布区域并不是固定的，它们的分布与植物的分布大体相当，植被茂盛的地方通常动物也较多，反之则较少，而且常常会迁栖，为了叙述的方便，把测区划分为4个区域（表6-5）。

表6-5　托和平错野生动物概略统计表　　单位：只(头)/100km²

分布区域＼动物种类	藏羚	藏野驴	野牦牛	黄羊	狼
鸭子湖—拜惹布错	25.00		1.25	5.00	0.15
玉环湖—三岛湖	16.67	6.67	4.16	8.33	0.67
甜水湖—托和平错—四家湖	39.47	5.26		13.16	0.26
温泉湖—万泉湖	23.07	3.07	1.92	7.69	

(1)鸭子湖—拜惹布错区

分布在小温泉—鸭子湖—拜惹布错—七泉沟一带，面积约4 050km²。动物主要分布在山间谷地和断陷盆地周围，主要有藏羚、野牦牛、藏野驴、黄羊、狼、鼠兔等。藏羚有5群，总数约1 000只。藏野驴有4群，总数约200头。黄羊约200头，野牦牛有50头，狼约6只。鼠兔数量无法确定，多分布在低山、丘陵地貌上。

(2)玉环湖—三岛湖区

分布在园湖—玉环湖—三岛湖周围，面积约1 200km²。主要有藏羚、黄羊、野牦牛、藏野驴、狼等。藏羚有2群，其总数约200只。黄羊100只左右，野牦牛50多头，藏野驴80头左右，狼5～8只。

(3)甜水湖—托和平错—四家湖区

分布在甜水湖—四家湖—托和平错—鸭子湖一带，面积约3 850km²。主要有藏羚、藏野驴、黄羊、狼等。藏羚有10群，其总数约1 500只。藏野驴约200头。黄羊约500只。狼有2群，总数约10只。这一地区植被较好，动物的数量相对较多。

(4)温泉湖—万泉湖

分布在温泉湖—万泉湖—小泉湖一带，面积约2 600km²。主要有藏羚、野牦牛、藏野驴、黄羊、鼠兔、黄鸡等。藏羚有4群，总数约600只。藏野驴80头以上，野牦牛50多头，黄羊200只左右。

综上统计，测区内藏羚的数量约3 300只，藏野驴约560头，野牦牛150头，黄羊约1 000只，狼约25只。统计是按照观测路线时目估的数量和地点作为依据的，有时动物会迁栖，同一群动物会被另外的小组又观察到，重复统计的情况可能有的，所以统计的数据仅供参考。

六、区内草地(植被)退化的影响因素

测区位于青藏高原高寒草原区的西北部，属于藏北荒漠区，人类活动较少，只是在南部美马错—阿鲁错一带有居民活动，草地的影响因素主要有以下几个方面。

1. 高寒

调查区为青藏高原寒冷干旱核心区域，最低区域为鲁玛江冬错一带，海拔4 810m，平均海拔高度5 000m，5 600m为雪线，是植物生长的最高线，30cm解冻期不足半年。植物的生长期约3个月，草本植物严重矮化。冻融作用对草原植被的破坏也很严重，当土层温度在冰点附近波动时，土体体积频繁膨胀与收缩，使土层蠕动，尤其对垫状草甸早期破坏起到切割作用，并逐渐扩大侵蚀范围，使草场斑秃化、石漠化和沙漠化，出现大量裸地，地表形态处于不断变化之中。

2. 缺水干旱是影响生态环境的一项关键因素

20世纪80年代以来，高原气候处于异常剧烈的波动之中，气候向偏暖、干旱方向发展。蒸发量远远大于大气降水，雪线不断上升，冰川后退，湖泊萎缩，河流径流减少，地下水位下降，湿地供水系统受到严重损害。

3. 鼠害

区内鼠兔数量较多，分布区域广泛，由于缺少天敌，其繁殖能力又强，所以其危害也不可忽略。每只成年鼠兔日消耗鲜草77.3g，鼠害区一般有鼠洞上千个，鼠洞破坏了植被的根部，影响其生长。鼠兔全年采食优质牧草，每年牧草萌发生长之时正是鼠兔度过冬春、身体最需要营养之际，一些牧草刚刚发芽就被鼠兔啃食，优质牧草生长受到严重影响。

4. 超载放牧

阿里地区草地退化达40%，鲜草产量减少20%～70%，可食牧草所占比例已从80%下降至30%以下。除鼠害和环境因素外，超载放牧是重要原因。测区原只在南部美马错—阿鲁错一带有居民活动，但近年来在区内北部海拔5 000m～5 200m也发现有牧民放牧，牧民盲目追求牲畜数量，给草场的负担能力带来一定的影响。超载放牧导致草场得不到恢复，牧民盲目过分依赖草地，在草场建设、改良、鼠害防治等方面基本没有投入。

5. 人为破坏因素

特殊高寒环境的植被一经破坏极难恢复，甚至无法恢复。区内人类的活动相对较少，只是开矿对环境的影响较大，砂金的开采破坏了高原原始表面，形成大面积的裸地，并成为沙源。以汽车为代表的现代交通工具在美马错、阿鲁错一带也有使用，汽车碾压过的草地恢复期至少要5年。

6. 地质因素

持续的高原隆升是环境恶化的根源，是不可逆的。喜马拉雅山和冈底斯山横亘于高原南部，阻挡了印度洋暖湿气流。干冷、冻融作用致使地表物理风化强烈，强烈的蒸发作用又使湖水水面减少、水质恶化，大多数湖泊为咸水湖，人畜无法使用。

七、人文环境

测区最低海拔高度4 849m，最高海拔高度5 994m左右，不适于人类的生存，因而几乎没有居民在此居住。只有少量的开采金矿的人员，在鸭子湖、小盆湖附近开矿。测区处于高原荒漠，生态环境非常脆弱，有人类存在的地方，就一定会影响或者破坏环境，而高原脆弱的生态环境尤其是植被一经破坏，则很难恢复，因而保护高原环境，保护国家珍稀野生动物，是每个公民应尽的义务和责任。

第七章　结　语

托和平错幅 1∶25 万区域地质调查项目，历经 3 年的野外地质调查及室内资料综合整理，通过项目全体人员的共同努力，充分应用了现代地质新理论、新方法及青藏高原基础地质研究的新成果，并根据《1∶25 万区域地质调查要求(暂行)》、《青藏高原艰苦地区 1∶25 万区域地质调查技术要求(暂行)》和任务书、总体设计要求，进行了大量的野外地质调查和系统的室内综合整理及繁杂的数据处理，全面完成了预期任务，并经不断归纳、分析、研究、总结，在前人工作的基础上有新发现、新认识，取得了新成果，尤其是在对土则冈日构造带和南羌塘地层区中石炭—二叠系霍尔巴错群的研究方面取得了突破性的进展，大幅度地提高了区域地质研究程度。

第一节　取得的主要成果、认识及意义

托和平错幅为实测区(B_3类区)，前人工作程度较低，经过我们 3 年的野外路线调查、剖面测制等工作，取得了一大批成果，主要成果有以下几个方面。

一、建立了与测区岩石地层系统和与构造格架一致的地层分区

区内地层区划与构造单元划分基本一致，分为北羌塘地层区和南羌塘地层区。其中北羌塘地层区在图幅内出露面积较小，出露地层为中生界三叠系；南羌塘地层区内以晚古生界石炭系、二叠系为主，东(北)部出露有侏罗系。依据中国各系多重地层划分对比表及说明书(西部地区，2002)，西藏自治区岩石地层(1998)成果以及中国科学院、中国地质科学院近年来在该地区的最新研究成果，结合区域资料对比，对区内的地层建立和重新厘定了 2 个群级、11 个组级及多个非正式(岩石)地层单位和填图单位，分析了地层特征和古沉积环境。

(1)通过工作，初步认为前人划分的前泥盆系阿木岗群为石炭—二叠系，前人划分的前泥盆系阿木岗群主要分布于图区东部和东南角。东南角一带岩性为含砾板岩(变质的含砾泥砂质岩)和变质石英砂岩，与擦蒙组相当；东部为一套变质变形相对较强的绿泥片岩、绢云石英片岩，局部出露玄武岩，有辉绿岩脉侵入，与展金组可以对比。因此暂将其划分为石炭—二叠系霍尔巴错群擦蒙组和展金组。

(2)本次工作通过系统的基础地质调查研究，初步查明了区内霍尔巴错群岩石组合、沉积构造、生物化石、空间分布及构造形态等基本特征，取得了新认识，为进一步研究该套地层的时代、沉积构造环境提供了有利依据，对于解决南羌塘地层区与北羌塘地层区石炭系地层的对比问题、冈瓦纳大陆北界问题以及藏北一带的地层区划和构造单元划分等问题都具有重要的地质意义，为重塑本区的区域地质构造演化史提供了依据。

通过详细的剖面测制和路线地质调查，收集了大量擦蒙组中含砾板岩中砾石岩性、岩相、沉积构造等方面的资料，从而进一步确定了擦蒙组中含砾板岩的成因为冰海杂砾岩沉积。在展金组火山岩中系统采集了各类样品，地球化学特征显示为一套大陆裂谷火山岩-沉积岩建造；在灰岩中获得下—中二叠统化石，其中单通道鏇属冷水型动物群。通过详细研究现有资料，并考虑到与区域对比、衔接，将原吞龙共巴组、龙格组划归曲地组，曲地组总体为碎屑岩、碳酸盐岩、硅质岩和少量火山碎屑岩组成，从下向上不同岩性单层厚度逐渐增大。构造形态方面，霍尔巴错群构成“羌塘隆起”的核部(西段)，总体上为以擦蒙组为核，展金组、曲地组为两翼的大型复式背斜，次级褶皱非常发育。本次工作通过详实调查、研究，确定了其空间分布的北部界线，对于解决南羌塘地层区与北羌塘地层区石炭系的对比、龙木错-双湖-查吾拉结合带的西延、

冈瓦纳大陆北界等问题都具有重要的地质意义。

(3)进一步确定了区内三叠系肖茶卡组与下伏地层间的角度不整合接触关系。

工作中进一步确定了三叠系肖茶卡群不整合于石炭—二叠系擦蒙组、展金组、曲地组之上,反映在晚二叠世末发生强烈的构造运动,三叠系属前陆盆地产物。

(4)在侏罗系实测地层剖面中采集了大量古生物化石,为进一步确定该套地层的时代及进行区域对比提供了依据。

本次工作在三岛湖一带侏罗系中采集了古生物化石 378 块,以腕足、双壳类、腹足类、珊瑚、海百合茎等为主,共 39 属 69 种,时代均为中侏罗世。结合地层中的岩性特征、岩相标志、沉积构造,对侏罗系雁石坪群的沉积环境进行了分析,认为其沉积环境为近岸浅水不正常盐度(淡化)、海水较暖、水动力条件较弱、沉积物颗粒较细的粉砂泥质的较硬海底、潮间带下部—潮上带上部。经与区域对比,认为区内侏罗系相当于雁石坪群色洼组、布曲组、夏里组,且区内从东向西侏罗纪地层的分布有由老变新的趋势。

二、岩浆岩研究成果显著

1. 侵入岩

区内岩浆侵入活动相对较弱,据空间分布特征和岩石类型特点,划分了 7 个填图单位,填绘出 45 个侵入体,2 个成因类型,系统采集了各类样品,进行了岩浆演化序列分析。

本次工作在托和平错幅的东部一带新填绘出大量辉绿(长)岩脉和苦橄玢岩脉,侵入于石炭—二叠系擦蒙组、展金组中,多以近东西向展布为主,初步确定其形成时代为二叠纪。通过系统的岩石学特征、岩石化学特征的研究,表明该类侵入岩形成于陆内初始裂谷及陆缘裂谷环境,是大陆伸展背景下主要来自陆下软流圈或地幔岩石圈的岩浆侵入体,是古板块伸展、裂解事件的反映,为区域地质构造演化研究提供了重要依据。

2. 火山岩

(1)对霍尔巴错群展金组火山岩进行了详细的野外调查,通过大量样品测试研究,对其岩石特征、岩石化学特征、地球化学特征、构造环境等方面均进行了深入分析研究。展金组中的火山岩有熔岩和火山碎屑岩两大类,其中火山碎屑岩含量较少,多见于各熔岩层的下部,为火山喷发旋回初期的产物,主要岩性为变质中酸性凝灰岩;熔岩是区内展金组的主要组成部分,包括中性岩类的安山岩、中基性岩类的玄武安山岩和基性岩类的玄武岩,属碱性系列火山岩。综合研究认为本区展金组火山岩形成于大陆裂谷环境,时代为早二叠世。

(2)曲地组火山岩以夹层的形式出露于沉积岩中,厚度较小,火山岩主要岩石类型为辉石安山岩、角闪安山岩,属钙碱性系列火山岩。综合判别认为本区曲地组火山岩形成于岛弧构造环境。

(3)通过翔实的野外调查,否定了托和平错一带原有资料中分布有新生代(鱼鳞山组)火山岩出露的结论。

(4)新发现了甜水湖北新生代碱性火山岩,其火山机构保存完好,该类火山岩岩性与图幅以南的鱼鳞山火山岩有所差异。

三、构造方面

(1)对区内的土则冈日带进行了较为深入的研究,为探讨、恢复该区的构造演化历史提供了重要依据。确定了土则冈日构造带为龙木错-双湖-查吾拉结合带的西延,为北羌塘地块和南羌塘地块的分界。对原有资料中龙木错-双湖结合带在测区内的空间分布作了较合理的修正,以前资料一般认为龙木错-双湖结合带从测区南部托和平错一带通过,经窝尔巴错向西延伸至龙木错一带。本次工作通过翔实野外调查、研究,并与东邻幅交流,认为龙木错-双湖结合带不是从研究区南部通过,而是从双湖向北西经藏色岗日、鲤鱼山北在拜惹布错东与窝尔巴错-拜惹布错断裂带相连,构成北羌塘地块和南羌塘地块的分界线,基本查明了构造带特征及构造属性,并初步探讨了断裂带的演化史。

(2)将调查区划分为北羌塘陆块和南羌塘陆块两个构造单元。依据区内地层系统、古生物、岩浆活动及岩石化学、地球化学特征和同位素资料,并与相邻构造单元的对比,初步反演了测区地质构造演化历程。

(3)对区内北羌塘陆块和南羌塘陆块两个构造单元内部断裂、褶皱等构造系统进行了详细研究,基本查明了不同构造演化阶段区内的构造响应。

北羌塘陆块在印支—燕山期主要表现为褶皱构造,发育在古生界地层中,其褶皱轴线与区域构造线方向一致,喜马拉雅期以发育北东向断裂构造为特征。

南羌塘陆块内断裂构造较为复杂,断裂发育,可划分出东西向、北西向和北东向三组主要断裂系,活动期次分别对应海西晚期、印支—燕山期和喜马拉雅期,断裂性质以压性、压扭性为主。褶皱构造发育,石炭—二叠系构成一大型复式背斜,中生界三叠系、侏罗系一般产出于向斜核部。新近系往往沿断裂带分布。

四、矿产资源、生态环境方面

(一)矿产资源方面

(1)在区内鸭子湖一带新发现一处中型砂金矿,对砂金矿地质背景、产出层位、规模储量、成因类型等方面进行了详细研究,分析了区内砂金矿进一步找矿方向,圈定出一处成矿远景区。

(2)在三岛湖一带测制雁石坪群布曲组剖面时新发现一处石灰岩矿,灰岩规模较大,初算地质储量 $6.0\times10^{7}m^{3}$ 以上,属大型石灰岩矿床。矿石质量较好,属Ⅰ级冶金用石灰岩。

(3)对区内温泉、湖盐类矿点进行了检查评价,补充了大量实际资料。

(二)生态环境方面

对测区的地貌和地表水(冰川、河流、湖泊)进行了调查和分类,对植被的分布进行了详细的描述,并对不同种类动物的分布、活动范围及数量进行了初步的统计,收集了丰富的第一手资料。

第二节　存在的问题及今后工作建议

一、存在的问题

(1)区内新近系划分为康托组和唢纳湖组,缺乏时代依据,且二者接触关系还需进一步研究。

(2)将原前泥盆系阿木岗群重新划分为石炭—二叠系,主要依据空间展布、岩石组合、变质变形程度等特征,缺少必要的时代依据。

(3)本区在小盆湖—鸭子湖一带砂金矿成矿条件比较有利,但因工作性质限制,工作程度不够。

二、今后工作建议

(1)测区地处羌塘-三江构造区的北西部,研究程度较低,区域上金沙江结合带、龙木错-双湖结合带和阿尔金断裂延伸至本区后,全部交汇于图幅北西部龙木错-拜惹布错附近。龙木错—拜惹布错一带存在一条北东东向的线性构造带,构造属性和空间位置长期以来一直存在较大的争议,主要有以下不同的认识:①与金沙江结合带相连。金沙江结合带在青藏高原东部研究程度较高,该带贯穿云南、四川、青海、西藏境内,大体沿金沙江—通天河—西金乌兰湖—羊湖一带分布,在哀牢山、西金乌兰湖、萨玛绥加日等多处发现相对集中被肢解的蛇绿岩套分布,是南侧北羌塘陆块、昌都陆块和北侧巴颜喀拉陆块的重要分界线,认为晚泥盆世具洋盆的雏形,中二叠世是洋盆扩张的鼎盛时期,晚三叠世闭合。从航磁异常特征反映,该带在巴颜喀拉陆块与昌都陆块及以南地区之间形成极为明显的不同磁异常分区的界线,但在羌塘陆块北侧该带磁异常特征并不明显,只是显示出线性异常特征,空间分布上,向西延伸航磁异常反映它并不与阿尔金断裂相交,而是从阿尔金断裂南端通过,截止于北西向喀喇昆仑断裂。②是双湖结合带向西的延伸。龙木错-双湖结合带经李才等长期以来的研究，在双湖一带积累了丰富的基础地质资料，认为结合带空间上向西延伸至龙木错一带，将羌塘陆块一分为二，是南北大陆的分界线，即由石炭纪裂谷发展到早二叠世洋盆最终于中晚三叠世消亡的古特提斯洋残余。③与阿尔金断裂连接。阿尔金断裂是新生代以来青藏高原北缘活动最为强烈的构造形迹，一般认为它向西南延伸至龙木错一带，也有阿尔金断裂沿苏巴什蛇绿混杂岩带向北西转换，没有进一步向南延伸，而是断裂性质由左旋走滑转变为从北向南或从北东向南西逆掩的认识。不同的认识都会对本区构造单元和地层区的划分产生不同的结果。

依据本次工作成果，结合相邻 1∶25 万伯力克幅、黑石北湖幅、羊湖幅、松西幅、土则岗日幅、查多岗日幅等图幅所取得的最新资料，我们初步认为：双湖结合带向北西经红脊山(查多岗日幅)、玉环湖北(托和平错幅)，在拜惹布错东(黑石北湖幅)与金沙江结合带相交，之后经拜惹布错、窝尔巴错、龙木错向西延伸，最终截止于喀喇昆仑大断裂；区内窝尔巴错-拜惹布错断裂和窝尔巴错-三岛湖断裂夹持的土则冈日构造带物质组成(古生界)与报告中南羌塘地块相当；阿尔金断裂没有穿过金沙江结合带进入羌塘地块，但新生代以来该断裂的活动对金沙江结合带产生了明显的改造和重要影响。

综上所述，建议对金沙江结合带、龙木错-双湖结合带和阿尔金断裂的构造属性及其大地构造意义加强区域对比和综合研究，这对于区域构造单元和地层区的划分、探讨羌塘地块的基底属性和特提斯洋的发展过程乃至青藏高原的形成演化具有重要意义。

(2)建议在小盆湖—鸭子湖一带部署以寻找砂金矿为目的的矿产资源远景调查工作。

参考文献

任纪舜,姜春发,张正坤,等.中国大地构造及其演化.北京:科学出版社,1980.
滕吉文,王绍舟,姚振兴,等.青藏高原及其邻区的地球物理场特征与大陆板块构造.地球物理学报,1980,23(3):254—268.
李春昱.中国板块构造轮廓.中国地质科学院院报,1980,2(1):11—22.
梁定益,聂泽同,等.西藏阿里北部二叠、三叠纪古生物研究进展.地质论评,1982,28(3):245—246.
杨遵义,聂泽同,梁定一.西藏阿里地区固着蛤及其地质意义.地质学报,1982,56(4):293—300.
常承法,潘裕生,等.青藏高原地质构造.北京:科学出版社,1982.
梁定益,聂泽同,郭铁鹰,等.西藏阿里喀喇昆仑南部的冈瓦纳—特提斯相石炭—二叠系.地球科学,1983,8(1):9—27.
潘裕生.西藏阿里地区地质构造特征.断块构造文集.1983.
刘增乾,刘宝田,郑海祥,等.对特提斯——喜马拉雅构造域的再认识.北京:地质出版社,1984.
刘宝君,曾允孚.岩相古地理基础和工作方法.北京:地质出版社,1985.
王乃文.新藏地区白垩纪.北京:地质出版社,1986.
潘桂棠,陈智梁,李兴振,等.东特提斯地质构造形成演化.北京:地质出版社,1987.
韩同林.喜马拉雅岩石圈构造演化之西藏活动构造.北京:地质出版社,1987.
肖序常,李廷栋,李光岭,等.喜马拉雅岩石圈构造演化总论.北京:地质出版社,1988.
成都地质矿产研究所.青藏高原及邻区地质图.北京:地质出版社,1988.
潘裕生.昆仑山构造区划初探.自然资源学报,1989,4(3):196—203.
邓万明.西藏阿里北部新生代板内火山岩——兼论陆内俯冲作用.岩石学报,1989,9(3):1—11.
杨遵义,聂泽同,梁定一,等.阿里古生物.武汉:中国地质大学出版社,1990.
潘桂棠,王培生,徐耀荣,等.青藏高原新生代构造演化.北京:地质出版社,1990.
潘裕生.西昆仑山构造特征与演化.地质科学,1990,27(3):224—232.
郭铁鹰,梁定一,张宜志,等.阿里地质.武汉:中国地质大学出版社,1991.
文世宣.西藏西北部一些双壳类化石.南京:南京大学出版社,1991.
孙东立,徐均涛,等.西藏日土地区二叠纪、侏罗纪、白垩纪地层及古生物.南京:南京大学出版社,1992.
崔作舟,等.青藏高原速度结构和深部构造.北京:地质出版社,1992.
沈显杰,朱元清,石耀霖.青藏热流与构造热演化模型研究.中国科学(B辑),1992(3):311—321.
姜春发,杨经绥,等.昆仑山开合构造带.北京:地质出版社,1992.
西藏自治区地质矿产局.西藏自治区区域地质志.北京:地质出版社,1993.
余钦范,孙运升,等.青藏高原磁力测量与地壳结构研究.北京:地质出版社,1993.
潘桂棠.全球洋陆转换中的特提斯演化.北京:地质出版社,1994.
李才,程立人,胡克,等,西藏龙木错-双湖古特提斯缝合带研究.北京:地质出版社,1995.
邓晋福,赵海岭,莫宣学,等.中国大陆根-柱构造:大陆动力学的钥匙.北京:地质出版社,1996.
钟大赉,丁林.青藏高原的隆起过程及其机制探讨.中国科学,1996,26(4):289—295.
许志琴,姜枚,杨经绥.青藏高原北部隆升的深部构造物理作用.地质学报,1996,70(3):195—206.
许志琴,崔军文.大陆山链变形构造动力学.北京:冶金工业出版社,1996.
夏代祥,刘世坤.西藏自治区岩石地层.武汉:中国地质大学出版社,1997.
尹集祥.青藏高原及邻区冈瓦纳相地层地质学.北京:地质出版社,1997.
李祥辉,王成善.西藏特提斯喜马拉雅显生宇的超层序.特提斯地质,1997(21):8—24.
石耀霖,王其允.高喜马拉雅淡色花岗岩形成的热模拟.地球物理学报,1997,40(5):667—676
许志琴,张志新,许惠芬,等.中国主要大陆山链韧性剪切带及动力学.北京:地质出版社,1997.
孙东立,张梓音.喀喇昆仑地区侏罗纪腕足动物群及古生物地理意义.北京:科学出版社,1998.
文世宣.喀喇昆仑—昆仑山地区古生物.北京:科学出版社,1998.
邓万明.青藏高原北部新生代板内火山岩.北京:地质出版社,1998.

邓万明、孙宏娟.青藏高原北部新生代板内火山岩的同位素地球化学与源区特征.地学前缘,1998,5(4):307—317.
潘裕生,孔祥儒.青藏高原岩石圈结构演化和动力学.广州:广东科技出版社,1998.
中国科学院青藏高原综合科学考察队.喀喇昆仑山—昆仑山地区冰川与环境.北京:科学出版社,1998.
滕吉文,张中杰,王光杰,等.喜马拉雅碰撞造山带的深层动力过程与陆-陆碰撞新模型.地球物理学报,1999,42(4):481—493.
郑永飞,等.化学地球动力学.北京:科学出版社,1999.
史卜庆,周瑶琪,朱岳年.大陆岩石圈流变学研究及其在伸展盆地动力学中的应用.地球科学进展,1999.14(5):446—450.
陈正乐,王小凤,J. F. Ryerson,等.西藏西南部普兰盆地东缘伸展构造初步研究.地质论评,1999,45(3):295—300.
中国科学院青藏高原综合科学考察队.喀喇昆仑山—昆仑山地区自然地理.北京:科学出版社,1999.
张国成.西昆仑造山带前陆构造带的沉积构造演化.北京:地质出版社,1999.
黄志勋,马召军,刘协章,等.用现代地层学方法判别冈瓦纳大陆的北界.沉积与特提斯地质,2000,20(4):1—19.
中国科学院青藏高原综合科学考察队.喀喇昆仑山—昆仑山地区地质演.北京:科学出版社,2000.
中国科学院青藏高原综合科学考察队.喀喇昆仑山—昆仑山地区古生物.北京:科学出版社,2000.
中国科学院青藏高原综合科学考察队.喀喇昆仑山—昆仑山地区晚新生代以来的地质变迁.北京:科学出版社,2000.
李勇,王成善,伊海生.西藏晚三叠世北羌塘前陆盆地的构造层序及充填样式.地质科学,2000,37(1):27—37.
肖序常,李廷栋.青藏高原的构造演化与隆升机制.广州:广东科技出版社,2000.
赵冬冬,陈汉林,李继亮,等.西昆仑甜水海地区前陆褶皱冲断带的构造样式及演化.地质学报,2000,74(2):134—141.
杨立强,张中杰,王光杰,等.青藏高原的隆升过程与地球动力学模型研究进展.地球物理学进展,2001,16(1):70—81.
赵政璋,李永铁,叶和飞,等.青藏高原大地构造特征及盆地演化.北京:科学出版社,2001.
全国地层委员会.中国地层指南及中国地层指南说明书.北京:地质出版社,2001.
汪云亮,张成江,修淑芝.玄武岩类型的大地构造环境的 Th/Hf-Ta/Hf 图解判别.岩石学报,2001,17(3):413—417.
崔军文,李朋武,等.青藏高原的隆升:青藏高原的岩石圈结构和构造面貌.地质论评,2001,47(2):157—163.
郑来林,潘桂棠,金振民,等.喜马拉雅造山带西构造结研究的启示. 地质论评,2001,17(1): 350—355.
尹安.喜马拉雅—青藏高原造山带地质演化——显生宙亚洲大陆生长. 地球学报,2001,22(3):193—230.
熊盛青,周伏洪,姚正煦,等.青藏高原中西部航磁调查.北京:地质出版社,2001.
高锐,史大年,孔祥儒,等.青藏高原北部碰撞变形的深部过程——深地震探测成果的启示 .中国科学(D辑),2001,31(1):66—71.
李才,王天武,杨德明,等.西藏羌塘中央隆起区物质组成与构造演化 .长春科技大学学报,2001,31(1):25—31.
王泽利,何樵登,孟令顺,等. 青藏高原北缘深部地壳结构特征及其形成机制探讨.世界地质,2002,21(2):105—110.
肖序常,刘训,高锐,等. 西昆仑及邻区岩石圈结构构造演化 .地质通报,2002,21(2):63—68.
张健,石耀霖.青藏高原隆升及伸展变形中的重力位能.地球物理学报,2002,45(2):226—232.
肖庆辉,邓晋福,马大铨,等.花岗岩研究思维与方法.北京:地质出版社,2002.
李才.羌塘基底质疑 .地质论评,2003,49(1):4—9.
和钟铧,杨德明,李才. 藏北羌塘盆地褶皱形变研究 .中国地质,2003,30(4):357—360.
李才,程立人,张以春,等.西藏羌塘南部发现奥陶—泥盆纪地层.地质通报,2004,23(5—6):602—604.
姚建新,肖序常,高联达,等.西昆仑-喀喇昆仑加温达坂组孢粉化石新发现.地质通报,2004,23(5—6):620—621.
雍永源.羌塘及可可西里地区几个重要地质、构造与资源问题.沉积与特提斯地质,2004,24(1):1—12.
李才,程立人.羌塘及邻区地质与资源学术研讨会在长春召开.地质通报,2004,23(1):97.

图版说明及图版

图版Ⅰ

1. 擦蒙组含砾砂板岩外貌 托和平错
2. 擦蒙组中发育的平行层理 托和平错
3. 擦蒙组中发育的粒序层理 托和平错
4. 擦蒙组中发育的包卷层理 托和平错
5. 擦蒙组变质粉砂中含大小不一的砾石 托和平错
6. 含砾板岩中的砾石发育冰劈裂理 托和平错
7. 擦蒙组含砾板岩中砂砾质砾石的冰劈裂理 托和平错

图版Ⅱ

1. 擦蒙组含砾板岩中的砂砾质砾石 托和平错
2. 擦蒙组含砾板岩中的白云岩砾石 恰贡错
3. 擦蒙组砂板岩中的花岗质砾石 甜水湖北
4. 擦蒙组砂板岩中的灰岩砾石 托和平错
5. 擦蒙组中滑塌成因的砂砾岩与砂岩不协调现象 托和平错
6. 擦蒙组中砂砾岩砾石特征 托和平错
7. 擦蒙组中薄层砾岩 托和平错
8. 擦蒙组中砂砾岩夹层发育的粒序层理 托和平错

图版Ⅲ

1. 擦蒙组泥质粉砂岩中显示的层片关系 托和平错剖面
2. 擦蒙组粉砂质泥岩中显示的层片关系 托和平错剖面
3. 展金组硅质岩夹黑色泥岩 托和平错南
4. 展金组火山岩中的灰岩夹层 托和平错南
5. 展金组中灰岩中混杂玄武岩岩块 鸭子湖北东1320地质点
6. 展金组泥质粉砂岩中外来岩块 鸭子湖北东1345地质点
7. 展金组玄武岩、灰岩地貌特征 鸭子湖北东1346地质点
8. 展金组玄武岩、灰岩地貌特征 鸭子湖东1321地质点

图版Ⅳ

1. 展金组泥质粉砂岩中发育的包卷层理、变形层理 托和平错—鸭子湖剖面
2. 展金组砂岩中显示的粒序层理 托和平错南剖面
3. 展金组砂砾屑灰岩面貌 托和平错南
4. 展金组砂砾屑灰岩中珊瑚化石 托和平错—鸭子湖剖面
5. 三叠系肖茶卡组与石炭系展金组接触关系 托和平错西
6. 三叠系肖茶卡组生物化石 托和平错东
7. 侏罗系雁石坪群色洼组灰岩夹泥岩 玉环湖剖面

8. 侏罗系雁石坪群中腕足灰岩 玉环湖剖面

图版Ⅴ

1. 松希瓦格鏇 *Chalaroschwangrina* sp. 轴切面×10 托和平错—鸭子湖剖面
2. 皱壁鏇 Rugosofusulina sp. 轴切面×10 托和平错—鸭子湖剖面
3. 新希瓦格鏇 *Neoschwagerina* sp. 弦切面×10 托和平错—鸭子湖剖面
4. 卡勒鏇 *Kahlerina* sp. 弦切面×40 托和平错—鸭子湖剖面
5. 费伯克鏇 *Verbeekina* sp. 弦切面×20 托和平错—鸭子湖剖面
6—9. 单通道鏇 *Monodiexodina* sp. 斜中切面×10 托和平错—鸭子湖剖面
10、11. 苏特斯钱单通道鏇 *Monodiexodina sutschanica* Dutkevice
轴切面×6 轴切面×10 托和平错—鸭子湖剖面
12. 单通道鏇 *Monodiexodina* sp. 弦切面×6 托和平错—鸭子湖剖面

图版Ⅵ

1. 拟篮蛤新种 *Corbicellopsis* sp. nov 右视×1 玉环湖剖面
2. 可食光蛎(比较种) *Liostrea* cf. *eduliformis* (Schl.) 左视×1 玉环湖剖面
3. 岔线海扇 *Camptonectes*(*C.*)sp. 左×1 玉环湖剖面
4. 光蛎 *Liostrea* sp. 左×1 玉环湖剖面
5. 缅甸光蛎 *Liostrea* cf. *birmanica*(Reed) 玉环湖剖面
6. 青海小荚蛤 *Gervillella qinghaiensis* Wen 左×1 玉环湖剖面
7. 叠瓦偏顶蛤 *Modiolus imbricateus*(Sow.) 左×1 玉环湖剖面
8. 小型美心蛤 *Anisocardia*(C) cf. *minina*(Sow) 左×2 玉环湖剖面
9. 角氏光海扇(比较种)*Entolium* cf. *cornedum*(Yang et Bird) 左×1 玉环湖剖面
10. 脊棱蛎(比较种)*Lopha* cf. *costata*(Sow.) 左×1 玉环湖剖面
11. 江锦光蛎(比较种)*Liostrea* cf. *jiangjinensis* Wen 右×2 玉环湖剖面
12. (梯形古美蛤) *Anisocardia* (*Antiquicyprina*) *trapezoidalis* Wen 左×1 玉环湖剖面
13、14. 白马刮具海扇 *Radulopecten baimaensis* Wen 左侧视×1 淡水河一带
15. 白马刮具海扇 *Radulopecten baimaensis* Wen 左侧视×2 淡水河一带
16、17. 七脊近日月海扇 *Propeamussium* cf. *heptacostatum* Wen 右侧视、左侧视×2 淡水河一带
18. 白马刮具海扇 *Radulopecten baimaensis* Wen 左外模×1 淡水河一带

图版Ⅶ

1—4. 难释平嘴贝 *Planirhynchia tantilla* Suviv-Protic 背、腹、侧、前视×2 玉环湖剖面
5—7. 泪滴缅甸贝 *Burmirhynchia gutta* Buckman 背、腹、侧视×2 玉环湖剖面
8—11. 科赞前小孔贝 *Praelacunoeslla kokdzharensis*(Ovtsharenko) 背、腹、侧、
前视×3 玉环湖剖面
12—15. 横宽缅甸贝 *Burmirhynchia transversalis* Buckman 背、腹、前、侧视×2 玉环湖剖面
16—19. 双褶日土贝 *Rutorhynchia biplicata* Sun 背、腹、侧、前视×1.5 玉环湖剖面
20—23. 瑞耐斯波嘴贝 *Cymatorhynchia reynesi*(Oppel) 背、腹、侧、前视×1.5 玉环湖剖面
24—27. 纵长日土贝 *Rutorhynchia elongata* Sun 背、腹、侧、前视×1.5 玉环湖剖面
28—31. 近鲁斯似小嘴贝 *Rhynchonelloidea pararuthenensis* Sun 前、侧、腹、背视×3 玉环湖剖面

图版Ⅷ

1—4. 瑞耐斯波嘴贝 *Cymatorhynchia reynesi*(Oppel) 背、腹、前、侧视×1.5 玉环湖剖面
5—8. 界山日土贝 *Rutorhynchia jieshanensis* Sun 背、腹、侧、前视×1.5 玉环湖剖面

9—12. 四褶日土贝 *Rutorhynchia quadriplicata* Sun 背、腹、侧、前视×1.5 玉环湖剖面
13—16. 亚洲缅甸贝 *Burmirhynchia asiatica* Buckman 背、腹、侧、前视×2 玉环湖剖面
17—20. 肥大缅甸贝 *Burmirhynchia obesa* Buckman 背、腹、侧、前视×2 玉环湖剖面

图版Ⅸ

1—4. 近平褶孔贝(比较种 *Rugithyris* cf. *submalegastr*(Buckman)背、腹、侧、前视×2 玉环湖剖面
5—8. 伦采沃蒙撒德贝 *Monsardithyris ronzevauxi* Almeras 侧、背、腹、前视×2 玉环湖剖面
9—12. 凹曲沟孔贝 *Holcothyris concava* Buckman 前、背、腹、侧视×2 玉环湖剖面
13—16. 潞江沟孔贝 *Holcothyris luchiangensis* Reed 腹、背、侧、前视×1.5 玉环湖剖面
17—20. 亚园沟孔贝 *Holcothyris subovalis* Buckman 侧、背、腹、前视×1.5 玉环湖剖面

图版Ⅹ

1. 唢纳湖组湖相沉积物 4302 地质点
2. 唢纳湖组河流相冲积成因砂砾岩 4289 地质点
3. 甜水湖鱼鳞山组熔岩被 温泉湖北
4. 鱼鳞山组火山岩中气孔杏仁构造 甜水湖剖面
5. 辉绿岩与灰岩侵入接触关系 甜水湖剖面
6. 黑云母花岗岩中的暗色包体 托和平错东
7、8. 展金组灰岩褶皱变形成石香肠构造 鸭子湖剖面

图版Ⅺ

1. 土则岗日构造带遥感影像特征
2. 土则岗日构造带中曲地组发育褶曲构造
3. 土则岗日构造带中鱼鳞山一带新近系唢纳湖组地貌特征

图版Ⅰ

1

2

3

4

5

6

7

图版Ⅱ

1

2

3

4

5

6

7

8

图版Ⅲ

1

2

3

4

5

6

7

8

图版Ⅳ

1

2

3

4

5

6

7

8

图版Ⅴ

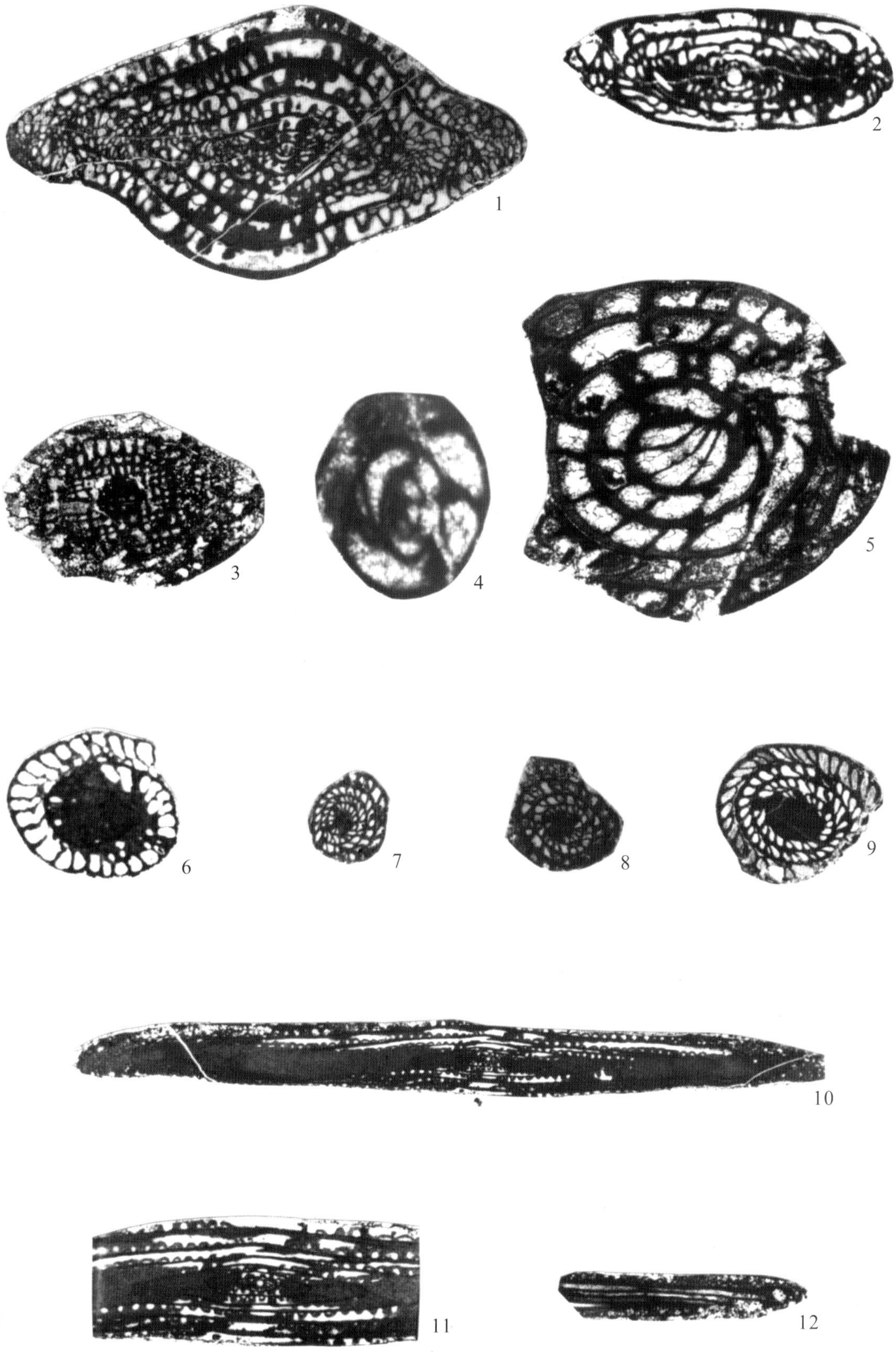

图版Ⅵ

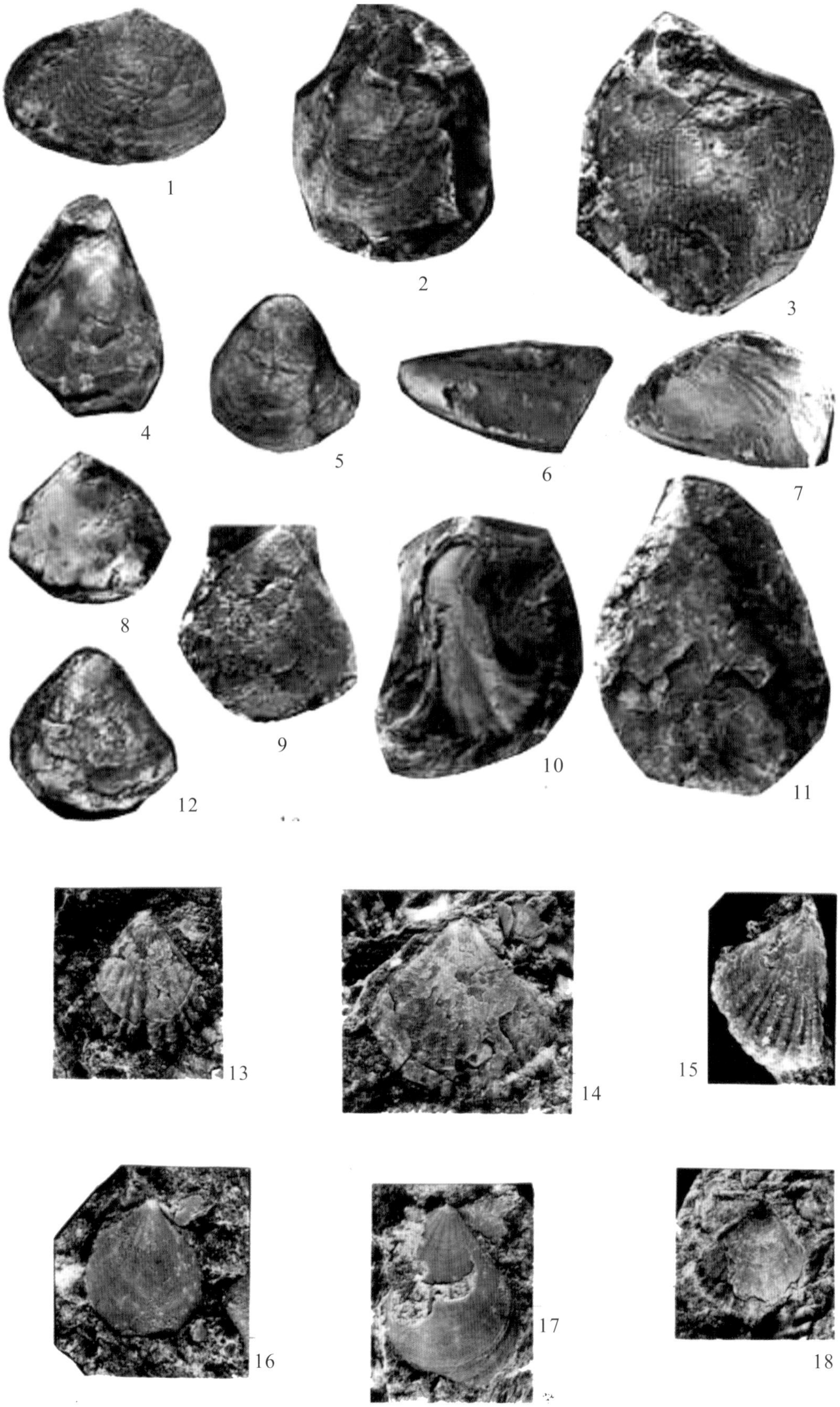

图版Ⅶ

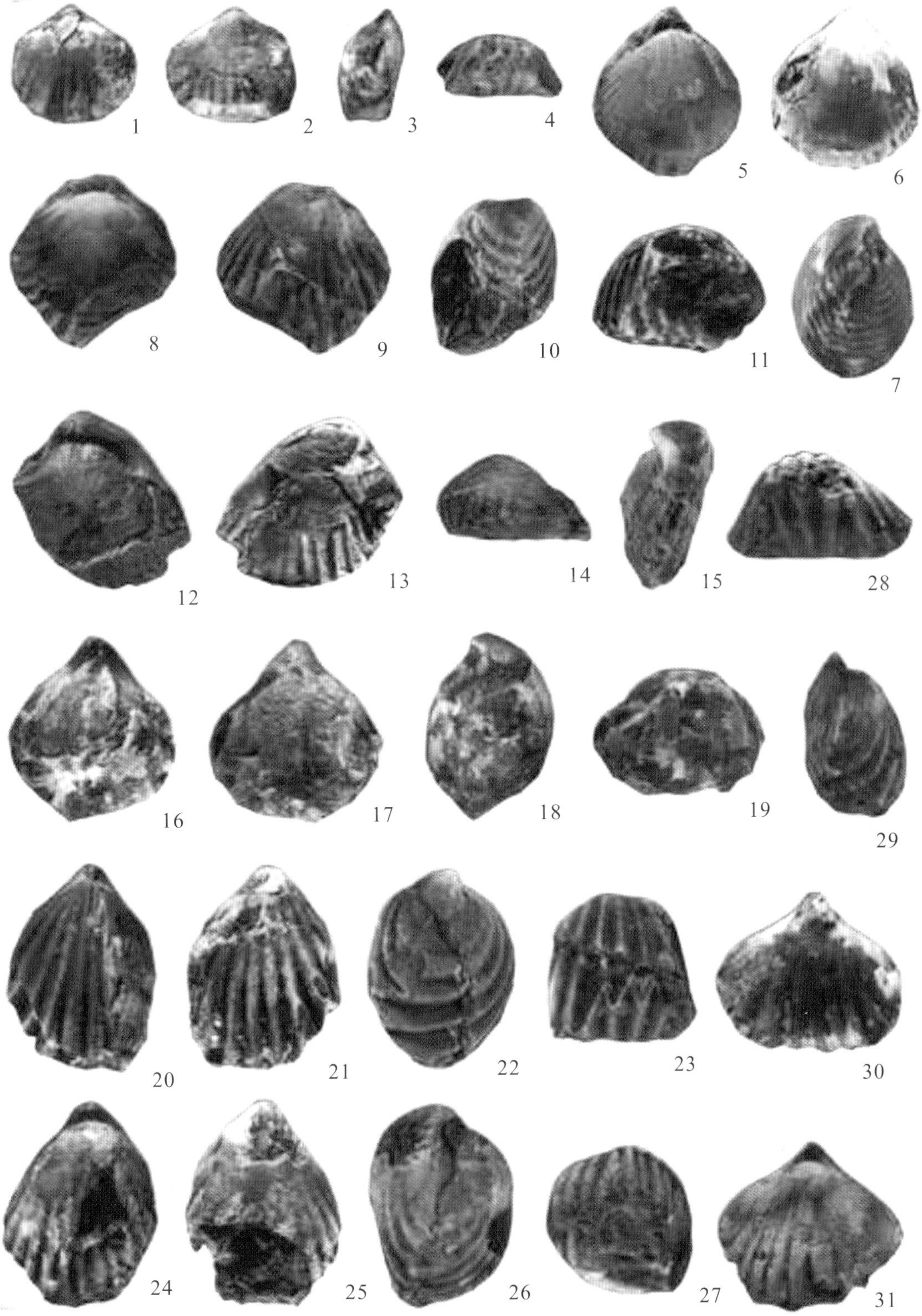

图版Ⅷ

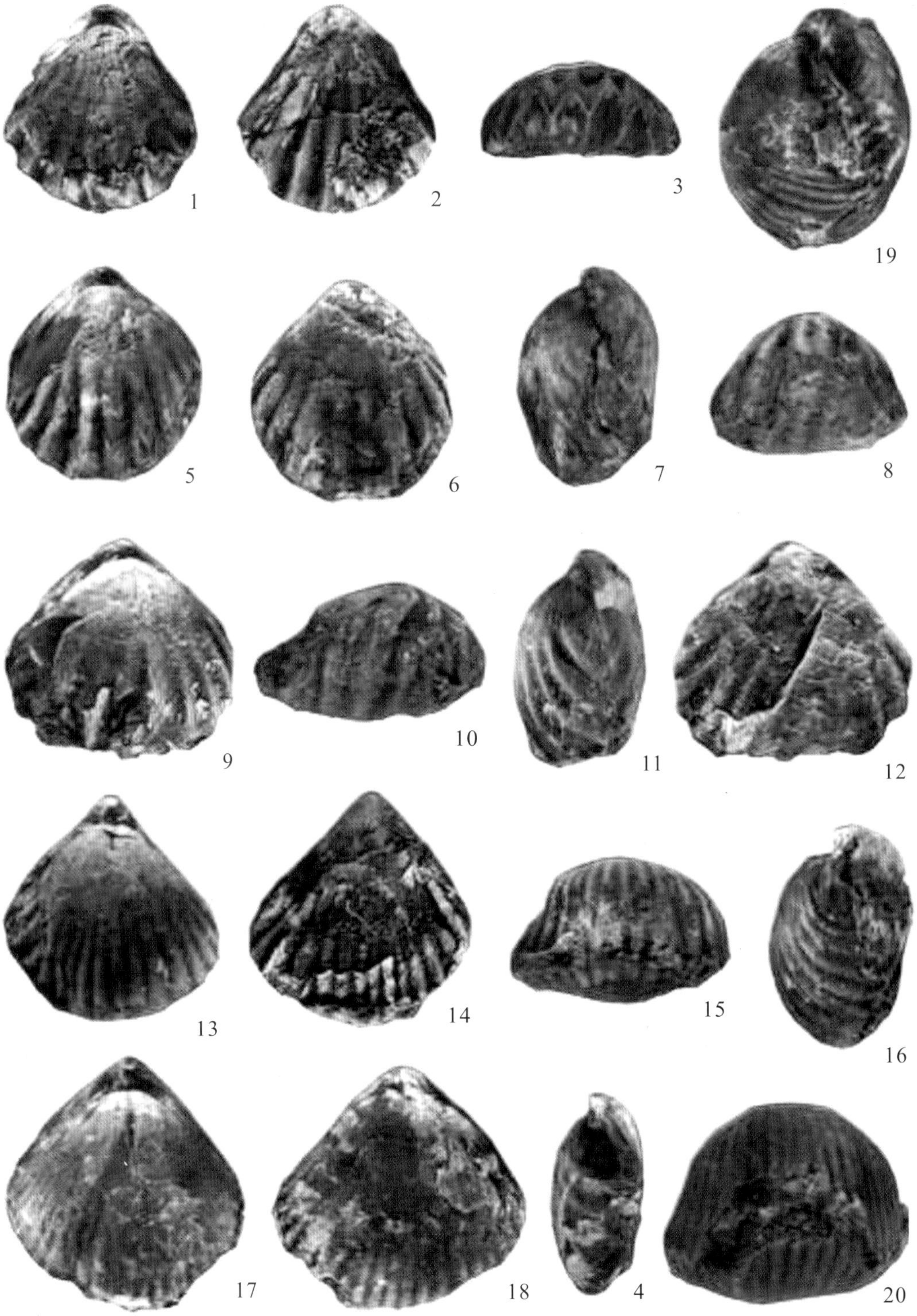

图版Ⅸ

图版Ⅹ

1

2

3

4

5

6

7

8

图版Ⅺ

1

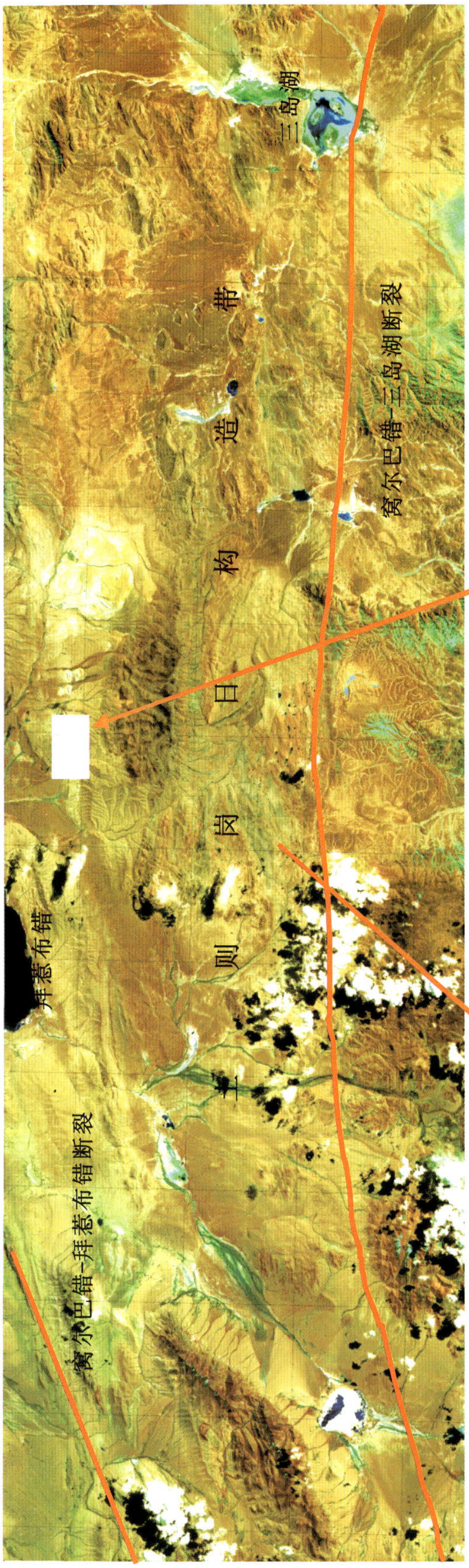

3

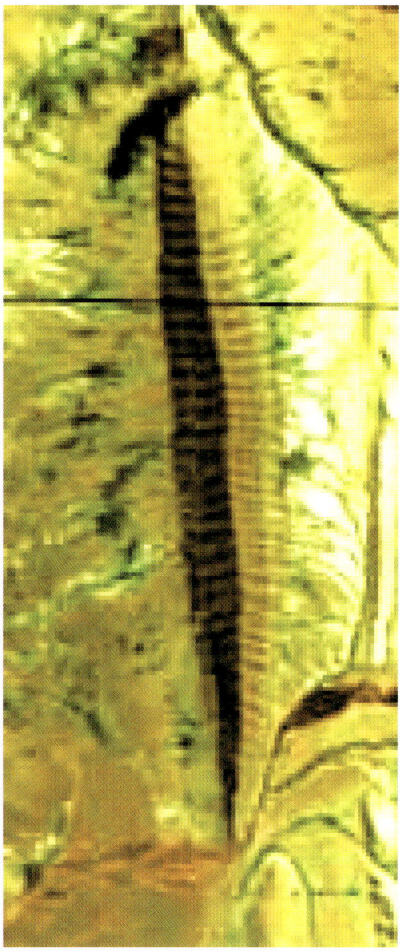

2

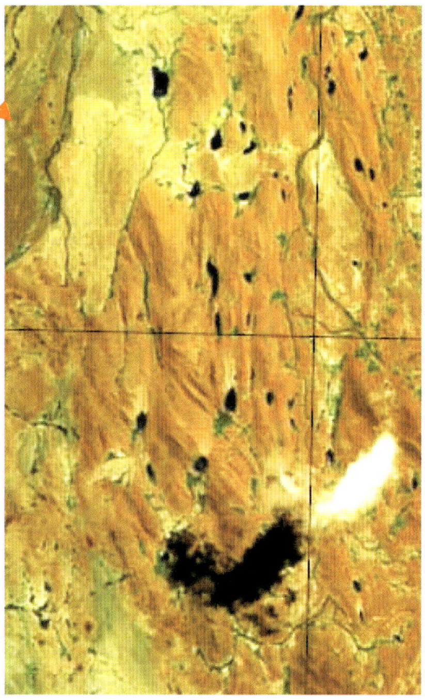